中财传媒版 2021 年注册会计师全国统一考试辅导系列丛书·注定会赢

税法重难点点拨及通关训练

注册会计师考试编写组　编

中国财经出版传媒集团
中国财政经济出版社

图书在版编目（CIP）数据

税法重难点点拨及通关训练/注册会计师考试编写组编．--北京：中国财政经济出版社，2021.3

（中财传媒版 2021 年注册会计师全国统一考试辅导系列丛书．注定会赢）

ISBN 978 -7 -5223 -0350 -5

Ⅰ.①税… Ⅱ.①注… Ⅲ.①税法－中国－资格考试－自学参考资料 Ⅳ.①D922.22

中国版本图书馆 CIP 数据核字（2021）第 011675 号

责任编辑：庞丽佳　汪娟娟　　　　责任校对：杨　海　王肖楠

封面设计：王　颖　　　　　　　　责任印制：党　辉

税法重难点点拨及通关训练

SHUIFA ZHONGNANDIAN DIANBO JI TONGGUAN XUNLIAN

中国财政经济出版社 出版

URL：http：//www. cfeph. cn

E－mail：cfeph@ cfeph. cn

社址：北京市海淀区阜成路甲 28 号　邮政编码：100142

营销中心电话：010－88191522

天猫网店：中国财政经济出版社旗舰店

网址：https：//zgczjjcbs. tmall. com

北京鑫海金澳胶印有限公司印刷　各地新华书店经销

成品尺寸：185mm×260mm　16 开　32.75 印张　830 000 字

2021 年 3 月第 1 版　2021 年 3 月北京第 2 次印刷

定价：96.00 元

ISBN 978－7－5223－0350－5

（图书出现印装问题，本社负责调换，电话：010－88190548）

本社图书质量投诉电话：010－88190744

打击盗版举报热线：010－88191661　QQ：2242791300

前　言

中国注册会计师制度恢复重建至今已经走过41个春秋，41年风雨历程见证了注册会计师事业的辉煌，而注册会计师考试是其很重要的组成部分。注册会计师考试编写组通过对教材的详细阅读与专门研究，对教材中的知识点进行了深度的梳理与分析。在本系列丛书中，我们将教会考生如何备考、如何抓住重难点以及如何理解以前年度真题。通过对本系列丛书的学习，考生可以更加深入地了解历年考试的重点，更好地把握2021年教材的新变化。书中还附有相应的练习题，帮助考生巩固所学知识、顺利通过考试。

注册会计师考试科目多、章节内容广、知识点庞杂，考生常常反映考试难度大，甚至有的考生在备考过程中就选择了放弃。其实，考生如果能够把握正确的复习方法和应试技巧，顺利通过考试并没有想象中那么困难。复习时，首先应当按考试大纲规定的范围和相应的辅导教材进行全面、系统的学习；其次抓住重点章节和重点内容强化知识储备；最后有针对性地多做练习，以掌握答题思路和技巧，并加深对重点难点的理解和把握，方法得当，教辅应手，往往事半功倍！

注册会计师考试编写组以注册会计师考试教材为起点，认真剖析知识点与考试的关系，精准把握考试定位，方便考生理解和记忆，书中主要包含以下三个部分：

第一部分为重难点点拨及通关训练。其中每章又包括五个子部分：

第一个子部分是每章2021年教材内容主要变化。这一部分主要是解读新教材的变化，帮助考生了解今年教材与以往的不同之处，把握教材新动向。

第二个子部分是每章近五年考情分析。这一部分主要是对每一章节近五年的考试分值分布与考点分布进行了统计，帮助考生了解重点所在，使考生复习时有的放矢。

第三个子部分是每章的重难点解析。这一部分是对教材知识点进行深度解析，为了考生使用方便，我们对每个重难点标有不同的星级，以此来对其重要程度进行区分，且重难点后设有包括真题的经典例题，以求更好地帮助考生把握重点难点。

第四个子部分是通关练习。这一部分旨在帮助考生巩固所学知识点，掌握答题的思路和技巧，加深对重点和难点的理解和把握。

第五个子部分是通关练习答案及解析。

第二部分是跨章节综合题演练，包括跨章节综合练习题和跨章节综合练习题答案及解析两个子部分。这部分以对历年考试真题的详尽分析为基础，全面、系统、综合地将跨章节的考点加以涵盖，有助于考生通过练习掌握知识链，提高应试的综合能力和水平。

第三部分是全真模拟试题及参考答案，包括两套模拟试题及其答案。通过本部分的演练，帮助考生熟悉题型，了解题量，争取最大的通过机会。

本系列丛书的撰写倾注了编写团队大量的心血和情感，团队成员经验丰富、熟悉专业、了解考生的需求。我们的最终目标就是希望能真正帮助考生攻克每一个难关，提高考生的应试能力，使考生能轻松通过考试，顺利拿下证书。

预祝各位考生取得好成绩！

目　录

第一部分　重难点点拨及通关训练

第二部分　跨章节综合题演练

第三部分　全真模拟试题及参考答案

第一部分 重难点点拨及通关训练

第一章　税法总论

2021 年教材内容主要变化

1. 将《民法通则》第三十六条关于法人的概念和分类删除，依据《民法典》对法人概念和分类重新进行了定义，根据《民法典》第五十七条规定，法人是具有民事权利能力和民事行为能力，依法独立享有民事权利和承担民事义务的组织。我国的法人分为营利法人、非营利法人和特别法人。

2. 对国家税务总局主要职能进行了部分修订，其中：第二项修改为“承担组织实施税收及社会保险费、有关非税收入的征收管理责任，力争税款应收尽收。”第十一项修改为“以税务总局为主、与省区市党委和政府对全国税务系统实行双重领导。”

3. 对税务行政复议裁决权进行了修改，为了进一步发挥行政复议解决税务行政争议的作用，保护公民、法人和其他组织的合法权益，监督和保障税务机关依法行使职权，公民、法人和其他组织（以下简称“申请人”）认为税务机关的具体行政行为侵犯其合法权益，可以向税务行政复议机关申请行政复议，由税务行政复议机关办理行政复议事项。

本章近五年考情分析

本章是税法学习的基础，许多内容直接影响学员对随后章节的理解和掌握，因此本章是学习的重点，但不是考试的重点。考试多以选择题形式出现。近五年考试题型基本为客观题，平均分值2分左右。2021年预计考试分值在2.5分左右。基础薄弱的学员，要认真学习。

本章内容如下：

第一单元　税法概念及税收法律关系
第二单元　税法原则（重要）
第三单元　税法要素（重要）
第四单元　税收立法与我国现行税法体系
第五单元　税收执法
第六单元　税务权利与义务
第七单元　国际税收关系（重要）

重难点解析

第一单元　税法概念及税收法律关系

重难点 1：税法的概念★

（一）税收

税收，是政府为了满足社会公共需要，凭借政治权力，强制、无偿地取得财政收入的一种形式。可以从以下三个方面理解税收的内涵：

1. 税收，是国家取得财政收入的一种重要工具，其**本质**是一种分配关系。

2. 国家征税的依据是**政治权力**，有别于按生产要素进行的分配；税收分配是以国家为主体进行的分配。

3. 国家征税的**目的**是满足社会公共需要。

【小贴士】财政是国家治理的基础和重要支柱，优化与国家治理体系相适应的税收制度和税法体系是建设中国特色社会主义财政制度的重要内容，为此既需要循序渐进落实税收法定原则，使征税有法可依、有法必依；还需要保持合理的宏观税负水平，激发社会活力；更需要构建有利于促进公平竞争、创新驱动和人力资本积累的税收制度，发挥先进税收制度对经济社会高质量发展的促进作用。

【经典例题】

【真题·单选题】（2016）下列权力中，作为国家征税依据的是（　　）。

A. 管理权力　　B. 政治权力

C. 财产权力　　D. 社会权力

【答案】B

【解析】作为国家征税的依据是政治权力。

【例题·单选题】以下关于对税收概念的相关理解不正确的是（　　）。

A. 税收是目前我国政府取得财政收入的重要工具

B. 国家征税的依据是财产权力

C. 国家征税是为了满足社会公共需要

D. 税收分配是以国家为主体进行的分配

【答案】B

【解析】选项B，国家征税的依据是政治权力。

（二）税法

1. 税法的概念。

税法是用以调整国家与纳税人之间在征纳税方面的权利及义务关系的法律规范的总称。

【小贴士】税法体现为法律这一规范形式，是税收制度的**核心**内容。

【小贴士】税法是国家及纳税人依法征税、依法纳税的行为**准则**，其目的是保障国家利益和纳税人的合法权益，维护正常的税收秩序，保证国家的财政收入。

2. 税法的特点。

税法具有**义务性**法规和**综合性**法规的特点。

（1）法律性质上，税法属于义务性法规，以规定纳税人的义务为主；税法属于义务性法规，并不是指税法没有规定纳税人的权利，而是指纳税人的权利是建立在其纳税义务的基础之上，处于**从属**地位。

【小贴士】税法属于义务性法规的这一特点，是由税收的无偿性和强制性特点所决定的。

（2）税法具有综合性特点，它是由一系列单行税收法律法规及行政规章制度组成的体系，其内容涉及课税的基本内容、征纳双方的权利和义务、税收管理规则、法律责任、解决税务争议的法律规范等。

【小贴士】税法的综合性特点是由税收制度所调整的税收分配关系和税收法律关系的复杂性所决定的。

重难点2：税收法律关系★★★

税收法律关系，是税法所确认和调整的国家与纳税人之间、国家与国家之间以及各级政府之间在税收分配过程中形成的权利与义务关系。

税收法律关系包括**三方面**的内容：税收法律关系的构成；税收法律关系的产生、变更与消灭；税收法律关系的保护。

（一）税收法律关系的构成

1. 主体。

税收法律关系的主体即税收法律关系中享有权利和承担义务的当事人。在我国，税收法律关系的主体包括征纳双方，一方是代表国家行使征税职责的国家各级税务机关和海关；另一方是履行纳税义务的法人、自然人和其他组织（按照属地兼属人的原则确定），**双方法律地位相等**。

2. 客体。

税收法律关系的客体即税收法律关系主体

的权利、义务所共同指向的对象，即征税对象。

3. 内容。

税收法律关系的内容就是主体所享有的权利和所应承担的义务，这是税收法律关系中最实质的东西，也是税法的灵魂。

（二）税收法律关系的产生、变更与消灭

税法，是引起税收法律关系的前提条件，但**税法本身**并不能产生具体的税收法律关系。税收法律关系的产生、变更与消灭必须由税收**法律事实**来决定。

【小贴士】税收法律事实，分为税收法律事件和税收法律行为。

（三）税收法律关系的保护

税收法律关系的保护对权利主体双方是平等的，同时对其享有权利的保护就是对其承担义务的制约。

【经典例题】

【真题·单选题】（2010）下列关于税收法律关系的表述中，正确的是（　　）。

A. 税法是引起法律关系的前提条件，税法可以产生具体的税收法律关系

B. 税收法律关系中权利主体双方法律地位并不平等，双方的权利义务也不对等

C. 代表国家行使征税职责的国家各级税务机关是税收法律关系中的权利主体之一

D. 税收法律关系总体上与其他法律关系一样，都是由权利主体、权利客体两方面构成

【答案】C

【解析】选项A，税法是引起税收法律关系的前提条件，但税法本身并不能产生具体的税收法律关系；选项B，税收法律关系中权利主体双方法律地位平等，但权利义务不对等；选项D，税收法律关系由税收法律关系的主体、客体和内容三方面构成。

重难点3：税法与其他法律的关系★

涉及税收征纳关系的法律规范，除税法本身直接在税收实体法、税收程序法、税收争讼法、税收处罚法中规定外，在某种情况下也援引一些其他法律。

（一）税法与宪法的关系

税法对宪法要服从，依据宪法的原则制定。宪法是制定税法和向公民征税及公民依法纳税的直接法律依据。

【经典例题】

【真题·单选题】（2009）下列法律中，明确规定“中华人民共和国公民有依照法律纳税的义务”的是（　　）。

A. 《中华人民共和国宪法》

B. 《中华人民共和国民法通则》

C. 《中华人民共和国个人所得税法》

D. 《中华人民共和国税收征收管理法》

【答案】A

【解析】选项A，《中华人民共和国宪法》第五十六条规定：“中华人民共和国公民有依照法律纳税的义务。”

（二）税法与民法的关系

1. 民法调整方法的特点是平等、等价、有偿。

2. 税法调整方法的特点是命令、服从。

3. 当税法的某些规范同民法规范基本相同时，税法一般援引民法，税法不再另行规定。

【小贴士】当涉及税收征纳关系的问题时，一般应以税法的规范为准则。

（三）税法与刑法的关系

调整范围不同，违反了税法，并不一定就是犯罪，但违反税法情节严重触及刑律者，将受刑事处罚。

【小贴士】修订后的《中华人民共和国刑法》用“逃避缴纳税款”取代了“偷税”的概念。目前《中华人民共和国税收征收管理法》（以下简称《税收征收管理法》）中还没有作出相应修改。

【经典例题】

【例题·单选题】在下列法律中，明确用“逃避缴纳税款”取代“偷税”概念的是（　　）。

A. 《中华人民共和国宪法》

B. 《中华人民共和国税收征收管理法》

C. 《中华人民共和国刑法》

D. 《中华人民共和国企业所得税法》

【答案】C

【解析】选项C,《刑法修正案（七）》对于修订后的《刑法》第二百零一条关于不履行纳税义务的定罪量刑标准和法律规定中的相关表述方式进行了修改。用“逃避缴纳税款”取代了“偷税”。

（四）税法与行政法的关系

税法具有行政法的一般特性。

1. 税收法律关系中居于领导地位的一方总是国家，体现国家单方面意志，不需要征纳双方意思表示完全一致。

2. 行政法大多为授权性法规，而税法则是一种义务性法规。

第二单元 税法原则

【小贴士】“税法原则”不同的教材有不同的表述。除“税法原则”外，本教材有些内容与其他教材也存在不同的表述，学员需要注意辨析。

税法的原则，是反映税收活动的**根本属性**，是税收法律制度建立的基础。税法原则包括**税法基本原则**（四项）和**税法适用原则**（六项）。

【小贴士】四项基本原则：税收法定原则；税收公平原则；税收效率原则；实质课税原则。

【小贴士】六项适用原则：法律优位原则；法律不溯及既往原则；新法优于旧法原则；特别法优于普通法原则；实体从旧、程序从新原则；程序优于实体原则。

重难点1：税法基本原则★★★

税法基本原则，是**统领**所有税收规范的根本准则，为包括税收立法、执法、司法、守法在内的一切税收活动所必须遵守。

【小贴士】税法四项基本原则中的税收法定原则是税法基本原则的核心。

（一）税收法定原则

税收法定原则，是指税法主体的权利义务必须由法律加以规定，税法的各类构成要素都必须且只能由法律予以明确。税收法定原则贯穿税收立法和执法的全部领域，其内容包括税收要件法定原则和税务合法性原则。

1. 税收要件法定原则（立法角度），是指有关纳税人、课税对象、课税标准等税收要件必须以法律形式作出规定，且有关课税要素的规定必须尽量明确。具体来说它要求：

（1）国家对其开征的**任何税种**，都必须由法律对其进行专门确定才能实施。

（2）国家对任何税种**征税要素的变动**，都应当按相关法律的规定进行。

（3）征税的各个要素不仅应当由法律作出专门的规定，这种规定还应当**尽量明确**。

2. 税务合法性原则（执法角度），是指税务机关按法定程序依法征税，不得随意减征、停征或免征，无法律依据不征税。

（1）要求立法者在立法的过程中，要对各个税种**征收的法定程序**加以明确规定。

（2）要求征税机关及其工作人员**在征税过程中**，必须按照税收程序法和税收实体法律的规定来行使自己的职权，履行自己的职责，充分尊重纳税人的各项权利。

（二）税收公平原则

1. 一般认为税收公平原则，包括税收横向公平和纵向公平，即税收负担必须根据纳税人的**负担能力分配，负担能力相等，税负相同；负担能力不等，税负不同**。

2. 禁止对特定纳税人给予歧视性待遇，也禁止在没有正当理由的情况下给予特定纳税人特别优惠。

【小贴士】税收公平原则源于法律上的平等性原则，强调“禁止不平等对待”的法理。

【举例】《中华人民共和国个人所得税法》中对工资、薪金所得实施累进税率，所得越高税负越重，量能课征体现了税法基本原则中的税收公平原则。

（三）税收效率原则

税收效率原则包括两个方面，一是指经济效率，二是指行政效率。前者要求税法的制定要有利于资源的有效配置和经济体制的有效运行，后者要求提高税收行政效率，节约税收征管成本。

（四）实质课税原则

应根据客观事实确定是否符合课税要件，并根据纳税人的**真实**负担能力决定纳税人的税负，而不能仅考虑相关外观和形式。

【举例】如果纳税人通过转让定价或其他方法减少计税依据，税务机关有权重新**核定**计税依据，以防止纳税人避税与逃税，这样处理体现了税法基本原则中的实质课税原则。

重难点2：税法适用原则★★★

（一）法律优位原则

法律优位原则的基本含义为法律的效力高于行政立法的效力，其作用主要体现在处理不同等级税法的关系上。具体而言：

1. 法律的效力高于行政法规的效力，税收行政法规的效力优于税收行政规章的效力。

2. 效力低的税法与效力高的税法发生冲突时，效力低的税法即是无效的。

（二）法律不溯及既往原则

法律不溯及既往原则基本含义为新法实施后，之前人们的行为不适用新法，而只能沿用旧法。

【举例】全面“营改增”后某税纳税义务人，自查发现“营改增”前有一笔收入需要补税，按税法规定应向主管税务机关补缴“营业税”而不是“增值税”，体现了法律不溯及既往原则。

（三）新法优于旧法原则

新法优于旧法原则也称后法优于先法原则，是指新旧法对同一事项有不同规定时，新法的效力优于旧法。

（四）特别法优于普通法原则

特别法优于普通法原则的含义为对同一事项两部法律分别定有一般和特别规定时，特别规定的效力高于一般规定的效力。

【小贴士】特别法优于普通法原则打破了税法效力等级的限制，居于特别法地位级别比较低的税法，其效力可高于作为普通法的级别比较高的税法。

【举例】《消费税暂行条例》规定对**酒及酒精**征收消费税，但财税〔2014〕93号文件规定，自2014年12月1日起，取消对**酒精**征收消费税。税务机关自2014年12月1日起，对生产酒精的企业不再征收消费税。税务机关的行为即体现了特别法优于普通法原则。

（五）实体从旧、程序从新原则

实体从旧、程序从新原则包括两个方面：一是实体法不具备溯及力；二是程序法在特定条件下具备一定的溯及力。

【举例】2008年1月1日企业所得税税率从33%调整为25%，纳税申报期从4个月延长至5个月。则纳税人2008年汇算清缴2007年度企业所得税时适用的税率仍为33%，但申报期限为5个月，这体现了实体从旧，程序从新的原则。

（六）程序优于实体原则

程序优于实体原则是关于税收争讼法的原则，即在税收争讼发生时，程序法优于实体法，以保证国家课税权的实现。适用这一原则，是为了确保国家课税权的实现，不因争议的发生而影响税款的及时、足额入库。

【举例】纳税人必须在缴纳有争议的税款后，税务行政复议机关才能受理纳税人的复议申请，这体现了程序优于实体原则。

【经典例题】

【真题·单选题】（2019）某税务稽查局2019年6月对辖区内的一家企业进行纳税检查时，发现该企业2018年6月新增的注册资金按5‰的税率缴纳了印花税，检查结束后检查人员告知该企业可以申请退还印花税已缴纳金额的50%。该检查人员的这一做法遵循的税法适用原则是（　　）。

A. 税收公平原则

B. 税收效率原则

C. 实质重于形式原则

D. 新法优于旧法原则

【答案】D

【解析】选项D，根据税法规定，自2018年5月1日起，对按5‰税率贴花的资金账簿减半征收印花税，检查人员这一做法遵循了新法优于旧法的原则。

【真题·单选题】（2014）下列各项税法原则中，属于税法基本原则核心的是（　　）。

A. 税收公平原则　　B. 税收效率原则

C. 实质课税原则　　D. 税收法定原则

【答案】D

【解析】税收法定原则是税法基本原则的核心。

【真题·多选题】（2017）下列关于税法原则的表述中，正确的有（　　）。

A. 税收法定原则是税法基本原则中的核心

B. 税收效率原则要求税法的制定要有利于节约税收征管成本

C. 制定税法时禁止在没有正当理由的情况下给予特定纳税人特别优惠这一做法体现了税收公平原则

D. 税收行政法规的效力优于税收行政规章的效力体现了法律优位原则

【答案】ABCD

【解析】以上选项均正确。

【真题·多选题】（2018）下列各项中，属于税法适用原则的有（　　）。

A. 实体法从旧，程序法从新

B. 层次高的法律优于层次低的法律

C. 国内法优于国际法

D. 同一层次的法律中，特别法优于普通法

【答案】ABD

【解析】选项C，不正确，国际法优于国内法。

【例题·单选题】为了确保国家课税权的实现，不因争议的发生而影响税款的及时、足额入库。这一做法适用的原则是（　　）。

A. 法律不溯及既往

B. 实体从旧，程序从新

C. 特别法优于普通法

D. 程序优于实体

【答案】D

【解析】税收争讼发生时，程序法优于实体法，以保证国家课税权的实现。

【例题·单选题】下列税法适用原则中，打破税法效力等级限制的原则是（　　）。

A. 程序优于实体原则

B. 法律不溯及既往原则

C. 特别法优于普通法原则

D. 新法优于旧法原则

【答案】C

【解析】选项C，居于特别法地位的级别较低的税法，其效力可高于作为普通法的级别较高的税法。

【例题·多选题】下列关于税法原则的表述中，正确的有（　　）。

A. 税法适用原则在一定程度上体现着税法基本原则

B. 税收公平原则源于法律上的平等性原则

C. 特别法优于普通法原则与法律优位原则存在一定的冲突

D. 实质课税原则属于税法的基本原则

【答案】ABCD

【解析】以上选项均正确。

第三单元　税法要素

税法要素一般包括：总则、纳税义务人、征税对象、税目、税率、纳税环节、纳税期限、纳税地点、减税免税、罚则、附则**11个**要素。

【小贴士】总则，主要包括立法依据、立法目的、适用原则等。

重难点1：纳税义务人★★★

（一）纳税义务人

纳税义务人又称纳税主体，**简称“纳税人”**，是税法规定的直接负有纳税义务的单位

和个人，解决的是对谁征税的问题。

（二）纳税义务人的范围

纳税义务人有两种基本形式：自然人和法人。

自然人可划分为居民个人和非居民个人；法人可划分为居民企业和非居民企业。

【小贴士】与纳税义务人相关的概念：

（1）代扣代缴义务人：有义务从持有的纳税人收入中**扣除**其应纳税款并代为缴纳的单位和个人。

（2）代收代缴义务人：有义务借助与纳税人的经济交往而向纳税人**收取**应纳税款并代为缴纳的单位和个人。

【小贴士】代扣代缴义务人、代收代缴义务人均可称为“扣缴义务人”。

重难点2：征税对象★★★

征税对象又称课税对象、征税客体，指税法规定对什么征税，是征纳税双方权利义务共同指向的客体或标的物，是**区别**一种税与另一种税的重要标志。

【小贴士】与征税对象相关的概念税基，税基又称计税依据，是据以计算征税对象应纳税款的直接数量依据，它解决对征税对象课税的计算问题，是对课税对象的**量**的规定。计税依据按照计量单位的性质划分，有两种基本形态：价值形态和物理形态。价值形态包括应纳税所得额、销售收入、营业收入等；物理形态包括面积、体积、容积、重量等。以价值形态作为税基，称为从价计征。以征税对象物理形态的自然单位作为税基，称为从量计征。

【经典例题】

【真题·单选题】（2016）下列税法要素中，能够区别一种税与另一种税的重要标志是（　　）。

A. 纳税地点　　B. 纳税环节

C. 征税对象　　D. 纳税义务人

【答案】C

【解析】征税对象是区别一种税与另一种税的重要标志。

重难点3：税目★★★

税目，是在税法中对征税对象分类规定的**具体**征税项目。反映征税的具体范围，是对课税对象**质的界定**，税目体现了征税的**广度**。

【举例】消费税有15个税目，如“烟”“酒”“高档化妆品”等。

【经典例题】

【真题·单选题】（2017）下列税法要素中，规定具体征税范围、体现征税广度的是（　　）。

A. 税率　　B. 税目

C. 纳税环节　　D. 征税对象

【答案】B

【解析】税目是税法中对征税对象分类规定的具体征税项目，反映具体的征税范围，是对课税对象质的界定。税目体现着征税的广度。

重难点4：税率★★★

税率，是对征税对象的征收比例或征收额度。税率主要分为比例税率、定额税率和累进税率。

【小贴士】税率是计算税额的**尺度**，也是衡量税负轻重与否的重要标志。税率体现着征税的深度。

税率类别	具体形式	应用的税种
比例税率	单一比例税率 差别比例税率 幅度比例税率	如增值税、城市维护建设税、企业所得税等
定额税率	按征税对象确定的计算单位直接规定固定的税额	如城镇土地使用税、车船税等

续表

税率类别		具体形式	应用的税种
累进税率	全额累进税率	我国目前没有采用	
	超额累进税率	把征税对象按数额大小分成若干等级，每一等级规定一个税率，税率依次提高，将纳税人的征税对象依所属等级同时适用几个税率分别计算，再将计算结果相加后得出应纳税款	如个人所得税中的综合所得和经营所得
	全率累进税率	我国目前没有采用	
	超率累进税率	以征税对象数额的相对率划分若干级距，分别规定相应的差别税率，相对率每超过一个级距的，对超过的部分就按高一级的税率计算征税	如土地增值税

【经典例题】

【真题·多选题】（2018）下列关于税率的说法中，正确的有（　　）。

A. 环境保护税采用定额税率

B. 城镇土地使用税采用地区差别定额税率

C. 车辆购置税采用幅度比例税率

D. 土地增值税采用超率累进税率

【答案】ABD

【解析】选项C，车辆购置税采用统一的比例税率，税率为10%。

【例题·单选题】采用超额累进税率征收的税种是（　　）。

A. 资源税　　B. 土地增值税

C. 个人所得税　　D. 企业所得税

【答案】C

【解析】累进税率一般在所得课税中使用，可以充分体现对纳税人收入多的多征、收入少的少征、无收入的不征的税收原则，从而有效地调节纳税人的收入，正确处理税收负担的纵向公平问题。

【例题·多选题】下列关于税法构成要素的表述中，正确的有（　　）。

A. 税基是对课税对象的量的规定

B. 税目是对课税对象质的界定

C. 征税对象是计算税额的尺度

D. 消费税、企业所得税都规定有不同的税目

【答案】AB

【解析】选项C，税率是计算税额的尺度。选项D，消费税规定有不同的税目，企业所得税没有税目。

重难点5：纳税环节★★

纳税环节，指征税对象在从生产到消费的流转过程中，应当缴纳税款的环节。按照某种税征税环节的多少，可以将税种划分为一次课征制或多次课征制。

重难点6：纳税期限★★

纳税期限是指税法规定的关于税款缴纳时间即纳税时间方面的限定。

【小贴士】与纳税期限相关的概念：纳税义务发生时间、纳税期限、缴库期限应有所了解。纳税义务发生时间，是指应税行为发生的时间。纳税期限，纳税人每次发生纳税义务后，不可能马上去缴纳税款。税法规定了每种税的纳税期限，即每隔固定时间汇总一次纳税义务的时间。缴库期限，即税法规定的纳税期满后，纳税人将应纳税款缴入国库的期限。

重难点7：纳税地点★★

根据各个税种纳税对象的纳税环节和有利于对税款的税源控制，而规定的纳税人（包括代征、代扣、代缴义务人）的**具体**申报缴纳税收的地点。

重难点8：其他要素★

1. 减税免税，是指对某些纳税人和征税

对象，采取减少征税或免予征税的特殊规定。各税种一般会有减税免税的规定。

2. 罚则，是指对违反税法的行为采取的处罚措施。《税收征收管理法》等都有违章处罚措施。

3. 附则，主要包括两项内容：一是规定税法的解释权，二是规定税法的生效时间。

第四单元　税收立法与我国现行税法体系

税收立法，是指有权的机关依据一定的程序，遵循一定的原则，运用一定的技术，制定、公布、修改、补充和废止有关税收法律、法规、规章的活动。

【小贴士】税收立法不仅包括对税收法律、法规、规章的制定、公布、修改和补充，也包括对税收法律、法规、规章的废止。

重难点 1：税收立法原则★

1. 从实际出发的原则。
2. 公平原则（合理负担原则）。
3. 民主决策的原则。
4. 原则性与灵活性相结合的原则。
5. 法律的稳定性、连续性与废、改、立相结合的原则。

【经典例题】

【例题·单选题】税收立法包括的内容，下列说法错误的是（　　）。

A. 包括制定有关税收法律、法规

B. 包括公布有关税收法律、法规

C. 包括补充有关税收法律、法规

D. 不包括废止有关税收法律、法规

【答案】D

【解析】税收立法不仅包括对税收法律、法规、规章的制定、公布、修改和补充，也包括对税收法律、法规、规章的废止。

重难点 2：税收立法权及其划分★

税收立法权，是制定、修改、解释或废止税收法律、法规、规章和规范性文件的权力。

（一）税收立法权划分的种类

1. 可以按照税种类型的不同来划分。
2. 可以根据任何税种的基本要素来划分。
3. 可以根据税收执法的级次来划分。

【小贴士】我国的税收立法权的划分就是属于第 3 种类型。

（二）我国税收立法权划分的现状

1. 中央税、中央与地方共享税以及全国统一实行的地方税的立法权集中在中央。

2. 依法赋予地方适当的地方税收立法权。

【小贴士】地区性地方税收的立法权，应只限于省级立法机关或经省级立法机关授权同级政府，不能层层下放。所立税法可在全省范围内执行，也可只在部分地区执行。

重难点 3：税收立法机关★★

（一）税收法律

1. 全国人大及全国人大常委会制定的税收法律。

除《宪法》外，在税法体系中，税收法律具有最高的法律效力。例如，《企业所得税法》《个人所得税法》《车船税法》《税收征收管理法》《资源税法》等。

【小贴士】全国人大和全国人大常委会的立法都属于税收法律，法律级次相同。

2. 全国人大及全国人大常委会授权国务院制定的暂行规定或条例。

属于准法律，具有国家法律的性质和地位，其法律效力高于行政法规，为待条件成熟上升为法律做好准备。例如，《增值税暂行条例》等。

（二）税收法规

1. 国务院制定的税收行政法规。

在法律形式中，处于低于宪法、法律，高于地方法规、部门规章、地方规章的地位，在全国普遍适用。例如，《企业所得税法实施条例》《税收征收管理法实施细则》等。

2. 地方人大及常委会制定的税收地方性法规，目前仅限于海南省和民族自治地区。

（三）税收规章

1. 国务院税务主管部门制定的税收部门规章。

有权制定税收部门规章的税务主管机关，指财政部、国家税务总局和海关总署。该级次规章不得与宪法、税收法律、行政法规相抵触。例如，《增值税暂行条例实施细则》等。

2. 地方政府制定的税收地方规章。

在税收法律、法规明确授权的前提下进行，不得与税收法律、行政法规相抵触。例如，城市维护建设税、房产税等地方性税种的实施细则等。

【小贴士】3级法律级次；6个立法机关。

【经典例题】

【真题·多选题】（2020）下列税种中，由全国人民代表大会或其常务委员会通过，以国家法律形式发布实施的有（　　）。

A. 资源税　　B. 增值税

C. 车辆购置税　　D. 环境保护税

【答案】ACD

【解析】《增值税暂行条例》全国人大或人大常委会授权立法。授权立法是指全国人民代表大会及其常务委员会根据需要授权国务院制定某些具有法律效力的暂行规定或者条例。

【真题·单选题】（2011）下列各项税收法律法规中，属于部门规章的是（　　）。

A.《中华人民共和国个人所得税法》

B.《中华人民共和国消费税暂行条例》

C.《中华人民共和国企业所得税法实施条例》

D.《中华人民共和国增值税暂行条例实施细则》

【答案】D

【解析】选项A，属于全国人大及其常委会制定的税收法律；选项B，属于全国人大或人大常委会授权立法；选项C，属于国务院制定的税收行政法规。

【例题·单选题】下列各项中，由全国人民代表大会立法确定的是（　　）。

A.《增值税暂行条例》

B.《企业所得税法》

C.《增值税暂行条例实施细则》

D.《契税暂行条例》

【答案】B

【解析】全国人大制定的税法有《企业所得税法》《个人所得税法》；其他税法由全国人大常委会制定，如《车船税法》《环境保护税法》等。

【例题·多选题】我国现行税种中，以国家法律的形式发布实施的有（　　）。

A. 资源税　　B. 环境保护税

C. 个人所得税　　D. 车船税

【答案】ABCD

【解析】以上税种均属于以国家法律形式发布实施的。

【例题·多选题】下列各项中，有权制定税收部门规章的税务主管机关有（　　）。

A. 国家税务总局　　B. 财政部

C. 中国人民银行　　D. 海关总署

【答案】ABD

【解析】有权制定税收部门规章的税务主管机关，指财政部、国家税务总局和海关总署。

重难点4：税收立法程序★★

税收立法程序，是指有权的机关，在制定、认可、修改、补充、废止等税收立法活动中，必须遵循的法定步骤和方法。

我国税收立法程序，主要包括提议、审议、通过和公布阶段。

1. 提议阶段：一般由国务院授权其税务主管部门（财政部、国家税务总局及海关总署）负责立法的调研等准备工作，并提出立法方案或税法草案，上报国务院。

2. 审议阶段：税收法规由国务院负责审议；税收法律在经国务院审议通过后，以议案的形式提交全国人大或其常委会审议通过。

3. 通过和公布阶段：税收行政法规以国务院总理名义发布实施；税收法律以国家主席名义发布实施。

【经典例题】

【真题·多选题】（2016）税收立法程序是税收立法活动中必须遵循的法定步骤，目前我国税收立法程序经过的主要阶段有（　　）。

A. 提议阶段　　B. 通过阶段

C. 公布阶段　　D. 审议阶段

【答案】ABCD

【解析】选项A、B、C、D，都是我国税收立法程序经过的主要阶段。

【例题·多选题】下列各项中，符合我国税收立法规定的有（　　）。

A. 税收法律应由全国人大或其常委会审议通过，以国家主席名义发布实施

B. 国务院及所属税务主管部门有权根据宪法和法律制定税收行政法规和规章

C. 税收行政法规由国务院负责审议通过后，以议案的形式提交全国人大或其常委会审议通过

D.《资源税法》于2020年9月1日起实施

【答案】ABD

【解析】选项C，税收行政法规，由国务院审议通过后，以国务院总理名义发布实施。税收法律在经国务院审议通过后，以议案的形式提交全国人大常委会的有关工作部门，在广泛征求意见并做修改后，提交全国人大或其常委会审议通过。在全国人大或其常委会开会期间，先听取国务院关于制定税法议案的说明，然后经过讨论，以简单多数的方式通过后，以国家主席名义发布实施。

重难点5：我国现行税法体系★★★

从法律角度来讲，一个国家在一定时期内、一定体制下以法定形式规定的各种税收法律、法规的总和，被称为税法体系。但从税收工作的角度来讲，所谓税法体系往往被称为税收制度。

一个国家的税收制度，可按构成方法和形式分为简单型税制及复合型税制。

【小贴士】我国的税收制度，属于复合型税制。

（一）税法的分类

依据	种类	说明	具体内容
基本内容和效力的不同	税收基本法	属于税法体系中的母法	目前没有统一制定
	税收普通法	对税收基本法规定的事项分别立法实施的法律	如《车船税法》、《税收征收管理法》等
职能作用的不同	税收实体法	确定税种立法	如《环境保护税法》等
	税收程序法	税务管理方面的法律	如《税收征收管理法》
行使税收管辖权的不同	国内税法	国家的内部税收制度	—
	国际税法	国家之间形成的税收制度	双边或多边国家间的税收协定、条约、国际惯例等

【小贴士】上述对于税法的分类不具有法定性。

（二）我国现行税法体系

税收实体法和税收征收管理的程序法共同构成了我国现行税法体系。

1. 我国税收实体法体系。

种类	具体内容
商品（货物）和劳务税类	增值税、消费税、关税
所得税类	企业所得税、个人所得税、土地增值税

续表

种类	具体内容
财产、行为税类	房产税、车船税、印花税、契税
资源税及环境保护税类	资源税、环境保护税、**城镇土地使用税**
特定目的税类	城市维护建设税、车辆购置税、耕地占用税、船舶吨税、烟叶税

2. 我国税收程序法体系。

税务机关的征管适用《税收征收管理法》；海关的征收管理按照《海关法》及《进出口关税条例》执行。

【经典例题】

【真题·多选题】（2008）下列各项中，属于我国现行税法的有（　　）。

A. 税收基本法

B. 企业所得税法

C. 进出口关税条例

D. 中央与地方共享税条例

【答案】 BC

【解析】 选项A，我国目前没有税收基本法。选项D，我国目前没有中央和地方共享税条例。

【例题·多选题】《中华人民共和国税收征收管理法》属于我国税法体系中的（　　）。

A. 税收基本法　　B. 税收实体法

C. 税收程序法　　D. 国内税法

【答案】 CD

【解析】《中华人民共和国税收征收管理法》是国内税法，属于我国税法体系中的税收程序法。

第五单元　税收执法

【小贴士】税收执法权具体包括：税款征收管理权、**税务稽查权、税务检查权**、税务行政复议裁决权及其他税务管理权。其中，最重要的是税款征收管理权。

重难点1：税务机构设置与职能★★

现行税务机构设置，是中央政府设立国家税务总局（正部级），原有的省及省以下国税地税机构两个系统通过合并整合，统一设置为省、市、县三级税务局，实行以**国家税务总局为主与省**（自治区、直辖市）人民政府**双重**领导管理体制。

【小贴士】由海关总署及下设机构，负责关税征收管理和受托征收**进出口**增值税和消费税等税收。

国家税务总局的**主要**职能：

1. 具体起草税收法律法规草案及实施细则，并提出税收政策建议，制定贯彻落实的措施。负责对税收法律法规执行过程中的征管和对一般性税政问题进行解释，事后向财政部备案。

2. 承担组织实施税收及社会保险费、有关非税收入的征收管理责任，力争税款应收尽收。

3. 办理进出口商品的税收及出口退税业务。

4. 对全国税务系统实行垂直管理，协同省级人民政府对省级税务局实行双重领导。

重难点2：税收征收管理范围划分★★

目前，我国的税收分别由税务、海关系统负责征收管理。

征管主体	负责征管的税种
税务系统	增值税、消费税、车辆购置税、城市维护建设税、企业所得税、个人所得税、资源税、城镇土地使用税、耕地占用税、土地增值税、房产税、车船税、印花税、契税、烟叶税、环境保护税
海关系统	关税、船舶吨税、**代征进出口环节的增值税和消费税**

【经典例题】

【例题·多选题】 下列税种中，由税务机关负责征收的有（　　）。

A. 企业所得税　　B. 印花税

C. 关税　　D. 船舶吨税

【答案】AB

【解析】税务系统即国家税务总局系统负责征收和管理的税种有：增值税、消费税、车辆购置税、企业所得税、个人所得税、资源税、城镇土地使用税、耕地占用税、土地增值税、房产税、车船税、印花税、契税、城市维护建设税、环境保护税和烟叶税，共16个税种。

【例题·多选题】下列税种中，由海关负责征收的有（　　）。

A. 关税　　B. 资源税

C. 环境保护税　　D. 船舶吨税

【答案】AD

【解析】海关系统负责征收和管理的税种有：关税、船舶吨税，同时负责代征进出口环节的增值税和消费税。

重难点3：税收收入划分★★

我国的分税制财政管理体制，将税收收入划分为**中央政府固定收入、地方政府固定收入**和**中央政府与地方政府共享收入**。

【小贴士】全面"营改增"后，对增值税收入划分进行了试点调整，中央政府分享50%，地方政府分享50%。

【小贴士】为促进各地保护和改善环境、增加环境保护投入，国务院决定，环境保护税全部作为地方收入。

【小贴士】从2019年1月1日起，各项社会保险费交由税务部门统一征收。

收入划分	具体税种
中央固定收入	消费税（含进口环节海关代征部分）、车辆购置税、关税、船舶吨税、海关代征的进口环节增值税
地方固定收入	房产税、城镇土地使用税、耕地占用税、土地增值税、车船税、契税、烟叶税、环境保护税
中央、地方共享收入	增值税（不含海关代征的增值税）、**城市维护建设税**、企业所得税、个人所得税（除储蓄存款利息所得的个人所得税外）、印花税（证券交易印花税归中央，其他印花税归地方）、资源税（海洋石油企业资源税归中央，其他资源税归地方）

【经典例题】

【真题·单选题】（2020）现行证券交易印花税收入在中央政府与地方政府之间划分的比例是（　　）。

A. 100%归中央政府

B. 100%归地方政府

C. 中央政府与地方政府各分享50%

D. 中央政府分享97%，地方政府分享3%

【答案】A

【解析】从2016年1月1日起，将证券交易印花税由现行按中央97%、地方3%比例分享全部调整为中央收入。

【真题·单选题】（2015）下列税种中属于中央政府与地方政府共享收入的是（　　）。

A. 耕地占用税　　B. 个人所得税

C. 车辆购置税　　D. 土地增值税

【答案】B

【解析】选项A、D，属于地方政府固定收入。选项C，属于中央政府固定收入。

【例题·多选题】下列税种，全部属于中央政府固定收入的有（　　）。

A. 消费税　　B. 土地增值税

C. 证券交易印花税　　D. 资源税

【答案】AC

【解析】选项A、C，中央政府固定收入包括消费税（含进口环节海关代征的部分）、车辆购置税、关税、由海关代征的进口环节增值税等。从2016年1月1日起，证券交易印花税全额为中央收入。选项B，地方政府固定收入包括城镇土地使用税、耕地占用税、土地增值税、房产税、车船税、契税、环境保护税和烟叶税等。选项D，资源税，海洋石油企业缴纳的部分归中央政府，其余部分归地方政府。

重难点4：税务检查权★★

税务检查包括两类：

1. 税务机关为取得确定税额所需资料，证实纳税人**纳税申报的真实性与准确性**而进行的**经常性检查**，其依据是税法赋予税务机关的强制行政检查权。

2. 为打击税收违法犯罪而进行的**特别调查**，它可以分为行政性调查和刑事调查两个阶段。行政性调查属于税务检查权范围之内，从原则上讲，纳税人有违反税法的刑事犯罪嫌疑的情况下，即调查的刑事性质确定后，案件应开始适用刑事调查程序。

重难点5：税务稽查权★★

税务稽查，是税务机关依法对纳税人、扣缴义务人**履行纳税义务、扣缴义务**情况所进行的税务检查和处理工作的总称。

根据相关法律规定，税务稽查的基本任务是：依照国家税收法律、法规，查处税收违法行为、保障税收收入、维护税收秩序、促进依法纳税、保证税法的实施。

税务稽查，必须以事实为根据，以税收法律、法规、规章为准绳，依靠人民群众，加强与司法机关及其他有关部门的联系和配合。

各级税务机关设立的税务稽查机构，应按照各自的税收管辖范围行使税务稽查职能。

【小贴士】税务稽查权是税收执法权的一个重要组成部分，也是整个国家行政监督体系中的一种**特殊的**监督权行使形式。

重难点6：税务行政复议裁决权★

税务行政复议裁决权的行使，是税收执法权的有机组成部分，该权力的实现对保障和监督税务机关依法行使税收执法权，防止和纠正违法或者不当的**具体**税务行政行为，保护纳税人和其他有关当事人的合法权益发挥着积极作用。

第六单元　税务权利与义务

重难点1：税务行政主体的权利与义务★

（一）税务机关和税务人员的权利

负责税收征收管理工作。

【小贴士】税务机关依法执行职务，任何单位和个人不得阻挠。

（二）税务机关和税务人员的义务

税务机关应当广泛**宣传**税收法律、行政法规，普及纳税知识，**无偿**地为纳税人提供纳税咨询服务；税务机关负责征收、管理、稽查，行政复议人员的职责应当明确，并相互分离、相互制约；为检举人保密等。

【小贴士】税务人员在核定应纳税额、调整税收定额、进行税务检查、实施税务行政处罚、办理税务行政复议时，与纳税人、扣缴义务人或其法定代表人、直接责任人有下列关系之一的，应当回避：（1）夫妻关系；（2）直系血亲关系；（3）三代以内旁系血亲关系；（4）近姻亲关系；（5）可能影响公正执法的其他利益关系。

重难点2：纳税人、扣缴义务人的权利与义务★★

（一）纳税人、扣缴义务人的权利

1. 纳税人、扣缴义务人有权向税务机关了解国家税收法律、行政法规的规定，以及与纳税程序有关的情况。

2. 纳税人、扣缴义务人有权要求税务机关为纳税人、扣缴义务人的情况保密。税务机关应当为纳税人、扣缴义务人的情况保密。

【小贴士】保密，是指纳税人、扣缴义务人的**商业秘密及个人隐私**。纳税人、扣缴义务人的**税收违法行为**不属于保密范围。

3. 纳税人依法享有申请减税、免税、退税的权利。

4. 纳税人、扣缴义务人对税务机关所作出的决定，享有陈述权、申辩权；依法享有申请行政复议、提起行政诉讼、请求国家赔偿等权利。

5. 纳税人、扣缴义务人有权控告和检举税务机关、税务人员的违法违纪行为。

【经典例题】

【真题·多选题】（2015）我国纳税人依法享有纳税人权利，下列属于纳税人权利的有（　　）。

A. 依法申请减免税权

B. 控告税务人员的违法违纪行为

C. 对税务机关作出的决定享有申辩权

D. 要求税务机关为纳税人的商业秘密保密

【答案】ABCD

【解析】选项A、B、C、D均属于纳税人的权利。

【例题·多选题】纳税人、扣缴义务人有权要求税务机关为纳税人、扣缴义务人的情况保密。保密是指纳税人、扣缴义务人的（　　）。

A. 税收违法行为

B. 税收违法事实

C. 商业秘密

D. 个人隐私

【答案】CD

【解析】纳税人、扣缴义务人的税收违法行为不属于保密范围。

（二）纳税人、扣缴义务人的义务

1. 纳税人、扣缴义务人必须依照法律、行政法规的规定缴纳税款、代扣代缴、代收代缴税款。

2. 纳税人、扣缴义务人和其他有关单位应当按照国家有关规定如实向税务机关提供与纳税和代扣代缴、代收代缴税款有关的信息。

3. 纳税人、扣缴义务人和其他有关单位应当接受税务机关依法进行的税务检查。

重难点3：地方各级人民政府、有关部门和单位的权利与义务★

（一）地方各级人民政府、有关部门和单位的权利

1. 地方各级人民政府应当依法加强对本行政区域内税收征收管理工作的领导或者**协调，支持**税务机关依法执行职务，依照法定税率计算税额，依法征收税款。

2. 各有关部门和单位应当支持、协助税务机关依法执行职务。

3. 任何单位和个人都有权检举违反税收法律、行政法规的行为。

（二）地方各级人民政府、有关部门和单位的义务

1. 任何机关、单位和个人不得违反法律、行政法规的规定，擅自作出税收开征、停征以及减税、免税、退税、补税和其他与税收法律、行政法规相抵触的决定。

2. 收到违反税收法律、行政法规行为检举的机关和负责查处的机关应当为检举人保密。

【小贴士】按照《税收征收管理法》的立法意图，税务机关应当做到依法征税，纳税人依法履行纳税义务、全面落实**纳税人权利**是《税收征收管理法》的核心问题，也是落实税收法定原则的重要途径。

重难点4：发展涉税专业服务促进税法遵从★★

涉税专业服务，是指涉税专业机构接受委托，利用专业知识和技能，就涉税事项向委托人提供的税务代理等服务。

【小贴士】涉税专业服务机构，是指**税务师事务所**和从事涉税专业服务的会计师事务所、律师事务所、代理记账机构、税务代理公司、财税类咨询公司等机构。

（一）涉税专业服务机构涉税业务内容

1. 纳税申报代理。

2. 一般税务咨询。

3. 专业税务顾问。

4. 税收策划。

5. 涉税鉴证。

6. 纳税情况审查。接受**行政机关、司法机关**委托，依法对企业纳税情况进行审查，作出专业结论。

7. 其他税务事项代理。

8. 其他涉税服务。

（二）税务机关对涉税专业服务机构实施监管内容

1. 税务机关应当对税务师事务所实施**行政登记**管理。

2. 税务机关对涉税专业服务机构及其从事涉税服务人员进行**实名制**管理。

3. 税务机关应当建立业务信息采集制度，利用现有的信息化平台分类**采集业务信息**，加强内部信息共享，提高分析利用水平。

4. 税务机关对涉税专业服务机构从事涉税专业服务的**执业情况进行检查**，根据举报、投诉情况进行调查。

5. 税务机关应当建立**信用评价**管理制度，对涉税专业服务机构从事涉税专业服务情况进行信用评价，对其从事涉税服务人员进行信用记录。

6. 税务机关应当加强对**税务师行业协会**的监督指导，与其他相关行业协会建立工作联系制度。

7. 税务机关应当在门户网站、电子税务局和办税服务场所**公告**纳入监管的涉税专业服务**机构名单及其信用情况**，同时公告**未经行政登记**的税务师事务所名单。

8. 税务机关应当为涉税专业服务机构提供便捷的服务，依托信息化平台为**信用等级高**的涉税专业服务机构开展**批量纳税申报**、信息报送等业务提供便利化服务。

【经典例题】

【真题·多选题】（2019）下列涉税服务内容，会计师事务所可以从事的有（　　）。

A. 税务咨询　　B. 纳税审查

C. 税收策划　　D. 税务顾问

【答案】 ABCD

【解析】 以上选项均正确。

【例题·多选题】 下列各项中，属于涉税专业服务机构的有（　　）。

A. 税务师事务所　　B. 税务代理公司

C. 律师事务所　　D. 财税类咨询公司

【答案】 ABCD

【解析】 涉税专业服务机构包括：税务师事务所和从事涉税专业服务的会计师事务所、律师事务所、代理记账机构、税务代理公司、财税类咨询公司等机构。

第七单元　国际税收关系

【小贴士】 本节内容与第十二章国际税收税务管理实务联系紧密，本节部分内容在第十二章介绍。

重难点1：国际重复征税与国际税收协定 ★★

（一）国际重复征税

国际重复征税，是指两个或两个以上国家对同一跨国纳税人的同一征税对象进行分别征税所形成的交叉重叠征税，又称国际双重征税。

依据税收管辖权相互重叠的形式，国际重复征税的产生主要有下述几种情形：

1. 居民（公民）管辖权同地域管辖权的重叠。

2. 居民（公民）管辖权与居民（公民）管辖权的重叠。

3. 地域管辖权同地域管辖权的重叠。

【经典例题】

【真题·多选题】（2009）下列各项中，属于国际重复征税产生原因的有（　　）。

A. 地域管辖权与地域管辖权的重叠

B. 居民（公民）管辖权与收入管辖权的重叠

C. 居民（公民）管辖权与地域管辖权的重叠

D. 居民（公民）管辖权与居民（公民）管辖权的重叠

【答案】 ACD

【解析】 依据税收管辖权相互重叠的表现形式，国际重复征税的产生主要有下述几种情形：（1）居民（公民）管辖权同地域管辖权的重叠；（2）居民（公民）管辖权与居民（公民）管辖权的重叠；（3）地域管辖权与地域管辖权的重叠。

（二）国际税收协定

国际税收协定，是指两个或两个以上的主权国家为了协调相互间在处理跨国纳税人征税事务和其他有关方面的税收关系，本着对等原则，经由政府谈判所签订的一种书面协议或条约，也称为国际税收条约。

重难点2：国际避税、反避税与国际税收协作★★

（一）国际避税

国际避税，是指纳税人利用两个或两个以上国家的税法和国家间的税收协定的漏洞、特例和缺陷，规避或减轻其全球总纳税义务的行为。

（二）国际反避税与国际税收协作

2017年6月7日，我国与德、英、法、印、俄等全球66个国家或地区共同签署了《实施税收协定相关措施以防止税基侵蚀和利润转移（BEPS）的多边公约》（以下简称《BEPS公约》）。《BEPS公约》是全球首个对所得税税收协定进行多边协调的法律文件。

【本章总结】

1. 本章内容繁杂，重要考点不明显，学员在复习时以理解为主。

2. 相对突出的考点包括：

（1）税法的特点。

（2）税法的基本原则和适用原则。

（3）税收法律关系。

（4）税法要素。

（5）税收立法机关。

（6）我国税法的制定。

（7）我国现行税法体系。

（8）税收征收管理机构与范围。

（9）税收收入划分。

（10）涉税专业服务机构、服务内容及监管。

（11）税收管辖权与国际重复征税。

（12）国际税收协定。

通关练习

一、单项选择题

1. 税法的本质是（　　）。

A. 一种分配关系

B. 保证征税机关的权利

C. 正确处理国家与纳税人之间因税收而产生的税收法律关系和社会关系

D. 规定纳税人的义务

2. 对税收法律关系中纳税主体的确定，我国采用的是（　　）。

A. 属地原则　　B. 属人原则

C. 属地或属人原则　　D. 属地兼属人原则

3. 关于税法与其他法律的关系，下列说法错误的是（　　）。

A. 当涉及税收征纳关系的问题时，一般应以税法的规范为准则

B. 纳税人违反了税法，就一定是刑事犯罪

C.《宪法》规定，中华人民共和国公民有依照法律纳税的义务

D. 税法是义务性法规，行政法大多为授权性法规

4. 下列各项中，属于税法基本原则的是（　　）。

A. 税收法定原则

B. 法律优位原则

C. 新法优于旧法原则

D. 程序优于实体原则

5. 税法基本原则中，要求税法的制定应根据客观事实确定是否符合课税要件，并根据纳税人的真实负担能力决定纳税人的税负的原则是（　　）。

A. 税收法定原则　　B. 税收公平原则

C. 税收效率原则　　D. 实质课税原则

6. 下列各项中，表述不正确的是（　　）。

A. 纳税人就是最终承担税款的单位和个人

B. 税目是对课税对象质的界定

C. 征税对象是区别一种税与另一种税的重要标志

D. 税率是衡量税负轻重的重要标志

7. 目前我国税收体系中采用超率累进税率的是（　　）。

A. 增值税　　B. 消费税

C. 土地增值税　　D. 个人所得税

8. 税收立法过程中必须充分倾听群众的意见，严格按照法定程序进行是税收立法的（　　）原则。

A. 从实际出发的原则

B. 公平原则

C. 民主决策的原则

D. 原则性与灵活性相结合的原则

9. 关于我国税收立法权划分的层次，下列表述不正确的是（　　）。

A. 经全国人民代表大会及其常委会授权，国务院有制定税法实施细则的权力

B. 经全国人民代表大会及其常委会授权，国务院有增减税目的权力

C. 经全国人民代表大会及其常委会授权，国务院有税法的解释权

D. 经国务院授权，县级及以上人民政府有地方税法的解释权

10. 税收部门规章由（　　）制定。

A. 全国人民代表大会及常务委员会

B. 地方人民代表大会及常务委员会

C. 国务院

D. 财政部和国家税务总局

11. 按照税法的基本内容和效力的不同，可分为（　　）。

A. 税收基本法和税收普通法

B. 税收基本法和税收程序法

C. 税收实体法和税收程序法

D. 税收实体法和税收普通法

12. 关于税收执法原则的表述，下列说法中错误的是（　　）。

A. 层次高的法律优于层次低的法律

B. 同一层次法律中，特别法优于普通法

C. 国际法优于国内法

D. 实体法从新，程序法从旧

13. 属于中央政府固定收入的税种是(　　)。

A. 增值税　　B. 车辆购置税

C. 耕地占用税　　D. 环境保护税

14. 下列关于税务机关和税务人员义务的说法中，不正确的是（　　）。

A. 税务机关应无偿地为纳税人提供纳税咨询服务

B. 税务人员不得索贿受贿、徇私舞弊

C. 税务机关应为检举人保密

D. 纳税人应当按照规定缴纳税款

15. 涉税专业服务机构的涉税业务内容不包括（　　）。

A. 逃税方案设计

B. 税务咨询服务

C. 接受纳税人委托，代理建账记账

D. 接受纳税人委托，代理减税免税申请

16. 国际税收中所指的国际重复征税一般属于（　　）。

A. 法律性国际重复征税

B. 经济性国际重复征税

C. 税制性国际重复征税

D. 政治性国际重复征税

17. 国际重复征税产生的根本原因是（　　）。

A. 纳税人所得的国际化

B. 纳税人收益的国际化

C. 各国所得税制的普遍化

D. 各国行使的税收管辖权的重叠

18. 国际税收协定的基本任务是(　　)。

A. 妥善处理国家之间的双重征税问题

B. 取消税收差别待遇

C. 互相交换税收情报

D. 减少国际避税和国际偷逃税

二、多项选择题

1. 以下关于税收与税法的表述中，不正

确的有(　　)。

A. 税收的本质是一种分配关系

B. 国家征税依据的是财产权力

C. 税法具有义务性法规和综合性法规的特点

D. 税法具有权利性法规和综合性法规的特点

2. 税收法律关系的主体包括(　　)。

A. 各级税务机关　　B. 海关

C. 在华的外国企业　D. 在华的外籍人

3. 以下属于税法适用原则的有(　　)。

A. 法律优位原则

B. 税收公平原则

C. 实质课税原则

D. 新法优于旧法原则

4. 下列关于税法要素的表述中，不正确的有(　　)。

A. 纳税人仅指法人这一种形式

B. 税基是对课税对象量的规定

C. 所有税种都需规定税目

D. 个人所得税、消费税都有税目的规定

5. 我国现行税收制度中，采用的税率形式有(　　)。

A. 超率累进税率　　B. 超额累进税率

C. 比例税率　　　　D. 超倍累进税率

6. 税收立法原则包括(　　)。

A. 从实际出发的原则

B. 公平原则

C. 法律的稳定性、连续性与废、改、立相结合的原则

D. 实体从旧、程序从新原则

7. 下列各项税收法律法规中，属于税收法律的有(　　)。

A.《企业所得税法》

B.《企业所得税法实施条例》

C.《税收征收管理法》

D.《税收征收管理法实施细则》

8.《个人所得税法》属于我国税法体系中的(　　)。

A. 税收普通法　　B. 税收实体法

C. 税收程序法　　D. 国内税法

9. 在税收执法过程中，对其适用性或法律效力的判断，一般按以下(　　)原则掌握。

A. 层次高的法律优于层次低的法律

B. 同一层次的法律中特别法优于普通法

C. 国际法优于国内法

D. 实体法从旧、程序法从新

10. 下列税种中，由税务系统负责征收的有(　　)。

A. 城镇土地使用税　B. 耕地占用税

C. 土地增值税　　　D. 关税

11. 根据我国分税制财政管理体制的规定，下列被列入中央政府和地方政府共享收入的税种有(　　)。

A. 车辆购置税　　　B. 增值税

C. 资源税　　　　　D. 企业所得税

12. 税收执法权具体包括(　　)。

A. 税务检查权

B. 税务稽查权

C. 税务行政复议裁决权

D. 税务行政处罚权

13. 税务人员在核定应纳税额、调整税收定额、进行税务检查、实施税务行政处罚、办理税务行政复议时，与纳税人、扣缴义务人或者其法定代表人、直接责任人有下列(　　)关系的，应当回避。

A. 夫妻　　　　　　B. 母子

C. 岳父和女婿　　　D. 舅舅和外甥

14. 下列关于纳税人、扣缴义务人权利的表述中，正确的有(　　)。

A. 纳税人、扣缴义务人有权向税务机关了解国家税收法律、行政法规的规定

B. 纳税人、扣缴义务人有权要求税务机关为纳税人的税收违法行为保密

C. 纳税人依法享有申请减税、免税、退税的权利

D. 纳税人、扣缴义务人有权控告和检举税务机关、税务人员的违法违纪行为

15. 涉税专业服务机构包括(　　)。

A. 税务师事务所　　B. 会计师事务所

C. 税务代理公司　　D. 财税类咨询公司

16. 涉税专业服务机构涉税业务内容包括(　　)。

A. 纳税申报代理　　B. 专业税务顾问

C. 税收策划　　D. 涉税鉴证

17. 下列各项中，属于税务机关对涉税专业服务机构实施监管的内容有(　　)。

A. 税务机关应当对税务师事务所实施行政登记管理

B. 税务机关对涉税专业服务机构及其从事涉税服务人员进行实名制管理

C. 税务机关应当建立信用评价管理制度，对涉税专业服务机构从事涉税专业服务情况进行信用评价，对其从事涉税服务人员进行信用记录

D. 税务机关应当为涉税专业服务机构提供便捷的服务，依托信息化平台为信用等级高的涉税专业服务机构开展批量纳税申报、信息报送等业务提供便利化服务

18. 下列关于国际重复征税的说法中正确的有(　　)。

A. 法律性国际重复征税是指不同的征税主体（即不同国家）对同一纳税人的同一税源进行的重复征税

B. 经济性国际重复征税是指不同的征税主体（即不同国家）对不同纳税人的同一税源进行的重复征税

C. 税制性国际重复征税是由于各国在税收制度上普遍实行复合税制度所导致的

D. 国际税收中所指的国际重复征税一般属于税制性国际重复征税

19. 国际税收协定的主要内容有(　　)。

A. 协定适用范围

B. 避免双重征税的办法

C. 税收无差别待遇

D. 防止国际偷税、漏税和国际避税

通关练习答案及解析

一、单项选择题

1. 【答案】C

【解析】税法的本质是正确处理国家与纳税人之间因税收而产生的税收法律关系和社会关系，既要保证国家税收收入，也要保护纳税人的权利，两者缺一不可。

2. 【答案】D

【解析】对税收法律关系中纳税主体的确定，我国采用的是属地兼属人的原则。

3. 【答案】B

【解析】纳税人违反了税法，并不一定就是刑事犯罪。要看情节是否严重，轻者给予行政处罚，重者则要承担刑事责任，给予刑事处罚。

4. 【答案】A

【解析】税收法定原则属于税法基本原则，选项B、C、D都是税法适用原则，适用原则还包括法律不溯及既往原则，特别法优于普通法原则，实体从旧、程序从新原则。

5. 【答案】D

【解析】实质课税原则是指应根据客观事实确定是否符合课税要件，并根据纳税人的真实负担能力决定纳税人的税负，而不能仅考虑相关外观和形式。

6. 【答案】A

【解析】选项A，纳税人是直接负有纳税义务的单位和个人，负税人是最终承担税款的单位和个人。

7. 【答案】C

【解析】我国税收体系中采用超率累进税率的是土地增值税。

8. 【答案】C

【解析】民主决策的原则是指税收立法过程中必须充分倾听群众的意见，严格按照法定程序进行，确保税收法律能体现广大群众的根本利益。

9. 【答案】D

【解析】经国务院授权，省级以上人民政

府有本地区地方税法的解释权。

10. 【答案】D

【解析】全国人民代表大会及常务委员会制定的是税收法律；地方人民代表大会及常务委员会制定的是税收地方性法规；国务院制定的是税收行政法规；财政部、国家税务总局制定的是税收部门规章。

11. 【答案】A

【解析】按照税法的基本内容和效力的不同，分为税收基本法和税收普通法。

12. 【答案】D

【解析】选项D说法错误，实体法从旧，程序法从新。

13. 【答案】B

【解析】选项A，增值税（不包括进口环节海关代征的增值税，进口环节由海关代征的增值税全额属于中央收入）属于中央政府与地方政府共享收入。选项B，车辆购置税属于中央政府固定收入。选项C耕地占用税、选项D环境保护税属于地方政府固定收入。

14. 【答案】D

【解析】选项D是纳税人的义务，不是税务机关和税务人员的义务。

15. 【答案】A

【解析】涉税专业服务机构涉税业务内容包括：(1) 纳税申报代理；(2) 一般税务咨询；(3) 专业税务顾问；(4) 税收策划；(5) 涉税鉴证；(6) 纳税情况审查；(7) 其他税务事项代理如代理建账、发票领用、减免退税申请等；(8) 其他涉税服务。

16. 【答案】A

【解析】国际税收中所指的国际重复征税一般属于法律性国际重复征税。

17. 【答案】D

【解析】选项A、B、C是国际重复征税产生的前提条件。选项D是国际重复征税产生的根本原因。

18. 【答案】A

【解析】国际税收协定的基本任务是妥善处理国家之间的双重征税问题，各类协定的主要条款内容都是围绕这一问题而订立的。

二、多项选择题

1. 【答案】BD

【解析】选项B，国家征税依据的是政治权力。选项D，税法具有义务性法规和综合性法规的特点。

2. 【答案】ABCD

【解析】在我国，税收法律关系的主体包括征纳双方，一方是代表国家行使征税职责的国家行政机关，包括国家各级税务机关、海关，另一方是履行纳税义务的人，包括法人、自然人和其他组织，在华的外国企业、组织、外籍人、无国籍人以及在华虽然没有机构、场所但有来源于中国境内所得的外国企业或组织。这种对税收法律关系中权利主体另一方的确定，在我国采取的是属地兼属人的原则。

3. 【答案】AD

【解析】选项B、C属于税法基本原则。选项A、D属于税法适用原则。

4. 【答案】AC

【解析】选项A，纳税人有自然人和法人两种最基本的形式。选项C，并非所有税种都需规定税目，有些税种不分课税对象的具体项目，一律按照课税对象的应税数额采用同一税率计征税款，因此一般无须设置税目。

5. 【答案】ABC

【解析】我国现行税收制度中，采用的税率形式包括比例税率、定额税率、超额累进税率和超率累进税率。我国目前不存在超倍累进税率。

6. 【答案】ABC

【解析】选项D，实体从旧、程序从新原则是税法适用原则。

7. 【答案】AC

【解析】选项A、C属于税收法律，选项B、D属于国务院制定的税收行政法规。

8. 【答案】ABD

【解析】《个人所得税法》属于税收普通法。《个人所得税法》有明确的征收对象、税目、税率，所以属于税收实体法不属于税收程序法。《个人所得税法》作为我国制定的内部税收制度，属于国内税法。

9.【答案】ABCD

【解析】由于税法具有多层次的特点，在税收执法过程中，对其适用性或法律效力的判断，一般按以下原则掌握：（1）层次高的法律优于层次低的法律；（2）同一层次的法律中特别法优于普通法；（3）国际法优于国内法；（4）实体法从旧、程序法从新。

10.【答案】ABC

【解析】选项A、B、C由税务机关负责征收。选项D由海关负责征收。

11.【答案】BCD

【解析】选项A属于地方政府固定收入；选项B、C、D所指的增值税、资源税、企业所得税的税收收入都涉及中央与地方共享。

12.【答案】ABCD

【解析】选项A、B、C、D均正确。

13.【答案】ABCD

【解析】税务人员在核定纳税额、调整税收定额、进行税务检查、实施税务行政处罚、办理税务行政复议时，与纳税人、扣缴义务人或者其法定代表人、直接责任人有下列关系之一的，应当回避：（1）夫妻关系；（2）直系血亲关系；（3）三代以内旁系血亲关系；（4）近姻亲关系；（5）可能影响公正执法的其他利益关系。选项A、B、C、D均正确。

14.【答案】ACD

【解析】选项B，纳税人、扣缴义务人有权要求税务机关为纳税人的情况保密，保密是指纳税人、扣缴义务人的商业秘密及个人隐私，税收违法行为不属于保密范围。

15.【答案】ABCD

【解析】涉税专业服务机构是指税务师事务所和从事涉税专业服务的会计师事务所、律师事务所、代理记账机构、税务代理公司、财税类咨询公司等机构。选项A、B、C、D均正确。

16.【答案】ABCD

【解析】涉税专业服务机构涉税业务内容包括纳税申报代理、一般税务咨询、专业税务顾问、税收策划、涉税鉴证、纳税情况审查、其他税务事项代理、其他涉税服务。选项A、B、C、D均正确。

17.【答案】ABCD

【解析】选项A、B、C、D均正确。

18.【答案】ABC

【解析】选项D，国际税收中所指的国际重复征税一般属于法律性国际重复征税。

19.【答案】ABCD

【解析】国际税收协定的主要内容包括协定适用范围；基本用语的定义；对所得和财产的课税；避免双重征税的办法；税收无差别待遇；防止国际偷税、漏税和国际避税。选项A、B、C、D均正确。

第二章　增值税法

2021 年教材内容主要变化

1. 删除“一般纳税人转登记为小规模纳税人”的大部分内容。

2. 新增：采取填埋、焚烧等方式进行专业化处理后产生货物，且货物归属委托方的，受托方属于提供“加工劳务”，其收取的处理费用适用 13% 的增值税税率。

3. 新增：采取填埋、焚烧等方式进行专业化处理后产生货物，且货物归属受托方的，受托方属于提供“专业技术服务”，其收取的处理费用适用 6% 的增值税税率。受托方将产生的货物用于销售时，适用货物的增值税税率。

4. 新增：采取填埋、焚烧等方式进行专业化处理后未产生货物的，受托方属于提供“现代服务”中的“专业技术服务”，其收取的处理费用适用 6% 的增值税税率。

5. 新增：房地产开发企业中的一般纳税人购入未完工的房地产老项目（2016 年 4 月 30 日之前的建筑工程项目）继续开发后，以自己名义立项销售的不动产，属于房地产老项目，可以选择适用简易计税方法按照 5% 的征收率计算缴纳增值税。

6. 新增：对从事二手车经销业务的纳税人销售其收购的二手车，自 2020 年 5 月 1 日至 2023 年 12 月 31 日减按 0.5% 的征收率征收增值税，其销售额的计算公式为：销售额 = 含税销售额 ÷（1 +0.5%）。纳税人应当开具二手车销售统一发票。购买方索取增值税专用发票的，应当再开具征收率为 0.5% 的增值税专用发票。

7. 新增：一般纳税人销售自产机器设备的同时提供安装服务，应分别核算机器设备和安装服务的销售额，安装服务可以按照甲供工程选择适用简易计税方法计税。一般纳税人销售外购机器设备的同时提供安装服务，如果安装符合兼营的有关规定，安装服务可以按照甲供工程选择适用简易计税方法计税。

8. 新增：价外费用是指价外收取的各种性质的收费，不包括同时符合以下条件的代垫运输费用：（1）承运部门的运输费用发票开具给购买方的；（2）纳税人将该项发票转交给购买方的。

9. 新增：拍卖行受托拍卖文物艺术品，委托方按规定享受免征增值税政策的，拍卖行可以自己名义就代为收取的货物价款向购买方开具增值税普通发票，对应的货物价款不计入拍卖行的增值税应税收入。

10. 新增：金融商品买入价的确定。

（1）单位将其持有的限售股在解禁流通后对外转让，按照规定确定的买入价，低于该单位取得限售股的实际成本价的，以实际成本价为买入价计算缴纳增值税。

（2）纳税人无偿转让股票时，转出方以该股票的买入价为卖出价，按照“金融商品转让”计算缴纳增值税；在转入方将上述股票再转让时，以原转出方的卖出价为买入价，按照“金融商品转让”计算缴纳增值税。

11. 删除农产品增值税进项税额核定方法投入产出法、成本法和参照法的具体计算。

12. 删除境外旅客购物离境退税政策中离

境退税的具体流程。

13. 删除出口货物、劳务和跨境应税行为退（免）税管理中的认定和申报的部分内容。

14. 删除出口货物、劳务和应税行为退（免）税的日常管理。

15. 删除2020年12月31日到期的增值税税收优惠政策。

本章近五年考情分析

本章属于税法考试最重点的章节之一，考试涵盖了单项选择题、多项选择题、计算问答题和综合题所有题型，近五年考试分值在19分左右，其中必有一道15分的综合题。2021年预计考试分值在20分左右。

本章内容如下：

第一单元　征税范围与纳税人（重要）

第二单元　一般纳税人和小规模纳税人的登记

第三单元　税率与征收率（重要）

第四单元　增值税的计税方法

第五单元　一般计税方法应纳税额的计算（重要）

第六单元　简易征税方法应纳税额的计算

第七单元　进口环节增值税的征收

第八单元　出口和跨境业务增值税的退（免）税和征税

第九单元　税收优惠（重要）

第十单元　征收管理

第十一单元　增值税专用发票的使用及管理

重难点解析

第一单元　征税范围与纳税人

重难点1：征税范围的一般规定（5项）★★★

（一）销售或进口的货物

货物：指有形动产，包括电力、热力、气体在内。

销售：有偿转让货物所有权的行为。

（二）销售劳务（加工、修理修配劳务）

劳务：是指纳税人提供的加工、修理修配劳务。

【小贴士】委托方：提供主要原料及主要材料。受托方：按委托方要求制造货物并收取加工费。

【小贴士】消费税的征税范围中加工应税消费品的加工与此规定相同。

（三）销售服务（7项）

1. 交通运输服务。

（1）陆路运输服务。

【小贴士】包括铁路运输和公路运输、缆车运输、索道运输、地铁运输、城市轻轨运输等。

【小贴士】出租车公司向使用本公司自有出租车的出租车司机收取的管理费用，按照“陆路运输服务”缴纳增值税。

（2）水路运输服务。

（3）航空运输服务。

【小贴士】航天运输服务按照“航空运输服务”缴纳增值税。

【小贴士】纳税人已售票但客户逾期未消费取得的运输逾期票证收入，按照“交通运输服务”缴纳增值税。

【小贴士】在运输工具舱位承包业务中，

发包方以其向承包方收取的全部价款和价外费用为销售额，按照“交通运输服务”缴纳增值税。承包方以其向托运人收取的全部价款和价外费用为销售额，按照“交通运输服务”缴纳增值税。

【小贴士】在运输工具舱位互换业务中，互换运输工具舱位的双方均以各自换出运输工具舱位确认的全部价款和价外费用为销售额，按照“交通运输服务”缴纳增值税。

2. 邮政服务。

（1）邮政普遍服务，指函件、包裹等邮件寄递，以及邮票发行、报刊发行和邮政汇兑等业务活动。

（2）邮政特殊服务，指义务兵平常信函、机要通信、盲人读物和革命烈士遗物的寄递等业务活动。

（3）其他邮政服务指邮册等邮品销售、邮政代理等业务活动

3. 电信服务。

（1）基础电信服务，是指利用固网、移动网、卫星、互联网提供语音通话服务的业务活动，以及出租或者出售带宽、波长等网络元素的业务活动。

（2）增值电信服务，是指利用固网、移动网、卫星、互联网、有线电视网络，提供短信和彩信服务、电子数据和信息的传输及应用服务、互联网接入服务等业务活动。

【小贴士】卫星电视信号落地转接服务，按照“增值电信服务”缴纳增值税。

4. 建筑服务。

（1）工程服务。

（2）安装服务。

【小贴士】固定电话、有线电视、宽带、水、电、燃气、暖气等经营者向用户收取的安装费、初装费、开户费、扩容费以及类似收费，按照“安装服务”缴纳增值税。

（3）修缮服务，对建筑物进行修补、加固、养护、改善（注意：与修理修配的区别，修缮针对的是不动产，修理修配针对的是有形动产）。

（4）装饰服务。

（5）其他建筑服务，是指除上述工程作业之外的各种工程作业服务。如钻井（打井）、拆除建筑物或者构筑物、平整土地、园林绿化、疏浚（不包括航道疏浚）、建筑物平移、搭脚手架、爆破、矿山穿孔、表面附着物（包括岩层、土层、沙层等）剥离和清理等工程作业。

【小贴士】纳税人将建筑施工设备出租给他人使用并配备操作人员的，按照建筑服务缴纳增值税。

5. 金融服务。

（1）贷款服务，主要指各种占用、拆借资金取得的收入，包括金融商品持有期间利息收入（保本收益、报酬、资金占用费、补偿金等）、信用卡透支利息收入、买入返售金融商品利息收入、融资融券收取的利息收入以及融资性售后回租、押汇、罚息、票据贴现、转贷等业务取得的利息收入。

【小贴士】保本收益、报酬、资金占用费、补偿金是指合同中明确承诺到期本金可全部收回的投资收益。金融商品持有期间（含到期）取得的非保本的上述收益，不属于利息或利息性质的收入，不征收增值税。

【小贴士】货币资金投资收取的固定利润或者保底利润，按照贷款服务缴纳增值税。

（2）直接收费金融服务，包括提供货币兑换、账户管理、电子银行、信用卡、信用证、财务担保、资产管理、信托管理、基金管理、金融交易场所（平台）管理、资金结算、资金清算、金融支付等服务。

（3）保险服务，包括人身保险服务和财产保险服务。

（4）金融商品转让，是指转让外汇、有价证券、非货物期货和其他金融商品所有权的业务活动。其他金融商品转让包括基金、信托、理财产品等各类资产管理产品和各种金融衍生品的转让。

【小贴士】纳税人购入基金、信托、理财产品等各类资产管理产品持有至到期，不属于

金融商品转让。

【小贴士】纳税人转让因同时实施股权分置改革和重大资产重组而首次公开发行股票并上市形成的限售股，以及上市首日至解禁日期间由上述股份孳生的送、转股，以该上市公司股票上市首日开盘价为买入价，按照“金融商品转让”缴纳增值税。

6. 现代服务。

(1) 研发和技术服务，包括研发服务、合同能源管理服务、工程勘察勘探服务、专业技术服务。

(2) 信息技术服务，包括软件服务、电路设计及测试服务、信息系统服务、业务流程管理服务和信息系统增值服务。

(3) 文化创意服务，包括设计服务、知识产权服务、广告服务和会议展览服务。

【小贴士】宾馆、旅馆、旅社、度假村和其他经营性住宿场所提供会议场地及配套服务的活动，按照“会议展览服务”缴纳增值税，提供的除此之外的服务按照“生活服务”缴纳增值税。

(4) 物流辅助服务，包括航空服务、港口码头服务、货运客运场站服务、打捞救助服务、装卸搬运服务、仓储服务、收派服务。

(5) 租赁服务，包括融资租赁和经营租赁。

【小贴士】按照标的物不同，融资租赁分为有形动产融资租赁和不动产融资租赁，经营租赁分为有形动产经营租赁和不动产经营租赁。

【小贴士】动产租赁、不动产租赁税率不同。

【小贴士】融资性售后回租不按照本税目缴纳增值税，应按照金融服务中的贷款服务征收增值税。

【小贴士】将建筑物、构筑物等不动产或者飞机、车辆等有形动产的广告位出租给其他单位或者个人用于发布广告，按照“经营租赁服务”缴纳增值税。

【小贴士】车辆停放服务、道路通行服务(包括过路费、过桥费、过闸费等)等按照“不动产经营租赁服务”缴纳增值税。

(6) 鉴证咨询服务，包括认证服务、鉴证服务和咨询服务。

【小贴士】翻译服务和市场调查服务按照“咨询服务”缴纳增值税。

(7) 广播影视服务，包括广播影视节目(作品)的制作服务、发行服务、播映(含放映)服务。

(8) 商务辅助服务，包括企业管理服务、经纪代理服务、人力资源服务、安全保护服务。

【小贴士】拍卖行受托拍卖取得的手续费或佣金收入，按照“经纪代理服务”缴纳增值税。

【小贴士】纳税人提供安全保护服务，比照劳务派遣服务政策执行，属于人力资源服务。

【小贴士】纳税人提供武装守护押运服务，按照“安全保护服务”缴纳增值税。

(9) 其他现代服务。

7. 生活服务。

(1) 文化体育服务。

【小贴士】纳税人在游览场所经营索道、摆渡车、电瓶车、游船等取得的收入按照“文化体育服务”缴纳增值税。

(2) 教育医疗服务。

(3) 旅游娱乐服务。

(4) 餐饮住宿服务。

【小贴士】提供餐饮服务的纳税人销售的外卖食品，按照“餐饮服务”缴纳增值税，但销售的外卖食品，一定是自产的产品。

(5) 居民日常服务，指市容市政管理、家政、婚庆、养老、殡葬、照料和护理、救助救济、美容美发、按摩、桑拿、沐浴、洗染、摄影扩印等服务。

(6) 其他生活服务。

【小贴士】纳税人提供植物养护服务，按照“其他生活服务”缴纳增值税。

(四) 销售无形资产

无形资产包括技术、商标、著作权、商

誉、自然资源使用权和其他权益性无形资产。

【小贴士】其他权益性无形资产包括基础设施资产经营权、公共事业特许权、配额、经营权（包括特许经营权、连锁经营权、其他经营权）、经销权、分销权、代理权、会员权、席位权、网络游戏虚拟道具、域名、名称权、肖像权、冠名权、转会费等。

（五）销售不动产

销售不动产是指转让不动产所有权的业务活动。

【小贴士】不动产包括建筑物和构筑物。

【小贴士】转让建筑物有限产权或者永久使用权的，转让在建的建筑物或者构筑物所有权的，以及在转让建筑物或者构筑物时一并转让其所占土地的使用权的，按照“销售不动产”缴纳增值税。

【经典例题】

【真题·单选题】（2020）下列增值税应税服务项目中，应按照“租赁服务”计征增值税的是（　　）。

A. 融资性售后回租

B. 写字楼广告位出租

C. 航空运输的湿租业务

D. 提供会议场地及配套服务

【答案】B

【解析】选项B，将建筑物、构筑物等不动产或者飞机、车辆等有形动产的广告位出租给其他单位或者个人用于发布广告，按照“经营租赁服务”缴纳增值税。

【真题·单选题】（2019）出租车公司向使用本公司自有出租车的司机收取管理费用，应缴纳增值税。该业务属于增值税征税范围中的（　　）。

A. 交通运输服务

B. 居民日常服务

C. 物流辅助服务

D. 商务辅助服务

【答案】A

【解析】出租车公司向使用本公司自有出租车的司机收取管理费用，应缴纳增值税。该业务应该按照“交通运输服务”缴纳增值税。

重难点2：征收范围的说明事项★

（一）缴纳增值税的经济行为需同时具备四个条件

根据“营改增通知”，除另有规定外，一项经济行为是否需要缴纳增值税，一般应同时具备四个条件：

1. 应税行为发生在中华人民共和国境内。

境内指：

（1）服务（租赁不动产除外）或者无形资产（自然资源使用权除外）的销售方或者购买方在境内。

（2）所销售或者租赁的不动产在境内。

（3）所销售自然资源使用权的自然资源在境内。

以下不属于在境内销售服务或者无形资产（不需要缴纳增值税）：

（1）境外单位或者个人向境内单位或者个人销售完全在境外发生的服务。

（2）境外单位或者个人向境内单位或者个人销售完全在境外使用的无形资产。

（3）境外单位或者个人向境内单位或者个人出租完全在境外使用的有形动产。

（4）财政部和国家税务总局规定的其他情形：为出境的函件、包裹在境外提供的邮政服务、收派服务；向境内单位或者个人提供的工程施工地点在境外的建筑服务、工程监理服务；向境内单位或者个人提供的工程、矿产资源在境外的工程勘察勘探服务；向境内单位或者个人提供的会议展览地点在境外的会议展览服务。

【小贴士】只有上述列举行为属于境外发生，不需要缴纳增值税，除此之外都属于境内行为，需要缴纳增值税。

2. 应税行为是属于《销售服务、无形资产、不动产注释》范围内的业务活动。

3. 应税服务是为他人提供的。

4. 应税行为是有偿的。

有偿，是指从购买方取得货币、货物或者

其他经济利益。

【例外情形1】（满足条件但不缴税）

1. 行政单位收取的同时满足条件的**政府性基金**或者**行政事业性收费**。

2. **存款利息**。

3. 被保险人获得的**保险赔付**。

4. 房地产主管部门或者其指定机构、公积金管理中心、开发企业以及物业管理单位代收的**住宅专项维修资金**。

5. 在资产重组过程中，通过合并、分立、出售、置换等方式，将全部或者部分实物资产以及与其相关联的**债权、负债**和劳动力一并转让给其他单位和个人，其中涉及的**不动产、土地使用权**转让行为。

【例外情形2】（不满足条件但需要缴税）

1. 单位或者个体工商户向其他单位或者个人**无偿**提供服务，但用于**公益事业**或者**以社会公众为对象**的除外。

2. 单位或者个人向其他单位或者个人**无偿**转让无形资产或者不动产，但用于**公益事业**或者**以社会公众为对象**的除外。

3. 财政部和国家税务总局规定的其他情形。

【经典例题】

【例题·多选题】企业发生的下列行为中，不需要计算缴纳增值税的有（　　）。

A. 取得存款利息

B. 获得保险赔偿

C. 房地产主管部门或者其指定机构、公积金管理中心、开发企业以及物业管理单位代收的住宅专项维修资金

D. 逾期啤酒包装物押金

【答案】ABC

【解析】逾期啤酒包装物押金要计算缴纳增值税，选项A、B、C均不属于增值税征税范围，不需要缴纳增值税。

（二）下列非经营活动不缴纳增值税

1. 行政单位收取的同时满足规定条件的政府性基金或者行政事业性收费。

①由国务院或者财政部批准设立的政府性基金，由国务院或者省级人民政府及其财政、价格主管部门批准设立的行政事业性收费。

②收取时开具省级以上（含省级）财政部门监（印）制的财政票据。

③所收款项全额上缴财政。

2. 单位或者个体工商户聘用的员工为**本单位或者雇主**提供取得工资的服务。

3. 单位或者个体工商户为**聘用的员工**提供服务。

重难点3：征税范围的特殊规定★★★

（一）特殊项目

1. 罚没物品征与不征增值税的处理。

（1）执罚部门和单位查处的属于一般商业部门经营的商品。

①具备拍卖条件：由执罚部门或单位商同级财政部门同意后，公开拍卖。其拍卖收入作为**罚没收入**由执罚部门和单位如数上缴财政，**不予征收增值税**。对**经营单位购入**拍卖物品再**销售的应照章征收**增值税。

②不具备拍卖条件：由执罚部门、财政部门、国家指定销售单位会同有关部门按质论价，交由国家指定销售单位纳入正常销售渠道变价处理。执罚部门按商定价格所取得的变价收入作为**罚没收入**如数上缴财政，**不予征收增值税**。国家指定销售单位将罚没物品纳入**正常销售渠道销售**的，应**照章征收**增值税。

（2）执罚部门和单位查处的属于专管机关管理或专管企业经营的财物，如金银（不包括金银首饰）、外币、有价证券、非禁止出口文物应交由专管机关或专营企业收兑或收购。执罚部门和单位按收兑或收购价所取得的收入作为**罚没收入**如数上缴财政，**不予征收增值税**。专管机关或专营企业经营上述物品中属于应征增值税的货物，应照章征收增值税。

2. 航空运输企业已售票但未提供航空运输服务取得的逾期票证收入，按照航空运输服务征收增值税。

3. 纳税人取得的财政补贴收入，与其销

售货物、劳务、服务、无形资产、不动产的收入或者数量直接挂钩的，应按规定计算缴纳增值税。纳税人取得的其他情形的财政补贴收入，不属于增值税应税收入，不征收增值税。

4. 融资性售后回租业务中，承租方出售资产的行为不属于增值税的征税范围，不征收增值税。

5. 药品生产企业销售自产创新药的销售额，为向购买方收取的全部价款和价外费用，其提供给患者后续免费使用的相同创新药不属于增值税视同销售范围。

6. 根据国家指令无偿提供的铁路运输服务、航空运输服务，属于用于公益事业的服务，不征收增值税。。

7. 存款利息不征收增值税。

8. 被保险人获得的保险赔付不征收增值税。

9. 房地产主管部门或者其指定机构、公积金管理中心、开发企业以及物业管理单位代收的住宅专项维修资金，不征收增值税。

10. 纳税人在资产重组过程中，通过合并、分立、出售、置换等方式，将全部或者部分实物资产以及与其相关联的债权、负债和劳动力一并转让给其他单位和个人，不属于增值税的征税范围。

11. 单用途卡业务：

（1）发卡企业或售卡企业销售单用途卡，或者接受单用途卡持卡人充值取得的预收资金，不缴纳增值税，可以开具增值税普通发票，不得开具增值税专用发票。

（2）售卡方因发行或者销售单用途卡并办理相关资金收付结算业务取得的手续费、结算费、服务费、管理费等收入，应按照现行规定缴纳增值税。

（3）销售方持卡人使用单用途卡购买货物或服务，销售方应按照现行规定缴纳增值税，且不得向持卡人开具增值税发票。

（4）销售方与售卡方不是同一纳税人的，销售方在收到售卡方结算的销售款时，应向售卡方开具增值税普通发票，不得开具增值税专用发票。

12. 多用途卡业务与单用途卡相同。

（二）特殊行为（重要）

1. 视同销售行为。

单位或者个体工商户的下列行为，视同发生应税销售行为：

（1）将货物交付其他单位或者个人代销。

【小贴士】增值税纳税义务发生时间为收到代销清单或代销款项时，若均未收到，则于发货后的**180 天**确认增值税的纳税义务。

（2）销售代销货物。

（3）设有两个以上机构并实行统一核算的纳税人，将货物从一个机构移送至其他机构用于销售，但相关机构设在同一县（市）的除外；“用于销售”，是指受货机构发生以下情形之一的经营行为：①向购货方开具发票；②向购货方收取货款。

（4）将自产或者委托加工的货物用于**非应税项目**。

（5）将自产、委托加工的货物用于集体福利或者个人消费。

（6）将**自产、委托加工或者购进**的货物作为投资，提供给其他单位或者个体工商户。

（7）将**自产、委托加工或者购进**的货物分配给股东或者投资者。

（8）将**自产、委托加工或者购进**的货物无偿赠送其他单位或者个人。

（9）单位或者个体工商户向其他单位或者个人无偿销售**应税服务**、无偿转让**无形资产**或者**不动产**，但用于公益事业或者以社会公众为对象的除外。

（10）财政部和国家税务总局规定的其他情形。

【小贴士】**自产或者委托加工**的货物处理是相同的，用于集体福利或者个人消费以及投资、分配、赠送的都属于视同销售。

【小贴士】购进的货物用于集体福利和个人消费，不需要视同销售，不得抵扣进项税额；已作进项抵扣的，作进项税额转出处理。购进的货物用于投资、分配、赠送的，需要视同销售。

【经典例题】

【例题·多选题】下列行为中，应当视同销售货物缴纳增值税的有(　　)。

A. 将自产的货物用于集体福利

B. 将购进的货物用于集体福利

C. 将自产的货物用于对外投资

D. 将购进的货物用于对外投资

【答案】ACD

【解析】将自产、委托加工的货物用于集体福利或者个人消费、投资、分配、赠送，均属于增值税视同销售行为。将购进的货物用于集体福利或者个人消费，不属于增值税视同销售行为，但用于投资、分配、赠送属于视同销售行为，所以选项B不正确。

2. 混合销售行为。

一项销售行为如果既涉及货物又涉及服务，为混合销售。

【小贴士】混合销售行为必须同时符合两个标准：(1) 销售行为必须是一项；(2) 该项行为必须既涉及货物销售又涉及应税行为。

【小贴士】从事货物的生产、批发或者零售的单位和个体工商户的混合销售，按照销售货物缴纳增值税；其他单位和个体工商户的混合销售，按照销售服务缴纳增值税。

【经典例题】

【真题·单选题】(2019) 下列经营行为中，属于增值税混合销售行为的是(　　)。

A. 商场销售相机及储存卡

B. 商场销售办公设备并提供送货服务

C. 疗养中心提供住宿并举办健康讲座

D. 健身房提供健身场所并销售减肥药

【答案】B

【解析】一项销售行为如果既涉及货物又涉及服务，为混合销售。选项B，销售货物的同时，提供运输服务，因此属于混合销售行为。

重难点4：纳税义务人和扣缴义务人★★

(一) 纳税人

在中华人民共和国境内销售货物、销售劳务、销售服务、销售无形资产、销售不动产的单位和个人。

【小贴士】单位以承包、承租、挂靠方式经营的：如果以发包人名义对外经营并由发包人承担相关法律责任的，以该发包人为纳税人。否则，以承包人为纳税人。

【小贴士】资管产品运营过程中发生的增值税应税行为，以资管产品管理人为增值税纳税人。

【经典例题】

【真题·单选题】(2018) 下列承包经营的情形中，应以发包人为增值税纳税人的是(　　)。

A. 以承包人名义对外经营，由承包人承担法律责任的

B. 以发包人名义对外经营，由发包人承担法律责任的

C. 以发包人名义对外经营，由承包人承担法律责任的

D. 以承包人名义对外经营，由发包人承担法律责任的

【答案】B

【解析】单位以承包、承租、挂靠方式经营的，承包人、承租人、挂靠人（以下统称“承包人”）以发包人、出租人、被挂靠人（以下统称“发包人”）名义对外经营并由发包人承担相关法律责任的，以该发包人为纳税人；否则以承包人为纳税人。

(二) 扣缴义务人

中华人民共和国境外的单位或者个人在境内销售劳务，在境内未设有经营机构的，以其境内代理人为扣缴义务人；在境内没有代理人的，以购买方为扣缴义务人。

第二单元　一般纳税人和小规模纳税人的登记

重难点1：纳税人的划分标准★

划分标准：会计核算水平和经营规模。

【小贴士】经营规模：年应税销售额。年

应税销售额：是指纳税人在连续不超过12个月或4个季度的经营期内累计应征增值税销售额，包括**纳税申报销售额**、**稽查查补销售额**、**纳税评估调整销售额**。

一般纳税人：年应税销售额在**500**万元以上。

小规模纳税人：年应税销售额在500万元以下（含500万元）。

重难点2：纳税人登记★

（一）一般纳税人的登记

1. 一般纳税人的登记条件。

根据《增值税一般纳税人登记管理办法》的规定，增值税纳税人（以下简称“纳税人”），年应税销售额超过财政部、国家税务总局规定的小规模纳税人标准（以下简称“规定标准”）的，除下述第2条规定外，应当向主管税务机关办理一般纳税人登记。

【小贴士】销售服务、销售无形资产或者销售不动产（以下简称“应税行为”）有扣除项目的纳税人，其应税行为年应税销售额按未扣除之前的销售额计算。

【小贴士】纳税人偶然发生的销售无形资产、转让不动产的销售额，**不计入**应税行为年应税销售额。

【小贴士】年应税销售额未超过规定标准的纳税人，**会计核算健全**，能够提供准确税务资料的，可以向主管税务机关办理一般纳税人登记。

【小贴士】纳税人应当向其机构所在地主管税务机关办理一般纳税人登记手续。

【小贴士】纳税人登记为一般纳税人后，**不得**转为小规模纳税人，**国家税务总局另有规定的除外**。

2. 不得办理一般纳税人登记的情况。

（1）按照政策规定，选择按照小规模纳税人纳税的（应当向主管税务机关提交书面说明）。

（2）年应税销售额超过规定标准的其他个人。

3. 登记的时限。

纳税人在年应税销售额超过规定标准的月份（或季度）的所属申报期结束后15日内按照规定办理相关手续。未按规定时限办理的，主管税务机关应当在规定时限结束后5日内制作《税务事项通知书》，告知纳税人应当在5日内向主管税务机关办理相关手续；逾期仍不办理的，次月起按销售额依照增值税税率计算应纳税额，不得抵扣进项税额，直至纳税人办理相关手续为止。

（二）小规模纳税人的登记

小规模纳税人是指年销售额在500万元以下，并且会计核算不健全，不能按规定报送有关税务资料的增值税纳税人。

【小贴士】已登记为增值税一般纳税人的单位和个人，转登记日前连续12个月（以1个月为1个纳税期）或者连续4个季度（以1个季度为1个纳税期）累计销售额未超过500万元的一般纳税人，在2020年12月31日前，可选择转登记为小规模纳税人。

转登记纳税人按规定再次登记为一般纳税人后，不得再转登记为小规模纳税人。

第三单元　税率与征收率

重难点1：增值税的税率★

税率：限于一般纳税人使用，共4档：13%、9%、6%、0%。

（一）适用13%税率的

销售或进口货物（除下列适用9%税率货物外）；销售劳务；销售有形动产租赁服务。

【小贴士】采取填埋、焚烧等方式进行专业化处理后产生货物，且货物归属委托方的，受托方属于提供“加工劳务”，其收取的处理费用适用13%的增值税税率。

（二）适用9%税率的（重要）

销售交通运输、邮政、基础电信、建筑、不动产租赁服务、销售不动产、转让土地使用权，销售或进口下列货物：

1. 粮食等农产品、食用植物油、食用盐、鲜奶。

【小贴士】环氧大豆油、氢化植物油不属于食用植物油征收范围，适用13%的增值税税率。

【小贴士】麦芽、复合胶、人发不属于《农业产品征税范围注释》中规定的农业产品范围，应适用13%的增值税税率。

【小贴士】调制乳，不属于初级农业产品，应按照13%的税率征收增值税。

【小贴士】淀粉不属于农业产品的范围，应按照13%的税率征收增值税。

【小贴士】动物骨粒属于《农业产品征税范围注释》中规定的动物类“其他动物组织”，其适用的增值税税率为9%。

2. 自来水、暖气、冷气、热水、煤气、石油液化气、天然气、二甲醚、沼气、居民用煤炭制品。

3. 图书、报纸、杂志（含境外图书）、音像制品、电子出版物。

【小贴士】国内印刷企业承印的经新闻出版主管部门批准印刷且采用国际标准书号编序的境外图书，属于图书，适用9%的增值税税率。

4. 饲料、化肥、农药、农机、农膜。

【小贴士】密集型烤房设备、频振式杀虫灯、自动虫情测报灯、粘虫板、卷帘机、农用挖掘机、养鸡设备系列、养猪设备系列产品属于农机，适用9%的增值税税率。

5. 国务院及其有关部门规定的其他货物。

【小贴士】

农业生产者	销售自产农产品，免税
其他人销售非自产农产品	一般纳税人销售9%， 小规模纳税人销售3%

（三）适用6%税率的

销售增值电信服务、金融服务、现代服务（租赁除外）、生活服务、销售无形资产（转让土地使用权除外）。

【小贴士】纳税人通过省级土地行政主管部门设立的交易平台转让补充耕地指标，按照销售无形资产缴纳增值税，税率为6%。

【小贴士】采取填埋、焚烧等方式进行专业化处理后未产生货物的，受托方属于提供“现代服务”中的“专业技术服务”，其收取的处理费用适用6%的增值税税率。（新增）

【小贴士】采取填埋、焚烧等方式进行专业化处理后产生货物，且货物归属受托方的，受托方属于提供“专业技术服务”，其收取的处理费用适用6%的增值税税率。受托方将产生的货物用于销售时，适用货物的增值税税率。（新增）

【经典例题】

【真题·单选题】（2020）增值税一般纳税人发生的下列应税行为中，适用6%税率计征增值税的是（　　）。

A. 提供建筑施工服务

B. 销售非现场制作食品

C. 出租2020年新购入的房产

D. 通过省级土地行政主管部门设立的交易平台转让补充耕地指标

【答案】D

【解析】选项A，提供建筑施工服务，按照建筑服务缴纳增值税，税率为9%。选项B，销售非现场制作食品，按照销售货物缴纳增值税，税率为13%。选项C，出租2020年新购入的房产，按照不动产租赁缴纳增值税，税率为9%。选项D，纳税人通过省级土地行政主管部门设立的交易平台转让补充耕地指标，按照销售无形资产缴纳增值税，税率为6%。

（四）零税率

1. 出口货物。

2. 境内单位和境内个人跨境销售国务院规定范围内的服务、无形资产。

（1）国际运输服务。

【小贴士】按照国家有关规定应取得相关资质的国际运输服务项目，纳税人取得相关资质的，适用增值税零税率政策，未取得的，适用增值税免税政策。

【小贴士】境内的单位或个人提供程租服务，如果租赁的交通工具用于国际运输服务和港澳台运输服务，由**出租方**按规定申请适用增值税零税率。

【小贴士】境内的单位和个人向境内单位

或个人提供期租、湿租服务，如果承租方利用租赁的交通工具向其他单位或个人提供国际运输服务和港澳台运输服务，由**承租方**适用增值税零税率。境内的单位或个人向境外单位或个人提供期租、湿租服务，由**出租方**适用增值税零税率。

【小贴士】境内单位和个人以无运输工具承运方式提供的国际运输服务，由**境内实际承运人**适用增值税零税率；无运输工具承运业务的**经营者**适用增值税免税政策。

（2）航天运输服务。

（3）向境外单位提供的完全在境外消费的下列服务：

①研发服务。

②合同能源管理服务。

③设计服务。

④广播影视节目（作品）的制作和发行服务。

⑤软件服务。

⑥电路设计及测试服务。

⑦信息系统服务。

⑧业务流程管理服务。

⑨离岸服务外包业务。

⑩转让技术。

3. 境内单位和个人发生的与香港、澳门、台湾有关的应税行为，除另有规定外，参照上述规定执行。

【经典例题】

【例题·单选题】境内单位和个人发生的下列跨境应税行为中，适用增值税零税率的是（　　）。

A. 向境外单位提供的国际运输服务

B. 向境外单位提供的完全在境外消费的电信服务

C. 在境外提供的广播影视节目播映服务

D. 无运输工具承运业务的经营者提供的国际运输服务

【答案】A

【解析】选项B，向境外单位提供的完全在境外消费的电信服务，适用增值税免税政策。选项C，向境外单位提供的完全在境外消费的广播影视节目（作品）的制作和发行服务，适用于增值税零税率。境内单位和个人发生的在境外提供的广播影视节目播映服务，适用于增值税免税政策。选项D，境内单位和个人以无运输工具承运方式提供的国际运输服务，其境内实际承运人适用增值税零税率；无运输工具承运业务的经营者适用增值税免税政策。

重难点2：增值税的征收率

增值税征收率适用于两种情况：一是小规模纳税人；二是一般纳税人发生应税销售行为按规定可以选择简易计税方法计税的。

（一）征收率的一般规定

1. 根据“营改增通知”的规定，下列情况适用**5%**征收率：

（1）小规模纳税人销售自建或者取得的不动产。

（2）小规模纳税人出租（经营租赁）其取得的不动产（不含个人出租住房）。

（3）房地产开发企业中的小规模纳税人，销售自行开发的房地产项目。

（4）其他个人销售其取得（不含自建）的不动产（不含其购买的住房）。

（5）其他个人出租（经营租赁）其取得的不动产（不含住房）。

（6）个人出租住房，应按照5%的征收率**减按1.5%**计算应纳税额。

（7）一般纳税人选择简易计税方法计税的不动产销售。

（8）一般纳税人选择简易计税方法计税的不动产经营租赁。

（9）一般纳税人和小规模纳税人提供劳务派遣服务选择**差额**纳税的。

（10）一般纳税人2016年4月30日前签订的不动产融资租赁合同，或以2016年4月30日前取得的不动产提供的融资租赁服务，选择适用简易计税方法的。

（11）一般纳税人收取试点前开工的**一级**

公路、二级公路、桥、闸通行费，选择适用简易计税方法的。高速公路适用征收率为3%。

(12) 一般纳税人提供人力资源外包服务，选择适用简易计税方法的。

(13) 纳税人转让2016年4月30日前取得的土地使用权，选择适用简易计税方法的。

(14) 房地产开发企业中的一般纳税人购入未完工的房地产老项目（2016年4月30日之前的建筑工程项目）继续开发后，以自己名义立项销售的不动产，属于房地产老项目，可以选择适用简易计税方法按照5%的征收率计算缴纳增值税。**(新增)**

【小贴士】我们可将上述的 (1) ~ (8)、(10)、(14) 项归纳为两种情况：

销售不动产	一般纳税人选择简易计税方法销售不动产	【小贴士】2016年4月30日前的不动产
	小规模纳税人销售不动产	
	其他个人销售不动产	
出租不动产	一般纳税人选择简易计税方法的出租不动产	【小贴士】2016年4月30日前的不动产； 【小贴士】包括经营租赁和融资租赁
	小规模纳税人出租不动产	
	其他个人出租不动产	【小贴士】个人出租住房，应按照5%的征收率减按1.5%计算应纳税额

2. 除上述适用5%的征收率以外的纳税人选择简易计税方法发生的应税销售行为的征收率均为3%。

(二) 征收率的特殊政策

1. 根据增值税法的有关规定，适用3%的征收率的某些一般纳税人和小规模纳税人可以减按2%计征增值税。

(1) 一般纳税人销售自己使用过的属于《增值税暂行条例》第十条规定不得抵扣且未抵扣进项税额的固定资产，按照简易办法依照3%的征收率减按2%征收增值税。

【小贴士】纳税人销售自己使用过的固定资产，适用简易办法依照3%的征收率减按2%征收增值税政策的，可以放弃减税，按照简易办法依照3%的征收率缴纳增值税，并可以开具增值税专用发票。

(2) 小规模纳税人（除其他个人外，下同）销售自己使用过的固定资产，减按2%的征收率征收增值税。

【小贴士】其他个人销售自己使用过的物品，免税。

(3) 纳税人销售旧货，按照简易办法依照3%的征收率减按2%征收增值税。

上述纳税人销售自己使用过的固定资产、物品和旧货适用按照简易办法依照3%的征收率减按2%征收增值税的，按下列公式确定销售额和应纳税额：

销售额 = 含税销售额 ÷ (1 + 3%)

应纳税额 = 销售额 × 2%

【小贴士】对从事二手车经销业务的纳税人销售其收购的二手车，自2020年5月1日至2023年12月31日减按0.5%征收率征收增值税，其销售额的计算公式为：销售额 = 含税销售额 ÷ (1 + 0.5%)。**(新增)**

2. 提供物业管理服务的纳税人，向服务接受方收取的自来水水费，以扣除其对外支付的自来水水费后的余额为销售额，按照简易计税方法依照3%的征收率计算缴纳增值税。

3. 小规模纳税人提供劳务派遣服务，以取得的全部价款和价外费用为销售额，按照简易计税方法依照3%的征收率计算缴纳增值税。

也可以选择差额纳税，以取得的全部价款和价外费用，扣除代用工单位支付给劳务派遣员工的工资、福利和为其办理社会保险及住房公积金后的余额为销售额，按照简易计税方法依照5%的征收率计算缴纳增值税。

4. 非企业性单位中的一般纳税人提供的

研发和技术服务、信息技术服务、鉴证咨询服务，以及销售技术、著作权等无形资产，可以选择简易计税方法按照3%的征收率计算缴纳增值税。

【小贴士】非企业性单位中的一般纳税人提供“技术转让、技术开发和与之相关的技术咨询、技术服务”，可以参照上述规定，选择简易计税方法按照3%的征收率计算缴纳增值税。

5. 一般纳税人提供教育辅助服务，可以选择简易计税方法按照3%的征收率计算缴纳增值税。

6. 增值税一般纳税人生产销售和批发、零售抗癌药品，可选择按照简易办法依照3%的征收率计算缴纳增值税。

【小贴士】纳税人选择简易办法计算缴纳增值税后，36个月内不得变更。

7. 增值税一般纳税人生产销售和批发、零售罕见病药品，可选择按照简易办法依照3%征收率计算缴纳增值税。上述纳税人选择简易办法计算缴纳增值税后，36个月内不得变更。

【经典例题】

【例题·计算问答题】某商店为增值税小规模纳税人，2020年8月销售外购农产品取得含税销售额33 475元，销售自己使用过的固定资产取得含税销售额34 196元。请计算该商店应缴纳的增值税。

【答案及解析】小规模纳税人销售农产品正常适用3%的征收率，注意不要与一般纳税人的9%税率混淆，销售自己使用过的固定资产，减按2%的征收率征收增值税。该商店应缴纳的增值税 = 33 475 ÷ (1 + 3%) × 3% + 34 196 ÷ (1 + 3%) × 2% = 1 639（元）。

（三）兼营行为的税率选择

试点纳税人发生应税销售行为适用不同税率或者征收率的，应当分别核算适用不同税率或者征收率的销售额，未分别核算销售额的，从高适用税率或者征收率。

【小贴士】纳税人销售活动板房、机器设备、钢结构件等自产货物的同时提供建筑、安装服务，不属于“营改增通知”第四十条规定的混合销售，应分别核算货物和建筑服务的销售额，分别适用不同的税率或者征收率。

第四单元 增值税的计税方法

重难点1：一般计税方法★★

一般纳税人发生应税行为适用一般计税方法计税，其计算公式为：

当期应纳增值税税额 = 当期销项税额 − 当期进项税额

重难点2：简易计税方法★★

【小贴士】小规模纳税人和一般纳税人（特定情况下）都可以使用。

（一）计算公式

当期应纳增值税额 = 当期销售额（不含增值税）× 征收率

（二）一般纳税人发生财政部和国家税务总局规定的特定应税销售行为

可以选择适用简易计税方法计税，但是不得抵扣进项税额。其主要包括以下情况。

1. 征收率3%：

（1）县级及县级以下小型水力发电单位（装机容量为5万千瓦及以下）生产的自产电力。

（2）自产建筑用和生产建筑材料所用的砂、土、石料。

（3）以自己采掘的砂、土、石料或其他矿物连续生产的砖、瓦、石灰（不含黏土实心砖、瓦）。

（4）自己用微生物、微生物代谢产物、动物毒素、人或动物的血液或组织制成的生物制品。

（5）自产的自来水。

（6）自来水公司销售自来水。

（7）自产的商品混凝土（仅限于以水泥为原料生产的水泥混凝土）。

（8）单采血浆站销售非临床用人体血液。

（9）寄售商店代销**寄售物品**（包括居民个人寄售的物品在内）。

（10）典当业销售**死当物品**。

（11）药品经营企业销售**生物制品**。

（12）公共交通运输服务。

（13）动漫企业为开发动漫产品提供的动漫脚本编撰、形象设计等服务，以及在境内转让动漫版权。

（14）**电影放映服务、仓储服务、装卸搬运服务、收派服务和文化体育服务**。

（15）以纳入“营改增”试点之日**前**取得的有形动产为标的物提供的经营租赁服务。

（16）在纳入“营改增”试点之日**前**签订的尚未执行完毕的有形动产租赁合同。

（17）以**清包工方式**提供的建筑服务。

（18）为**甲供工程**提供的建筑服务。

【小贴士】一般纳税人销售自产机器设备的同时提供安装服务，应分别核算机器设备和安装服务的销售额，安装服务可以按照甲供工程选择适用简易计税方法计税。**（新增）**

【小贴士】一般纳税人销售外购机器设备的同时提供安装服务，如果安装符合兼营的有关规定，安装服务可以按照甲供工程选择适用简易计税方法计税。**（新增）**

（19）提供非学历教育服务。

（20）一般纳税人销售电梯的**同时提供安装服务**，其安装服务可以按照甲供工程选择适用简易计税方法。

2. **征收率5%**：

（1）销售2016年4月30日**前**取得的不动产。

（2）房地产开发企业销售**自行开发**的房地产老项目。

（3）出租2016年4月30日前取得的不动产。

（4）一般纳税人收取试点前开工的一级公路、二级公路、**桥、闸通行费**。

（5）一般纳税人提供人力资源外包服务。

（6）2016年4月30日前签订的不动产融资租赁合同，或以2016年4月30日前取得的不动产提供的融资租赁服务。

（7）纳税人转让2016年4月30日前取得的土地使用权。

（8）一般纳税人提供**劳务派遣**服务，可以选择差额纳税，以取得的全部价款和价外费用，扣除代用工单位支付劳务派遣员工的工资、福利和为其办理社会保险及住房公积金后的余额为销售额，按照简易计税方法依照5%的征收率计算缴纳增值税。

（9）房地产开发企业中的一般纳税人以围填海方式取得土地并开发的房地产项目，开工日期在2016年4月30日前的，属于房地产老项目，可以简易计税方法依照5%的征收率计算缴纳增值税。

【经典例题】

【例题·多选题】增值税一般纳税人发生的下列业务中，可以选择适用简易计税方法的有（　　）。

A. 提供电影放映服务

B. 提供文化体育服务

C. 为甲供工程提供的建筑服务

D. 一般纳税人出租2020年取得的不动产

【答案】ABC

【解析】选项A、B、C一般纳税人可以选择简易计税方法计税，选项D只有一般纳税人出租2016年4月30日前取得的不动产可以选择适用简易计税方法。

【例题·多选题】增值税一般纳税人销售自产的下列货物，可选择按照简易计税办法征收增值税的有（　　）。

A. 自来水公司销售自来水

B. 用微生物制成的生物制品

C. 自产建筑用的砂、土、石料

D. 县级以下小型水力发电站生产的电力

【答案】ABCD

【解析】以上选项均正确。

【小贴士】一般纳税人发生财政部和国家税务总局规定的特定应税销售行为，一经选择适用简易计税方法计税，**36个月**内不得变更。

重难点3：扣缴计税方法★

境外单位或者个人在境内发生应税行为，在境内未设有经营机构的，以购买方为增值税扣缴义务人。扣缴义务人按照下列公式计算应扣缴税额：

应扣缴税额＝接受方支付的价款÷(1＋税率)×税率

第五单元　一般计税方法应纳税额的计算

一般纳税人采用购进扣税法。计算公式为：

当期应纳税额＝当期销项税额－当期进项税额

重难点1：销项税额的计算★

销项税额是指纳税人**发生应税销售行为**时，按照销售额与规定税率计算并向购买方收取的增值税税额。

销项税额＝销售额×适用税率

（一）一般销售方式下的销售额确认

销售额是指纳税人发生应税销售行为时收取的**全部价款和价外费用**，由于增值税采用价外计税方式，销售额中不包括向购买方收取的销项税额。

【小贴士】价外费用和逾期包装物押金视为含增值税的收入，应换算为不含税收入再并入销售额。

【小贴士】价外费用中不包括以下项目：

1. 受托加工应征消费税的消费品所**代收代缴的消费税**。

2. 同时符合以下条件的代垫运输费用：(1) 承运部门的运输费用发票开具给购买方的；(2) 纳税人将该项发票转交给购买方的。

3. 同时符合条件的**代收政府性基金或者行政事业性收费**。

4. 以委托方名义开具发票**代委托方收取的款项**。

5. 销售货物的同时代办保险等而向购买方收取的保险费，以及向购买方收取的代购买方缴纳的车辆购置税、车辆牌照费。

（二）特殊销售方式下的销售额确认

销售方式	销售额具体规定以及注意事项	例题
折扣方式销售	(1) 折扣销售（商业折扣）：折扣额可以从销售额中扣减。 【小贴士】在价格上折扣，如果是实物折扣，实物价款不能从原销售额中减除，还需按视同销售中的“赠送”处理。 【小贴士】要求在**同一张发票“金额”栏上分别注明**，如果是在两张发票上注明，折扣不允许扣除。 (2) 销售折扣（现金折扣）：折扣额不得从销售额中减除。 (3) 销售折让：折让额可以从销售额中减除	【计算题】某商业企业（一般纳税人），货物不含税价款600万元，由于购买方购买数量较多，给予5%的价格优惠（开具一张发票）；由于购货方及时付款，该企业又给予8%的销售折扣，实收货款524.4万元。要求：计算该企业应缴纳的销项税额。 【答案】销项税额＝600×(1－5%)×13%＝74.10（万元）
以旧换新销售	(1) 一般货物：按**新货物同期销售价格确定销售额，不得扣减旧货物的收购价格**。 (2) 金银首饰：按销售方**实际收取的不含税销售价格确定销售额**（按**差价**）。 【小贴士】金银首饰缴纳消费税时也是按此确定销售额	【计算题】某商场为增值税一般纳税人。2020年10月采取以旧换新方式销售电器，新电器含税销售额为13万元，回收旧电器作价金额为2万元；采取以旧换新方式销售金银首饰，新首饰含税销售额为11.6万元，旧首饰作价的含税金额为6.96万元。 要求：计算该商场应确认的销项税额。 【答案】该商场10月增值税销项税额＝13÷(1＋13%)×13%＋(11.6－6.96)÷(1＋13%)×13%＝2.01（万元）

续表

销售方式	销售额具体规定以及注意事项	例题
还本方式销售	销售额就是货物销售价格，不得扣减还本支出	
以物易物销售	双方均作购、销处理，以各自发出的应税销售行为核算销售额并计算销项税额，以各自收到的货物、劳务、服务、无形资产、不动产核算购货额并计算进项税额。 【小贴士】要开具合法的票据，否则不能抵扣进项税额。 【小贴士】要注意收到的货物等的用途，是否可以抵扣	
包装物押金	(1) 销售货物收取的包装物押金，单独记账核算，不并入销售额征税；因逾期未收回包装物不再退还的押金，应并入销售额征税。 【小贴士】“逾期”是指按合同约定实际逾期或以1年为期限。 【小贴士】逾期包装物押金为**含税收入**，需换算成不含税价再并入销售额；税率为所包装货物适用的税率。 (2) 酒类产品。 【小贴士】A：啤酒、黄酒：按一般规定，看是否逾期处理；B：啤酒、黄酒以外的其他酒类产品：收取的押金，无论是否返还以及会计上如何核算，均应并入当期销售额征税	【计算题】某酒厂为一般纳税人，2020年8月向A企业（一般纳税人）销售白酒，开具专用发票上注明金额101 700元；同时收取单独核算的包装物押金3 000元（尚未逾期），计算此业务酒厂应确认的销项税额。 【答案】销项税额 $=101\ 700\div(1+13\%)\times13\%+3\ 000\div(1+13\%)\times13\%=12\ 045.13$（元）
直销企业	(1) 直销企业——直销员——消费者：销售额为向直销员收取的**全部价款和价外费用**。 (2) 直销企业（直销员）——消费者：销售额为向消费者收取的**全部价款和价外费用**	
贷款方式	全部利息及利息性质的收入为销售额 【小贴士】证券公司、保险公司、金融租赁公司、证券基金管理公司、证券投资基金以及其他经人民银行、银保监会、证监会批准成立且经营金融保险业务的机构发放贷款后，自结息日起90天内发生的应收未收利息按现行规定缴纳增值税，自结息日起90天后发生的应收未收利息暂不缴纳增值税，待实际收到利息时按规定缴纳增值税。	
直接收费金融服务	以提供直接收费金融服务收取的手续费、佣金、酬金、管理费、服务费、经手费、开户费、过户费、结算费、转托管费等各类费用为销售额	
发卡机构、清算机构和收单机构清算服务	(1) 发卡机构以其向收单机构收取的发卡行服务费为销售额。 (2) 清算机构以其向发卡机构、收单机构收取的网络服务费为销售额。清算机构从发卡机构取得的增值税发票上记载的发卡行服务费，一并计入清算机构的销售额。 (3) 收单机构以其向商户收取的收单服务费为销售额	
拍卖行受托拍卖文物艺术品，委托方按规定享受免征增值税政策的	拍卖行可以自己名义就代为收取的货物价款向购买方开具增值税普通发票，对应的货物价款不计入拍卖行的增值税应税收入**（新增）**	

（三）按差额确定销售额

项目	销售额具体规定以及注意事项
金融商品转让的销售额	卖出价 - 买入价 【小贴士】转让金融商品出现的正负差，按**盈亏相抵**后的余额为销售额。 若相抵后出现**负差**，可**结转**下一纳税期与下期转让金融商品销售额相抵，但年末时仍出现负差的，不得转入下一个会计年度。 【小贴士】金融商品的买入价，可以选择按照加权平均法或者移动加权平均法进行核算，选择后**36个月**内不得变更。

续表

项目	销售额具体规定以及注意事项
金融商品转让的销售额	【小贴士】金融商品转让，不得开具增值税专用发票（卖出价和买入价含税） 【例题】假设某经营金融业务的公司（一般纳税人）2020年第四季度转让债券卖出价为100 000元（含增值税价格，下同），该债券是2019年9月购入的，买入价为60 000元。该公司2020年第四季度之前转让金融商品亏损15 000元。则转让债券的销售额和销项税额分别为： 销售额 = 100 000 - 60 000 - 15 000 = 25 000（元） 销项税额 = 25 000 ÷ (1 + 6%) × 6% = 1 415.09（元）
经纪代理服务的销售额	取得的全部价款和价外费用扣除向委托方收取并代为支付的政府性基金或者行政事业性收费。 【小贴士】向委托方收取的政府性基金或者行政事业性收费，不得开具增值税专用发票
融资租赁和融资性售后回租业务	经批准从事融资租赁业务的试点纳税人（包括备案从事融资租赁业务的）提供下列服务： （1）提供融资租赁服务：（按现代服务——租赁服务缴税） 【小贴士】销售额 = 取得的全部价款和价外费用 - 支付的借款利息（包括外汇借款和人民币借款利息）- 发行债券利息 - 车辆购置税 （2）提供融资性售后回租服务：（贷款服务） 【小贴士】销售额 = 取得的全部价款和价外费用（不含本金）- 支付的借款利息（包括外汇借款和人民币借款利息）- 发行债券利息 （3）2016年4月30日前签订的有形动产融资性售后回租合同，在合同到期前提供的有形动产融资性售后回租服务，可选择按照有形动产融资租赁服务缴纳增值税，或者按融资性售后回租缴税
航空运输企业的销售额	取得的全部价款和价外费用扣除代收的机场建设费和代售其他航空运输企业客票而代收转付的价款
客运场站服务	销售额 = 取得的全部价款和价外费用 - 支付给承运方运费
旅游服务	销售额 = 取得的全部价款和价外费用 - 向旅游服务购买方收取并支付给其他单位或者个人的住宿费、餐饮费、交通费、签证费、门票费 - 支付给其他接团旅游企业的旅游费用 【小贴士】向旅游服务购买方收取并支付的上述费用，只能开具普通发票
建筑服务	适用简易计税方法的。 【小贴士】指老项目、甲供工程、清包工。 销售额 = 取得的全部价款和价外费用 - 支付的分包款
房地产开发企业销售自行开发不动产	销售额（选择简易计税方法的房地产老项目除外） = 取得的全部价款和价外费用 - 受让土地时向政府部门支付的土地价款 【小贴士】向政府部门支付的土地价款，包括土地受让人向政府部门支付的征地和拆迁补偿费用、土地前期开发费用和土地出让收益等。 【小贴士】在取得土地时向其他单位或个人支付的拆迁补偿费用也允许在计算销售额时扣除
纳税人转让不动产缴纳增值税差额扣除	销售额 = 取得的全部价款和价外费用 - 该项不动产购置原价或取得不动产时的作价 【小贴士】纳税人转让不动产，按照有关规定差额缴纳增值税的，如因丢失等原因无法提供取得不动产时的发票，可向税务机关提供其他能证明契税计税金额的完税凭证等资料，进行差额扣除。 【小贴士】纳税人以契税计税金额进行差额扣除的，按照下列公式计算增值税应纳税额： （1）2016年4月30日及以前缴纳契税的： 增值税应纳税额 = [全部交易价格（含增值税）- 契税计税金额（含营业税）] ÷ (1 + 5%) × 5% （2）2016年5月1日及以后缴纳契税的： 增值税应纳税额 = [全部交易价格（含增值税）÷ (1 + 5%) - 契税计税金额（不含增值税）] × 5%

【小贴士】纳税人从全部价款和价外费用中扣除价款，应当取得符合法律、行政法规和国家税务总局规定的有效凭证。否则，不得扣除。

【小贴士】上述“有效凭证”是指：（1）支付给境内单位或者个人的款项，以发票为合法有效凭证。（2）支付给境外单位或者个人的款项，以该单位或者个人的签收单据为合法有效凭证，税务机关对签收单据有疑议的，可以要求其提供境外公证机构的确认证明。（3）缴纳的税款，以完税凭证为合法有效凭证。（4）扣除的政府性基金、行政事业性收费或者向政府支付的土地价款，以省级以上（含省级）财政部门监（印）制的财政票据为合法有效凭证。（5）国家税务总局规定的其他凭证。

【小贴士】纳税人取得的上述凭证属于增值税扣税凭证的，其进项税额不得从销项税额中抵扣。

【经典例题】

【例题·计算问答题】某证券公司（一般纳税人）2020年第二季度转让债券卖出价为12万元（含增值税价格，下同），该债券是2019年10月购入的，买入价为8万元。该公司2020年第一季度转让金融商品亏损2.5万元。则转让债券的销售额和销项税额分别是多少？

【答案及解析】销售额 = 12 − 8 − 2.5 = 1.5（万元）；销项税额 = 1.5 ÷（1 + 6%）× 6% = 0.08（万元）。

【真题·单选题】（2018）下列行为在计算增值税销项税额时，应按照差额确定销售额的是（　　）。

A. 商业银行提供贷款服务

B. 企业逾期未收回包装物不再退还押金

C. 转让金融商品

D. 直销员将从直销企业购买的货物销售给消费者

【答案】C

【解析】转让金融商品，按照卖出价扣除买入价后的余额为销售额。选项A、B、D都是以收取的全部价款和价外费用作为销售额。

（四）视同发生应税销售行为的销售额的确定

纳税人发生应税销售行为的情形，价格明显偏低并无正当理由的，或者视同发生应税销售行为而无销售额的，由主管税务机关按照下列顺序核定销售额：

1. 按照纳税人最近时期发生同类应税销售行为的平均价格确定。

2. 按照其他纳税人最近时期发生同类应税销售行为的平均价格确定。

3. 按照组成计税价格确定，其计算公式为：

组成计税价格 = 成本 ×（1 + 成本利润率）

【小贴士】必须按照顺序核定销售额。

【小贴士】在该货物不缴纳消费税的情况下，成本利润率为10%。

【小贴士】如果该货物缴纳消费税，则组成计税价格 = 成本 ×（1 + 成本利润率）+ 消费税，成本利润率由国家税务总局确定。

（五）含税销售额的换算

销售额 = 含税销售额 ÷（1 + 税率）

重难点2：进项税额的确认和计算★

（一）准予从销项税额中抵扣的进项税额

1. 从销售方取得的增值税专用发票（含《机动车销售统一发票》）上注明的增值税额。

【小贴士】凭增值税普通发票不能抵扣进项税额。

2. 从海关取得的海关进口增值税专用缴款书上注明的增值税额。

3. 自境外单位或者个人购进劳务、服务、无形资产或者境内的不动产，从税务机关或者扣缴义务人取得的代扣代缴税款的完税凭证上注明的增值税税额。

4. 纳税人购进农产品，按下列规定抵扣进项税额：

项目	内　容
凭票抵扣	取得增值税专用发票或者海关进口增值税专用缴款书，按注明的增值税额作为进项税额
计算抵扣	（1）从按照简易计税方法依照3%的征收率计算缴纳增值税的小规模纳税人取得增值税专用发票的，以增值税专用发票上注明的金额和 **9%**的扣除率计算进项税额。 （2）按照农产品收购发票或者销售发票上注明的农产品买价和 **9%**的扣除率计算的进项税额
特殊抵扣	纳税人购进用于生产销售或委托加工 **13%**税率货物的农产品，按照 **10%**的扣除率计算进项税额。 【小贴士】纳税人购进农产品既用于生产销售或委托受托加工13%税率货物又用于生产销售其他货物服务的，应当分别核算用于生产销售或委托受托加工13%税率货物和其他货物服务的农产品进项税额。 【小贴士】未分别核算的，统一以增值税专用发票或海关进口增值税专用缴款书上注明的增值税额为进项税额，或以农产品收购发票或销售发票上注明的农产品买价和9%的扣除率计算进项税额
计算公式	进项税额＝买价×扣除率
不得抵扣	纳税人从批发、零售环节购进适用免征增值税政策的蔬菜、部分鲜活肉蛋而取得的普通发票，不得作为计算抵扣进项税额的凭证
烟叶抵扣	烟叶税应纳税额＝收购烟叶实际支付的价款总额×税率（20%） 准予抵扣的进项税额＝（收购烟叶实际支付的价款总额＋烟叶税应纳税额）×扣除率

【经典例题】

【例题·计算问答题】某酒厂2020年10月从农民手中购进一批粮食用于生产白酒，收购凭证上注明金额为100 000元；同时支付运费，取得运输企业开具的增值税专用发票注明运费为4 000元。要求计算酒厂的进项税额。

【答案及解析】从农民手中购入粮食的目的是生产白酒，则进项税额按10%计算抵扣，进项税额＝100 000×10%＋4 000×9%＝10 360（元）。

5. 农产品增值税进项税额核定扣除试点实施办法。

（1）适用该办法范围：以购进农产品为原料生产销售**液体乳及乳制品、酒及酒精、植物油**的增值税一般纳税人，其购进农产品无论是否用于生产上述产品，增值税进项税额均按照《农产品增值税进项税额核定扣除试点实施办法》的规定抵扣。

（2）核定方法：

试点纳税人以购进农产品为原料生产货物	农产品增值税进项税额核定方法包括投入产出法、成本法和参照法
试点纳税人购进农产品直接销售	当期允许抵扣进项税额＝当期销售农产品数量÷（1－损耗率）×农产品平均购买单价×9%÷（1＋9%） 损耗率＝损耗数量÷购进数量×100%
试点纳税人购进农产品用于生产经营且不构成货物实体的	当期允许抵扣进项税额＝当期耗用农产品数量×农产品平均购买单价×扣除率÷（1＋扣除率）

6. 增值税一般纳税人在资产重组过程中，将全部资产、负债和劳动力一并转让给其他增值税一般纳税人，并按程序办理注销税务登记的，其在办理注销登记前尚未抵扣的进项税额可结转至新纳税人处继续抵扣。

7. 收费公路通行费增值税抵扣规定。

纳税人支付的道路、桥、闸通行费，按照以下规定抵扣进项税额：

（1）纳税人支付的道路通行费，按照**收费公路通行费增值税电子普通发票**上注明的增值税额抵扣进项税额。

（2）纳税人支付的**桥、闸通行费**，暂凭取得的通行费发票上注明的收费金额按照下列公式计算可抵扣的进项税额：

桥、闸通行费可抵扣进项税额＝桥、闸通行费发票上注明的金额÷（1＋5%）×5%

8. 按照规定不得抵扣且未抵扣进项税额的固定资产、无形资产、不动产，发生用途改变，用于允许抵扣进项税额的应税项目，可在用途改变的次月按照下列公式计算可以抵扣的进项税额：

可以抵扣的进项税额 = 固定资产、无形资产、不动产净值 ÷ (1 + 适用税率) × 适用税率

【小贴士】上述可以抵扣的进项税额应取得合法有效的增值税扣税凭证。

【小贴士】净值是用原值扣除折旧部分。

9. 纳税人租入固定资产、不动产，既用于一般计税方法计税项目，又用于简易计税方法计税项目、免征增值税项目、集体福利或者个人消费的，其进项税额准予从销项税额中全额抵扣。

【小贴士】兼用，则进项税额都可以抵扣；如果全用于简易计税方法计税项目、免征增值税项目、集体福利或者个人消费，进项税额不予抵扣。

10. 提供保险服务的纳税人以实物赔付方式承担机动车辆保险责任的，自行向车辆修理劳务提供方购进的车辆修理劳务，其进项税额可以按规定从保险公司销项税额中抵扣。纳税人提供的其他财产保险服务，比照上述规定执行。

11. 国内旅客运输服务进项税额的抵扣规定。

抵扣凭证	可抵扣进项税额
增值税电子普通发票	发票上注明的税额
取得注明旅客身份信息的航空运输电子客票行程单	航空旅客运输进项税额 = (票价 + 燃油附加费) ÷ (1 + 9%) × 9%
取得注明旅客身份信息的铁路车票	铁路旅客运输进项税额 = 票面金额 ÷ (1 + 9%) × 9%
取得注明旅客身份信息的公路、水路等其他客票	公路、水路等其他旅客运输进项税额 = 票面金额 ÷ (1 + 3%) × 3%

12. 增值税加计抵减政策。

2019 年 4 月 1 日至 2021 年 12 月 31 日，允许生产、生活性服务业纳税人按照当期可抵扣进项税额加计抵减应纳税额。生产性服务业的加计抵扣比例为 10%，生活性服务业的加计抵扣比例为 15%。

（1）生产、生活性服务业纳税人，是指提供邮政服务、电信服务、现代服务、生活服务（以下简称“四项服务”）取得的销售额占全部销售额的比重超过 50% 的纳税人。

【小贴士】上述所称“销售额”包括纳税申报销售额、稽查查补销售额、纳税评估调整销售额，其中，纳税申报销售额包括一般计税方法销售额，简易计税方法销售额，免税销售额，税务机关代开发票销售额，“免、抵、退”办法出口销售额，即征即退项目销售额。

稽查查补销售额和纳税评估调整销售额，计入查补或评估调整当期销售额确定适用加计抵减政策；适用增值税差额征收政策的，以差额后的销售额确定适用加计抵减政策。

经财政部和国家税务总局或者其授权的财政和税务机关批准，实行汇总缴纳增值税的总机构及其分支机构，以总机构本级及其分支机构的合计销售额，确定总机构及其分支机构适用加计抵减政策。

【小贴士】2019 年 3 月 31 日前设立的纳税人，自 2018 年 4 月至 2019 年 3 月期间的销售额（经营期不满 12 个月的，按照实际经营期的销售额）符合上述规定条件的，自 2019 年 4 月 1 日起适用加计抵减政策。

【小贴士】2019 年 4 月 1 日后设立的纳税人，自设立之日起 3 个月的销售额符合上述规定条件的，自登记为一般纳税人之日起适用加计抵减政策。

【小贴士】纳税人确定适用加计抵减政策后，当年内不再调整，以后年度是否适用，根据上年度销售额计算确定。

（2）纳税人应按照当期可抵扣进项税额的 10% 或 15% 计提当期加计抵减额。按照现行规定不得从销项税额中抵扣的进项税额，不得计提加计抵减额；已计提加计抵减额的进项税额，按规定作进项税额转出的，应在进项税

额转出当期，**相应调减加计抵减额**。计算公式为：

当期计提加计抵减额 = 当期可抵扣进项税额 × 10% 或 15%

当期可抵减加计抵减额 = 上期末加计抵减额余额 + 当期计提加计抵减额 − 当期调减加计抵减额

（3）按规定计算应纳税额（以下称“抵减前的应纳税额”）后，区分情形加计抵减：

抵减前应纳税额 = 0：当期可抵减加计抵减额全部结转下期抵减。**（全结转）**

抵减前应纳税额 > 0，且 > 当期可抵减加计抵减额：当期可抵减加计抵减额全额从抵减前应纳税额中抵减。**（全抵减）**

抵减前应纳税额 > 0，且 ≤ 当期可抵减加计抵减额：当期可抵减加计抵减额抵减应纳税额至零。未抵减完的当期可抵减加计抵减额，结转下期继续抵减。（税额 = 0，剩余结转抵减）

【小贴士】实际抵减 = 可抵减与应纳税额孰低的金额。

【经典例题】

【例题·计算问答题】某企业符合 10% 加计抵减政策适用条件，2020 年 8 月销项税额为 150 万元，可抵扣的进项税额为 40 万元，请计算该企业当月应该缴纳的增值税。

【解析】抵减前应纳税额 = 150 − 40 = 110（万元）

当期可抵减加计抵减额 = 0 + 40 × 10% − 0 = 4（万元）

110 万元 > 4 万元，4 万元可全额从抵减前的应纳税额中抵减。

当月应该缴纳的增值税 = 110 − 4 = 106（万元）

（4）纳税人**出口**货物劳务、发生跨境应税行为**不适用加计抵减政策**，其对应的进项税额不得计提加计抵减额。

【小贴士】纳税人兼营出口货物劳务、发生跨境应税行为且无法划分不得计提加计抵减额的进项税额，按照以下公式计算：

不得计提加计抵减额的进项税额 = 当期无法划分的全部进项税额 × 当期出口货物劳务和发生跨境应税行为的销售额 ÷ 当期全部销售额

（5）纳税人应单独核算加计抵减额的计提、抵减、调减、结余等变动情况。骗取适用加计抵减政策或虚增加计抵减额的，按照《税收征收管理法》等有关规定处理。

（6）加计抵减政策执行到期后，纳税人不再计提加计抵减额，结余的加计抵减额**停止**抵减。

（二）不得从销项税额中抵扣的进项税额（重要知识点，必须记住）

按《增值税暂行条例》和“营改增通知”规定，下列项目的进项税额不得从销项税额中抵扣：

不得抵扣项目	注意事项
1. 购进的货物、劳务、服务、无形资产和不动产用于简易计税方法计税项目、免征增值税项目、集体福利或者个人消费的	【小贴士】其中涉及的固定资产、无形资产、不动产，仅指**专用于**上述项目的固定资产、无形资产（不包括其他权益性无形资产）、不动产；发生**兼用于**上述项目的准予全部抵扣。 【小贴士】其他权益性无形资产无论用于何种用途，均可以抵扣进项税额。 【小贴士】纳税人的交际应酬消费属于个人消费
2. 非正常损失的购进货物，在产品、产成品所耗用的购进货物（不包括固定资产）劳务和交通运输服务 3. 非正常损失的不动产以及该不动产、不动产在建工程所耗用的购进货物、设计服务和建筑服务	【小贴士】非正常损失，指因管理不善造成货物被盗、丢失、霉烂变质；因违反法律法规造成货物、不动产被依法没收、销毁、拆除的情形。 【小贴士】纳税人新建、改建、扩建、修缮、装饰不动产，均属于不动产在建工程。 【小贴士】非正常损失产生的增值税中不得抵扣进项税额，需作进项税额转出处理

续表

不得抵扣项目	注意事项
4. 购进的**贷款服务、餐饮服务、居民日常服务、娱乐服务**	
5. 纳税人接受贷款服务向贷款方支付的与该笔贷款直接相关的**投融资顾问费、手续费、咨询费**等费用，其进项税额不得从销项税额中抵扣	
6. 提供保险服务的纳税人以现金赔付方式承担机动车辆保险责任的，将应付给被保险人的赔偿金直接支付给车辆修理劳务提供方，不属于保险公司购进车辆的修理劳务，进项税额不予抵扣	
7. 适用一般计税方法的纳税人，兼营简易计税方法计税项目、免征增值税项目而无法划分不得抵扣的进项税额，按照公式计算不得抵扣的进项税额	不得抵扣的进项税额＝当期无法划分的全部进项税额×（当期简易计税方法计税项目销售额＋免征增值税项目销售额）÷当期全部销售额
8. 一般纳税人已抵扣进项税额的不动产，发生非正常损失，或者改变用途，专用于简易计税方、免征增值税项目、集体福利或者个人消费的，按照公式计算不得抵扣的进项税额	不得抵扣的进项税额＝已抵扣进项税额×不动产净值率 不动产净值率＝（不动产净值÷不动产原值）×100%

重难点3：异常增值税扣税凭证的管理（新增）★★

（一）符合下列情形之一的增值税专用发票，列入异常凭证范围

1. 纳税人丢失、被盗税控专用设备中未开具或已开具未上传的增值税专用发票。

2. 非正常户纳税人未向税务机关申报或未按规定缴纳税款的增值税专用发票。

3. 增值税发票管理系统稽核比对发现“比对不符”“缺联”“作废”的增值税专用发票。

4. 经国家税务总局、省税务局大数据分析发现，纳税人开具的增值税专用发票存在涉嫌虚开、未按规定缴纳消费税等情形的。

5. 属于《国家税务总局关于走逃（失联）企业开具增值税专用发票认定处理有关问题的公告》（国家税务总局公告2016年第76号）第二条第（一）项规定情形的增值税专用发票。

【经典例题】

【真题·多选题】（2020）下列情形中的增值税专用发票，应列入异常凭证范围的有（　　）。

A. 纳税人丢失的税控设备中已开具并上传的增值税专用发票

B. 经国家税务总局大数据分析发现纳税人涉嫌虚开的增值税专用发票

C. 非正常户纳税人未向税务机关申报缴纳税款的增值税专用发票

D. 经国家税务总局大数据分析发现纳税人未按规定缴纳消费税的增值税专用发票

【答案】 BCD

【解析】 纳税人丢失、被盗税控专用设备中未开具或已开具未上传的增值税专用发票，应列入增值税异常凭证范围。

（二）增值税一般纳税人申报抵扣异常凭证，同时符合下列情形的，其对应开具的增值税专用发票列入异常凭证范围

1. 异常凭证进项税额累计占同期全部增值税专用发票进项税额70%（含）以上的。

2. 异常凭证进项税额累计超过5万元的。

纳税人尚未申报抵扣、尚未申报出口退税或已作进项税额转出的异常凭证，其涉及的进项税额不计入异常凭证进项税额的计算。

（三）增值税一般纳税人取得的增值税专用发票列入异常凭证范围的，应按照以下规定处理

1. 尚未申报抵扣增值税进项税额的，暂不允许抵扣。已经申报抵扣增值税进项税额的，除另有规定外，一律作进项税额转出处理。

2. 尚未申报出口退税或者已申报但尚未办理出口退税的，除另有规定外，暂不允许办理出口退税。适用增值税免抵退税办法的纳税人已经办理出口退税的，应根据列入异常凭证范围的增值税专用发票上注明的增值税额作进项税额转出处理；适用增值税免税办法的纳税人已经办理出口退税的，税务机关应按照现行规定对列入异常凭证范围的增值税专用发票对应的已退税款追回。

3. 消费税纳税人以外购或委托加工收回的已税消费品为原料连续生产应税消费品，尚未申报扣除原料已纳消费税税款的，暂不允许抵扣；已经申报抵扣的，冲减当期允许抵扣的消费税税款，当期不足冲减的应当补缴税款。

4. 纳税信用A级纳税人取得异常凭证且已经申报抵扣增值税、办理出口退税或抵扣消费税的，可以自接到税务机关通知之日起10个工作日内，向主管税务机关提出核实申请。

5. 纳税人对税务机关认定的异常凭证存有异议，可以向主管税务机关提出核实申请。经税务机关核实，符合现行增值税进项税额抵扣或出口退税相关规定的，纳税人可继续申报抵扣或者重新申报出口退税；符合消费税抵扣规定且已缴纳消费税税款的，纳税人可继续申报抵扣消费税税款。

（四）经税务总局、省税务局大数据分析发现存在涉税风险的纳税人，不得离线开具发票，其开票人员在使用开票软件时，应当按照税务机关指定的方式进行人员身份信息实名验证

（五）新办理增值税一般纳税人登记的纳税人，自首次开票之日起3个月内不得离线开具发票，按照有关规定不使用网络办税或不具备风险条件的特定纳税人除外

重难点4：应纳税额的计算★

（一）计算应纳税额的时间限定

1. 计算销项税额的时间限定。

主要判断增值税纳税义务发生时间（详见第十单元，重点记忆）。

2. 增值税专用发票进项税额抵扣的时间限定。

增值税一般纳税人取得2017年1月1日及以后开具的增值税专用发票、海关进口增值税专用缴款书、机动车销售统一发票、收费公路通行费增值税电子普通发票，取消认证确认、稽核比对、申报抵扣的期限。纳税人在进行增值税纳税申报时，应当通过本省（自治区、直辖市和计划单列市）增值税发票综合服务平台对上述扣税凭证信息进行用途确认。

3. 海关进口增值税专用缴款书进项税额申报抵扣和出口退税的限定。

增值税一般纳税人取得海关进口增值税专用缴款书（以下简称“海关缴款书”）后如需申报抵扣或出口退税，按以下方式处理：

（1）增值税一般纳税人取得仅注明一个缴款单位信息的海关缴款书，应当登录本省（区、市）增值税发票选择确认平台（以下简称“选择确认平台”）查询、选择用于申报抵扣或出口退税的海关缴款书信息。通过选择确认平台查询到的海关缴款书信息与实际情况不一致或未查询到对应信息的，应当上传海关缴款书信息，经系统稽核比对相符后，纳税人登录选择确认平台查询、选择用于申报抵扣或出口退税的海关缴款书信息。

（2）增值税一般纳税人取得注明两个缴款单位信息的海关缴款书，应当上传海关缴款书信息，经系统稽核比对相符后，纳税人登录选择确认平台查询、选择用于申报抵扣或出口退税的海关缴款书信息。

（二）销项税额不足抵扣进项税额的处理

1. **结转下期**继续抵扣。

2. 退还增量留抵税额。

（1）留抵退税条件。

①自2019年4月税款所属期起，连续6个月（按季纳税的，连续2个季度）增量留抵税额均大于零，且第6个月增量留抵税额不低于50万元。

②纳税信用等级为A级或者B级。

③申请退税前36个月未发生骗取留抵退

税、出口退税或虚开增值税专用发票情形的。

④申请退税前36个月未因偷税被税务机关处罚2次及以上的。

⑤自2019年4月1日起未享受即征即退、先征后返（退）政策的。

【小贴士】**增量留抵税额**是指与2019年3月31日相比新增加的期末留抵税额。

【小贴士】自2019年6月1日起，同时符合以上5个条件的部分先进制造业纳税人，可以自2019年7月及以后纳税申报期向主管税务机关申请退还增量留抵税额。

【小贴士】部分先进制造业纳税人，是指按照《国民经济行业分类》生产并销售非金属矿物制品、通用设备、专用设备及计算机、通信和其他电子设备销售额占全部销售额的比重超过50%的纳税人。

【小贴士】上述销售额比重根据纳税人申请退税前连续12个月的销售额计算确定；申请退税前经营期不满12个月但满3个月的，按照实际经营期的销售额计算确定。

（2）留抵退税的计算。

一般企业：

允许退还的增量留抵税额＝增量留抵税额×**进项构成比例×60%**

部分先进制造业：

允许退还的增量留抵税额＝增量留抵税额×**进项构成比例**

【小贴士】进项构成比例：为2019年4月至申请退税前一税款所属期内已抵扣的增值税**专用**发票（含税控机动车销售统一发票）、海关进口增值税**专用缴款书、解缴税款完税凭证**注明的增值税额**占同期全部**已抵扣进项税额的比重。

（3）其他相关规定。

①纳税人申请办理留抵退税，应于符合留抵退税条件的**次月**起，在增值税纳税申报期（以下称“申报期”）内，完成本期增值税纳税申报后，通过电子税务局或办税服务厅提交《退（抵）税申请表》。

②纳税人出口货物劳务、发生跨境应税行为，适用**免抵退税办法**的，办理免抵退税后，仍符合规定条件的，**可以申请退还留抵税额**；适用**免退税**办法的，相关进项税额**不得用于退还留抵税额**。

【小贴士】纳税人出口货物劳务、发生跨境应税行为，适用免抵退税办法的，可以在**同一申报期内**，既申报免抵退税又申请办理留抵退税。

【小贴士】纳税人既申报免抵退税又申请办理留抵退税的，税务机关应先办理免抵退税。办理免抵退税后，纳税人仍符合留抵退税条件的，再办理留抵退税。

③纳税人取得退还的留抵税额后，应相应调减当期留抵税额。

④按照规定再次满足退税条件的，可以继续向主管税务机关申请退还留抵税额。

【小贴士】税务机关在办理留抵退税期间，发现符合留抵退税条件的纳税人存在以下情形，暂停为其办理留抵退税：①存在增值税涉税风险疑点的；②被税务稽查立案且未结案的；③增值税申报比对异常未处理的；④取得增值税异常扣税凭证未处理的；⑤国家税务总局规定的其他情形。

【小贴士】税务机关对增值税涉税风险疑点进行排查时，发现纳税人涉嫌骗取出口退税、虚开增值税专用发票等增值税重大税收违法行为的，终止为其办理留抵退税，并自作出终止办理留抵退税决定之日起5个工作日内，向纳税人出具终止办理留抵退税的《税务事项通知书》。

税务机关对纳税人涉嫌增值税重大税收违法行为核查处理完毕后，纳税人仍符合留抵退税条件的，可按照上述规定重新申请办理留抵退税。

（三）扣减发生期进项税额的规定

对于已抵扣进项税额的购进货物、劳务、服务、无形资产、不动产如果事后改变用途，用于不得抵扣进项税额项目，应**作进项税额转出处理**。

（四）销货折让、中止或退回的税务处理

销售方冲减销项税额，购货方冲减进项税额。

（五）向供货方取得返还收入的税务处理

冲减当期进项＝当期取得的返还资金÷(1＋所购货物适用税率)×所购货物适用税率

【小贴士】商业企业向供货方收取的各种返还收入，不得开具增值税专用发票。

（六）一般纳税人注销时进项税额的处理

一般纳税人注销或被取消辅导期一般纳税人资格，转为小规模纳税人时，其存货不作进项税额转出处理，其留抵税额也不予以退税。

（七）金融机构开展个人实物黄金交易业务的增值税处理

对于金融机构从事的实物黄金交易业务，实行金融机构各省级分行和直属一级分行所属地市级分行、支行按照规定的预征率预缴增值税，由省级分行和直属一级分行统一清算缴纳。

（八）纳税人（房地产开发企业销售自行开发的房地产项目不适用）转让不动产增值税征收管理

1. 适用范围。

适用于纳税人转让其取得的不动产，包括以直接购买、接受捐赠、接受投资入股、**自建**以及抵债等各种形式取得的不动产。

2. 计税方法及应纳税额的计算。

（1）一般纳税人转让其取得的不动产。

时间	采取方法	取得来源	预缴税款	申报纳税（机构所在地）
2016年4月30日前取得	一般计税方法	非自建项目	增值税＝转让**差额**÷（1＋5%）×5%	增值税＝转让全额÷（1＋9%）×9%－进项税额－预缴税款
		自建项目	增值税＝转让**全额**÷（1＋5%）×5%	增值税＝转让全额÷（1＋9%）×9%－进项税额－预缴税款
	简易计税方法	非自建项目	增值税＝转让**差额**÷（1＋5%）×5%	0
		自建项目	增值税＝转让**全额**÷（1＋5%）×5%	0
2016年5月1日后取得	一般计税方法	与2016年4月30日前取得采用一般计税方法相同		

【小贴士】转让差额＝取得的全部价款和价外费用－不动产购置原价或者取得不动产时的作价

（2）小规模纳税人转让其取得的不动产（除个人转让住房外）。

取得来源	预缴税款（不动产所在地）	申报纳税（机构所在地）
非自建项目	增值税＝转让**差额**÷（1＋5%）×5%	0
自建项目	增值税＝转让**全额**÷（1＋5%）×5%	0

【小贴士】小规模纳税人计算与一般纳税人简易计算方法相同，可合并记忆。

（3）个人（个体工商户和其他个人）转让其购买的住房。

项目	购买不足2年转让	购买超过2年（含2年）转让	
		北京、上海、广州、深圳	其他地区
普通住房	**全额**征收5%增值税	免征增值税	免征增值税
非普通住房		差额征税：（卖出价－买入价）÷（1＋5%）×5%	

【小贴士】个体工商户向住房所在地的税务机关预缴税款，向机构所在地的税务机关申报纳税。其他个人向住房所在地的税务机关申报纳税。

3. 缴税的注意事项。

（1）纳税人转让其取得的不动产，向不

动产所在地主管税务机关预缴的增值税税款，可以在当期增值税应纳税额中抵减，抵减不完的结转下期继续抵减。

（2）纳税人以预缴税款抵减应纳税额，应以完税凭证作为合法有效凭证。

（3）小规模纳税人转让其取得的不动产，不能自行开具增值税发票的，可向不动产所在地主管税务机关申请代开。

（4）纳税人向其他个人转让其取得的不动产，不得开具或申请代开增值税专用发票。

【经典例题】

【例题·计算问答题】某公司（一般纳税人）2020年9月30日转让其2015年11月1日购买的写字间一处，取得转让收入5 500万元（含税）。购买时的价格为3 200万元，保留有合法有效发票。（选择简易计税方法）

【答案及解析】应纳增值税 =（5 500 − 3 200）÷（1 + 5%）× 5% = 109.52（万元）

（九）纳税人跨县（市、区）提供建筑服务增值税征收管理

1. 适用范围：单位和个体工商户在其**机构所在地以外**的县（市、区）提供建筑服务。

2. 计税方法及缴纳。

纳税人	计税方法	预缴税款（建筑服务发生地）	申报纳税（机构所在地）
一般纳税人	适用一般计税方法	差额 ÷（1 + 9%）× 2%	增值税 = **销售额全额** ÷（1 + 9%）× 9% − 进项税额 − 预缴税款
	选择简易计税方法（老项目）	差额 ÷（1 + 3%）× 3%	0
小规模纳税人	简易计税方法		

【小贴士】差额 = 全部价款和价外费用 − 支付的分包款

【小贴士】建筑工程承包合同注明的开工日期在2016年4月30日前的建筑工程项目，即老项目，可以选择简易计税方法。

3. 征收管理。

（1）纳税人**跨县（市、区）提供建筑服务**，向建筑服务发生地主管税务机关预缴的增值税税款，可以在当期增值税应纳税额中抵减，抵减不完的，结转下期继续抵减。

（2）应当预缴之月起**超过6个月**没有预缴税款的，由**机构所在地**主管税务机关按照《税收征收管理法》及相关规定进行处理。

（十）纳税人提供不动产经营租赁服务增值税征收管理

1. 适用范围。

适用于纳税人出租取得的不动产。

取得的不动产，包括以直接购买、接受捐赠、接受投资入股、自建以及抵债等形式取得的不动产。

【小贴士】不适用于纳税人提供道路通行服务。

2. 计税方法及缴纳。

纳税人	计税方法	预缴税款（不动产所在地）	申报纳税（机构所在地）
一般纳税人	适用一般计税方法	预缴税款 = 含税销售额全额 ÷（1 + 9%）× 3%	增值税 = 含税销售额全额 ÷（1 + 9%）× 9% − 进项税额 − 预缴税款
	选择简易计税方法（老项目）	预缴税款 = 含税销售额全额 ÷（1 + 5%）× 5%	0
小规模纳税人	简易计税方法		

【小贴士】个人（个体工商户和其他个人）出租**住房**。

个体工商户出租住房	预缴税款（不动产所在地）	申报纳税（机构所在地）
	含税销售额÷(1+5%)×**1.5%**	0

	申报纳税（不动产所在地）
个人出租住房	应纳税款=含税销售额÷(1+5%)×**1.5%**
个人出租非住房	应纳税款=含税销售额÷(1+5%)×5%

3. 征收管理。

(1) 纳税人不动产的所在地与机构所在地在同一县（市、区），纳税人应向机构所在地主管税务机关申报纳税。

(2) 单位和个体工商户出租不动产，向不动产所在地主管税务机关预缴的增值税款，可以在当期增值税应纳税额中抵减，抵减不完的，结转下期继续抵减。纳税人以预缴税款抵减应纳税额，应以完税凭证作为合法有效凭证。

(3) 小规模纳税人中的单位和个体工商户出租不动产，不能自行开具增值税发票的，可向不动产所在地主管税务机关申请代开增值税发票。

(4) 其他个人出租不动产，可向不动产所在地主管税务机关申请代开增值税发票。

纳税人向其他个人出租不动产，不得开具或申请代开增值税专用发票。

【小贴士】房地产开发企业不动产经营租赁服务的计算与非房企纳税人相同。

（十一）房地产开发企业销售自行开发的房地产项目增值税的征收管理

1. 销售额的确定。

销售额=**(全部价款和价外费用－当期允许扣除的土地价款)**÷(1+9%)

当期允许扣除的土地价款=支付的土地价款×(当期销售房地产项目建筑面积÷房地产项目可供销售建筑面积)

【小贴士】公式中“支付的土地价款”，是指向政府、土地管理部门或受政府委托收取土地价款的单位直接支付的土地价款。

【小贴士】纳税人销售老项目选择适用简易计税方法，销售额为取得的全部价款和价外费用，不得扣除对应的土地价款。

2. 进项税额的确定。

进项税额：房地产开发企业中的一般纳税人自行开发的房地产项目，其进项税额可一次性抵扣。

3. 预缴税额。

预缴税款：一般纳税人采取预收款方式销售自行开发的房地产项目，应在收到预收款时按照3%的预征率预缴增值税。

应预缴税款按照以下公式计算：

应预缴税款=预收款÷(1+适用税率或征收率)×3%

适用一般计税方法计税的，按照9%的适用税率计算；适用简易计税方法计税的，按照5%的征收率计算。

纳税人	项目分类	计税方法	预缴税款	申报纳税
一般纳税人	新项目 老项目	适用一般计税方法	预收款÷(1+9%)**×3%**	应纳税款=(含税全价－土地价款)÷(1+9%)×9%－进项税额－预缴税款
	老项目	(选择)适用简易计税方法	预收款÷(1+5%)**×3%**	应纳税款=含税全价÷(1+5%)×5%－预缴税款

【经典例题】

【真题·综合题】（2017改编）位于甲省某市区的一家建筑企业为增值税一般纳税人，在乙省某市区提供写字楼和桥梁建造业务，2017年4月具体经营业务如下：

（1）该建筑企业对写字楼建造业务选择一般计税方法，按照工程进度及合同约定，本月取得含税金额3 000万元并给业主开具了增值税专用发票。由于该建筑企业将部分业务进行了分包，本月支付分包含税金额1 200万元，取得分包商（采用一般计税方法）开具的增值税专用发票。

（2）桥梁建造业务为甲供工程，该建筑企业对此项目选择了简易计税方法。本月收到含税金额4 000万元并开具了增值税普通发票，该建筑企业将部分业务进行了分包，本月支付分包含税金额1 500万元，取得分包商开具的增值税普通发票。

（3）从国外进口一台机器设备，国外买价折合人民币80万元，运抵我国入关前支付的运费折合人民币4.2万元，保险费折合人民币3.8万元，报关进口后支付了相关税费。入关后运抵企业所在地，取得运输公司开具的增值税专用发票注明运费1万元、税额0.09万元，该进口设备既用于一般计税项目也用于简易计税项目，该企业未分开核算。

（4）发生外地出差住宿费支出价税合计6.36万元，取得增值税一般纳税人开具的增值税专用发票，发生餐饮费支出价税合计3万元，取得增值税普通发票。

（其他相关资料：上述业务涉及的相关票据均已通过主管税务机关比对认证。）

要求：根据上述资料，按照下列顺序回答问题，如有计算需计算出合计数。

（1）计算业务（1）企业在乙省应预缴的增值税。

（2）计算业务（1）的销项税额。

（3）计算业务（2）在乙省应预缴的增值税。

（4）计算业务（4）可抵扣的增值税进项税额。

（5）计算企业当月增值税进项税额合计。

（6）计算企业当月增值税应纳税额。

（7）计算企业应向总部机构所在地主管税务机关缴纳的增值税。

【答案及解析】

（1）应预缴税款＝（全部价款和价外费用－支付的分包款）÷（1＋9%）×2%＝（3 000－1 200）÷（1＋9%）×2%＝33.03（万元）

（2）销项税额＝3 000÷（1＋9%）×9%＝247.71（万元）

（3）应预缴税款＝（全部价款和价外费用－支付的分包款）÷（1＋3%）×3%＝（4 000－1 500）÷（1＋3%）×3%＝72.82（万元）

（4）可以抵扣的进项税额＝6.36÷（1＋6%）×6%＝0.36（万元）

（5）当月增值税进项税额合计＝1 200÷（1＋9%）×9%＋0.09＋0.36＝99.53（万元）

（6）当月增值税应纳税额＝247.71＋（4 000－1 500）÷（1＋3%）×3%－99.53＝221（万元）

（7）企业应缴纳的增值税＝221－33.03－72.82＝115.15（万元）

第六单元　简易征税方法应纳税额的计算

重难点1：应纳税额的计算★

纳税人发生应税销售行为适用简易计税方法的，应该按照销售额和征收率计算应纳增值税税额，并且不得抵扣进项税额。应纳税额的计算公式为：

应纳税额＝销售额（不含增值税）×征收率

【小贴士】**小规模纳税人一律采用简易计税方法计税**，但是一般纳税人发生应税销售行为可以选择适用简易计税方法。

重难点2：含税销售额的换算★

按简易计税方法计税的销售额不包括其应纳的增值税税额，纳税人采用销售额和应纳增值税税额合并定价方法的，按照下列公式计算销售额：

销售额＝含税销售额÷（1＋征收率）

【小贴士】按照现行规定应当预缴增值税税款的小规模纳税人，凡在预缴地实现的月销售额未超过10万元的，当期无须预缴税款。该规定执行前（2019 年 1 月 19 日前），已预缴税款的，可以向预缴地主管税务机关申请退还。

重难点 3：资管产品的增值税处理办法★

（一）计税方法

资管产品管理人（以下简称“管理人”）运营资管产品过程中发生的增值税应税行为（以下简称“资管产品运营业务”），暂适用简易计税方法，按照 **3%** 的征收率缴纳增值税。

（二）管理人

管理人包括**银行**、信托公司、公募基金管理公司及其子公司、证券公司及其子公司、期货公司及其子公司、私募基金管理人、保险资产管理公司、专业保险资产管理机构、养老保险公司等。

管理人接受投资者委托或信托对受托资产提供的管理服务以及管理人发生的除下列（三）规定的其他增值税应税行为（以下简称“其他业务”），按照现行规定缴纳增值税。

（三）资管产品的范围

资管产品包括银行理财产品、资金信托（包括集合资金信托、单一资金信托）、财产权信托、公开募集证券投资基金、特定客户资产管理计划、集合资产管理计划、定向资产管理计划、私募投资基金、债权投资计划、股权投资计划、股债结合型投资计划、资产支持计划、组合类保险资产管理产品、养老保障管理产品。

（四）资管产品的其他增值税处理规定

1. 管理人应分别核算资管产品运营业务和其他业务的销售额和增值税应纳税额。未分别核算的，资管产品运营业务不得适用上述（一）的规定。

2. 管理人可选择分别或汇总核算资管产品运营业务销售额和增值税应纳税额。

3. 管理人应按照规定的纳税期限，汇总申报缴纳资管产品运营业务和其他业务增值税。

4. 2018 年 1 月 1 日（含）以后，资管产品运营过程中发生的增值税应税行为，**以管理人为增值税纳税人**，按照现行规定缴纳增值税。

【小贴士】对资管产品在 2018 年 1 月 1 日前运营过程中发生的增值税应税行为，未缴纳增值税的，不再缴纳；已缴纳增值税的，已纳税额从管理人以后月份的增值税应纳税额中抵减。

第七单元　进口环节增值税的征收

重难点 1：进口环节增值税的征收范围及纳税人★

（一）进口环节增值税的征税范围

1. 根据《增值税暂行条例》的规定，申报进入中华人民共和国海关境内的货物，均应缴纳增值税。

2. 从其他国家或地区进口《跨境电子商务零售进口商品清单》范围内的商品适用于跨境电子商务零售进口增值税税收政策。

（二）进口环节增值税的纳税人

进口货物的收货人（承受人）或办理报关手续的单位和个人。

【小贴士】对代理进口货物，以海关开具的完税凭证上的纳税人为增值税纳税人。

【小贴士】购买跨境电子商务零售进口商品的个人作为纳税人。电子商务企业、电子商务交易平台企业或物流企业可作为代收代缴义务人。

重难点 2：进口环节增值税的适用税率★

（一）税率：13%、9%

【小贴士】一般纳税人、小规模纳税人适用**税率相同**。

【小贴士】对进口抗癌药品，自 2018 年 5 月 1 日起，减按 3% 征收进口环节增值税。对进口罕见病药品，自 2019 年 3 月 1 日起，减按 3% 征收进口环节增值税。

（二）跨境电子商务零售进口商品

单次交易限值为人民币 5 000 元，个人年度交易限值为人民币 26 000 元以内进口的跨境电子商务零售进口商品，关税税率暂设为 0。

重难点3：进口环节增值税应纳税额计算★★★

（一）进口环节增值税计税依据——组成计税价格

组成计税价格 = 关税完税价格 + 关税 +（消费税）

应纳税额 = 组成计税价格 × 税率

（二）纳税人在计算进口货物的增值税时应该注意的问题

1. 进口货物增值税的组成计税价格中包括**已纳关税税额**，如果进口货物属于消费税应税消费品，其组成计税价格中还要包括进口环节**已纳消费税税额**。

2. 在计算进口环节的应纳增值税税额时不得抵扣任何税额，即在计算进口环节的应纳增值税税额时，不得抵扣发生在我国境外的各种税金。

3. 一般贸易下进口货物：关税完税价格以海关审定的**成交价格**为基础的**到岸价格**作为完税价格。

【小贴士】完税价格是货价加运抵海关前所发生的包装费、保险费等费用。

4. 跨境电子商务零售进口商品：实际交易价格（包括货物零售价格、运费和保险费）作为完税价格。

【小贴士】增值税、消费税按法定应纳税额的**70%**征收。

【小贴士】完税价格超过5 000元单次交易限值但低于26 000元年度交易限值，且订单下仅一件商品时，可以自跨境电商零售渠道进口，按照货物税率**全额征收**关税和进口环节增值税、消费税，交易额计入年度交易总额，但年度交易总额超过年度交易限值的，应按一般贸易管理。

重难点4：进口环节增值税的管理★

（一）进口货物的增值税由海关代征，具体规定如下

1. 纳税义务发生时间：为**报关进口当天**。

2. 纳税地点：为进口货物**报关地海关**。

3. 纳税期限：为海关填发海关进口增值税专用缴款书之日起**15日内**。

（二）跨境电子商务零售进口商品

1. 由海关代征进口环节的增值税和消费税。

2. 自海关放行之日起**30日内**退货的，可申请退税，并相应调整个人年度交易总额。

3. 跨境电子商务零售进口商品购买人（订购人）的身份信息应进行认证；未进行认证的，购买人（订购人）身份信息应与付款人一致。

【经典例题】

【例题·计算问答题】某商贸公司（有进出口经营权）2020年10月进口一批货物。该批货物在国外的买价为50万元，该批货物运抵我国海关前发生的运输费、保险费等共计15万元。货物报关进口后，公司按规定缴纳了进口环节的增值税并取得了海关开具的海关进口增值税专用缴款书。该批进口货物在国内销售90%，取得不含税销售额100万元。

（相关资料：货物进口关税税率为15%，增值税税率为13%。）

要求：请按下列顺序回答问题：

（1）计算关税的组成计税价格。

（2）计算进口环节应纳的进口关税。

（3）计算进口环节应纳增值税的组成计税价格。

（4）计算进口环节应缴纳增值税的税额。

（5）计算国内销售环节的销项税额。

（6）计算国内销售环节应缴纳增值税税额。

【答案及解析】（1）关税的组成计税价格 = 50 + 15 = 65（万元）。

（2）应纳进口关税 = 65 × 15% = 9.75（万元）。

（3）进口环节应纳增值税的组成计税价格 = 65 + 9.75 = 74.75（万元）。

（4）进口环节应缴纳增值税的税额 = 74.75 × 13% = 9.72（万元）。

（5）国内销售环节的销项税额 = 100 × 13% = 13（万元）。

（6）国内销售环节应缴纳增值税税额 = 13 - 9.72 = 3.28（万元）。

第八单元　出口和跨境业务增值税的退（免）税和征税

重难点1：出口货物、劳务和跨境应税行为退（免）增值税基本政策★

1. 出口免税并退税。
2. 出口免税但不退税。
3. 出口不免税也不退税。

重难点2：出口货物、劳务和跨境应税行为增值税退（免）税政策★

（一）适用增值税退（免）税政策的范围

1. 出口企业出口货物。
2. 出口企业或其他单位视同出口的货物。
3. 生产企业视同出口货物的满足条件。
4. 出口企业对外提供加工修理修配劳务。
5. 融资租赁货物出口退税。

（二）增值税退（免）税办法

1. “免、抵、退”税办法。

【小贴士】免征增值税，相应的进项税额抵减应纳增值税额，未抵减完的部分还予以退还。

适用范围：

（1）生产企业**出口自产货物**与视同自产货物，以及列名的74家生产企业出口非自产货物。

（2）对外提供加工修理修配劳务。

（3）适用**零税率跨境应税行为**：包括零税率的服务和无形资产。

2. “免、退”税办法。

【小贴士】免征增值税，相应的进项税额予以退还。

适用范围：

（1）不具有生产能力的出口企业（外贸企业）或其他单位出口货物、劳务。

（2）外贸企业外购的研发服务和设计服务出口。

（三）增值税出口退税率

出口货物服务和无形资产的退税率为其适用税率。

【小贴士】适用不同退税率的货物、劳务及跨境应税服务，应分开报关、核算并申报退（免）税；否则从低适用退税率。

（四）增值税退（免）税的计税依据

【小贴士】按出口货物、劳务的出口发票（外销发票）、其他普通发票或购进出口货物、劳务的增值税专用发票、海关进口增值税专用缴款书确定。

出口企业	出口项目	退（免）税计税依据
1. 生产企业	出口货物、劳务（进料加工复出口货物除外）	出口货物、劳务的实际**离岸价**（FOB）
	进料加工复出口货物	出口货物的**离岸价**（FOB）扣除出口货物耗用的保税进口料件金额确定
	国内购进无进项税额且不计提进项税额的免税原材料加工后出口的货物	出口货物的**离岸价**（FOB）扣除出口货物所含的国内购进免税原材料的金额后确定
2. 外贸企业	出口货物（委托加工修理修配货物除外）	购进出口货物的增值税专用发票注明的金额或海关进口增值税专用缴款书注明的完税价格
	出口委托加工修理修配货物	加工修理修配费用增值税专用发票注明的金额

（五）增值税“免、抵、退”税和“免、退”税计算

1. 生产企业：“免、抵、退”税。

（1）“免、抵、退”税计算公式。

①当期应纳税额的计算：

当期应纳税额 = 当期销项税额 -（当期进项税额 - **当期不得免征和抵扣税额**）

当期不得免征和抵扣税额 = 当期出口货物

离岸价×外汇人民币折合率×（出口货物适用税率－出口货物退税率）－**当期不得免征和抵扣税额抵减额**

当期不得免征和抵扣税额抵减额＝当期免税购进原材料价格×（出口货物适用税率－出口货物退税率）

②当期"免、抵、退"税额的计算：

当期"免、抵、退"税额＝当期出口货物离岸价×外汇人民币折合率×出口货物退税率－当期"免、抵、退"税额抵减额

当期"免、抵、退"税额抵减额＝当期免税购进原材料价格×出口货物退税率

③当期应退税额和留抵（免抵）税额的计算：

a. 当期期末留抵税额≤当期"免、抵、退"税额，则：

当期应退税额＝当期期末留抵税额

当期免抵税额＝当期"免、抵、退"税额－当期应退税额

【小贴士】应退税额是两者中的**较小者**。

b. 当期期末留抵税额＞当期"免、抵、退"税额，则：

当期应退税额＝当期"免、抵、退"税额

当期免抵税额＝0

④出口货物耗用了免税购进的原材料处理：

出口货物使用了**免税或保税**购进的原材料，应扣除出口货物所含的购进免税或保税原材料的金额。

其中，当期进料加工保税进口料件的价格为进料加工出口货物耗用的保税进口料件金额。

进料加工出口货物耗用的保税进口料件金额＝进料加工出口货物人民币离岸价×**进料加工计划分配率**

（2）"免、抵、退"税计算举例。

【经典例题】

【例题·单选题】某自营出口的生产企业为增值税的一般纳税人，出口货物的征税税率为13%，退税税率为9%。2020年9月购进原材料一批，取得的增值税专用发票注明金额500万元，税额80万元。9月内销货物取得不含税销售额150万元，出口货物取得销售额折合人民币200万元，上月增值税留抵税额10万元，该企业当期"免、抵、退"税不得免征和抵扣税额为（　　）万元。

A. 6　　B. 20

C. 8　　D. 26

【答案】C

【解析】"免、抵、退"税不得免征和抵扣税额＝FOB价×（征税率－退税率）＝200×（13%－9%）＝8（万元）。

【例题·计算问答题】某自营出口的生产企业为增值税一般纳税人，出口货物的征税税率为13%，退税税率为9%。2020年11月有关经营业务为：外购原材料一批，取得对方开具的增值税专用发票注明价款600万元，税金78万元，发票已经认证。10月留抵税款6万元。本月内销货物取得不含税销售额200万元，税金26万元。本月出口货物的销售额折合人民币400万元。

要求：计算该企业当期的"免、抵、退"税额。

【答案及解析】

当期"免、抵、退"税不得免征和抵扣税额＝400×（13%－9%）＝16（万元）。

当期应纳税额＝200×13%－（78－16）－6＝26－62－6＝－42（万元）。

出口货物"免、抵、退"税额＝400×9%＝36（万元）。

当期应退税额＝36万元

当期免抵税额＝36－36＝0

7月期末留抵结转下期继续抵扣税额为6万元（42－36）。

（3）零税率应税行为增值税退（免）税计算——适用"免、抵、退"税办法。

2. "免、退"税计算——外贸企业出口货物、劳务和应税行为。

（1）外贸企业出口委托加工修理修配货

物以外的货物：

增值税应退税额 = 增值税退（免）税计税依据 × 出口货物退税率

（2）外贸企业出口委托加工修理修配货物：

出口委托加工修理修配货物的增值税应退税额 = 委托加工修理修配的增值税退（免）税计税依据 × 出口货物退税率

重难点3：出口货物、劳务和跨境应税行为增值税免税政策★

（一）适用增值税免税政策的范围

1. 出口企业或其他单位出口规定的货物：列举14项。

（1）增值税小规模纳税人出口货物。

（2）避孕药品和用具，古旧图书。

（3）软件产品。

（4）含黄金、铂金成分的货物，钻石及其饰品。

（5）国家计划内出口的卷烟。

（6）非出口企业委托出口的货物。

（7）非列名生产企业出口的非视同自产货物。

（8）农业生产者自产农产品。

（9）规定的出口免税的货物，如油画、花生果仁、黑大豆等。

（10）外贸企业取得普通发票、农产品收购发票、政府非税收入票据的货物。

（11）**来料加工复出口的货物**。

（12）特殊区域内的企业出口的特殊区域内的货物。

（13）以人民币现金作为结算方式的边境地区出口企业从所在省（自治区）的边境口岸出口到接壤国家的一般贸易和边境小额贸易出口货物。

（14）以旅游购物贸易方式报关出口的货物。

【经典例题】

【真题·多选题】（2010）下列出口货物中，免税但不予退税的有（　　）。

A. 古旧图书

B. 避孕药品和用具

C. 列名企业出口非自产货物

D. 来料加工复出口的货物

【答案】 ABD

【解析】 列名生产企业出口非自产货物，应采用“免、抵、退”税政策。所以选项C不正确。选项A、B、D，免税但不予退税。

2. 境内的单位和个人销售的下列跨境应税行为免征增值税，但零税率的除外：

（1）工程项目在境外的建筑服务。

（2）工程项目在境外的工程监理服务。

（3）工程、矿产资源在境外的工程勘察勘探服务。

（4）会议展览地点在境外的会议展览服务。

（5）存储地点在境外的仓储服务。

（6）标的物在境外使用的有形动产租赁服务。

（7）在境外提供的广播影视节目（作品）的**播映**服务。

（8）在境外提供的文化体育服务、教育医疗服务、旅游服务。

（9）为出口货物提供的邮政服务、收派服务、保险服务。

（10）向境外单位提供的完全在境外消费的下列服务和无形资产：

①电信服务。

②知识产权服务。

③物流辅助服务（仓储服务、收派服务除外）。

④鉴证咨询服务。

⑤专业技术服务。

⑥商务辅助服务。

⑦广告投放地在境外的广告服务。

⑧无形资产（技术除外）。

（11）为境外单位之间的货币资金融通及其他金融业务提供的直接收费金融服务，且该服务与境内的货物、无形资产和不动产无关。

（12）属于以下情形的国际运输服务：

①以无运输工具承运方式提供的国际运输服务。

②以水路运输方式提供国际运输服务但未取得《国际船舶运输经营许可证》的。

③以公路运输方式提供国际运输服务但未取得《道路运输经营许可证》或者《国际汽车运输行车许可证》，或者《道路运输经营许可证》的经营范围未包括“国际运输”的。

④以航空运输方式提供国际运输服务但未取得《公共航空运输企业经营许可证》，或者其经营范围未包括“国际航空客货邮运输业务”的。

⑤以航空运输方式提供国际运输服务但未持有《通用航空经营许可证》，或者其经营范围未包括“公务飞行”的。

（13）符合零税率政策但适用简易计税方法或声明放弃适用零税率选择免税的下列应税行为：

①国际运输服务。

②航天运输服务。

③向境外单位提供的完全在境外消费的下列服务：研发服务；合同能源管理服务；设计服务；广播影视节目（作品）的制作和发行服务；软件服务；电路设计及测试服务；信息系统服务；业务流程管理服务；离岸服务外包业务。

④向境外单位转让完全在境外消费的技术。

完全在境外消费是指：

A. 服务的实际接受方在境外，且与境内的货物和不动产无关。

B. 无形资产完全在境外使用，且与境内的货物和不动产无关。

C. 财政部和国家税务总局规定的其他情形。

【小贴士】纳税人向国内海关特殊监管区域内的单位或者个人销售服务、无形资产，不属于跨境应税行为，应照章征收增值税。

3. 对跨境电子商务综合试验区电子商务出口企业出口未取得有效进货凭证的货物，同时符合下列条件的，试行增值税、消费税免税政策：

（1）电子商务出口企业在综试区注册，并在注册地跨境电子商务线上综合服务平台登记出口日期、货物名称、计量单位、数量、单价、金额。

（2）出口货物通过综试区所在地海关办理电子商务出口申报手续。

（3）出口货物不属于财政部和国家税务总局根据国务院决定明确取消出口退（免）税的货物。

4. 市场经营户自营或委托市场采购贸易经营者以市场采购贸易方式出口的货物免征增值税。

（二）进项税额的处理和计算

适用增值税免税政策的出口货物和劳务，其进项税额不得抵扣和退税，应当转入成本。

重难点4：出口货物、劳务和跨境应税行为增值税征税政策★

下列出口货物和劳务，不适用增值税退（免）税和免税政策，按下列规定及视同内销货物征税的其他规定征收增值税（以下称“增值税征税”）。

（一）适用增值税征税政策的范围（了解）

（二）应纳增值税的计算

1. 一般纳税人出口货物、劳务和跨境应税行为。

销项税额＝（出口货物、劳务和应税行为离岸价－出口货物耗用的进料加工保税进口料件金额）÷（1＋适用税率）×适用税率

出口货物、劳务和跨境应税行为若已按征退税率之差计算不得免征和抵扣税额并已经转入成本的，相应的税额应转回进项税额。

2. 小规模纳税人出口货物、劳务和应税行为。

应纳税额＝出口货物、劳务和跨境应税行为离岸价÷（1＋征收率）×征收率

重难点5：外国驻华使（领）馆及其馆员在华购买货物和服务增值税退税管理办法★

（一）适用范围

外国驻华使（领）馆及其馆员在中华人民共和国境内购买货物和服务。

【小贴士】货物和服务指按规定征收增值税、属于合理自用范围内的生活办公类货物和服务（含修理修配劳务）。

（二）下列情形不适用增值税退税政策

1. 购买非合理自用范围内的生活办公类货物和服务。

2. 购买货物单张发票销售金额（含税价格）不足800元人民币（自来水、电、燃气、暖气、汽油、柴油除外），购买服务单张发票销售金额（含税价格）不足300元人民币。

3. 使（领）馆馆员个人购买货物和服务，除车辆和房租外，每人每年申报退税销售金额（含税价格）超过18万元人民币的部分，不适用增值税退税政策。

4. 增值税免税货物和服务。

（三）退税的计算

申报退税的应退税额，为增值税发票上注明的税额。如发票上未注明税额的，则：

增值税应退税额＝发票金额（含增值税）÷（1＋适用税率）×适用税率

重难点6：境外旅客购物离境退税政策★

（一）退税物品

境外旅客本人在退税商店购买且符合退税条件的个人物品。

【小贴士】境外旅客是指在我国境内连续居住不超过183天的外国人和港澳台同胞。

（二）境外旅客申请退税，应当同时符合以下条件

1. 同一境外旅客同一日在同一退税商店购买的退税物品金额达到500元人民币。

2. 退税物品尚未启用或消费。

3. 离境日距退税物品购买日不超过90天。

4. 所购退税物品由境外旅客本人随身携带或随行托运出境。

（三）退税物品的退税率（新增）

适用13%税率的境外旅客购物离境退税物品，退税率为11%；适用9%税率的境外旅客购物离境退税物品，退税率为8%。

（四）应退增值税额的计算公式

应退增值税额＝退税物品销售发票金额（含增值税）×退税率

（五）退税币种为人民币，退税方式有现金退税和银行转账退税两种方式

退税额未超过10 000元的，可自行选择退税方式。退税额超过10 000元的，以银行转账方式退税。

第九单元　税收优惠

重难点1：《增值税暂行条例》规定的免税项目（7项）★

1. 农业生产者销售的自产农产品。

2. 避孕药品和用具。

3. 古旧图书，是指向社会收购的古书和旧书。

4. 直接用于科学研究、科学试验和教学的进口仪器、设备。

5. 外国政府、国际组织无偿援助的进口物资和设备。

6. 由残疾人的组织直接进口供残疾人专用的物品。

7. 销售自己使用过的物品。自己使用过的物品是指其他个人自己使用过的物品。

【经典例题】

【例题·多选题】下列各项中，应当计算缴纳增值税的有（　　）。

A. 外国企业无偿援助的进口物资

B. 农业生产者销售自产农产品

C. 航空运输企业已售票但未提供航空运输服务取得的逾期票证收入

D. 残疾人的组织直接进口供残疾人专用的物品

【答案】AC

【解析】选项 B、D，属于增值税的免税项目，不计算缴纳增值税。

重难点 2："营改增通知"规定的税收优惠政策★★

（一）下列项目免征增值税：

1. 托儿所、幼儿园提供的保育和教育服务。
2. 养老机构提供的养老服务。
3. 残疾人福利机构提供的育养服务。
4. 婚姻介绍服务。
5. 殡葬服务。
6. 残疾人员本人为社会提供的服务。
7. 医疗机构提供的医疗服务。
8. 从事学历教育的学校提供的教育服务。
9. 学生勤工俭学提供的服务。
10. 农业机耕、排灌、病虫害防治、植物保护、农牧保险以及相关技术培训业务，家禽、牲畜、水生动物的配种和疾病防治。
11. 纪念馆、博物馆、文化馆、文物保护单位管理机构、美术馆、展览馆、书画院、图书馆在自己的场所提供文化体育服务取得的第一道门票收入。
12. 寺院、宫观、清真寺和教堂举办文化、宗教活动的门票收入。
13. 行政单位之外的其他单位收取的符合规定条件的**政府性基金和行政事业性收费**。
14. 个人转让**著作权**。
15. 个人销售自建自用住房。
16. 台湾航运公司、航空公司从事海峡两岸海上直航、空中直航业务在大陆取得的运输输入。
17. 纳税人提供的直接或者间接国际货物运输代理服务。
18. 以下利息收入：

（1）国家助学贷款。

（2）国债、地方政府债。

（3）人民银行对金融机构的贷款。

（4）住房公积金管理中心用住房公积金在指定的委托银行发放的个人住房贷款。

（5）外汇管理部门在从事国家外汇储备经营过程中，委托金融机构发放的外汇贷款。

（6）统借统还业务中，企业集团或企业集团中的核心企业以及集团所属财务公司按不高于支付给金融机构的借款利率水平或者支付的债券票面利率水平，向企业集团或者集团内下属单位收取的利息。

统借方向资金使用单位收取的利息，高于支付给金融机构借款的利率水平或者支付的债券票面利率水平的，应全额缴纳增值税。

（7）自 2018 年 11 月 7 日起至 2021 年 11 月 6 日止，对境外机构投资境内债券市场取得的债券利息收入暂免征收增值税。

19. 被撤销金融机构以货物、不动产、无形资产、有价证券、票据等财产清偿债务。
20. 保险公司开办的一年期以上人身保险产品取得的保费收入。
21. 再保险服务。
22. 下列金融商品转让收入。

（1）合格境外投资者（QFII）委托境内公司在我国从事证券买卖业务。

（2）香港市场投资者（包括单位和个人）通过沪港通和深港通买卖上海证券交易所和深圳证券交易所上市 A 股。

（3）对香港市场投资者（包括单位和个人）通过基金互认买卖内地基金份额。

（4）证券投资基金（封闭式证券投资基金，开放式证券投资基金）管理人运用基金买卖股票、债券。

（5）个人从事金融商品转让业务。

23. 金融同业往来利息收入。

【小贴士】自 2018 年 1 月 1 日起，金融机构开展贴现、转贴现业务，以其实际持有票据期间取得的利息收入作为贷款服务销售额计算缴纳增值税。此前贴现机构已就贴现利息收入全额缴纳增值税的票据，对转贴现机构转贴现利息收入继续免征增值税。**（新增）**

24. 同时符合规定条件的担保机构从事中小企业信用担保或者再担保业务取得的收入 3 年内免征增值税。
25. 国家商品储备管理单位及其直属企业承担商品储备任务，从中央或者地方财政取得的利息补贴收入和价差补贴收入。
26. 纳税人提供技术转让、技术开发和与之相关的技术咨询、技术服务。

27. 同时符合条件的合同能源管理服务。

28. 政府举办的从事学历教育的高等、中等和初等学校，举办进修班、培训班取得的全部归该学校所有的收入。

29. 政府举办的职业学校设立的学校出资、收入归学校的企业，从事“现代服务”(不含融资租赁服务、广告服务和其他现代服务)、“生活服务”(不含文化体育服务、其他生活服务和桑拿、氧吧)业务活动取得的收入。

30. 家政服务企业由员工制家政服务员提供家政服务取得的收入。

31. 福利彩票、体育彩票的发行收入。

32. 军队空余房产租赁收入。

33. 企业、行政事业单位按房改成本价、标准价出售住房取得的收入。

34. 将土地使用权转让给农业生产者用于农业生产。

35. 涉及家庭财产分割的个人无偿转让不动产、土地使用权。

36. 土地所有者出让土地使用权和土地使用者将土地使用权归还给土地所有者。

37. 县级以上地方人民政府或自然资源行政主管部门出让、转让或收回自然资源使用权。

38. 随军家属就业3年内免征增值税。

39. 军队转业干部3年内免征增值税。

40. 各党派、共青团、工会、妇联、中科协、青联、台联、侨联收取党费、团费、会费，以及政府间国际组织收取会费，属于非经营活动，不征收增值税。

41. 青藏铁路公司提供的铁路运输服务免征增值税。

42. 中国邮政集团公司及其所属邮政企业提供的邮政普遍服务和邮政特殊服务，免征增值税。

43. 中国邮政集团公司及其所属邮政企业为金融机构代办金融保险业务取得的代理收入，免征增值税。

44. 全国社会保障基金理事会、全国社会保障基金投资管理人运用全国社会保障基金买卖证券投资基金、股票、债券取得的金融商品转让收入，免征增值税。

45. 国际航运保险业务免征增值税。

46. 对社保基金会、社保基金投资管理人在运用社保基金投资过程中，提供贷款服务取得的全部利息及利息性质的收入和金融商品转让收入，免征增值税。

47. 境外教育机构与境内从事学历教育的学校开展中外合作办学，提供学历教育服务取得的收入免征增值税。

48. 自2019年1月1日至2021年12月31日，对国家级、省级科技企业孵化器、大学科技园和国家备案众创空间向在孵对象提供孵化服务取得的收入，免征增值税。

【小贴士】孵化服务是指为在孵对象提供的经纪代理、经营租赁、研发和技术、信息技术、鉴证咨询服务。

49. 纳税人取得的财政补贴收入，与其销售货物、劳务、服务、无形资产、不动产的收入或者数量直接挂钩的，应按规定计算缴纳增值税。纳税人取得的其他情形的财政补贴收入，不属于增值税应税收入，不征收增值税。

(二) 增值税即征即退

1. 一般纳税人销售其自行开发生产的软件产品，对其增值税实际税负超过**3%的部分**实行增值税即征即退政策。

2. 一般纳税人提供管道运输服务，对其增值税实际税负超过**3%的部分**实行增值税即征即退政策。

3. 经批准从事融资租赁业务的一般纳税人，提供有形动产融资租赁服务和有形动产融资性售后回租服务，对其增值税实际税负超过**3%的部分**实行增值税即征即退政策。

4. 纳税人安置残疾人应享受增值税即征即退优惠政策。

5. 纳税人享受即征即退政策，有纳税信用级别条件要求的，以纳税人申请退税税款所属期的纳税信用级别确定。

（三）扣减增值税规定

1. 退役士兵创业就业。

对自主就业退役士兵从事个体经营的，在3年（36个月，下同）内按每户每年12 000元为限额依次扣减其当年实际应缴纳的增值税、城市维护建设税、教育费附加、地方教育附加和个人所得税。

【小贴士】扣减顺序：增值税－城市维护建设税－教育费附加－地方教育附加－个人所得税

2. 重点群体创业就业。

建档立卡贫困人口、持《就业创业证》（注明“自主创业税收政策”或“毕业年度内自主创业税收政策”）或《就业失业登记证》（注明“自主创业税收政策”）的人员，从事个体经营的，自办理个体工商户登记当月起，在3年（36个月，下同）内，按每户每年12 000元为限额，依次扣减其当年实际应缴纳的增值税、城市维护建设税、教育费附加、地方教育附加和个人所得税。

（四）金融企业发放贷款后应收未收利息的增值税处理

金融企业发放贷款后，自结息日起90天内发生的应收未收利息按现行规定缴纳增值税，自结息日起90天后发生的应收未收利息暂不缴纳增值税，待实际收到利息时按规定缴纳增值税。

（五）个人出售住房

【小贴士】一看时间，二看地点。

【小贴士】第五单元第三个知识点

重难点3：财政部、税务总局规定的其他部分征免税项目★★

1. 资源综合利用产品和劳务增值税优惠政策。

可享受即征即退政策，退税比例有30%、50%、70%和100%四个档次。

2. 免征蔬菜流通环节（包括批发、零售）增值税。

【小贴士】不包括蔬菜罐头。

3. 除豆粕以外的其他粕类饲料产品，均免征增值税。

4. 制种行业免征增值税。

5. 有机肥产品免征增值税。

6. 外购用于生产乙烯、芳烃类化工产品的石脑油、燃料油（以下称“2类油品”），且使用2类油品生产特定化工产品的产量占本企业用石脑油、燃料油生产各类产品总量50%（含）以上的企业，其外购2类油品的价格中消费税部分对应的增值税税额，予以退还。

7. 小规模纳税人发生增值税应税销售行为，合计月销售额未超过10万元（以1个季度为1个纳税期的，季度销售额未超过30万元，下同）的，免征增值税。

【小贴士】小规模纳税人发生增值税应税销售行为，合计月销售额超过10万元，但扣除本期发生的销售不动产的销售额后未超过10万元的，其销售货物、劳务、服务、无形资产取得的销售额免征增值税。

【小贴士】适用增值税差额征税政策的小规模纳税人，以差额后的销售额确定是否可以享受上述规定的免征增值税政策。

8. 小规模纳税人月销售额未超过10万元的，当期因开具增值税专用发票已经缴纳的税款，在增值税专用发票全部联次追回或者按规定开具红字专用发票后，可以向税务机关申请退还。

9. 研发机构采购设备的增值税处理。

对内资研发机构和外资研发中心采购国产设备全额退还增值税。

【小贴士】研发机构已退税的国产设备，自增值税发票开具之日起3年内，设备所有权转移或移作他用的，研发机构须按照下列计算公式，向主管税务机关补缴已退税款。

应补税款＝增值税发票上注明的金额×（设备折余价值÷设备原值）×增值税适用税率

设备折余价值＝设备原值－累计已提折旧

设备原值和已提折旧按照《企业所得税法》的有关规定计算。

10. 城镇公共供水企业缴纳的水资源税所对应的水费收入，不计征增值税，按“不征税自来水”项目开具增值税普通发票。

11. 纳税人将承包地流转给农业生产者用于农业生产，免征增值税。

12. 社团收取会费的，免征增值税。

13. 其他个人，采取一次性收取租金形式出租不动产取得的租金收入，可在对应的租赁期内平均分摊，分摊后的月租金收入未超过10万元的，免征增值税。

14. 对赞助企业及参与赞助的下属机构根据赞助协议及补充赞助协议向北京冬奥组委免费提供的，与北京2022年冬奥会、冬残奥会、测试赛有关的服务，免征增值税。

15. 创新企业境内发行存托凭证的免征增值税处理（**新增**）。

（1）个人投资者转让创新企业CDR取得的差价收入，暂免征收增值税。

（2）单位投资者转让创新企业CDR取得的差价收入，按金融商品转让政策规定征免增值税。

（3）自试点开始之日起，对公募证券投资基金管理人运营基金过程中转让创新企业CDR取得的差价收入，3年内暂免征收增值税。

（4）对合格境外机构投资者（QFII）、人民币合格境外机构投资者（RQFII）委托境内公司转让创新企业CDR取得的差价收入，暂免征收增值税。

16. 符合条件的扶贫捐赠免征增值税处理。

自2019年1月1日至2022年12月31日，对单位或者个体工商户将自产、委托加工或购买的货物通过公益性社会组织、县级及以上人民政府及其组成部门和直属机构直接无偿捐赠给目标脱贫地区的单位和个人，免征增值税。在政策执行期限内，目标脱贫地区实现脱贫的，可继续适用上述政策。

17. 自2019年6月1日至2025年12月31日为社区提供养老、托育、家政等服务的机构，提供社区养老、托育、家政服务取得的收入免征增值税。

18. 广播影视的免征增值税处理。

自2019年1月1日至2023年12月31日，对电影主管部门按照各自职能权限批准从事电影制片、发行、放映的电影集团公司、电影制片厂及其他电影企业取得的电影拷贝收入、转让电影版权（包括转让和许可使用）收入、电影发行收入以及在农村取得的电影放映收入，免征增值税。对广播电视运营服务企业收取的有线数字电视基本收视维护费和农村有线电视基本收视费，免征增值税。

重难点4：增值税起征点的规定★

纳税人销售额未达到国务院财政、税务主管部门规定的增值税起征点的，免征增值税；达到起征点的，依照规定**全额**计算缴纳增值税。

【小贴士】增值税起征点**仅适用于个人**，个人包括：个体工商户和其他个人，登记认定为一般纳税人的个体工商户不适用起征点的规定。即：增值税起征点仅适用于按照小规模纳税人纳税的个体工商户和其他个人。

增值税起征点幅度如下：

1. 按期纳税的，为月销售额5 000～20 000元（含本数）。

2. 按次纳税的，为每次（日）销售额300～500元（含本数）。

起征点的调整由财政部和国家税务总局规定。省、自治区、直辖市财政厅（局）和国家税务局应当在规定的幅度内，根据实际情况确定本地区适用的起征点，并报财政部和国家税务总局备案。

另外，对月销售额10万元以下（含本数）的增值税小规模纳税人，免征增值税。

重难点5：其他有关减免税规定★

1. 纳税人兼营免税、减税项目的，应当分别核算免税、减税项目的销售额；未分别核算不得免税、减税。

2. 纳税人发生应税销售行为适用免税规定的，可以放弃免税，依照《增值税暂行条例》的规定缴纳增值税。放弃免税后，**36 个月内**不得再申请免税。

【小贴士】纳税人发生应税销售行为同时适用免税和零税率规定的，纳税人可以选择适用免税或者零税率。

3. 安置残疾人单位既符合促进残疾人就业增值税优惠政策条件，又符合其他增值税优惠政策条件的，可同时享受多项增值税优惠政策，但年度申请退还增值税总额不得超过本年度内应纳增值税总额。

4. 纳税人既享受增值税即征即退、先征后退政策，又享受免抵退税政策的处理。

【小贴士】纳税人即征即退和先征后退项目不参与出口项目免抵退税计算，应分别核算，分别享受税收政策。

第十单元　征收管理

重难点：纳税义务发生时间、纳税期限和纳税地点★★★

（一）纳税义务发生时间

1. 一般规定。

（1）发生应税销售行为：收讫销售款项或者取得索取销售款项凭据的当天，先开发票的，为开具发票的当天。

（2）进口货物：为报关进口的当天。

（3）增值税扣缴义务发生时间为纳税人增值税纳税义务发生的当天。

2. 具体规定。

具体规定	增值税纳税义务发生时间
采取直接收款方式销售货物	收到销售款或者取得索取销售款凭据的当天
采取托收承付和委托银行收款方式销售货物	发出货物**并**办妥托收手续的当天
采取赊销和分期收款方式销售货物	书面合同约定的收款日期的当天；无书面合同的或者书面合同没有约定收款日期的，为货物发出的当天
采取预收货款方式销售货物	货物**发出的当天**。 【小贴士】生产销售生产工期超过 12 个月的大型机械设备、船舶、飞机等货物，为收到预收款或者书面合同约定的收款日期的当天
委托其他纳税人代销货物	收到代销单位的代销清单或收到全部（部分）货款的当天。 【小贴士】未收到代销清单及货款的，为发出代销货物满 180 天的当天
销售劳务	为提供劳务同时收讫销售款或者取得索取销售款的凭据的当天
除委托其他纳税人代销之外的视同销售货物	货物移送的当天
租赁**服务**	采用预收款，为**收到预收款的当天**
金融商品转让	为金融商品所有权转移的当天
视同销售的应税行为	服务、无形资产转让完成的当天或者不动产权属变更的当天

【经典例题】

【例题·多选题】采取分期收款方式销售货物，增值税纳税义务的发生时间为(　　)。

A. 销售方收到第一笔货款的当天

B. 销售方收到最后一笔货款的当天

C. 销售方发出货物的当天（无书面合同）

D. 销售方书面合同约定的收款日期的当天

【答案】CD

【解析】采取分期收款方式销售货物，增值税纳税义务的发生时间是书面合同约定的收款日期的当天；无书面合同的或者书面合同没有约定收款日期的，为货物发出的当天。

（二）纳税期限

1. 增值税的纳税期限：分别为 1 日、3 日、5 日、10 日、15 日、1 个月或者 1 个季度。

【小贴士】以 1 个季度为纳税期限的规定适用于小规模纳税人、银行、财务公司、信托投资公司、信用社，以及财政部和国家税务总局规定的其他纳税人。

【小贴士】不能按照固定期限纳税的，可以按次纳税。

2. 缴库期限：纳税人以 1 个月或者 1 个季度为 1 个纳税期的，自期满之日起 15 日内申报纳税。

纳税人进口货物，应当自海关填发进口增值税专用缴款书之日起 15 日内缴纳税款。

按固定期限纳税的小规模纳税人可以选择以 1 个月或 1 个季度为纳税期限，一经选择，一个会计年度内不得变更。

【经典例题】

【真题·单选题】（2017）下列增值税纳税人中，以 1 个月为纳税期限的是(　　)。

A. 商业银行

B. 财务公司

C. 信托投资公司

D. 保险公司

【答案】 D

【解析】 银行、财务公司、信托投资公司、信用社以 1 个季度为纳税期。保险公司可以 1 个月为纳税期。

（三）纳税地点

1. 固定业户向机构所在地主管税务机关申报纳税。

2. 非固定业户向销售地主管税务机关申报纳税；未在销售地纳税的，由其机构所在地或居住地主管税务机关补征税款。

3. 进口货物，应当向报关地海关申报纳税。

4. 扣缴义务人向其机构所在地或居住地主管税务机关申报缴纳扣缴的税款。

第十一单元　增值税专用发票的使用及管理

重难点 1：增值税专用发票★

（一）增值税专用发票的联次

基本联次为三联：发票联、抵扣联和记账联。

（二）增值税专用发票的领购

一般纳税人凭《发票领购簿》、IC 卡和经办人身份证明领购专用发票。

（三）增值税专用发票的开具范围

1. 一般纳税人**不得**开具专用发票的情形：

（1）商业企业一般纳税人**零售**的烟、酒、食品、服装、鞋帽（不包括劳保专用部分）、化妆品等消费品。

（2）销售**免税货物**不得开具增值税专用发票，法律、法规及国家税务总局另有规定的除外。

（3）应税销售行为的购买方为**消费者个人**的。

（4）发生应税销售行为适用**免税**规定的。

2. 增值税小规模纳税人（其他个人除外）发生增值税应税行为，需要开具增值税专用发票的，可以自愿使用增值税发票管理系统执行开具。选择自行开具增值税专用发票的小规模纳税人，税务机关不再为其代开增值税专用发票。

【小贴士】增值税小规模纳税人应当就开具增值税专用发票的销售额计算增值税应纳税额，并在规定的纳税申报期内向主管税务机关申报缴纳。

3. 小规模纳税人销售其取得的不动产，需要开具增值税专用发票的，应当按照有关规定向税务机关申请代开。

（四）对丢失已开具增值税专用发票的发票联和抵扣联的处理

纳税人同时丢失已开具增值税专用发票或机动车销售统一发票的发票联和抵扣联，可凭加盖销售方发票专用章的相应发票记账联复印件，作为增值税进项税额的抵扣凭证、退税凭证或记账凭证。

纳税人丢失已开具增值税专用发票或机动车销售统一发票的抵扣联，可凭相应发票的发票联复印件，作为增值税进项税额的抵扣凭证或退税凭证；纳税人丢失已开具增值税专用发票或机动车销售统一发票的发票联，可凭相应发票的抵扣联复印件，作为记账凭证。

（五）纳税人善意取得虚开的增值税专用发票处理

纳税人善意取得虚开的增值税专用发票，如能重新取得合法、有效的增值税专用发票，准许其抵扣进项税款；如不能重新取得合法、有效的增值税专用发票，不准其抵扣进项税款或追缴其已抵扣的进项税款。

纳税人善意取得虚开的增值税专用发票被依法追缴已抵扣税款的，不属于《税收征收管理法》第三十二条“纳税人未按照规定期限缴纳税款”的情形，不适用该条“税务机关除责令限期缴纳外，从滞纳税款之日起，按日加收滞纳税款万分之五的滞纳金”的规定。

购货方能够重新从销售方取得防伪税控系统开出的合法、有效专用发票的，或者取得手工开出的合法、有效增值税专用发票且取得了销售方所在地税务机关已经或者正在依法对销售方虚开增值税专用发票行为进行查处证明的，购货方所在地税务机关应依法准予抵扣进项税款或者出口退税。

重难点2：增值税普通发票和增值税电子普通发票★

增值税电子普通发票的开票方和受票方需要纸质发票的，可以自行打印增值税电子普通发票的版式文件，其法律效力、基本用途、基本使用规定等与税务机关监制的增值税普通发票相同。

重难点3：机动车销售统一发票★

1. 机动车销售统一发票联次：电脑六联式发票。其中，第二联抵扣联（购货单位扣税凭证）；购货单位不是增值税一般纳税人时，第二联抵扣联由销货单位留存。

2. 增值税税额的计算公式：

增值税税额 = 价税合计 − 不含税价

不含税价 = 价税合计 ÷ (1 + 增值税税率或征收率)

【本章总结】

1. 以前年度，综合题之一必考增值税，重要程度不言而喻！对历年综合题，学员必须仔细研读。

2. 本章应掌握与熟悉的内容。

（1）掌握增值税的征税范围及“营改增”的内容。

（2）掌握增值税的税率和征收率的规定，尤其是能够区分适用不同低税率，把握3%、5%的征收率和减按2%、减按1.5%的适用情况。

（3）掌握增值税税额计算正常销售、特殊销售、视同销售销售额的确认。

（4）特别需要掌握增值税进项税中可抵扣进项税与不可抵扣进项税的划分，以及不得抵扣进项税和“进项税额转出”的处理。

（5）掌握增值税纳税义务发生时间的规定。

（6）掌握增值税税收优惠的内容。

（7）熟悉进口环节增值税的计算。

（8）熟悉增值税的出口退税基本范围、基本规则和出口退税的基本计算。

（9）熟悉增值税发票使用的基本规定。

3. 与其他税种的关系：各实体税种章节均有介绍。

通关练习

一、单项选择题

1. 下列各项中属于增值税特点的是(　　)。

A. 征收范围具有选择性

B. 征收环节单一性

C. 实行价外税制度

D. 实行比例税率和定额税率

2. 下列各项业务，不按照“交通运输服务”征税的是(　　)。

A. 水路运输的程租业务

B. 水路运输的期租业务

C. 航空运输的湿租业务

D. 航空运输的干租业务

3. 对于征税范围的表述，下列说法中不正确的是(　　)。

A. 融资性售后回租按“租赁服务”缴纳增值税

B. 纳税人将建筑施工设备出租给他人使用并配备操作人员的，按照“建筑服务”缴纳增值税

C. 宾馆提供会议场地及配套服务的活动，按照“会议展览服务”缴纳增值税

D. 纳税人为客户办理退票而向客户收取的退票费、手续费等收入，按照“其他现代服务”缴纳增值税

4. 以下符合增值税规定的是(　　)。

A. 在运输工具舱位承包业务中，发包方以其向承包方收取的全部价款和价外费用为销售额，按照“现代服务”缴纳增值税

B. 在运输工具舱位承包业务中，承包方以其向托运人收取的全部价款和价外费用为销售额，按照“现代服务”缴纳增值税

C. 运输工具舱位互换业务中，互换运输工具舱位的双方均以各自换出运输工具舱位确认的全部价款和价外费用为销售额，按照“现代服务”缴纳增值税

D. 运输工具舱位互换业务中，互换运输工具舱位的双方均以各自换出运输工具舱位确认的全部价款和价外费用为销售额，按照“交通运输服务”缴纳增值税

5. 下列行为中，不属于视同发生应税销售行为的是(　　)。

A. 将货物交付其他单位或者个人代销

B. 委托加工的货物用于分配给股东

C. 购进的货物作为投资，提供给其他单位或者个体工商户

D. 自产的货物对外销售

6. 关于一般纳税人登记的规定，下列说法中错误的是(　　)。

A. 纳税人登记为一般纳税人后，不得转为小规模纳税人

B. 按照政策规定，选择按照小规模纳税人纳税的，不得办理一般纳税人登记

C. 年应税销售额超过规定标准的其他个人，不得办理一般纳税人登记

D. 转登记纳税人按规定再次登记为一般纳税人后，可以再转登记为小规模纳税人

7. 下列项目中，适用增值税9%低税率的是(　　)。

A. 调制乳　　B. 淀粉

C. 卷帘机　　D. 香茅油

8. 一般纳税人发生的下列应税销售行为中，适用9%增值税税率的是(　　)。

A. 销售农机零件　　B. 销售农机整机

C. 修理农机整机　　D. 修理农机零件

9. 下列各项中，表述错误的是(　　)。

A. 一般纳税人销售旧货，按照简易办法依照3%的征收率减按2%征收增值税

B. 小规模纳税人（除其他个人外）销售自己使用过的固定资产，减按2%的征收率征收增值税

C. 一般纳税人销售自己使用过的除固定资产以外的物品，应当按照适用税率征收增值税

D. 一般纳税人销售自己使用过的固定资产，适用简易办法依照3%的征收率减按2%征收增值税的，可以放弃减税，按照简易方法依照3%的征收率缴纳增值税，但不得开具增值税专用发票

10. 某商场（小规模纳税人）2019年11月取得零售商品收入51 800元，当月出售一台使用过的小汽车，收取价税合计金额154 300元，该商场当月应纳增值税为(　　)元。

A. 5 500　　B. 4 001.94

C. 6 002.91　　D. 4 504.86

11. 下列行为可以选择简易计税方法按照5%的征收率计算缴纳增值税的是(　　)。

A. 一般纳税人提供教育辅助服务

B. 一般纳税人生产销售和批发、零售抗癌药品

C. 一般纳税人生产销售和批发、零售罕见病药品

D. 一般纳税人选择简易计税方法计税的不动产销售

12. 一般纳税人一经选择适用简易计税方法计税，(　　)个月内不得变更。

A. 6　　B. 12

C. 24　　D. 36

13. 依据增值税的有关规定，下列说法中不正确的是(　　)。

A. 价款和折扣额在同一张发票上的金额栏分别注明的，可按折扣后的销售额征收增值税

B. 以旧换新方式销售金银首饰，按新的金银首饰的销售额征收增值税

C. 以物易物销售货物的，双方都作购销处理

D. 还本销售方式销售货物的，按货物的销售价格征收增值税

14. 某家具厂为增值税一般纳税人，2020年12月10日销售给甲商场100套家具，每套不含税价格为6 000元。由于购买数量多，该家具厂给予甲商场5%的价格折扣（价款和折扣额在同一张发票的金额栏分别注明）。为了鼓励甲商场及时付款，该家具厂提出1/15，n/30的付款条件，甲企业于当月15日付款。该家具厂此项业务的销项税额为(　　)元。

A. 91 200　　B. 70 200

C. 66 690　　D. 74 100

15. 某商场为增值税一般纳税人，2020年12月采取“以旧换新”方式向消费者销售冰箱100台，每台新冰箱的零售价格为2 999元，每台旧冰箱作价200元，每台冰箱取得差价款2 799元。该商场当月销项税额为(　　)元。

A. 32 200.89　　B. 34 501.77

C. 322.01　　D. 345.02

16. 对于包装物押金的税务处理，下列说法中错误的是(　　)。

A. 纳税人为销售货物而出租出借包装物收取的押金，单独记账核算，时间在1年以内，又未过期，不并入销售额征税

B. 纳税人为销售货物而出租出借包装物收取的押金，单独记账核算，逾期未收回包装物不再退还的押金，应按所包装货物的适用税率计算销项税额

C. 纳税人销售啤酒、黄酒所收取的押金，单独记账核算，逾期未收回包装物不再退还的押金，应按所包装货物的适用税率计算销项税额

D. 纳税人销售啤酒、黄酒外的其他酒类产品所收取的押金，单独记账核算，逾期未收回包装物不再退还的押金，应按所包装货物的适用税率计算销项税额

17. 2020年12月，某酒厂（增值税一般纳税人）销售给一般纳税人一批白酒，开具增值税专用发票，收取不含税价款100 000元，另外收取包装物押金3 200元，当月有逾期未退回的包装物押金3 000元；销售给小规模纳税人一批啤酒，开具增值税普通发票，收取价税合计款22 600元，另外收取包装物押金1 200元，当月有逾期未退回的包装物押金1 600元。该酒厂2020年12月增值税销项税额应为(　　)元。

A. 16 129.2　　B. 16 497.34

C. 16 152.21　　D. 14 072.99

18. 以下关于销售额的说法中，不符合规定的是(　　)。

A. 金融商品转让，按照卖出价扣除买入价后的余额为销售额

B. 贷款服务，以提供贷款服务取得的全部利息及利息性质的收入为销售额

C. 建筑服务适用简易计税方法的，以取得的全部价款和价外费用为销售额

D. 经纪代理服务，以取得的全部价款和价外费用，扣除向委托方收取并代为支付的政

府性基金或者行政事业性收费后的余额为销售额

19. 某空调厂（一般纳税人）2020年3月生产一批新型空调对外投资，该批空调的成本是500 000元，当期无同类空调价格，该空调厂当月增值税销项税额应为(　　)元。

A. 65 000　　B. 71 500

C. 80 000　　D. 88 000

20. 某厂（增值税一般纳税人）同时生产应税货物和免税货物，2019年12月外购一批材料用于应税和免税货物的生产，取得增值税专用发票上注明价款100 000元，增值税13 000元，当月应税货物不含税销售额500 000元，免税药品销售额150 000元。该厂当月可抵扣的进项税额为(　　)元。

A. 0　　B. 3 000

C. 13 000　　D. 10 000

21. 下列关于农产品进项税额抵扣的规定中，说法不正确的是(　　)。

A. 纳税人购进农产品，取得一般纳税人开具的增值税专用发票或海关进口增值税专用缴款书的，以增值税专用发票或海关进口增值税专用缴款书上注明的增值税额为进项税额

B. 纳税人购进农产品，从按照简易计税方法依照3%的征收率计算缴纳增值税的小规模纳税人取得增值税专用发票的，以增值税专用发票上注明的金额和9%的扣除率计算进项税额

C. 纳税人购进用于生产销售或委托加工13%税率货物的农产品，按照10%的扣除率计算进项税额

D. 纳税人购进农产品为原料生产销售液体乳及乳制品、酒及酒精、植物油，一律按照10%的扣除率计算进项税额

22. 增值税一般纳税人的企业外购的下列货物，可以作进项税额抵扣的是(　　)。

A. 外购的机器设备用于企业的生产经营活动

B. 外购的水杯用于集体福利

C. 外购的小汽车用于个人消费

D. 外购的原材料因保管不善被盗

23. 对于下列业务中，可以作进项税额抵扣的是(　　)。

A. 购进的货物用于对外投资

B. 购进的贷款服务

C. 购进的餐饮服务

D. 购进的娱乐服务

24. 提供保险服务的纳税人以现金赔付方式承担机动车辆保险责任的，将其应付给被保险人的赔偿金直接支付给车辆修理劳务提供方，此项业务的税务处理是(　　)。

A. 被保险人计算销项税额

B. 纳税人计算销项税额

C. 纳税人进项税额可以从销项税额中抵扣

D. 纳税人进项税额不得从销项税额中抵扣

25. 一般纳税人转让其2016年4月30日前自建的不动产，可以选择适用简易计税方法计税，以取得的全部价款和价外费用为销售额，按照(　　)的征收率计算应纳税额。

A. 1.5%　　B. 2%

C. 3%　　D. 5%

26. A省B市的甲建筑企业是增值税一般纳税人，2020年2月在C省D市取得含税建筑收入500万元，选择一般计税方法计算纳税，则甲企业在建筑服务发生地D市预缴税款(　　)万元。

A. 14.56　　B. 13.76

C. 9.17　　D. 9.09

27. 甲市的A企业是增值税一般纳税人，2019年11月将其位于乙市的一栋上年取得的写字楼出租，取得含税租金收入8 000 000元，则其应在乙市预缴增值税(　　)元。

A. 146 788.99　　B. 380 952.38

C. 218 181.82　　D. 220 183.49

28. 房地产开发企业的一般纳税人采取预收款方式销售自行开发的房地产项目，应在收到预收款时按照(　　)的预征率预缴增值税。

A. 2%　　B. 3%

C. 5%　　D. 9%

29. 跨境电子商务零售进口商品的进口环

节增值税、消费税，暂按法定应纳税额的(　　)征收。

A. 0　　B. 50%

C. 70%　　D. 80%

30. 某具有出口经营权的生产企业（增值税一般纳税人）自营出口自产货物，3 月末未退税前计算出的期末留抵税额为 10 万元，当期免抵退税额为 18 万元，则当期免抵税额为(　　)万元。

A. 0　　B. 8

C. 10　　D. 18

31. 某外贸公司 2020 年 3 月从生产企业（一般纳税人）购进牛仔服 8 000 件，不含税单价 50 元/件，已取得增值税专用发票，当月将该批服装报关出口，离岸单价 15 美元/件，此笔出口已收汇并作销售处理。美元与人民币比价为 1∶6.5，退税率为 13%。该笔出口业务应退增值税为(　　)元。

A. 36 000　　B. 49 400

C. 52 000　　D. 101 400

32. 外国驻华使（领）馆及馆员在中国境内购买货物和服务不适用增值税退税政策的情形是(　　)。

A. 购买非合理自用范围内的生活办公类货物和服务

B. 购买货物单张发票销售金额 5 000 元

C. 购买服务单张发票销售金额 50 元

D. 增值税免税货物和服务

33. 境外旅客申请退税，应当同时符合以下条件，下列条件说法错误的是(　　)。

A. 同一境外旅客同一日在同一退税商店购买的退税物品金额达到 500 元人民币

B. 退税物品尚未启用或消费

C. 离境日距退税物品购买日不超过 180 天

D. 所购退税物品由境外旅客本人随身携带或随行托运出境

34. 适用 13% 税率的境外旅客购物离境退税物品，退税率为(　　)；适用 9% 税率的境外旅客购物离境退税物品，退税率为(　　)。

A. 11%，8%　　B. 11%，9%

C. 9%，8%　　D. 9%，9%

35. 下列关于税收优惠的说法中，不正确的是(　　)。

A. 企业集团内单位之间的资金无偿借贷行为，免征增值税

B. 纳税人提供技术转让、技术开发的收入，免征增值税

C. 人民银行对金融机构的贷款，免征增值税

D. 个人从事金融商品转让业务，免征增值税

36. 下列企业的行为不享受增值税即征即退优惠政策的是(　　)。

A. 一般纳税人提供管道运输服务

B. 动漫企业增值税一般纳税人销售其自主开发生产的动漫软件

C. 纳税人安置残疾人就业

D. 一般纳税人单纯对进口软件产品进行汉字化处理

37. 某家具厂在 2020 年 1 月 4 日签订合同，销售给甲商场一批家具，合同约定采取分期收款方式收取货款，1 月 15 日收取 60% 款项即不含税金额 300 万元。家具在 1 月 10 日发出，家具厂实际收到款项是 1 月 17 日，则家具厂此笔销售业务的增值税纳税义务发生时间是(　　)。

A. 1 月 4 日　　B. 1 月 10 日

C. 1 月 15 日　　D. 1 月 17 日

38. 商业企业一般纳税人零售下列货物，可以开具增值税专用发票的是(　　)。

A. 劳保用品　　B. 食品

C. 化妆品　　D. 服装

二、多项选择题

1. 下列各项属于交通运输服务的有(　　)。

A. 陆路运输服务

B. 航空运输服务

C. 无运输工具承运业务

D. 货运客运场站服务

2. 以下属于金融服务的有(　　)。

A. 融资性售后回租

B. 人身保险服务

C. 融资租赁

D. 金融商品转让

3. 以下符合销售服务规定的有(　　)。

A. 光租和干租业务，属于经营租赁

B. 打捞救助服务属于物流辅助服务

C. 港口设施保安费属于物流辅助服务

D. 翻译服务属于文化创意服务

4. 对于增值税征税范围的规定，下列说法中正确的有(　　)。

A. 融资性售后回租业务中，承租方出售资产的行为不属于增值税的征收范围，不征收增值税

B. 卫星电视信号落地转接服务，按照“基础电信服务”缴纳增值税

C. 存款利息不征收增值税

D. 单用途卡发卡企业销售单用途卡应缴纳增值税

5. 下列行为中，属于增值税视同销售行为的有(　　)。

A. 销售代销货物

B. 将外购货物作为股利分配给股东

C. 将自产货物用于集体福利

D. 将委托加工收回的货物用于对外投资

6. 增值税混合销售行为是指一项行为同时涉及(　　)。

A. 销售货物　　B. 销售应税服务

C. 销售应税劳务　　D. 销售无形资产

7. 以下单位或个人不能登记为增值税一般纳税人的有(　　)。

A. 年应税销售额300万元且会计核算不健全的企业

B. 个体工商户

C. 年应税销售额600万元的其他个人

D. 年应税销售额超过600万元的企业

8. 增值税一般纳税人销售下列货物，适用9%税率计算缴纳增值税的有(　　)。

A. 商店销售的淀粉

B. 厂家销售的养鸡设备

C. 饲料厂销售的饲料

D. 农民销售自产粮食

9. 增值税一般纳税人提供下列应税行为，适用9%增值税税率的有(　　)。

A. 不动产租赁服务

B. 基础电信服务

C. 转让土地使用权

D. 有形动产租赁服务

10. 以下完全在境外消费的项目中，适用增值税零税率的有(　　)。

A. 境内单位向境外单位提供的设计服务

B. 境内单位向境外单位提供的软件服务

C. 境内单位向境外单位提供的广播影视节目的发行服务

D. 境内单位向境外单位提供的业务流程管理服务

11. 以下可以选择3%的征收率计算缴纳增值税的有(　　)。

A. 增值税一般纳税人生产销售罕见病药品

B. 一般纳税人提供劳务派遣服务选择差额纳税

C. 一般纳税人提供人力资源外包服务

D. 一般纳税人提供教育辅助服务

12. 下列关于包装物押金的处理中，正确的有(　　)。

A. 纳税人为销售货物而出租出借包装物收取的押金，单独记账核算的，无论是否逾期均不并入销售额征收增值税

B. 对收取一年以上的冰箱包装物押金，无论是否退还都要并入销售额征收增值税

C. 对销售葡萄酒收取的包装物押金，应并入当期销售额征税

D. 对销售啤酒收取的包装物押金，应并入当期销售额征税

13. 下列行为中，销售额的确定正确的有(　　)。

A. 金融商品转让，按照卖出价扣除买入价后的余额为销售额

B. 经纪代理服务，以取得的全部价款和

价外费用，扣除向委托方收取并代为支付的政府性基金或者行政事业性收费后的余额为销售额

C. 航空运输企业的销售额，不包括代收的机场建设费和代售其他航空运输企业客票而代收转付的价款

D. 客运场站服务，以其取得的全部价款和价外费用扣除支付给承运方运费后的余额为销售额

14. 房地产开发企业中的一般纳税人销售其开发的房地产项目（选择简易计税方法的房地产老项目除外），以取得的全部价款和价外费用，扣除向政府部门支付的土地价款后的余额为销售额，向政府部门支付的土地价款包括(　　)。

A. 支付的征地费用

B. 支付的拆迁补偿费用

C. 土地前期开发费用

D. 土地出让收益

15. 下列货物涉及的进项税额允许在销项税额中抵扣的有(　　)。

A. 为生产应税货物所购进设备的进项税额

B. 因管理不善丢失购进的原材料的进项税额

C. 从农民手中购入农产品计算的进项税额

D. 用于免税项目所耗用购进货物的进项税额

16. 下列增值税一般纳税人的出口业务中，采用增值税“免、抵、退”税办法的有(　　)。

A. 生产企业自营出口货物

B. 出口企业对外提供加工修理修配劳务

C. 出口企业对外援助的出口货物

D. 生产企业委托外贸企业代理出口自产货物

17. 以下属于免征增值税项目的有(　　)。

A. 残疾人组织直接进口供残疾人专用的物品

B. 农业生产者销售的自产农产品

C. 外国政府无偿援助的进口设备

D. 古旧图书

18. 以下关于免征增值税的说法中正确的有(　　)。

A. 学生勤工俭学提供的服务

B. 国家助学贷款利息收入

C. 个人从事金融商品转让业务

D. 销售自行开发生产的软件产品收入

19. 下列关于增值税即征即退政策正确的有(　　)。

A. 增值税一般纳税人销售其自行开发生产的软件产品，按13%税率征收增值税后，对其增值税实际税负超过3%的部分实行即征即退政策

B. 一般纳税人提供管道运输服务，对其增值税实际税负超过3%的部分实行增值税即征即退政策

C. 经人民银行、银保监会或者商务部批准从事融资租赁业务的纳税人中的一般纳税人，提供有形动产融资租赁服务和有形动产融资性售后回租服务，对其增值税实际税负超过3%的部分实行增值税即征即退政策

D. 对动漫企业增值税纳税人销售其自主开发生产的动漫软件，按照13%的税率征收增值税后，对其增值税实际税负超过3%的部分实行增值税即征即退政策

20. 增值税起征点适用范围包括(　　)。

A. 登记为一般纳税人的个体工商户

B. 按照小规模纳税人纳税的个体工商户

C. 其他个人

D. 登记为一般纳税人的企业

21. 下列关于增值税纳税义务发生时间的说法中，正确的有(　　)。

A. 以预收款方式销售货物的，为收到预收款的当天

B. 将自产货物对外投资，为货物移送的当天

C. 采用分期收款方式销售货物的，为书面合同约定的收款日期的当天

D. 提供租赁服务采取预收款方式的，为收到预收款的当天

22. 以货物移送的当天作为增值税纳税义务发生时间的有(　　)。

A. 赊销方式销售货物

B. 委托其他纳税人代销货物

C. 预收款方式销售货物

D. 委托加工收回的货物对外投资

23. 下列关于纳税地点的表述中，说法正确的有(　　)。

A. 固定业户应当向其机构所在地主管税务机关申报纳税

B. 非固定业户应当向销售地或劳务发生地主管税务机关申报纳税

C. 进口货物应当向进口方机构所在地主管税务机关申报纳税

D. 扣缴义务人应当向纳税人机构所在地主管税务机关申报纳税

24. 根据增值税法的有关规定，一般纳税人不得开具增值税专用发票的情况有(　　)。

A. 商店零售给消费者个人烟酒

B. 商店零售劳保用品给一般纳税人

C. 销售免税货物

D. 甲企业（一般纳税人）销售给乙企业（一般纳税人）货物

25. 下列关于增值税加计抵减政策，正确的有(　　)。

A. 生产性服务业的加计抵扣比例为10%

B. 生活性服务业的加计抵扣比例为15%

C. 按照现行规定不得从销项税额中抵扣的进项税额，不得计提加计抵减额

D. 纳税人出口货物劳务、发生跨境应税行为可适用加计抵减政策

26. 根据“营改增”政策，以下关于征收率的表述正确的有(　　)。

A. 一般纳税人销售2016年4月30日前取得的不动产可选择5%的征收率

B. 房地产开发企业中的一般纳税人以围填海方式取得土地并开发的房地产老项目，可选择5%的征收率

C. 房地产开发企业（一般纳税人）销售其自行开发的房地产老项目可选择5%的征收率

D. 一般纳税人提供人力资源外包服务，适用3%的征收率

27. 下列关于增值税发票的开具，说法正确的有(　　)。

A. 增值税小规模纳税人（其他个人除外）发生增值税应税行为，需要开具增值税专用发票的，可以自愿使用增值税发票管理系统执行开具

B. 选择自行开具增值税专用发票的小规模纳税人，税务机关不再为其代开增值税专用发票

C. 小规模纳税人销售其取得的不动产，需要开具增值税专用发票的，应当按照有关规定向税务机关申请代开

D. 小规模纳税人月销售额超过10万元的，使用增值税发票管理系统开具增值税普通发票、机动车销售统一发票、增值税电子普通发票

三、计算问答题

1. 某农机生产企业为增值税一般纳税人，2020年12月发生以下业务：

（1）当月销售自产农机整机10台，取得不含税销售额850 000元，同时收取该批农机的包装物押金8 990元。

（2）将自产农机5台对外投资，每台农机的成本为50 000元。

（3）出租位于本市的一幢5年前取得的厂房，价税合计收取3个月的租金60 000元，选择简易计税方法计税。

（4）外购原材料，取得增值税专用发票上注明价税合计金额60 000元，原材料已入库；另支付给运输企业含税运输费用2 980元，取得对方开具的增值税普通发票。

（5）外购农机零配件，取得的增值税专用发票上注明价款250 000元，本月生产领用70%的农机零配件，20%用于职工宿舍的装修，剩余10%的农机零配件对外出售，取得

价税合计金额33 900元。

（其他相关资料：企业取得的增值税专用发票均合规并在当月抵扣。）

要求：根据上述资料，按照下列序号回答问题，如有计算需计算出合计数。

（1）该企业当月增值税的销项税额。

（2）该企业当月可抵扣的进项税额。

（3）该企业出租厂房应缴纳的增值税。

（4）该企业当月应缴纳的增值税。

2. 某商场是增值税一般纳税人，2020年1月发生下列业务：

（1）购进空调1 000台，取得的增值税专用发票上注明价款3 000 000元，增值税390 000元，当月对外出售900台空调，每台空调零售价5 000元，共取得含税收入5 085 000元。

（2）购入油漆一批，取得增值税专用发票，价款400 000元，增值税52 000元，这批油漆40%用于装修职工宿舍，60%用于零售，取得含税收入700 000元。

（3）当月采取以旧换新方式销售冰箱3 000台，新冰箱的零售价是4 500元/台，旧冰箱的回收价是300元/台。

（4）将企业使用3年的旧电脑转让，取得含税收入1 000元。

（5）当期因管理不善丢失上月购入的包装物一批，账面成本30 000元（含运费1 756元）。

（6）月底有消费者因空调质量问题退货3台给商场，商场退给厂家，并提供了税务机关开具的红字发票通知单，收回红字专用发票上注明退货款及税金共10 170元。

（其他相关资料：上述相关增值税专用发票均合规且在本月抵扣。）

要求：根据上述资料，按照下列序号回答问题，如有计算需计算出合计数。

（1）该商场当期可抵扣的增值税进项税额。

（2）该商场当期的增值税销项税额。

（3）该商场当期应纳的增值税。

3. 甲省A市的某建筑公司是增值税一般纳税人，2020年在乙省B市和丙省C市各有1个在建项目。C市在建项目的合同开工日期为2015年末，故选择按照简易计税方法计算增值税；B市在建项目的合同开工日期为2018年初，使用一般计税方法计税。2020年10月业务情况如下：

（1）将2016年3月购入的一座位于D市的仓库转让，原购入时支付价款300万元，转让时取得价税合计金额450万元，该企业选择一般计税方法。

（2）在B市取得含税建筑收入163万元，支付含税分包款50万元，取得增值税普通发票。

（3）在C市取得含税建筑收入190万元，支付含税分包款60万元，取得增值税普通发票。

（4）甲公司当月采购建材发生进项税额50万元，80%用于一般计税项目，20%用于简易计征项目。

（其他相关资料：上述相关发票均合规并在当月抵扣。）

要求：根据上述资料，按照下列序号回答问题，如有计算需计算出合计数。

（1）该公司在D市预缴的不动产转让增值税。

（2）该公司在B市预缴的建筑服务增值税。

（3）该公司在C市预缴的建筑服务增值税。

（4）该公司向A市主管税务机关实际缴纳的增值税。

4. 某食品厂（增值税一般纳税人）2020年2月发生下列业务：

（1）进口一套机器设备用于生产食品，关税完税价格折合人民币245 730元，缴纳进口环节税金后取得海关专用缴款书，委托运输企业（增值税一般纳税人）将机器运回厂区，取得运输企业开具的增值税专用发票，注明运费不含税金额3 000元。

（2）从农民手中收购一批粮食，收购凭证上注明价款8 000元，将粮食运回企业全部领用用于生产饼干，支付运输公司（一般纳税人）运费不含税金额 1 000 元，取得了对方开具的增值税专用发票。

（3）上月向农民收购的用于生产饼干的大麦因保管不善霉烂，账面成本 5 000 元（含运费 100 元）。

（4）将一辆自用过 4 年的小轿车转让，转让价为 88 800 元（含税）。

（5）采用分期收款方式销售一批饼干，不含增值税金额 300 000 元，双方签订书面合同，约定 2 月 15 日付款 70%，3 月 15 日付款 30%，由于购买方资金紧张，2 月 15 日仅付款 100 000 元。

（6）将一批新口味的饼干赠送给合作单位，该批饼干的成本 50 000 元，无同类产品销售价格。

（其他相关资料：假定上述增值税发票均已认证；关税税率 20%，成本利润率为 10%。）

要求：根据上述资料，按照下列序号回答问题，如有计算需计算出合计数。

（1）该企业进口环节海关代征的增值税。

（2）该企业当期增值税销项税额。

（3）该企业当期可以抵扣的增值税进项税额。

（4）该企业当期应向主管税务机关缴纳的增值税。

5. 位于市区的某餐饮企业为增值税一般纳税人。2019 年 12 月经营业务如下：

（1）当月取得餐饮服务收入价税合计 848 万元，通过税控系统实际开票价款为 390 万元。

（2）将一家经营不善的餐厅连同所有资产、负债和员工一并打包转让给某个体工商户，取得转让对价 100 万元。

（3）向居民张某租入一家门面房用于餐厅经营，合同约定每月租金为 3 万元，租期为 12 个月，签约后已在本月一次性支付全额租金。

（4）当月向消费者发行餐饮储值卡 3 000 张，取得货币资金 300 万元；当月消费者使用储值卡购买了该餐饮企业委托外部工厂生产的点心礼盒，确认不含税收入 100 万元。

（5）将其拥有的某上市公司限售股在解禁流通后对外转让，相关收入和成本情况如下：

股数	初始投资成本（元/股）	IPO 发行价（元/股）	售价（元/股）
500 000	1.20	6.82	10.00

（6）转让其拥有的一个餐饮品牌的连锁经营权，取得不含税收入 300 万元。

（7）当月申报抵扣的进项税额合计 40 万元，其中包含：由于仓库管理员失职丢失的一批食品，进项税额为 3 万元；外购用于公司周年庆典的装饰用品，进项税额为 4 万元；外购用于发放给优秀奖员工的手机，进项税额为 2 万元。

（8）该企业符合增值税加计抵减的条件，上期末加计抵减余额为 6 万元。

（其他相关资料：财产租赁合同的印花税税率为 0.1%。）

要求：根据上述资料，按照下列序号回答问题，如有计算需计算出合计数。

（1）计算业务（1）的销项税额。

（2）判断业务（2）是否需要缴纳增值税，并说明理由。

（3）判断业务（3）张某个人出租房屋是否可以享受增值税免税待遇，并说明理由。

（4）计算业务（4）的销项税额。

（5）计算业务（5）的销项税额。

（6）计算业务（6）的销项税额。

（7）计算当期可以加计抵减的进项税额。

（8）计算当期应缴纳的增值税。

通关练习答案及解析

一、单项选择题

1. 【答案】C

【解析】增值税具有如下特点：（1）保持税收中性；（2）普遍征收；（3）税收负担由

最终消费者承担；（4）实行税款抵扣制度；（5）实行比例税率；（6）实行价外税制度。选项A、B、D是消费税的特点。

2.【答案】D

【解析】航空运输的干租业务，按“现代服务”中的租赁服务缴税。

3.【答案】A

【解析】选项A，融资性售后回租按“贷款服务”缴纳增值税。

4.【答案】D

【解析】在运输工具舱位承包业务中，发包方以其向承包方收取的全部价款和价外费用为销售额，按照“交通运输服务”缴纳增值税。承包方以其向托运人收取的全部价款和价外费用为销售额，按照“交通运输服务”缴纳增值税。在运输工具舱位互换业务中，互换运输工具舱位的双方均以各自换出运输工具舱位确认的全部价款和价外费用为销售额，按照“交通运输服务”缴纳增值税。选项D正确。

5.【答案】D

【解析】选项D自产货物对外销售属于征税范围的一般规定，按销售货物缴纳增值税，不是视同发生应税销售行为。

6.【答案】D

【解析】转登记纳税人按规定再次登记为一般纳税人后，不得再转登记为小规模纳税人。

7.【答案】C

【解析】选项A、B、D适用增值税税率13%。

8.【答案】B

【解析】只有在销售、进口农机整机时税率是9%，销售农机零件税率是13%，无论是修理农机整机还是修理农机零件提供的修理劳务，适用税率是13%。

9.【答案】D

【解析】选项D一般纳税人销售自己使用过的固定资产，适用简易办法依照3%征收率减按2%征收增值税的，可以放弃减税，按照简易方法依照3%征收率缴纳增值税，并可以开具增值税专用发票。

10.【答案】D

【解析】应纳增值税 = 51 800 ÷（1 + 3%）× 3% + 154 300 ÷（1 + 3%）× 2% = 1 508.74 + 2 996.12 = 4 504.86（元）

11.【答案】D

【解析】选项A、B、C选择简易计税方法按3%征收率计算缴纳增值税。

12.【答案】D

【解析】一般纳税人一经选择适用简易计税方法计税，36个月内不得变更。

13.【答案】B

【解析】以旧换新销售货物，按新货物价格确定销售额，不得扣减旧货物的收购价格，但金银首饰以旧换新，按销售方实际收取的不含增值税的价款征收增值税。

14.【答案】D

【解析】对于价款和折扣额在同一张发票上的金额栏分别注明的，可按折扣后的销售额征收增值税，但对于销售折扣，该折扣不允许在销售额中扣除。销项税额 = 100 × 6 000 × 95% × 13% = 74 100（元）。

15.【答案】B

【解析】以旧换新销售货物（金银首饰除外），按新货物价格确定销售额，不得扣减旧货物的收购价格，所以该商场当月销项税额 = 2 999 ÷（1 + 13%）× 13% × 100 = 34 501.77（元）。

16.【答案】D

【解析】对销售啤酒、黄酒外的其他酒类产品所收取的包装物押金，无论是否返还以及会计上如何核算，均应并入**当期**销售额征税。

17.【答案】C

【解析】纳税人销售啤酒、黄酒所收取的押金，单独记账核算，逾期未收回包装物不再退还的押金，应按所包装货物的适用税率计算销项税额，对销售啤酒、黄酒外的其他酒类产品所收取的包装物押金，无论是否返还以及会计上如何核算，均应并入**当期**销售额征税。销项税额 = [100 000 + 3 200 ÷（1 + 13%）] ×

$13\% + (22\ 600 + 1\ 600) \div (1 + 13\%) \times 13\% = 16\ 152.21$（元）。

18.【答案】C

【解析】建筑服务适用简易计税方法的，以取得的全部价款和价外费用扣除支付的分包款后的余额为销售额。

19.【答案】B

【解析】自产产品对外投资，属于视同销售行为，销售额按照以下顺序确定：（1）最近时期同类销售行为的平均价格；（2）其他纳税人同类销售行为的平均价格；（3）按组成计税价格确定。本题没有同类空调价格，所以当月销项税额 $= 500\ 000 \times (1 + 10\%) \times 13\% = 71\ 500$（元）。

20.【答案】D

【解析】兼用于应税和免税项目的原材料只能按照销售额分摊抵扣进项税。当月可抵扣的进项税额 $= 13\ 000 \times 500\ 000 \div (500\ 000 + 150\ 000) = 10\ 000$（元）。

21.【答案】D

【解析】纳税人购进农产品为原料生产销售液体乳及乳制品、酒及酒精、植物油，纳入农产品增值税进项税额核定扣除试点范围，按照核定方法计算进项税额。

22.【答案】A

【解析】选项B、C、D进项税额不予抵扣，如已抵扣，需作进项税额转出处理。

23.【答案】A

【解析】购进的货物用于投资属于视同销售行为，需要计算销项税额，同时可以作进项税额抵扣。选项B、C、D进项税额不予抵扣。

24.【答案】D

【解析】提供保险服务的纳税人以现金赔付方式承担机动车辆保险责任的，将其应付给被保险人的赔偿金直接支付给车辆修理劳务提供方，不属于保险公司购进车辆修理劳务，其进项税额不得从保险公司销项税额中抵扣。

25.【答案】D

【解析】一般纳税人转让其2016年4月30日前自建的不动产，可以选择适用简易计税方法计税，以取得的全部价款和价外费用为销售额，按照5%的征收率计算应纳税额。

26.【答案】C

【解析】一般纳税人跨县（市、区）提供建筑服务，适用一般计税方法计税的，以取得的全部价款和价外费用扣除支付的分包款和余额，按照2%的预征率计算应预缴税款。预缴税款 $= 500 \div (1 + 9\%) \times 2\% = 9.17$（万元）。

27.【答案】D

【解析】一般纳税人出租2016年5月1日后取得的不动产适用一般计税方法计税，应预缴税款 $= 8\ 000\ 000 \div (1 + 9\%) \times 3\% = 220\ 183.49$（元）。

28.【答案】B

【解析】房地产开发企业的一般纳税人采取预收款方式销售自行开发的房地产项目，应在收到预收款时按照3%的预征率预缴增值税。

29.【答案】C

【解析】跨境电子商务零售进口商品的进口环节增值税、消费税取消免征税额，暂按法定应纳税额的70%征收。

30.【答案】B

【解析】未退税前当期期末留抵税额10万元，当期免抵退税额18万元，因为前者小于后者，所以当期应退税额为10万元，则当期免抵税额 = 当期“免、抵、退”税额 − 当期应退税额 $= 18 - 10 = 8$（万元）。

31.【答案】C

【解析】外贸企业应退税额为购进货物所取得的增值税专用发票上注明的金额和该货物所适用的退税率的乘积。应退增值税 $= 8\ 000 \times 50 \times 13\% = 52\ 000$（元）。

32.【答案】C

【解析】选项C购买服务单张发票销售金额（含税价格）不足300元人民币不适用增值税退税政策。

33.【答案】C

【解析】离境日距退税物品购买日不超过90天。

34. 【答案】A

【解析】适用13%税率的境外旅客购物离境退税物品，退税率为11%；适用9%税率的境外旅客购物离境退税物品，退税率为8%。

35. 【答案】A

【解析】自2019年2月1日至2020年12月31日，对企业集团内单位之间的资金无偿借贷行为，免征增值税。该政策已经到期，不再适用。选项A不正确。

36. 【答案】D

【解析】一般纳税人销售其自行开发生产的软件产品可享受即征即退政策，如果将进口软件产品进行本地化改造后对外销售，其销售的软件产品可享受上款规定的增值税即征即退政策，但单纯对进口软件产品进行汉字化处理不包括在内。

37. 【答案】C

【解析】对于分期收款方式，纳税义务时间是书面合同约定的收款日期的当天，无书面合同或者书面合同没有约定收款日期的，为货物发出的当天。

38. 【答案】A

【解析】商业企业一般纳税人零售的烟、酒、食品、化妆品不得开具增值税专用发票，只能开具普通发票。零售劳保用品，可以开具增值税专用发票。

二、多项选择题

1. 【答案】ABC

【解析】选项D货运客运场站服务属于“现代服务”里的物流辅助服务。

2. 【答案】ABD

【解析】融资租赁属于“现代服务”里的租赁服务。

3. 【答案】ABC

【解析】翻译服务和市场调查服务按照咨询服务缴纳增值税。

4. 【答案】AC

【解析】选项B，卫星电视信号落地转接服务，按照“增值电信服务”缴纳增值税。选项D，单用途卡发卡企业销售单用途卡，或者接受单用途卡持卡人充值取得的预收资金，不缴纳增值税。

5. 【答案】ABCD

【解析】属于增值税视同销售行为的有：（1）将货物交付其他单位或者个人代销；（2）销售代销货物；（3）设有两个以上机构并实行统一核算的纳税人，将货物从一个机构移送其他机构用于销售，但相关机构设在同一县（市）的除外；（4）将自产或者委托加工的货物用于非应税项目；（5）将自产、委托加工的货物用于集体福利或者个人消费；（6）将自产、委托加工或者购进的货物作为投资，提供给其他单位或者个体工商户；（7）将自产、委托加工或者购进的货物分配给股东或者投资者；（8）将自产、委托加工或者购进的货物无偿赠送其他单位或者个人；（9）单位和个体工商户向其他单位或者个人无偿销售应税服务、无偿转让无形资产或不动产，但用于公益事业或者以社会公众为对象的除外；（10）财政部和国家税务总局规定的其他情形。

6. 【答案】AB

【解析】混合销售行为是指一项行为同时涉及货物又涉及服务。

7. 【答案】AC

【解析】选项A，年应税销售额没有超过500万元的标准，且会计核算不健全，所以不能登记为一般纳税人，如果年销售额没有超过500万元的标准，但会计核算健全，可以办理一般纳税人登记。选项C，年应税销售额超过标准500万元的其他个人，不得办理一般纳税人登记。

8. 【答案】BC

【解析】选项A淀粉不属于农产品的范围，按13%税率计算缴纳增值税；选项D农民销售自产粮食，免征增值税。

9. 【答案】ABC

【解析】选项D有形动产租赁服务适用13%税率缴纳增值税。

10. 【答案】ABCD

【解析】选项A、B、C、D都属于正确

答案。

11. 【答案】AD

【解析】选项B、C按5%的征收率计算。

12. 【答案】BC

【解析】选项A纳税人为销售货物而出租出借包装物收取的押金，单独记账核算的，时间在1年以内，又未过期的，不并入销售额征税，但对逾期未收回包装物不再退还的押金，应计算缴纳增值税；选项D销售啤酒收取的包装物押金，收取时不征税，逾期时征税。

13. 【答案】ABCD

【解析】选项A、B、C、D都属于正确答案。

14. 【答案】ABCD

【解析】房地产开发企业销售其开发的房地产项目，一定是采用一般计税方法，才可以扣除土地价款，另外房地产开发企业在取得土地时向其他单位或个人支付的拆迁补偿费用也允许在计算销售额时扣除。

15. 【答案】AC

【解析】购进的货物用于免税项目、简易计征项目、集体福利或个人消费，进项税额不予抵扣；发生非正常损失的购进货物的进项税额不予抵扣。

16. 【答案】ABCD

【解析】选项A、B、C、D都属于正确答案。

17. 【答案】ABCD

【解析】选项A、B、C、D都属于正确答案。

18. 【答案】ABC

【解析】选项D不属于免税收入，可享受税负超过3%即征即退政策。

19. 【答案】ABC

【解析】自2018年5月1日至2020年12月31日对动漫企业增值税纳税人销售其自主开发生产的动漫软件，按照13%的税率征收增值税后，对其增值税实际税负超过3%的部分实行增值税即征即退政策。选项D，政策已经失效。

20. 【答案】BC

【解析】增值税起征点仅适用于按照小规模纳税人纳税的个体工商户和其他个人。

21. 【答案】BCD

【解析】选项A以预收款方式销售货物的，为货物发出的当天。

22. 【答案】CD

【解析】选项A赊销方式销售货物，纳税义务发生时间是书面合同约定的当天；选项B委托其他纳税人代销货物，纳税义务发生时间是收到代销清单或收到全部或者部分货款的当天，未收到代销清单及货款的，为发出代销货物满180天的当天。

23. 【答案】AB

【解析】选项C进口货物，应当向报关地海关申报纳税；选项D扣缴义务人应当向其机构所在地或者居住地主管税务机关申报缴纳扣缴的税款。

24. 【答案】AC

【解析】选项A商业企业一般纳税人零售烟酒、食品、服装、鞋帽（不包括劳保专用部分）、化妆品等消费品不得开具增值税专用发票；选项C销售免税货物不得开具增值税专用发票。

25. 【答案】ABC

【解析】选项D纳税人出口货物劳务、发生跨境应税行为不适用加计抵减政策，其对应的进项税额不得计提加计抵减额。

26. 【答案】ABC

【解析】选项D，可选择适用5%的征收率。

27. 【答案】ABCD

【解析】选项A、B、C、D均正确。

三、计算问答题

1. 【答案及解析】

（1）当月增值税销项税额 $= 850\ 000 \times 9\% + 850\ 000 \div 10 \times 5 \times 9\% + 33\ 900 \div (1 + 13\%) \times 13\% = 118\ 650$（元）。

（2）当月可抵扣的进项税额 $= 60\ 000 \div (1 + 13\%) \times 13\% + 250\ 000 \times 13\% \times 80\% = 32\ 902.65$（元）。

【提示】外购货物用于集体福利不得抵扣

进项税额。

（3）出租办公用房应纳增值税 $=60\ 000\div(1+5\%)\times5\%=2\ 857.14$（元）。

（4）该企业当月应缴纳增值税 $=118\ 650-32\ 902.65+2\ 857.14=88\ 604.49$（元）。

2.【答案及解析】

（1）当期可抵扣的进项税额 $=390\ 000+52\ 000\times60\%-(30\ 000-1\ 756)\times13\%-1\ 756\times9\%-10\ 170\div(1+13\%)\times13\%=416\ 200.24$（元）。

（2）当期的销项税额 $=(5\ 085\ 000+700\ 000+4\ 500\times3\ 000-5\ 000\times3+1\ 000)\div(1+13\%)\times13\%=2\ 217\ 017.7$（元）。

以旧换新方式销售冰箱，按新冰箱的价格计算销售额；转让使用3年旧电脑，按适用税率计算销项税额；消费者退货冲减销售额。

（3）该企业当期应纳增值税 $=2\ 217\ 017.7-416\ 200.24=1\ 800\ 817.46$（元）。

3.【答案及解析】

（1）该公司在D市预缴的不动产转让增值税税额 $=(450-300)\div(1+5\%)\times5\%=7.14$（万元）。

【提示】一般纳税人（非房地产开发企业）转让其2016年4月30日前取得（不含自建）的不动产，选择适用一般计税方法计税的，以取得的全部价款和价外费用为销售额计算应纳税额。纳税人应以取得的全部价款和价外费用扣除不动产购置原价或者取得不动产时的作价后的余额，按照5%的预征率向不动产所在地主管税务机关预缴税款，向机构所在地主管税务机关申报纳税。

（2）该公司在B市预缴的建筑服务增值税税额 $=(163-50)\div(1+9\%)\times2\%=2.07$（万元）。

【提示】纳税人跨县（市、区）提供建筑服务的，适用一般计税方法计税的，应预缴税款 =（全部价款和价外费用 - 支付的分包款）÷（1 + 9%）× 2%。

（3）该公司在C市预缴的建筑服务增值税税额 $=(190-60)\div(1+3\%)\times3\%=3.79$（万元）。

【提示】纳税人跨县（市、区）提供建筑服务，应按照规定的纳税义务发生时间和计税方法，向建筑服务发生地主管税务机关预缴税款，向机构所在地主管税务机关申报纳税。纳税人跨县（市、区）提供建筑服务的，适用简易计税方法计税的，应预缴税款 =（全部价款和价外费用 - 支付的分包款）÷（1 + 3%）× 3%。

（4）该公司向A市主管税务机关实际缴纳的增值税：

业务（2）销项税额 $=163\div(1+9\%)\times9\%=13.46$（万元）。

业务（1）销项税额 $=450\div(1+9\%)\times9\%=37.16$（万元）。

当期可抵扣进项税额 $=50\times80\%=40$（万元）。

向A市主管税务机关实缴增值税额 $=37.16+13.46+3.79-40-3.79-7.14-2.07=1.41$（万元）。

4.【答案及解析】

（1）进口环节增值税税额 $=245\ 730\times(1+20\%)\times13\%=38\ 333.88$（元）。

（2）当期销项税额 $=88\ 800\div(1+13\%)\times13\%+300\ 000\times70\%\times13\%+50\ 000\times(1+10\%)\times13\%=44\ 665.93$（元）。

（3）该企业当期可以抵扣的增值税进项税额：

业务（1）：$38\ 333.88+3\ 000\times9\%=38\ 603.88$（元）。

业务（2）：$8\ 000\times10\%+1\ 000\times9\%=890$（元）。

【提示】纳税人用于生产销售或委托加工13%税率货物的农产品，按照10%的扣除率计算进项税额。

业务（3）：进项税额转出 $=(5\ 000-100)\div(1-10\%)\times10\%+100\times9\%=553.44$（元）。

可抵扣进项税额合计 $=38\ 603.88+890-553.44=38\ 940.44$（元）。

（4）该企业当期应向税务机关缴纳增值税额 $=44\ 665.93-38\ 940.44=5\ 725.49$（元）。

5.【答案及解析】

（1）业务（1）的销项税额 $=848\div(1+$

6%）×6% =48（万元）。

（2）业务（2）不需要缴纳增值税。纳税人在资产重组过程中，通过合并、分立、出售、置换等方式，将全部或者部分实物资产以及与其相关联的债权、负债和劳动力一并转让给其他单位和个人，不属于增值税的征税范围。

（3）业务（3）可以享受增值税免税待遇。个人采取一次性收取租金形式出租不动产取得的租金收入，可在对应的租赁期内平均分摊，分摊后的月租金收入未超过10万元的，免征增值税。

（4）业务（4）的销项税额 =100×13% =13（万元）。

（5）业务（5）的不含税销售额 =500 000×(10 -6.82)÷10 000÷(1 +6%) =150（万元）。

销项税额 =150×6% =9（万元）。

（6）业务（6）的销项税额 =300×6% =18（万元）。

（7）当期可以加计抵减的进项税额 =(40 -3 -2)×15% =5.25（万元）。

（8）当期的销项税额 =48 +13 +9 +18 =88（万元）。

当期可抵扣的进项税额 =40 -3 -2 =35（万元）。

应缴纳增值税税额 =88 -35 -5.25 -6 =41.75（万元）。

第三章　消费税法

2021 年教材内容主要变化

本章 2021 年教材内容基本无变化。

本章近五年考情分析

本章属于税法考试**重点章**，考试中各种题型一般都会出现，特别是计算问答题每年必考，最近五年考试平均分值 10 分左右。2021 年预计考试分值在 10 分左右。

本章内容如下：

第一单元　纳税人与税目、税率

第二单元　计税依据（重要）

第三单元　应纳税额的计算（重要）

第四单元　征收管理

重难点解析

第一单元　纳税人与税目、税率

重难点 1：纳税人★★★

1. 在中华人民共和国境内**生产、委托加工**和**进口消费税暂行条例规定**的**消费品的**单位和个人为消费税的纳税人。

2. 国务院确定的销售《消费税暂行条例》规定的消费品的其他单位和个人。

（1）卷烟的批发企业。

【小贴士】卷烟的生产环节缴纳消费税，批发环节也需要缴纳。

（2）超豪华小汽车的零售企业。

【小贴士】超豪华小汽车的生产环节缴纳消费税，零售环节也需要缴纳。

（3）金银首饰、钻石及钻石饰品和铂金首饰的零售企业。

重难点 2：税目★★★

税目	税率	注意事项
（一）烟		
1. 卷烟		（1）甲类卷烟：每标准条（200 支）不含增值税调拨价格≥70 元。
（1）甲类卷烟。	56% +0.003 元/支	乙类卷烟：每标准条（200 支）不含增值税调拨价格 <70 元。
（2）乙类卷烟。	36% +0.003 元/支	（2）1 标准条 =200 根（支）。
（3）批发环节。	11% +0.005 元/支	1 标准箱 =250 条。
2. 雪茄烟	36%	生产销售环节 150 元/箱，批发环节 250 元/箱
3. 烟丝	30%	

续表

税目	税率	注意事项
（二）酒 1. 白酒 2. 黄酒 3. 啤酒 （1）甲类啤酒。 （2）乙类啤酒。 4. 其他酒	 20% +0.5 元/克 240 元/吨 250 元/吨 220 元/吨 10%	（1）对饮食业、商业、娱乐业举办的啤酒屋（啤酒坊）利用啤酒生产设备生产的啤酒应当征收消费税；果啤属于啤酒，按啤酒征收消费税。 （2）甲类啤酒：每吨不含增值税出厂价格**（含包装物及包装物押金）**≥3 000元。 乙类啤酒：每吨不含增值税出厂价格**（含包装物及包装物押金）**<3 000 元。 【小贴士】包装物押金不包括重复使用的塑料周转箱的押金。 （3）①以蒸馏酒或食用酒精为酒基，具有国家相关部门批准的国食健字或卫食健字文号并且酒精度低于 38 度的配制酒。②以发酵酒为酒基，酒精度低于 20 度的配制酒。这两种按“其他酒”征收消费税。③其他配制酒，按“白酒”征税
（三）高档化妆品	15%	（1）高档美容、修饰类化妆品、高档护肤类化妆品和成套化妆品是指生产（进口）环节不含增值税销售（完税）价格在 10 元/毫升（克）或 15 元/片（张）以上。 （2）舞台、戏剧、影视演员化妆用的上妆油、卸妆油、油彩都不属于本税目的征收范围
（四）贵重首饰及珠宝、玉石 1. 金银首饰、铂金首饰和钻石及钻石饰品 2. 其他贵重首饰和珠宝、玉石	 5% 10%	（1）对出国人员免税商店销售的金银首饰征收消费税。 （2）金银、铂金首饰和钻石及钻石饰品是在**零售**环节缴税
（五）鞭炮、焰火	15%	体育上用的发令纸、鞭炮药引线，不按本税目征收
（六）成品油	1.52 元/升：汽油、石脑油、溶剂油、润滑油； 1.2 元/升：柴油、航空煤油、燃料油	（1）**航空煤油暂缓征收**。 （2）汽油统一按照无铅汽油税率征收消费税。 以汽油、汽油组分调和生产的甲醇汽油、乙醇汽油也按汽油征税。 （3）以柴油、柴油组分调和生产的生物柴油按柴油征税。 （4）经国务院批准，从 2009 年 1 月 1 日起，对同时符合下列条件的纯生物柴油免征消费税：①生产原料中废弃的动物油和植物油用量所占比重不低于 70%。②生产的纯生物柴油符合国家《柴油机燃料调合生物柴油（BD100）》标准。 （5）润滑脂应当征收消费税，变压器油、导热类油等绝缘油类产品不属于润滑油，不征收消费税。 （6）纳税人利用废矿物油为原料生产符合条件的润滑油基础油、汽油、柴油等工业油料，免征消费税政策延长至 2023 年 10 月 31 日
（七）小汽车 1. 乘用车 2. 中轻型商用客车 3. 超豪华小汽车（零售环节）	 1% ~ 40%（按排气量划分） 5% 10%	本税目征收范围不包括： （1）**电动汽车**。 （2）车身长度≥7 米并且座位 10 ~ 23 座（含）以下的商用客车（此为大型商用客车）。 （3）**沙滩车、雪地车、卡丁车、高尔夫车**
（八）摩托车 1. 气缸容量为 250 毫升的 2. 气缸容量为 250 毫升以上的	 3% 10%	对发动机气缸容量 250 毫升**（不含）**以下的小排量摩托车不征收消费税
（九）高尔夫球及球具	10%	包括高尔夫球、高尔夫**球杆**及高尔夫**球包（袋）**等。高尔夫球杆的**杆头、杆身和握把**属于本税目的征收范围

第三章 消费税法

续表

税目	税率	注意事项
（十）高档手表	20%	每只不含增值税价格≥10 000元的各类手表
（十一）游艇	10%	
（十二）木制一次性筷子	5%	
（十三）实木地板	5%	未经涂饰的素板也属于本税目征税范围
（十四）电池	4%	（1）对无汞原电池、金属氢化物镍蓄电池（又称“氢镍蓄电池”或“镍氢蓄电池”）、锂原电池、锂离子蓄电池、太阳能电池、燃料电池和全钒液流电池免征消费税。 （2）自2016年1月1日起，对铅蓄电池按**4%**税率征收消费税
（十五）涂料	4%	对施工状态下挥发性有机物（VOC）含量低于420克/升（含）的涂料**免征**消费税

【小贴士】纳税人兼营不同税率的应税消费品，应当分别核算不同税率应税消费品的销售额、销售数量。未分别核算销售额、销售数量，或者将不同税率的应税消费品组成成套消费品销售的，从高适用税率。

【经典例题】

【真题·单选题】（2020）下列产品中，属于消费税征税范围的是（　　）。

A. 果啤　　B. 高尔夫车

C. 变压器油　　D. 洗发香波

【答案】A

【解析】选项A，果啤属于啤酒，按啤酒征收消费税。选项B，高尔夫车不属于消费的征税范围。选项C，变压器油、导热类油等绝缘油类产品不属于润滑油，不征收消费税。选项D，洗发香波不属于高档化妆品不征收消费税。

【真题·单选题】（2019）下列商品中，属于消费税征收范围的是(　　)。

A. 高尔夫车　　B. 酒精

C. 溶剂油原料　　D. 鞭炮药引线

【答案】C

【解析】溶剂油属于成品油，是消费税的征税范围。

【真题·多选题】（2018）下列商品中，目前属于消费税征税范围的有(　　)。

A. 变压器油　　B. 高尔夫车

C. 铅蓄电池　　D. 翡翠首饰

【答案】CD

【解析】选项A，变压器油、导热类油等绝缘油类产品不属于润滑油，不征收消费税；选项B，电动汽车以及沙滩车、雪地车、卡丁车、高尔夫车等均不属于小汽车税目征税范围，不征消费税。

【真题·单选题】（2017）下列成品油中，暂缓征收消费税的是(　　)。

A. 石脑油　　B. 溶剂油

C. 航空煤油　　D. 润滑油

【答案】C

【解析】航空煤油暂缓征收消费税。

第二单元　计税依据

计税依据	计税公式
从价计征	销售额×比例税率
从量计征（黄酒、啤酒、成品油）	销售数量×单位税额
从价从量复合计税（白酒、卷烟）	销售额×比例税率+销售数量×单位税额

重难点1：从价计征——销售额的确定★★

（一）基本规定

全部价款和价外费用，**注意**销售额中含消费税税款，但不含增值税税款。

【小贴士】价外费用的内容与增值税的规定相同。

价外费用，是指价外向购买方收取的手续费、补贴、基金、集资费、返还利润、奖励费、违约金、滞纳金、延期付款利息、赔偿金、代收款项、代垫款项、包装费、包装物租金、储备费、优质费、运输装卸费以及其他各种性质的价外收费。

【小贴士】1. 增值税是价外税，计算增值税的价格中不包含增值税；消费税是**价内税**，计算消费税的价格中**包含消费税**。

2. 消费税应税销售额应当是不含增值税但含消费税的销售额；增值税应税销售额也应当是不含增值税但含消费税的销售额（如果是应税消费品，则含消费税，如不属于这15项，则销售额中不含有消费税）。

下列项目**不包括**在内：

（1）**同时符合两项条件**的代垫运输费用。

（2）**同时符合三项条件**代为收取的政府性基金或者行政事业性收费。

其他价外费用，无论是否属于纳税人的收入，均应并入销售额计算征税。

（二）包装物的规定

1. 应税消费品连同包装销售的，并入应税消费品的销售额中征收消费税。

2. 包装物不作价随同产品销售，而是收取押金，且单独核算的；分情况确定是否计入销售额：

<table>
<tr><th rowspan="2">包装物押金</th><th colspan="2">增值税</th><th colspan="2">消费税</th></tr>
<tr><th>收到</th><th>逾期</th><th>收到</th><th>逾期</th></tr>
<tr><td>一般货物</td><td>不缴纳</td><td>缴纳</td><td>不缴纳</td><td>缴纳</td></tr>
<tr><td>啤酒、黄酒、成品油</td><td rowspan="2">缴纳</td><td rowspan="2">不缴纳</td><td colspan="2">不缴纳</td></tr>
<tr><td>白酒和其他酒</td><td>缴纳</td><td>不缴纳</td></tr>
</table>

【经典例题】

【真题·多选题】（2020）消费税纳税人销售货物一并收取的下列款项中，应计入消费税计税依据的有（　　）。

A. 增值税税款

B. 价外收取的返还利润

C. 销售白酒收取的包装物押金

D. 运输发票开给购货方收回的代垫运费

【答案】BC

【解析】选项A，销售额包括全部价款和价外费用，但不含增值税税款。选项B，价外费用，是指价外向购买方收取的手续费、补贴、基金、集资费、返还利润、奖励费、违约金、滞纳金、延期付款利息、赔偿金、代收款项、代垫款项、包装费、包装物租金、储备费、优质费、运输装卸费以及其他各种性质的价外收费。价外费用应并入销售额中计征消费税。选项C，销售白酒收取的包装物的押金无论是否返还均应并入销售额中计征消费税。选项D，同时符合以下条件的代垫运输费用：（1）承运部门的运输费用发票开具给购买方的；（2）纳税人将该项发票转交给购买方的，不包括在价外费用中。因此运输发票开给购货方收回的代垫运费不计入消费税计税依据。

（三）品牌使用费的规定

【小贴士】白酒生产企业向商业销售单位收取的“品牌使用费”应并入白酒的销售额中缴纳消费税。

（四）含增值税销售额的换算

应税消费品的销售额＝含增值税的销售额÷(1＋增值税税率或征收率)

【小贴士】销售方为一般纳税人，转换时用增值税税率，税率为13%；销售方为小规模纳税人，转换时用征收率，征收率为3%。

重难点2：从量计征——销售数量的确定★

销售应税消费品	应税消费品的销售数量
自产自用应税消费品	应税消费品的移送使用数量
委托加工应税消费品	纳税人收回的应税消费品数量

重难点3：从价从量复合计征★★

现行消费税的征税范围中，只有**卷烟、白酒**采用复合计征方法。应纳税额等于应税销售数量乘以定额税率再加上应税销售额乘以比例税率。

重难点4：计税依据的特殊规定★★★

（一）自设非独立核算门市部销售应税消费品的计税规定

纳税人通过自设非独立核算门市部销售的**自产**应税消费品，应当按照门市部对外**销售额**或者**销售数量**征收消费税。

（二）应税消费品用于换取生产资料和消费资料，投资入股和抵偿债务的计税规定

纳税人用于**换取**生产资料和消费资料，**投资**入股和**抵偿债务**等方面的应税消费品，应当以纳税人同类应税消费品的**最高**销售价格作为计税依据计算消费税。

【小贴士】纳税人用于换取生产资料和消费资料，投资入股和抵偿债务等方面的应税消费品，应当以纳税人同类应税消费品的**平均**销售价格作为计税依据计算增值税。

（三）卷烟计税价格的核定

自2012年1月1日起，卷烟消费税最低计税价格（以下简称“计税价格”）核定范围为卷烟生产企业在生产环节销售的所有牌号、规格的卷烟。

计税价格的核定公式为：

某牌号、规格卷烟计税价格＝批发环节销售价格×(1－适用批发毛利率)

卷烟批发环节销售价格，计算公式为：

批发环节销售价格 ＝ $\sum$ 该牌号、规格卷烟各采集点的销售额／$\sum$ 该牌号、规格卷烟各采集点的销售数量

未经国家税务总局核定计税价格的新牌号、新规格卷烟，生产企业应按卷烟**调拨价格**申报纳税。

【小贴士】已经国家税务总局核定计税价格的卷烟，生产企业实际销售价格**高于**计税价格的，按**实际销售价格**确定适用税率，计算应纳税款并申报纳税；实际销售价格**低于**计税价格的，按**计税价格**确定适用税率，计算应纳税款并申报纳税。

（四）白酒最低计税价格的核定

1. 核定范围。

白酒生产企业销售给销售单位的白酒（含将委托加工收回的白酒），生产企业消费税计税价格低于销售单位对外销售价格（不含增值税，下同）**70%**以下的，税务机关应核定消费税最低计税价格。

2. 核定标准。

消费税最低计税价格由税务机关根据生产规模、白酒品牌、利润水平等情况在销售单位对外销售价格**50%～70%**范围内自行核定。其中，生产规模较大、利润水平较高的企业生产的需要核定消费税最低计税价格的白酒，税务机关核价幅度原则上应选择在销售单位对外销售价格**60%～70%**范围内。

3. 重新核定。

已核定最低计税价格的白酒，销售单位对外销售价格持续上涨或下降时间达到3个月以上、累计上涨或下降幅度在**20%**（含）以上的白酒，税务机关重新核定最低计税价格。

4. 计税价格的适用。

已核定最低计税价格的白酒，生产企业实际销售价格高于消费税最低计税价格的，按实际销售价格申报纳税；实际销售价格低于消费税最低计税价格的，按最低计税价格申报纳税。

（五）金银首饰销售额的确定

1. 金银首饰与其他产品组成成套消费品销售，按销售额全额计征消费税。

2. 金银首饰连同包装物销售，包装物应并入金银首饰的销售额，计征消费税。

3. 带料加工的金银首饰，按受托方销售同类金银首饰的销售价格确定计税依据征收消费税，没有同类金银首饰销售价格的，按组成计税价格计算纳税。

4. 以旧换新（含翻新改制）销售金银首饰，按**实际收取**的不含增值税的全部价款征收消费税。

【经典例题】

【真题·多选题】（2016）下列关于缴纳消费税适用计税依据的表述中，正确的有（　　）。

A. 换取生产资料的自产应税消费品应以纳税人同类消费品平均价格作为计税依据

B. 作为福利发放的自产应税消费品应以纳税人同类消费品最高价格作为计税依据

C. 委托加工应税消费品应当首先以受托人同类消费品销售价格作为计税依据

D. 投资入股的自产应税消费品应以纳税人同类应税消费品最高售价作为计税依据

【答案】 CD

【解析】 选项A、D，纳税人用于换取生产资料和消费资料、投资入股和抵偿债务等方面的自产应税消费品，应当以纳税人同类应税消费品的最高销售价格作为计税依据计算消费税。选项B，纳税人自产自用的应税消费品，凡用于连续生产应税消费品以外的其他方面的，应当纳税，按照纳税人生产的同类消费品的平均销售价格计算纳税。选项C，委托加工的应税消费品，按照受托方的同类消费品的平均销售价格计算纳税。

第三单元　应纳税额的计算

重难点1：生产销售环节应纳消费税的计算 ★★★

（一）直接对外销售应纳消费税的计算

1. 从价定率计算。

应纳税额＝应税消费品的销售额×比例税率

【经典例题】

【例题·计算问答题】 某药酒生产企业为增值税一般纳税人。2019年10月15日出售药酒一批，开具增值税专用发票，取得不含增值税销售额1 000万元，增值税税额130万元；10月20日销售药酒一批，开具普通发票，取得含增值税销售额565万元。计算该药酒生产企业上述业务应缴纳的消费税税额。（药酒适用消费税税率10%）

【答案及解析】 药酒应税销售额＝1 000＋565÷（1＋13%）＝1 500（万元）。

应缴纳的消费税税额＝1 500×10%＝150（万元）。

2. 从量定额计算。

应纳税额＝应税消费品的销售数量×定额税率

【经典例题】

【例题·计算问答题】 某黄酒厂2020年11月销售黄酒100吨，取得不含增值税销售额2 950万元，另收取包装物押金22.6万元。计算该黄酒厂应纳消费税税额。

【答案及解析】 应纳消费税税额＝100×240＝24 000（元）。

3. 从价定率和从量定额复合计算。

应纳税额＝应税消费品的销售数量×定额税率＋应税销售额×比例税率

【经典例题】

【例题·计算问答题】 某白酒生产企业为增值税一般纳税人，2020年12月销售白酒100吨，取得不含增值税的销售额3 000万元。计算白酒企业应缴纳的消费税税额。

【答案及解析】 应纳消费税税额＝100×2 000×0.00005＋3 000×20%＝610（万元）。

（二）自产自用应纳消费税的计算

1. 用于本企业**连续**生产**应税**消费品——移送时不缴纳消费税。

2. 用于其他方面：于**移送使用**时纳税。

（1）生产非应税消费品和在建工程。

（2）管理部门、非生产机构。

（3）提供劳务。

（4）馈赠、赞助、集资、广告、样品、职工福利、奖励等方面。

【经典例题】

【真题·多选题】（2017）纳税人发生的下列行为中，应征收消费税的有（　　）。

A. 酒厂将自产的白酒赠送给客户

B. 烟厂将自产的烟丝用于连续生产卷烟

C. 汽车制造厂将自产的小汽车用于工厂内部的行政部门

D. 原油加工厂将自产的柴油用于调和生产生物柴油

【答案】AC

【解析】纳税人自产自用的应税消费品，用于连续生产应税消费品的，不纳税，用于其他方面的，于移送使用时纳税。

3. 组成计税价格及税额计算。

纳税人自产自用的应税消费品，凡用于生产非应税消费品、在建工程、管理部门、非生产机构、提供劳务、馈赠、赞助、集资、职工福利、奖励等方面的，应当纳税。销售额按下列顺序确定：

（1）按纳税人生产的同类消费品的售价计税。

（2）无同类消费品售价的，按组成计税价格计税。

组成计税价格＝成本＋利润＋消费税税额

征税方式	成本利润率	消费税	增值税
从量定额	10%	按销售数量征消费税	成本＋利润＋消费税税额
从价定率	按消费税中应税消费品的成本利润率确定	（成本＋利润）÷（1－消费税比例税率）	
复合计税	按消费税中应税消费品的成本利润率确定	（成本＋利润＋自产自用数量×消费税定额税率）÷（1－消费税比例税率）	

【经典例题】

【例题·计算问答题】某实木地板厂将一批自产的实木地板用作职工福利，该批实木地板的成本为100 000元，无同类产品市场销售价格，但已知其成本利润率为5%，消费税税率为5%。

要求：计算该批实木地板应缴纳的消费税税额。

【答案及解析】（1）组成计税价格＝成本×（1＋成本利润率）÷（1－消费税税率）＝100 000×（1＋5%）÷（1－5%）＝110 526.32（元）；（2）应纳消费税税额＝110 526.32×5%＝5 526.32（元）。

重难点2：委托加工环节应税消费品应纳税额的计算★★★

（一）委托加工应税消费品的确定

含义：委托方提供原料和主要材料，受托方只收取加工费和代垫部分辅助材料加工的应税消费品。

【小贴士】必须是委托方提供原材料，如果是受托方提供原材料，属于自产应税消费品。

（二）受托方代收代缴税款的规定

1. 代收代缴的消费品，从量计征，则看委托方收回的数量，按该数量计税。

2. 从价或复合计征：首先按受托方同类应税消费品的售价。其次没有售价，则组成计税价格。

从价定率：

组成计税价格＝（材料成本＋加工费）÷（1－消费税比例税率）

复合计征：

组成计税价格＝（材料成本＋加工费＋委托加工收回数量×消费税定额税率）÷（1－消费税比例税率）

【小贴士】一定要先看受托方是否有同类货物价格，没有价格再进行下一步组成计税价格。

（三）委托方将收回的应税消费品销售的税务处理

1. 以不高于受托方的计税价格出售的，为直接出售，不需要缴纳消费税。

2. 委托方以高于受托方的计税价格出售的，不属于直接出售，按规定缴纳消费税，在计税时准予**扣除受托方已代收代缴的消费税**。

（四）受托方没有代收代缴，委托方补缴税款的计税依据

【小贴士】委托方已直接销售的，按销售额计税；未销售或不能直接销售的，按组价计税（与（二）相同），同时对受托方处以应代收代缴税款50%以上3倍以下的罚款。

【经典例题】

【例题·单选题】甲企业为增值税一般纳税人，2020年1月外购一批木材，取得增值税专用发票注明价款50万元、税额8万元；将该批木材运往乙企业委托其加工木制一次性筷子，取得税务局代开的增值税专用发票注明运费1万元、税额0.03万元，支付不含税委托加工费5万元。假定乙企业无同类产品对外销售，木制一次性筷子消费税税率为5%。乙企业当月应代收代缴的消费税为(　　)万元。

A. 2.62　　B. 2.67

C. 2.89　　D. 2.95

【答案】D

【解析】委托加工的应税消费品，受托方没有同类消费品销售价格的，按照组成计税价格计算代收代缴的消费税，实行从价定率办法计算纳税的组成计税价格计算公式：组成计税价格＝(材料成本＋加工费)/(1－比例税率)，本题支付的运费应计入材料成本中，作为材料成本的一部分在计算代收代缴的消费税的时候加上。乙企业当月应代收代缴的消费税＝(50＋1＋5)÷(1－5%)×5%＝2.95（万元）。

重难点3：进口环节应纳消费税的计算★★★

征税方式	应纳消费税
从价定率	(关税完税价格＋关税)÷(1－消费税比例税率)×税率
从量定额	按海关核定的进口数量征消费税： 应税消费品数量×定额税率
复合计税	(关税完税价格＋关税＋进口征税数量×消费税定额税率)÷(1－消费税比例税率)×税率＋进口征税数量×消费税定额税率

【经典例题】

【例题·单选题】某贸易公司2020年12月从国外进口一批高尔夫球具，经海关审定的关税完税价格为300万元。当月将该批球具销售取得不含税收入550万元。该批高档化妆品关税税率为15%、消费税税率为10%。该公司当月应缴纳的消费税为(　　)万元。

A. 16.67　　B. 38.33

C. 88.33　　D. 383.33

【答案】B

【解析】应缴纳消费税＝300×(1＋15%)÷(1－10%)×10%＝38.33（万元）。

重难点4：已纳消费税扣除的计算★★★

纳税人用外购或委托加工收回的已税消费品连续生产应税消费品，允许按生产领用数量计算扣除外购或委托加工收回的已纳消费税。外购扣除范围包括：

1. 外购已税烟丝生产的卷烟。

2. 外购已税高档化妆品生产的高档化妆品。

3. 外购已税珠宝、玉石生产的贵重首饰及珠宝、玉石。

4. 外购已税鞭炮、焰火生产的鞭炮、焰火。

5. 外购已税杆头、杆身和握把为原料生产的高尔夫球杆。

6. 外购已税木制一次性筷子为原料生产的木制一次性筷子。

7. 外购已税实木地板为原料生产的实木地板。

8. 对外购已税汽油、柴油、石脑油、燃料油、润滑油用于连续生产应税成品油。

9. 根据《葡萄酒消费税管理办法（试行）》的规定，自2015年5月1日起，从葡萄酒生产企业购进、进口葡萄酒连续生产应税葡萄酒的，准予从葡萄酒消费税应纳税额中扣除所耗用应税葡萄酒已纳消费税税款。如本期消费税应纳税额不足抵扣的，余额留待下期抵扣。

委托加工扣除范围包括：

1. 以委托加工收回的已税烟丝为原料生产的卷烟。

2. 以委托加工收回的已税高档化妆品为原料生产的高档化妆品。

3. 以委托加工收回的已税珠宝、玉石为原料生产的贵重首饰及珠宝、玉石。

4. 以委托加工收回的已税鞭炮、焰火为原料生产的鞭炮、焰火。

5. 以委托加工收回的已税杆头、杆身和握把为原料生产的高尔夫球杆。

6. 以委托加工收回的已税木制一次性筷子为原料生产的木制一次性筷子。

7. 以委托加工收回的已税实木地板为原料生产的实木地板。

8. 以委托加工收回的已税汽油、柴油、石脑油、燃料油、润滑油用于连续生产应税成品油。

9. 以委托加工收回的已税摩托车连续生产应税摩托车（如用外购两轮摩托车改装三轮摩托车）。

【小贴士】外购扣除范围不包括：雪茄烟、酒及酒精（不包括葡萄酒）、小汽车、高档手表、游艇，成品油要注意分清子目，不包括溶剂油。

【小贴士】消费税允许扣除的范围一般在同一个税目，但成品油除外。

【小贴士】消费税允许扣除的范围仅限于生产、委托加工环节，不能跨环节扣除。

【小贴士】对于在零售环节缴纳消费税的金银首饰（含镶嵌首饰）、钻石及钻石饰品，在计税时一律不得扣除外购、委托加工收回的珠宝、玉石的已纳消费税。

【小贴士】按生产领用数量扣除已纳消费税——外购已税消费品：

当期准予扣除的外购应税消费品已纳税款 = 当期准予扣除的外购应税消费品买价 × 外购应税消费品适用税率

当期准予扣除的外购应税消费品买价 = 期初库存的外购应税消费品买价 + 当期购进的外购应税消费品买价 - 期末库存的外购应税消费品买价

【小贴士】按生产领用数量扣除已纳消费税——委托加工已税消费品：

当期准予扣除的委托加工应税消费已纳税款 = 期初库存的委托加工应税消费品已纳税款 + 当期收回的委托加工应税消费品已纳税款 - 期末库存的委托加工应税消费品已纳税款

【小贴士】对自己不生产应税消费品，而只是购进后再销售应税消费品的工业企业，其销售的高档化妆品，鞭炮、焰火和珠宝、玉石，凡不能构成最终消费品直接进入消费品市场，而需进一步生产加工的，应当征收消费税，同时允许扣除上述外购应税消费品的已纳税款。

【经典例题】

【真题·单选题】（2020）下列产品中，在计算缴纳消费税时准许扣除外购应税消费品已纳消费税的是（　　）。

A. 外购已税烟丝连续生产的卷烟

B. 外购已税游艇生产的应税游艇

C. 外购已税溶剂油生产的应税涂料

D. 外购已税摩托车生产的应税摩托车

【答案】A

【解析】外购应税消费品连续生产应税消费品。扣除范围包括：（1）外购已税烟丝为原料生产的卷烟；（2）外购已税高档化妆品为原料生产的高档化妆品；（3）外购已税珠宝、玉石为原料生产的贵重首饰及珠宝、玉石；（4）外购已税鞭炮、焰火为原料生产的鞭炮、焰火；（5）外购已税杆头、杆身和握把为原料生产的高尔夫球杆；（6）外购已税木制一次性筷子为原料生产的木制一次性筷子；（7）外购已税实木地板为原料生产的实木地板；（8）外购已税汽油、柴油、石脑油、燃料油、润滑油为原料连续生产的应税成品油。

【真题·多选题】（2015）下列产品中，在计算缴纳消费税时准许扣除外购应税消费品已纳消费税的有（　　）。

A. 外购已税烟丝生产的卷烟

B. 外购已税白酒加香生产的白酒

C. 外购已税手表镶嵌钻石生产的手表

D. 外购已税实木素板涂漆生产的实木地板

【答案】AD

【解析】选项B、C，白酒和高档手表不允许在计算缴纳消费税时扣除外购应税消费品已纳消费税。

重难点5：特殊环节应纳消费税的计算★★

（一）卷烟批发环节应纳消费税的计算

自2009年5月1日起，在卷烟批发环节加征一道从价税。自2015年5月10日起，卷烟批发环节税率又有调整。

1. 纳税人：在中华人民共和国境内从事卷烟批发业务的单位和个人。

纳税人销售给纳税人以外的单位和个人的卷烟于销售时纳税。纳税人之间销售的卷烟不缴纳消费税。

2. 征收范围：纳税人批发销售的所有牌号、规格的卷烟。

3. 适用税率：从价税税率11%，从量税税率0.005元/支。

4. 计税依据：纳税人批发卷烟的销售额（不含增值税）、销售数量。

纳税人应将卷烟销售额与其他商品销售额分开核算，未分开核算的，一并征收消费税。

【小贴士】纳税人兼营卷烟批发和零售业务的，应当分别核算批发和零售环节的销售额、销售数量；未分别核算批发和零售环节销售额、销售数量的，按照全部销售额、销售数量计征批发环节消费税。

5. 纳税义务发生时间：纳税人收讫销售款或者取得索取销售款凭据的当天。

6. 纳税地点：卷烟批发企业的机构所在地，总机构与分支机构不在同一地区的，由总机构申报纳税。

【小贴士】卷烟消费税在生产和批发两个环节征收后，批发企业在计算纳税时不得扣除已含的生产环节的消费税税款。

【经典例题】

【真题·单选题】（2018）下列应税消费品中，除了在生产销售环节征收消费税外，还应在批发环节征收消费税的是（　　）。

A. 高档手表　　B. 高档化妆品

C. 卷烟　　D. 超豪华小汽车

【答案】C

【解析】自2009年5月1日起，在卷烟批发环节加征一道消费税。

（二）超豪华小汽车零售环节应纳消费税的计算

1. 征税范围：每辆零售价格130万元（不含增值税）及以上的乘用车和中轻型商用客车，即乘用车和中轻型商用客车子税目中的超豪华小汽车。

2. 纳税人：将超豪华小汽车销售给消费者的单位和个人为超豪华小汽车零售环节纳税人。

3. 税率：税率为10%。

4. 应纳税额的计算：

应纳税额 = 零售环节销售额（不含增值税）× 零售环节税率

【小贴士】国内汽车生产企业直接销售给消费者的超豪华小汽车，消费税税率按照生产环节税率和零售环节税率加总计算。

其消费税应纳税额的计算公式为：

应纳税额 = 销售额（不含增值税）×（生产环节税率 + 零售环节税率）

重难点6：消费税出口退税的计算★

情形	税务处理
有出口经营权的外贸企业购进应税消费品直接出口，以及外贸企业受其他外贸企业委托代理出口应税消费品	出口免税并退税
有出口经营权的生产性企业自营出口或生产企业委托外贸企业代理出口自产的应税消费品	出口免税但不退税
除生产企业、外贸企业外的其他企业（具体是指一般商贸企业），委托外贸企业代理出口应税消费品	出口不免税也不退税

【经典例题】

【真题·单选题】（2019）下列出口应纳税消费品的行为中，适用消费税免税不退税政策的是（　　）。

A. 商业批发企业委托外贸企业代理出口卷烟

B. 有出口经营权的酒场出口自产白酒

C. 有出口经营权的外贸企业购进高档化妆品直接出口

D. 外贸企业受其他外贸企业委托代理出口实木地板

【答案】B

【解析】选项A，商业批发企业委托外贸企业代理出口卷烟，不免税也不退税。选项B，有出口经营权的生产性企业自营出口或生产企业委托外贸企业代理出口自产的应税消费品出口免税但不退税。选项C、D，有出口经营权的外贸企业购进应税消费品直接出口，以及外贸企业受其他外贸企业委托代理出口应税消费品出口免税并退税。

【真题·多选题】（2018）下列各项中，适用消费税出口免税并退税政策的有（　　）。

A. 有出口经营权的外贸企业购进应税消费品直接出口

B. 生产企业委托外贸企业代理出口自产的应税消费品

C. 有出口经营权的生产性企业自营出口应税消费品

D. 外贸企业受其他外贸企业委托代理出口应税消费品

【答案】AD

【解析】选项A、D适用免税并退税政策；选项B、C适用免税但不退税政策。

第四单元　征收管理

重难点1：征税环节★★★

1. 对生产应税消费品在生产销售环节征收消费税。

2. 对委托加工应税消费品在委托加工环节征税。

3. 对进口应税消费品在进口环节征税——由海关代征。

4. 对零售特定应税消费品在零售环节征税：金银首饰、钻石及钻石饰品、铂金首饰。

5. 对移送使用应税消费品在移送使用环节征税。

如果企业在生产经营的过程中，将应税消费品移送用于加工非应税消费品，则应对移送部分征收消费税。

6. 对批发卷烟在卷烟的批发环节征税。

【经典例题】

【真题·单选题】（2017）下列消费品中，应在零售环节征收消费税的是（　　）。

A. 钻石　　B. 卷烟

C. 镀金首饰　　D. 高档手表

【答案】A

【解析】在零售环节缴纳消费税的消费品包括金银首饰、铂金首饰、钻石及钻石饰品、超豪华小汽车，零售环节缴纳消费税的金银首饰不包括镀金（银）、包金（银）首饰，以及镀金（银）、包金（银）的镶嵌首饰。

【例题·单选题】关于下列消费品的征收规定中，说法不正确的是(　　)。

A. 进口黄金饰品，由海关代征消费税

B. 零售钻石，零售环节缴纳消费税

C. 零售高档化妆品，不缴纳消费税

D. 批发卷烟，批发环节缴纳消费税

【答案】A

【解析】在零售环节缴纳消费税的消费品包括金银首饰、铂金首饰、钻石及钻石饰品、超豪华小汽车，所以选项A进口黄金饰品，不缴纳消费税，零售环节缴纳消费税。

重难点2：消费税的纳税义务发生时间、纳税期限★★

（一）消费税纳税义务发生时间

消费税纳税义务发生的时间，以货款结算方式或行为发生时间分别确定。

1. 纳税人销售的应税消费品，其纳税义务的发生时间为：

（1）纳税人采取赊销和分期收款结算方式的，为书面合同约定的收款日期的当天，书面合同没有约定收款日期或者无书面合同的，为发出应税消费品的当天。

（2）纳税人采取预收货款结算方式的，其纳税义务的发生时间，为发出应税消费品的当天。

（3）纳税人采取托收承付和委托银行收款方式销售的应税消费品，其纳税义务的发生时间，为发出应税消费品并办妥托收手续的当天。

（4）纳税人采取其他结算方式的，其纳税义务的发生时间，为收讫销售款或者取得索取销售款凭据的当天。

2. 纳税人自产自用的应税消费品，其纳税义务的发生时间，为移送使用的当天。

3. 纳税人委托加工的应税消费品，其纳税义务的发生时间，为纳税人提货的当天。

4. 纳税人进口的应税消费品，其纳税义务的发生时间，为报关进口的当天。

（二）消费税纳税期限

按照《消费税暂行条例》规定，消费税的纳税期限分别为1日、3日、5日、10日、15日、1个月或者1个季度。纳税人的具体纳税期限，由主管税务机关根据纳税人应纳税额的大小分别核定；不能按照固定期限纳税的，可以按次纳税。

纳税人以1个月或以1个季度为一期纳税的，自期满之日起15日内申报纳税；以1日、3日、5日、10日或者15日为一期纳税的，自期满之日起5日内预缴税款，于次月1日起至15日内申报纳税并结清上月应纳税款。

纳税人进口应税消费品，应当自海关填发海关进口消费税专用缴款书之日起15日内缴纳税款。

【小贴士】与增值税基本相同。

重难点3：纳税地点★

情　形	纳税地点
纳税人销售的应税消费品，以及自产自用的应税消费品	除国务院财政、税务主管部门另有规定外，应当向纳税人机构所在地或者居住地的主管税务机关申报纳税
委托加工的应税消费品	除委托个人（包含个体工商户和其他个人）加工外，由受托方向所在地主管税务机关代收代缴消费税税款
进口的应税消费品	由进口人或者其代理人向报关地海关申报纳税
纳税人到外县（市）销售或委托外县（市）代销自产应税消费品的	于应税消费品销售后，向纳税人机构所在地或居住地主管税务机关申报纳税

续表

情　形	纳税地点
纳税人的总机构与分支机构不在同一县（市）的	但在同一省（自治区、直辖市）范围内，经省（自治区、直辖市）财政厅（局）、税务局审批同意，可以由总机构汇总向总机构所在地主管税务机关申报缴纳消费税

【经典例题】

【真题·计算问答题】（2020）某涂料生产公司甲为增值税一般纳税人，2020年7月发生如下业务：

（1）5日以直接收款方式销售涂料取得不含税销售额350万元；以预收货款方式销售涂料取得不含税销售额200万元，本月已发出销售涂料的80%。

（2）12日赠送给某医院20桶涂料用于装修，将100桶涂料用于换取其他厂家的原材料。当月不含税平均销售价500元/桶，最高不含税销售价540元/桶。

（3）15日委托涂料厂乙加工涂料，双方约定由甲公司提供原材料，材料成本80万元，乙厂开具的增值税专用发票上注明加工费10万元（含代垫辅助材料费用1万元）、增值税1.3万元。乙厂无同类产品对外销售。

（4）28日收回委托乙厂加工的涂料并于本月售出80%，取得不含税销售额85万元。

（其他相关资料：涂料消费税税率为4%。）

要求：根据上述资料，按照下列序号回答问题，如有计算需计算出合计数。

（1）计算业务（1）甲公司应缴纳的消费税。

（2）计算业务（2）甲公司应缴纳的消费税。

（3）计算业务（3）由乙厂代收代缴的消费税。

（4）说明业务（4）甲公司是否应缴纳消费税。如应缴纳，计算消费税应纳税额。

【答案及解析】（1）业务（1）甲公司以直接收款方式销售涂料应纳消费税 = 350 × 4% = 14（万元）。

业务（1）甲公司以预收货款方式销售涂料应纳消费税 = 200 × 80% × 4% = 6.4（万元）。

【小贴士】（1）纳税人直接收款结算方式的，其纳税义务的发生时间，为收讫销售款或者取得索取销售款凭据的当天。（2）纳税人采取预收货款结算方式的，其纳税义务的发生时间，为发出应税消费品的当天。

（2）业务（2）甲公司无偿赠送涂料应纳消费税 = 20 × 500 ÷ 10 000 × 4% = 0.04（万元）。

业务（2）甲公司换取原材料应纳消费税 = 100 × 540 ÷ 10 000 × 4% = 0.22（万元）。

【小贴士】将资产货物无偿赠送或者换取生产资料应视同销售计算消费税。其中将生产资料和消费资料、对外投资、抵债的应税消费品，在计算消费税时不用平均价格而用最高价格。

（3）业务（3）由乙厂代收代缴的消费税 = (80 + 10) ÷ (1 − 4%) × 4% = 93.75 × 4% = 3.75（万元）。

【小贴士】委托加工的应税消费品，按照受托方的同类消费品的销售价格计算纳税，没有同类消费品销售价格的，按照组成计税价格计算纳税。

（4）销售额85万元大于计税价格75万元［(80 + 10 + 3.75) × 80%］，甲公司应缴纳消费税。

甲公司应纳税额 = 85 × 4% − 75 × 4% = 0.4（万元）。

【小贴士】委托加工的应税消费品收回后出售的，如果不属于直接出售（销售价格不超过计税价格），而是加价出售（销售价格大于计税价格），应当缴纳消费税，但可以抵扣委托加工环节受托方代收代缴的消费税。

【本章总结】

1. 消费税每年必考计算问答题，属于重点章节。对历年考题需要掌握。

2. 本章应掌握与熟悉的内容：

（1）掌握消费税征税范围的具体内容。

（2）掌握消费税从价计税、从量计税、复合计税的计税方法。

（3）掌握消费税应纳税额的计算，包括直接对外销售、自产自用、委托加工环节、进口环节应纳税额的计算。

（4）掌握已纳消费税扣除的计算，包括扣除的范围、扣除的方法。

（5）掌握卷烟批发、超豪华小汽车零售以及金银首饰计算消费税的特殊规定。

（6）熟悉消费税纳税人的特殊规定。

（7）掌握消费税出口退税的规定。

（8）掌握消费税的纳税义务发生时间和纳税地点。

3. 与其他章节的关系。

（1）与增值税：

第一，消费税与增值税双重征收的格局带来了消费税与增值税混合命题的经常性。

第二，消费税的抵扣规则与增值税不同，消费税按照生产领用量计算抵扣外购（含进口）或委托加工收回的应税消费品的已纳税额，扣税范围和计算有着特殊的要求。

第三，计算消费税的销售额在一般情况下与计算增值税销项税的销售额一致，但是换取生产资料和消费资料、对外投资、抵债的应税消费品，在计算消费税时不用平均价格而用最高价格。

（2）与关税：进口环节消费税、增值税、关税的计算是注会税法常考不衰的知识点组合。

通关练习

一、单项选择题

1. 以下关于消费税的表述中，不正确的是(　　)。

A. 消费税属于间接税

B. 消费者是消费税税款的实际负担者

C. 消费税的征收范围具有普遍性

D. 计税方法具有灵活性

2. 依据消费税的有关规定，下列行为中应缴纳消费税的是(　　)。

A. 进口高档化妆品

B. 进口酒精

C. 零售卷烟

D. 批发木制一次性筷子

3. 下列行为涉及的货物，属于消费税征税范围的是(　　)。

A. 超市零售的白酒

B. 商场零售的木制筷子

C. 商场零售的高档化妆品

D. 4S 店零售的超豪华小汽车

4. 以下关于配制酒的说法不正确的是(　　)。

A. 以蒸馏酒或食用酒精为酒基，具有国家相关部门批准的国食健字或卫食健字文号并且酒精度低于 38 度（含）的配制酒，按“白酒”适用税率征收消费税

B. 以发酵酒为酒基，酒精度低于 20 度（含）的配制酒，按“其他酒”10% 适用税率征收消费税

C. 其他配制酒，按“白酒”适用税率征收消费税

D. 葡萄酒适用“酒”税目下设的“其他酒”子目

5. 下列项目中，不按“成品油”税目征收消费税的是(　　)。

A. 甲醇汽油　　B. 溶剂油原料

C. 矿物性润滑油　　D. 变压器油

6. 下列消费品，属于消费税“小汽车”税目征税范围的是(　　)。

A. 沙滩车　　B. 卡丁车

C. 乘用车　　D. 雪地车

7. 根据《消费税暂行条例》的规定，下列情况应征收消费税的是(　　)。

A. 企业将外购的小汽车对外投资

B. 商业企业零售金银首饰

C. 企业将外购的鞭炮、焰火用于职工福利

D. 企业将委托加工收回的实木地板以不高于受托方的计税价格直接销售

8. 下列移送行为应视同销售缴纳消费税的情况是(　　)。

A. 自产应税消费品用于连续生产应税消费品

B. 将委托加工收回的应税消费品用于连续生产应税消费品

C. 将外购已税消费品用于连续生产应税消费品

D. 自产应税消费品用于连续生产非应税消费品

9. 下列关于以外购实木地板为原料连续生产实木地板的消费税处理中，正确的是(　　)。

A. 外购已税实木地板已纳消费税可以按购进数量在应纳消费税税款中扣除

B. 外购已税实木地板已纳消费税可以按生产领用数量在应纳消费税税款中扣除

C. 外购已税实木地板已纳消费税可以按实木地板出厂销售数量在应纳消费税税款中扣除

D. 外购已税实木地板已纳消费税不可以在实木地板出厂销售的应纳消费税税款中扣除

10. 下列外购应税消费品不可以按生产领用数量计算扣除已纳消费税的是(　　)。

A. 外购已税白酒生产的白酒

B. 外购已税木制一次性筷子为原料生产的木制一次性筷子

C. 外购已税鞭炮、焰火生产的鞭炮、焰火

D. 外购已税烟丝生产的卷烟

11. 下列关于消费税出口退税的税务处理说法中，不正确的是(　　)。

A. 有出口经营权的外贸企业购进应税消费品直接出口可以免税并退税

B. 外贸企业受非生产性的商贸企业委托代理出口应税消费品可以免税并退税

C. 有出口经营权的生产性企业自营出口可以免税但不退税

D. 一般商贸企业委托外贸企业代理出口应税消费品一律不予退（免）税

12. 某酒厂（增值税一般纳税人）2020 年 1 月生产一批啤酒，当月对外销售 300 吨，取得不含税价款 870 000 元，同时收取啤酒包装物押金 30 000 元。该酒厂当月应缴纳的消费税为(　　)元。

A. 113 100　　B. 78 300

C. 66 000　　D. 75 000

13. 某卷烟生产企业（增值税一般纳税人），2019 年 12 月销售 A 牌卷烟 400 条，开具的增值税专用发票上注明销售额 15 万元；销售 B 牌卷烟 200 条，开具的普通发票上注明销售额 1.43 万元，该卷烟生产企业当月应缴纳的消费税为(　　)万元。

A. 9.15　　B. 5.9

C. 6.15　　D. 8.9

14. 某商场是增值税一般纳税人，2019 年 12 月零售金首饰 4 000 克，每克零售价 400 元，并收取工艺费 10 元/克；以旧换新销售金首饰，收回旧首饰 100 克，换出新首饰 700 克，收取含税差价 260 000 元。该商场当月应缴纳消费税(　　)元。

A. 84 070.8　　B. 218 584.07

C. 90 476.19　　D. 235 238.1

15. 2019 年 12 月，甲厂将一批原木委托乙厂加工成实木地板，该批原木的成本是 15 万元，乙厂收取不含税的加工费 5 万元，收取含税的代垫辅料 2 万元，乙厂无同类实木地板的价格，实木地板消费税税率为 5%，甲、乙厂均为增值税一般纳税人，乙厂代收代缴的消费税是(　　)万元。

A. 1.1　　B. 1.15

C. 1.2　　D. 1.16

16. 某企业从国外进口一批实木地板，关

税完税价格折合人民币500万元，进口环节关税税率20%，进口环节消费税税率5%，则该批实木地板进口环节应纳的消费税、增值税合计是(　　)万元。

A. 109.58　　B. 113.69

C. 108　　D. 112.11

17. 某化妆品生产企业为增值税一般纳税人，2020年2月购进一批高档香水精，支付不含税价款40万元，当月该企业领用其中的50%连续生产高档化妆品，领用其中的30%连续生产普通护肤品，剩余20%用作职工福利。当月该企业上述业务可以抵扣的外购应税消费品已纳税额为(　　)万元。(高档化妆品消费税税率为15%)

A. 2　　B. 1.4

C. 1　　D. 0.4

18. 某外贸公司（增值税一般纳税人，具有出口经营权）2019年12月从生产企业购进高尔夫球一批，取得增值税专用发票注明价款30万元、增值税3.9万元，当月该批高尔夫球全部出口取得销售收入45万元。该批高尔夫球增值税退税率为9%，高尔夫球消费税税率为10%，该外贸公司出口高尔夫球应退的增值税和消费税合计金额为(　　)万元。

A. 5.7　　B. 8.55

C. 7.2　　D. 6.9

19. 下列各项中，关于消费税纳税义务发生时间的表述不正确的是(　　)。

A. 进口的应税消费品，为报关进口的当天

B. 自产自用的应税消费品，为移送使用的当天

C. 委托加工的应税消费品，为纳税人提货的当天

D. 采取预收货款结算方式的应税消费品，为收到预收款的当天

20. 下列关于消费税纳税地点的说法中，不正确的是(　　)。

A. 纳税人自产自用应税消费品，应当向纳税人机构所在地或居住地的主管税务机关申报纳税

B. 委托加工应税消费品，除受托方为个人外，由受托方向机构所在地或居住地主管税务机关解缴税款

C. 纳税人到外县销售自产应税消费品，向机构所在地或居住地主管税务机关申报纳税

D. 进口的应税消费品，由进口人或其代理人向其机构所在地或住所地主管税务机关申报纳税

二、多项选择题

1. 下列企业属于消费税纳税人的有(　　)。

A. 零售金银首饰的商场

B. 生产销售高尔夫球具的厂家

C. 零售白酒的商场

D. 受托加工鞭炮、焰火的厂家

2. 根据现行税法规定，下列消费品既征收增值税又征收消费税的有(　　)。

A. 日化厂销售自产香皂

B. 白酒厂销售自产的白酒

C. 卷烟批发企业批发卷烟

D. 从国外进口钻石

3. 下列属于消费税征税范围的有(　　)。

A. 免税商店销售的金银首饰

B. 橡胶填充油

C. 未经涂饰的素板

D. 气缸容量240毫升的摩托车

4. 下列不属于消费税征税范围的有(　　)。

A. 高尔夫车

B. 影视演员化妆用的上妆油

C. 未经打磨、倒角的木制一次性筷子

D. 铅蓄电池

5. 下列应税消费品，采用复合计征消费税的有(　　)。

A. 白酒　　B. 葡萄酒

C. 卷烟　　D. 雪茄

6. 企业的下列行为中，应当征收消费税的有(　　)。

A. 鞭炮、焰火厂将自产的鞭炮、焰火作为职工福利

B. 游艇厂商将自产游艇用作抵偿债务

C. 白酒生产企业对外赞助的白酒

D. 汽车厂移送非独立核算门市部待销售的小汽车

7. 下列应税消费品按最高销售价格作为计税依据计算消费税的有(　　)。

A. 换取生产资料和消费资料

B. 作为样品

C. 投资入股

D. 抵偿债务

8. 下列关于卷烟计税价格的说法中正确的有(　　)。

A. 卷烟计税价格由国家税务总局核定

B. 未核定计税价格的新牌号、新规格卷烟，生产企业按调拨价格纳税

C. 生产企业实际销售价格高于计税价格的，按实际销售价格纳税

D. 生产企业实际销售价格低于计税价格的，按计税价格纳税

9. 下列关于金银首饰销售额的确定，说法正确的有(　　)。

A. 金银首饰与其他产品组成成套消费品销售的，应按销售额全额征收消费税

B. 金银首饰连同包装物销售的，均应并入金银首饰的销售额，计征消费税

C. 带料加工的金银首饰，应按受托方销售同类金银首饰的销售价格确定计税依据征收消费税

D. 采用以旧换新方式销售的金银首饰，应按新的金银首饰的价格确定计税依据征收消费税

10. 下列消费品中应征收消费税的有(　　)。

A. 汽车厂把自产小汽车提供给管理部门使用

B. 小汽车生产企业把自产小汽车用于赞助小汽车拉力赛

C. 酒厂把药酒发给职工做福利

D. 化妆品厂将自产高档化妆品用于连续生产高档化妆品

11. 可按生产领用量扣除外购应税消费品已纳消费税税款的有(　　)。

A. 外购已税烟丝生产的雪茄

B. 外购已税珠宝、玉石生产的贵重首饰及珠宝、玉石

C. 进口鞭炮、焰火连续生产鞭炮、焰火

D. 外购已税汽油生产的汽油

12. 以下符合卷烟批发环节征收消费税规定的有(　　)。

A. 纳税人销售给纳税人以外的单位和个人的卷烟于销售时纳税

B. 纳税人批发卷烟和其他商品不能分别核算销售额的，不需要征收消费税

C. 纳税人兼营卷烟批发和零售业务的，如未分别核算销售额、销售数量的，按照全部销售额、销售数量计征批发环节消费税

D. 批发环节计算纳税时，准予扣除已含的生产环节的消费税税款

13. 对于委托加工应税品，受托方（非个人）没有代收代缴消费税，则下列说法中正确的有(　　)。

A. 对受托方处以代收代缴税款50%以上5倍以下的罚款

B. 由受托方补缴税款

C. 由委托方补缴税款

D. 委托方收回的应税消费品尚未销售的，按组成计税价格计税

14. 甲汽车企业2020年2月对外以120万元/辆的价格销售12辆小汽车给某汽车销售中心，该销售中心以150万元/辆的价格（不含增值税）对外销售给消费者，当月全部售出；当月甲汽车企业直接以145万元/辆（不含增值税）的价格销售2辆小汽车给某明星，小汽车生产环节的消费税税率为25%，则以下说法中错误的有(　　)。

A. 甲企业应缴纳消费税360万元

B. 汽车销售中心应缴纳消费税180万元

C. 甲企业增值税的销项税额是187.2万元

D. 超豪华小汽车的判别标准是零售价130万元（不含增值税）及以上的乘用车和中轻

型商用客车

15. 下列关于消费税计税依据的说法中，正确的有(　　)。

A. 白酒生产企业对逾期未收回的包装物不再退还的押金应并入销售额计税

B. 白酒生产企业向商业销售单位收取的“品牌使用费”应并入白酒销售额计税

C. 纳税人自产应税消费品用于馈赠、广告样品等用途，应以纳税人同类应税消费品的最高销售价格计税

D. 纳税人通过自设非独立核算门市部销售的自产应税消费品，应当按照门市部对外销售额或者销售数量计税

16. 关于白酒消费税最低计税价格的规定，说法正确的有(　　)。

A. 白酒消费税最低计税价格无须白酒生产企业自行申报，由税务机关直接核定价格

B. 白酒生产企业消费税计税价格高于销售单位对外销售价格70%（含70%）以上的，税务机关暂不核定消费税最低计税价格

C. 已核定最低计税价格的白酒，生产企业实际销售价格高于消费税最低计税价格的，按实际销售价格申报纳税

D. 白酒消费税最低计税价格只能由国家税务总局核定

17. 以下关于消费税纳税义务发生时间的规定，说法正确的有(　　)。

A. 纳税人采取预收货款结算方式的，纳税义务发生时间为发出应税消费品的当天

B. 纳税人采取托收承付方式销售应税消费品，纳税义务发生时间为发出应税消费品并办妥托收手续的当天

C. 纳税人进口应税消费品，纳税义务的发生时间为报关进口的当天

D. 纳税人委托加工应税消费品，纳税义务的发生时间为纳税人提货的当天

18. 下列有关消费税的表述中，错误的有(　　)。

A. 纳税人将自产的应税消费品用于馈赠，不需要缴纳消费税

B. 随白酒销售取得的包装物押金，无论是否返还，都应并入当期销售额征收消费税

C. 纳税人采取赊销方式销售应税消费品，应在发出消费品的当天缴纳消费税

D. 纳税人将委托加工收回的应税消费品用于连续生产应税消费品的，在移送使用时缴纳消费税

19. 以下不符合消费税规定的有(　　)。

A. 进口所有应税消费品，都需向海关缴纳进口环节消费税

B. 自产的应税消费品只有连续生产应税消费品，不需要缴纳消费品，凡用于其他方面的，于移送使用时纳税

C. 委托加工应税消费品如果受托方没有代收代缴消费税，则受托方需补缴税款

D. 委托加工的应税消费品受托方交货时已代收代缴消费税，委托方收回后直接出售的，不再缴纳消费税

20. 以下关于消费税的纳税地点的表述中正确的有(　　)。

A. 纳税人自产自用的应税消费品，应当向纳税人机构所在地或者居住地的主管税务机关申报纳税

B. 纳税人到外市销售自产应税消费品的，向机构所在地或者居住地主管税务机关申报纳税

C. 进口的应税消费品，由进口人或代理人向报关地海关申报纳税

D. 纳税人总机构与分支机构不在同一县(市)，但在同一省范围内，经批准后，可以由总机构汇总向总机构所在地的主管税务机关申报缴纳消费税

21. 纳税人利用废矿物油为原料生产的可以免征消费税的应税消费品有(　　)。

A. 润滑油基础油　　B. 汽油

C. 柴油　　D. 石脑油

三、计算问答题

1. 甲酒厂为增值税一般纳税人，2020 年12 月发生以下业务：

（1）销售给乙企业（一般纳税人）粮食

白酒30吨，开具增值税专用发票，取得不含税收入400万元，另收取品牌使用费20万元、包装物押金5万元。

（2）从农民手中购入一批粮食，支付价款10万元，将该批粮食委托丙企业（一般纳税人）加工白酒10吨，收回白酒时向丙企业支付不含增值税的加工费3万元，代垫辅料1万元（不含增值税），取得丙企业开具的增值税专用发票，丙企业无同类白酒价格，已按组成计税价格代收代缴消费税。

（3）委托加工收回的10吨白酒对外销售，共取得不含增值税价款16.5万元。

（4）对外销售自产啤酒20吨，取得不含增值税价款10万元，同时收取包装物押金2万元，当月有逾期未退回的啤酒包装物押金3万元。

（5）当月将自产酒精对外销售，取得不含增值税价款5万元。

（其他相关资料：白酒的消费税税率为20%加0.5元/500克；甲类啤酒250元/吨，乙类啤酒220元/吨。）

要求：根据上述资料，按照下列序号回答问题，每问需计算出合计数。

（1）计算本月甲酒厂向乙企业销售白酒应缴纳的消费税。

（2）计算丙企业已代收代缴的消费税。

（3）计算本月甲酒厂销售委托加工收回的白酒应缴纳的消费税。

（4）计算当月销售啤酒应缴纳的消费税。

（5）计算当月销售酒精应缴纳的消费税。

（6）计算当月甲酒厂应缴纳的增值税。

2. 某卷烟厂为增值税一般纳税人，生产品牌卷烟，2020年1月业务如下：

（1）进口一批烟丝，关税完税价格150万元，企业向海关缴纳了进口环节相关税金后，取得了海关开具的相关凭证，烟丝入库后，卷烟厂领取了60%用于生产卷烟。

（2）自产一批烟丝，80%用于连续生产卷烟；20%对外出售，取得不含增值税价款5万元。

（3）当月将自产的20标准箱卷烟作为春节福利发给职工。

（4）按平均价销售150标准箱卷烟给一烟酒批发公司，取得不含增值税价款300万元。

（5）以分期收款方式销售卷烟100标准箱给A公司，合同约定按平均价销售，本月收取60%货款，下月收取40%货款，由于A公司资金紧张，本月实际未付款。

（6）本月用20标准箱卷烟对外投资。

（其他相关资料：关税税率为10%，该品牌卷烟平均不含税售价每标准条80元，最高不含税售价每标准条88元。1标准箱=250标准条，1标准条=200支，烟丝消费税税率为30%，卷烟消费税税率为56%加0.003元/支，每标准箱定额税率150元。）

要求：根据上述资料，按照下列序号回答问题，每问需计算出合计数。

（1）该卷烟厂本月应纳进口环节关税、增值税、消费税。

（2）该卷烟厂本月应向税务机关缴纳的消费税税额。

3. 甲实木地板厂为增值税一般纳税人，2019年12月发生以下业务：

（1）外购未经涂饰的素板一批，取得对方开具的增值税专用发票，注明不含税价款100万元，增值税税额13万元，素板已入库。

（2）当月将外购未经涂饰素板的80%领用继续加工成漆饰地板。

（3）当月销售漆饰地板10 000平方米，取得不含税销售额500万元。

（4）当月将自产漆饰地板1 000平方米用作馈赠关系户，自产漆饰地板500平方米用作职工宿舍装修。

（5）当月盘点发现上月从林场购入的用来生产实木地板的原木由于管理不善被盗，账面成本10万元。

（其他相关资料：实木地板消费税税率为5%，所有合规应抵扣的发票均进行了抵扣。）

要求：根据上述资料，按照下列序号回答下列问题。

（1）甲实木地板厂当月应缴纳的增值税。

（2）甲实木地板厂当月应缴纳的消费税。

4. 某化妆品生产企业为增值税一般纳税人，生产销售高档化妆品和普通护肤护发品，2020 年 12 月发生以下业务：

（1）从某工业企业外购高档香水精一批，取得增值税专用发票注明价款 20 万元、增值税 2.6 万元，当月全部领用用于生产高档化妆品。

（2）采取以旧换新方式销售高档香水，每瓶零售价 565 元，旧香水作价 20 元，共销售 100 瓶高档香水。

（3）为迎接新年，给本企业职工每人发放一个礼品盒，内有高档化妆品和洗发水一瓶，高档化妆品出厂不含税价 400 元，洗发水出厂不含税价 30 元，本企业职工共计 150 人。

（4）当月对外销售高档化妆品，取得不含税销售价款 80 万元，同时收取包装物租金 3 万元。

（5）将自产的新型高档口红馈赠关系单位，该批口红成本 20 万元，成本利润率 5%，无同类口红市场价格。

（其他相关资料：高档化妆品消费税税率为 15%。）

要求：根据上述资料，计算该企业当期应向税务机关缴纳的消费税。

通关练习答案及解析

一、单项选择题

1. 【答案】C

【解析】选项 C 消费税的征收范围具有选择性，不具有普遍性，不是所有消费品都征收消费税。

2. 【答案】A

【解析】选项 B 酒精不属于应税消费品；选项 C 卷烟在零售环节不征消费税；选项 D 批发木制一次性筷子，只有卷烟在批发环节缴纳消费税，其余消费品在批发环节不征消费税。

3. 【答案】D

【解析】选项 A、C 白酒和高档化妆品不在零售环节缴税；选项 B 木制筷子不属于消费税征税范围，木制一次性筷子属于消费税征税范围，但不在零售环节缴税；选项 D 超豪华小汽车在零售环节缴纳消费税。

4. 【答案】A

【解析】以蒸馏酒或食用酒精为酒基，具有国家相关部门批准的国食健字或卫食健字文号并且酒精度低于 38 度（含）的配制酒，按“其他酒”10% 税率征收消费税。

5. 【答案】D

【解析】变压器油、导热类油等绝缘油类产品不属于润滑油，不征收消费税。

6. 【答案】C

【解析】小汽车税目征税范围包括：乘用车；中轻型商用客车；超豪华小汽车。

7. 【答案】B

【解析】选项 A、C 外购的小汽车和鞭炮、焰火已经缴纳过消费税；选项 D 委托加工收回的应税消费品不高于受托方的计税价格直接出售，不征收消费税；选项 B 金银首饰是在零售环节缴纳消费税。

8. 【答案】D

【解析】自产应税消费品、委托加工收回的应税消费品、外购的应税消费品用于连续生产应税消费品均在出厂销售时缴纳消费税，移送使用环节不缴纳消费税；选项 D 自产的应税消费品用于连续生产非应税消费品属于视同销售行为，在移送使用时缴纳消费税。

9. 【答案】B

【解析】外购已税实木地板为原料生产的实木地板，可以按当期生产领用数量计算扣除外购的应税消费品已纳的消费税。

10. 【答案】A

【解析】对于“酒”这个税目，只有从葡萄酒生产企业购进、进口葡萄酒连续生产应税葡萄酒的，准予扣除所耗用应税葡萄酒已纳消费税税款，其余白酒、啤酒等不允许扣除已纳消费税。

11. 【答案】B

【解析】外贸企业受其他外贸企业委托代理出口应税消费品，可以免税并退税，但受非生产性的商贸企业委托代理出口应税消费品是不予退（免）税的。

12. 【答案】C

【解析】首先需要判断是甲类啤酒还是乙类啤酒，两者的划分是看每吨啤酒的价格是否超过 3 000 元，本题中每吨啤酒的价格是 2 988.5 元 {[870 000 + 30 000 ÷ (1 + 13%)] ÷ 300}，小于 3 000 元/吨，所以属于乙类啤酒，应纳的消费税 = 300 × 220 = 66 000（元）。

13. 【答案】D

【解析】面对卷烟首先需要判断是甲类卷烟还是乙类卷烟，A 牌卷烟每条价格是 150 000 ÷ 400 = 375（元），大于 70 元/条，A 牌卷烟属于甲类卷烟；B 牌卷烟每条价格是 14 300 ÷ (1 + 13%) ÷ 200 = 63.27（元），小于 70 元/条，B 牌卷烟属于乙类卷烟。当月应纳的消费税 = 15 × 56% + 400 × 0.00006 + 1.43 ÷ (1 + 13%) × 36% + 200 × 0.00006 = 8.9（万元）。

14. 【答案】A

【解析】(4 000 × 400 + 4 000 × 10 + 260 000) ÷ (1 + 13%) × 5% = 84 070.8（元）。

15. 【答案】B

【解析】代收代缴消费税 = [15 + 5 + 2 ÷ (1 + 13%)] ÷ (1 − 5%) × 5% = 1.15（万元）。

16. 【答案】B

【解析】进口环节消费税 = 500 × (1 + 20%) ÷ (1 − 5%) × 5% = 31.58（万元）。

进口环节增值税 = 500 × (1 + 20%) ÷ (1 − 5%) × 13% = 82.11（万元）。

消费税、增值税合计 = 31.58 + 82.11 = 113.69（万元）。

17. 【答案】C

【解析】外购已税高档化妆品生产的高档化妆品可以按生产领用数量抵扣消费税，所以本题可以抵扣的消费税 = 40 × 5% × 50% = 1（万元）。

18. 【答案】A

【解析】该外贸公司出口高尔夫球应退的增值税 = 30 × 9% = 2.7（万元）。

该外贸公司出口高尔夫球应退的消费税 = 30 × 10% = 3（万元）。

合计退税 = 2.7 + 3 = 5.7（万元）。

19. 【答案】D

【解析】选项 D 纳税人采取预收款结算方式的，纳税义务发生时间是发出应税消费品的当天。

20. 【答案】D

【解析】进口的应税消费品，由进口人或者其代理人向报关地海关申报纳税。

二、多项选择题

1. 【答案】AB

【解析】选项 C 不是消费税的纳税人，零售环节只有金银首饰还有超豪华小汽车需要缴纳消费税；选项 D 对于委托加工应税消费品，委托方是消费税的纳税人。

2. 【答案】BC

【解析】选项 A 销售香皂只缴纳增值税，不属于消费税征收范围，不缴纳消费税；选项 D 进口钻石在进口环节缴纳增值税，但不需要缴纳消费税，钻石的纳税环节是在零售环节。

3. 【答案】ABC

【解析】选项 D 气缸容量 250 毫升（不含）以下的小排量摩托车不征收消费税。

4. 【答案】AB

【解析】选项 C 按木制一次性筷子税目征税；选项 D 按电池税目 4% 征收消费税。

5. 【答案】AC

【解析】白酒和卷烟采用复合计征的方式；选项 B、D 实行的是从价计征。

6. 【答案】ABC

【解析】纳税人通过自设非独立核算门市部销售的自产应税消费品，应当按照门市部对外销售额或者销售数量征收消费税，选项 D 移送到非独立核算门市部待销售，还没有销售，不缴纳消费税，销售时再纳消费税。

7. 【答案】ACD

【解析】纳税人用于换取生产资料和消费资料，投资入股和抵偿债务等方面的应税消费品，应当以纳税人同类应税消费品的最高销售价格作为计税依据计算消费税。

8. 【答案】ABCD

【解析】选项A、B、C、D都是正确答案。

9. 【答案】ABC

【解析】选项D采用以旧换新方式销售的金银首饰，应按实际收取的不含增值税的全部价款确定计税依据征收消费税。

10. 【答案】ABC

【解析】选项A、B、C是自产应税消费品用于赞助、职工福利、管理部门，应在移送使用时缴纳消费税；选项D是自产应税消费品用于连续生产应税消费品，移送使用时不需要缴纳消费税。

11. 【答案】BCD

【解析】选项A外购已税烟丝生产的卷烟，可以扣除烟丝的消费税。

12. 【答案】AC

【解析】选项B纳税人应将卷烟销售额与其他商品销售额分开核算，未分开核算的，一并征收消费税；选项D批发企业在计算纳税时不得扣除已含的生产环节的消费税税款。

13. 【答案】CD

【解析】选项A对受托方处以代收代缴税款50%以上3倍以下的罚款；选项B不需由受托方补缴，由委托方补缴税款。

14. 【答案】AC

【解析】选项A甲企业出厂销售12辆小汽车应缴纳生产环节消费税 $=120\times12\times25\%=360$（万元）；甲企业将2辆小汽车以145万元/辆元销售给某明星，消费税税率按照生产环节税率和零售环节税率加总计算，应纳消费税 $=145\times(25\%+10\%)\times2=101.5$（万元）；甲企业合计应纳消费税 $=360+101.5=461.5$（万元）。选项B汽车销售中心零售12辆超豪华小汽车应纳零售环节消费税 $=150\times12\times10\%=180$（万元）；选项C甲企业的销项税额 $=120\times12\times13\%+145\times2\times13\%=224.9$（万元）。

15. 【答案】BD

【解析】选项A，白酒企业对收取的押金并入当期销售额计征消费税，逾期不再计征；选项C，纳税人用于换取生产资料和消费资料，投资入股和抵偿债务等方面的应税消费品，应当以纳税人同类应税消费品的最高销售价格作为计税依据计算消费税，其他用途按平均销售价格作为计税依据计算消费税。

16. 【答案】BC

【解析】选项A，白酒消费税最低计税价格由白酒生产企业自行申报，税务机关核定；选项D，除税务总局已核定消费税最低计税价格的白酒外，其他按规定需要核定消费税最低计税价格的白酒，由各省、自治区、直辖市和计划单列市国家税务局核定。

17. 【答案】ABCD

【解析】选项A、B、C、D均正确。

18. 【答案】ACD

【解析】选项A纳税人将自产的应税消费品用于馈赠，在移送使用时需要缴纳消费税；选项C纳税人采取赊销方式销售应税消费品，纳税义务时间是书面合同约定的收款日期的当天，书面合同没有约定收款日期或者无书面合同的，为发出应税消费品的当天；选项D纳税人将委托加工收回的应税消费品用于连续生产应税消费品，不需要缴纳消费税。

19. 【答案】AC

【解析】选项A进口金银首饰、钻石无须在进口环节缴纳消费税；选项C委托加工应税消费品如果受托方没有代收代缴消费税时，则由委托方补缴税款。

20. 【答案】ABCD

【解析】选项A、B、C、D均正确。

21. 【答案】ABC

【解析】纳税人利用废矿物油为原料生产

的润滑油基础油、汽油、柴油等工业油料免征消费税。

三、计算问答题

1.【答案及解析】

（1）本月甲企业向乙企业销售白酒应缴纳消费税 = [400 + (20 + 5) ÷ (1 + 13%)] × 20% + 30 × 2 000 × 0.5 ÷ 10 000 = 87.42（万元）。

【小贴士】品牌使用费和包装物押金应作增值税价税分离后并入销售额计算消费税。白酒采用复合计税的方法计算缴纳消费税。

（2）乙企业已代收代缴消费税 = (10 × 90% + 3 + 1 + 10 × 2 000 × 0.5 ÷ 10 000) ÷ (1 − 20%) × 20% + 10 × 2 000 × 0.5 ÷ 10 000 = 4.5（万元）。

【小贴士】购入粮食是为了委托加工生产13%税率的货物，按照10%的扣除率计算进项税额，所以扣除率是10%。

（3）本月甲酒厂销售委托加工收回的白酒应缴纳的消费税为0。

【小贴士】委托加工收回的白酒对外销售，以不高于受托方的计税价格出售的，为直接出售，不再缴纳消费税，本题中受托方的计税价格 = (10 × 90% + 3 + 1 + 10 × 2 000 × 0.5 ÷ 10 000) ÷ (1 − 20%) = 17.5（万元），甲酒厂销售价格是16.5万元，所以不需再缴纳消费税，消费税为0。

（4）应缴纳的消费税 = 250 × 20 = 5 000（元）。

【小贴士】啤酒首先判断是甲类啤酒还是乙类啤酒，啤酒的出厂价是5 884.96元/吨{[100 000 + 20 000 ÷ (1 + 13%)] ÷ 20}，大于3 000元/吨的标准，所以本题销售的自产啤酒是甲类啤酒。

（5）甲酒厂销售酒精应缴纳的消费税为0。

【小贴士】酒精不属于消费税的征税范围。

（6）销项税额 = [400 + (20 + 5) ÷ (1 + 13%)] × 13% + 16.5 × 13% + [10 + 3 ÷ (1 + 13%)] × 13% + 5 × 13% = 59.32（万元）。

进项税额 = 10 × 10% + (3 + 1) × 13% = 1.52（万元）。

当期应纳增值税 = 59.32 − 1.52 = 57.8（万元）。

2.【答案及解析】

（1）该卷烟厂本月应纳进口环节关税 = 150 × 10% = 15（万元）。

该卷烟厂本月进口环节增值税 = (150 + 15) ÷ (1 − 30%) × 13% = 30.64（万元）。

该卷烟厂本月进口环节消费税 = (150 + 15) ÷ (1 − 30%) × 30% = 70.71（万元）。

（2）业务（2）自产烟丝对外出售应纳消费税 = 5 × 30% = 1.5（万元）。

自产烟丝连续生产卷烟不缴纳消费税。

业务（3）卷烟用于职工福利属于视同销售，应纳消费税 = 20 × 250 × 80 × 56% + 20 × 150 = 227 000（元），等于22.7万元。

业务（4）应纳消费税 = 3 000 000 × 56% + 150 × 150 = 1 702 500（元），等于170.25万元。

业务（5）应纳消费税 = 100 × 250 × 80 × 60% × 56% + 100 × 60% × 150 = 681 000（元），等于68.1万元。

业务（6）应纳消费税 = 20 × 250 × 88 × 56% + 20 × 150 = 249 400（元），等于24.94万元。

纳税人用于换取生产资料、消费资料、投资入股、抵偿债务的自产应税消费品，要按照同类消费品最高销售价格计算缴纳消费税。

该卷烟厂当期应向税务机关缴纳的消费税 = 1.5 + 22.7 + 170.25 + 68.1 + 24.94 − 70.71 × 60% = 245.06（万元）。

3.【答案及解析】

（1）甲厂当月增值税进项税额 = 13 − 10 ÷ (1 − 10%) × 10% = 11.89（万元）。

甲厂当月增值税销项税额 = [500 + 500 ÷ 10 000 × (1 000 + 500)] × 13% = 74.75（万元）。

当月应纳的增值税 = 74.75 − 11.89 = 62.86（万元）。

（2）当月应纳的消费税 = [500 + 500 ÷

10 000 ×（1 000 + 500）］× 5% - 100 × 5% × 80% = 24.75（万元）。

4. **【答案及解析】**

业务（2）应纳消费税 = 100 × 565 ÷（1 + 13%）× 15% = 7 500（元）。

业务（3）应纳消费税 = 150 ×（400 + 30）× 15% = 9 675（元）。

业务（4）应纳消费税 =［800 000 + 30 000 ÷（1 + 13%）］× 15% = 123 982.3（元）。

业务（5）应纳消费税 = 200 000 ×（1 + 5%）÷（1 - 15%）× 15% = 37 058.82（元）。

应纳消费税 = 7 500 + 9 675 + 123 982.3 + 37 058.82 - 200 000 × 15% = 148 216.12（元）。

第四章　企业所得税法

2021 年教材内容主要变化

1. 调整“鼓励软件产业和集成电路产业发展”企业所得税税收优惠政策。

2. 新增“海南自由贸易港企业所得税优惠”政策。

本章近五年考情分析

本章是税法考试重点章，在考试中分值最多，考点最多，重点最多，是难度最大的一章。本章在考试中各种题型都会出现，综合题必然考核一道题。由于企业所得税的综合性，经常与流转税、小税种（尤其是土地增值税）相联系，跨章节联合出题。本章近五年考试平均分值在 20 分左右，重要程度无须多言。大家都知道所得税是考试中重要的税种，多年以来，在和增值税 PK 中胜出，成为分值的冠军。2021 年预计本章考试分值在 20 分左右。

本章内容如下：

第一单元　纳税义务人、征税对象与税率
第二单元　应纳税所得额的计算（重要）
第三单元　资产的税务处理
第四单元　资产损失的所得税处理
第五单元　企业重组的所得税处理
第六单元　税收优惠（重要）
第七单元　应纳税额的计算（重要）
第八单元　征收管理

重难点解析

第一单元　纳税义务人、征税对象与税率

重难点 1：纳税义务人★★

1. 在中华人民共和国境内的企业和其他取得收入的组织（统称“企业”）为企业所得税的纳税人。

【小贴士】不以企业冠名的其他取得收入的**组织，也是**企业所得税的纳税人。

【小贴士】以企业冠名的个人独资企业和合伙企业**不是**企业所得税的纳税人。个人独资企业和合伙企业（非法人）的个人投资者缴纳个人所得税，不是企业所得税的纳税人。

【小贴士】个人独资企业、合伙企业是指依据中国法律、行政法规的规定成立在中国境内的个人独资企业和合伙企业，不包括境外依据外国法律成立的个人独资企业和合伙企业。

2. 居民企业和非居民企业。

依据属人兼属地（居民管辖权和地域管辖权）的税收管辖权，缴纳企业所得税的企业**分为居民企业和非居民企业，分别承担不同的纳税义务**。

（1）居民企业。

居民企业，是指依法在中国境内成立，**或者**依照外国（地区）法律成立**但实际管理机构**在中国境内的企业。（两个标准，符合一个）

【小贴士】实际管理机构，是指对企业的生产经营、人员、账务、财产等实施实质性全面管理和控制的机构。

（2）非居民企业。

非居民企业，是指依照**外国（地区）法律成立且实际管理机构不在中国境内**，但在中国境内设立机构、场所的，或者在中国境内未设立机构、场所，但有来源于中国境内所得的企业。

上述所称机构、场所，是指在中国境内从事生产经营活动的机构、场所，包括：

①管理机构、营业机构、办事机构。

②工厂、农场、开采自然资源的场所。

③提供劳务的场所。

④从事建筑、安装、装配、修理、勘探等工程作业的场所。

⑤其他从事生产经营活动的机构、场所。

【小贴士】非居民企业委托营业代理人在中国境内从事生产经营活动的，包括委托单位或者个人经常代其签订合同，或者储存、交付货物等，该营业代理人视为非居民企业在中国境内设立的机构、场所。

【经典例题】

【真题·多选题】（2008）依据《企业所得税法》的规定，判定居民企业的标准有（　　）。

A. 登记注册地标准

B. 所得来源地标准

C. 经营行为实际发生地标准

D. 实际管理机构所在地标准

【答案】AD

【解析】居民企业，是指依法在中国境内成立，或者依照外国（地区）法律成立但实际管理机构在中国境内的企业。

【例题·单选题】根据《企业所得税法》的规定，下列企业属于非居民企业的是（　　）。

A. 依法在中国境内成立的外商独资企业

B. 依法在境外成立但实际管理机构在中国境内的外国企业

C. 在中国境内未设立机构、场所，且没有来源于中国境内所得的外国企业

D. 在中国境内未设立机构、场所，但有来源于中国境内所得的外国企业

【答案】D

【解析】选项A、B属于我国的居民企业，选项C不属于我国企业所得税的纳税人。

【例题·多选题】根据《企业所得税法》的规定，划分居民企业和非居民企业管辖权的标准有（　　）。

A. 地域管辖权　　B. 居民管辖权

C. 公民管辖权　　D. 所得来源管辖权

【答案】AB

【解析】根据《企业所得税法》的相关规定，划分居民企业和非居民企业管辖权的标准为居民管辖权和地域管辖权。

重难点2：征税对象★★

按照所得的**内容**划分	生产经营所得（正常经营期间）
	其他所得（正常经营期间）
	清算所得（清算期间）
按照所得的**来源地**划分	境内所得
	境外所得

（一）居民企业的征税对象（无限纳税）

居民企业的征税对象为来源于中国境内、境外的所得。

（二）非居民企业的征税对象（有限纳税）

1. 对于在境内设立机构场所的非居民企业，要就其来源于境内，以及发生在境外但与

境内所设机构、场所有实际联系的所得缴纳企业所得税。（境内和境外）

2. 非居民企业在中国境内未设立机构、场所的，或者虽设立机构、场所但取得的所得与其所设机构、场所没有实际联系的，应当就其来源于中国境内的所得缴纳企业所得税。（境内）

（三）所得来源地的确定

1. 销售货物所得，按照交易活动发生地确定。

2. 提供劳务所得，按照劳务发生地确定。

3. 不动产转让所得按照不动产所在地确定，动产转让所得按照转让动产的企业或者机构、场所所在地确定，权益性投资资产转让所得按照被投资企业所在地确定。

4. 股息、红利等权益性投资所得，按照分配所得的企业所在地确定。

5. 利息所得、租金所得、特许权使用费所得，按照负担、支付所得的企业或者机构、场所所在地确定，或者按照负担、支付所得的个人的住所地确定。

6. 其他所得，由国务院财政、税务主管部门确定。

【经典例题】

【真题·多选题】（2012）注册地与实际管理机构所在地均在法国的某银行，取得的下列各项所得中，应按规定缴纳我国企业所得税的有（　　）。

A. 转让位于我国的一处不动产取得的财产转让所得

B. 在香港证券交易所购入我国某公司股票后取得的分红所得

C. 在我国分行为我国某公司提供理财咨询服务取得的收入

D. 为位于日本的某电站提供流动资金贷款取得的利息收入

【答案】ABC

【解析】不动产转让所得按照不动产所在地确定，属于来源于我国的所得。股息、红利等权益性投资所得，按照分配所得的企业所在地确定。提供劳务所得，按照劳务发生地确定。选项A、B、C属于来源于我国的所得，应按规定缴纳我国企业所得税。

【真题·多选题】（2019）下列关于所得来源地确定方法的表述中，符合《企业所得税法》规定的有（　　）。

A. 股权转让所得按照转出方所在地确定

B. 销售货物所得按照交易活动发生地确定

C. 不动产转让所得按照不动产所在地确定

D. 特许权使用费所得按照收取特许权使用费所得的企业所在地确定

【答案】BC

【解析】选项A，权益性投资资产转让所得按照被投资企业所在地确定。选项D，特许权使用费所得，按照负担、支付所得的企业或者机构、场所所在地确定，或者按照负担、支付所得的个人的住所地确定。

【例题·单选题】根据《企业所得税法》的规定，企业转让动产的所得来源地是（　　）。

A. 交易活动发生地

B. 转让动产的企业所在地

C. 负担、支付所得的企业所在地

D. 受让动产的企业所在地

【答案】B

【解析】选项A，销售货物所得，按照交易活动发生地确定。选项C，利息所得、租金所得、特许权使用费所得，按照负担、支付所得的企业或者机构、场所所在地确定，或者按照负担、支付所得的个人的住所地确定。选项B，动产转让所得按照转让动产的企业或者机构、场所所在地确定。

重难点3：税率★★

企业所得税的纳税人不同，适用的税率也不同。

税率种类	具体税率	适用范围
基本税率	25%	居民企业
		中国境内设有机构、场所且所得与机构、场所有实际联系的非居民企业
优惠税率	减按20%	符合条件的小型微利企业
	减按15%	（1）国家重点扶持的高新技术企业。 （2）经认定的技术先进型服务企业
扣缴义务人代扣代缴税率	20%（实际征税时适用10%税率）	在中国境内**未设立**机构、场所，或者**虽设立**机构、场所但取得的所得与其所设机构、场所**没有实际联系**的非居民企业

【小贴士】**针对不同的**外国企业，可能适用的不同税率：

（1）有机构、有联系，税率25%。

（2）有机构、境内无联系，税率10%。

（3）有机构、境外无联系，不纳税。

（4）无机构、有所得，税率10%。

（5）无机构、无所得，不是我国企业所得税纳税人，不纳税。

上述（1）~（4）情形的外国企业，属于我国企业所得税的纳税人。

【经典例题】

【例题·单选题】下列所得，实际适用10%的企业所得税税率的是(　　)。

A. 居民企业来自境外的所得

B. 小型企业来自境内的所得

C. 在中国境内未设立经营机构的非居民企业来自境内的股息所得

D. 高新技术企业来自境内的所得

【答案】C

【解析】在中国境内未设立机构、场所的或者虽设立机构、场所但取得的所得与其所设机构、场所没有实际联系的非居民企业取得来源于境内的所得适用10%的企业所得税税率。

第二单元　应纳税所得额的计算

应纳税所得额是企业所得税的计税依据。

应纳税所得额，是企业**每一个纳税年度**的收入总额，减除不征税收入、免税收入、各项扣除以及允许弥补的以前年度亏损后的余额。

1. **直接**计算法的应纳税所得额计算公式。（税法口径）

应纳税所得额＝收入总额－不征税收入－免税收入－各项扣除金额－允许弥补的以前年度亏损

2. **间接**计算法的应纳税所得额计算公式。（会计口径）

应纳税所得额＝会计利润总额±纳税调整项目金额

【小贴士】企业应纳税所得额的计算以权责发生制为原则，属于当期的收入和费用，不论款项是否收付，均作为当期的收入和费用；不属于当期的收入和费用，即使款项已经在当期收付，均不作为当期的收入和费用。

重难点1：收入总额★★★

企业的收入总额，包括以货币形式和非货币形式从各种来源取得的收入。

1. 货币形式的收入：包括现金、存款、应收账款、应收票据、**准备持有至到期的债券投资**、债务的豁免等。

2. 非货币形式的收入：包括固定资产、生物资产、无形资产、股权投资、存货、**不准备持有至到期的债券投资**、劳务以及有关权益等。

【小贴士】企业以非货币形式取得的收入，应当按照**公允价值**确定收入额，公允价值即按照**市场价格**确定的价值。

【经典例题】

【例题·多选题】企业按照公允价值确定

的收入形式包括(　　)。

A. 债务的豁免

B. 股权投资

C. 劳务

D. 准备持有至到期的债券投资

【答案】BC

【解析】企业的收入总额，包括以货币形式和非货币形式从各种来源取得的收入。货币形式的收入：包括现金、存款、应收账款、应收票据、准备持有至到期的债券投资、债务的豁免等。非货币形式的收入：包括固定资产、生物资产、无形资产、股权投资、存货、不准备持有至到期的债券投资、劳务以及有关权益等。企业取得的非货币形式的收入，应当按照公允价值确定收入额，公允价值即按照市场价格确定的价值。选项A、D属于货币形式的收入，选项B、C属于非货币形式的收入。

(一) 一般收入的确认 (9项)

1. 销售货物收入。

企业销售商品同时满足下列条件的，应确认收入的实现：

(1) 商品销售合同已经签订，企业已将商品所有权相关的主要风险和报酬转移给购货方；

(2) 企业对已售出的商品既没有保留通常与所有权相联系的继续管理权，也没有实施有效控制。

(3) 收入的金额能够可靠地计量。

(4) 已发生或将发生的销售方的成本能够可靠地核算。

【小贴士】企业所得税确认收入的四条基本原则，与新会计准则确认收入的五条原则存在差异，缺少会计准则中关于"商业实质"和"对价很可能收回"等条件。

2. 提供劳务收入。

企业在各个纳税期末，提供劳务交易的结果能够可靠估计的，应采用完工进度（完工百分比）法确认提供劳务收入。

【小贴士】提供劳务交易的结果能够可靠估计，是指同时满足下列条件：(1) 收入的金额能够可靠地计量。(2) 交易的完工进度能够可靠地确定。(3) 交易中已发生和将发生的成本能够可靠地核算。

【小贴士】企业提供劳务完工进度的确定，可选用下列方法：(1) 已完工作的测量。(2) 已提供劳务占劳务总量的比例。(3) 发生成本占总成本的比例。

【经典例题】

【例题·多选题】2019年末，某建安公司拟对一座正在施工的办公楼按照完工进度法确认其提供劳务的收入。下列测算方法中，符合企业所得税相关规定的有(　　)。

A. 已完工作的测量

B. 发生成本占总成本的比例

C. 已提供劳务占劳务总量的比例

D. 已建造时间占合同约定时间的比例

【答案】ABC

【解析】企业提供劳务完工进度的确定，可选用下列方法：(1) 已完工作的测量。(2) 已提供劳务占劳务总量的比例。(3) 发生成本占总成本的比例。

3. 转让财产收入。

转让财产收入，是指企业转让固定资产、生物资产、无形资产、股权、债权等取得的收入。

【小贴士】股权转让所得的确认。

(1) 转让收入确认时间。企业转让股权收入，应于转让协议生效且完成股权变更手续时，确认收入的实现。

(2) 转让所得金额确认。转让股权收入扣除为取得该股权所发生的成本后，为股权转让所得。企业在计算股权转让所得时，不得扣除被投资企业未分配利润等股东留存收益中按该项股权所可能分配的金额。

【经典例题】

【例题·单选题】2019年1月甲居民企业以800万元直接投资乙居民企业，取得乙企业40%的股权。2020年2月，甲企业将所持乙企业股权全部转让，取得转让收入1 000万元。

投资期间乙企业累计盈余公积和未分配利润400万元。下列关于甲企业股权转让业务的税务处理中，正确的是(　　)。

A. 应确认应纳税所得额160万元

B. 应确认股权转让所得200万元

C. 应确认应纳税所得额1 000万元

D. 应确认股息红利所得840万元

【答案】B

【解析】(1) 转让股权收入扣除为取得该股权所发生的成本后，为股权转让所得。(2) 企业在计算股权转让所得时，不得扣除被投资企业未分配利润等股东留存收益中按该项股权所可能分配的金额。(3) 应确认的应纳税所得额 = 1 000 - 800 = 200 (万元)。

【例题·计算问答题】2020年初，甲公司以实物资产100万元直接投资于乙居民企业，取得乙居民企业25%的股权。2020年10月，甲公司将持有乙居民企业的股权全部转让，取得收入120万元(不含税)，转让股权时，乙居民企业在甲公司投资期间形成的未分配利润为50万元。

要求：计算甲公司转让股权的应纳税所得额。

【答案及解析】(1) 企业在计算股权转让所得时，不得扣除被投资企业未分配利润等股东留存收益中按该项股权所可能分配的金额。(2) 甲公司股权转让应纳税所得额 = 120 - 100 = 20 (万元)。

4. 股息、红利等权益性投资收益。

除另有规定外，股息、红利等权益性投资收益按**被投资企业作出**利润分配决定的日期确认收入。

(1) 被投资企业将股权(票)溢价所形成的资本公积转为股本的，不作为投资方企业的股息、红利收入，投资方企业也不得增加该项长期投资的计税基础。

(2) 被投资企业以未分配利润、盈余公积转增资本，作为**投资方**企业的股息、红利收入，**投资方**企业增加该项长期投资的计税基础。

5. 利息收入。

(1) 利息收入按照**合同约定**的债务人应付利息的日期确认收入的实现。

【小贴士】国债利息免税，国债转让收入应缴纳企业所得税。

(2) 企业混合性投资业务企业所得税处理。

企业混合性投资业务，是指兼具权益和债权双重特性的投资业务。同时符合下列5个条件的混合性投资业务，按照**债权性投资业务**进行企业所得税处理。(明股实债)

一是被投资企业接受投资后，需按投资合同或协议约定的利率定期支付利息。(保底利息、固定利润、固定股息)

二是有明确的投资期限或特定的投资条件，并在投资期满或者满足特定投资条件后，被投资企业需要赎回投资或偿还本金。

三是投资企业对被投资企业净资产不拥有所有权。

四是投资企业不具有选举权和被选举权。

五是投资企业不参与被投资企业日常生产经营活动。

【小贴士】符合上述规定的混合性投资业务，按下列规定进行企业所得税处理：

(1) 投资企业应于被投资企业应付利息的日期，确认收入的实现并计入当期应纳税所得额；被投资企业应于应付利息的日期，确认利息支出，按规定进行税前扣除。

(2) 对于被投资企业赎回的投资，投资双方应于赎回时将赎价与投资成本之间的差额确认为债务重组损益，**分别计入**当期应纳税所得额。

6. 租金收入。

(1) 租金收入按照合同约定的承租人应付租金的日期确认收入的实现。

【小贴士】租金收入，是指**有形资产使用权**转让收入。

(2) 跨年度租金收入的税务处理。

如果交易合同或协议中规定租赁期限跨年度，且租金提前一次性支付的，根据**收入与费用配比原则**，出租人可对上述已确认的收入，在租赁期内，**分期均匀计入相关年度收入**。

【经典例题】

【例题·计算问答题】2020年7月1日，甲公司将闲置的机器设备租赁给乙公司，租赁期为5年，每年租金100万元，共计租金500万元。2020年7月1日，甲公司一次收取了5年的租金500万元。

要求：计算计入甲公司2020年企业所得税收入总额的租金收入。

【答案及解析】（1）根据权责发生制和收入与费用配比原则，甲公司每年确认收入100万元。（2）企业所得税按年征收，2020年当年可以计入的租金收入为100万元的一半，即50万元。

7. 特许权使用费收入。

【小贴士】特许权使用费收入，是指**无形资产使用权**转让收入。

【小贴士】租金收入，是指**有形资产使用权**转让收入。

特许权使用费收入按照合同约定的应付特许权使用费的日期确认收入的实现。

【小贴士】三类收入是按**合同约定日期**确认收入的实现：一是利息收入；二是租金收入；三是特许权使用费收入。

8. 接受捐赠收入。

接受捐赠收入在**实际收到捐赠资产的日期**确认收入的实现。

【小贴士】接受非货币性资产的捐赠，计入应纳税所得额的内容包括受赠资产价值和由捐赠企业代为支付的增值税，不包括由受赠企业另外支付或应付的相关税费。

9. 其他收入。

其他收入，指企业取得的除上述规定收入外的其他收入，包括企业资产溢余收入、逾期未退包装物押金收入、确实无法偿付的应付款项、已作坏账损失处理后又收回的应收款项、债务重组收入、补贴收入、违约金收入、汇兑收益等。

【小贴士】税法上的“其他收入”，不同于会计上的“其他业务收入”，学员应注意辨析。

【经典例题】

【真题·多选题】（2020）企业取得的下列各项收入中，应缴纳企业所得税的有（　　）。

A. 接受捐赠收入

B. 企业资产溢余收入

C. 逾期未退包装物押金收入

D. 确实无法偿付的应付账款

【答案】ABCD

【解析】其他收入，包括企业资产溢余收入、逾期未退包装物押金收入、确实无法偿付的应付款项、已作坏账损失处理后又收回的应收款项、债务重组收入、补贴收入、违约金收入、汇兑收益等，也应缴纳企业所得税。

（二）特殊收入的确认（6项）

1. 以分期收款方式销售货物的，按照**合同约定**的收款日期确认收入的实现。

2. 企业受托加工制造大型机械设备、船舶、飞机，以及从事建筑、安装、装配工程业务或者提供其他劳务等，**持续时间超过12个月的**，按照纳税年度内完工进度或者完成的工作量确认收入的实现。

3. 采取产品分成方式取得收入的，按照企业**分得产品**的日期确认收入的实现，其收入额按照产品的**公允价值**确定。

4. 企业发生非货币性资产交换，以及将货物、财产、劳务用于捐赠、偿债、赞助、集资、广告、样品、职工福利或者利润分配等用途的，应当视同销售货物、转让财产或者提供劳务，但国务院财政、税务主管部门另有规定的除外。

【小贴士】企业视同销售收入，是计算广告费和业务宣传费、业务招待费扣除限额的基数。

5. 企业投资者持有2019～2023年发行的铁路债券取得的利息收入，**减半征收**企业所得税。

6. 永续债企业所得税处理。

（1）作为股权的永续债。（明债实股）

自2019年1月1日起，企业发行的永续

债，可以适用股息、红利企业所得税政策，即：投资方取得的永续债利息收入属于股息、红利性质，按照相关规定进行处理。其中，发行方和投资方均为居民企业的，永续债利息收入可以适用《企业所得税法》规定的居民企业之间的股息、红利等权益性投资收益免征企业所得税规定；同时，发行方支付的永续债利息支出不得在企业所得税税前扣除。

（2）作为债权的永续债。（实债）

企业发行符合规定条件的永续债，也可以按照债券利息适用企业所得税政策，即：发行方支付的永续债利息支出准予在其企业所得税税前扣除；投资方取得的永续债利息收入应当依法纳税。

【小贴士】作为债权的永续债，是指符合下列条件中5条（含）以上的永续债：

（1）被投资企业对该项投资具有还本义务。

（2）有明确约定的利率和付息频率。

（3）有一定的投资期限。

（4）投资方对被投资企业净资产不拥有所有权。

（5）投资方不参与被投资企业日常生产经营活动。

（6）被投资企业可以赎回，或满足特定条件后可以赎回。

（7）被投资企业将该项投资计入负债。

（8）该项投资不承担被投资企业股东同等的经营风险。

（9）该项投资的清偿顺序位于被投资企业股东持有的股份之前。

【小贴士】发行永续债的企业对每一永续债产品的税收处理方法一经确定，不得变更。企业对永续债采取的税收处理办法与会计核算方式不一致的，发行方、投资方在进行税收处理时须作出相应纳税调整。

（三）处置资产收入的确认

1. 内部处置资产，其资产所有权在形式和实质上均不发生改变，**不视同销售**确认收入，**但将资产移至境外的除外**。具体情形如下：

（1）将资产用于生产、制造、加工另一产品。

（2）改变资产形状、结构或性能。

（3）改变资产用途（如自建商品房转为自用或经营）。

（4）将资产在总机构及其分支机构之间转移。

（5）上述两种或两种以上情形的混合。

（6）其他不改变资产所有权属的用途。

【小贴士】内部处置资产不视同销售，相关资产的计税基础延续计算。

【小贴士】将资产移至境外，企业所得税应视同销售。

2. 资产移送他人，其资产所有权属已发生改变，按**视同销售**确定收入。具体情形如下：

（1）用于市场推广或销售。

（2）用于交际应酬。

（3）用于职工奖励或福利。

（4）用于股息分配。

（5）用于对外捐赠。

（6）其他改变资产所有权属的用途。

【小贴士】除另有规定外，资产移送他人视同销售时，自制的资产，按**同类资产同期**对外售价确定收入；外购的资产，应按照被移送资产的**公允价值**确定销售收入。

【小贴士】判断企业所得税中的视同销售，关键看资产所有权是否转移。

【小贴士】企业所得税与增值税、消费税等流转税的视同销售规则是存在差异的。将自产货物用于企业内部，如在建工程、管理部门、境内分公司，企业所得税不视同销售，增值税和消费税则由该行为是否离开征税范围而判别其是否作视同销售处理。

【小贴士】会计销售收入≠企业所得税的视同销售≠增值税的视同销售

视同销售收入对比（自产货物为例）

项目	会计	增值税	所得税
统一核算，异地移送用于销售（境内）	×	√	×
职工奖励或福利	√	√	√
投资	√	√	√
分配	√	√	√
赠送	×	√	√

【经典例题】

【真题·多选题】（2011）根据企业所得税处置资产确认收入的相关规定，下列各项行为中，应视同销售的有（　　）。

A. 将生产的产品用于市场推广

B. 将生产的产品用于职工福利

C. 将资产用于境外分支机构加工另一产品

D. 将资产在总机构及其境内分支机构之间转移

【答案】ABC

【解析】选项D属于境内总分机构之间的转移，资产所有权没有转移，不视同销售确认企业所得税应税收入。

【真题·单选题】（2016）企业在境内发生的处置资产的下列情形中，应视同销售确认企业所得税应税收入的是（　　）。

A. 将资产用于职工奖励或福利

B. 将资产用于加工另一种产品

C. 将资产结构或性能改变

D. 将资产在总分支机构之间转移

【答案】A

【解析】选项B、C、D，资产所有权在形式和实质上均不发生改变，不视同销售确认收入。

【例题·单选题】2020年5月，甲面包生产企业给职工发放自产面包和当月外购的面粉作为福利，其中面包的成本为20万元，同期对外的销售价格为25万元，面粉的公允价值为10万元。根据《企业所得税法》的相关规定，该企业发放上述福利应确认的收入是（　　）万元。（上述金额均不含增值税）

A. 10　　B. 20

C. 30　　D. 35

【答案】D

【解析】上述福利应确认的收入＝25＋10＝35（万元）。

（四）非货币性资产投资企业所得税处理

【小贴士】非货币性资产，是指现金、银行存款、应收账款、应收票据以及**准备持有至到期**的债券投资等货币性资产以外的资产。

1. 投资方与被投资方。

投资的企业必须是居民企业，被投资企业也必须是居民企业。

【小贴士】非货币性资产投资，既可以非货币性资产出资设立新的居民企业，也可将非货币性资产注入现存的居民企业。

2. 收入的实现与所得的确定。

（1）应于投资**协议生效并办理股权登记手续时**，确认非货币性资产转让收入的实现。

（2）企业以非货币性资产对外投资，应对非货币性资产**进行评估并按评估后的公允价值**扣除计税基础后的余额，计算确认非货币性资产转让所得。

3. 税收递延。

居民企业以**非货币性资产**对外投资确认的非货币性资产转让所得，可在**不超过5年**期限内，**分期均匀**计入**相应年度**的应纳税所得额，按规定计算缴纳企业所得税。

4. 递延纳税的停止。

（1）企业在对外投资5年内（再）转让上述股权或投资收回的，应停止执行递延纳税政策，并就递延期内尚未确认的非货币性资产转让所得，在转让股权或投资收回当年的企业所得税年度汇算清缴时，一次性计算缴纳企业所得税。

（2）企业在对外投资5年内注销的，应停止执行递延纳税政策，并就递延期内尚未确认的非货币性资产转让所得，在注销当年的企业所得税年度汇算清缴时，一次性计算缴纳企业所得税。

【经典例题】

【真题·单选题】（2018）某居民企业以其持有的一处房产投资设立一家公司，如不考虑特殊性税务处理，下列关于该投资行为涉及的企业所得税处理正确的是（　　）。

A. 以房产的账面价值作为被投资方的计税基础

B. 以房产对外投资确认的转让所得，按6年分期均匀计入相应年度的应纳税所得额

C. 以签订投资协议的当天为纳税申报时间

D. 对房产进行评估，并按评估后的公允价值扣除计税基础后的余额确认房产的转让所得

【答案】D

【解析】选项A，以房产的公允价值作为被投资方的计税基础。选项B，以房产对外投资确认的转让所得，在不超过5年期限内，分期均匀计入相应年度的应纳税所得额。选项C，应于投资协议生效并办理股权登记手续时，确认非货币性资产转让收入的实现。

（五）企业转让上市公司限售股有关所得税处理

【小贴士】关于限售股。

在2005年之前，中国股市处于股权分置状态，上市公司股票分为流通股和非流通股。2005年4月，中国证监会正式启动股权分置改革试点，即通过非流通股股东向流通股股东支付对价的方式，购买“流通权”，非流通股股份就变为了流通股股份，这些由非流通股股份转化的流通股均有一定的限售期，因此称之为股权分置改革限售股。

【小贴士】关于代持股。

股权分置改革前，由于监管限制，一些个人投资者往往通过法人企业代持的方式购买非流通股，形成“代持股”现象。

1. 企业在限售股解禁前转让限售股征税问题。

（1）企业应按减持在**证券登记结算机构**登记的限售股取得的全部收入，计入企业当年度应税收入计算纳税。

（2）企业持有的限售股在解禁前已签订协议转让给受让方，但未变更股权登记、仍由企业持有的，企业实际减持该限售股取得的收入，计入企业当年度应税收入计算纳税后，其余额转付给受让方的，受让方不再纳税。

【举例】甲公司持有某公司限售股股票10万股，购买成本为10万元，因资金紧张协议转让给乙公司，作价50万元，乙公司又作价70万元卖给了丙公司，两次转让均未在证券登记结算机构过户。限售股解禁后，甲公司将限售股抛售，取得收入100万元。

【解析】（1）甲公司转让限售股所得 = 100 - 10 = 90（万元）。（2）甲公司将纳税后的余额转付给丙公司时，由于甲公司已经就90万元所得全部纳税，因此丙公司不再纳税。

2. 企业转让代个人持有的限售股取得的收入，应作为企业应税收入计算纳税。

转让所得 = 转让收入 - 限售股原值和合理税费

【小贴士】企业未能提供完整、真实的限售股原值凭证，不能准确计算该限售股原值的，一律按该限售股转让收入的**15%**，核定为该限售股原值和合理税费。

【小贴士】按规定完成纳税义务后的限售股转让收入余额转付给实际所有（个）人时不再纳税。

【小贴士】依法院判决、裁定等原因，**通过证券登记结算公司**，企业将其代持的个人限售股直接变更到实际所有人名下的，不视同转让限售股。

【举例】2004年5月，李某将10万元交

付给甲有限公司用以购买非流通股，甲有限公司属于代持股公司。后来通过股权分置改革，该股成为限售股。2019 年 5 月，甲有限公司将该限售股转让，取得 100 万元收入，但是不能准确计算限售股原值。

【解析】(1) 甲有限公司将限售股转让，应缴纳的企业所得税 = 100 × (1 − 15%) × 25% = 21.25 (万元)。(2) 甲有限公司将剩余的 78.75 万元交付给实际出资人李某时，李某不再缴纳个人所得税。

【经典例题】

【真题·单选题】(2016) 某企业转让代个人持有的限售股，取得转让收入 68 万元，但不能提供真实的限售股原值凭证。该企业就限售股转让应缴纳的企业所得税为(　　)万元。

A. 13.6　　B. 14.45

C. 15.3　　D. 12.75

【答案】B

【解析】应纳所得税额 = 68 × (1 − 15%) × 25% = 14.45 (万元)。

【例题·单选题】2019 年 5 月，某法院依法裁定某高新技术企业将其代个人持有的面值 100 万元的限售股，通过证券登记结算公司变更到实际持有人名下。该企业就该笔业务应缴纳企业所得税(　　)万元。

A. 15　　B. 25

C. 12.5　　D. 0

【答案】D

【解析】依法院判决、裁定等原因，通过证券登记结算公司，企业将其代持的个人限售股直接变更到实际所有人名下的，不视同转让限售股。

(六) 企业接收政府和股东划入资产的所得税处理

1. 企业接收政府划入资产的企业所得税处理。

【小贴士】企业接收政府划入资产，包括企业接收政府投资资产、政府指定用途资产、政府无偿划入资产。

(1) 投资划入 (国家资本金)。

县级以上人民政府及有关部门将国有资产**作为股权投资**划入企业的，企业应将其作为国家资本金 (包括资本公积) 处理，不确认收入。

【小贴士】属于非货币性资产的，其计税基础应按政府确定的**接收价值**确定。

(2) 无偿划入且指定专门用途 (不征税收入)。

县级以上人民政府及有关部门将国有资产无偿划入企业，凡指定专门用途，且企业已按专项用途管理的，可作为不征税收入处理。

【小贴士】该项资产属于非货币性资产的，应按政府确定的**接收价值**计算不征税收入。

(3) 其他无偿划入 (应税收入)。

企业接收县级以上人民政府及有关部门无偿划入资产，属于前述 (1)、(2) 情形以外的，按政府确定的该项资产的**接收价值**计入当期收入总额计算缴纳企业所得税。

【小贴士】政府没有确定接收价值的，按资产的**公允价值**计算确定应税收入。

【小贴士】政府部门将资产**出租**给企业，不属于划入资产。

【经典例题】

【例题·单选题】县级以上人民政府及有关部门将国有资产无偿划入企业，凡指定专门用途，且企业已按专项用途管理的，应(　　)。

A. 作为国家资本金处理

B. 作为不征税收入处理

C. 作为免税收入处理

D. 确定应税收入

【答案】B

【解析】县级以上人民政府将国有资产无偿划入企业，凡指定专门用途并按有关规定进行管理的，企业可作为不征税收入进行企业所得税处理。

2. 企业接收股东划入资产的企业所得税

处理。

【小贴士】企业接收股东划入资产的企业所得税处理包括约定作为资本金（包括资本公积）、作为收入两种情况。

（1）企业接收股东划入资产（包括股东赠与资产、上市公司在股权分置改革过程中接收原非流通股股东和新非流通股股东赠与的资产、股东放弃本企业的股权，下同），凡合同、协议约定作为资本金（包括资本公积）且在会计上已作实际处理的，不计入企业的收入总额，企业应按公允价值确定该项资产的计税基础。

（2）企业接收股东划入资产，凡作为收入处理的，应按公允价值计入收入总额，计算缴纳企业所得税，同时按公允价值确定该项资产的计税基础。

（七）相关收入实现的确认

【小贴士】学员应注意掌握收入实现的时间，以及收入确定的金额。

【小贴士】学员应注意辨析“增值税纳税义务发生时间”与“企业所得税收入确认时间”以及“会计收入确认时间”的差异。

1. 销售商品收入。

范围	收入确认具体规定
销售商品收入	（1）销售商品采用托收承付方式的，在**办妥托收手续时**确认收入。 （2）销售商品采取预收款方式的，在**发出商品时**确认收入。 （3）销售商品需要安装和检验的，在购买方接受商品以及安装和检验**完毕时**确认收入。如果安装程序比较简单，可在**发出商品时**确认收入。 （4）销售商品采用支付手续费方式委托代销的，在**收到代销清单时**确认收入（区别于增值税）

2. 提供劳务收入。

（1）安装费，应根据安装**完工进度**确认收入；安装工作是商品销售附带条件，安装费在确认**商品销售实现时**确认收入。

（2）宣传媒介的收费，应在相关的广告或商业行为**出现于公众面前时**确认收入；广告的制作费根据制作广告的**完工进度**确认收入。

（3）软件费。为特定客户开发软件的收费，应根据开发的**完工进度**确认收入。

（4）服务费，包含在商品售价内可区分的服务费，在提供服务的期间**分期**确认收入。

（5）艺术表演、招待宴会和其他特殊活动，在相关活动**发生时**确认收入。

【小贴士】收费涉及几项活动的，预收的款项应合理分配给每项活动，分别确认收入。

【经典例题】

【例题·单选题】下列关于企业所得税应税收入的确认时间，正确的是（　　）。

A. 销售商品采用托收承付方式的，在办妥托收手续时确认收入的实现

B. 销售货物采用预收款方式的，以收到预收款的时间确认收入的实现

C. 销售商品采用支付手续费方式委托代销的，发出货物180天后确认收入的实现

D. 宣传媒介的收费，应根据制作广告的完工进度确认收入的实现

【答案】A

【解析】选项B，销售货物采用预收款方式的，以发出货物的时间确认收入的实现。选项C，销售商品采用支付手续费方式委托代销的，以收到代销清单的时间确认收入的实现。选项D，宣传媒介的收费，应在相关广告出现于公众面前时确认收入的实现。

（6）会员费。

①会籍会员费＋其他单项商品服务费方式——即时确认。入会会员只允许取得会籍，所有其他服务或商品都要另行收费的——**取得该会员费时**确认。

②会籍会员费＋免费或低价商品服务费方式——**受益期内**分期确认（变相劳务费）。

（7）特许权费。属于提供设备和其他有形资产的特许权费，在**交付**资产或**转移**资产所有权时确认收入；属于提供初始及后续服务的特许权费，在**提供服务时**确认收入。

3. 售后回购。

采用售后回购方式销售商品的，销售的商

品按售价确认收入，回购的商品作为购进商品处理；如不符合销售收入条件的，收到的款项应确认为负债，回购价格大于原售价的，差额应在回购期间确认为利息费用。

4. 以旧换新，应当按照销售商品收入确认条件确认收入，回收的商品作为购进商品处理。

5. 折扣方式销售收入的确认。

商业折扣	应当按照扣除商业折扣后的金额确定销售商品收入金额
现金折扣	应当按扣除现金折扣前的金额确定销售商品收入金额，现金折扣在实际发生时作为财务费用扣除
折让方式销售	企业已经确认销售收入的售出商品发生销售折让和销售退回，应当在发生当期冲减当期销售商品收入

6. “买一赠一”不属于捐赠，应将总的销售金额按各项商品的公允价值的比例来分摊确认各项的销售收入。

【经典例题】

【例题·计算问答题】某商场采用“买一赠一”方式销售彩色电视机10台，开具增值税普通发票注明不含税金额60 000元、税额7 800元，同时赠送电水壶10台，每台电水壶成本500元，市场不含税销售价格600元。

要求：依据《企业所得税法》的相关规定，计算该商场该业务确认彩色电视机的销售收入。

【答案及解析】(1) 企业以“买一赠一”等方式组合销售本企业商品的，不属于捐赠，应将总的销售金额按各项商品的公允价值的比例来分摊确认各项的销售收入。(2) 应确认的彩色电视机销售收入 $=60\ 000\div(60\ 000+600\times10)\times60\ 000=54\ 545.45$（元）。

7. 其他收入的确认。

企业取得财产转让收入、债务重组收入、接受捐赠收入、无法偿付的应付款收入等，不论是以货币形式还是非货币形式体现，除另有规定外，均应一次性计入确认收入的年度计算缴纳企业所得税。

重难点2：不征税收入和免税收入★★

(一) 不征税收入 (3项)

1. 财政拨款。

财政拨款，是指各级人民政府对纳入预算管理的事业单位、社会团体等组织拨付的财政资金，但国务院和国务院财政、税务主管部门另有规定的除外。

2. 依法收取并纳入财政管理的行政事业性收费、政府性基金。

【小贴士】企业依照法律、法规及国务院有关规定收取并上缴财政的政府性基金和行政事业性收费，应计入当年收入总额。不征税收入于上缴财政的当年在计算应纳税所得额时(再)从收入总额中减除，未上缴财政的部分，不得从收入总额中减除。

【小贴士】企业按照规定缴纳的、由主管部门批准设立的行政事业性收费，准予在计算应纳税所得额时扣除。

3. 国务院规定的（企业）其他不征税收入。

国务院规定的其他不征税收入是指企业取得的，由国务院财政、税务主管部门规定专项用途并经国务院批准的财政性资金。

(1) 除国家投资和资金使用后要求归还本金以外的国家投资，企业取得的各类财政性资金，均应计入企业当年收入总额。

(2) 企业取得的由国务院财政、税务主管部门规定专项用途并经国务院批准的财政性资金，准予作为不征税收入，在计算应纳税所得额时从收入总额中减除。

【小贴士】对企业从县级以上各级人民政府取得的财政性资金，凡同时符合以下条件的，可以作为不征税收入：

(1) 企业能够提供规定资金专项用途的资金拨付文件。(有文件)

(2) 财政部门或其他拨付资金的政府部门对该资金有专门的资金管理办法或具体管理要求。(有管理)

(3) 企业对该资金以及以该资金发生的

支出单独进行核算。（单独核算）

【小贴士】企业将符合条件的财政性资金作不征税收入处理后，在5年（60个月）内**未发生支出且未缴回**财政或其他拨付资金的政府部门的部分，应重新计入取得该资金第6年的收入总额；重新计入应税收入总额的财政性资金发生的支出，允许在计算应纳税所得额时扣除。

【小贴士】企业的**不征税收入用于支出**所形成的费用，不得在计算应纳税所得额时扣除；企业的不征税收入用于支出所形成的资产，其计算的折旧、摊销不得扣除。

（二）免税收入（4项）

1. 国债利息收入。

（1）企业从发行者直接投资购买的国债**持有至到期**，其从发行者取得的国债利息收入，**全额免征**企业所得税。

（2）企业到期前转让国债，或者从非发行者投资购买的国债，其持有期间尚未兑付的国债利息收入，免征企业所得税。

尚未兑付的国债利息收入 = 国债金额 ×（适用年利率 ÷365）× 持有天数

（3）企业转让或到期兑付国债取得的价款，减除其购买国债成本，并扣除其持有期间尚未兑付的国债利息收入、交易过程中相关税费后的余额，为企业转让国债收益（损失），应按规定缴纳企业所得税。

【小贴士】国债持有期间的利息持有收入免税，国债转让的价差收入，应纳税。

【经典例题】

【例题·计算问答题】甲有限公司购入政府发行的年利率为5%的两年期国债100万元，持有100天时以104万元的价格转让。

要求：计算该公司该笔交易的应纳税所得额。

【答案及解析】（1）持有期间的国债利息收入 = 国债金额 ×（适用年利率 ÷365）× 持有天数 = 100 ×（5% ÷ 365）× 100 = 1.37（万元）。（2）国债转让收入应计入应纳税所得额，国债利息收入免税。（3）该笔交易的应纳税所得额 = 104 − 1.37 − 100 = 2.63（万元）。

2. 符合条件的居民企业之间的股息、红利等权益性投资收益。

【小贴士】符合条件是指：（1）居民企业之间（不包括投资到“独资企业”“合伙企业”“非居民企业”）。（2）直接投资（不包括“间接投资”）。（3）不包括连续持有居民企业公开发行并上市流通的股票在1年（12个月）以内取得的投资收益；未上市的居民企业之间的投资，不受1年期限限制。（4）属于权益性投资，而非债权性投资。

3. 在中国境内设立机构、场所的非居民企业从居民企业取得与该机构、场所有实际联系的股息、红利等权益性投资收益。

上述权益性投资收益，不包括连续持有居民企业公开发行并上市流通的股票在1年（12个月）以内取得的投资收益。

【小贴士】非居民企业必须是在境内有机构、场所的非居民企业，境内无机构、场所的非居民企业则不享受此优惠。

【小贴士】对内地企业投资者通过沪港通投资香港联交所上市股票：

（1）取得的转让差价所得，计入其收入总额，依法征收企业所得税。

（2）取得的股息、红利所得，计入其收入总额，依法计征企业所得税。其中，内地居民企业连续持有H股满12个月取得的股息、红利所得，免征企业所得税。

4. 符合条件的非营利组织的收入。

符合条件的非营利组织的下列收入为免税收入。

（1）接受其他单位或者个人捐赠的收入。

（2）除《企业所得税法》规定的财政拨款以外的其他政府补助收入，**但不包括**因政府购买服务取得的收入。

（3）按照**省级**以上民政、财政部门规定收取的会费。（省级）

（4）不征税收入和免税收入**孳生**的银行存款利息收入。

(5) 财政部、国家税务总局规定的其他收入。

【小贴士】非营利组织的**营利性**收入，依法纳税。

【小贴士】符合条件的非营利组织是指：

(1) 依法履行非营利组织登记手续。

(2) 从事公益性或者非营利性活动。

(3) 取得的收入除用于与该组织有关的、合理的支出外，全部用于登记核定或者章程规定的公益性或者非营利性事业。

(4) 财产及其孳生息不用于分配。

(5) 按照登记核定或者章程规定，该组织注销后的剩余财产用于公益性或者非营利性目的，或者由登记管理机关转赠给予该组织性质、宗旨相同的组织，并向社会公告。

(6) 投入人对投入该组织的财产不保留或者享有任何财产权利。

(7) 工作人员工资福利开支控制在规定的比例内，不变相分配该组织的财产。

(8) 国务院财政、税务主管部门规定的其他条件。

【小贴士】上述免税收入发生的费用或形成的资产计提的折旧、摊销可以税前扣除。

【小贴士】企业的**不征税收入**用于支出所形成的费用，不得在计算应纳税所得额时扣除；企业的**不征税收入**用于支出所形成的资产，其计算的折旧、摊销不得扣除。

【举例】国债利息收入用来购买汽车计提的折旧，可以税前扣除；但是用财政拨款买来的汽车，其计提的折旧不得税前扣除。(配比原则)

【经典例题】

【真题·多选题】(2009) 依据企业所得税优惠政策，下列收入中，属于免税收入的有(　　)。

A. 企业购买国债取得的利息收入

B. 非营利组织从事营利性活动取得的收入

C. 在境内设立机构的非居民企业从非上市居民企业取得与该机构有实际联系的红利收入

D. 在中国境内设立机构的非居民企业连续持有上市公司股票不足12个月取得的投资收益

【答案】AC

【解析】选项B，非营利组织的营利性收入，依法纳税。选项D，在中国境内设立机构的非居民企业连续持有上市公司股票不足12个月取得的投资收益，不属于免税范围。

【真题·多选题】(2018) 某民办学校计划按照非营利组织的免税收入认定条件，申请学费收入免征企业所得税。下列各项中，属于非营利组织免税收入认定条件的有(　　)。

A. 工作人员工资福利开支控制在规定的比例内

B. 投入人对投入该学校的财产不保留或者享有任何财产权利

C. 依法履行非营利组织登记手续

D. 财产及孳生息可以在合理范围内根据确定的标准用于分配

【答案】ABC

【解析】符合条件的非营利组织是指：

(1) 依法履行非营利组织登记手续。

(2) 从事公益性或者非营利性活动。

(3) 取得的收入除用于与该组织有关的、合理的支出外，全部用于登记核定或者章程规定的公益性或者非营利性事业。

(4) 财产及其孳生息不用于分配。

(5) 按照登记核定或者章程规定，该组织注销后的剩余财产用于公益性或者非营利性目的，或者由登记管理机关转赠给予该组织性质、宗旨相同的组织，并向社会公告。

(6) 投入人对投入该组织的财产不保留或者享有任何财产权利。

(7) 工作人员工资福利开支控制在规定的比例内，不变相分配该组织的财产。

(8) 国务院财政、税务主管部门规定的其他条件。

【例题·单选题】根据《企业所得税法》的相关规定，下列收入属于居民企业不征税收入的是(　　)。

A. 债务的豁免

B. 接受其他企业的捐赠款

C. 依法收取并纳入财政管理的行政事业性收费

D. 取得的权益性投资收益

【答案】C

【解析】不征税收入包括：（1）财政拨款。（2）依法收取并纳入财政管理的行政事业性收费、政府性基金。（3）国务院规定的其他不征税收入（专项用途财政性资金）。

【例题·多选题】根据《企业所得税法》的规定，下列收入中，属于企业所得税不征税收入的有（　　）。

A. 财政拨款

B. 国债利息收入

C. 物资及现金溢余

D. 依法收取并纳入财政管理的政府性基金

【答案】AD

【解析】选项B，国债利息收入属于免税收入。选项C，企业资产溢余属于应当征税的其他收入。

重难点3：税前扣除原则和范围★★★

（一）扣除项目的原则

企业申报的扣除项目和金额要真实、合法，才能税前扣除。扣除项目的原则包括：**权责发生制原则、配比原则、相关性原则、确定性原则、合理性原则**。

【小贴士】根据《企业所得税法》规定，对企业依据财务会计制度规定，并实际在财务会计处理上已确认的支出，凡没有超过《企业所得税法》和有关税收法规规定的税前扣除范围和标准的，可按企业实际会计处理确认的支出，在企业所得税税前扣除，计算其应纳税所得额。

【经典例题】

【例题·单选题】以下不属于企业所得税税前扣除原则的是（　　）。

A. 合理性原则

B. 相关性原则

C. 稳健性原则

D. 确定性原则

【答案】C

【解析】企业所得税税前扣除原则包括：权责发生制原则、配比原则、相关性原则、确定性原则、合理性原则。

（二）扣除项目的范围

企业实际发生的与取得收入**直接相关的、合理的**支出，包括成本、费用、税金、损失和其他支出，准予在计算应纳税所得额时扣除。

【小贴士】相关性原则，是指企业可扣除的实际发生的支出必须与取得的应税收入直接相关。

【小贴士】合理性原则，是指符合生产经营活动常规、必要和正常的支出。

1. 成本，是指企业在生产经营活动中发生的销售成本、销货成本、业务支出以及其他耗费。

【小贴士】成本要与收入相匹配，视同销售成本也要与视同销售收入相匹配。

【小贴士】企业外销货物的成本包括不予免征和抵扣的增值税。

【小贴士】出口货物不得免征和抵扣的税额计入成本。

【举例】甲有限公司为增值税一般纳税人，2020年全年取得产品销售收入总额9 000万元（不含增值税，下同），应扣除的产品销售成本7 000万元。另外，该公司当年还将自制的产品对外赠送，其成本为100万元，市场公允价值为120万元。

【解析】该公司2020年度产品销售收入总额＝9 000＋120＝9 120（万元），扣除的产品销售成本＝7 000＋100＝7 100（万元）。

2. 费用，是指企业每一个纳税年度在生产、经营商品及提供劳务等过程中发生的销售费用、管理费用和财务费用，已计入成本的有关费用除外。

费用项目	部分重要费用列示
销售费用	（1）广告费和业务宣传费是否超支（重要）。 （2）销售佣金是否符合相应的对象、方式、比例
管理费用	（1）业务招待费是否超支（重要）。 （2）保险费是否符合规定标准
财务费用	（1）利息费用是否超过标准（重要）。 （2）区分借款费用资本化与费用化

3. 税金。

准予扣除税金的方式	具体可扣除的税金
在发生当期**直接**扣除	（1）消费税、城市维护建设税、出口关税、资源税、土地增值税（房企）、房产税、车船税、城镇土地使用税、印花税、环境保护税。 （2）教育费附加和地方教育附加（视同税金扣除）
在发生当期计入相关资产的成本，在以后各期间接**分摊**扣除	车辆购置税、契税、耕地占用税、进口关税、按规定不得抵扣的增值税等

【小贴士】不得税前扣除的税金包括：企业所得税、可以抵扣的增值税。

【小贴士】学员应注意辨析计入存货成本中的税金与销售税金的差异。计入**存货成本**中的税金，如不能抵扣的增值税等，它们随存货的领用逐渐扣除。

【经典例题】

【例题·多选题】以下税金可以在计算企业所得税税前扣除的有（　　）。

A. 购买存货允许抵扣的增值税

B. 消费税

C. 车辆购置税

D. 企业所得税

【答案】BC

【解析】选项A、D，不得在企业所得税税前扣除的税金，包括企业所得税和允许抵扣的增值税。选项B、C可以当期直接或分期间接分摊扣除。

4. 损失，是指企业在生产经营活动中发生的固定资产和存货的盘亏、毁损、报废损失，转让财产损失，呆账损失，坏账损失，自然灾害等不可抗力因素造成的损失以及其他损失。

【小贴士】企业发生的损失，减除责任人赔偿和保险赔款后的余额，依照规定扣除。（净损失）

【小贴士】企业已经作为损失处理的资产，在以后纳税年度又全部收回或者部分收回时，应当计入当期收入。

5. 其他支出，是指除成本、费用、税金、损失外，企业经营活动中发生的**有关的、合理的**支出，以及符合国务院财政、税务主管部门规定的其他支出。

（三）扣除项目及其标准（特别重要）

1. 工资、薪金支出。

（1）基本规定。

企业发生的合理的工资、薪金支出准予据实扣除。

【小贴士】合理，是指有制度标准、符合商业常规。如属于国有性质的企业，其工资、薪金，不得超过政府有关部门给予的限定数额；超过部分，不得计入企业工资、薪金总额，也不得在计算企业应纳税所得额时扣除。

【小贴士】据实，是指可扣除的工资、薪金有“实际发放”的特征。如企业税前扣除项目的工资、薪金支出，应该是企业已经**实际支付**给其职工的金额，**不是应该支付**的职工薪酬。**另外**，企业在年度汇算清缴结束前向员工实际支付的已预提汇缴年度工资、薪金，准予在汇缴年度按规定扣除。

【举例】2020 年 12 月 31 日，某公司“应付职工薪酬”账户贷方发生额 100 万元，借方实际发放工资 90 万元。

【解析】企业所得税税前只能扣除 90 万元，而不是 100 万元。但是企业在年度汇算清缴结束前向员工支付了 10 万元，则准予在汇缴清缴时按规定扣除。

（2）特殊规定。

①企业接受外部劳务派遣用工所实际发生的费用，应分两种情况按规定在税前扣除。

一是按照协议（合同）约定直接支付给劳务派遣公司的费用，应作为劳务费支出。

二是直接支付给员工个人的费用，应作为工资、薪金支出和职工福利费支出。其中属于工资、薪金支出的费用，准予计入企业工资、薪金总额的基数，作为计算其他各项相关费用扣除的依据。

②企业因雇用季节工、临时工、实习生、返聘离退休人员所实际发生的费用，应区分为工资、薪金支出和职工福利费支出，并按规定在企业所得税税前扣除。其中属于工资、薪金支出的，准予计入企业工资、薪金总额的基数，作为计算其他各项相关费用扣除的依据。

【小贴士】上述非福利部门的非常规用工的工资属于工资、薪金总额，可作为计算其他各项相关费用扣除的依据；福利部门的非常规用工的工资则属于职工福利费支出。

③居民企业实行股权激励计划有关企业所得税的处理问题。

一是对股权激励计划实行后立即可以行权的，上市公司可以根据实际行权时该股票的公允价格与激励对象实际行权支付价格的差额和数量，计算确定作为当年上市公司工资、薪金支出在税前扣除。

二是对股权激励计划实行后，需要一定等待期方可行权的，上市公司等待期内会计上计算确认的相关成本费用，不得在对应年度计算缴纳企业所得税时扣除。在股权激励计划可行权后，上市公司方可根据该股票实际行权时的公允价格与当年激励对象实际行权支付价格的差额及数量，计算确定作为当年上市公司工资、薪金支出，依照税法规定进行税前扣除。

（3）企业福利性补贴支出税前扣除的相关规定。

列入企业员工工资、薪金制度，固定与工资、薪金一起发放的福利性补贴，符合条件的，可作为企业发生的工资、薪金支出，按规定在税前扣除。

【小贴士】作为工资、薪金支出的“福利性补贴”的条件包括：

（1）福利性补贴纳入工资、薪金制度管理，且工资、薪金制度是经过公司治理机构按照正当程序制定的。

（2）企业的工资、薪金制度应符合规范性、合理性的要求。

（3）一定时期内福利性补贴相对固定。

（4）对实际发放的福利性补贴，已依法履行了代扣代缴个人所得税义务。

（5）有关福利性补贴的安排，不以减少或逃避税款为目的。

不能同时符合上述合理工资、薪金支出条件的福利性补贴，应作为职工福利费，按规定计算限额进行税前扣除。

【经典例题】

【例题·计算问答题】2017 年 1 月，某上市公司对本公司 10 名高级管理人员实施股票期权激励政策，该公司与 10 名高管约定如在本公司连续服务 3 年，即可以 3 元/股的价格购买本公司股票 10 000 股。2020 年 1 月，10 名管理人员全部行权，行权日股票收盘价 10 元/股。

要求：计算行权时该公司企业所得税税前应扣除的费用金额。

【答案及解析】（1）根据《企业所得税法》的相关规定，在股权激励计划可行权后，上市公司方可根据该股票实际行权时的公允价格与当年激励对象实际行权支付价格的差额及数量，计算确定作为当年上市公司工资、薪金支出，依照规定进行税前扣除。（2）行权时该公司企业所得税税前应扣除的费用 =（10 - 3）× 10 000 × 10 = 700 000（元）。

2. 职工福利费、工会经费、职工教育经费。（重要）

项目	准予扣除的限度	超过规定比例部分的处理
职工福利费	不超过工资、薪金总额**14%**的部分	不得扣除
工会经费	不超过工资、薪金总额**2%**的部分	不得扣除
职工教育经费	不超过工资、薪金总额**8%**的部分	准予在以后纳税年度结转扣除

（1）工资、薪金总额。

工资、薪金总额，是按规定**实际发放**的工资、薪金总和，不包括企业的职工福利费、职工教育经费、工会经费以及养老保险费、医疗保险费、失业保险费、工伤保险费等社会保险费和住房公积金。（不包括“三费”和“四险一金”）

作为计算基数的企业工资、薪金，还要注意是否“合理”和“据实”，超过规定标准的职工工资总额不得在企业所得税税前扣除，也不能作为计算“三费”的依据。

【小贴士】企业发生的职工福利费，应单独设置账册进行核算，没有单独设置的，税务机关可责令企业在规定期限内改正。逾期仍未改正的，可对其进行**核定**。

（2）职工教育经费的特殊规定。

一是**软件生产企业**发生的职工教育经费中的职工培训费用，可以全额在企业所得税税前扣除。

【小贴士】软件生产企业，应准确划分职工教育经费中的职工培训费支出，对不能准确划分的，以及准确划分后职工教育经费中扣除职工培训费用的余额，一律按照工资、薪金总额8%的比例扣除。

二是**核力发电企业**为培养核电厂操纵员发生的培养费用，可作为企业的发电成本在税前扣除。

【小贴士】企业应将核电厂操纵员培养费与员工的职工教育经费严格区分，单独核算，员工实际发生的职工教育经费支出不得计入核电厂操纵员培养费直接扣除。

三是**航空企业**实际发生的飞行员养成费、飞行训练费、乘务训练费、空中保卫员训练费等空勤训练费用，可以作为航空企业运输成本在税前扣除。

【小贴士】上述三项费用不是采用计提或预提的方法核算支出，而采用的是**“据实支出、限额控制”**的方法。其中，**只有职工教育经费超支**，才可结转下年，用以后年度未用完的限额扣除。

【经典例题】

【例题·计算问答题】2020年，甲有限公司支付正式职工的合理的工资、薪金总额1 000万元、非福利部门临时工工资50万元、福利部门临时工工资10万元。企业当年拨缴工会经费30万元。

要求：在计算企业所得税时，工会经费应调增的应纳税所得额。

【答案及解析】（1）企业因雇用临时工实际发生的费用，应当区分为工资、薪金支出和职工福利费支出，并按规定在企业所得税税前扣除。其中属于工资、薪金支出的，准予计入企业工资、薪金总额的基数，作为计算其他各项相关费用扣除的依据。（2）工会经费的扣除限额 =（1 000 + 50）× 2% = 21（万元），应调增的应纳税所得额 = 30 - 21 = 9（万元）。

【例题·计算问答题】甲软件生产企业，2020年实际发生合理的工资、薪金支出1 000万元，职工福利费支出150万元，职工教育经费支出200万元（含职工培训费用70万元），假设该企业无其他纳税调整事项。

要求：计算该企业 2020 年应调增的应纳税所得额。

【答案及解析】（1）职工福利费应调增的应纳税所得额 = 150 − 1 000 × 14% = 10（万元）。（2）职工教育经费应调增的应纳税所得额 = 200 − 70 − 1 000 × 8% = 50（万元）。（3）合计应调增的应纳税所得额 = 10 + 50 = 60（万元）。

3. 社会保险费。

（1）按照政府规定的范围和标准缴纳的“四险一金”，准予扣除。

（2）企业为投资者或者职工支付的补充养老保险费、补充医疗保险费，在国务院财政、税务主管部门规定的范围和标准内，准予扣除；超过的部分，不予扣除。

【小贴士】企业参加**财产保险**（商业保险），按照规定缴纳的保险费，准予扣除。

（3）企业依照国家有关规定为**特殊工种**职工支付的人身安全保险费可以扣除。

（4）企业职工因公出差乘坐交通工具发生的人身意外保险费支出，准予扣除。

（5）除国务院财政、税务主管部门规定可以扣除的其他商业保险费外，企业为投资者或职工支付的商业保险费，**不得**扣除。

【小贴士】纳税人为其投资者或雇员个人，向商业保险机构投保的非社保类的人寿保险或财产保险，不得在企业所得税税前扣除，而且在支付时应代扣代缴个人所得税。

【举例】2020 年 10 月，甲有限公司为 100 名员工支付家庭财产保险费，每人 1 000 元，合计 100 000 元。

【解析】企业为员工个人支付的商业保险，除另有规定外，在企业所得税税前不得扣除，应纳税调增 100 000 元，并代扣代缴个人取得商业保险所得的个人所得税。

4. 利息费用。（重要）

（1）非金融企业向**金融企业**借款的利息支出、金融企业的各项存款利息支出和同业拆借利息支出、企业经批准**发行债券**的利息支出，准予据实扣除。

（2）非金融企业向**非金融企业借款**的利息支出，不超过按照**金融企业同期同类**贷款利率计算的数额的部分，准予扣除。

【小贴士】学员应注意辨析：（1）金融企业与非金融企业的差异。（2）金融企业不等同于银行，金融企业包括**银行和非银行金融机构**。

【小贴士】同期同类贷款利率，**既可以是**金融企业公布的同期同类平均利率，**也可以是**金融企业对某些企业提供的实际贷款利率。

（3）关联企业利息费用的扣除。

企业从其关联方接受的**债权性投资与权益性投资**的比例超过规定标准而发生的利息支出，不得在计算应纳税所得额时扣除。同时，还要注意利率的**合理性**。

第一，从资本结构角度判别借款总量。

具体债资比例，金融企业为 5 : 1；其他企业为 2 : 1。超过债资比例的利息**不得**在当年和以后年度扣除。

第二，通过合理利率标准，来判别那些**未超过**债资比例的利息是否符合合理的水平，使利率水平符合合理性。

【举例】甲有限公司向其关联方借款 5 000 万元，借款期限 1 年，借款利率为 8%。

已知：关联方对甲有限公司权益性投资为 2 000 万元，同期同类银行利率为 5%。

【解析】（1）甲有限公司的会计处理：确认的利息支出 = 5 000 × 8% = 400（万元）。（2）甲有限公司的税务处理：首先确定债资比例为 2 : 1，借款总量 = 2 000 × 2 = 4 000（万元），5 000 万元借款中 4 000 万元部分的利息可税前扣除，超过 4 000 万元的 1 000 万元部分的借款利息不得税前扣除；然后按银行利率计算税前可扣除的利息支出 = 4 000 × 5% = 200（万元）。

【小贴士】关联企业利息支出税前扣除的例外。

企业如果能够按照《企业所得税法》及其实施条例的有关规定，提供相关资料，并证明与关联方相关交易活动符合独立交易原则的；或者该企业的实际税负不高于境内关联方的，其实际支付给境内关联方的利息支出，在计算应纳税所得额时准予扣除。

（4）企业向**关联方自然人**借款的利息支出。

企业向股东或其他与企业有关联关系的自然人借款的利息支出，符合规定条件的（关联方债资比例和利率合理性标准），准予扣除。

（5）企业向**非关联方自然人**借款的利息支出。

企业向除上述规定以外的内部职工或其他人员借款的利息支出，其借款情况同时符合以下条件的，其利息支出在不超过按照金融企业同期同类贷款利率计算的数额的部分，准予扣除：

一是企业与个人之间的借贷是真实、合法、有效的，并且不具有非法集资目的或其他违反法律、法规的行为。

二是企业与个人之间签订了借款合同。

【经典例题】

【例题·计算问答题】2020 年度，甲有限公司发生两笔借款业务：

（1）1 月初，向某经批准从事信托投资业务的公司借款 100 万元，期限 6 个月，年利率 8%，借款用途为生产经营周转资金。

（2）1 月初，向某大型超市借入与第一笔借款同期的生产经营周转资金 100 万元，支付借款利息 10 万元。

要求：计算该公司 2020 年度企业所得税税前可扣除的利息费用。

【答案及解析】（1）向金融机构的借款利息 = 100 × 8% ÷ 12 × 6 = 4（万元），可据实扣除。（2）向非金融企业借入款项可扣除的利息费用限额 = 100 × 8% ÷ 12 × 6 = 4（万元）< 10 万元，只能限额扣除。（3）可税前扣除的利息费用合计 = 4 + 4 = 8（万元）。

【例题·计算问答题】2020 年 12 月 31 日，甲有限公司归还关联企业一年期借款本金 1 200 万元，并支付利息费用 90 万元；同期该公司向建设银行某分行贷款 1 000 万元，借款期 1 年，支付利息 58 万元。已知：关联企业对该公司的权益性投资额为 480 万元。

要求：计算关联企业利息费用的调整金额。

【答案及解析】关联企业利息费用的调整金额 = 90 − 480 × 2（债资比例）× 5.8% = 34.32（万元）。

5. 借款费用。

企业在生产经营活动中发生的合理的**不需要资本化**的借款费用，准予扣除。

（1）企业为购置、建造固定资产、无形资产和经过**12 个月以上**的建造才能达到预定可销售状态的**存货**发生借款的，在有关资产购置、建造期间发生的合理的借款费用，应当作为资本性支出计入有关资产的成本，并依照税法的规定扣除；有关资产**交付使用后**发生的借款利息，可在发生当期扣除。

（2）企业通过发行债券、取得贷款、吸收保户储金等方式融资而发生的合理的费用支出，符合资本化条件的，应计入相关资产成本；不符合资本化条件的，应作为财务费用，准予在企业所得税税前据实扣除。

【小贴士】不需要资本化的融资费用，不必分期摊销，可直接据实扣除。

【经典例题】

【例题·计算问答题】2020 年初，甲有限公司向某银行借款 1 000 万元用于建造厂房，借款期限从 2020 年 1 月 1 日至 2020 年 12 月 31 日，该公司已支付当年全年借款利息 60 万元，该厂房于 2020 年 8 月 31 日达到预定可使用状态并交付使用，10 月 1 日完成工程结算。

要求：计算该公司当年企业所得税税前可扣除的利息费用。

【答案及解析】该公司当年企业所得税税前可扣除的利息费用 = 60 ÷ 12 × 4 = 20（万元）。

6. 汇兑损失。

汇兑损失，除已经计入有关资产成本以及

与向所有者进行利润分配相关的部分外，准予扣除。

7. 业务招待费。（重要）

（1）企业发生的与生产经营活动有关的业务招待费支出，按照发生额的**60%**扣除，但最高不得超过当年**销售（营业）收入**的**5‰**。

【小贴士】销售（营业）收入，包括销售货物收入、提供劳务收入等主营业务收入，让渡资产使用权（收取资产租金或使用费）收入等其他业务收入，还包括视同销售收入，**但不包括**营业外收入和投资收益（从事股权投资业务的企业除外）。

【小贴士】如果企业是以生产销售和提供服务为主，让渡资产使用权收入属于“其他业务收入”；如果企业是以租赁业务为主，让渡资产使用权收入属于“主营业务收入”。

【小贴士】业务招待费开支存在一个标准（60%）和一个限度（5‰），需要将标准和限度进行比较，以其**小者作为可扣除金额**。

（2）对从事**股权投资**业务的企业（包括集团公司总部、创投企业等），其从被投资企业所分配的股息、红利以及股权转让收入，可以按规定的比例计算业务招待费扣除限额。

【小贴士】从事股权投资业务的企业，其业务招待费的税前扣除限额基数包括三个部分：营业收入，所分配的股息、红利以及股权转让收入。

（3）企业在**筹建期间**，发生的与筹办活动有关的业务招待费支出，可按实际发生额的60%计入企业筹办费，并按有关规定在税前扣除。

【小贴士】对于筹办费，纳税人可在生产经营当年一次性扣除，或者作为长期待摊费用摊销。

【小贴士】业务招待费的税前扣除限额的计算基数“销售（营业）收入”**同**广告费和业务宣传费的税前扣除限额的计算基数相同。

【经典例题】

【例题·计算问答题】2020年，甲有限公司销售货物收入3 800万元，设备出租收入500万元，视同销售货物收入700万元，转让厂房收入100万元，接受捐赠收入10万元，国债利息收入10万元，债务重组收益10万元，当年实际发生业务招待费50万元。

要求：计算该公司当年可在企业所得税税前列支的业务招待费金额。

【答案及解析】（1）计算招待费的扣除限额的基数 = 3 800 + 500 + 700 = 5 000（万元）。

（2）按照发生额的标准60%计算：50 × 60% = 30（万元）。

（3）按照限度5‰计算：5 000 × 5‰ = 25（万元）。

（4）经比较，其当年可在企业所得税税前列支的业务招待费金额是25万元。

8. 广告费和业务宣传费。（重要）

（1）企业发生的符合条件的广告费和业务宣传费支出，除国务院财政、税务主管部门另有规定外，不超过当年**销售（营业）收入15%**的部分，准予扣除；超过部分，准予在以后纳税年度结转扣除。

（2）自2021年1月1日起至2025年12月31日止，对化妆品制造或销售、医药制造和饮料制造（不含酒类制造）企业发生的广告费和业务宣传费支出，不超过当年销售（营业）收入**30%**的部分，准予扣除；超过部分，准予在以后纳税年度结转扣除。

【小贴士】化妆品强调“制造或销售”，医药和饮料只强调“制造”，且饮料制造不含酒类制造。

（3）**烟草企业**的烟草广告费和业务宣传费支出，一律不得在计算应纳税所得额时扣除。

（4）企业在筹建期间，发生的广告费和业务宣传费支出，可按实际发生额计入企业筹办费，并按有关规定在税前扣除。

（5）对签订广告费和业务宣传费分摊协议（简称“分摊协议”）的关联企业，其中一方发生的不超过当年销售（营业）收入税前扣除限额比例内的广告费和业务宣传费支出，可以在本企业扣除，也可以将其中的部分或全部按照分摊协议归集至另一方扣除。另一方在计算本企业广告费和业务宣传费支出企业所得税税前扣除限额时，可将按照上述办法归集至本企业的广告费和业务宣传费不计算在内。

【小贴士】销售（营业）收入，包括销售货物收入、提供劳务收入等主营业务收入、让渡资产使用权（收取资产租金或使用费）收入等其他业务收入，还包括视同销售收入。但不包括营业外收入和投资收益（从事股权投资业务的企业除外）。

【小贴士】如果企业是以生产销售和提供服务为主，让渡资产使用权收入属于“其他业务收入”；如果企业是以租赁业务为主，让渡资产使用权收入属于“主营业务收入”。

【小贴士】(1) 业务招待费和业务宣传费不是同一个概念。(2) 广告费、业务宣传费不区分扣除标准，统一计算扣除标准。

【小贴士】广告费和业务宣传费的超标准部分，**可无限期**向以后纳税年度结转，属于税法与会计制度的暂时性差异；而**业务招待费的超标准部分**不得向以后纳税年度结转扣除，属于税法与会计制度的永久性差异。

【小贴士】学员应注意区分广告费、业务宣传费与赞助费的不同。广告费支出的三个条件是：

(1) 通过市场监管部门批准的专门机构制作。

(2) 已实际支付费用并取得相应发票。

(3) 通过一定媒体传播。

【小贴士】与生产经营无关的非广告性质的赞助费支出不得在企业所得税税前列支。

【经典例题】

【例题·计算问答题】2020年，甲有限公司实现商品销售收入2 000万元，另发生现金折扣100万元，接受捐赠收入50万元，获得投资收益50万元。该企业当年实际发生业务招待费30万元，广告费240万元（已取得相应发票），业务宣传费80万元。

要求：计算2020年度该公司在企业所得税税前可扣除的业务招待费、广告费和业务宣传费。

【答案及解析】(1) 销售商品涉及现金折扣，应按照扣除现金折扣前的金额确定销售收入。(2) 业务招待费扣除限额1 = 2 000 × 5‰ = 10（万元），业务招待费扣除限额2 = 30 × 60% = 18（万元），因此可扣除业务招待费10万元。(3) 广告费和业务宣传费扣除限额 = 2 000 × 15% = 300（万元），实际发生额为320万元（240 + 80），因此，可扣除广告费和业务宣传费300万元。(4) 该公司可税前扣除的业务招待费、广告费和业务宣传费合计 = 10 + 300 = 310（万元）。

9. 环境保护专项资金。

企业依照法律、行政法规有关规定**提取**的用于环境保护、生态恢复等方面的**专项资金**准予扣除；上述专项资金提取后改变用途的，不得扣除。

【小贴士】上述规定中的专项资金是指企业按照规定可提取的资金，而非实际发生的支出。

10. 保险费。

企业参加财产保险，按照规定缴纳的保险费，准予扣除。

11. 租赁费。

(1) 属于**经营**性租赁发生的租入固定资产租赁费：根据**租赁期限均匀扣除**。

(2) 属于**融资**性租赁发生的租入固定资产租赁费：构成融资**租入固定资产价值**的部分应当**提取折旧费用，分期**扣除；租赁费支出**不得直接**扣除。

【小贴士】经营性租赁，出租方提取折旧费用，承租方扣除租赁费支出；融资性租赁，承租方提取折旧费用，不得扣除租赁费支出。

【小贴士】学员应注意辨析“租赁费”和“折旧费用”的差异。

【经典例题】

【例题·计算问答题】2020年9月，甲有限公司发生经营性租入固定资产业务，租赁期10个月，租赁费100万元，企业当年实际支付租赁费100万元。

要求：计算甲有限公司2020年企业所得税税前允许扣除的租赁费。

【答案及解析】（1）属于经营性租赁发生的租入固定资产租赁费，根据租赁期限均匀扣除。（2）2020年企业所得税税前允许扣除的租赁费 $=100\div10\times4=40$（万元）。

12. 劳动保护费。

企业发生的合理的劳动保护支出，准予扣除。

【小贴士】劳动保护支出主要是用于工作服、安全保护用品、防暑降温用品等的支出。

【小贴士】劳动保护费不同于职工福利费。例如，防暑降温用品支出属于劳动保护费，没有开支的金额比例限制；防暑降温费用属于职工福利费，有开支的金额比例限制。

【小贴士】企业根据其工作性质和特点，由企业统一制作并要求员工工作时统一着装所发生的工作服饰费用，可以作为企业合理的支出给予税前扣除。（两个统一）

【小贴士】劳动保护支出不得发放现金，否则将被视作工资、薪金支出或职工福利费支出。

【经典例题】

【例题·单选题】在计算企业应纳税所得额时，下列支出可在发生当期直接扣除的是（　　）。

A. 长期股权投资的支出

B. 购买生产用原材料的支出

C. 企业发生的合理的劳动保护支出

D. 购买生产用无形资产的支出

【答案】C

【解析】选项A，企业对外投资期间，投资资产的成本在计算应纳税所得额时不得扣除；选项B、D，购买资产的支出形成企业相应资产的计税基础，不能在发生当期直接扣除。

13. 公益性捐赠支出。（重要）

公益性捐赠，是指企业通过公益性社会组织或县级（含县级）以上人民政府及其部门，用于《公益事业捐赠法》规定的公益事业的捐赠。

企业发生的公益性捐赠支出，不超过年度利润总额12%的部分，准予扣除。超过年度利润总额12%的部分，准予以后3年内在计算应纳税所得额时结转扣除。年度利润总额，是指企业依照国家统一会计制度的规定计算的年度会计利润。

【小贴士】年度利润总额，是指企业按照国家统一会计制度的规定计算的年度会计利润（尚未扣除允许弥补的以前年度的亏损）。

【小贴士】公益性捐赠的扣除（区别非公益性捐赠），必须同时符合三个条件：（1）捐赠必须是公益性的，非公益性的不得扣除。（2）捐赠必须是间接发生的，直接的捐赠不得扣除。（3）捐赠必须是通过依法取得公益性捐赠税前扣除资格的非营利机构或政府机构发生的捐赠，通过营利机构或个人发生的捐赠不得扣除。

【小贴士】企业在对公益性捐赠支出计算扣除时，应先扣除以前年度结转的捐赠支出，再扣除当年发生的捐赠支出。即结转后，先发生的支出先扣除。

【小贴士】公益性捐赠包括货币捐赠和非货币捐赠：（1）接受捐赠的货币性资产，应当按照实际收到的金额计算。（2）接受捐赠的非货币资产，应当以其公允价值计算。

【小贴士】企业以非货币性资产（自产的货物）对外捐赠，应分解为销售非货币性资产和对外捐赠两项业务进行所得税处理。

【小贴士】企业将自产货物用于对外捐赠，按照公允价值计算缴纳增值税。

【小贴士】自2019年1月1日至2022年12月31日，企业通过公益性社会组织或者县级（含县级）以上人民政府及其组成部门和直属机构，用于目标脱贫地区的扶贫捐赠支出，准予在计算企业所得税应纳税所得额时据实扣除。在政策执行期限内，目标脱贫地区实现脱贫的可继续适用上述政策。

【小贴士】企业同时发生扶贫捐赠支出和其他公益性捐赠支出，在计算公益性捐赠支出年度扣除限额时，符合上述条件的扶贫捐赠支出不计算在内。

【举例】甲有限公司发生捐赠支出30万元，其中，10万元系通过公益性社会团体向红十字事业的捐赠，10万元系通过民政部门捐赠给“减灾委员会”，10万元系直接向某贫困小学发生的捐赠。

【解析】(1) 通过公益性社会团体向红十字事业捐赠的10万元，通过民政部门向“减灾委员会”捐赠的10万元，在年度利润总额12%以内的部分可以在税前扣除，超过部分，3年内结转扣除。(2) 直接捐赠给贫困小学的10万元属于直接向受赠人的捐赠，全额调增应纳税所得额。

【举例】甲有限公司由2019年结转的公益性捐赠支出为2万元，2020年实际发生的符合限额扣除条件的公益性捐赠支出为8万元，2020年利润总额为100万元。

【解析】(1) 2020年公益性捐赠支出扣除限额=100×12%=12（万元）。(2) 以前年度结转的公益性捐赠支出+当年发生公益性捐赠支出=2+8=10（万元），小于企业当年扣除限额12万元。因此，准予在2020年税前扣除的公益性捐赠支出为10万元。

【经典例题】

【例题·多选题】根据《企业所得税法》的规定，企业下列支出超过规定扣除限额标准，准予向以后年度结转扣除的有(　　)。

A. 业务宣传费支出

B. 公益性捐赠支出

C. 广告费支出

D. 职工教育经费支出

【答案】ABCD

【解析】超过税法规定扣除限额标准，准予向以后年度结转扣除的费用有：(1) 职工教育经费。(2) 广告费和业务宣传费支出。(3) 公益性捐赠支出（3年内）。

14. 有关资产的费用。

(1) 企业转让各类固定资产发生的费用，允许扣除。

(2) 企业按规定计算的固定资产的折旧费、无形资产和递延资产的摊销费，准予扣除。

15. 总机构分摊的费用。

非居民企业在中国**境内**设立的机构、场所，就其中国**境外**总机构发生的与该机构、场所生产经营有关的费用，能够提供**总机构出具**的费用汇集范围、定额、分配依据和方法等**证明文件，并合理分摊**的，准予扣除。

16. 资产损失。

企业当期发生的固定资产和流动资产的盘亏、毁损**净损失**，由其提供清查盘存资料，经主管税务机关**审核后**，准予扣除。

【小贴士】本部分内容与“资产损失的所得税处理”有关。

【小贴士】企业发生非正常损失时，不得从销项税额中抵扣的进项税额，应**视同**企业财产损失，申报后在企业所得税税前按规定扣除。

【经典例题】

【例题·计算问答题】2020年5月，甲有限公司因管理不善，损失库存外购原材料33万元（含运费3万元），取得保险公司赔款10万元。

要求：计算甲有限公司企业所得税税前扣除的损失数额。

【答案及解析】(1) 不得抵扣的进项税=(33-3)×13%+3×9%=4.17（万元）。(2) 企业所得税税前扣除的损失=33+4.17-10=27.17（万元）。

17. 准予扣除的其他项目。

准予扣除的其他费用包括会员费、**合理**的会议费、差旅费、**违约金、诉讼费用**等。

18. 手续费及佣金支出。

企业发生的与生产经营有关的手续费及佣金支出，不超过计算限额以内的部分，准予扣除；超过部分，不得扣除。

【小贴士】对于与生产经营有关的手续费、佣金支出有以下方面的限制：

(1) 手续费、佣金有支付对象的限制。

手续费、佣金的支付对象应该是具有合法经营资格的中介服务企业或个人，不能是交易双方人员（含代理人、代表人）。

(2) 手续费及佣金支出有计算基数和开支比例限制。

第一，**财产保险企业**按当年全部保费收入扣除退保金等后余额的**15%**（含本数，下同）计算限额；超过部分，允许结转以后年度扣除。

第二，**人身保险企业**按当年全部保费收入扣除退保金等后余额的**10%**计算限额。

第三，**电信企业**在发展客户、拓展业务等过程中（如委托销售电话入网卡、电话充值卡等），需向经纪人、代办商支付手续费及佣金的，其实际发生的相关手续费及佣金支出，不超过企业**当年收入总额5%**的部分，准予在企业所得税税前据实扣除。(计算限额的基数是年收入总额)

第四，对于**其他企业**，按与具有合法经营资格中介服务机构或个人所签订服务协议或合同确认的收入金额的5%计算限额。(计算限额的基数是年收入总额)

第五，从事代理服务，主营业务收入为手续费、佣金的企业（如证券、期货、保险代理等企业），其为取得该类收入而实际发生的营业成本（包括手续费及佣金支出），准予在企业所得税税前据实扣除。(无比例限制)

(3) 手续费及佣金支出既不能变换名目计入回扣、业务提成、返利、进场费等费用，也不能坐冲收入。

(4) 手续费和佣金有支付方式限制。

除委托个人代理外，企业以现金等非转账方式支付的手续费及佣金不得在税前扣除。

【小贴士】企业为发行**权益性证券**支付给有关证券承销机构的手续费及佣金，不得在税前扣除。

【小贴士】资本化的手续费不得在当期扣除。企业已计入固定资产、无形资产等相关资产的手续费及佣金支出，应当通过折旧、摊销等方式分期扣除，**不得**在发生当期直接扣除。

19. 企业维简费支出。

维简费，是指企业从成本费用中提取的专用于维持简单再生产的资金。

企业实际发生的维简费支出，应区分收益性支出与资本性支出：

(1) 属于收益性支出的，可作为当期费用税前扣除。

(2) 属于资本性支出的，应计入有关资产成本，并按规定计提折旧费用或摊销费用在税前扣除。

【小贴士】企业预提的维简费，不得在当期进行税前扣除。

20. 企业参与政府统一组织的工矿棚户区等改造支出。(了解)

企业参与政府统一组织的工矿棚户区改造、林区棚户区改造、垦区危房改造并**同时符合一定条件**的棚户区改造支出，准予税前扣除。

21. 金融企业涉农贷款和中小企业贷款损失准备金税前扣除。

自2019年1月1日至2023年12月31日，金融企业贷款（涉农贷款和中小企业贷款除外）损失准备金企业所得税税前扣除按以下规定处理：

(1) 准予税前提取贷款损失准备金的贷款资产范围包括：贷款（含抵押、质押、担保、信用等贷款）；银行卡透支、贴现、信用垫款（含银行承兑汇票垫款、信用证垫款、担保垫款等）、进出口押汇、同业拆出、应收融资租赁款等各项具有贷款特征的风险资产；由金融企业转贷并承担对外还款责任的国外贷款，包括国际金融组织贷款、外国买方信贷、外国政府贷款、日本国际协力银行不附条件贷款和外国政府混合贷款等资产。

(2) 金融企业准予当年税前扣除的贷款损失准备金计算公式如下：

准予当年税前扣除的贷款损失准备金＝本年末准予提取贷款损失准备金的贷款资产余额×1%－截至上年末已在税前扣除的贷款损失准备金的余额

金融企业按上述公式计算的数额如为负数，应当相应调增当年应纳税所得额。

（3）金融企业的委托贷款、代理贷款、国债投资、应收股利、上交央行准备金以及金融企业剥离的债权和股权、应收财政贴息、央行款项等不承担风险和损失的资产，不得提取贷款损失准备金在税前扣除。

（4）金融企业发生的符合条件的贷款损失，应先冲减已在税前扣除的贷款损失准备金，不足冲减部分可据实在计算当年应纳税所得额时扣除。

【小贴士】根据规定，对企业依据财务会计制度规定，并实际在财务会计处理上已确认的支出，凡**没有超过**《企业所得税法》和有关税收法规规定的税前扣除范围和标准的，可按企业实际会计处理确认的支出，在企业所得税税前扣除，计算其应纳税所得额。

【小贴士】上述扣除项目归纳如下：

（1）税会差异可结转下年的项目包括：职工教育经费的超支数，广告费和业务宣传费的超支数，公益性捐赠支出的超支数（3年）。

（2）在符合扣除原则的前提下，按照实际发生额扣除的项目包括：工资、薪金（合理和据实），社保，财险，向金融企业借款利息和发行债券利息，汇兑损失，劳动保护费，环境保护专项资金（限定用途）。

（3）限定比例扣除的项目包括（特别重要）：职工福利费，职工教育经费，工会经费，业务招待费，公益性捐赠，广告费和业务宣传费，向非金融企业或个人借款的利息，手续费及佣金。

（4）限定手续扣除的项目包括：总机构分摊的费用，资产损失。

重难点4：不得扣除的项目★★★

计算应纳税所得额时不得扣除的项目包括：

1. 向投资者支付的股息、红利等**权益性**投资收益款项。

2. 企业所得税税款。

3. 税收滞纳金。

4. 罚金、罚款和被没收财物的损失，指纳税人违反国家有关法律、法规规定，被有关部门处以的罚款，以及被司法机关处以的罚金和被没收财物，**但不包括**经营性罚款和逾期归还银行贷款而支付的罚息。

【小贴士】行政性罚款不得扣除，经营性罚款可以扣除。

5. 超过规定标准的捐赠支出。

【小贴士】年度利润总额12%以内的公益性捐赠支出可以扣除；非公益性的捐赠（直接捐赠）不得扣除。

【小贴士】超过规定标准的公益性捐赠支出，准予**以后3年内**在计算应纳税所得额时结转扣除。

6. 赞助支出，是指企业发生的与生产经营活动**无关**的各种**非**广告性质的赞助支出。

7. **未经核定**的准备金支出，是指不符合国务院财政、税务主管部门规定的各项资产减值准备、风险准备等准备金。

8. 企业之间支付的管理费、企业内营业机构之间支付的租金和特许权使用费，以及非银行企业内营业机构之间支付的利息，不得扣除。

【小贴士】**企业之间**支付的管理费，不得扣除。

【小贴士】**企业内**营业机构之间支付的租金和特许权使用费，不得扣除；**企业之间**支付的租金、特许权使用费和利息，可以扣除。

【小贴士】**非银行**企业内营业机构之间支付的利息，不得扣除；**银行**企业营业机构之间支付的利息，可以扣除。

9. 与取得收入无关的其他支出。

【经典例题】

【真题·单选题】（2014）下列各项支出中，可以在计算企业所得税应纳税所得额时扣除的是（　　）。

A. 向投资者支付的股息

B. 合理的劳动保护支出

C. 为投资者支付的商业保险费

D. 内设营业机构之间支付的租金

【答案】B

【解析】选项A，向投资者支付的股息不得在计算企业所得税应纳税所得额时扣除。选项C，为投资者支付的商业保险费属于与取得收入无关的其他支出，不得在计算企业所得税应纳税所得额时扣除。选项D，企业之间支付的管理费、企业内营业机构之间支付的租金和特许权使用费，以及非银行企业内营业机构之间支付的利息，不得扣除。

【真题·单选题】（2015）以下各项支出中，按照《企业所得税法》的规定可税前扣除的是(　　)。

A. 税收滞纳金

B. 非广告性赞助

C. 企业所得税税款

D. 按规定缴纳的财产保险费

【答案】D

【解析】选项A、B、C不得在计算企业所得税应纳税所得额时扣除。

【真题·单选题】（2017）下列支出在计算企业所得税应纳税所得额时，准予按规定扣除的是(　　)。

A. 企业之间发生的管理费支出

B. 企业筹建期间发生的广告费支出

C. 企业内营业机构之间发生的特许权使用费支出

D. 企业内营业机构之间发生的租金支出

【答案】B

【解析】选项A、C、D，企业之间支付的管理费、企业内营业机构之间支付的租金和特许权使用费，以及非银行企业内营业机构之间支付的利息，不得在企业所得税税前扣除。

【真题·单选题】（2019）企业发生的下列支出中，在计算企业所得税应纳税所得额时准予扣除的是(　　)。

A. 税收滞纳金

B. 被没收财物的损失

C. 向投资者支付的股息

D. 因延期交货支付给购买方的违约金

【答案】D

【解析】选项A、B、C不得在计算企业所得税应纳税所得额时扣除。

【例题·单选题】下列支出，可以在企业所得税税前扣除的是(　　)。

A. 子公司支付给母公司的管理费

B. 企业内设营业机构之间支付的租金

C. 企业内设营业机构之间支付的特许权使用费

D. 银行企业内设营业机构之间支付的利息

【答案】D

【解析】企业之间支付的管理费（选项A）、企业内营业机构之间支付的租金和特许权使用费（选项B、C），以及非银行企业内营业机构之间支付的利息，不得扣除。

【例题·多选题】软件企业的下列支出，在计算应纳税所得额时可在发生当期据实扣除的有(　　)。

A. 职工培训费

B. 劳动保护费

C. 诉讼费

D. 非广告性赞助支出

【答案】ABC

【解析】选项D，非广告性赞助支出不得在企业所得税税前扣除。

重难点5：亏损弥补★★

【小贴士】亏损，是指企业按照《企业所得税法》计算的亏损，而非企业按照国家统一会计制度计算的亏损。

1. 基本规定。

纳税人发生年度亏损的，可以用下一纳税年度的所得弥补；下一纳税年度的所得不足弥补的，可以逐年延续弥补，但是延续弥补期最长不得超过5年。

【小贴士】亏损弥补三要点：(1) 亏损，是指按照税法调整后的亏损额。(2) 以亏损年度的下一年算起，**连续**计算5年，中间不得中断。(3) 先亏先补，后亏后补。

【小贴士】企业在汇总计算缴纳企业所得税时，其境外营业机构的亏损不得抵减境内营业机构的盈利。

【举例】甲有限公司2019年亏损100万元，2020年利润为200万元。

【解析】(1) 如果不允许补亏，2020年甲有限公司应缴纳的企业所得税 = 200 × 25% = 50（万元）。(2) 如果允许补亏，甲有限公司应缴纳的企业所得税 = (-100 + 200) × 25% = 25（万元）。

【举例】经税务机关审定的甲有限公司连续7年应纳税所得额情况如下表。

单位：万元

项目	2014年	2015年	2016年	2017年	2018年	2019年	2020年
应纳税所得额	-170	-60	40	30	40	50	65

【解析】(1) 2014年亏损额170万元，弥补亏损期为2015～2019年，尚有未弥补的亏损10万元。(2) 2015年亏损额60万元，弥补亏损期为2016～2020年，60万元的亏损额全部弥补。

2. 特殊规定。

自2018年1月1日起，当年具备高新技术企业或科技型中小企业资格的企业，其具备资格年度之前5个年度发生的尚未弥补完的亏损，准予结转以后年度弥补，最长结转年限由**5年延长至10年**。

3. 其他相关规定。

(1) 企业筹办期间不计算为亏损年度。

企业自开始生产经营的年度，为开始计算企业损益的年度。企业从事生产经营之前进行筹办活动期间发生筹办费用支出，不得计算为当期的亏损；对于筹办期间发生的费用支出，可在开始经营之日的**当年一次性**扣除，也可以按照税法有关**长期待摊费用**的处理规定处理，但一经选定，不得改变。

(2) 税务查补所得可用于弥补亏损。

税务机关对企业以前年度纳税情况进行检查时调增的应纳税所得额，凡企业以前年度发生亏损且该亏损属于《企业所得税法》规定允许弥补的，应允许以调增的应纳税所得额弥补该亏损。弥补该亏损后仍有余额的，按照《企业所得税法》的规定计算缴纳企业所得税。

(3) 以往年度漏扣、少扣的支出可在5年的期限内追补确认。

对企业发现以前年度实际发生的、按照税法规定应在企业所得税税前扣除而未扣除或者少扣除的支出，企业作出**专项申报**及说明后，准予追补至该项目发生年度计算扣除，但追补确认期限不得超过5年。

【小贴士】企业由于上述原因多缴的企业所得税税款，可以在追补确认年度企业所得税应纳税款中抵扣，不足抵扣的，可以向以后年度递延抵扣或申请退税。(多缴税可抵、可退)

【小贴士】亏损企业追补确认以前年度未在企业所得税税前扣除的支出，或盈利企业经过追补确认后出现亏损的，应首先调整该项支出所属年度的亏损额，然后再按照弥补亏损的原则计算以后年度多缴的企业所得税税款，并按前款规定处理。

第三单元　资产的税务处理

企业资产，包括固定资产、生物资产、无形资产、长期待摊费用、投资资产、存货等，**均以**历史成本为计税基础。

【小贴士】历史成本，是指企业取得该项**资产时实际发生**的支出。

【小贴士】资产的计税基础不等于会计账面成本，资产的计税基础可理解为未来可税前列支的金额。

【小贴士】企业持有各项资产期间，资产的**增值或减值**，除按规定可以确认损益外，**不得**调整该资产的计税基础。

重难点1：固定资产的税务处理★★★

（一）固定资产计税基础（了解）

固定资产以“历史成本”或“公允价值+相关税费”或“重置完全价值”为计税基础。

（二）固定资产折旧的范围（反向列举）

下列固定资产不得计算折旧扣除：

1. 房屋、建筑物以外未投入使用的固定资产。

【小贴士】房屋、建筑物不管是否投入使用，均可以计提折旧；房屋、建筑物以外的固定资产，能否提折旧，看是否投入使用。

2. 以经营租赁方式租入的固定资产。

3. 以融资租赁方式租出的固定资产。

经营租赁与融资租赁对比

租赁类别	如租入设备	如租出设备	折旧规定
经营租赁	可扣除租赁费	可以计提折旧扣除	出租方提折旧
融资租赁	可以计提折旧扣除	不得计提折旧扣除	承租方提折旧

4. 已足额提取折旧仍继续使用的固定资产。

5. 与**经营活动无关**的固定资产。

6. 单独估价作为固定资产入账的土地。

7. 其他不得计算折旧扣除的固定资产。

（三）固定资产折旧的方法

1. 固定资产按照直线法计算的折旧，准予扣除。

2. 企业自固定资产投入使用月份的**次月起**计算折旧；停止使用的固定资产，应当自停止使用月份的**次月起**停止计算折旧。

3. 加速折旧，最低不能低于（税法）规定折旧年限的60%。

【小贴士】学员可将本部分内容与税收优惠中固定资产加速折旧相关政策一起掌握。

（四）固定资产折旧的计提年限

固定资产计算折旧的**最低年限**如下：

1. 房屋、建筑物，为20年。

2. 飞机、火车、轮船、机器、机械和其他生产设备，为10年。

3. 与生产经营活动有关器具、工具、家具等，为5年。

4. 飞机、火车、轮船以外的运输工具，为4年。

5. 电子设备，为3年。

（五）折旧年限的其他规定（重要）

1. 会计上提取的减值准备不得税前扣除，折旧按税法确定的计税基础计算扣除。

2. 按税法规定加速折旧的，其折旧额可全额在税前扣除。

3. 会计折旧年限小于税法最低折旧年限的，差额部分应进行纳税**调增**。

4. 会计折旧年限大于税法最低折旧年限的，按会计年限计算扣除。

【小贴士】会计折旧年限已满，税法最低年限未到且税收折旧尚未足额扣除，尚未足额扣除的折旧可在剩余年限继续扣除。

（六）固定资产改扩建的税务处理

企业对房屋、建筑物固定资产在**未足额提取折旧前**进行改扩建。

1. 属于推倒重置的，该资产原值减除提取折旧后的净值，应并入重置后的固定资产计税成本，并在该固定资产投入使用后的次月起，按照税法规定的折旧年限，一并计提折旧。

2. 属于提升功能、增加面积的，该固定资产的改扩建支出，并入该固定资产计税基础，并从改扩建完工投入使用后的次月起，重新按税法规定的该固定资产折旧年限计提折旧，如该改扩建后的固定资产尚可使用的年限低于税法规定的最低年限的，可以按尚可使用的年限计提折旧。

【经典例题】

【真题·单选题】（2010节选）6月企业为了提高产品性能与安全度，从国内购入2台安全生产设备并于当月投入使用，增值税专用发票注明价款400万元、进项税52万元，企业选择采用直线法按5年计提折旧，残值率8%（经税务机构认可），税法规定该设备直线法折旧年限为10年。计算应纳税所得额时，安全生产设备折旧费当年应调整金额(　　)万元。

A. 18.4　　B. 33.25

C. 36.8　　D. 43.01

【答案】A

【解析】(1) 会计上的折旧 = 400 × (1 − 8%) ÷ 5 ÷ 12 × 6 = 36.8（万元）。(2) 税法允许扣除的折旧 = 400 × (1 − 8%) ÷ 10 ÷ 12 × 6 = 18.4（万元）。(3) 安全生产设备折旧费纳税调增额 = 36.8 − 18.4 = 18.4（万元）。

重难点2：生物资产的税务处理★

1. 生物资产分为消耗性生物资产、生产性生物资产和公益性生物资产。

【小贴士】消耗性生物资产，是指生长中的农田作物、用材林、存栏待售的牲畜；生产性生物资产，是指经济林、薪炭林、产畜、役畜。

【小贴士】税法只对**生产性生物资产**作出了计税基础和折旧的规定，而不包括消耗性生物资产和公益性生物资产。

2. 生产性生物资产按照**直线法**计算的折旧，准予扣除。

3. 生产性生物资产计算折旧的**最低年限**如下：

(1) 林木类生产性生物资产，为10年。

(2) 畜类生产性生物资产，为3年。

【小贴士】生产性生物资产，可理解为“固定资产”。

【经典例题】

【真题·单选题】(2008) 下列各项中，依据《企业所得税法》的相关规定可计提折旧的生物资产是(　　)。

A. 经济林　　B. 防风固沙林

C. 用材林　　D. 存栏待售牲畜

【答案】A

【解析】生物资产中可以计提折旧的生产性生物资产包括经济林、薪炭林、产畜和役畜。

【真题·单选题】(2009) 某农场外购奶牛支付价款20万元，依据企业所得税的相关规定，其税前扣除方法为(　　)。

A. 一次性在税前扣除

B. 按奶牛寿命在税前分期扣除

C. 按直线法以不低于3年折旧年限计算折旧税前扣除

D. 按直线法以不低于10年折旧年限计算折旧税前扣除

【答案】C

【解析】奶牛属于产畜类生产性生物资产，按不低于3年计提折旧。

重难点3：无形资产的税务处理★★

在计算应纳税所得额时，企业按照规定计算的无形资产摊销费用，准予扣除。

1. 下列无形资产**不得**摊销扣除：

(1) 自行开发的支出已在计算应纳税所得额时扣除的无形资产。

(2) 自创商誉。

(3) 与经营活动无关的无形资产。

(4) 其他不得计算摊销费用扣除的无形资产。

2. 无形资产的摊销。

(1) 无形资产按照**直线法**（取得当月摊销）计算的摊销费用，准予扣除。无形资产的摊销年限不得低于10年。

【小贴士】企业自固定资产投入使用月份的**次月起**计算折旧，自停止使用的固定资产的**次月起**停止计算折旧。

(2) 投资或者受让的无形资产，有关法律规定或者合同约定了使用年限的，可以按照规定或者约定的使用年限分期摊销。

(3) 外购商誉支出，在企业整体转让或者清算时，准予扣除。

【小贴士】学员应注意辨析“自创商誉”与“外购商誉”税务处理的差异。

【经典例题】

【例题·单选题】下列各项中，可在企业所得税税前计提摊销或折旧扣除的是(　　)。

A. 自创商誉

B. 外购专利权

C. 房屋、建筑物以外的未投入使用的固定资产

D. 单独估价作为固定资产入账的土地

【答案】B

【解析】选项A、C、D：自创商誉，单独估价作为固定资产入账的土地以及房屋、建筑物以外的未投入使用的固定资产，不得在企业所得税税前计提摊销或折旧扣除。

重难点4：长期待摊费用的税务处理★★★

长期待摊费用，是指企业发生的应在一个年度以上或几个年度进行摊销的费用。

在计算应纳税所得额时，企业发生的下列支出作为长期待摊费用，按照规定摊销的，准予扣除：

1. 已足额提取折旧的固定资产的改建支出，按照固定资产预计尚可使用年限分期摊销。

【小贴士】学员应注意辨析“未足额提取折旧前进行改扩建”与“已足额提取折旧的固定资产的改建支出”税务处理的差异。

2. 租入固定资产的改建支出，按照合同约定的剩余租赁期限分期摊销。

3. 固定资产的大修理支出，按照固定资产尚可使用年限分期摊销。

【小贴士】固定资产的大修理支出不等同于固定资产的修理支出。固定资产的修理支出可在发生当期直接扣除；固定资产的大修理支出，则要按照固定资产尚可使用年限分期摊销。

【小贴士】固定资产的大修理支出，是指同时符合下列条件的支出：

（1）修理支出达到取得固定资产时的计税基础50%以上。

（2）修理后固定资产的使用年限延长2年以上。

4. 其他应当作为长期待摊费用的支出，自支出发生月份的“次月”起，分期摊销，摊销年限不得低于3年。

【经典例题】

【真题·单选题】（2015）企业发生的下列支出中，可在发生当期直接在企业所得税税前扣除的是(　　)。

A. 固定资产改良支出

B. 租入固定资产的改建支出

C. 固定资产的日常修理支出

D. 已足额提取折旧的固定资产的改建支出

【答案】C

【解析】选项A、B、D均作为长期待摊费用分期摊销，在企业所得税税前扣除。

【真题·多选题】（2017）下列支出中，可作为长期待摊费用核算的有(　　)。

A. 固定资产的大修理支出

B. 租入固定资产的改建支出

C. 已足额提取折旧的固定资产的改建支出

D. 接受捐赠固定资产的改建支出

【答案】ABC

【解析】企业发生的下列支出作为长期待摊费用处理：（1）已足额提取折旧的固定资产的改建支出。（2）租入固定资产的改建支出。（3）固定资产的大修理支出。（4）其他应当作为长期待摊费用的支出。

【例题·单选题】2019年5月，某商贸公司以经营租赁方式租入临街商铺一间，租期5年。2020年5月该公司发生商铺改建支出50万元。关于该笔改建支出，正确的企业所得税处理是(　　)。

A. 按2年分期摊销扣除

B. 按4年分期摊销扣除

C. 在发生的当期一次性扣除

D. 按5年分期摊销扣除

【答案】B

【解析】租入固定资产的改建支出，按照合同约定的剩余租赁期限分期摊销。

重难点5：存货的税务处理★

1. 企业使用或者销售存货，按照规定计算的存货成本，准予在计算应纳税所得额时扣除。

2. 企业使用或者销售的存货的成本计算方法，可以在“先进先出法、加权平均法、个别计价法”中选用一种。计价方法一经选用，不得随意变更。

【小贴士】存货成本的计算方法，不得采用“后进先出法”。

重难点6：投资资产的税务处理★★★

1. 企业对外投资期间，投资资产的成本在计算应纳税所得额时不得扣除。

2. 企业在转让或者处置投资资产时，投资资产的成本准予扣除。

【小贴士】静态投资资产（投资期间）不得扣除；动态转让或者处置投资资产时，可以扣除。

3. 投资企业撤回或减少投资。

投资企业从被投资企业撤回或减少投资，其取得的资产中：

（1）相当于初始出资的部分，应确认为投资收回。

（2）相当于被投资企业累计未分配利润和累计盈余公积按减少实收资本比例计算的部分，应确认为股息所得（符合条件的，免税）。

（3）其余部分确认为投资资产转让所得。

【小贴士】扣除的未分配利润和盈余公积金额应按照注册资本比例计算，不得按照公司章程规定的分红比例计算。

【小贴士】企业在计算**股权转让**所得时，不得扣除被投资企业未分配利润等股东留存收益中按该项股权可能分配的金额。

【举例】2018年，甲有限公司对乙股份公司投资1 000万元，占乙股份公司30%的股份，乙股份公司的章程规定甲有限公司的分红比例为20%。

2020年1月，经乙股份公司股东大会决议，同意甲有限公司抽回其投资，甲有限公司分得现金2 000万元。

截至2019年底，乙股份公司共有未分配利润和盈余公积3 000万元。（假定只考虑所得税）

【解析】甲有限公司分得现金2 000万元的税务处理如下：

（1）1 000万元应确认为投资收回。

（2）股息、红利所得 $=3\ 000\times30\%=900$（万元）。

（3）投资资产转让所得 $=2\ 000-1\ 000-900=100$（万元）。

【经典例题】

【例题·单选题】甲投资公司2016年10月将2 400万元投资于未公开上市的乙公司，取得乙公司40%的股权。2019年5月，甲公司撤回其在乙公司的全部投资，共计从乙公司收回4 000万元。撤资时乙公司的累计未分配利润为600万元，累计盈余公积为400万元。则甲公司撤资应确认的投资资产转让所得为（　　）万元。

A. 0　　B. 400

C. 1 200　　D. 1 600

【答案】C

【解析】甲公司撤资应确认的投资资产转让所得 $=4\ 000-2\ 400-(600+400)\times40\%=1\ 200$（万元）。

重难点7：非货币性资产投资的税务处理★★

1. 居民企业（以下简称“企业”）以非货币性资产对外投资确认的非货币性资产转让所得，可在不超过5年期限内，分期均匀计入相应年度的应纳税所得额，按规定计算缴纳企业所得税。

【小贴士】非货币性资产投资，限于以非货币性资产出资设立新的居民企业，或将非货币性资产注入现存的居民企业。

2. 企业以非货币性资产对外投资，应对非货币性资产进行评估并按评估后的公允价值扣除计税基础后的余额，计算确认非货币性资产转让所得。

企业以非货币性资产对外投资，应于投资协议生效并办理股权登记手续时，确认非货币性资产转让收入的实现。

3. 企业以非货币性资产对外投资而取得被投资企业的股权，应以非货币性资产的原计税成本为计税基础，加上每年确认的非货币性资产转让所得，逐年进行调整。

被投资企业取得非货币性资产的计税基础，应按非货币性资产的公允价值确定。

4. 企业在对外投资5年内转让上述股权或收回投资的，应停止执行递延纳税政策，并就递延期内尚未确认的非货币性资产转让所得，在转让股权或收回投资当年的企业所得税年度汇算清缴时，一次性计算缴纳企业所得税；企业在计算股权转让所得时，可按规定将股权的计税基础一次调整到位。

企业在对外投资5年内注销的，应停止执行递延纳税政策，并就递延期内尚未确认的非货币性资产转让所得，在注销当年的企业所得税年度汇算清缴时，一次性计算缴纳企业所得税。

重难点8：企业清算所得的税务处理★

1. 企业依法清算时，以其清算终了后的清算所得为应纳税所得额，按规定缴纳企业所得税。

【小贴士】清算所得，是指企业全部资产可变现价值或交易价格减除资产净值、清算费用以及相关税费等后的余额。

企业清算所得的计算公式如下：

企业清算所得=企业的全部资产可变现价值或者交易价格－资产净值－清算费用－相关税费

2. 投资方企业从被清算企业分得的剩余资产，其中相当于从被清算企业累计未分配利润和累计盈余公积中应当分得的部分，应当确认为股息所得；剩余资产扣除上述股息所得后的余额，超过或者低于投资成本的部分，应当确认为投资资产转让所得或者损失。

【小贴士】投资方企业，从被清算企业分得的剩余资产的税务处理，与撤回或减少投资的所得税处理类似，但不同于股权转让的税务处理。

【小贴士】（1）企业转让股权，确认转让收益，不确认持有收益。（2）企业撤回或减少投资，分别确认持有收益和转让收益。（3）企业清算分得剩余资产，分别确认持有收益和转让收益。

【举例】甲有限公司对乙股份公司投资500万元，拥有乙股份公司30%的股份。2020年5月，乙股份公司因故进入公司清算程序。甲有限公司从乙股份公司清算组处取得了清算资产350万元，其中，属于从乙股份企业累计未分配利润和累计盈余公积中应当取得的资产为150万元。

【解析】甲有限公司应确认的投资转让损失＝350－150－500＝－300（万元）。

【小贴士】税法规定与会计规定不一致时，应依照税法规定予以调整。

【小贴士】自2011年7月1日起，企业当年度实际发生的相关成本、费用，由于各种原因未能及时取得该成本、费用的有效凭证，企业在预缴季度所得税时，可暂按账面发生金额进行核算；但在汇算清缴时，应补充提供该成本、费用的有效凭证。

第四单元　资产损失的所得税处理

重难点1：资产损失的定义★

资产损失，是指企业在生产经营活动中实际发生的、与取得应税收入有关的资产损失，包括现金损失，存款损失，坏账损失，贷款损失，股权投资损失，固定资产和存货的盘亏、毁损、报废、被盗损失，自然灾害等不可抗力因素造成的损失以及其他损失。

准予在企业所得税税前扣除的资产损失，

包括实际资产损失和法定资产损失。实际资产损失，是指企业在实际处置、转让资产过程中发生的合理损失。法定资产损失，是指企业虽未实际处置、转让资产，但符合规定条件计算确认的损失。

重难点2：资产损失扣除政策★

1. 现金损失。

现金损失，按照短缺额减除责任人赔偿后的余额确认损失。

2. 货币性存款损失。

企业将货币资金存入法定具有吸收存款职能的机构，而无法收回的部分可以作为损失扣除。

3. 坏账损失。

企业除贷款类债权外的应收、预付账款，符合下列条件之一的，可以扣除：

（1）债务人依法宣告破产、关闭、解散、被撤销，或者被依法注销、吊销营业执照，其清算财产不足清偿的。

（2）债务人死亡，或者依法被宣告失踪、死亡，其财产或者遗产不足清偿的。

（3）债务人逾期3年以上未清偿，且有确凿证据证明已无力清偿债务的。

（4）与债务人达成债务重组协议或法院批准破产重整计划后，无法追偿的。

（5）因自然灾害、战争等不可抗力导致无法收回的。

（6）国务院财政、税务主管部门规定的其他条件。

【小贴士】上述应收、预付账款减除可收回金额后确认的无法收回的应收、预付款项（净损失），可以作为坏账损失在计算应纳税所得额时扣除。

4. 股权投资损失。

企业的股权投资符合下列条件之一的，可以扣除：

（1）被投资方依法宣告破产、关闭、解散、被撤销，或者被依法注销、吊销营业执照的。

（2）被投资方财务状况严重恶化，累计发生巨额亏损，已连续停止经营3年以上，且无重新恢复经营改组计划的。

（3）对被投资方不具有控制权，投资期限届满或者投资期限已超过10年，且被投资单位因连续3年经营亏损导致资不抵债的。

（4）被投资方财务状况严重恶化，累计发生巨额亏损，已完成清算或清算期超过3年以上。

（5）国务院财政、税务主管部门规定的其他条件。

【小贴士】上述投资额减除可收回金额后确认的无法收回的股权投资，可以作为股权投资损失在计算应纳税所得额时扣除。

5. 固定资产和存货损失。

（1）盘亏的固定资产或存货，以该固定资产的账面净值或存货的成本减除责任人赔偿后的余额确认损失。

（2）毁损、报废的固定资产或存货，以该固定资产的账面净值或存货的成本减除残值、保险赔款和责任人赔偿后的余额确认损失。

（3）被盗的固定资产或存货，以该固定资产的账面净值或存货的成本减除保险赔款和责任人赔偿后的余额确认损失。

【小贴士】企业因存货盘亏、毁损、报废、被盗等原因不得从增值税销项税额中抵扣的进项税额，可以与存货损失一起在计算应纳税所得额时扣除。

6. 资产损失扣除的其他规定。

（1）已经扣除的资产损失，在以后纳税年度收回时，其收回部分应当作为收入计入收回当期的应纳税所得额。

（2）境内、境外营业机构发生的资产损失应分开核算，对境外营业机构由于发生资产损失而产生的亏损，不得在计算境内所得时扣除。

（3）损失扣除的证据、证明。

企业对其扣除的各项资产损失，应当提供能够证明资产损失确属已实际发生的合法证据，包括具有法律效力的外部证据、具有法定资质的中介机构的经济鉴证证明、具有法定资质的专业机构的技术鉴定证明等。

重难点3：资产损失税前扣除管理★★

（一）企业资产损失税前扣除管理的基本原则

【小贴士】企业发生的资产损失，应按规定的程序和要求向主管税务机关申报后方能在税前扣除；未经申报的损失，不得在税前扣除。

【小贴士】资产损失取消了审批制度，取而代之的是“申报扣除”制度。

（二）实际资产损失的扣除

实际资产损失，应当在其实际发生且会计上已作损失处理的年度申报扣除。

企业以前年度发生的实际资产损失未能在当年税前扣除的，可以按照规定，向税务机关说明并进行专项申报扣除。准予追补至该项损失发生年度扣除，其追补确认期限一般不得超过5年，但因特殊原因形成的资产损失，其追补确认期限经国家税务总局批准后可适当延长。

【小贴士】企业因以前年度实际资产损失未在税前扣除而多缴的企业所得税税款，可在追补确认年度企业所得税应纳税款中予以抵扣，不足抵扣的，向以后年度递延抵扣。

【小贴士】企业实际资产损失发生年度扣除追补确认的损失后出现亏损的，应先调整资产损失发生年度的亏损额，再按弥补亏损的原则计算以后年度多缴的企业所得税税款，并按前款办法进行税务处理。

（三）法定资产损失的扣除

法定资产损失，应当在会计上已作损失处理的年度申报扣除。

企业以前年度发生的法定资产损失未能在当年税前扣除的，可以按照规定，向税务机关说明并进行专项申报扣除。即法定资产损失，应在申报年度扣除。

【小贴士】实际资产损失，在发生年度扣除；法定资产损失，在申报年度扣除。

第五单元　企业重组的所得税处理

【小贴士】本单元是本章最难的部分，但不是考试的重点内容。

重难点1：企业重组的认定★

（一）企业重组的概念

企业重组，是指企业在日常经营活动以外发生的法律结构或经济结构重大改变的交易，包括企业法律形式改变、债务重组、股权收购、资产收购、合并、分立等。

（二）企业重组的支付对价形式

1. 股权支付。
2. 非股权支付。
3. 股权支付和非股权支付的结合支付。

（三）股权支付与非股权支付的概念

1. 股权支付，是指企业重组中购买、换取资产的一方支付的对价中，以本企业或其控股企业的股权、股份作为支付的形式。

2. 非股权支付，是指以本企业的现金、银行存款、应收款项、本企业或其控股企业股权和股份以外的有价证券、存货、固定资产、其他资产以及承担债务等作为支付的形式。

（四）相关概念

1. 资产的计税基础，是指企业收回资产账面价值过程中，计算应纳税所得额时按照税法规定可以从应税经济利益中抵扣的金额。

【小贴士】资产的计税基础，可理解为未来可税前列支的金额。

2. 公允价值，是指在公平交易中，熟悉情况的交易双方自愿进行资产交换或者债务清偿的金额。

（五）企业重组的税务处理

企业重组的税务处理分为一般性税务处理和特殊性税务处理两种，采用何种税务处理取决于交易额度的大小和股权性交易金额的大小。

【小贴士】一般性税务处理，习惯上称应税重组或者一般重组；特殊性税务处理，习惯上称特殊重组。

重难点2：企业重组的一般性税务处理方法★

【小贴士】企业重组的一般性税务处理的基本思路：被重组方确认重组损益，重组方取得股权和资产的计税基础以其公允价值为基础确定。

（一）企业法律形式的改变

以下两种情况应视同清算分配：

1. 企业由法人转变为个人独资企业、合伙企业等非法人组织。

2. 企业登记注册地转移至境外。

其他法律形式的简单改变，直接变更税务登记即可。

【小贴士】上述情形应视同企业进行清算、分配，股东重新投资成立新企业（**新增**）；企业的全部资产以及股东投资的计税基础均应以公允价值为基础确定。

【举例】甲有限公司股东会决议改变公司组织形式，由有限公司变为甲普通合伙企业。

【解析】甲有限公司需要清算，分配；原股东变为甲普通合伙企业的合伙人，新的甲普通合伙企业全部资产以及（原）股东投资的计税基础均应以公允价值为基础确定。

（二）企业债务重组（重要）

1. 以非货币资产清偿债务，应当分解为转让相关非货币性资产、按非货币性资产公允价值清偿债务两项业务，确认相关资产的所得或损失。

【小贴士】以非货币资产清偿债务相当于两笔业务：一笔是销售资产业务；另一笔是抵偿债务发生收益或损失。

【经典例题】

【例题·计算问答题】甲化妆品生产企业为增值税一般纳税人，2020年5月与乙公司达成债务重组协议，甲化妆品生产企业以自产的化妆品抵偿所欠乙公司一年前发生的债务150万元，该批化妆品成本为100万元，市场不含税价值130万元。

要求：计算该项业务甲企业应缴纳的企业所得税。（不考虑其他税费）

【答案及解析】(1) 甲企业以自产货物抵债应确认的所得 = 130 − 100 = 30（万元）。(2) 债务重组所得 = 150 − (130 + 130 × 13%) = 3.1（万元）。(3) 甲企业该项业务应缴纳的企业所得税 = (30 + 3.1) × 25% = 8.28（万元）。

2. 发生债权转股权的，应当分解为债务清偿和股权投资两项业务，确认有关债务清偿所得或损失。

3. 以低于债务计税基础的金额偿还债务。

债务人应当按照支付的债务清偿额低于债务计税基础的差额，确认债务重组所得（相当于减免了一部分债务）；债权人应当按照收到的债务清偿额低于债权计税基础的差额（相当于资产折价抵债），确认债务重组损失。

【小贴士】债务人的相关所得税纳税事项原则上保持不变。

（三）企业股权收购、资产收购重组交易

1. 股权收购，是指一家企业购买另一家企业的股权，以实现对被收购企业的控制的交易；资产收购，是指一家企业购买另一家企业实质经营性资产的交易。

2. 税务处理。

(1) 被收购方应确认股权、资产转让所得或损失。

(2) 收购方取得股权或资产的计税基础应以公允价值为基础确定。

(3) 被收购企业的相关所得税事项原则上保持不变。

【举例】2020年5月，甲有限公司以800万元的银行存款购买取得乙企业的部分经营性资产，乙企业该部分经营性资产的账面价值为500万元，计税基础为600万元，公允价值为800万元。

【解析】(1) 甲有限公司购买该经营性资产后，应以该资产的公允价值800万元确定计税基础。(2) 乙企业应确认的资产转让所得 = 800 − 600 = 200（万元）。

【经典例题】

【真题·多选题】（2017）下列关于企业股权收购重组的一般性税务处理的表述中，正确的有（　　）。

A. 被收购方应确认股权的转让所得或损失

B. 被收购企业的相关所得税事项原则上保持不变

C. 收购方取得被收购方股权的计税基础以被收购股权的原有计税基础确定

D. 收购方取得股权的计税基础应以公允价值为基础确定

【答案】ABD

【解析】选项C，收购方取得股权或资产的计税基础应以公允价值为基础确定。

（四）企业合并

1. 企业合并的概念。

企业合并，是指一家或多家企业将其全部资产和负债转让给另一家现存或新设企业，被合并企业股东换取合并企业股权或非股权支付，实现两个或两个以上企业的依法合并。

2. 税务处理。

（1）合并企业应按**公允价值**确定接受被合并企业各项资产和负债的计税基础。

（2）被合并企业及其股东都应按**清算**进行所得税处理。

（3）被合并企业的亏损**不得在合并企业结转弥补**。

【经典例题】

【真题·多选题】（2016）企业实施合并重组，适用企业所得税一般性税务处理方法时，下列处理正确的有（　　）。

A. 被合并企业及其股东都应按清算进行所得税处理

B. 合并企业应按账面价值确定接受被合并企业负债的计税基础

C. 被合并企业的亏损不得在合并企业结转弥补

D. 合并企业应按公允价值确定接受被合并企业各项资产的计税基础

【答案】ACD

【解析】一般性税务处理的前提下，企业合并，当事各方应按下列规定处理：（1）合并企业应按公允价值确定接受被合并企业各项资产和负债的计税基础。（2）被合并企业及其股东都应按清算进行所得税处理。（3）被合并企业的亏损不得在合并企业结转弥补。

【例题·单选题】下列关于企业合并实施一般性税务处理的说法中，正确的是（　　）。

A. 被合并企业的亏损可按比例在合并企业结转弥补

B. 合并企业应按照账面净值确认被合并企业各项资产的计税基础

C. 被合并企业股东应按清算进行所得税处理

D. 合并企业应按照协商价格确认被合并企业各项负债的计税基础

【答案】C

【解析】选项A，被合并企业的亏损不得在合并企业结转弥补。选项B、D，合并企业应按公允价值确定接受被合并企业各项资产和负债的计税基础。

（五）企业分立

1. 企业分立的概念。

企业分立，是指一家企业将部分或全部资产分离转让给现存或新设的企业，被分立企业股东换取分立企业股权或非股权支付，实现企业的依法分立。

2. 税务处理。

（1）被分立企业对分立出去的资产，应按公允价值确认资产转让所得或损失。

（2）分立企业，应按公允价值确认接受资产的计税基础。

（3）被分立企业**继续存在时**，其股东取得的对价应视同被分立企业**分配**进行处理。

（4）被分立企业**不再继续存在时**，被分立企业及其股东都应按**清算**进行所得税处理。

（5）企业分立，相关企业的亏损不得相

互结转弥补。

重难点3：企业重组的特殊性税务处理方法 ★★

（一）适用特殊性税务处理的条件

1. 具有合理的商业目的，且不以减少、免除或者推迟缴纳税款为主要目的。

2. 被收购、合并或分立部分资产或股权比例符合规定的比例。

3. 企业重组后的连续12个月内不改变重组资产原来的实质性经营活动。

4. 重组交易对价中涉及的**股权支付**金额符合规定的比例。

5. 企业重组中取得股权支付的原主要股东，在重组后连续12个月内，不得转让所取得的股权。

【小贴士】以上适用条件可归纳为：一个目的、两个比例、两个12月。

【小贴士】股权收购、资产收购、企业合并、企业分立的特殊性税务重组规定的比例条件如下：

（1）股权收购和资产收购，不低于被收购股权、资产比例的50%，股权支付金额不低于其交易支付总额的85%。

（2）企业合并和分立，股权支付金额不低于其交易支付总额的85%。

（二）企业重组符合上述条件，交易各方对其交易中的股权支付部分，特殊性税务处理的规定

1. 企业债务重组。

（1）企业债务重组确认的应纳税所得额占该企业当年应纳税所得额50%以上，可以在5个纳税年度的期间内，均匀计入各年度的应纳税所得额。

【小贴士】特殊性体现为纳税责任递延。

（2）企业发生债权转股权业务，对债务清偿和股权投资两项业务暂不确认有关债务清偿所得或损失，股权投资的计税基础以原债权的计税基础确定。企业的其他相关所得税事项保持不变。

2. 股权收购。

收购企业购买的股权不低于被收购企业全部股权的50%，且收购企业在该股权收购发生时的股权支付金额不低于其交易支付总额的85%，可以选择按以下规定处理：

（1）被收购企业的股东取得收购企业股权的计税基础，以被收购股权的原有计税基础确定。

（2）收购企业取得被收购企业股权的计税基础，以被收购股权的原有计税基础确定。

（3）收购企业、被收购企业的原有各项资产和负债的计税基础和其他相关所得税事项保持不变。

3. 资产收购。

受让企业收购的资产不低于转让企业全部资产的50%，且受让企业在该资产收购发生时的股权支付金额不低于其交易支付总额的85%，可以选择按以下规定处理：

（1）转让企业取得受让企业股权的计税基础，以被转让资产的原有计税基础确定。

（2）受让企业取得转让企业资产的计税基础，以被转让资产的原有计税基础确定。

4. 企业合并。

企业股东在该企业合并发生时取得的股权支付金额不低于其交易支付总额的85%，以及同一控制下且不需要支付对价的企业合并，可以选择按以下规定处理：

（1）合并企业接受被合并企业资产和负债的计税基础，以被合并企业的原有计税基础确定。

（2）被合并企业合并前的相关所得税事项由合并企业承继。

（3）可由合并企业弥补的被合并企业亏损的限额为被合并企业净资产公允价值乘以截至合并业务发生当年年末国家发行的最长期限的国债利率。

（4）被合并企业股东取得合并企业股权的计税基础，以其原持有的被合并企业股权的计税基础确定。

【经典例题】

【例题·计算问答题】某摩托车生产企业合并一家小型股份公司，股份公司全部资产公允价值为5 700万元、全部负债为3 200万元、未超过弥补年限的亏损额为620万元。合并时摩托车生产企业给股份公司的股权支付额为2 300万元、银行存款200万元。该合并业务符合企业重组特殊性税务处理的条件且选择按此方法执行。（假定当年国家发行的最长期限的国债年利率为6%）

要求：计算合并企业弥补的被合并企业亏损的限额。

【答案及解析】可由合并企业弥补的被合并企业亏损的限额＝被合并企业净资产公允价值×截至合并业务发生当年年末国家发行的最长期限的国债利率＝（5 700－3 200）×6%＝150（万元）。

5. 企业分立。

被分立企业所有股东按原持股比例取得分立企业的股权，分立企业和被分立企业均不改变原来的实质经营活动，且被分立企业股东在该企业分立发生时取得的股权支付金额不低于其交易支付总额的85%，可以选择按以下规定处理：

（1）分立企业接受被分立企业资产和负债的计税基础，以被分立企业的原有计税基础确定。

（2）被分立企业已分立出去资产相应的所得税事项由分立企业承继。

（3）被分立企业未超过法定弥补期限的亏损额可按分立资产占全部资产的比例进行分配，由分立企业继续弥补。

（4）被分立企业的股东取得分立企业的股权（以下简称“新股”），如需部分或全部放弃原持有的被分立企业的股权（以下简称“旧股”），“新股”的计税基础应以放弃“旧股”的计税基础确定。如不需放弃“旧股”，则其取得“新股”的计税基础可从以下两种方法中选择确定：

一是直接将“新股”的计税基础确定为零。

二是以被分立企业分立出去的净资产占被分立企业全部净资产的比例先调减原持有的“旧股”的计税基础，再将调减的计税基础平均分配到“新股”上。

【小贴士】重组交易各方按上述1～5项规定，对交易中股权支付暂不确认有关资产的转让所得或损失的，其**非股权支付**仍应在交易当期确认相应的资产转让所得或损失，并调整相应资产的计税基础。

【经典例题】

【真题·计算问答题】（2014节选）甲公司将80%持股的某子公司股权全部转让，取得股权对价300万元，取得现金对价20万元。该笔股权的历史成本为200万元，转让时的公允价值为320万元。该子公司的留存收益为50万元。此项重组业务已办理了特殊重组备案手续。

要求：计算上述业务的纳税调整额。

【答案及解析】（1）非股权支付对应的资产转让所得＝（320－200）×（20÷320）＝7.5（万元）。（2）纳税调减所得额＝（320－200）－7.5＝112.5（万元）。

6. 居民企业之间划转资产的税务处理。

对100%直接控制的居民企业之间，以及受同一或相同多家居民企业100%直接控制的**居民企业之间按账面净值**划转股权或资产，凡具有合理商业目的、不以减少、免除或者推迟缴纳税款为主要目的，股权或资产划转后连续12个月内不改变被划转股权或资产原来实质性经营活动，且划出方企业和划入方企业均未在会计上确认损益的，可以选择按以下规定进行**特殊性税务处理**：

（1）划出方企业和划入方企业均不确认所得。

（2）划入方企业取得被划转股权或资产的计税基础，以被划转股权或资产的**原账面净值**确定。

（3）划入方企业取得的被划转资产，应按其原账面净值计算折旧扣除。

【经典例题】

【例题·多选题】对100%直接控制的居民企业之间按照账面净值划转资产，符合特殊性税务处理条件的下列税务处理，正确的有（　　）。

A. 划入方企业取得的被划转资产，应按其账面原值计算折旧扣除

B. 划入方企业取得被划转资产的计税基础以账面原值确定

C. 划入方企业不确认所得

D. 划入方企业取得的被划转资产，应按其账面净值计算折旧扣除

【答案】CD

【解析】对100%直接控制的居民企业之间，按照账面净值划转股权或资产，可以选择按以下规定进行特殊性税务处理：（1）划出方企业和划入方企业均不确认所得。（2）划入方企业取得被划转股权或资产的计税基础，以被划转股权或资产的原账面净值确定。（3）划入方企业取得的被划转资产，应按其原账面净值计算折旧扣除。

（三）特殊性税务处理附加条件（了解）

企业发生涉及境内与境外之间的股权和资产收购交易，除应符合前述条件外，还应同时符合下列条件，才可选择适用特殊性税务处理规定：

1. 非居民企业向其100%直接控股的另一非居民企业转让其拥有的居民企业股权，没有因此造成以后该项股权转让所得预提税负变化，且转让方非居民企业向主管税务机关书面承诺在3年（含3年）内不转让其拥有受让方非居民企业的股权。

2. 非居民企业向与其具有100%直接控股关系的居民企业转让其拥有的另一居民企业股权。

3. 居民企业以其拥有的资产或股权向其100%直接控股的非居民企业进行投资。

（四）企业合并、分立的税收优惠政策适用（了解）

1. 企业合并。

在企业吸收合并中，合并后的存续企业性质及适用税收优惠的条件未发生改变的，可以继续享受合并前该企业剩余期限的税收优惠，其优惠金额按存续企业合并前一年的应纳税所得额（亏损计为零）计算。

2. 企业分立。

在企业存续分立中，分立后的存续企业性质及适用税收优惠的条件未发生改变的，可以继续享受分立前该企业剩余期限的税收优惠，其优惠金额按该企业分立前一年的应纳税所得额（亏损计为零）乘以分立后存续企业资产占分立前该企业全部资产的比例计算。

（五）企业重组前后12个月内资产、股权交易的税务处理（了解）

企业在重组发生前后，连续12个月内分步对其资产、股权进行交易，应根据实质重于形式原则将上述交易作为一项企业重组交易进行处理。

（六）企业重组特殊性税务处理的备案（了解）

企业发生符合规定的特殊性重组条件并选择特殊性税务处理的，当事各方应在该重组业务完成当年企业所得税年度申报时，向主管税务机关提交书面备案资料，证明其符合各类特殊性重组规定的条件。

【小贴士】企业未按规定书面备案的，一律不得按特殊重组业务进行税务处理。

第六单元　税收优惠

《企业所得税法》规定的税收优惠方式包括：免税、减税、加计扣除、加速折旧、减计收入、税额抵免等。具体可以分为税基式减免优惠、税率式减免优惠、税额式减免优惠。

【小贴士】税收优惠的内容很多，学员应重点掌握有比例、有限额的税收优惠政策。

重难点1：免征与减征优惠（4项）★★★

（一）从事农、林、牧、渔业项目的所得

1. 企业从事下列项目的所得，**免征**企业所得税：

（1）蔬菜、谷物、薯类、油料、豆类、棉花、麻类、糖料、水果、坚果的种植。

（2）农作物新品种的选育。

（3）中药材的种植。

（4）林木的培育和种植。

（5）牲畜、家禽的饲养。

（6）林产品的采集。

（7）灌溉、农产品初加工、兽医、农技推广、农机作业和维修等农、林、牧、渔服务业项目。

（8）远洋捕捞。

2. 企业从事下列项目的所得，**减半**征收企业所得税

（1）**花卉、茶**以及其他**饮料作物**和**香料作物**的种植。

（2）**海水**养殖、**内陆**养殖。

【小贴士】学员应注意辨析“免征”与“减半征收”的具体范围。

【经典例题】

【例题·单选题】下列所得中，可享受企业所得税减半征收优惠的是（　　）。

A. 种植油料作物的所得

B. 种植豆类作物的所得

C. 种植香料作物的所得

D. 种植糖料作物的所得

【答案】C

【解析】企业从事下列项目的所得，减半征收企业所得税：（1）花卉、茶以及其他饮料作物和香料作物的种植。（2）海水养殖、内陆养殖。

【例题·多选题】根据《企业所得税法》的规定，下列所得中，减半征收企业所得税的有（　　）。

A. 海水养殖　　B. 内陆养殖

C. 香料种植　　D. 家禽饲养

【答案】ABC

【解析】选项D，家禽饲养为免税项目。

（二）从事国家重点扶持的公共基础设施项目投资经营的所得

该所得自项目取得第一笔生产经营收入所属纳税年度起，第1～3年免征企业所得税，第4～6年减半征收企业所得税（简称“三免三减半”，下同）。

【小贴士】优惠开始的年度是“取得第一笔生产经营收入所属纳税年度”，而非“获利年度”或“成立年度”等。

【小贴士】企业**承包经营、承包建设和内部自建自用**上述项目，不得享受企业所得税的上述优惠。

【小贴士】企业投资经营符合规定条件和标准的公共基础设施项目，采用一次核准、分批次（如码头、泊位、航站楼、跑道、路段、发电机组等）建设，凡同时符合以下条件的，可以每一批次为单位计算所得，并享受企业所得税“三免三减半”优惠：

（1）不同批次在空间上相互独立。

（2）每一批次自身具备取得收入的功能。

（3）以每一批次为单位进行会计核算，单独计算所得，并合理分摊期间费用。

（三）从事符合条件的环境保护、节能节水项目的所得

该所得自项目取得第一笔生产经营收入所属纳税年度起，享受企业所得税“三免三减半”优惠。

【小贴士】优惠开始的年度是“取得第一笔生产经营收入所属纳税年度”，而非“获利年度”等。

【小贴士】在减免税期限内转让的，受让方自受让之日起，可在剩余期限内享受规定的减免税优惠；减免税期限届满后转让的，受让方不得就该项目重复享受减免税待遇。

（四）符合条件的技术转让所得（重要）

1. 基本规定。

在一个纳税年度内，**居民企业**技术转让所

得不超过500万元的部分，**免征**企业所得税；超过500万元的部分，**减半**征收企业所得税。

计算公式：

技术转让所得＝技术转让收入－技术转让成本－相关税费

或：技术转让所得＝技术转让收入－无形资产摊销费用－相关税费－应分摊期间费用

其中技术转让收入，是指当事人履行技术转让合同后获得的价款，不包括销售或转让设备、仪器、零部件、原材料等非技术性收入。

【小贴士】技术转让的范围，包括居民企业转让专利技术、计算机软件著作权、集成电路布图设计权、植物新品种、生物医药新品种、转让5年以上（含5年）非独占许可使用权以及财政部和国家税务总局确定的其他技术。

【小贴士】学员应注意辨析"技术转让所得"与"技术转让收入"的差异。

2. 相关规定。

（1）享受技术转让所得减免企业所得税优惠的企业，应单独计算技术转让所得，并合理分摊企业的期间费用；没有单独计算的，不得享受技术转让所得企业所得税优惠。

（2）技术转让应签订技术转让合同。其中，**境内**的技术转让须经省级以上（含省级）**科技部门**认定登记；**跨境**的技术转让须经省级以上（含省级）**商务部门**认定登记，涉及财政经费支持的技术转让，需省级以上（含省级）科技部门审批。

（3）居民企业取得禁止出口和限制出口技术转让所得，不享受技术转让减免企业所得税优惠政策。

【小贴士】居民企业从直接或间接持有股权之和达到100%的关联方取得的技术转让所得，不享受技术转让减免企业所得税优惠政策。（家人之间）

【经典例题】

【例题·多选题】居民企业的下列所得，可以享受企业所得税技术转让所得优惠政策的有（　　）。

A. 转让拥有5年以上非独占许可使用权的所得

B. 转让计算机软件著作权的所得

C. 转让植物新品种的所得

D. 从直接或间接持有股权之和达100%的关联方取得的转让所得

【答案】ABC

【解析】选项D，居民企业从直接或间接持有股权之和达到100%的关联方取得的技术转让所得，不享受技术转让减免企业所得税优惠政策。

【例题·计算问答题】2020年5月，境内甲居民企业将自行开发的一项专利权转让，取得转让收入700万元，与该项技术转让有关的成本和费用为100万元，技术转让所得为600万元。已知：甲企业适用的企业所得税税率为25%。

要求：计算甲居民企业就该项技术转让应缴纳的企业所得税。

【答案及解析】（1）500万元以内的部分免征企业所得税，超过500万元的部分，减半征收企业所得税。（2）应缴纳的企业所得税＝（700－100－500）×25%×50%＝12.50（万元）。

重难点2：高新技术企业优惠★★

国家需要重点扶持的高新技术企业，减按**15%的税率**征收企业所得税。

【小贴士】高新技术企业最重要的条件：拥有核心自主知识产权。

（一）高新技术企业认定条件

1. 企业申请认定时须注册成立一年以上。

2. 企业通过自主研发、受让、受赠、并购等方式，获得对其主要产品（服务）在技术上发挥核心支持作用的知识产权的所有权。

3. 对企业主要产品（服务）发挥核心支持作用的技术属于《国家重点支持的高新技术领域》规定的范围。

4. 企业从事研发和相关技术创新活动的

科技人员占企业当年职工总数的比例不低于10%。

5. 企业近三个会计年度的研究开发费用总额占同期销售收入总额的比例符合如下要求：

（1）近一年销售收入小于5 000万元（含）的企业，比例不低于5%。

（2）近一年销售收入在5 000万元至2亿元（含）的企业，比例不低于4%。

（3）近一年销售收入在2亿元以上的企业，比例不低于3%。其中，企业在中国境内发生的研究开发费用总额占全部研究开发费用总额的比例不低于60%。

6. 近一年高新技术产品（服务）收入占企业同期总收入的比例不低于60%。

7. 企业创新能力评价应达到相应要求。

8. 企业申请认定前一年内未发生重大安全、重大质量事故或严重环境违法行为。

【小贴士】高新技术企业应在资格期满前3个月内提出复审申请，在通过复审之前，在其高新技术企业资格有效期内，其当年的企业所得税暂按15%的税率预缴。

（二）高新技术企业资格的取消

已认定的高新技术企业有下列行为之一的，由认定机构取消其高新技术企业资格：

1. 在申请认定过程中存在严重弄虚作假行为的。

2. 发生重大安全、重大质量事故或有严重环境违法行为的。

3. 未按期报告与认定条件有关重大变化情况，或累计两年未填报年度发展情况报表的。

【小贴士】对被取消高新技术企业资格的企业，由认定机构通知税务机关按《税收征收管理法》及有关规定，追缴其自发生上述行为之日所属年度起，已享受的高新技术企业税收优惠。

重难点3：技术先进型服务企业优惠★

经认定的技术先进型服务企业，减按15%的税率征收企业所得税。技术先进型服务企业**必须同时**符合以下条件：

1. 在中国境内（不包括港、澳、台地区）注册的法人企业。

2. 从事《技术先进型服务业务认定范围（试行）》中的一种或多种技术先进型服务业务，采用先进技术或具备较强的研发能力。

3. 具有大专以上学历的员工占企业职工总数的50%以上。

4. 从事《技术先进型服务业务认定范围（试行）》中的技术先进型服务业务取得的收入占企业当年总收入的50%以上。

5. 从事离岸服务外包业务取得的收入不低于企业当年总收入的35%。

重难点4：小型微利企业优惠★★★

（一）小型微利企业界定

小型微利企业，是指从事国家非限制和禁止行业，且同时符合年度应纳税所得额不超过300万元、从业人数不超过300人（不分行业）、资产总额不超过5 000万元（不分行业）三个条件的企业。

【小贴士】小型微利企业，为全部生产经营活动产生的所得，均负有我国企业所得税纳税义务的企业，包括采取**查账**征收方式和**核定**征收方式的企业，**不包括**非居民企业。

【小贴士】从业人数，包括与企业建立劳动关系的职工人数和企业接受的劳务派遣用工人数。

【小贴士】从业人数和资产总额指标，应按企业全年的季度平均值确定。具体计算公式如下：

季度平均值＝(季初值＋季末值)÷2

全年季度平均值＝全年各季度平均值之和÷4

年度中间开业或者终止经营活动的，以其实际经营期作为一个纳税年度确定上述相关指标。

（二）优惠期间

优惠期间为2019年1月1日至2021年12

月31日。

（三）具体规定

1. 对年应纳税所得额不超过100万元的部分，减按25%计入应纳税所得额，按20%的税率缴纳企业所得税。

2. 对年应纳税所得额超过100万元但不超过300万元的部分，减按50%计入应纳税所得额，按20%的税率缴纳企业所得税。

【经典例题】

【真题·单选题】（2020）某企业成立于2019年5月，其财务人员于2020年4月向聘请的注册会计师咨询可享受企业所得税优惠政策的小型微利企业认定标准。财务人员的下列表述中，符合税法规定的是（　　）。

A. 小型微利企业优惠政策可适用于限制性行业

B. 小型微利企业资产总额指标按企业全年的季度平均值确定

C. 计算小型微利企业从业人数指标时不包括企业接受的劳务派遣人数

D. 年度中间开业的小型微利企业从下一实际经营期开始确定相关指标

【答案】B

【解析】小型微利企业，是指从事国家非限制和禁止行业，且同时符合年度应纳税所得额不超过300万元、从业人数不超过300人（不分行业）、资产总额不超过5 000万元（不分行业）三个条件的企业。从业人数，包括与企业建立劳动关系的职工人数和企业接受的劳务派遣用工人数。从业人数和资产总额指标，应按企业全年的季度平均值确定。年度中间开业或者终止经营活动的，以其实际经营期作为一个纳税年度确定上述相关指标。

【真题·单选题】（2020）某公司2019年的从业人数为130人，资产总额为2 000万元，年度应纳税所得额为210万元，则该公司当年应缴纳的企业所得税为（　　）万元。

A. 10.5　　B. 16

C. 42　　D. 52.5

【答案】B

【解析】小型微利企业的年应纳税所得额不超过100万元的部分，减按25%计入应纳税所得额，按20%的税率缴纳企业所得税；对年应纳税所得额超过100万元但不超过300万元的部分，减按50%计入应纳税所得额，按20%的税率缴纳企业所得税。该公司当年应缴纳的企业所得税 = 100 × 25% × 20% + 110 × 50% × 20% = 16（万元）。

【例题·计算问答题】某小型微利企业2020年全年销售收入700万元，销售成本为450万元，可扣除的销售税金和费用共计100万元。

要求：计算该企业2020年度应缴纳的企业所得税。

【答案及解析】（1）该企业2020年优惠前应纳税所得额 =（700 − 450 − 100）= 150（万元）。（2）优惠后应缴纳的企业所得税税额 = 100 × 25% × 20% +（150 − 100）× 50% × 20% = 10（万元）。

重难点5：加计扣除优惠★★★

（一）企业研究开发费（包括高科技型中小企业）

1. 一般规定。

企业开展研发活动中实际发生的研发费用，未形成无形资产计入当期损益的，在按规定据实扣除的基础上，在2018年1月1日至2020年12月31日期间，再按照实际发生额的75%在税前加计扣除；形成无形资产的，按照无形资产成本的175%在税前摊销。

【小贴士】未形成无形资产的，计算会计利润时，研发费用已计入管理费用全额扣除；在计算应纳税所得额时，研发费用应再加计扣除75%，调减应纳税所得额。

【小贴士】除法律另有规定外，无形资产的摊销年限不低于10年。

【举例】如果企业研究开发费用一共为300万元，其中研究阶段的支出为100万元，已列入管理费用；开发阶段的支出为200万元，形成无形资产。

【解析】（1）未形成无形资产计入当期损益的，可扣除的金额 = 100 + 100 × 75% = 175（万元）。（2）形成无形资产的，可分 10 年摊销，每年摊销的金额 = 200 × 175% ÷ 10 = 35（万元）。

【经典例题】

【真题·单选题】（2018 改编）科技型中小企业开展研发活动中实际发生的研发费用，在企业所得税税前加计扣除的比例为（　　）。

A. 50%　　B. 75%

C. 25%　　D. 100%

【答案】B

2. 可以加计扣除的研究开发费。

（1）人员人工费用。

人员人工费用指直接从事研发活动人员的工资、薪金，基本养老保险费，基本医疗保险费，失业保险费，工伤保险费，生育保险费和住房公积金，以及外聘研发人员的劳务费用。

【小贴士】工资、薪金包括按规定可以在税前扣除的对研发人员股权激励的支出。

【小贴士】直接从事研发活动的人员、外聘研发人员同时从事非研发活动的，企业应对其人员活动情况做必要记录，并将其实际发生的相关费用按实际工时占比等合理方法在研发费用和生产经营费用间分配，未分配的不得加计扣除。

（2）直接投入费用。

（3）折旧费用。

【小贴士】用于研发活动的仪器、设备，同时用于非研发活动的，企业应对其仪器设备使用情况做必要记录，并将其实际发生的折旧费按实际工时占比等合理方法在研发费用和生产经营费用间分配，未分配的不得加计扣除。

【小贴士】企业用于研发活动的仪器、设备，符合税法规定且选择加速折旧优惠政策的，在享受研发费用税前加计扣除政策时，就税前扣除的折旧部分计算加计扣除。

（4）无形资产摊销费用。

（5）新产品设计费、新工艺规程制定费、新药研制的临床试验费、勘探开发技术的现场试验费。

（6）其他相关费用。

其他相关费用指与研发活动直接相关的其他费用，如技术图书资料费、资料翻译费、专家咨询费、高新科技研发保险费，研发成果的检索、分析、评议、论证、鉴定、评审、评估、验收费用，知识产权的申请费、注册费、代理费、差旅费、会议费、职工福利费、补充养老保险费、补充医疗保险费。

【小贴士】此类费用总额不得超过可加计扣除研发费用总额的 10%。

3. 其他规定。

（1）企业取得的政府补助，会计处理时采用直接冲减研发费用方法且税务处理时未将其确认为应税收入的，应按冲减后的余额计算加计扣除金额。

（2）企业取得研发过程中形成的下脚料、残次品、中间试制品等特殊收入，在计算确认收入当年的加计扣除研发费用时，应从已归集研发费用中扣减该特殊收入，不足扣减的，加计扣除研发费用按零计算。

（3）企业开展研发活动中实际发生的研发费用形成无形资产的，其资本化的时点与会计处理保持一致。

（4）失败的研发活动所发生的研发费用，可享受税前加计扣除政策。

（5）无论委托方是否享受研发费用税前加计扣除政策，受托方均不得加计扣除。

（6）企业委托外部研发机构或个人发生的研发费用可按照实际费用发生额的 80% 计入委托方的研发费用加计扣除。

（7）委托方委托**关联方**开展研发活动的，受托方需向委托方提供研发过程中实际发生的研发项目费用支出明细情况。

【小贴士】委托方委托非关联方开展研发活动的，受托方无须委托方提供研发过程中实际发生的研发项目费用支出明细情况。

（8）委托境外研发费用与税前加计扣除。

企业委托境外的研发费用，按照费用实际发生额的80%计入委托方的委托境外研发费用。委托境外研发费用不超过境内符合条件的研发费用2/3的部分，可以按规定在企业所得税税前加计扣除。

【小贴士】企业委托境外个人发生的研发费用不得加计扣除。

【经典例题】

【真题·多选题】（2020）下列关于研发费用加计扣除政策的表述中，符合《企业所得税法》规定的有（　　）。

A. 企业委托境外机构的研发费用可全额加计扣除

B. 临时聘用且直接参与研发活动的临时工的劳务费用可全额加计扣除

C. 委托关联企业开展研发活动发生的费用可按照实际发生额的70%加计扣除

D. 按规定对研发人员进行股权激励的支出可作为人员人工费用全额加计扣除

【答案】BD

【解析】选项A，企业委托境外的研发费用，按照费用实际发生额的80%计入委托方的委托境外研发费用。委托境外研发费用不超过境内符合条件的研发费用2/3的部分，可以按规定在企业所得税税前加计扣除。选项C，委托关联企业开展研发活动发生的费用可按照实际发生额的80%加计扣除。

（二）企业安置残疾人员所支付的工资

企业支付给残疾职工的工资，在进行企业所得税预缴申报时，允许据实计算扣除；在年度终了进行企业所得税年度申报和汇算清缴时，再按照支付给残疾职工工资的**100%加计扣除**。

【小贴士】此项税收优惠政策属于纳税调减，不影响会计利润，不影响计算“三项经费”的工资总额。

重难点6：创投企业优惠★★★

创业投资企业，采取股权投资方式直接投资于初创科技型企业满2年的，可以按照其投资额的**70%**在股权持有满2年的当年抵扣该创业投资企业的应纳税所得额；当年不足抵扣的，可以在以后纳税年度结转抵扣。

【经典例题】

【例题·单选题】2018年5月，甲有限公司作为创业投资企业向境内某初创科技型企业直接投资200万元。2020年该公司实现利润890万元；未经税务部门核准，提取风险准备金10万元，该公司无其他纳税调整事项。已知企业所得税税率为25%。2020年该企业应纳所得税税额为（　　）万元。

A. 82.5　　B. 85

C. 187.5　　D. 190

【答案】D

【解析】该公司应纳企业所得税税额 $=[(890+10)-200\times70\%]\times25\%=190$（万元）。

重难点7：加速折旧优惠★★

（一）一般规定

企业的固定资产由于技术进步等原因，确需加速折旧的，可以缩短折旧年限或者采取加速折旧的方法。可以采取缩短折旧年限或者采取加速折旧方法的固定资产包括：

1. 由于技术进步，产品更新换代较快的固定资产。

2. 常年处于强震动、高腐蚀状态的固定资产。

【小贴士】采取缩短折旧年限，最低折旧年限不得低于**税法**规定折旧年限的**60%**；采取加速折旧，可以采取双倍余额递减法或者年数总和法。

（二）加速折旧的特殊规定

1. 所有企业的加速折旧规定。

（1）企业在2018年1月1日至2020年12月31日期间新购进的设备、器具（指除房屋、建筑物以外的固定资产），单位价值不超过500万元的，允许一次性计入当期成本费用在计算应纳税所得额时扣除，不再分年度计算折旧；单位价值超过500万元的，仍按相关规定执行。

（2）单位价值不超过5 000元的固定资产，允许一次性计入当期成本费用在计算应纳税所得额时扣除，不再分年度计算折旧。

2. 生物药品制造等6个行业的加速折旧规定。

（1）6个行业的范围。

6个行业是指生物药品制造业，专用设备制造业，铁路、船舶、航空航天和其他运输设备制造业，计算机、通信和其他电子设备制造业，仪器仪表制造业，信息传输、软件和信息技术服务业。

（2）加速折旧方法。

2014年1月1日后新购进的固定资产，可缩短折旧年限或采取加速折旧的方法；对上述6个行业的小型微利企业2014年1月1日后新购进的研发和生产经营共用的仪器、设备，单位价值不超过100万元的，允许一次性计入当期成本费用在计算应纳税所得额时扣除，不再分年度计算折旧；单位价值超过100万元的，可缩短折旧年限或采取加速折旧的方法。

【小贴士】企业按规定缩短折旧年限的，对其购置的新固定资产，最低折旧年限不得低于税法规定的折旧年限的60%；企业购置已使用过的固定资产，其最低折旧年限不得低于税法规定的最低折旧年限减去已使用年限后剩余年限的60%。采取加速折旧方法的，可采取双倍余额递减法或者年数总和法。上述规定之外的企业固定资产加速折旧所得税处理问题，继续按照《企业所得税法》及其实施条例和现行税收政策规定执行。

3. 4个领域重点行业加速折旧规定。

对轻工、纺织、机械、汽车4个领域重点行业企业2015年1月1日后新购进的固定资产（包括自行建造，下同），允许缩短折旧年限或采取加速折旧方法。

对4个领域重点行业小型微利企业2015年1月1日后新购进的研发和生产经营共用的仪器、设备，单位价值不超过100万元（含）的，允许在计算应纳税所得额时一次性全额扣除；单位价值超过100万元的，允许缩短折旧年限或采取加速折旧方法。

企业按上述规定缩短折旧年限的，对其购置的新固定资产，最低折旧年限不得低于规定折旧年限的60%；对其购置的已使用过的固定资产，最低折旧年限不得低于规定的最低折旧年限减去已使用年限后剩余年限的60%。最低折旧年限一经确定，不得改变。

企业按上述规定采取加速折旧方法的，可以采用双倍余额递减法或者年数总和法。加速折旧方法一经确定，**不得改变**。

【小贴士】为支持制造业企业加快技术改造和设备更新，自2019年1月1日起，固定资产加速折旧优惠的行业范围，扩大至全制造业领域。

重难点8：减计收入优惠★★

减计收入，是指企业以《资源综合利用企业所得税优惠目录》规定的资源作为主要原材料，生产国家非限制和禁止并符合国家和行业相关标准的产品取得的收入，**减按90%**计入收入总额。

重难点9：税额抵免优惠★★★

企业“购置并实际使用”规定的“环境保护、节能节水、安全生产”等**专用设备**的，该专用设备的**投资额的10%**可以从企业**当年**的应纳税额中抵免；当年不足抵免的，可以在以后**5个纳税年度结转抵免**。

【小贴士】享受上述优惠的企业，应当**实际购置并自身实际**投入使用上述规定的专用设备。

【小贴士】企业购置上述专用设备在**5年内**转让、出租的，应当停止享受企业所得税优惠并**补缴**已经抵免的企业所得税税款。

【小贴士】增值税一般纳税人购进固定资产的进项税额，如允许抵扣，其专用设备投资额不包括进项税额；如进项税额不允许抵扣，其专用设备投资额应为增值税专用发票上注明的价税合计金额。

【小贴士】此项税收优惠政策抵免的是“应纳税额”，而非“应纳税所得额”。

【经典例题】

【例题·计算问答题】甲企业为小型微利企业（增值税一般纳税人），2018年购买国产环保专用设备一台，取得增值税普通发票，价税合计11.7万元。

已知：甲企业有2013年尚未弥补的亏损80万元，2018年未弥补亏损前应纳税所得额为85万元，2019年应纳税所得额为200万元。

要求：计算甲企业2019年实际应缴纳的企业所得税。

【答案及解析】（1）2013年的亏损，到2018年弥补期满，2018年弥补亏损后的所得=85－80=5（万元），购买国产环保专用设备投资抵免额=11.7×10%=1.17（万元）；2018年应纳税额=5×50%×20%=0.5（万元），小于抵免额1.17万元，国产设备投资可以在2018年部分抵免0.5万元，剩余0.67万元留抵到下一年。（2）2019年企业应纳税额=100×25%×20%+100×50%×20%=15（万元）；抵免后实际应缴纳的企业所得税=15－0.67=14.33（万元）。

重难点10：民族自治地方优惠★

民族自治地方的自治机关，对本民族自治地方的企业应缴纳的企业所得税中属于地方分享的部分，可以决定减征或者免征。自治州、自治县决定减征或者免征的，须报省、自治区、直辖市人民政府批准。

【小贴士】对民族自治地方内，国家限制和禁止行业的企业，不得减征或者免征企业所得税。

重难点11：非居民企业优惠★★

优惠种类	具体规定
低税率征收	在我国未设立机构场所，或设立机构场所，但取得的所得与机构场所没有实际联系的非居民企业减按**10%**的税率征收企业所得税
免征企业所得税	非居民企业的下列所得**免征**企业所得税： （1）外国政府向中国政府提供贷款取得的利息所得。 （2）国际金融组织向中国政府**和居民企业**提供优惠贷款取得的利息所得。 （3）经国务院批准的其他所得

【经典例题】

【真题·多选题】（2014；2018）下列利息所得中，免征企业所得税的有（　　）。

A. 外国政府向中国政府提供贷款取得的利息所得

B. 国际金融组织向中国政府提供优惠贷款取得的利息所得

C. 国际金融组织向中国居民企业提供优惠贷款取得的利息所得

D. 外国银行的中国分行向中国居民企业提供贷款取得的利息所得

【答案】ABC

【解析】非居民企业取得的下列所得免征企业所得税：（1）外国政府向中国政府提供贷款取得的利息所得。（2）国际金融组织向中国政府和居民企业提供优惠贷款取得的利息所得。（3）经国务院批准的其他所得。

【例题·计算问答题】美国A公司在中国境内未设立机构、场所，2020年取得境内上市公司甲股份公司股息、红利100万元；取得境内上市公司乙股份公司分配的股息、红利50万元；取得境内丙有限公司支付的境内房屋转让收入100万元，该项房屋原值80万元，已计提折旧20万元。经查明，美国A公司连续持有甲股份公司股票10个月，持有乙股份公司股票 15 个月。

要求：计算 2020 年度美国 A 公司在我国应缴纳的企业所得税。

【答案及解析】（1）美国 A 公司在我国境内未设立机构、场所，所以权益性投资收益不免税。（2）美国 A 公司转让房屋净值 = 80 - 20 = 60（万元）。（3）美国 A 公司应缴纳的企业所得税 = [100 + 50 + (100 - 60)] × 10% = 19（万元）。

重难点 12：特殊行业优惠★

（一）鼓励软件产业和集成电路产业发展（新增）

1. 国家鼓励的集成电路线宽小于 28 纳米（含），且经营期在 15 年以上的集成电路生产企业或项目，第一年至第十年免征企业所得税；国家鼓励的集成电路线宽小于 65 纳米（含），且经营期在 15 年以上的集成电路生产企业或项目，第一年至第五年免征企业所得税，第六年至第十年按照 25% 的法定税率减半征收企业所得税（简称“五免五减半”，下同）；国家鼓励的集成电路线宽小于 130 纳米（含），且经营期在 10 年以上的集成电路生产企业或项目，第一年至第二年免征企业所得税，第三年至第五年按照 25% 的法定税率减半征收企业所得税（简称“两免三减半”，下同）。

【小贴士】对于按照集成电路生产企业享受税收优惠政策的，优惠期自获利年度起计算；对于按照集成电路生产项目享受税收优惠政策的，优惠期自项目取得第一笔生产经营收入所属纳税年度起计算，集成电路生产项目需单独进行会计核算、计算所得，并合理分摊期间费用。

2. 国家鼓励的线宽小于 130 纳米（含）的集成电路生产企业，属于国家鼓励的集成电路生产企业清单年度之前 5 个纳税年度发生的尚未弥补完的亏损，准予向以后年度结转，总结转年限最长不得超过 10 年。

3. 国家鼓励的集成电路设计、装备、材料、封装、测试企业和软件企业，自获利年度起，享受企业所得税“两免三减半”优惠。

4. 国家鼓励的重点集成电路设计企业和软件企业，自获利年度起，第一年至第五年免征企业所得税，接续年度减按 10% 的税率征收企业所得税。

国家鼓励的重点集成电路设计和软件企业清单由国家发展改革委、工业和信息化部会同财政部、国家税务总局等相关部门制定。

（二）鼓励证券投资基金发展

1. **对证券投资基金**从证券市场中取得的收入，包括买卖股票、债券的差价收入，股权的股息、红利收入，债券的利息收入及其他收入，暂不征收企业所得税。

2. **对投资者**从证券投资基金分配中取得的收入，暂不征收企业所得税。

3. **对证券投资基金管理人**运用基金买卖股票、债券的差价收入，暂不征收企业所得税。

（三）节能服务公司的优惠政策

符合条件的节能服务公司实施合同能源管理项目，符合《企业所得税法》有关规定的，自项目取得第一笔生产经营收入所属纳税年度起，享受企业所得税“三免三减半”优惠。

（四）从事污染防治的第三方企业优惠政策

自 2019 年 1 月 1 日起至 2021 年 12 月 31 日，对符合条件的从事污染防治的第三方企业**减按 15% 的税率**征收企业所得税。第三方防治企业，是指受排污企业或政府委托，负责环境污染治理设施（包括自动连续监测设施）运营维护的企业。

（五）海南自由贸易港企业所得税优惠（新增）

1. 自 2020 年 1 月 1 日起至 2024 年 12 月 31 日，对注册在海南自由贸易港并实质性运营的鼓励类产业企业，减按 15% 的税率征收企业所得税。

【小贴士】鼓励类产业企业，是指以海南自由贸易港鼓励类产业目录中规定的产业项目为主营业务，且其主营业务收入占企业收入总额60%以上的企业。所称实质性运营，是指企业的实际管理机构设在海南自由贸易港，并对企业生产经营、人员、账务、财产等实施实质性全面管理和控制。对不符合实质性运营的企业，不得享受优惠。

【小贴士】对总机构设在海南自由贸易港的符合条件的企业，仅就其设在海南自由贸易港的总机构和分支机构的所得，适用15%税率；对总机构设在海南自由贸易港以外的企业，仅就其设在海南自由贸易港内的符合条件的分支机构的所得，适用15%税率。具体征管办法按照国家税务总局有关规定执行。

2. 对在海南自由贸易港设立的旅游业、现代服务业、高新技术产业企业新增境外直接投资取得的所得，免征企业所得税。

新增境外直接投资所得应当符合以下条件：

（1）从境外新设分支机构取得的营业利润，或从持股比例超过20%（含）的境外子公司分回的，与新增境外直接投资相对应的股息所得。

（2）被投资国（地区）的企业所得税法定税率不低于5%。

3. 对在海南自由贸易港设立的企业，新购置（含自建、自行开发）固定资产或无形资产，单位价值不超过500万元（含）的，允许一次性计入当期成本费用在计算应纳税所得额时扣除，不再分年度计算折旧和摊销；新购置（含自建、自行开发）固定资产或无形资产，单位价值超过500万元的，可以缩短折旧、摊销年限或采取加速折旧、摊销的方法。

上述所称固定资产，是指除房屋、建筑物以外的固定资产。

（六）其他优惠

1. 西部大开发的税收优惠。

（1）鼓励类企业。

对设在西部地区国家鼓励类产业**企业**，在2021年1月1日至2030年12月31日期间，**减按15%**的税率征收企业所得税。

（2）特殊行业。

对西部地区2010年12月31日前新办的，可以享受企业所得税“两免三减半”的交通、电力、水利、广播电视**企业**，其享受的按**15%的税率“两免三减半”**优惠可以继续享受到期满为止。

【小贴士】上述优惠主体应是**自建、运营**项目的企业，单纯**承揽项目建设**的施工企业不享受“两免三减半”优惠。

【小贴士】学员可适当关注“西部”的界定范围。

2. 其他税收优惠。

对企业取得的2009年及以后年度发行的**地方政府债券利息所得**，免征企业所得税。

第七单元　应纳税额的计算

重难点1：居民企业应纳税额的计算★★★

（一）应纳税所得额的计算公式

（1）直接计算法。

应纳税所得额＝收入总额－不征税收入－免税收入－各项扣除金额－允许弥补的以前年度亏损

（2）间接计算法。

应纳税所得额＝会计利润总额±纳税调整项目金额

（二）应纳税额的计算公式

应纳税额＝应纳税所得额×适用税率－减免税额－抵免税额

【小贴士】考试中的综合题，一般会要求运用间接计算法的公式计算应纳税所得额。

【经典例题】

【真题·单选题】（2009）2008年某居民企业实现产品销售收入1 200万元、视同销售收入400万元、债务重组收益100万元，发生的成本费用总额1 600万元，其中业务招待费支出20万元。假定不存在其他纳税调整事项，2008年度该企业应纳企业所得税（　　）万元。

A. 16.2　　B. 16.8

C. 27　　D. 28

【答案】D

【解析】业务招待费税前扣除限额1 =（1 200 + 400）× 5‰ = 8（万元），业务招待费税前扣除限额2 = 20 × 60% = 12（万元）。因此，业务招待费税前允许扣除8万元。

业务招待费应调增的应纳税所得额 = 20 − 8 = 12（万元）。

应纳税所得额 = 1 200 + 400 + 100 − 1 600 + 12 = 112（万元）。

该企业应缴纳的企业所得税税额 = 112 × 25% = 28（万元）。

【例题·计算问答题】某企业为居民企业，2020年发生经营业务如下：

（1）取得产品销售收入4 000万元。

（2）发生产品销售成本2 600万元。

（3）发生销售费用770万元（其中广告费650万元），管理费用480万元（其中业务招待费25万元），财务费用60万元。

（4）销售税金160万元（含增值税120万元）。

（5）营业外收入80万元，营业外支出50万元（含通过公益性社会团体向贫困山区捐款30万元，支付税收滞纳金6万元）。

（6）计入成本、费用中的实发工资总额200万元，拨缴职工工会经费5万元，发生职工福利费31万元，发生职工教育经费7万元。

要求：计算该企业2020年度实际应缴纳的企业所得税。

【答案及解析】（1）会计利润总额 = 4 000 + 80 − 2 600 − 770 − 480 − 60 − 40 − 50 = 80（万元）。

（2）广告费和业务宣传费调增所得额 = 650 − 4 000 × 15% = 650 − 600 = 50（万元）。

（3）业务招待费扣除限额1 = 4 000 × 5‰ = 20（万元），业务招待费扣除限额2 = 25 × 60% = 15（万元）。业务招待费调增所得额 = 25 − 15 = 10（万元）。

（4）捐赠支出应调增所得额 = 30 − 80 × 12% = 20.4（万元）。

（5）工会经费应调增所得额 = 5 − 200 × 2% = 1（万元）。

（6）职工福利费应调增所得额 = 31 − 200 × 14% = 3（万元）。

（7）职工教育经费扣除限额 = 200 × 8% = 16（万元），实际发生额小于扣除限额，不作纳税调整。

（8）应纳税所得额 = 80 + 50 + 10 + 20.4 + 6 + 1 + 3 = 170.4（万元）。

（9）该企业2020年应缴纳的企业所得税 = 170.4 × 25% = 42.6（万元）。

【例题·计算问答题】某工业企业为居民企业，2020年度发生经营业务如下：

全年取得产品销售收入5 600万元，发生产品销售成本4 000万元；其他业务收入800万元，发生其他业务成本694万元；取得购买国债的利息收入40万元；缴纳非增值税销售税金及附加300万元；发生管理费用760万元，其中新技术的研究开发费用60万元、业务招待费用70万元；发生财务费用200万元；取得直接投资其他未上市居民企业的权益性收益34万元（已在投资方所在地按15%的税率缴纳了所得税）；取得营业外收入100万元，发生营业外支出250万元（其中含公益捐赠支出38万元）。

要求：计算该企业2020年应缴纳的企业所得税。

【答案及解析】（1）利润总额 = 5 600 + 800 + 40 + 34 + 100 − 4 000 − 694 − 300 − 760 − 200 − 250 = 370（万元）。

（2）国债利息收入免征企业所得税，应调减所得额40万元。

（3）技术研究开发费调减所得额 = 60 × 75% = 45（万元）。

（4）实际发生业务招待费的60% = 70 × 60% = 42（万元），销售（营业）收入的5‰ =（5 600 + 800）× 5‰ = 32（万元），按照规定税前扣除限额应为32万元，实际应调增应纳税所得额 = 70 − 32 = 38（万元）。

（5）取得直接投资其他未上市居民企业的权益性收益属于免税收入，应调减应纳税所得得额34万元。

（6）捐赠扣除标准 = 370 × 12% = 44.4（万元），实际捐赠额38万元小于扣除标准44.4万元，可按实际捐赠额扣除，不作纳税调整。

（7）应纳税所得额 = 370 - 40 - 45 + 38 - 34 = 289（万元）。

（8）该企业2020年应缴纳的企业所得税 = 289 × 25% = 72.25（万元）。

【例题·计算问答题】某科技型中小企业，职工人数为90人，资产总额为2 800万元。2020年度生产经营业务如下：

（1）取得产品销售收入3 000万元、国债利息收入20万元。

（2）发生与产品销售收入配比的成本2 100万元。

（3）发生销售费用252万元、管理费用390万元（其中业务招待费28万元、新产品研发费用120万元）。

（4）向非金融企业借款200万元，支付年利息费用18万元（注：金融企业同期同类借款年利息率为6%）。

（5）企业所得税税前准许扣除的税金及附加32万元。

（6）10月购进符合《环境保护专用设备企业所得税优惠目录》的专用设备，取得增值税专用发票注明金额30万元、增值税进项税额5.1万元，该设备当月投入使用。

（7）计入成本、费用中的实发工资总额200万元、拨缴职工工会经费4万元、发生职工福利费35万元、发生职工教育经费10万元。

要求：计算该企业2020年度应缴纳的企业所得税。

【答案及解析】（1）会计利润总额 = 3 000 + 20 - 2 100 - 252 - 390 - 18 - 32 = 228（万元）。

（2）国债利息收入免征企业所得税，应调减所得额20万元。

（3）业务招待费扣除限额1 = 28 × 60% = 16.8（万元），业务招待费扣除限额2 = 3 000 × 5‰ = 15（万元）。因此，业务招待费税前扣除额为15万元。业务招待费应调增所得额 = 28 - 15 = 13（万元）。

（4）新产品研发费用应调减所得额 = 120 × 75% = 90（万元）。

（5）利息费用支出应调增所得额 = 18 - 200 × 6% = 6（万元）。

（6）工会经费应调增所得额 = 4 - 200 × 2% = 0。

（7）职工福利费应调增所得额 = 35 - 200 × 14% = 7（万元）。

（8）职工教育经费扣除限额 = 200 × 8% = 16（万元）。

职工教育经费实际发生额小于扣除限额，不用作纳税调整。

（9）应纳税所得额 = 228 - 20 + 13 - 90 + 6 + 7 = 144（万元）。

（10）该企业2020年度应缴纳的企业所得税 = 100 × 25% × 20% + （144 - 100） × 50% × 20% - 30 × 10% = 5 + 4.4 - 3 = 6.4（万元）。

【真题·综合题】（2020）某饮料生产企业甲为增值税一般纳税人，适用企业所得税税率25%。2019年度实现营业收入80 000万元，自行核算的2019年度会计利润为5 600万元，2020年5月经聘请的会计师事务所审核后，发现如下事项：

（1）2月份收到市政府支持产业发展拨付的财政激励资金500万元，会计处理全额计入营业外收入，企业将其计入企业所得税不征税收入，经审核符合税法相关规定。

（2）3月份转让持有的部分国债，取得收入1 285万元，其中包含持有期间尚未兑付的利息收入20万元。该部分国债按照先进先出法确定的取得成本为1 240万元。

（3）5月份接受100%控股母公司乙无偿划转的一台设备。该设备原值为3 000万元，已按税法规定计提折旧500万元，其市场公允价值为2 200万元。该业务符合特殊性重组条件，企业选择采用特殊性税务处理。

（4）6月份购置一台生产线支付的不含税价格为400万元，会计核算按照使用期限5年、预计净残值率5%计提了累计折旧，企业选择一次性在企业所得税税前进行扣除。

（5）发生广告费和业务宣传费用7 300万元，其中300万元用于冠名的真人秀于2020年2月制作完成并播放，企业所得税汇算清缴结束前尚未取得相关发票。

（6）成本费用中含发放的合理职工工资6 000万元，发生的职工福利费900万元、职工教育经费500万元，取得工会经费代收凭据注明的拨缴工会经费100万元。

（7）发生业务招待费800万元。

（8）12月1日签订两项借款合同，向非关联供货商借款1 000万元，向银行借款4 000万元，未计提印花税。甲于2020年3月1日补缴印花税税款及滞纳金，借款合同印花税税率为0.05‰。

（9）企业从2013年以来经税务机关审核后的应纳税所得额数据如下表：

单位：万元

项目	2013年	2014年	2015年	2016年	2017年	2018年
应纳税所得额	-4 000	-2 000	-600	1 200	1 800	3 000

要求：根据上述资料，按照下列顺序计算回答问题，如有计算需计算出合计数。

（1）回答税法关于财政性资金计入企业所得税不征税收入的相关条件。

（2）计算业务（1）应调整的企业所得税应纳税所得额。

（3）回答企业转让不同时间购买的同一品种国债时，税法规定转让成本的确定方法。

（4）计算业务（2）应调整的企业所得税应纳税所得额。

（5）业务（3）符合特殊性税务处理条件，请确认甲公司接受无偿划转设备的计税基础。

（6）计算业务（4）应调整的企业所得税应纳税所得额。

（7）计算业务（5）应调整的企业所得税应纳税所得额。

（8）计算业务（6）应调整的企业所得税应纳税所得额。

（9）计算业务（7）业务招待费应调整的企业所得税应纳税所得额。

（10）计算业务（8）应调整的企业所得税应纳税所得额。

（11）计算2019年甲企业企业所得税税前可弥补的亏损额。

（12）计算2019年甲企业应缴纳的企业所得税。

【答案及解析】（1）财政性资金计入不征税收入应同时满足下列条件：企业能够提供规定资金专项用途的资金拨付文件；财政部门或其他拨付资金的政府部门对该资金有专门的资金管理办法或具体管理要求；企业对该资金以及以该资金发生的支出单独进行核算。

（2）业务（1）应调减应纳税所得额500万元。

（3）国债转让成本的确定方法包括先进先出法、加权平均法、个别计价法，计价方法一经选用，不得随意改变。

（4）转让未到期国债，持有期间尚未兑付的国债利息收入，免征企业所得税。业务（2）应调减应纳税所得额20万元。

（5）接受无偿划转设备的计税基础为划出方资产净值即2 500万元。

（6）$400-400\times(1-5\%)\div(5\times12)\times6=400-38=362$（万元），业务（4）应调减应纳税所得额362万元。

（7）广告和业务宣传费限额$=80\ 000\times30\%=24\ 000$（万元），实际发生额未超过限额；但用于冠名的真人秀于2020年2月制作完成并播放，因此，2019年由于该条广告未播放，所以该部分支出不能在2019年企业所得税汇算清缴时扣除，应调增企业所得税应纳税所得额300万元。

（8）职工福利费扣除限额$=6\ 000\times14\%=$

840（万元），应调增应纳税所得额 60 万元；职工教育经费扣除限额 = 6 000 × 8% = 480（万元），应调增应纳税所得额 20 万元；职工工会经费扣除限额 = 6 000 × 2% = 120（万元），无须进行纳税调整；合计应调增的应纳税所得额 = 60 + 20 = 80（万元）。

（9）业务招待费的扣除限额 1 = 80 000 × 0.5% = 400（万元），业务招待费的扣除限额 2 = 800 × 60% = 480（万元），因此业务招待费可扣除 400 万元。应调增的应纳税所得额 = 800 − 400 = 400（万元）。

（10）金融机构借款合同应缴纳印花税，非金融机构借款无须缴纳印花税。

4 000 × 0.05‰ = 0.2（万元），业务（8）应调减的应纳税所得额为 0.2 万元。

（11）（1 200 + 1 800 + 3 000）−（4 000 + 2 000）− 600 = −600（万元），2019 年甲企业税前可弥补亏损为 600 万元。

（12）2019 年甲企业应缴纳的企业所得税税额 =（5 600 − 500 − 20 − 362 + 300 + 80 + 400 − 0.2 − 600）× 25% = 4 897.8 × 25% = 1 224.45（万元）。

重难点 2：居民企业核定征收应纳税额的计算★★

（一）核定征收企业所得税的范围

1. 依照法律、行政法规的规定可以不设置账簿的。

2. 依照法律、行政法规的规定应当设置但未设置账簿的。

3. 擅自销毁账簿或者拒不提供纳税资料的。

4. 虽设置账簿，但账目混乱或者成本资料、收入凭证、费用凭证残缺不全，难以查账的。

5. 发生纳税义务，未按规定期限申报，经税务机关责令限期申报，逾期不申报的。

6. 申报的计税依据明显偏低，又无正当理由的。

【小贴士】专门从事股权（股票）投资业务的企业，不得核定征收企业所得税。

（二）核定征收的方法

1. 核定应税所得率（定率），适用于能正确核算（查实）、合理计算推定纳税人的收入总额，或者能正确核算（查实）、合理计算推定纳税人的成本费用总额。

2. 核定税额（定额），适用于纳税人的收入总额和成本费用总额均不能查实和合理计算推定的情形。

【小贴士】税务机关采用下列方法核定征收企业所得税：

（1）参照当地同类行业或者类似行业中经营规模和收入水平相近的纳税人的税负水平核定。

（2）按照应税收入额或成本费用支出额定率核定。

（3）按照耗用的原材料、燃料、动力等推算或测算核定。

（4）按照其他合理方法核定。

【小贴士】采用上述所列一种方法不足以正确核定应纳税所得额或应纳税额的，可以同时采用**两种**以上的方法核定。采用两种以上方法测算的应纳税额不一致时，可按测算的应纳税额**从高**核定。

（三）应纳所得税额的计算（重要）

应纳税所得额 = 应税收入额 × 应税所得率

应纳税所得额 = 成本（费用）支出额 ÷（1 − 应税所得率）× 应税所得率

应纳所得税额 = 应纳税所得额 × 适用税率

【小贴士】实行应税所得率方式核定征收企业所得税的纳税人，经营多业的，无论其经营项目是否单独核算，均由税务机关根据其**主营项目**确定适用的应税所得率。

【小贴士】纳税人的生产经营范围、主营业务发生重大变化，或应纳税额增减变化达到 **20%** 的，应及时向税务机关申报调整已确定的应纳税额或应税所得率。

【小贴士】对采取应税所得率方式核定征收的企业，取得的转让股权（股票）收入，应全额计入应税收入额，按照主营项目（业务）确定适用的应税所得率计算征税。

【小贴士】“应税所得率”可理解为会计上的“利润率”。

【经典例题】

【例题·单选题】某小型微利企业，因无法准确核算成本支出，税务机关决定对其核定征收企业所得税，企业2020年收入总额为490万元，另外，7月取得股票转让收入10万元，转让成本7万元，核定应税所得率15%，该企业2020年应缴纳企业所得税（　　）万元。

A. 3.75　　B. 7.5

C. 15　　D. 16

【答案】A

【解析】（1）对采取应税所得率方式核定征收的企业，取得的转让股权（股票）收入，应全额计入应税收入额，按照主营项目（业务）确定适用的应税所得率计算征税。（2）该企业当年优惠前应纳税所得额 =（490 + 10）× 15% = 75（万元），优惠后应缴纳的企业所得税 = 70 × 25% × 20% = 3.75（万元）。

【例题·单选题】2020年某居民企业向主管税务机关申报应税收入总额120万元，成本费用支出总额127.5万元，全年亏损7.5万元。经税务机关检查，成本费用核算准确，但收入总额不能确定。税务机关对该企业采取核定征税办法，应税所得率为25%。2020年度该企业应缴纳企业所得税（　　）万元。

A. 10.07　　B. 10.15

C. 10.5　　D. 10.63

【答案】D

【解析】该企业应纳税所得额 = 127.5 ÷（1 − 25%）× 25% = 42.5（万元），应纳所得税额 = 42.5 × 25% = 10.63（万元）。

【例题·单选题】依据企业所得税核定征收办法的规定，纳税人的生产经营范围、主营业务发生重大变化，或应纳税额增减变化达到（　　）的，应及时向税务机关申报调整已确定的应纳税额或应税所得率。

A. 10%　　B. 20%

C. 30%　　D. 40%

【答案】B

【解析】纳税人的生产经营范围、主营业务发生重大变化，或者应纳税所得额或应纳税额增减变化达到20%的，应及时向税务机关申报调整已确定的应纳税额或应税所得率。

重难点3：非居民企业应纳税额的计算 ★★★

（一）基本规定

非居民企业在中国境内未设立机构、场所的，或者虽设立机构、场所但取得的所得与其所设机构、场所没有实际联系的，应当就其来源于中国境内的所得缴纳企业所得税。其应纳税所得额按照下列方法计算：

1. 股息、红利等权益性投资收益和利息、租金、特许权使用费所得，以收入全额为应纳税所得额。

2. 转让财产所得，以收入全额减除财产净值后的余额为应纳税所得额。

3. 其他所得，参照前两项规定的方法计算应纳税所得额。

（二）转让股权的税务处理

转让财产所得，包含转让股权等权益性投资资产（以下简称“股权”）的所得。

1. 股权转让收入减除股权净值后的余额，为股权转让所得应纳税所得额。

2. 股权转让收入，是指股权转让人转让股权所收取的对价，包括货币形式和非货币形式的各种收入。

3. 股权净值，是指取得该股权的计税基础。股权的计税基础，是股权转让人投资入股时向中国居民企业实际支付的出资成本，或购买该项股权时向该股权的原转让人实际支付的股权受让成本。

【小贴士】股权在持有期间发生减值或者增值，按照国务院财政、税务主管部门规定可以确认损益的，股权净值应进行相应调整。

【小贴士】多次投资或收购的同项股权被

部分转让的，从该项股权全部成本中按照转让比例计算确定被转让股权对应的成本。

【小贴士】企业在计算股权转让所得时，**不得扣除**被投资企业未分配利润等股东留存收益中按该项股权所可能分配的金额。

（三）扣缴企业所得税应纳税额的计算

扣缴企业所得税应纳税额 = 应纳税所得额 × 实际征收率

（四）其他相关规定

1. 扣缴义务人扣缴企业所得税的，应当按照扣缴义务**发生之日**人民币汇率中间价折合成人民币，计算非居民企业应纳税所得额。扣缴义务发生之日为相关款项**实际支付**或者**到期应支付**之日。

2. 取得收入的非居民企业，在主管税务机关责令限期缴纳税款前自行申报缴纳应源泉扣缴税款的，应当按照填开税收缴款书之日**前一日**人民币汇率中间价折合成人民币，计算非居民企业应纳税所得额。

3. 主管税务机关责令取得收入的非居民企业限期缴纳应源泉扣缴税款的，应当按照主管税务机关作出限期缴税决定之日前一日人民币汇率中间价折合成人民币，计算非居民企业应纳税所得额。

【举例】2020 年 5 月，甲有限公司向境外某非居民企业支付特许权使用费 100 万元，计算甲有限公司应扣缴的企业所得税税额。

【解析】应扣缴的企业所得税税额 = 100 ÷ (1 + 6%) × 10% = 9.43（万元）。

【经典例题】

【真题·多选题】（2008）在中国境内未设立机构、场所的非居民企业从中国境内取得的下列所得中，应按收入全额计算征收企业所得税的有(　　)。

A. 转让财产所得

B. 股息所得

C. 利息所得

D. 特许权使用费所得

【答案】BCD

【解析】选项 A，转让财产所得，以收入全额减除财产净值后的**余额**为应纳税所得额。

【真题·单选题】（2019）在中国境内未设立机构、场所的非居民企业，计算企业所得税应纳税所得额所用的下列方法中，符合税法规定的是(　　)。

A. 股息所得以收入全额为应纳税所得额

B. 财产转让所得以转让收入全额为应纳税所得额

C. 租金所得以租金收入减去房屋折旧为应纳税所得额

D. 特许权使用费所得以收入减去特许权摊销费用为应纳税所得额

【答案】A

【解析】选项 A、C、D，股息、红利等权益性投资收益和利息、租金、特许权使用费所得，以收入全额为应纳税所得额。选项 B，转让财产所得，以收入全额减除财产净值后的余额为应纳税所得额。

重难点 4：非居民企业的核定征收★★

【小贴士】本部分内容所涉及的非居民企业，可理解为有机构、场所的非居民企业。

非居民企业因会计账簿不健全，资料残缺难以查账，或者其他原因不能准确计算并据实申报其应纳税所得额的，税务机关有权采取一定方法核定其应纳税所得额。

（一）核定方法

1. 按**收入总额**核定应纳税所得额，适用于能够正确核算收入或通过合理方法推定收入总额，但不能正确核算成本费用的非居民企业。

应纳税所得额 = 收入总额 × 经税务机关核定的利润率

2. 按**成本费用**核定应纳税所得额，适用于能够正确核算成本费用，但不能正确核算收入总额的非居民企业。

应纳税所得额 = 成本费用总额 ÷ (1 − 经税务机关核定的利润率) × 经税务机关核定的利润率

3. 按**经费支出**换算收入核定应纳税所得额，适用于能够正确核算经费支出总额，但不能正确核算收入总额和成本费用的非居民企业。

应纳税所得额＝经费支出总额÷(1－经税务机关核定的利润率)×经税务机关核定的利润率

（二）利润率的确定

税务机关可按照以下标准确定非居民企业的利润率：

1. 从事承包工程作业、设计和咨询劳务的，利润率为15%～30%。

2. 从事管理服务的，利润率为30%～50%。

3. 从事其他劳务或劳务以外经营活动的，利润率不低于15%。

【小贴士】税务机关有根据认为，非居民企业的实际利润率明显高于上述标准的，可以按照比上述标准**更高的利润率**核定其应纳税所得额。

（三）特殊情况下（劳务收入）的核定方法

非居民企业与中国居民企业签订机器设备或货物销售合同，**同时**提供设备安装、装配、技术培训、指导、监督服务等劳务，但是其销售货物合同中**未列明**提供上述劳务服务收费金额，或者**计价不合理的**，主管税务机关可以根据实际情况，参照相同或相近业务的计价标准核定劳务收入。无参照标准的，以不低于销售货物合同总价款的**10%**为原则，确定非居民企业的劳务收入。

重难点5：房地产开发企业所得税预缴税款的处理★

房地产开发企业，按当年实际利润率据实分季（或月）预缴企业所得税的，对开发、建造的住宅、商业用房以及其他建筑物、附着物、配套设施等开发产品，在未完工前**采取预售方式销售取得的预售收入**，按照规定的**预计利润率**分季（或月）计算出**预计利润额**，计入**利润总额预缴**，开发产品完工、结算计税成本后按照实际利润再行调整。

第八单元　征收管理

重难点1：纳税地点★★

1. 居民企业的纳税地点。

除另有规定外，居民企业以企业**登记注册地**为纳税地点；但登记注册地在境外的，以**实际管理机构所在地**为纳税地点。

【小贴士】居民企业在中国境内设立不具有法人资格的营业机构的，应当汇总计算并缴纳企业所得税。

2. 非居民企业，以机构、场所所在地或扣缴义务人所在地为纳税地点。

重难点2：纳税期限★★

企业所得税**按年计征**，分月或者分季预缴，年终汇算清缴，多退少补。

1. 企业在一个纳税年度中间开业，或者由于合并、关闭等原因终止经营活动，使该纳税年度的实际经营期不足12个月的，应当以其实际经营期为1个纳税年度。

2. 企业依法清算，应以清算期间为1个纳税年度。

【小贴士】企业应当自**年度终了之日起5个月内**，向税务机关报送年度企业所得税纳税申报表，并汇算清缴，结清应缴应退税款。

【小贴士】企业在**年度中间终止经营活动的**，应当自**实际经营终止之日起60日内**，向税务机关办理当期企业所得税汇算清缴。

【经典例题】

【例题·单选题】某境内居民企业由于生产经营不善，于2020年5月停止生产经营，要办理注销登记。企业在注销前办理了2019年的企业所得税汇算清缴，调整后所得额为亏损200万元，至此，企业2015年的亏损还有100万元没有弥补。清算期弥补亏损前计算的清算所得为300万元。则该企业清算期间应缴纳的企业所得税为(　　)。

A. 100万元　　B. 0万元

C. 25万元　　D. 75万元

【答案】C

【解析】清算期间是独立的纳税年度，2015 年的 100 万元亏损，只能结转到 2020 年的汇算清缴期间弥补，而不能结转到清算期间弥补；清算期间的应纳税所得额 = 300 - 200 = 100（万元），应缴纳的企业所得税 = 100 × 25% = 25（万元）。

重难点 3：纳税申报★★

按月或按季预缴的，企业应当自**月份或者季度终了之日起 15 日内**，向税务机关报送预缴企业所得税纳税申报表，预缴税款。

【小贴士】企业在报送企业所得税纳税申报表时，应当按照规定附送财务会计报告和其他有关资料。

重难点 4：源泉扣缴★★

（一）扣缴义务人

1. 法定扣缴义务人：支付人为扣缴义务人。

支付人，是指依照有关法律规定或者合同约定，对非居民企业直接负有支付相关款项义务的单位和个人。

【小贴士】法定扣缴，是指基于非居民企业在我国境内**未设立**机构、场所却有来源于我国的所得，或虽然设立机构、场所，但所得与该机构场所**无实际联系**的情形，**适用税率 10%**。（有税收协定，按协定执行）

2. 指定扣缴义务人：税务机关可指定工程价款或劳务费支付人为扣缴义务人。

【小贴士】指定扣缴，是指基于非居民企业在我国境内**设立了**工程、劳务等机构、场所，但缺乏核算能力的情形，**适用税率 25%**。

（二）扣税时间

税款由扣缴义务人在每次支付或者**到期应支付时**，从支付或者到期应支付的款项中扣缴。

【小贴士】到期应支付的款项，是指纳税人按照**权责发生制**原则应当计入相关成本、费用的应付款项。

（三）入库申报时间

扣缴义务人每次代扣的税款，应自**代扣之日起 7 日内**缴入国库，并向所在地的税务机关报送扣缴企业所得税报告表。

重难点 5：跨地区经营汇总纳税企业所得税征收管理★

（一）基本原则与适用范围

1. 基本原则。

统一计算、分级管理、就地预缴、汇总清算、财政调库。

2. 适用范围。

适用范围为：在中国境内跨省（自治区、直辖市和计划单列市）设立不具有法人资格分支机构（另有规定的除外）的居民企业。

（二）具体规定

1. 汇总纳税企业汇总计算的企业所得税，包括预缴税款和汇算清缴应缴应退税款。

（1）汇总纳税企业当期应纳税额的 50% 在各分支机构之间分摊，各分支机构根据分摊税款就地办理缴库。

（2）汇总纳税企业当期应纳税额的 50% 由总机构分摊缴纳，其中 25% 就地办理缴库，25% 就地全额缴入中央国库。

2. 总分机构分摊税款的计算。

（1）总机构按以下公式计算分摊税款：

总机构分摊税款 = 汇总纳税企业当期应纳所得税额 × 50%

（2）分支机构按以下公式计算分摊税款：

所有分支机构分摊税款总额 = 汇总纳税企业当期应纳所得税额 × 50%

某分支机构分摊税款 = 所有分支机构分摊税款总额 × 该分支机构分摊比例

3. 分支机构分摊比例的计算。

（1）总机构在每月或每季度终了之日起 10 日内，按照**上年度**各省市分支机构的营业收入、职工薪酬和资产总额 **3 个因素**，将统一计算的企业当期应纳税额的 50% 在各分支机构之间进行分摊。分摊时 3 个因素权重依次为 **0.35、0.35 和 0.3**。

【小贴士】当年新设立的分支机构第 2 年起参与分摊；当年撤销的分支机构自办理注销

税务登记之日起不参与分摊。

【小贴士】三级及以下分支机构，其营业收入、职工薪酬和资产总额统一计入二级分支机构。

（2）某分支机构分摊比例的计算公式。

某分支机构分摊比例 =（该分支机构营业收入 ÷ 各分支机构营业收入之和）×0.35 +（该分支机构职工薪酬 ÷ 各分支机构职工薪酬之和）×0.35 +（该分支机构资产总额 ÷ 各分支机构资产总额之和）×0.3

【小贴士】公式中的分支机构，仅指需要参与就地预缴的分支机构。

【经典例题】

【例题·多选题】关于跨地区经营汇总纳税企业所得税征收管理，说法正确的有（　　）。

A. 实行“统一计算、分级管理、就地预缴、汇总清算、财政调库”原则

B. 50% 在各分支机构之间分摊，各分支机构根据分摊税款就地办理缴库；50% 由总机构分摊缴纳，其中 25% 就地办理缴库，25% 就地全额缴入中央国库

C. 分支机构分摊比例应考虑营业收入、职工薪酬和资产总额 3 个因素，3 个因素权重依次为 0.35、0.35 和 0.3

D. 当年新设立的分支机构第 2 年起参与分摊；当年撤销的分支机构自办理注销税务登记之日起不参与分摊

【答案】ABCD

【解析】以上选项均正确。

重难点 6：合伙企业所得税的征收管理★

（一）纳税人

合伙企业以每一个合伙人为纳税人。

合伙企业合伙人是自然人的，缴纳个人所得税；合伙人是法人和其他组织的，缴纳企业所得税。

（二）“先分后税”的原则

合伙企业生产经营所得和其他所得，采取“先分后税”的原则。生产经营所得和其他所得包括合伙企业分配给所有合伙人的所得**和企业当年留存的所得**。（利润）

（三）确定应纳税所得额的原则

合伙企业的生产经营所得和其他所得，按照下列方法确定各个合伙人应分配的应纳税所得额：

1. 按照合伙协议**约定**的分配比例确定应纳税所得额。

2. 合伙协议未约定或者约定不明确的，按照合伙人**协商**决定的分配比例确定应纳税所得额。

3. 协商不成的，按照合伙人**实缴**出资比例确定应纳税所得额。

4. 无法确定出资比例的，按照合伙人数量**平均**计算每个合伙人的应纳税所得额。

【小贴士】合伙协议不得约定将全部利润分配给部分合伙人。

（四）亏损抵减的规定

合伙企业的合伙人是法人和其他组织的，合伙人在计算其缴纳企业所得税时，不得用合伙企业的亏损抵减其盈利。

重难点 7：居民企业报告境外投资和所得信息的管理★

居民企业成立或参股外国企业，或处置已持有的外国企业股份或有表决权股份，符合下列情形之一，且按照中国会计制度可确认的，应当在办理企业所得税预缴申报时，向主管税务机关填报《居民企业参股外国企业信息报告表》：

1. 居民企业直接或间接持有外国企业股份或有表决权股份，达到 10%（含）以上。

2. 居民企业在被投资外国企业中，直接或间接持有的股份或有表决权股份自不足 10% 的状态改变为达到或超过 10% 的状态。

3. 居民企业在被投资外国企业中，直接或间接持有的股份或有表决权股份自达到或超过 10% 的状态改变为不足 10% 的状态。

【小贴士】非居民企业在境内设立机构、

场所，取得发生在境外但与其所设机构、场所**有实际联系**的所得的，参照上述规定报告相关信息。

重难点8：跨境电子商务综合试验区核定征收企业所得税★

自2020年1月1日起，对跨境电子商务综合试验区（简称“综试区”）内的跨境电商企业**核定**征收企业所得税。所称跨境电商企业，是指自建跨境电子商务销售平台或利用第三方跨境电子商务平台开展电子商务出口的企业。

1. 综试区内的跨境电商企业，同时符合下列条件的，试行核定征收企业所得税：

（1）在综试区注册，并在注册地跨境电子商务线上综合服务平台登记出口货物日期、名称、计量单位、数量、单价、金额的。

（2）出口货物通过综试区所在地海关，办理电子商务出口申报手续的。

（3）出口货物未取得有效进货凭证，其增值税、消费税享受免税政策的。

2. 综试区内核定征收的跨境电商企业应准确核算收入总额，并采用应税所得率方式核定征收企业所得税。**应税所得率统一按照4%确定**。

3. 综试区内实行核定征收的跨境电商企业，符合小型微利企业优惠政策条件的，可享受小型微利企业所得税优惠政策；其取得的收入属于免税收入的，可享受免税收入优惠政策。

【本章总结】

1. 本章学习的整体思路。

应纳税所得额＝收入总额－不征税收入－免税收入－各项扣除金额－允许弥补的以前年度亏损

实际应纳所得税额＝[（收入总额－不征税收入－免税收入）－各项扣除金额－允许弥补的以前年度亏损]×税率－企业所得税减免、抵免优惠税额－境外所得税抵免额

2. 以前年度，**综合题**之一必考企业所得税，重要程度不言而喻！对本章历年真题中的综合题，学员必须仔细研读。

3. 本章应掌握与熟悉的内容。

（1）掌握各项应税收入确认的规定。

（2）掌握税前各项扣除的规定，特别是有比例、有限额、有结转的规定。

（3）掌握税收优惠的内容。

（4）掌握应纳税所得额、应纳税额的计算。（间接法计算公式）

（5）熟悉不征税收入、免税收入的内容。

（6）熟悉资产的税务处理中“固定资产”部分的规定。

（7）熟悉企业重组中“特殊性税务处理”的规定。

（8）熟悉征收管理的内容。

4. 与其他章节及税种的关系。

（1）与第一章税法总论：企业所得税是中央与地方共享税。

（2）与第十二章国际税收税务管理实务部分内容联系紧密，学习中注意一并掌握。

（3）除可以抵扣的增值税、企业所得税外，其他税种（包括附加费）均可以在企业所得税税前直接或分期摊销扣除。

（4）与增值税：企业因存货等资产盘亏、毁损、报废、被盗等原因不得从增值税销项税额中抵扣的进项税额，可以与存货等资产损失一起在计算企业所得税应纳税所得额时扣除。

（5）与增值税、消费税（包括会计）：需要掌握两税种在“收入的时间确认”“视同销售的确认”等方面存在的差异。

（6）与个人所得税：结合掌握两个“所得税”相关的规定。

通关练习

一、单项选择题

1. 下列单位不属于企业所得税纳税人的是（　　）。

A. 在中国境内成立的法人企业

B. 在中国境内成立的个人独资企业

C. 依照外国法律成立但实际管理机构在中国境内的企业

D. 在中国境内未设立机构、场所，但有来源于中国境内所得的企业

2. 依照《企业所得税法》的规定，下列说法正确的是(　　)。

A. 在中国境内成立的企业只根据境内所得缴纳企业所得税

B. 依照外国法律成立的但实际管理机构在中国境内的企业只根据境内所得缴纳企业所得税

C. 非居民企业在中国境内设立机构、场所的，应当就其所设机构、场所取得的来源于中国境内的所得，以及发生在中国境外但与其机构、场所有实际联系的所得，缴纳企业所得税

D. 非居民企业在中国境内设立机构、场所的，但所得与其所设机构、场所没有实际联系的，可以不缴纳企业所得税

3. 依据企业所得税的相关规定，不动产转让所得来源地的判定标准是(　　)。

A. 交易活动发生地

B. 支付所得的企业或者机构、场所所在地

C. 转让不动产的企业或者机构、场所所在地

D. 不动产所在地

4. 依据《企业所得税法》的规定，股息、红利等权益性投资所得来源地的判定标准是(　　)。

A. 按照分配所得的企业所在地确定

B. 按照负担、支付所得的企业或者机构、场所所在地确定

C. 按照投资方所在地确定

D. 按照交易活动发生地确定

5. 依据《企业所得税法》的规定，下列说法不符合规定的是(　　)。

A. 企业转让股权收入，应于转让协议生效且完成股权变更手续时，确认收入的实现

B. 企业在计算股权转让所得时，可以扣除被投资企业未分配利润等股东留存收益中按该项股权所可能分配的金额

C. 被清算企业的股东分得的剩余资产的金额，其中相当于被清算企业累计未分配利润和累计盈余公积中按该股东所占股份比例计算的部分，应确认为股息所得

D. 被投资企业将股权（票）溢价所形成的资本公积转为股本的，不作为投资方企业的股息、红利收入，投资方企业也不得增加该项长期投资的计税基础

6. 以下关于企业所得税收入确认时间的表述中，正确的是(　　)。

A. 股息、红利等权益性投资收益，按照被投资方作出利润分配决定的日期确认收入的实现

B. 利息收入，按照实际收到利息的日期确认收入的实现

C. 接受捐赠收入，按照合同约定的捐赠日期确认收入的实现

D. 销售商品采取预收款方式的，在收到预收款时确认收入的实现

7. 下列属于企业内部处置资产的情形是(　　)。

A. 自建商品房转为自用

B. 自产产品用于交际应酬

C. 自产产品用于职工奖励

D. 自产产品用于市场推广

8. 2020 年 11 月，某居民企业转让代个人持有的解禁后的限售股，取得转让收入 510 万元，该限售股的原值是 100 万元，缴纳合理税费 6 万元。按照企业所得税的相关规定，该企业转让代个人持有的限售股应缴纳企业所得税(　　)万元。

A. 51　　　　B. 127.5

C. 102.5　　　　D. 101

9. 按照企业所得税的相关规定，下列说法中，不正确的是(　　)。

A. 销售商品以旧换新的，应当按照销售商品收入确认条件确认收入，回收的商品作为

购进商品处理

B. 销售商品涉及现金折扣的，现金折扣在实际发生时作为财务费用扣除

C. 销售商品采取“买一赠一”方式组合销售的，赠送的部分属于视同销售收入

D. 企业发生销售折让和销售退回，应当在发生当期冲减当期的销售商品收入

10. 下列收入不属于免税收入的是(　　)。

A. 国债利息收入

B. 符合条件的居民企业之间的股息、红利等权益性收益

C. 在中国境内设立机构、场所的非居民企业从居民企业取得与该机构、场所有实际联系的股息、红利等权益性投资收益（持有股票时间超过12个月）

D. 在中国境内不设立机构、场所的非居民企业从居民企业取得的股息、红利等权益性投资收益

11. 某居民企业购入中央政府发行的年利息率为4%的两年期国债1 000万元，持有180天时以1 050万元的价格转让。该企业就该笔交易计算的企业所得税应纳税所得额是(　　)万元。(不考虑其他税费)

A. 0　　B. 30

C. 30.27　　D. 50

12. 2018年8月，某上市公司对本公司10名高级管理人员实施股票期权激励政策，约定如在公司连续服务2年，即可以2元/股的价格购买本公司股票5 000股。2020年8月，10名高级管理人员全部行权，行权日股票收盘价30元/股。行权当年该上市公司企业所得税税前可作为工资、薪金支出扣除的金额是(　　)元。

A. 0　　B. 100 000

C. 1 500 000　　D. 1 400 000

13. 下列关于费用扣除的说法不正确的是(　　)。

A. 职工福利费支出，不超过工资、薪金总额14%的部分准予扣除

B. 工会经费，不超过工资、薪金总额2%的部分准予扣除

C. 职工教育经费，不超过工资、薪金总额8%的部分准予扣除，超过部分，准予在以后年度结转扣除

D. 企业参加财产保险缴纳的保险费，不得扣除

14. 某境内居民企业2020年度“财务费用”账户中利息金额为50万元，分别由以下业务产生：向银行借款的300万元资金用于生产用，贷款年限1年，年利率7%，借款利息21万元；向居民企业甲企业（与本企业无关联关系）借款290万元用于生产用，贷款期限1年，年利率10%，利息29万元。该企业2020年度在计算应纳税所得额时允许扣除的利息费用是(　　)万元。

A. 21　　B. 41.3

C. 50　　D. 59

15. 某生产企业2020年度取得销售自产货物收入7 000万元，出租房产收入500万元，当年管理费用中的业务招待费100万元，该企业当年度可在企业所得税税前扣除的业务招待费为(　　)万元。

A. 35　　B. 37.5

C. 60　　D. 100

16. 某化妆品销售企业2020年度取得销售化妆品收入8 000万元，包装物租金收入10万元，当年发生广告费和业务宣传费支出3 000万元，该企业当年度可在企业所得税税前扣除的广告费和业务宣传费支出为(　　)万元。

A. 1 200　　B. 1 201.5

C. 2 400　　D. 2 403

17. 2020年某居民企业主营业务收入6 000万元、其他业务收入500万元，与收入配比的成本5 100万元，全年费用和税金共计800万元，营业外支出70万元（其中含公益性捐赠支出60万元）。该企业当年无其他纳税调整事项，则2020年度该企业应缴纳企业所得税(　　)万元。

A. 132.5　　B. 133.3

C. 134.1　　D. 135

18. 下列有关固定资产计税基础的说法不

正确的是（　　）。

A. 外购的固定资产，以购买价款和支付的相关税费以及直接归属于使该资产达到预定用途发生的其他支出为计税基础

B. 自行建造的固定资产，以竣工结算前发生的支出为计税基础

C. 盘盈的固定资产，以同类固定资产的重置完全价值为计税基础

D. 通过捐赠、投资、非货币性资产交换、债务重组等方式取得的固定资产，以该资产的公允价值为计税基础

19. 下列关于生物资产的税务处理中，说法不正确的是（　　）。

A. 生产性生物资产按照直线法计算的折旧，准予扣除

B. 企业应当自生产性生物资产投入使用月份的次月起计算折旧

C. 停止使用的生产性生物资产，应当自停止使用月份的次月起停止计算折旧

D. 生产性生物资产计算折旧的最低年限是10年

20. 下列关于无形资产摊销的税务处理中，说法正确的是（　　）。

A. 自行开发的支出已在计算应纳税所得额时扣除的无形资产可以计算摊销费用扣除

B. 自创商誉可以计算摊销费用，在计算应纳税所得额时扣除

C. 无形资产的摊销，采取直线法计算

D. 无形资产的摊销年限不得低于5年

21. 关于长期待摊费用，下列说法不正确的是（　　）。

A. 已足额提取折旧的固定资产的改建支出，按照固定资产预计尚可使用年限分期摊销

B. 租入固定资产的改建支出，按照合同约定的剩余租赁期限分期摊销

C. 固定资产大修理支出，按照固定资产尚可使用年限分期摊销

D. 其他应当作为长期待摊费用的支出，自支出发生月份的当月起，分期摊销，摊销年限不得低于3年

22. 在计算企业所得税时，通过支付现金以外的方式取得的存货，以（　　）为成本。

A. 公允价值

B. 公允价值和支付的相关税费

C. 购买价款和支付的相关税费

D. 材料费、人工费和分摊的间接费用

23. 在计算企业所得税时，通过支付现金方式取得的投资资产，以（　　）为成本。

A. 购买价款

B. 购买价款和支付的相关税费

C. 公允价值

D. 公允价值和支付的相关税费

24. 关于投资资产的税务处理，下列说法不正确的是（　　）。

A. 企业对外投资期间，投资资产的成本在计算应纳税所得额时不得扣除

B. 企业在转让或者处置投资资产时，投资资产的成本准予扣除

C. 被投资企业发生的经营亏损，投资企业可将其确认为投资损失

D. 居民企业以非货币资产对外投资确认的非货币资产转让所得，可在不超过5年期限内，分期均匀计入相应年度的应纳税所得额，按规定计算缴纳企业所得税

25. 某生产企业（增值税一般纳税人）2020年12月因管理不善丢失一批10月份从一般纳税人处购进的已抵扣进项税额的原材料，账面成本10 000元（含一般纳税人提供运输服务收取的运费300元），相关责任人赔偿2 000元，该业务在企业所得税税前可扣除的损失金额为（　　）元。

A. 8 000　　B. 9 288

C. 10 000　　D. 12 000

26. 关于资产损失扣除政策，下列说法不正确的是（　　）。

A. 企业因存货盘亏、毁损、报废、被盗等原因不得从增值税销项税额中抵扣的进项税额，不允许与存货损失一起在计算应纳税所得额时扣除

B. 企业在计算应纳税所得额时已经扣除

的资产损失，在以后纳税年度全部或者部分收回时，其收回部分应当作为收入计入收回当期的应纳税所得额

C. 企业境内、境外营业机构发生的资产损失应分开核算

D. 对境外营业机构由于发生资产损失而产生的亏损，不得在计算境内应纳税所得额时扣除

27. 2019 年 11 月 A 企业以吸收方式合并 B 企业，合并业务符合特殊性税务处理的条件。合并时 B 企业净资产账面价值 2 200 万元，市场公允价值 2 500 万元，弥补期限内的亏损 170 万元，截至 2019 年末，国家发行的最长期限的国债利率为 5%。2019 年可以由 A 企业弥补的 B 企业的亏损额为(　　)万元。

A. 110　　B. 125

C. 130　　D. 170

28. 企业从事下列项目的所得，免征企业所得税的是(　　)。

A. 花卉的种植　　B. 茶的种植

C. 中药材的种植　　D. 海水养殖

29. 下列关于企业所得税的税收优惠政策，说法不正确的是(　　)。

A. 国家鼓励的集成电路线宽小于 28 纳米(含)，且经营期在 15 年以上的集成电路生产企业或项目，第 1 年至第 10 年免征企业所得税

B. 国家鼓励的集成电路线宽小于 65 纳米(含)，且经营期在 15 年以上的集成电路生产企业或项目，享受“五免五减半”企业所得税优惠政策

C. 国家鼓励的集成电路线宽小于 130 纳米（含），且经营期在 10 年以上的集成电路生产企业或项目，享受“三免三减半”企业所得税优惠政策

D. 国家鼓励的线宽小于 130 纳米（含）的集成电路生产企业，属于国家鼓励的集成电路生产企业清单年度之前 5 个纳税年度发生的尚未弥补完的亏损，准予向以后年度结转，总结转年限最长不得超过 10 年

30. 下列关于税收优惠的说法中，不正确的是(　　)。

A. 小型微利企业年应纳税所得额不超过 100 万元的部分，减按 25% 计入应纳税所得额，按 20% 的税率缴纳企业所得税；对年应纳税所得额超过 100 万元但不超过 300 万元的部分，减按 50% 计入应纳税所得额，按 20% 的税率缴纳企业所得税

B. 企业发生的研究开发费用，未形成无形资产计入当期损益的，在按规定据实扣除的基础上，再按照研究开发费用的 75% 加计扣除

C. 企业安置残疾人员的，在按照规定据实扣除的基础上，按照残疾职工工资的 100% 加计扣除

D. 创业投资企业采取股权投资方式直接投资于初创科技型企业满 2 年的，可以按照其投资额的 70% 在股权持有满 2 年的当年抵扣该创业投资企业的应纳税额

31. 2020 年 12 月，某企业（增值税一般纳税人）购进一台安全生产设备并投入使用（该设备属于《安全生产专用设备企业所得税优惠目录》列举的项目），取得增值税专用发票注明设备价款 200 万元、进项税额 26 万元，该企业当年可抵免企业所得税税额(　　)万元。

A. 20　　B. 26

C. 200　　D. 226

32. 企业以《资源综合利用企业所得税优惠目录》规定的资源作为主要原材料，生产国家非限制和禁止并符合国家和行业相关标准的产品取得的收入(　　)。

A. 减按 90% 计入收入总额

B. 减按 90% 计入应纳税所得额

C. 免征企业所得税

D. 减半计征企业所得税

33. 在中国境内未设立机构、场所的非居民企业 A 从中国境内企业 B 取得房屋租金收入 218 万元（含增值税），企业 A 应缴纳的预提所得税为(　　)万元。

A. 20　　B. 21.8

C. 50　　　　　　　　D. 54.5

34. 以下关于纳税地点的规定中，说法不正确的是(　　)。

A. 除税收法律、行政法规另有规定外，居民企业以企业登记注册地为纳税地点

B. 登记注册地在境外的，以实际管理机构所在地为纳税地点

C. 居民企业在中国境内设立不具有法人资格的营业机构的，应当汇总计算并缴纳企业所得税

D. 非居民企业在中国境内设立机构、场所，但取得的所得与其所设机构、场所没有实际联系的所得，以机构、场所所在地为纳税地点

35. 下列关于企业所得税征收管理的规定中，说法不正确的是(　　)。

A. 企业清算时，应当以清算期间作为1个纳税年度

B. 年度终了之日起5个月内，向税务机关报送年度企业所得税纳税申报表

C. 企业在年度中间终止经营活动的，应当自实际经营终止之日起30日内，向税务机关办理当期企业所得税汇算清缴

D. 按月或按季预缴的，应当自月份或者季度终了之日起15日内，向税务机关报送预缴企业所得税纳税申报表，预缴税款

36. 以下关于铁路债券和永续债企业所得税的处理中，不正确的是(　　)。

A. 企业投资者持有2019~2023年发行的铁路债券取得的利息收入、减半征收企业所得税

B. 企业发行符合规定条件的永续债，投资方取得的永续债利息收入应当依法纳税，发行方支付的永续债利息支出不得在企业所得税税前扣除

C. 发行方和投资方均为居民企业的，永续债利息收入免征企业所得税，发行方支付的永续债利息支出不得在企业所得税税前扣除

D. 发行永续债的企业对每一永续债产品的税收处理方法一经确定，不得变更

37. 企业通过公益性社会组织或者县级(含县级)以上人民政府及其组成部门和直属机构，用于目标脱贫地区的扶贫捐赠支出，在计算企业所得税应纳税额所得额时(　　)。

A. 不予扣除　　　B. 按标准扣除

C. 减半扣除　　　D. 据实扣除

38. 以下关于企业所得税的优惠政策说法正确的是(　　)。

A. 企业购置并使用规定的环保、节能节水、安全生产等专用设备，该设备投资额的40%可以从应纳税所得额中抵免

B. 创投企业从事国家需要扶持和鼓励的创业投资，可以按投资额的70%在当年应纳税所得额中抵免

C. 企业综合利用资源生产符合国家产业政策规定的产品取得的收入，可以在计算应纳税所得额的时候减计收入10%

D. 企业安置残疾人员所支付的工资，按照残疾人工资的50%加计扣除

39. 下列关于企业所得税征收管理的说法中，不正确的是(　　)。

A. 除另有规定外，居民企业以企业登记注册地为纳税地点

B. 企业清算时，应当以清算期间作为1个纳税年度

C. 企业自年度终了之日起4个月内，向税务机关报送年度企业所得税纳税申报表，并汇算清缴，结清应缴应退税款

D. 总分机构统一计算的当期应纳税额的地方分享部分中，25%由总机构所在地分享，50%由各分支机构所在地分享，25%按一定比例在各地间进行分配

二、多项选择题

1. 依据《企业所得税法》的规定，下列企业属于我国企业所得税纳税人的有(　　)。

A. 在中国境内成立的私营企业

B. 依照外国法律成立但实际管理机构在中国境内的企业

C. 依照外国法律成立且实际管理机构不在中国境内，但在中国境内设立机构、场所的企业

D. 依照外国法律成立且未在中国境内设立机构，但有来源于中国境内所得的企业

2. 依据企业所得税的相关规定，下列对所得来源地的确定中，说法正确的有(　　)。

A. 动产转让所得按照动产所在地确定

B. 权益性投资资产转让所得按照被投资企业所在地确定

C. 股息、红利等权益性投资所得，按照分配所得的企业所在地确定

D. 利息所得、租金所得、特许权使用费所得，按照负担、支付所得的企业或者机构、场所所在地确定

3. 关于收入确认时间的规定，下列说法中正确的有(　　)。

A. 租金收入，按照合同约定的承租人应付租金的日期确认收入的实现

B. 以分期收款方式销售货物的，按照合同约定的收款日期确认收入的实现

C. 采取产品分成方式取得收入的，按照企业分得产品的日期确认收入的实现

D. 企业受托加工制造大型机械设备、船舶、飞机，持续时间超过 12 个月的，制造完成后确认收入

4. 下列情形中属于视同销售、应缴纳企业所得税的有(　　)。

A. 将资产在总机构及其分支机构之间转移（机构均在境内）

B. 将资产用于交际应酬

C. 将资产用于股息分配

D. 将资产用于加工另一产品

5. 关于非货币性资产投资的企业所得税处理，说法正确的有(　　)。

A. 居民企业以非货币性资产对外投资确认的非货币性资产转让所得，可在不超过 5 年期限内，分期均匀计入相应年度的应纳税所得额，按规定计算缴纳企业所得税

B. 企业以非货币性资产对外投资，应于投资协议生效并办理股权登记手续时，确认非货币性资产转让收入的实现

C. 被投资企业取得非货币性资产的计税基础，应按非货币性资产的公允价值确定

D. 企业在对外投资 5 年内转让上述股权或收回投资的，应停止执行递延纳税政策

6. 下列关于销售收入的表述中，正确的有(　　)。

A. 采用售后回购方式销售商品的，销售的商品按售价确认收入，回购的商品作为购进商品处理

B. 销售商品以旧换新的，按实际收到的差价确认收入

C. 销售商品涉及商业折扣的，应当按照扣除商业折扣后的金额确定销售商品收入金额

D. 企业发生销售折让和销售退回，应当在发生当期冲减当期销售商品收入

7. 确定企业所得税税前扣除项目时应遵循的原则有(　　)。

A. 合理性原则　　B. 确定性原则

C. 配比原则　　D. 联系性原则

8. 下列税金中，准予在企业所得税税前扣除的有(　　)。

A. 可抵扣的增值税

B. 企业所得税

C. 土地增值税

D. 房产税

9. 下列各项中，属于企业所得税工资、薪金支出范围的有(　　)。

A. 季节工的工资　B. 临时工的工资

C. 实习生的工资　D. 雇员的年终加薪

10. 下列关于费用扣除的规定，说法正确的有(　　)。

A. 福利部门工作人员的工资、薪金应计入企业职工福利费支出

B. 企业拨缴的工会经费，不超过工资、薪金总额 2% 的部分准予扣除，超过部分准予在以后纳税年度结转扣除

C. 软件生产企业发生的职工教育经费中的职工培训费用，可以全额在企业所得税税前扣除

D. 企业按照标准为职工缴纳的“五险一金”准予扣除

11. 企业在生产经营活动中发生的下列利息支出，准予税前据实扣除的有(　　)。

A. 非金融企业向非金融企业借款的利息支出

B. 企业经批准发行债券的利息支出

C. 金融企业的各项存款利息支出

D. 金融企业的同业拆借利息支出

12. 根据《企业所得税法》的规定，下列借款费用应资本化的有(　　)。

A. 企业为建造固定资产发生借款的，在固定资产交付使用后发生的借款利息

B. 企业为购置无形资产发生借款的，在该资产购置期间发生的合理的借款费用

C. 企业通过发行债券融资而发生的合理的费用支出，符合资本化条件的，应计入相关资产成本

D. 为经过12个月以上的建造才能达到预定可销售状态的存货发生借款的，在该存货建造期间发生的合理的借款费用

13. 依据企业所得税的相关规定，发生的广告费和业务宣传费可按当年销售（营业）收入30%的限制比例扣除的企业有(　　)。

A. 化妆品制造企业

B. 化妆品销售企业

C. 医药销售企业

D. 酒类制造企业

14. 在计算企业所得税时，下列支出允许在税前扣除的有(　　)。

A. 合理的会议费

B. 企业支付的违约金

C. 企业转让各类固定资产发生的费用

D. 企业的赞助支出

15. 纳税人在计算企业所得税应纳税所得额时，不得在税前扣除的项目有(　　)。

A. 向投资者支付的股息、红利

B. 未经核定的资产减值准备

C. 司法机关处以的罚金

D. 企业内营业机构之间支付的租金

16. 以下符合固定资产计税基础的规定的有(　　)。

A. 外购的固定资产，以购买价款和支付的相关税费以及直接归属于使该资产达到预定用途发生的其他支出为计税基础

B. 自行建造的固定资产，以竣工结算前发生的支出为计税基础

C. 盘盈的固定资产，以同类固定资产的重置完全价值为计税基础

D. 通过债务重组方式取得的固定资产，以该资产的公允价值和支付的相关税费为计税基础

17. 下列固定资产不得计算折旧扣除的有(　　)。

A. 未投入使用的房屋

B. 与经营活动无关的固定资产

C. 单独估价作为固定资产入账的土地

D. 以融资租赁方式租出的固定资产

18. 以下各项中，属于最低折旧年限为10年的固定资产有(　　)。

A. 飞机　　B. 轮船

C. 房屋　　D. 家具

19. 生产性生物资产，是指为产出农产品、提供劳务或者出租等目的而持有的生物资产，包括(　　)。

A. 经济林　　B. 产畜

C. 用材林　　D. 水土保持林

20. 下列关于无形资产摊销的相关规定中，说法正确的有(　　)。

A. 无形资产的摊销，采取直线法计算

B. 无形资产的摊销年限不得低于10年

C. 自创商誉，可以计算摊销费用在税前扣除

D. 外购商誉的支出，在企业整体转让或者清算时，准予扣除

21. 下列支出可作为长期待摊费用进行税务处理的有(　　)。

A. 未提足折旧的固定资产改建支出

B. 租入固定资产的改建支出

C. 固定资产的大修理支出

D. 其他应当作为长期待摊费用的支出

22. 企业使用或者销售存货的成本计算方

法，可以在(　　)中选用一种。

A. 先进先出法　　B. 加权平均法

C. 先进后出法　　D. 个别计价法

23. 下列关于投资企业从被投资企业撤回或减少投资的税务处理中，符合规定的有(　　)。

A. 取得的资产中，相当于初始出资的部分，应确认为投资收回

B. 取得的资产中，相当于被投资企业累计未分配利润和累计盈余公积按减少实收资本比例计算的部分，应确认为股息所得

C. 被投资企业发生的经营亏损，投资企业可将其确认为投资损失

D. 被投资企业发生的经营亏损，投资企业可以调整减低其投资成本

24. 企业所得税税前可扣除的企业资产损失有(　　)。

A. 现金损失　　B. 坏账损失

C. 股权投资损失　　D. 贷款损失

25. 企业从事下列项目的所得，可以享受企业所得税免税政策的有(　　)。

A. 水果的种植

B. 农作物新品种的选育

C. 远洋捕捞

D. 海水养殖

26. 企业下列项目的所得减半征收企业所得税的有(　　)。

A. 茶的种植　　B. 内陆养殖

C. 牲畜饲养　　D. 林木种植

27. 按照规定可以享受15%的企业所得税优惠税率的企业包括(　　)。

A. 高新技术企业

B. 技术先进型服务企业

C. 小型微利企业

D. 在中国境内不设立机构、场所的非居民企业

28. 在中国境内未设立机构、场所的非居民企业从中国境内取得的下列所得，应按不含增值税收入全额计算征收企业所得税的有(　　)。

A. 特许权使用费所得

B. 利息所得

C. 租金所得

D. 转让财产所得

29. 以下关于企业所得税纳税申报的说法正确的有(　　)。

A. 企业按月或按季预缴的，应当自月份或季度终了之日起15日内，向税务机关报送预缴企业所得税纳税申报表，预缴税款

B. 企业在报送纳税申报表时，应当按照规定附送财务会计报告和其他有关资料

C. 依照《企业所得税法》缴纳的企业所得税，可以以外币计算

D. 企业在纳税年度内亏损，可以不用报送纳税申报表

30. 根据企业所得税的相关规定，以下说法正确的有(　　)。

A. 合伙企业合伙人是自然人的，缴纳个人所得税；合伙人是法人和其他组织的，缴纳企业所得税

B. 合伙企业生产经营所得和其他所得采取“先分后税”的原则

C. 合伙企业的合伙人对合伙企业的生产经营所得和其他所得，按照合伙人实缴出资比例确定应纳税所得额

D. 合伙企业的合伙人是法人和其他组织的，合伙人在计算其缴纳企业所得税时，可以用合伙企业的亏损抵减其盈利

31. 根据企业所得税税收优惠的相关规定，下列表述正确的有(　　)。

A. 企业承包经营国家重点扶持的公共基础设施项目，自项目取得第一笔生产经营收入所属纳税年度起，享受企业所得税“三免三减半”优惠

B. 公共污水处理项目的所得，自项目取得第一笔生产经营收入所属纳税年度起，享受企业所得税“三免三减半”优惠

C. 企业综合利用资源，生产符合国家产业政策规定的产品所取得的收入，减按70%计入收入总额

D. 居民企业从直接或间接持有股权之和达到100%的关联方取得的技术转让所得，不

享受技术转让减免企业所得税优惠政策

（三）综合题

1. 某饮料生产企业2020年全年取得主营业务收入8 000万元、其他业务收入1 500万元、营业外收入800万元、投资收益1 210万元，发生主营业务成本4 000万元、其他业务成本450万元、营业外支出600万元、可以扣除的相关税金及附加430万元、销售费用1 000万元、管理费用680万元、财务费用50万元，当年涉及的需要进行纳税调整的业务如下：

（1）计入成本费用的实际发放的职工工资2 000万元（含临时工工资50万元）。发生职工福利费支出300万元，拨缴工会经费50万元并取得专用收据，发生职工教育经费支出180万元。

（2）发生与企业生产经营业务相关的业务招待费支出100万元。

（3）发生广告费支出700万元，以前年度累计结转至本年的广告费扣除额为300万元。

（4）当年到期的国债利息收入300万元。

（5）实际发生的研究开发经费100万元，未形成无形资产，据实计入管理费用。

（6）取得股息500万元，其中含来自境内60%持股子公司（非上市居民企业）的股息200万元；来自A国100%持股子公司的股息300万元（不考虑预提所得税），A国子公司已在所在国缴纳了企业所得税，海外适用的企业所得税税率为15%。

（7）营业外支出中包括企业公益性捐赠100万元，直接向某灾区捐赠50万元。

（其他相关资料：除非特别说明，各扣除项目均已取得有效凭证，相关优惠及税收抵免已办理必要手续，不考虑税收协定的影响。）

要求：根据上述资料，按照下列顺序计算回答问题，如有计算需计算出合计数。

（1）计算业务（1）应调整的应纳税所得额。

（2）计算业务（2）应调整的应纳税所得额。

（3）计算业务（3）应调整的应纳税所得额。

（4）计算业务（4）应调整的应纳税所得额。

（5）计算业务（5）应调整的应纳税所得额。

（6）计算业务（6）应调整的境内应纳税所得额、境外已纳所得税款总额、当年抵免限额。

（7）计算业务（7）应调整的应纳税所得额。

（8）计算该企业当年应缴纳的企业所得税额。

2. 位于我国境内某市的一家高新技术企业，2020年度有关经营情况如下：

（1）全年取得销售产品的不含税收入8 000万元，房屋出租取得不含税收入500万元。

（2）全年购进原材料取得增值税专用发票，原材料价税合计640万元，其进项税额进行了抵扣；购进并使用节能生产专用设备（属于《节能节水专用设备企业所得税优惠目录》规定的范围）取得增值税专用发票，注明价款70万元、进项税额9.1万元，进行了抵扣。

（3）计入成本、费用中的实发工资为700万元、实际拨缴工会经费15万元并取得专用票据，发生职工福利费支出100万元、职工教育经费支出60万元。

（4）全年发生销售成本3 980万元。

（5）全年发生销售费用1 500万元，其中含广告费1 300万元。

（6）全年发生管理费用700万元，其中含新技术研究开发费430万元、与生产经营有关的业务招待费80万元。

（7）全年发生财务费用200万元，其中50万元为购进原材料向银行贷款的利息支出；150万元为向某企业（非关联企业）借款6个月用于生产经营的3 000万元的利息支出，金融机构同期同类贷款年利率为7%。

（8）全年发生营业外支出200万元，其中支付合同违约金6万元，由于违反规定被相关部门处以罚款10万元。

（其他相关资料：该企业产品增值税税率13%，城市维护建设税税率7%，教育费附加征收比率3%，地方教育附加征收比率2%，不考虑其他税费。）

要求：根据上述资料，按照下列顺序计算回答问题，如有计算需计算出合计数。

（1）计算当年该企业可扣除的城市维护建设税、教育费附加和地方教育附加的合计金额。

（2）计算当年该企业实现的会计利润。

（3）计算当年该企业应缴纳的企业所得税税额。

通关练习答案及解析

一、单项选择题

1.【答案】B

【解析】选项B，个人独资企业、合伙企业不适用《企业所得税法》，需要缴纳个人所得税。选项A、C属于我国居民企业，选项D属于非居民企业。

2.【答案】C

【解析】选项A、B属于居民纳税人，境内外所得都需缴税。选项D，非居民企业在中国境内设立机构、场所的，但取得的所得与其所设机构、场所没有实际联系的，应当就其来源于中国境内的所得缴纳企业所得税。

3.【答案】D

【解析】不动产转让所得按照不动产所在地确定；销售货物所得，按照交易活动发生地确定；利息所得、租金所得、特许权使用费所得，按照负担、支付所得的企业或者机构、场所所在地确定。

4.【答案】A

【解析】股息、红利等权益性投资所得、按照分配所得的企业所在地确定。

5.【答案】B

【解析】企业在计算股权转让所得时，不得扣除被投资企业未分配利润等股东留存收益中按该项股权所可能分配的金额。

6.【答案】A

【解析】选项B，利息收入按照合同约定的债务人应付利息的日期确认收入的实现。选项C，接受捐赠收入，按照实际收到捐赠自产的日期确认收入的实现。选项D，销售商品采取预收款方式的，在发出商品时确认收入。

7.【答案】A

【解析】选项B、C、D视同销售确定收入，选项A的资产所有权没有发生改变，作为内部处置资产，不视同销售确认收入。

8.【答案】D

【解析】企业转让限售股，是以限售股转让收入扣除限售股原值和合理税费后的余额为该限售股转让所得。该企业转让代个人持有的限售股应缴纳的企业所得税 =（510 − 100 − 6）× 25% = 101（万元）。

9.【答案】C

【解析】企业以“买一赠一”方式组合销售本企业商品的，不属于捐赠，应将总的销售金额按各项商品的公允价值的比例来分摊确认各项的销售收入。

10.【答案】D

【解析】免税收入包括：国债利息收入；符合条件的居民企业之间的股息、红利等权益性收益；在中国境内设立机构、场所的非居民企业从居民企业取得的与该机构、场所有实际联系的股息、红利等权益性投资收益（持有股票时间超过12个月）；符合条件的非营利性组织的收入。

11.【答案】C

【解析】国债利息收入 = 国债金额 ×（适用年利率 ÷ 365）× 持有天数 = 1 000 ×（4% ÷ 365）× 180 = 19.73（万元）；国债利息收入免税，转让收入应计入应纳税所得额。该笔交易的应纳税所得额 = 1 050 − 19.73 − 1 000 =

30.27（万元）。

12.【答案】D

【解析】对股权激励计划实行后，需待一定服务年限或者达到规定业绩条件（以下简称“等待期”）方可行权的，上市公司等待期内会计上计算确认的相关成本费用，不得在对应年度计算缴纳企业所得税时扣除。在股权激励计划可行权后，上市公司方可根据该股票实际行权时的公允价格与当年激励对象实际行权支付价格的差额及数量，计算确定作为当年上市公司工资、薪金支出，依照税法规定进行税前扣除。应扣除的金额 =（30 − 2）× 10 × 5 000 = 1 400 000（元）。

13.【答案】D

【解析】选项 D，企业参加财产保险，按照规定缴纳的保险费，准予扣除。企业为投资者或者职工支付的商业保险费，不得扣除。

14.【答案】B

【解析】非金融企业向金融企业借款的利息支出可据实扣除，非金融企业向非金融企业借款的利息支出，不超过按照金融企业同期同类贷款利率计算的数额部分可据实扣除，超过部分不许扣除，所以本题允许扣除的利息费用 = 21 + 290 × 7% = 41.3（万元）。

15.【答案】B

【解析】业务招待费税前扣除限额 1 =（7 000 + 500）× 5‰ = 37.5（万元），业务招待费税前扣除限额 2 = 100 × 60% = 60（万元），所以税前可扣除的业务招待费为 37.5 万元。

16.【答案】D

【解析】化妆品制造或销售、医药制造和饮料制造（不含酒类制造）企业发生的广告费和业务宣传费支出，不超过当年销售（营业）收入 30% 的部分，准予扣除；超过部分，准予在以后纳税年度结转扣除。该企业当年发生的广告费和业务宣传费扣除限额 =（8 000 + 10）× 30% = 2 403（万元），小于 3 000 万元，所以税前可扣除的广告费和业务宣传费为 2 403 万元。

17.【答案】D

【解析】企业发生的公益性捐赠支出，不超过年度利润总额 12% 的部分，准予在当年税前扣除。扣除限额 =（6 000 + 500 − 5 100 − 800 − 70）× 12% = 530 × 12% = 63.6（万元），大于 60 万元，公益性捐赠不需要调整。当年应纳税所得额 = 530 + 10 = 540（万元），当年应缴纳的企业所得税 = 540 × 25% = 135（万元）。

18.【答案】D

【解析】通过捐赠、投资、非货币性资产交换、债务重组等方式取得的固定资产，以该资产的公允价值和支付的相关税费为计税基础。

19.【答案】D

【解析】生产性生物资产计算折旧的最低年限：林木类生产性生物资产为 10 年，畜类生产性生物资产为 3 年。

20.【答案】C

【解析】选项 A、B 不得计算摊销费用扣除，不得计算摊销费用扣除还包括：与经营活动无关的无形资产、其他不得计算摊销费用扣除的无形资产。选项 D，无形资产的摊销年限不得低于 10 年。

21.【答案】D

【解析】其他应当作为长期待摊费用的支出，自支出发生月份的次月起，分期摊销，摊销年限不得低于 3 年。

22.【答案】B

【解析】按照《企业所得税法》的规定，通过支付现金以外的方式取得的存货，以存货的公允价值和支付的相关税费为成本。

23.【答案】A

【解析】通过支付现金方式取得投资资产，以购买价款为成本；通过支付现金以外的方式取得的投资资产，以该资产的公允价值和支付的相关税费为成本。

24.【答案】C

【解析】被投资企业发生的经营亏损，由被投资企业按规定结转弥补；投资企业不得调整减低其投资成本，也不得将其确认为投资损失。

25. 【答案】B

【解析】企业因存货盘亏、毁损、被盗等原因不得从销项税额中抵扣的进项税额，准予和存货损失一起税前扣除。不得抵扣的进项税额 = (10 000 - 300) × 13% + 300 × 9% = 1 288（元），税前扣除的损失金额 = 10 000 + 1 288 - 2 000 = 9 288（元）。

26. 【答案】A

【解析】企业因存货盘亏、毁损、报废、被盗等原因不得从增值税销项税额中抵扣的进项税额，可以与存货损失一起在计算应纳税所得额时扣除。

27. 【答案】B

【解析】可由合并企业弥补的被合并企业的亏损限额为被合并企业净资产的公允价值 × 截至合并业务发生当年年末国家发行的最长期限的国债利率。A 企业弥补的 B 企业的亏损额 = 2 500 × 5% = 125（万元）。

28. 【答案】C

【解析】选项 A、B、D 减半征收企业所得税，选项 C 免征企业所得税。

29. 【答案】C

【解析】选项 C，国家鼓励的集成电路线宽小于 130 纳米（含），且经营期在 10 年以上的集成电路生产企业或项目，享受企业所得税"两免三减半"优惠。

30. 【答案】D

【解析】创业投资企业采取股权投资方式直接投资于初创科技型企业满 2 年的，可以按照其投资额的 70% 在股权持有满 2 年的当年抵扣该创业投资企业的应纳税所得额；当年不足抵扣的，可以在以后纳税年度结转抵扣。

31. 【答案】A

【解析】企业购置并实际使用规定的环境保护、节能节水、安全生产等专用设备的，该专用设备的投资额的 10% 可以从企业当年的应纳税额中抵免；当年不足抵免的，可以在以后 5 个纳税年度结转抵免。可抵免的企业所得税税额 = 200 × 10% = 20（万元）。

32. 【答案】A

【解析】企业以《资源综合利用企业所得税优惠目录》规定的资源作为主要原材料，生产国家非限制和禁止并符合国家和行业相关标准的产品取得的收入，减按 90% 计入收入总额。

33. 【答案】A

【解析】在中国境内未设立机构、场所或虽设立机构、场所，但取得的所得与该机构、场所没有实际联系的非居民企业，取得的来源于中国境内的股息、利息、租金、特许权使用费所得，均应就其收入全额征收预提所得税，税率是 10%。A 企业应缴纳的预提所得税 = 218 ÷ (1 + 9%) × 10% = 20（万元）。

34. 【答案】D

【解析】非居民企业在中国境内设立机构、场所但取得的所得与其所设机构、场所没有实际联系的所得，以扣缴义务人所在地为纳税地点。

35. 【答案】C

【解析】企业在年度中间终止经营活动的，应当自实际经营终止之日起 60 日内，向税务机关办理当期企业所得税汇算清缴。

36. 【答案】B

【解析】企业发行符合规定条件的永续债，投资方取得的永续债利息收入应当依法纳税，发行方支付的永续债利息支出准予在其企业所得税税前扣除。

37. 【答案】D

【解析】企业通过公益性社会组织或者县级（含县级）以上人民政府及其组成部门和直属机构，用于目标脱贫地区的扶贫捐赠支出，准予在计算企业所得税应纳税额所得额时据实扣除。

38. 【答案】C

【解析】选项 A，企业购置并使用规定的环保、节能节水、安全生产等专用设备，该设备投资额的 10% 可以从应纳税额中抵免，当年不足抵免的，可以在以后 5 个纳税年度结转抵免。选项 B，创业投资企业采取股权投资方式投资于未上市的中小高新技术企业 2 年以上的，可以按照其投资额的 70% 在股权持有满 2 年的当年抵扣该创业投资企业的应纳税所得额；当年不足抵扣的，可以在以后纳税年度结转抵扣。选项 D，企业安置残疾人员，所支付的工资，按照残疾人工资的 100% 加计扣除。

39. 【答案】 C

【解析】 企业应当自年度终了之日起 5 个月内，向税务机关报送年度企业所得税纳税申报表，并汇算清缴，结清应缴应退税款。

二、多项选择题

1. 【答案】 ABCD

【解析】 企业所得税的纳税人分为居民企业和非居民企业。居民企业，是指依法在中国境内成立，或者依照外国（地区）法律成立但实际管理机构在中国境内的企业；非居民企业，是指依照外国（地区）法律成立且实际管理机构不在中国境内，但在中国境内设立机构、场所的，或者在中国境内未设立机构、场所，但有来源于中国境内所得的企业。

2. 【答案】 BCD

【解析】 动产转让所得按照转让动产的企业或者机构、场所所在地确定；不动产转让所得按照不动产所在地确定。

3. 【答案】 ABC

【解析】 选项 D，企业受托加工制造大型机械设备、船舶、飞机，持续时间超过 12 个月的，按照纳税年度内完工进度或者完成的工作量确认收入的实现。

4. 【答案】 BC

【解析】 选项 A、D 属于内部处置资产，不视同销售确认收入。

5. 【答案】 ABCD

【解析】 选项 A、B、C、D 都属于正确答案。

6. 【答案】 ACD

【解析】 选项 B，销售商品以旧换新的，销售商品应当按照销售商品收入确认条件确认收入，回收的商品作为购进商品处理。

7. 【答案】 ABC

【解析】 税前扣除项目时应遵循的原则有权责发生制原则、配比原则、相关性原则、确定性原则、合理性原则。

8. 【答案】 CD

【解析】 企业发生的除企业所得税和允许抵扣的增值税以外的各项税金及其附加准予税前扣除。

9. 【答案】 ABCD

【解析】 选项 A、B、C、D 都属于正确答案。

10. 【答案】 ACD

【解析】 选项 B，企业拨缴的工会经费，不超过工资、薪金总额 2% 的部分准予扣除，超过部分不准结转。

11. 【答案】 BCD

【解析】 选项 A，非金融企业向非金融企业借款的利息支出，不超过按照金融企业同期同类贷款利率计算的数额的部分可据实扣除，超过部分不许扣除。

12. 【答案】 BCD

【解析】 企业为购置、建造固定资产、无形资产和经过 12 个月以上的建造才能达到预定可销售状态的存货发生借款的，在有关资产购置、建造期间发生的合理的借款费用，应当作为资本性支出计入有关资产的成本；有关资产交付使用后发生的借款利息，可在发生当期扣除。

13. 【答案】 AB

【解析】 化妆品制造或销售、医药制造和饮料制造（不含酒类制造）企业发生的广告费和业务宣传费支出，不超过当年销售（营业）收入 30% 的部分，准予扣除。

14. 【答案】 ABC

【解析】 选项 D，企业的赞助支出不允许在税前扣除。

15. 【答案】 ABCD

【解析】 选项 A、B、C、D 都属于正确答案。

16. 【答案】 ABCD

【解析】 选项 A、B、C、D 都属于正确答案。

17.【答案】BCD

【解析】房屋、建筑物以外未投入使用的固定资产不得计算折旧扣除，房屋、建筑物未投入使用，准予计算折旧扣除。

18.【答案】AB

【解析】选项C，房屋最低折旧年限为20年。选项D，家具最低折旧年限5年。

19.【答案】AB

【解析】选项C，用材林属于消耗性生物资产。选项D，水土保持林属于公益性生物资产。

20.【答案】ABD

【解析】选项C，自创商誉，不得计算摊销费用扣除。

21.【答案】BCD

【解析】企业发生的下列支出作为长期待摊费用，按照规定摊销的，准予扣除：(1)已足额提取折旧的固定资产的改建支出；(2)租入固定资产的改建支出；(3)固定资产的大修理支出；(4)其他应当作为长期待摊费用的支出。

22.【答案】ABD

【解析】存货的成本计算方法，可以在先进先出法、加权平均法、个别计价法中选用一种。计价方法一经选用，不得随便变更。

23.【答案】AB

【解析】投资企业从被投资企业撤回或减少投资，其取得的资产中，相当于初始出资的部分，应确认为投资收回；相当于被投资企业累计未分配利润和累计盈余公积按减少实收资本比例计算的部分，应确认为股息所得；其余部分确认为投资资产转让所得。被投资企业发生的经营亏损，由被投资企业按规定结转弥补；投资企业不得调整减低其投资成本，也不得将其确认为投资损失。

24.【答案】ABCD

【解析】资产损失，是指企业在生产经营活动中实际发生的、与取得应税收入有关的资产损失，包括现金损失、存款损失、坏账损失、贷款损失、股权投资损失、固定资产和存货的盘亏、毁损、报废、被盗损失、自然灾害等不可抗力因素造成的损失以及其他损失。

25.【答案】ABC

【解析】选项D，海水养殖减半征收企业所得税。

26.【答案】AB

【解析】选项C、D享受免征企业所得税的优惠。

27.【答案】AB

【解析】选项C，小微企业适用20%税率。选项D，中国境内不设立机构、场所的非居民企业减按10%的税率征收企业所得税。

28.【答案】ABC

【解析】选项D，转让财产所得，以收入全额减除财产净值后的余额为应纳税所得额。

29.【答案】AB

【解析】选项C，依照《企业所得税法》缴纳的企业所得税，以人民币计算。所得以人民币以外的货币计算的，应当折合成人民币计算并缴纳税款。选项D，企业在纳税年度内无论盈利或者亏损，都应当在规定的期限内，向税务机关报送预缴企业所得税申报表、年度企业所得税纳税申报表、财务会计报告和税务机关规定应当报送的其他有关资料。

30.【答案】AB

【解析】选项C，合伙企业的合伙人以合伙企业的生产经营所得和其他所得，按照合伙协议约定的分配比例确定应纳税所得额。合伙协议未约定或者约定不明确的，以全部生产经营所得和其他所得，按照合伙人协商决定的分配比例确定应纳税所得额。协商不成的，以全部生产经营所得和其他所得，按照合伙人实缴出资比例确定应纳税所得额。无法确定出资比例的，以全部生产经营所得和其他所得，按照合伙人数量平均计算每个合伙人的应纳税所得。选项D，合伙企业的合伙人是法人和其他组织的，合伙人在计算其缴纳企业所得税时，不得用合伙企业的亏损抵减其盈利。

31.【答案】BD

【解析】选项A，企业承包经营、承包建

设和内部自建自用国家重点扶持的公共基础设施项目的所得，不得享受企业所得税“三免三减半”的优惠政策。选项 C，企业综合利用资源，生产符合国家产业政策规定的产品所取得的收入，减按 90% 计入收入总额。

（三）综合题

1. **【答案及解析】**

（1）职工福利费税前扣除限额 = 2 000 × 14% = 280（万元），实际支出 300 万元，应调增应纳税所得额 = 300 − 280 = 20（万元）；工会经费税前扣除限额 = 2 000 × 2% = 40（万元），实际拨缴 50 万元，调增 10 万元；职工教育经费税前扣除限额 = 2 000 × 8% = 160（万元），实际发生 180 万元，应调增应纳税所得额 20 万元。

业务（1）应调增应纳税所得额 = 20 + 10 + 20 = 50（万元）。

（2）业务招待费实际发生额的 60% = 100 × 60% = 60（万元），销售（营业）收入的 5‰ = (8 000 + 1 500) × 5‰ = 47.5（万元），业务招待费税前扣除限额为 47.5 万元，业务（2）应调增应纳税所得额 = 100 − 47.5 = 52.5（万元）。

（3）广告费税前扣除限额 = (8 000 + 1 500) × 30% = 2 850（万元），实际发生 700 万元未超过扣除限额，准予全额扣除；以前年度累计结转至本年的广告费扣除额 300 万元，也可以在本年扣除。

业务（3）应调减 300 万元。

（4）国债利息收入属于免税收入，在计算应纳税所得额时从收入总额中减除；业务（4）应调减应纳税所得额 300 万元。

（5）可加计扣除的研发费用 = 100 × 75% = 75（万元）。

业务（5）应调减的应纳税所得额为 75 万元。

（6）业务（6）应调减的境内应纳税所得额 200 万元，这是因为符合条件的居民企业之间的股息红利免税。还要调减境外所得 300 万元，境外已纳所得税款总额 = 300 ÷ (1 − 15%) × 15% = 52.94（万元），当年抵免限额 = 300 ÷ (1 − 15%) × 25% = 88.24（万元），在国内需补缴税款。

（7）直接捐赠 50 万元应调增应纳税所得，公益性捐赠需要先计算捐赠限额。利润总额 = 8 000 + 1 500 + 800 + 1 210 − 4 000 − 450 − 600 − 430 − 1 000 − 680 − 50 = 4 300（万元），捐赠限额 = 4 300 × 12% = 516（万元）> 实际公益性捐赠 100 万元，公益性捐赠不需要调整。

业务（7）调增应纳税所得额 50 万元。

（8）境内应纳税所得额 = 4 300 + 50 + 52.5 − 300 − 300 − 75 − 500 + 50 = 3 277.50（万元），企业 2019 年应纳企业所得税额 = 3 277.50 × 25% + (88.24 − 52.94) = 854.68（万元）。

2. **【答案及解析】**

（1）应缴纳的增值税 = 8 000 × 13% + 500 × 9% − (640 + 9.1) = 435.9（万元）。

所得税前可扣除城市维护建设税、教育费附加和地方教育附加 = 435.9 × (7% + 3% + 2%) = 52.31（万元）。

（2）该企业实现的会计利润 = 8 000 + 500 − 3 980 − 1 500 − 700 − 200 − 200 − 52.31 = 1 867.69（万元）。

（3）业务（3）税前允许扣除的工会经费限额 = 700 × 2% = 14（万元）< 实际发生额 15 万元，应调增应纳税所得额 = 15 − 14 = 1（万元）；税前允许扣除的职工福利费限额 = 700 × 14% = 98（万元）< 实际发生额 100 万元，应调增应纳税所得额 = 100 − 98 = 2（万元）；税前允许扣除的职工教育经费限额 = 700 × 8% = 56（万元）< 实际发生额 60 万元，应调增应纳税所得额 = 60 − 56 = 4（万元）。

三项共计应调增应纳税所得额 = 1 + 2 + 4 = 7（万元）。

业务（5）税前允许扣除的广告费限额 = (8 000 + 500) × 15% = 1 275（万元）< 实际发生额 1 300 万元，应调增应纳税所得额 = 1 300 − 1 275 = 25（万元）。

业务（6）新技术研究开发费用可以加计扣除75%，调减应纳税所得额 = 430 × 75% = 322.5（万元）。

业务招待费的扣除限额1 =（8 000 + 500）× 5‰ = 42.5（万元）< 业务招待费的扣除限额2 = 80 × 60% = 48（万元），调增应纳税所得额 = 80 − 42.5 = 37.5（万元）。

合计调减应纳税所得额 = 332.5 − 37.5 = 295（万元）。

业务（7）非金融企业向非金融企业借款，利息支出扣除限额 = 3 000 × 7% × 1/2 = 105（万元）< 实际发生额150万元，调增应纳税所得额 = 150 − 105 = 45（万元）。

业务（8）营业外支出中罚款不允许扣除，调增应纳税所得额10万元。

该企业应纳税所得额 = 1 867.69 + 7 + 25 − 295 + 45 + 10 = 1 659.69（万元）。

该企业应缴纳的企业所得税 = 1 659.69 × 15% − 70 × 10% = 241.95（万元）。

第五章　个人所得税法

2021 年教材内容主要变化

1. 删除“军队干部取得的补贴、津贴中有 8 项不计入工资、薪金所得项目征税”部分。

2. 新增预防新型冠状病毒疫情的有关个人所得税的税收优惠规定。

3. 删除“股权分置改革中流通股东通过对价方式向流通股东支付的股份、现金等收入，暂免征收流通股股东应缴纳的个人所得税”个人所得税税收优惠。

4. 新增“居民个人境外所得的税额扣除的计算及有关规定”。(重要)

5. 新增“个体工商户延缓缴纳 2020 年所得税”内容。

6. 删除“对在中国境内无住所的个人一次取得数月奖金或年终加薪、劳动分红（不包括按月支付的奖金）的计税方法”。

7. 删除“单位将自建住房以低于购置或建造成本价格销售给职工的个人所得税的征税规定”。

8. 删除“个人转让限售股征收个人所得税规定”。

【小贴士】个人所得税，主要以自然人取得的各类应税所得为征税对象而征收的一种所得税。个人所得税的纳税人不仅包括自然人，还包括具有自然人性质的企业，个体工商户、个人独资企业。此外，合伙企业中的个人合伙人也是个人所得税的纳税人。

【小贴士】个人所得税的征收模式分为三类：

（1）分类征收制。

（2）综合征收制。

（3）混合征收制，即对纳税人不同来源、性质的所得先分别按照不同的税率征税，然后将全年的各项所得进行汇总征税，即分类与综合相结合的征收制度。2019 年，我国个人所得税已初步建立分类与综合相结合的征收模式，即**混合征收制**。

本章近五年考情分析

本章属于税法考试**重点章**，考试中一般会出现各种题型，特别是考核居民个人的综合所得和分类所得的计算题几乎每年必考。近五年本章考试平均分值在 9 分左右。2021 年预计考试分值在 9.5 分左右。

本章内容如下：

第一单元　纳税义务人与征税范围

第二单元　税率与应纳税所得额的确定（重要）

第三单元　税收优惠（重要）

第四单元　境外所得的税额扣除

第五单元　应纳税额的计算（重要）

第六单元　应纳税额计算中的特殊问题处理（重要）

第七单元　征收管理

重难点解析

第一单元　纳税义务人与征税范围

重难点1：纳税义务人★★

个人所得税的纳税义务人，包括中国公民、个体工商业户、个人独资企业、合伙企业个人投资者、在中国有所得的外籍人员（包括无国籍人员）和港澳台同胞。

【小贴士】个人所得税的纳税义务人，依据住所和居住时间两个标准，区分为居民个人和非居民个人，分别承担不同的纳税义务。

（一）居民个人

1. 判定标准。

住所标准和居住时间标准，只要具备其中一个就成为居民个人。

（1）住所标准，即在中国境内有住所，是指因户籍、家庭、经济利益关系而在中国境内习惯性居住。

【小贴士】习惯性居住地指个人因学习、工作、探亲等原因消除之后，没有理由在其他地方继续居留时，所要回到的地方，而不是指实际居住或在某一个特定时期内的居住地。

（2）居住时间标准，即中国境内无住所而一个纳税年度内在中国境内居住累计满183天。

【小贴士】中国境内是指中国大陆地区，目前还不包括香港、澳门和台湾地区。一个纳税年度即从公历1月1日起至12月31日止。

2. 承担无限纳税义务。

居民个人负有无限纳税义务，其所取得的应纳税所得，无论是来源于中国境内还是中国境外任何地方，都要在中国缴纳个人所得税。

（二）非居民个人

1. 判定标准。

非居民个人必须同时具备两个条件：

（1）在中国境内无住所。

（2）在中国境内不居住或在一个纳税年度内在境内居住累计不满183天。

2. 承担有限纳税义务。

非居民个人只就其来源于中国境内的所得，向中国缴纳个人所得税。

【小贴士】自2019年1月1日起，无住所个人一个纳税年度内在中国境内的累计居住天数，按照个人在中国境内累计停留的天数计算。在中国境内停留的当天满24小时的，计入中国境内居住天数，在中国境内停留的当天不足24小时的，不计入中国境内居住天数。

居民个人与非居民个人对比

类别	纳税义务	判定标准
居民个人	无限纳税义务	居民个人的判定（两者满足其一即可）： （1）住所标准：是指因户籍、家庭、经济利益关系而在中国境内习惯性居住。 （2）居住时间标准：在中国境内无住所，而一个纳税年度内在中国境内居住累计满183天的个人
非居民个人	有限纳税义务	非居民个人的判定（两者同时满足）： （1）住所标准：在我国无住所又不居住。 （2）居住时间标准：无住所且一个纳税年度内在境内居住累计不满183天的个人

【举例】某外籍个人小贝在我国境内无住所，2019年7月15日来华工作，2020年6月20日结束工作离境，小贝在2019年和2020年均为我国的非居民个人。

【解析】这是因为小贝在我国境内无住所，且在2019年和2020年两个纳税年度中都未在我国境内居住累计满183天。

重难点2：征税范围★★★

【小贴士】居民个人取得下列第（一）项至第（四）项所得（工资、薪金所得，劳务报酬所得，特许权使用费所得，稿酬所得，以下简称“前四项所得”）称为“综合所得”，按纳税年度合并计算个人所得税。

【小贴士】非居民个人取得前四项所得，按月或者按次**分项计算**个人所得税。

【小贴士】纳税人（包括居民纳税人，非居民纳税人）取得下列第（五）项至第（九）项所得（以下简称“后五项所得”），**分别计算**个人所得税。

【小贴士】我国居民个人从2019年起适用综合和分类相结合的个人所得税税制，前四项所得为综合所得，按纳税年度合并计算个人所得税；后五项所得仍然按照类别**分别计算**个人所得税。

【小贴士】非居民个人实行分类所得税制，取得的第（一）项至第（九）项所得，**均**按月或者按次**分类计算**个人所得税。

（一）工资、薪金所得（重要）

工资、薪金所得，是指个人因**任职或者受雇**而取得的工资、薪金，奖金，年终加薪，**劳动分红**，津贴，补贴以及与任职或者受雇有关的其他所得。

【小贴士】劳动分红不同于股份分红：(1) 劳动分红（按劳分配）属于劳动所得，列入工资、薪金所得项目征收个人所得税。(2) 股份分红（按资分配）属于资本利得，列入利息、股息、红利所得项目征收个人所得税。

【小贴士】**不属于**工资、薪金所得的项目：(1) 独生子女补贴。(2) 执行公务员工资制度未纳入基本工资总额的补贴、津贴差额和家属成员的副食品补贴。(3) 托儿补助费。(4) 差旅费津贴、误餐补助。其中，误餐补助是指按照财政部规定，个人因公在城区、郊区工作，不能在工作单位或返回就餐的，根据实际误餐顿数，按规定的标准领取的误餐费。注意：单位以误餐补助名义发放给职工的补助、津贴不包括在内。(5) 外国来华留学生，领取的生活津贴费、奖学金。

（二）劳务报酬所得（重要）

劳务报酬所得，是指个人**独立**从事各种**非雇用**的劳务取得的所得。包括：设计、装潢、安装、制图、化验、测试、医疗、法律、会计、咨询、讲学、**翻译**、审稿、书画、雕刻、影视、录音、录像、演出、表演、广告、展览、技术服务、介绍服务、**经纪服务**、代办服务以及其他劳务。

【小贴士】区分工资、薪金所得和劳务报酬所得，关键在于是否有雇佣关系。工资、薪金所得属于非独立个人劳务活动，是指因任职、受雇而得到的报酬，而劳务报酬所得是个人从事独立劳动取得的报酬。

1. 个人**兼职**取得的收入应按照“劳务报酬所得”项目缴纳个人所得税。

2. 董事费的相关规定。

(1) 个人在公司（包括关联公司）任职、受雇，同时兼任董事（如总经理兼董事）、监事的，应将董事费、监事费与个人工资收入合并，统一按“工资、薪金所得”项目缴纳个人所得税。(内部董事)

(2) 个人由于担任公司董事（如独立董事）、监事职务**但不在**公司任职、受雇的，所取得的董事费收入，按照“劳务报酬所得”项目征收个人所得税。(外部董事)

【小贴士】学员应注意辨析“内部董事”与“外部董事”适用所得项目的差异。

3. 对**非雇员或雇员**免收差旅费、旅游费的营销业绩奖励的不同规定。

企业和单位对其营销业绩突出的**非雇员**以培训班、研讨会、工作考察等名义组织旅游活动，通过免收差旅费、旅游费对个人实行的营销业绩奖励（包括实物、有价证券等），应根据所发生费用的**全额作为该营销人员当期的劳务收入**，按照“劳务报酬所得”项目征收个人所得税。而对于**雇员**取得上述待遇，按照

"工资、薪金所得"项目计税。

【小贴士】学员应注意辨析"非雇员"与"雇员"适用项目的差异。

（三）稿酬所得

1. 稿酬所得，是指个人因其作品以图书、报刊形式出版、发表而取得的所得。

【小贴士】作品，是指包括中外文字图片、乐谱，以及其他作品等能以图书、报刊方式出版、发表的作品；个人作品，包括本人的著作、翻译的作品等。

【小贴士】作者去世后，对财产继承人取得的遗作稿酬，也应征收个人所得税。

【小贴士】对不以图书、报刊出版、发表的独立翻译、审稿、书画所得归为劳务报酬所得。

2. 对报纸、杂志、出版等单位的职员征税问题。

（1）任职、受雇于报纸、杂志等单位的记者、编辑等专业人员，因在本单位的报纸、杂志上发表作品取得的所得，属于因任职、受雇而取得的所得，应与其当月工资、薪金收入合并，按"工资、薪金所得"项目征收个人所得税。除上述专业人员以外，其他人员在本单位的报纸、杂志上发表作品取得的所得，应按"稿酬所得"项目征收个人所得税。

（2）出版社的专业作者撰写、编写或翻译的作品，由本社以图书形式出版而取得的稿费收入，应按"稿酬所得"项目计算缴纳个人所得税。

【小贴士】区分"稿酬所得"和"劳务报酬所得"，关键看是否（署名）发表。

（四）特许权使用费所得

特许权使用费所得，是指个人提供专利权、商标权、著作权、非专利技术以及其他特许权的使用权取得的所得。包括：

1. 提供著作权的使用权取得的所得，但不包括稿酬所得。

2. 作者将自己的文字作品手稿原件或复印件公开拍卖（竞价）取得的所得。

【小贴士】个人拍卖除自己的文字作品原稿及复印件外的其他财产，按"财产转让所得"项目缴纳个人所得税。

3. 个人取得特许权的经济赔偿收入。

4. 编剧从电视剧的制作单位取得的剧本使用费。

【小贴士】个人转让著作权，免征增值税。

劳务报酬、稿酬、特许权使用费所得辨析

不以图书、报刊出版、发表的独立翻译、审稿、书画所得	劳务报酬所得
个人因其作品以图书、报刊形式出版、发表取得的所得	稿酬所得
提供著作权的使用权取得的所得	特许权使用费所得

（五）经营所得

经营所得，包括以下四个方面：

1. 个体工商户从事生产、经营活动取得的所得，个人独资企业投资人、合伙企业的个人合伙人来源于境内注册的个人独资企业、合伙企业生产、经营的所得。

【小贴士】个体工商户和从事生产、经营的个人，取得与生产、经营活动无关的其他各项应税所得，应分别按照其他应税项目的有关规定，计算征收个人所得税。如取得银行存款的利息所得、对外投资取得的股息所得，应按"股息、利息、红利所得"项目的规定单独计征个人所得税。

【小贴士】个人独资企业、合伙企业的个人投资者以企业资金为本人、家庭成员及其相关人员支付与企业生产、经营无关的消费性支出及购买住房、汽车等财产性支出，按照"经营所得"计算缴纳个人所得税。

2. 个人依法从事办学、医疗、咨询以及其他有偿服务活动取得的所得。

3. 个人对企业、事业单位承包经营、承租经营以及转包、转租取得的所得。

4. 个人从事其他生产、经营活动取得的所得，包括：

（1）个人从事彩票代销业务取得的所得，按照"经营所得"项目计税。

【小贴士】学员应注意辨析“彩票代销”与“彩票发行”的差异。

（2）从事个体出租车运营的出租车驾驶员取得的收入，按照“经营所得”项目计税。

【小贴士】出租车驾驶员取得的收入，按照“经营所得”项目计税，是指出租车**“所有权”属于个人所有**，包括：①出租车归属于个人的。②出租车属个人所有，但挂靠出租汽车经营单位或企事业单位，驾驶员向挂靠单位缴纳管理费的。③出租汽车经营单位将出租车所有权**转移**给驾驶员的，出租车驾驶员从事客货运营取得的收入。

【小贴士】出租车**“所有权”不属于个人的**，是指出租汽车经营单位对出租车驾驶员采取单车承包或承租方式运营，出租车驾驶员从事客货营运取得的收入按“工资、薪金所得”项目计税。

【经典例题】

【真题·多选题】（2020）从事生产、经营的个人取得的下列所得中，应按照“经营所得”项目计征个人所得税的有（　　）。

A. 提供有偿咨询服务的所得

B. 投资上市公司的股息所得

C. 从事彩票代销业务的所得

D. 从事个体出租车运营的所得

【答案】ACD

【解析】选项B应按照“利息、股息、红利所得”项目计征个人所得税。

（六）利息、股息、红利所得

利息、股息、红利所得，是指个人拥有**债权、股权**等而取得的利息、股息、红利所得。

【小贴士】个人取得的国债利息和国家发行的金融债券利息，免征个人所得税。

【小贴士】企业的国债利息收入，免征企业所得税。

1. 企业（个人独资企业、合伙企业除外）为个人投资者，以企业资金为本人、家庭成员及其相关人员支付与企业生产经营无关的消费性支出及购买汽车、住房等财产性支出，视为企业对个人投资者的红利分配，依照“利息、股息、红利所得”项目计税。

2. 纳税年度内个人投资者，从其投资企业（个人独资企业、合伙企业除外）借款，在该纳税年度终了后既不归还又未用于企业生产经营的，其未归还的借款可视为企业对个人投资者的红利分配，依照“利息、股息、红利所得”项目计税。

【小贴士】上述支出不允许在企业所得税税前扣除。

【小贴士】（所有）企业为投资者以外的雇员购房或购车等财产，依照“工资、薪金所得”项目计税。

【小贴士】企业为兼职人员的上述类似支出，属于劳务报酬所得。

【小贴士】个人独资企业、合伙企业的个人投资者以企业资金为本人、家庭成员及其相关人员支付与企业生产、经营无关的消费性支出及购买住房、汽车等财产性支出，按照“经营所得”计算缴纳个人所得税。

【小贴士】不同企业为不同的个人购买房屋等财产的税务处理见下表。

不同企业	具体项目
个人独资企业、合伙企业用企业资金为其个人投资者或其家庭成员购买房屋等财产	经营所得
个人独资企业、合伙企业以外的其他企业用企业资金为其个人投资者或其家庭成员购买房屋等财产	利息、股息、红利所得
企业用企业资金为本企业除投资者以外的雇员购买房屋等财产	工资、薪金所得
企业用企业资金为本企业除投资者以外的非雇员购买房屋等财产	劳务报酬所得

（七）财产租赁所得

财产租赁所得，是指个人出租建筑物、土地使用权、机器设备、车船以及其他财产取得的所得。

【小贴士】个人取得的财产转租收入，属于财产租赁所得范围，由财产转租人缴纳个人所得税。

【小贴士】产权所有人死亡，在未办理产权继承手续期间，该财产出租且有租金收入的，以领取租金的个人为纳税人。

【小贴士】个人出租房屋涉及多个税种的缴纳，如增值税、城市维护建设税、教育费附加、地方教育附加、房产税、城镇土地使用税、印花税、个人所得税等。

（八）财产转让所得

财产转让所得，是指个人转让有价证券、股权、合伙企业中的财产份额、不动产、机器设备、车船以及其他财产取得的所得。

1. 境内上市公司的股票转让所得，暂免征收个人所得税。

【小贴士】境外股票转让所得，正常征税。

2. 量化资产股份转让。

集体所有制企业在改制为股份合作制企业时，对职工个人以股份形式取得的拥有所有权的企业量化资产，暂缓征收个人所得税；待个人将股份转让时，按"财产转让所得"项目计征个人所得税。

（九）偶然所得

偶然所得，是指个人得奖、中奖、中彩以及其他偶然性质的所得。下列项目按"偶然所得"计征个人所得税：

1. 企业对累积消费达到一定额度的顾客，给予额外抽奖机会，个人的获奖所得。

2. 个人取得的企业向个人支付的不竞争款项。

3. 个人为单位或他人提供担保获得收入。

4. 房屋产权所有人将房屋产权无偿赠与他人的，受赠人因无偿受赠房屋取得的受赠收入。

5. 企业在业务宣传、广告等活动中，随机向本单位以外的个人赠送礼品（包括网络红包，下同），以及企业在年会、座谈会、庆典以及其他活动中向本单位以外的个人赠送礼品，个人取得的礼品收入。

【小贴士】企业若是向本单位的人员赠送礼品，应按"工资、薪金所得"项目计税。

【小贴士】偶然所得应缴纳的个人所得税税款，一律由发奖单位或机构代扣代缴。

【经典例题】

【真题·单选题】（2017）个人取得的下列所得，应按照"工资、薪金所得"项目缴纳个人所得税的是（　　）。

A. 股东取得股份制公司为其购买并登记在该股东名下的小轿车

B. 因公务用车制度，改革个人以现金、报销等形式取得的所得

C. 杂志社财务人员在本单位的报刊上发表作品取得的所得

D. 员工因拥有股权而参与企业税后利润分配取得的所得

【答案】B

【解析】选项A、D按"利息、股息、红利所得"缴纳个人所得税。选项C按"稿酬所得"缴纳个人所得税。

【例题·多选题】下列行为中，企业应按照"工资、薪金所得"扣缴个人所得税的有（　　）。

A. 支付给在本公司任职人员的董事费

B. 支付给职工的过节费和旅游费

C. 支付给本单位销售人员的年度考核奖金

D. 支付给职工的差旅费津贴

【答案】ABC

【解析】选项D，差旅费津贴不属于工资、薪金所得项目的收入，不征收个人所得税。

重难点3：所得来源地的确定★★

除另有规定外，下列所得不论支付地点是否在中国境内，均为来源于中国境内的所得：

1. 因任职、受雇、履约等而在中国境内提供劳务取得的所得。

2. 将财产出租给承租人在中国境内使用而取得的所得。

3. 转让中国境内的不动产等财产或者在中国境内转让其他财产取得的所得。

4. 许可各种特许权在中国境内使用而取得的所得。

5. 从中国境内企业、事业单位、其他组织以及居民个人取得的利息、股息、红利所得。

【小贴士】学员应注意辨析“所得的来源地”和“所得的支付地”的差异。来源于中国境内的所得，其支付地可能在境内，也可能在境外；来源于中国境外的所得，其支付地可能在境外，也可能在境内。

【举例】我国境内某中外合资企业，聘请外籍人员詹姆斯担任该企业总经理，合同期5年。合同规定其月薪8 000美元，其中3 000美元由该企业支付，5 000美元由境外母公司支付。

【解析】詹姆斯每月收入8 000美元所计算的所得，为来源于我国境内的所得。因其**任职受雇在中国境内提供劳务**而取得的所得，不论支付地点是否在中国境内，都属于来源于中国境内的所得。

【经典例题】

【真题·多选题】(2014)某外籍个人受某外国公司委派于2013年8月开始赴中国担任其驻华首席代表，截至2013年12月31日未离开中国。该外籍个人2013年取得的下列所得中，属于来源于中国境内所得的有(　　)。

A. 9月出席境内某经济论坛做主题发言取得的收入

B. 因在中国任职而取得的由境外总公司发放的工资收入

C. 10月将其拥有的境外房产出租给中国一公司驻该国常设机构取得的租金收入

D. 11月将其拥有的专利技术许可一境外公司在大陆的分支机构使用取得的收入

【答案】ABD

【解析】选项C不属于来源于境内所得，将财产出租给承租人在中国境内使用而取得的所得，才属于来源于中国境内的所得。

【真题·单选题】(2018)个人取得的下列所得中，应确定为来源于中国境内所得的是(　　)。

A. 在境外开办教育培训取得的所得

B. 拥有的专利在境外使用而取得的所得

C. 从境外上市公司取得的股息所得

D. 将境内房产转让给外国人取得的所得

【答案】D

【解析】选项A、B、C均不属于来源于中国境内的所得。选项D，转让中国境内的不动产等财产取得的所得为来源于中国境内的所得。

第二单元　税率与应纳税所得额的确定

重难点1：税率★★

个人所得税有两种税率形式：超额累进税率、比例税率。

1. 综合所得，适用3%～45%的七级超额累进税率。

综合所得个人所得税税率表（居民个人适用）

级数	全年应纳税所得额	税率（%）	速算扣除数（元）
1	不超过36 000元的	3	0
2	超过36 000元至144 000元的部分	10	2 520
3	超过144 000元至300 000元的部分	20	16 920
4	超过300 000元至420 000元的部分	25	31 920
5	超过420 000元至660 000元的部分	30	52 920
6	超过660 000元至960 000元的部分	35	85 920
7	超过960 000元的部分	45	181 920

【小贴士】全年应纳税所得额，是指依照税法的规定，居民个人取得综合所得以每一纳税年度收入额减除费用60 000元以及专项扣除、专项附加扣除和依法确定的其他扣除后的余额。

【小贴士】非居民个人取得工资、薪金所得，劳务报酬所得，稿酬所得和特许权使用费所得，依照上表按月换算后（即月度税率表）计算应纳税额。

2. 经营所得，适用5%～35%的五级超额累进税率。

经营所得个人所得税税率表

级数	全年应纳税所得额	税率（%）	速算扣除数（元）
1	不超过30 000元的	5	0
2	超过30 000元至90 000元的部分	10	1 500
3	超过90 000元至300 000元的部分	20	10 500
4	超过300 000元至500 000元的部分	30	40 500
5	超过500 000元的部分	35	65 500

【小贴士】全年应纳税所得额，是指依照税法规定，每一纳税年度的收入总额减除成本、费用以及损失后的余额。

3. 其他所得适用税率。

利息、股息、红利所得，财产租赁所得，财产转让所得和偶然所得，适用比例税率，税率为20%。

【小贴士】财产租赁所得中，个人出租住房取得的所得减按10%的税率征税。

【小贴士】个人出租住房取得的租金收入，减按1.5%的征收率计征增值税。

【小贴士】个人出租住房取得的租金收入，减按4%的税率计征房产税。

重难点2：应纳税所得额的确定★★★

个人所得税的征税方法有以下三种：

1. 按年计征：居民个人取得的综合所得，经营所得。

2. 按月计征：非居民个人取得的工资、薪金所得。

【小贴士】非居民个人取得的劳务报酬所得、稿酬所得、特许权使用费所得，按次计征。

3. 按次计征：利息、股息、红利所得，财产租赁所得，偶然所得。

【经典例题】

【真题·多选题】（2018改编）个人取得的下列所得中，适用按年征收个人所得税的有（　　）。

A. 经营作坊取得的所得

B. 将房产以年租的方式取得的租金所得

C. 转让不动产取得的所得

D. 居民个人取得的综合所得

【答案】AD

【解析】选项B、C，财产租赁所得和财产转让所得，按次计税。

（一）每次收入的确定

1. 非居民个人取得劳务报酬所得、稿酬所得、特许权使用费所得，属于一次性收入的，以取得该项收入为一次；属于同一项目连续性收入的，以一个月内取得的收入为一次。

2. 财产租赁所得，以一个月内取得的收入为一次。

3. 利息、股息、红利所得，以支付利息、股息、红利时取得的收入为一次。

4. 偶然所得，以每次取得该项收入为一次。

5. 居民个人的劳务报酬所得。

（1）完成一次劳务后取得收入，属于一

次性的收入，应以每次提供劳务取得的收入为一次。

（2）如果一次性劳务报酬收入以分月支付方式取得的，适用同一事项连续取得收入，以一个月内取得的收入为一次的规定。

6. 稿酬所得。

（1）同一作品**再版**取得的所得，应视为**另一次**稿酬所得计征个人所得税。

（2）同一作品先在报刊上**连载**，然后**再出版**，或者先出版，再在报刊上连载的，应视为**两次稿酬**所得征税，即连载作为一次，出版作为另一次。

（3）同一作品在报刊上连载取得收入的，以**连载完成后**取得的所有收入合并为一次，计征个人所得税。

（4）同一作品在出版和发表时，以预付稿酬或分次支付稿酬等形式取得的收入，应**合并计算**为一次。

（5）同一作品出版、发表后，因**添加印数**而追加稿酬的，应与以前出版、发表时取得的稿酬**合并计算**为一次，计征个人所得税。

【经典例题】

【真题·单选题】（2016）某作家的一部长篇小说从2016年3月1日起在某报纸副刊上连载，每日刊出一期，到5月31日结束，共刊出92期，每期稿酬500元。2月10日该作家取得该社预付稿酬3 000元，开始连载后报社每周支付一次稿酬，至5月31日已结清全部稿酬。下列关于报社代扣代缴稿酬个人所得税表述正确的是（　　）。

A. 应以每周支付稿酬作为一次稿酬，据以代扣代缴个人所得税

B. 应以每月实际支付稿酬作为一次稿酬，据以代扣代缴个人所得税

C. 应以实际支付的全部稿酬作为一次稿酬，据以代扣代缴个人所得税

D. 应以预付稿酬作为一次稿酬，据以代扣代缴个人所得税

【答案】 C

【解析】 同一作品在报刊上连载取得收入的，以连载完成后取得的所有收入合并为一次，计征个人所得税。

（二）应纳税所得额和费用减除标准

1. 居民个人的综合所得概述。（重要）

居民个人取得综合所得，以每一纳税年度的**收入额**减除费用60 000元，以及专项扣除、专项附加扣除和依法确定的其他扣除后的余额，为应纳税所得额。

（1）关于年度收入额的确定。

①工资、薪金所得：以全部收入作为收入额。

②劳务报酬所得、特许权使用费所得：以收入的80%作为收入额。

【小贴士】 劳务报酬所得、特许权使用费所得以收入减除20%的费用后的余额为收入额。

③稿酬所得：以收入的80%减按70%计算，即以收入的56%作为收入额。

【小贴士】 学员应注意辨析“收入”与“收入额”的差异。

（2）关于年度各项扣除。

①固定“生计费”：全年减除60 000元。

②专项扣除，包括居民个人按照国家规定的范围和标准缴纳的基本养老保险、基本医疗保险、失业保险等社会保险费和住房公积金等。

③专项附加扣除（6项），包括子女教育、继续教育、大病医疗、住房贷款利息或者住房租金、赡养老人等支出。

④依法确定的其他扣除，包括个人缴付符合国家规定的企业年金、职业年金，个人购买符合国家规定的商业健康保险（200元/月，2 400元/年）、税收递延型商业养老保险的支出，以及国务院规定可以扣除的其他项目。

【小贴士】 专项扣除、专项附加扣除和依法确定的其他扣除，以居民个人一个纳税年度的应纳税所得额为限额；一个纳税年度扣除不完的，不结转以后年度扣除。

2. 个人所得税专项附加扣除标准。（重要）

（1）**子女教育。**

子女，是指婚生子女、非婚生子女、继子女、养子女。父母之外的其他人担任未成年人的监护人的，比照执行。子女教育扣除标准：每个子女每月1 000元定额扣除。

【小贴士】学前教育阶段：子女年满3周岁当月至小学入学前一月。

【小贴士】学历教育：子女接受全日制学历教育入学的当月至全日制学历教育结束的当月。

【小贴士】父母可以选择由其中一方按扣除标准的100%扣除，也可以选择由双方分别按扣除标准的50%扣除，具体扣除方式在一个纳税年度内不能变更。

（2）**继续教育。**

学历（学位）继续教育扣除标准：每月400元定额扣除。

【小贴士】学历（学位）继续教育，为在中国境内接受学历（学位）继续教育入学的当月至学历（学位）继续教育结束的当月，同一学历（学位）继续教育的扣除期限最长不得超过**48个月**。

【小贴士】职业资格继续教育、专业技术人员职业资格继续教育扣除标准，在取得相关证书的当年，按照**3 600元定额**扣除。

【小贴士】个人接受本科及以下学历（学位）继续教育，符合税法规定扣除条件的，可以选择由其父母扣除，也可以选择由本人扣除。

（3）**大病医疗。**

在一个纳税年度内，纳税人发生的与基本医保**相关的**医药费用支出，扣除医保报销后个人负担（指医保目录范围内的自付部分）累计超过**1.5万元**的部分，由纳税人在办理年度汇算清缴时，在8万元限额内据实扣除。

【小贴士】纳税人发生的医药费用支出，可以选择由本人或者其配偶扣除。

【小贴士】未成年子女发生的医药费用支出，可以选择由其父母一方扣除。

【小贴士】纳税人及其配偶、未成年子女发生的医药费用支出，按规定应分别计算扣除额。

（4）**住房贷款利息。**

纳税人本人或者配偶，单独或者共同使用商业银行或者住房公积金个人住房贷款，为本人或者其配偶购买中国境内住房，发生的**首套**住房贷款利息支出，在实际发生贷款利息的年度，按照每月**1 000元**的标准定额扣除，扣除期限最长不超过**240个月**。

【小贴士】纳税人**只能享受一次首套**住房贷款的利息扣除。

【小贴士】首套住房贷款，是指购买住房享受首套住房贷款利率的住房贷款。

【小贴士】经夫妻双方约定，可以选择由其中一方扣除，具体扣除方式在一个纳税年度内不能变更。

【小贴士】夫妻双方婚前分别购买住房发生的首套住房贷款，其贷款利息支出，婚后可以选择其中一套购买的住房，由购买方按扣除标准的100%扣除，也可以由夫妻双方对各自购买的住房分别按扣除标准的50%扣除，具体扣除方式在一个纳税年度内不能变更。

【小贴士】扣除期限，是指贷款合同约定开始还款的**当月**至贷款全部归还或贷款合同终止的**当月**，扣除期限最长不得超过240个月。

（5）**住房租金。**

纳税人在主要工作城市没有自有住房而发生的住房租金支出，可以按照以下标准定额扣除：

①直辖市、省会（首府）城市、计划单列市以及国务院确定的其他城市，扣除标准为每月**1 500元**。

②除第①项所列城市以外，市辖区户籍人口超过100万的城市，扣除标准为每月**1 100元**；市辖区户籍人口不超过100万的城市，扣除标准为每月**800元**。

【小贴士】夫妻双方主要工作城市相同的，**只能由一方**扣除住房租金支出。

【小贴士】纳税人及其配偶在一个纳税年度内，**不能同时**分别享受住房贷款利息和住房租金专项附加扣除。

（6）**赡养老人**。

纳税人赡养一位及以上被赡养人的赡养支出，统一按照以下标准定额扣除：

①纳税人为独生子女的，按照**每月 2 000 元**的标准定额扣除。

②纳税人为非独生子女的，由其与兄弟姐妹**分摊**每月 2 000 元的扣除额度，每人分摊的额度不能超过每月 1 000 元。

③分摊额度可以由赡养人均摊或者约定分摊，也可以由被赡养人指定分摊。约定或者指定分摊的须签订书面分摊协议，**指定分摊优先于约定分摊**。具体分摊方式和额度在一个纳税年度内不能变更。

【小贴士】被赡养人，是指年满 60 岁的父母，以及子女均已去世的年满 60 岁的祖父母、外祖父母。

【小贴士】父母，是指生父母、继父母、养父母。不包括公公、婆婆，岳父、岳母。

【小贴士】计算时间为被赡养人年满 60 岁的当月至赡养义务终止的**年末**。

【小贴士】纳税人同时赡养多位符合条件的老人，每月最多也只能扣除 2 000 元，即本项不得累加。

3. 居民个人的综合所得按月/次预缴个人所得税的相关规定。

（1）工资、薪金。

按月预缴时，以累计收入额减除累计的费用、专项扣除、专项附加扣除（5 项，不考虑大病医疗）、依法确定的其他扣除等后的余额，为每月预缴的应纳税所得额。

（2）劳务报酬所得。

按次预缴时，以每次收入减除费用 800 元或 20%，为每次预缴的应纳税所得额。

【小贴士】按年汇算清缴时，只有收入的 80% 并入年综合收入额。

（3）特许权使用费所得。（同劳务报酬所得）

（4）稿酬所得。

按次预缴时，以每次收入减除费用 800 元或 20%，再减按 70% 为每次预缴的应纳税所得额。

4. 非居民个人的相关规定。

非居民个人的工资、薪金所得，劳务报酬所得，稿酬所得，特许权使用费所得，依旧分类分项计税，不实行综合征收。

（1）非居民个人的工资、薪金所得，以每月收入额减除费用 5 000 元后的余额为应纳税所得额。

（2）劳务报酬所得、稿酬所得、特许权使用费所得，以每次**收入额**为应纳税所得额。

5. 经营所得。

经营所得，以每一纳税年度的收入总额减除成本、费用以及损失后的余额，为应纳税所得额。计算公式为：

年应纳税所得额 = 年收入总额 − 成本、费用以及损失

【小贴士】成本、费用，是指生产、经营活动中发生的各项直接支出和分配计入成本的间接费用以及销售费用、管理费用、财务费用。

【小贴士】损失，是指生产、经营活动中发生的固定资产和存货的盘亏、毁损、报废损失，转让财产损失，坏账损失，自然灾害等不可抗力因素造成的损失以及其他损失。

【小贴士】取得经营所得的个人（个体工商户业主、个人独资企业投资者和合伙企业的自然人投资者本人），没有综合所得的，计算其每一纳税年度的应纳税所得额时，应当减除：费用 60 000 元、专项扣除、专项附加扣除以及依法确定的其他扣除。

【小贴士】对企事业单位的承包经营、承租经营所得，以每一纳税年度的收入总额，减除必要费用后的余额，为应纳税所得额。每一纳税年度的收入总额，是指纳税人按照承包经营、承租经营合同规定分得的经营利润和工资、薪金性质的所得；所称"减除必要费用"，是指按年减除 60 000 元。

6. 利息、股息、红利所得和偶然所得。

利息、股息、红利所得和偶然所得，以每次收入额为应纳税所得额。

7. 财产租赁所得。

财产租赁所得，每次收入不超过4 000元的，减除费用800元；4 000元以上的，减除20%的费用，其余额为应纳税所得额。

8. 财产转让所得。

财产转让所得，以转让财产的收入额减除财产原值和合理费用后的余额，为应纳税所得额。

（三）应纳税所得额的其他规定

1. 劳务报酬所得、稿酬所得、特许权使用费所得，以收入减除20%的费用后的余额为收入额；稿酬所得的收入额减按70%计算。

2. 个人将其所得对教育、扶贫、济困等公益慈善事业进行捐赠，捐赠额未超过纳税人申报的应纳税所得额30%的部分，可以从其应纳税所得额中扣除；国务院规定对公益慈善事业捐赠实行全额税前扣除的，从其规定。

【小贴士】个人兼有不同的所得，应当分别减除费用，计算缴纳个人所得税。

3. 个人所得的形式，包括现金、实物、有价证券和其他形式的经济利益。

（1）所得为实物的，应当按照取得的凭证上所**注明的价格**计算应纳税所得额，无凭证的实物或者凭证上所注明的价格明显偏低的，参照**市场价格**核定应纳税所得额。

（2）所得为有价证券的，根据**票面价格和市场价格**核定应纳税所得额。

（3）所得为其他形式的经济利益的，参照**市场价格**核定应纳税所得额。

4. 居民个人从中国境外取得的所得，可以从其应纳税额中抵免已在境外缴纳的个人所得税税额，但抵免额不得超过该纳税人境外所得依照《个人所得税法》规定计算的应纳税额。

5. 所得为人民币以外货币的，按照办理纳税申报或者扣缴申报的上一月最后一日人民币汇率中间价，折合成人民币计算应纳税所得额。年度终了后办理汇算清缴的，对已经按月、按季或者按次预缴税款的人民币以外货币所得，不再重新折算；对应当补缴税款的所得部分，按照上一纳税年度最后一日人民币汇率中间价，折合成人民币计算应纳税所得额。

6. 对个人从事技术转让、提供劳务等过程中所支付的**中介费**，如能提供有效、合法凭证的，允许从其所得中扣除。

【小贴士】居民个人从中国境外取得的所得，可以从其应纳税额中抵免已在境外缴纳的个人所得税税额，但抵免额不得超过该纳税人境外所得依照税法规定计算的应纳税额。

【经典例题】

【真题·单选题】（2020）居民个人取得的下列所得中，在计缴个人所得税时可享受专项附加扣除的是（　　）。

A. 综合所得　　B. 偶然所得

C. 财产租赁所得　　D. 财产转让所得

【答案】A

【解析】居民个人取得的综合所得在计缴个人所得税时可享受专项附加扣除。

第三单元　税收优惠

【小贴士】个人所得税的税收优惠特别重要，学员需要掌握。

重难点1：免征个人所得税的优惠★★★

1. 省级人民政府、国务院部委、中国人民解放军**军以上**单位，以及外国组织颁发的科学、教育、技术、文化、卫生、体育、环境保护等方面的奖金（奖学金）。（省级）

【小贴士】上述奖金可理解为非任职、受雇的工资、薪金以外的奖金。

以下奖金收入，**视同**上述奖金（奖学金），免征个人所得税：

（1）曾宪梓教育基金会教师奖。

（2）学生个人参与“长江小小科学家”活动和“明天小小科学家”活动获得的奖金。

（3）联合国开发计划署和中国青少年发

展基金会“国际青少年消除贫困奖”。

（4）中国青年乡镇企业家协会“母亲河（波司登）奖”。

（5）陈嘉庚基金会“陈嘉庚科学奖”。

（6）中国科学院“刘东生青年科学家奖”“刘东生地球科学奖学金”。

（7）中华全国总工会、科技部、人社部“全国职工职业技能大赛”获奖者取得的奖金收入。

（8）中华环境保护基金会“中华宝钢环境优秀奖”。

（9）国土资源部、李四光地质科学奖基金“李四光地质科学奖”。

（10）国土资源部、黄汲清青年地质科学技术奖基金管理委员会“黄汲清青年地质科学技术奖”。

2. 国债利息、国家发行的金融债券利息、地方政府债券利息、教育储蓄存款利息、居民储蓄存款利息。

3. 按照国家统一规定发给的补贴、津贴。

4. 福利费、抚恤金、救济金。

5. 保险赔款。

6. 军人的转业费、复员费、退役士兵按规定取得的一次性退役金及地方政府发放的一次性经济补助。

7. 按照国家统一规定发给干部、职工的安家费、退职费、基本养老金或者退休费、离休费、离休生活补助费。

【小贴士】退休人员再任职取得的收入，在减除按《个人所得税法》规定的费用扣除标准后，按“工资、薪金所得”项目计税。

8. 驻华使馆、领事馆的代表、官员和其他人员的所得。

9. 中国政府参加的国际公约及签订的协议中规定免税的所得。

10. 符合规定的见义勇为奖金或奖品。（需经主管税务机关核准）

11. 符合规定的社会保险费。（重要）

（1）企业和个人按规定比例缴付的住房公积金、医疗保险金、基本养老保险金、失业保险金。

（2）个人领取原提存的住房公积金、医疗保险金、基本养老保险金。

（3）生育妇女按规定取得的生育津贴、生育医疗费或其他属于生育保险性质的津贴、补贴。

（4）工伤职工及其近亲属按规定取得的工伤保险待遇。

（5）按规定的比例缴付的住房公积金、医疗保险金、基本养老保险金和失业保险金存入银行个人账户所取得的利息收入。

12. 对个体工商户或个人，以及个人独资企业和合伙企业从事种植业、养殖业、饲养业和捕捞业（简称“四业”），取得的所得暂不征收个人所得税。

13. **个人**举报、协查各种违法、犯罪行为而获得的奖金。

14. **个人**办理代扣代缴税款，按规定取得的扣缴手续费。

15. 个人转让自用达**5年以**上，且是**唯一**的家庭生活居住用房取得的所得。（重要）

16. 对高级专家从其劳动人事关系所在单位取得的，单位按国家有关规定向职工统一发放的工资、薪金、津贴、补贴等收入，**视同离休、退休工资，免征个人所得税**。除上述收入以外各种名目的津补贴收入等，以及高级专家从其劳动人事关系所在单位之外的其他地方取得的培训费、讲课费、顾问费、稿酬等各种收入，依法计征个人所得税。

17. 外籍个人从外商投资企业取得的股息、红利所得。（重要）

【小贴士】外商投资企业不同于外国企业。外商投资企业包括：中外合资企业、中外合作企业、外商独资企业等。

18. 凡符合下列条件之一的外籍专家取得的工资、薪金所得可免征个人所得税：

（1）根据世界银行专项贷款协议由世界银行直接派往我国工作的外国专家。

（2）联合国组织直接派往我国工作的专家。

（3）为联合国援助项目来华工作的专家。

（4）援助国派往我国专为该国无偿援助项目工作的专家，除工资、薪金外，其取得的生活津贴也免税。

（5）根据两国政府签订文化交流项目来华工作2年以内的文教专家，其工资、薪金所得由该国负担的。此外，外国来华文教专家，在我国服务期间，由我方发工资、薪金，并对其住房、使用汽车、医疗实行免费“三包”，可只就工资、薪金所得按照税法规定征收个人所得税；对我方免费提供的住房、使用汽车、医疗，可免予计算纳税。

（6）根据我国大专院校国际交流项目来华工作2年以内的文教专家，其工资、薪金所得由该国负担的。

（7）通过民间科研协定来华工作的专家，其工资、薪金所得由该国政府机构负担的。

19. 被拆迁人按照国家有关城镇房屋拆迁管理办法规定的标准，取得的拆迁补偿款。（含因棚户区改造而取得的拆迁补偿款）

20. 个人投资者从投保基金公司取得的行政和解金，暂免征收个人所得税。

21. 对个人转让上市公司股票取得的所得，暂免征收个人所得税。（重要）

【小贴士】证券市场个人投资者的证券交易结算资金，在2008年10月9日后（含）孳生的利息所得，暂免征收个人所得税。

22. 上市公司取得的股息、红利的**差别化**政策。（特别重要）

（1）个人从公开发行和转让市场取得的上市公司股票，持股期限超过1年的，股息红利所得暂免征收个人所得税。

（2）持股期限在1个月以内（含1个月）的，其股息红利所得全额计入应纳税所得额。

（3）持股期限在1个月以上至1年（含1年）的，暂减按50%计入应纳税所得额。

【小贴士】自2019年7月1日起至2024年6月30日止，全国中小企业股份转让系统挂牌公司股息、红利差别化个人所得税政策也按上述政策执行。

23. 个人取得的下列中奖所得，暂免征收个人所得税。（重要）

（1）单张有奖**发票**奖金所得不超过**800元（含）**的，暂免征收个人所得税；个人取得单张有奖发票奖金所得**超过800元**的，应全额按照《个人所得税法》规定的偶然所得项目征收个人所得税。

（2）购买**社会福利**有奖募捐奖券、**体育彩票**一次中奖收入**不超过10 000元**的，暂免征收个人所得税；对一次中奖收入**超过10 000元**的，应按税法规定全额征税。

24. 乡镇企业的职工和农民取得的青苗补偿费，属种植业的收益范围，同时，也属经济损失的补偿性收入，暂不征收个人所得税。

25. 对由亚洲开发银行支付给我国公民或国民（包括为亚行执行任务的专家）的薪金和津贴，凡经亚洲开发银行确认这些人员为亚洲开发银行雇员或执行项目专家的，其取得的符合我国税法规定的有关薪金和津贴等报酬，免征个人所得税。

26. 自2020年1月1日起：

（1）对参加疫情防治工作的医务人员和防疫工作者按照政府规定标准取得的临时性工作补助和奖金，免征个人所得税。政府规定标准包括各级政府规定的补助和奖金标准。

对省级及省级以上人民政府规定的对参与疫情防控人员的临时性工作补助和奖金，比照执行。

（2）单位发给个人用于预防新型冠状病毒感染的肺炎的药品、医疗用品和防护用品等实物（不包括现金），不计入工资、薪金收入，免征个人所得税。**（新增）**

重难点2：减征个人所得税的优惠★★

1. 个人投资者持有2019～2023年发行的铁路债券取得的利息收入，**减按50%**计入应纳税所得额计算征收个人所得税。

2. 自2019年1月1日至2023年12月31日，一个纳税年度内在船航行时间累计满183天的远洋船员，其取得的工资、薪金收入减按

50%计入应纳税所得额，依法缴纳个人所得税。

【小贴士】一个纳税年度内的在船航行时间，为一个纳税年度内在船航行时间的累计天数；远洋船员可选择在当年预扣预缴税款或者次年个人所得税汇算清缴时，享受上述减征优惠政策。

3. 有下列情形之一的，可以减征个人所得税，具体幅度和期限，由省级人民政府规定，并报同级人大常委会备案：

（1）残疾、孤老人员和烈属的所得。

（2）因严重自然灾害遭受重大损失的。

（3）国务院可以规定其他减税情形，报全国人大常委会备案。

【经典例题】

【真题·单选题】（2020）个人取得的下列利息收入中，应缴纳个人所得税的是（　　）。

A. 财政部发行国债的利息

B. 个人教育储蓄存款的利息

C. 企业发行公司债券的利息

D. 国家发行金融债券的利息

【答案】C

【解析】个人取得的国债利息、国家发行的金融债券利息、地方政府债券利息、教育储蓄存款利息、居民储蓄存款利息收入免征个人所得税。

【真题·单选题】（2014）某高校教师2014年8月取得的下列收入中，应计算缴纳个人所得税的是（　　）。

A. 国债利息收入

B. 任职高校发放的误餐补助

C. 为某企业开设讲座取得的酬金

D. 任职高校按照规定标准为其缴付的住房公积金

【答案】C

【解析】选项A、D免征个人所得税。选项B，发放的误餐补助，不计征个人所得税。

【真题·单选题】（2015）个人取得的下列所得中，免予征收个人所得税的是（　　）。

A. 企业职工李某领取原提存的住房公积金

B. 王某在单位任职表现突出获得5万元总裁特别奖金

C. 徐某因持有某上市公司股票取得该上市公司年度分红

D. 退休教授张某受聘任另一高校兼职教授每月取得8 000元工资

【答案】A

【解析】个人领取原提存的住房公积金、医疗保险金、基本养老保险金等社会保险时，免征个人所得税。

【真题·单选题】（2017）个人取得的下列所得，免征个人所得税的是（　　）。

A. 转让国债的所得

B. 提前退休发放的一次性补贴

C. 按国家统一规定发放的补贴、津贴

D. 县级人民政府颁发的教育方面奖金

【答案】C

【解析】选项A，国债利息收入免征个人所得税，转让国债收入依法纳税。选项B，机关、企事业单位对未达到法定退休年龄、正式办理提前退休手续的个人，按照统一标准向提前退休工作人员支付的一次性补贴，不属于免税的离退休工资收入，应按照“工资、薪金所得”项目计税。选项D，省级人民政府、国务院部委和中国人民解放军军以上单位，以及外国组织、国际组织颁发（颁布）的科学、教育、技术、文化、卫生、体育、环境保护等方面的奖金，免征个人所得税。

【真题·计算问答题】（2018改编）张某为我国居民个人，2019年以市场价200万元转让2008年购入的家庭唯一普通商品住房，原值60万元，转让过程中缴纳相关费用0.6万元。

要求：判断张某转让住房是否应缴纳个人所得税，并说明理由。

【答案及解析】张某转让住房不缴纳个人所得税。根据规定，个人转让自用达5年以上并且是唯一的家庭生活居住用房取得的所得，免征个人所得税。

【真题·计算问答题】（2018 改编）张某为某企业员工，2019 年取得持有期满两年的某 A 股股票分红 6 000 元，另取得持股期 6 个月的另一 A 股股票分红 8 000 元。

要求：计算张某取得的股票分红收入应缴纳的个人所得税。

【答案及解析】根据规定，个人从公开发行和转让市场取得的上市公司股票，持股期限超过 1 年的，股息、红利所得暂免征收个人所得税；持股期限在 1 个月以内（含 1 个月）的，其股息、红利所得全额计入应纳税所得额；持股期限在 1 个月以上至 1 年（含 1 年）的，暂减按 50% 计入应纳税所得额；上述所得统一适用 20% 的税率计征个人所得税。因此张某取得的股票分红收入应缴纳的个人所得税 = 8 000 × 50% × 20% = 800（元）。

第四单元　境外所得的税额扣除

重难点：境外所得的税额扣除★★

（一）税法规定的抵免原则

居民个人从中国境外取得的所得，可以从其应纳税额中抵免已在境外缴纳的个人所得税税额，但抵免额不得超过该纳税人境外所得依照税法规定计算的应纳税额。

1. 已在境外缴纳的个人所得税税额，是指居民个人来源于中国境外的所得，依照该所得来源国家（地区）的法律，应当缴纳并且实际已经缴纳的所得税税额。

2. 纳税人境外所得依照税法规定计算的应纳税额，是居民个人抵免已在境外缴纳的综合所得、经营所得以及其他所得的所得税税额的限额（以下简称“抵免限额”）。

【小贴士】除国务院财政、税务主管部门另有规定外，来源于中国境外一个国家（地区）的综合所得抵免限额、经营所得抵免限额以及其他所得抵免限额之和，为来源于该国家（地区）所得的抵免限额。

【小贴士】居民个人在中国境外一个国家（地区）实际已经缴纳的个人所得税税额，低于依照前款规定计算出的来源于该国家（地区）所得的抵免限额的，应当在中国缴纳差额部分的税款。

【小贴士】超过来源于该国家（地区）所得的抵免限额的，其超过部分不得在本纳税年度的应纳税额中抵免，但是可以在以后纳税年度来源于该国家（地区）所得的抵免限额的余额中补扣。补扣期限最长不得超过 5 年。

3. 居民个人申请抵免已在境外缴纳的个人所得税税额，应当提供境外税务机关出具的税款所属年度的有关纳税凭证。

（二）境外来源所得

下列所得，为来源于中国境外的所得：

1. 因任职、受雇、履约等在中国境外提供劳务取得的所得。

2. 中国境外企业以及其他组织支付且负担的稿酬所得。

3. 许可各种特许权在中国境外使用而取得的所得。

4. 在中国境外从事生产、经营活动而取得的与生产、经营活动相关的所得。

5. 从中国境外企业、其他组织以及非居民个人取得的利息、股息、红利所得。

6. 将财产出租给承租人在中国境外使用而取得的所得。

7. 转让中国境外的不动产、转让对中国境外企业以及其他组织投资形成的股票、股权以及其他权益性资产（以下简称“权益性资产”）或者在中国境外转让其他财产取得的所得。

【小贴士】转让对中国境外企业以及其他组织投资形成的权益性资产，该权益性资产被转让前 3 年（连续 36 个公历月份）内的任一时间，被投资企业或其他组织的资产公允价值 50% 以上直接或间接来自位于中国境内的不动产的，取得的所得为来源于中国境内的所得。

8. 中国境外企业、其他组织以及非居民个人支付且负担的偶然所得。

9. 财政部、国家税务总局另有规定的，按照相关规定执行。

（三）居民个人应分项计算当期境外所得应纳税额

1. 居民个人来源于中国境外的综合所得，应当与境内综合所得合并计算应纳税额；

2. 居民个人来源于中国境外的经营所得，应当与境内经营所得合并计算应纳税额。居民个人来源于境外的经营所得，按照《个人所得税法》及其实施条例的有关规定计算的亏损，不得抵减其境内或他国（地区）的应纳税所得额，但可以用来源于同一国家（地区）以后年度的经营所得按中国税法规定弥补。

3. 居民个人来源于中国境外的利息、股息、红利所得，财产租赁所得，财产转让所得和偶然所得（以下简称“其他分类所得”），不与境内所得合并，应当分别单独计算应纳税额。

（四）居民个人应区分来源国计算境外所得抵免限额

居民个人在一个纳税年度内来源于中国境外的所得，应区分来源国即依照所得来源国家（地区）税收法律规定在中国境外已缴纳的所得税税额允许在抵免限额内从其该纳税年度应纳税额中抵免。

居民个人来源于一国（地区）的综合所得、经营所得以及其他分类所得项目的应纳税额为其抵免限额，按照下列公式计算：

来源于一国（地区）综合所得的抵免限额＝合并中国境内和境外全部综合所得计算得到的应纳税额×来源于该国（地区）的综合所得收入额÷中国境内和境外综合所得收入额合计

来源于一国（地区）经营所得的抵免限额＝合并中国境内和境外全部经营所得计算得到的应纳税额×来源于该国（地区）的经营所得应纳税所得额÷中国境内和境外经营所得应纳税所得额合计

来源于一国（地区）其他分类所得的抵免限额＝该国（地区）的其他分类所得单独计算的应纳税额

来源于一国（地区）所得的抵免限额＝来源于该国（地区）综合所得抵免限额＋来源于该国（地区）经营所得抵免限额＋来源于该国（地区）其他分类所得抵免限额

【经典例题】

【例题·计算问答题】居民个人王某2020年除取得境内工资收入120 000元（已代扣“三险一金”）外，还从境外甲国获得劳务报酬收入折合人民币50 000元、稿酬收入折合人民币20 000元和利息收入折合人民币10 000元，并分别就这三项收入在甲国缴纳税款10 000元、1 000元和2 000元。假设王某除扣除年度费用60 000元和某专项附加扣除12 000元外，不考虑其他费用扣除和境内预缴税额。

要求：计算王某2020年来源于甲国的所得抵免限额。

【答案及解析】王某2020年来源于甲国的所得抵免限额计算过程如下：

（1）王某2020年境内、外全部综合所得收入额＝120 000＋50 000×（1－20%）＋20 000×（1－20%）×70%＝171 200（元）。

（2）王某2020年境内、外全部综合所得应纳税额＝（171 200－60 000－12 000）×10%－2 520＝7 400（元）。

（3）王某2020年来源于甲国综合所得抵免限额＝7 400×（40 000＋11 200）÷（120 000＋40 000＋11 200）＝2 213.08（元）。

（4）王某2020年来源于甲国其他分类所得抵免限额＝10 000×20%＝2 000（元）。

（5）王某2020年来源于甲国所得抵免限额＝2 213.08＋2 000＝4 213.08（元）。

（五）居民个人可抵免的境外所得税税额的确定

可抵免的境外所得税税额，是指居民个人取得境外所得，依照该所得来源国（地区）税收法律应当缴纳且实际已经缴纳的所得税性质的税额。

下列情形的境外所得税税额不能抵免：

1. 按照境外所得税法律属于错缴或错征的境外所得税税额。

2. 按照我国政府签订的避免双重征税协定以及内地与香港、澳门地区签订的避免双重征税安排（以下统称“税收协定”）规定不应征收的境外所得税税额。

3. 因少缴或迟缴境外所得税而追加的利息、滞纳金或罚款。

4. 境外所得税纳税人或者其利害关系人从境外征税主体得到实际返还或补偿的境外所得税税款。

5. 按照我国《个人所得税法》及其实施条例规定，已经免税的境外所得负担的境外所得税税款。

（六）居民个人境外所得享受协定待遇的规定

居民个人从与我国签订税收协定的国家（地区）取得的所得，按照该国（地区）税收法律享受免税或减税待遇，且该免税或减税的数额按照税收协定饶让条款规定应视同已缴税额在中国的应纳税额中抵免的，该免税或减税数额可作为居民个人实际缴纳的境外所得税税额按规定申报税收抵免。

（七）居民个人境外所得限额抵免规定

居民个人一个纳税年度内来源于一国（地区）的所得实际已经缴纳的所得税税额，低于依照税法规定计算出的来源于该国（地区）该纳税年度所得的抵免限额的，应以实际缴纳税额作为抵免额进行抵免；超过来源于该国（地区）该纳税年度所得的抵免限额的，应在限额内进行抵免，超过部分可以在以后5个纳税年度内结转抵免。

（八）居民个人境外所得纳税申报时间

居民个人从中国境外取得所得的，应当在取得所得的次年3月1日至6月30日内申报纳税。

（九）居民个人境外所得纳税申报地点

1. 居民个人取得境外所得，应当向中国境内任职、受雇单位所在地主管税务机关办理纳税申报。

2. 在中国境内没有任职、受雇单位的，向户籍所在地或中国境内经常居住地主管税务机关办理纳税申报。

3. 户籍所在地与中国境内经常居住地不一致的，选择其中一地主管税务机关办理纳税申报。

4. 在中国境内没有户籍的，向中国境内经常居住地主管税务机关办理纳税申报。

（十）居民个人境外所得纳税年度判定规则

居民个人取得境外所得的境外纳税年度与公历年度不一致的，取得境外所得的境外纳税年度最后一日所在的公历年度，为境外所得对应的我国纳税年度。

（十一）居民个人境外所得凭纳税凭证享受抵免

居民个人申报境外所得税收抵免时，除另有规定外，应当提供境外征税主体出具的税款所属年度的完税证明、税收缴款书或者纳税记录等纳税凭证，未提供符合要求的纳税凭证，不予抵免。

【小贴士】居民个人已申报境外所得、未进行税收抵免，在以后纳税年度取得纳税凭证并申报境外所得税收抵免的，可以追溯至该境外所得所属纳税年度进行抵免，但追溯年度不得超过5年。

【小贴士】自取得该项境外所得的5个年度内，境外征税主体出具的税款所属纳税年度纳税凭证载明的实际缴纳税额发生变化的，按实际缴纳税额重新计算并办理补退税，不加收税收滞纳金，不退还利息。

【小贴士】纳税人确实无法提供纳税凭证的，可同时凭境外所得纳税申报表（或者境外征税主体确认的缴税通知书）以及对应的银行缴款凭证办理境外所得抵免事宜。

（十二）居民个人被派往境外工作，取得所得的税款预扣预缴规定

居民个人被境内企业、单位、其他组织（以下称“派出单位”）派往境外工作，取得的工资、薪金所得或者劳务报酬所得，由派出单位或者其他境内单位支付或负担的，派出单位或者其他境内单位应按照《个人所得税法》及其实施条例规定预扣预缴税款。

【小贴士】居民个人被派出单位派往境外工作，取得的工资、薪金所得或者劳务报酬所得，由境外单位支付或负担的，如果境外单位为境外任职、受雇的中方机构（以下简称“中方机构”）的，可以由境外任职、受雇的中方机构预扣税款，并委托派出单位向主管税务机关申报纳税。

【小贴士】中方机构未预扣税款的或者境外单位不是中方机构的，派出单位应当于次年2月28日前向其主管税务机关报送外派人员情况，包括：外派人员的姓名、身份证件类型及身份证件号码、职务、派往国家和地区、境外工作单位名称和地址、派遣期限、境内外收入及缴税情况等。

中方机构包括中国境内企业、事业单位、其他经济组织以及国家机关所属的境外分支机构、子公司、使（领）馆、代表处等。

（十三）居民个人境外所得为外币时折算规定

居民个人取得来源于境外的所得或者实际已经在境外缴纳的所得税税额为人民币以外货币的，应按照以下规定折合计算：所得为人民币以外货币的，按照办理纳税申报或者扣缴申报的上一月最后一日人民币汇率中间价，折合成人民币计算应纳税所得额。年度终了后办理汇算清缴的，对已经按月、按季或者按次预缴税款的人民币以外货币所得，不再重新折算；对应当补缴税款的所得部分，按照上一纳税年度最后一日人民币汇率中间价，折合成人民币计算应纳税所得额。

（十四）居民个人境外所得纳税义务法律责任

纳税人和扣缴义务人未按税法规定申报缴纳、扣缴境外所得个人所得税以及报送资料的，按照《税收征收管理法》和《个人所得税法》及其实施条例等有关规定处理，并按规定纳入个人纳税信用管理。

【经典例题】

【例题·单选题】2020年5月，中国公民李某在A国转让股权的应纳税所得额为40 000元，按A国税法规定缴纳了个人所得税6 500元；在A国还取得偶然所得10 000元，按A国税法规定缴纳了个人所得税3 000元。回国后，李某应补缴个人所得税（　　）元。（以上货币均为人民币）

A. 50　　　　B. 500

C. 1 000　　　　D. 1 100

【答案】B

【解析】（1）境外所得的抵免限额为同一国家（地区）内不同应税项目，依照我国税法计算的应纳税额之和。（2）按我国税法计算的转让股权应纳税额 = 40 000 × 20% = 8 000（元），偶然所得应纳税额 = 10 000 × 20% = 2 000（元），李某在A国所得抵免限额 = 8 000 + 2 000 = 10 000（元），大于9 500元（6 500 + 3 000）；李某应在我国补缴的个人所得税 = 10 000 − 9 500 = 500（元）。

【例题·计算问答题】2020年5月，我国居民纳税人李某在新加坡取得当地一家公司支付的劳务报酬金额10 000元（折合成人民币，下同），被扣缴个人所得税1 000元。同月李某还从美国取得利息收入1 000元，被扣缴个人所得税300元。经核查，境外完税凭证无误。（上述所得均为税前所得，李某无其他综合所得。）

要求：计算李某境外所得在我国境内应补缴的个人所得税。

【答案及解析】（1）来源于新加坡的所得计算：来自新加坡的劳务报酬所得按我国税法计算的应纳税额 = 10 000 ×（1 − 20%）× 20% = 1 600（元），由于已被扣缴个人所得税1 000元，需要补税600元。（2）来源于美国的所得计算：来自美国的利息收入按我国税法计算的应纳税额 = 1 000 × 20% = 200（元），由于已被扣缴个人所得税300元，无须补税，剩余100元，以后年度有余额再补扣。

第五单元　应纳税额的计算

重难点1：居民个人综合所得应纳税额的计算★★★

（一）预扣预缴的计算

1. 工资、薪金所得（按月预扣预缴）。

扣缴义务人向居民个人支付工资、薪金所得时，应当按照**累计预扣法**计算预扣税款，并按月办理扣缴申报。

（1）累计预扣法，是指扣缴义务人在一个纳税年度内预扣预缴税款时，以纳税人在本单位**截至当前月份**工资、薪金所得累计收入减除累计免税收入、累计减除费用、累计专项扣除、累计专项附加扣除和累计依法确定的其他扣除后的余额，为累计预扣预缴应纳税所得额。

（2）累计预扣预缴应纳税所得额，适用居民个人工资、薪金所得预扣预缴率表，计算累计应预扣预缴税额，再减除累计减免税额和累计已预扣预缴税额，其余额为本期应预扣预缴税额。

（3）余额为负值时，暂不退税。纳税年度终了后余额仍为负值时，由纳税人通过办理综合所得年度汇算清缴，税款多退少补。

具体计算公式如下：

累计预扣预缴应纳税所得额＝累计收入－累计免税收入－累计减除费用－累计专项扣除－累计专项附加扣除－累计依法确定的其他扣除

本期应预扣预缴税额＝（累计预扣预缴应纳税所得额×预扣率－速算扣除数）－累计减免税额－累计已预扣预缴税额

【小贴士】累计减除费用，按照5 000元/月乘以纳税人当年截至本月，在本单位的任职受雇月份数计算。

【小贴士】居民个人向扣缴义务人提供有关信息并依法要求办理专项附加扣除的，扣缴义务人应当按照规定在工资、薪金所得按月预扣预缴税款时予以扣除，不得拒绝。

居民个人工资、薪金所得预扣预缴率表（综合税率表）

级数	累计预扣预缴应纳税所得额	预扣率（%）	速算扣除数（元）
1	不超过36 000元的	3	0
2	超过36 000元至144 000元的部分	10	2 520
3	超过144 000元至300 000元的部分	20	16 920
4	超过300 000元至420 000元的部分	25	31 920
5	超过420 000元至660 000元的部分	30	52 920
6	超过660 000元至960 000元的部分	35	85 920
7	超过960 000元的部分	45	181 920

【举例】某居民个人2020年每月应发工资均为10 000元，每月减除费用为5 000元，“三险一金”等专项扣除为1 500元，全年享受子女教育专项附加扣除，假设没有减免收入及减免税额等情况。

【解析】按照以下方法计算1月、2月应预扣预缴税额：

1月：（10 000－5 000－1 500－1 000）×3%＝75（元）。

2月：［（10 000×2－5 000×2－1 500×2－1 000×2）×3%］－75＝75（元）。

【举例】某居民个人2020年每月应发工资均为30 000元，每月减除费用为5 000元，“三险一金”等专项扣除为4 500元，全年享受子女教育、赡养老人两项专项附加扣除，其中赡养老人支出按照1 000元/月的标准定额扣除，假设没有减免收入及减免税额等情况。

【解析】按照以下方法计算1月、2月应预扣预缴税额：

1月：（30 000－5 000－4 500－2 000）×

3% =555（元）。

2月：[(30 000 ×2 -5 000 ×2 -4 500 ×2 -2 000 ×2) ×10% -2 520] -555 =625（元）。

上述计算结果表明，由于2月累计预扣预缴应纳税所得额为37 000元，已适用10%的税率，因此2月应预扣预缴税款有所增加。

2. 劳务报酬（按次预缴）。

劳务报酬所得应预扣预缴税额计算公式如下：

预扣预缴应纳税所得额 = 每次收入 -800元或收入的20%

应预扣预缴税额 = 预扣预缴应纳税所得额 × 预扣率 - 速算扣除数

居民个人劳务报酬所得预扣预缴率表

级数	预扣预缴应纳税所得额	预扣率（%）	速算扣除数（元）
1	不超过20 000元的	20	0
2	超过20 000元至50 000元的部分	30	2 000
3	超过50 000元的部分	40	7 000

【举例】某演员一次取得表演收入40 000元。

【解析】按照以下方法计算演员就该项收入应预扣预缴税额：

预扣预缴应纳税所得额 =40 000 ×(1 -20%) =32 000（元）。

应预扣预缴税额 =32 000 ×30% -2 000 =7 600（元）。

3. 特许权使用费所得（按次预缴）。

特许权使用费所得应预扣预缴税额 = 预扣预缴应纳税所得额 ×20%

4. 稿酬所得（按次预缴）。

稿酬所得应预扣预缴税额 = 预扣预缴应纳税所得额 ×20%

【小贴士】按次预缴时，每次收入扣800元或20%，**再减按70%征收**。

【小贴士】合作出书的纳税顺序：先分钱，后扣费用，再缴税。

【举例】某作家取得稿酬所得20 000元。

【解析】按照以下方法计算作家就该项收入应预扣预缴税款：

预扣预缴应纳税所得额 =20 000 ×(1 -20%) ×70% =11 200（元）。

应预扣预缴税额 =11 200 ×20% =2 240（元）。

【小贴士】劳务报酬所得、特许权使用费所得、稿酬所得的应纳税所得额确定与汇算清缴时的确定方法不同。

【小贴士】年度预扣预缴税额与年度应纳税额不一致的，由居民个人于次年3月1日至6月30日向主管税务机关办理综合所得年度汇算清缴，税款多退少补。

（二）全年综合所得应纳税额的计算

居民个人取得综合所得，以每年收入额减除费用60 000元以及专项扣除、专项附加扣除和依法确定的其他扣除后的余额，为应纳税所得额。

基本规定一览表

综合所得具体项目	应纳税所得额		计税公式
	计入综合所得的收入额	扣除项目	
工资、薪金所得	全额计入收入额	(1) 基本减除费用60 000元。 (2) 专项扣除。 (3) 专项附加扣除。 (4) 依法确定的其他扣除	全年应纳税额 = ∑(每一级数的全年应纳税所得额 × 对应级数的适用税率) = (全年收入额 -60 000元 - 专项扣除 - 享受的专项附加扣除 - 享受的其他扣除) × 适用税率 - 速算扣除数
劳务报酬所得	实际取得劳务报酬、特许权使用费收入的80%		
特许权使用费所得			
稿酬所得	实际取得稿酬收入的56%(80% ×70%)		

【经典例题】

【例题·计算问答题】假定某居民个人2020年扣除“三险一金”后共取得含税工资收入120 000元，除住房贷款专项附加扣除外，纳税人不享受其余专项附加扣除和税法规定的其他扣除。

要求：计算该居民个人当年应缴纳的个人所得税税额。

【答案及解析】(1) 全年应纳税所得额 = 120 000 - 60 000 - 12 000 = 48 000（元）。(2) 应纳税额 = 48 000 × 10% - 2 520 = 2 280（元）。

【例题·计算问答题】假定某居民个人为独生子女，2020年交完社保和住房公积金后共取得税前工资收入200 000元，劳务报酬10 000元，稿酬10 000元。该纳税人有两个小孩且均由其扣除子女教育专项附加，纳税人的父母健在且均已年满60岁。

已知：该居民个人已预缴个人所得税税额3 000元。

要求：计算该居民个人当年应缴纳的个人所得税税额及汇算清缴应纳税额。

【答案及解析】(1) 全年应纳税所得额 = 200 000 + 10 000 × 80% + 10 000 × 80% × 70% - 60 000 - 12 000 × 2 - 2 000 × 12 = 213 600 - 108 000 = 105 600（元）。(2) 应纳税额 = 105 600 × 10% - 2 520 = 8 040（元）。(3) 汇算清缴应纳税额 = 8 040 - 3 000 = 5 040（元）。

重难点2：非居民个人取得前四项所得应纳税额的计算★★

【小贴士】非居民个人取得前四项所得，仍然保留分类征收的方式，不使用综合征收的方式，年终不办理汇算清缴。

【小贴士】非居民个人，在一个纳税年度内税款扣缴方法保持不变，达到居民个人条件时，应当告知扣缴义务人基础信息变化情况，年度终了后按照居民个人有关规定办理汇算清缴。

【小贴士】非居民个人取得前四项所得，有扣缴义务人的，由扣缴义务人按月或者按次代扣代缴税款。

(一) 应缴纳所得额的计算

1. 工资、薪金所得。

非居民个人的工资、薪金所得，以每月收入额减除费用5 000元后的余额，为应纳税所得额。

2. 劳务报酬所得、稿酬所得、特许权使用费所得。

(1) 劳务报酬所得、稿酬所得、特许权使用费所得，以收入减除20%的费用后的余额为收入额；其中，稿酬所得的收入额（再）减按70%计算。（先确定收入额）

(2) 劳务报酬所得、稿酬所得、特许权使用费所得，以每次收入额为应纳税所得额。

(二) 应纳税额的计算

非居民个人应纳税额的计算，适用非居民个人工资、薪金所得，劳务报酬所得，稿酬所得，特许权使用费所得适用税率表，即月度税率表。

税款扣缴的计算公式如下：

非居民个人前四项所得应纳税额 = 应纳税所得额 × 税率 - 速算扣除数

项目	应纳税所得额	适用税率	应纳税额
工资、薪金所得	每月收入额 - 5 000元	七级超额累进税率（按月或按次适用）	每月或每次应纳税额 = 应纳税所得额 × 适用税率 - 速算扣除数
劳务报酬所得	实际取得劳务报酬收入的80%		
特许权使用费所得	实际取得特许权使用费收入的80%		
稿酬所得	实际取得稿酬收入的56%（80% × 70%）		

月度税率表

级数	应纳税所得额	税率（%）	速算扣除数
1	不超过3 000元的	3	0
2	超过3 000元至12 000元的部分	10	210
3	超过12 000元至25 000元的部分	20	1 410
4	超过25 000元至35 000元的部分	25	2 660
5	超过35 000元至55 000元的部分	30	4 410
6	超过55 000元至80 000元的部分	35	7 160
7	超过80 000元的部分	45	15 160

【经典例题】

【例题·计算问答题】2020年5月，在某外商投资企业工作的美国专家约翰（非居民个人），取得两笔收入，一笔是企业发放的工资收入20 000元人民币，另一笔是在某大学讲座取得讲课费8 000元人民币。

要求：分别计算约翰就这两笔收入应缴纳的个人所得税。

【答案及解析】（1）工资、薪金所得应纳税额＝(20 000－5 000)×20%－1 410＝1 590（元）。（2）劳务报酬所得应纳税额＝8 000×(1－20%)×10%－210＝430（元）。

重难点3：经营所得应纳税额的计算★★

经营所得应纳税额＝(全年收入总额－成本、费用以及损失)×适用税率－速算扣除数

【小贴士】经营所得适用税率为五级超额累进税率。

（一）个体工商户应纳税额的计算

1. 收入总额。

个体工商户生产经营的收入总额包括：销售货物收入、提供劳务收入、转让财产收入、利息收入、租金收入、接受捐赠收入、其他收入。

2. 个体工商户下列支出不得扣除：（重要）

（1）个人所得税税款。

（2）税收滞纳金。

（3）罚金、罚款和被没收财物的损失。

（4）不符合扣除规定的捐赠支出。

（5）赞助支出，指各种非广告性质支出。

（6）用于个人和家庭的支出。

（7）与取得生产经营收入无关的其他支出。

（8）国家税务总局规定不准扣除的支出。

【小贴士】企业所得税税前不得扣除的项目共8项。

3. 对于生产经营与个人、家庭生活混用难以分清的费用，其**40%**视为与生产经营有关的费用，准予扣除。

4. 实际支付给从业人员的、合理的工资、薪金支出，准予扣除。

【小贴士】业主本人的费用扣除标准，确定为60 000元/年；业主的工资、薪金支出不得在税前扣除。

5. 个体工商户为从业人员缴纳的补充养老保险费、补充医疗保险费，分别在不超过从业人员工资总额**5%**标准内的部分据实扣除。

【小贴士】业主本人缴纳的补充养老保险费、补充医疗保险费，以当地（地级市）上年度社会平均工资的**3倍**为计算基数，分别在不超过该计算基数5%标准内的部分据实扣除。

6. 个体工商户向当地工会组织拨缴的工会经费，实际发生的职工福利费支出，职工教育经费支出分别在工资、薪金总额的**2%、14%、2.5%**的标准内据实扣除。

【小贴士】业主本人向当地工会组织缴纳的工会经费、实际发生的职工福利费支出、职工教育经费支出，以当地（地级市）上年度社会平均工资的3倍为计算基数，在上述规定比例内据实扣除。

7. 个体工商户代其从业人员或他人负担的税款，不得税前扣除。

8. 个体工商户照章缴纳的摊位费、行政性收费、协会会费等，按实际发生数额扣除。

9. 个体工商户业主自申请营业执照之日起至开始生产经营之日止所发生符合规定的费用，除为取得固定资产、无形资产的支出，以及应计入资产价值的汇兑损益、利息支出外，作为开办费。

【小贴士】上述开办费，可以选择在开始生产经营的当年一次性扣除，也可以自生产经营月份起在不短于3年期限内摊销扣除，但一经选定，不得改变。

【小贴士】开始生产经营之日，为取得第一笔销售（营业）收入的日期。

10. 个体工商户研究开发新产品、新技术、新工艺所发生的开发费用，以及研究开发新产品、新技术而购置单台价值在10万元以下的测试仪器和试验性装置的购置费准予直接扣除。

【小贴士】单台价值在10万元以上（含10万元）的测试仪器和试验性装置，按固定资产管理，不得在当期直接扣除。

11. 资产损失、亏损弥补、保险费、利息支出、业务招待费、广告费和业务宣传费等与企业所得税的规定基本相同。

【小贴士】个体工商户与其他企业联营而分得的利润，按“利息、股息、红利所得”项目征收个人所得税。

【小贴士】个体工商户和从事生产、经营的个人，取得与生产、经营活动无关的各项应税所得，应按规定项目分别计算征收个人所得税。

【小贴士】个体工商户延缓缴纳2020年所得税。

2020年5月1日至2020年12月31日，个体工商户在2020年剩余申报期按规定办理个人所得税经营所得纳税申报后，可以暂缓缴纳当期的个人所得税，延迟至2021年首个申报期内一并缴纳。其中，个体工商户实行简易申报的，2020年5月1日至2020年12月31日期间暂不扣划个人所得税，延迟至2021年首个申报期内一并划缴。

个体工商户延缓缴纳2020年所得税政策自2020年5月1日起施行，5月1日至本政策发布的5月19日，纳税人已经缴纳符合本政策规定缓缴税款的，可申请退还，一并至2021年首个申报期内缴纳。**（新增）**

【经典例题】

【真题·多选题】（2017改编）在计算生产经营所得个人所得税时，允许对一些支出项目按一定标准予以税前扣除。下列关于税前扣除项目和标准的表述中，正确的有（　　）。

A. 个体工商户业主的工资、薪金可以据实扣除

B. 实际支付给从业人员合理的工资、薪金和缴纳的“四险一金”可以税前扣除

C. 在经营过程中发生的业务招待费可据实扣除

D. 以经营租赁方式租入固定资产发生的租赁费支出，按照租赁期限均匀扣除

【答案】 BD

【解析】 选项A不得扣除，选项C按规定比例与限额计算扣除。

【例题·计算问答题】某小型运输公司系个体工商户，账证健全，2019年12月取得经营收入320 000元，准许扣除的当月成本、费用（不含业主工资）及相关税金共计250 600元。1～11月累计应纳税所得额为88 400元（未扣除业主费用减除标准），1～11月累计已预缴个人所得税10 200元。除经营所得外，业主本人没有其他收入，且2019年全年均享受赡养老人一项专项附加扣除（业主为独生子女）。不考虑专项扣除和符合税法规定的其他扣除。

要求：计算该个体工商户 2019 年度汇算清缴时应申请的个人所得税退税额。

【答案及解析】 纳税人取得经营所得，按年计算个人所得税，由纳税人在月度或季度终了后 15 日内，向经营管理所在地主管税务机关办理预缴纳税申报；在取得所得的次年 3 月 31 日前，向经营管理所在地主管税务机关办理汇算清缴。因此，按照税收法律、法规和文件规定，先计算全年应纳税所得额，再计算全年应纳税额，并根据全年应纳税额和当年已预缴税额计算出当年度应补（退）税额。

（1）全年应纳税所得额 = 320 000 − 250 600 + 88 400 − 60 000 − 24 000 = 73 800（元）。

（2）全年应缴纳的个人所得税 = 73 800 × 10% − 1 500 = 5 880（元）。

（3）该个体工商户 2019 年度应申请的个人所得税退税额 = 10 200 − 5 880 = 4 320（元）。

（二）个人独资企业和合伙企业应纳税额的计算

1. 查账征税。

（1）个人独资企业和合伙企业投资者本人的费用扣除标准统一确定为 60 000 元/年，即为 5 000 元/月。投资者的工资不得在税前扣除。

【小贴士】 取得经营所得的个人（个体工商户业主、个人独资企业和合伙企业的自然人投资者），没有综合所得的，在计算其每一纳税年度的应纳税所得额时，应当减除：费用 60 000 元、专项扣除、专项附加扣除以及依法确定的其他扣除。

（2）投资者及其家庭发生的生活费用不允许在税前扣除。

（3）企业生产经营和投资者及其家庭生活共用的固定资产，难以划分的，由主管税务机关根据企业的生产经营类型、规模等具体情况，核定准予在税前扣除的折旧费用的数额或比例。

（4）企业向其从业人员实际支付的合理的工资、薪金支出，允许在税前扣除。

（5）企业拨缴的工会经费、发生的职工福利费、职工教育经费支出分别在工资、薪金总额 2%、14%、2.5% 的标准内据实扣除。

（6）企业每一纳税年度发生的广告费和业务宣传费用，不超过当年销售（营业）收入 **15%** 的部分，可据实扣除；超过部分，准予在以后纳税年度结转扣除。

（7）企业每一纳税年度发生的与其生产经营业务直接相关的业务招待费支出，按照发生额的 **60%** 扣除，但最高不得超过当年销售（营业）收入的 **5‰**。

（8）企业计提的各种准备金不得扣除。

（9）投资者兴办两个或两个以上企业的，根据前述规定准予扣除的个人费用，由投资者选择在其中一个企业的生产经营所得中扣除。**（新增）**

（10）企业的年度亏损，允许用本企业下一年度的生产经营所得弥补，下一年度所得不足弥补的，允许逐年延续弥补，但最长不得超过 5 年。

【小贴士】 投资者兴办两个或两个以上企业的，企业的年度经营亏损不能跨企业弥补。

（11）投资者来源于中国境外的生产经营所得，已在境外缴纳所得税的，可以按照《个人所得税法》的有关规定计算扣除已在境外缴纳的所得税。

2. 核定征收。（了解）

核定征收方式，包括定额征收、核定应税所得率征收以及其他合理的征收方式。

（1）有下列情形之一的，主管税务机关应采取核定征收方式征收个人所得税：

①企业依照国家有关规定应当设置但未设置账簿的。

②企业虽设置账簿，但账目混乱或者成本资料、收入凭证、费用凭证残缺不全，难以查账的。

③纳税人发生纳税义务，未按照规定的期限办理纳税申报，经税务机关责令限期申报，逾期仍不申报的。

（2）实行核定应税所得率征收方式的，应纳所得税额的计算公式如下：

应纳税所得额 = 收入总额 × 应税所得率

应纳税所得额 = 成本费用支出额 ÷ (1 - 应税所得率) × 应税所得率

应纳税额 = 应纳税所得额 × 适用税率

【小贴士】实行核定征收的投资者，不能享受个人所得税的优惠政策。

3. 个人独资企业和合伙企业对外投资分回的利息或者股息、红利，不并入企业的收入，而应单独作为投资者个人取得的利息、股息、红利所得，按“利息、股息、红利所得”项目计算缴纳个人所得税。

重难点4：财产租赁所得应纳税额的计算 ★★★

（一）应纳税额的计算

1. 扣除的费用。

个人出租财产取得的财产租赁收入，在计算缴纳个人所得税时，应依次扣除以下费用：

（1）财产租赁过程中缴纳的税金和国家能源交通重点建设基金、国家预算调节基金、教育费附加。

（2）由纳税人负担的该出租财产实际开支的修缮费用。

（3）税法规定的费用扣除标准。

【小贴士】财产租赁所得的税前税费扣除有次序规定。

【小贴士】修缮费用的扣除每月以 800 元为限，一次扣除不完的余额可无限期结转抵扣。

【小贴士】税法规定的费用扣除标准：经减除上述（1）、（2）后，如果余额不足 4 000 元，则减去 800 元，如果余额超过 4 000 元，则减去 20%。

2. 计算公式。

（1）每次（月）收入不足 4 000 元的：

应纳税所得额 = 每次(月)收入额 - 准予扣除项目 - 修缮费用(800元为限) - 800元

（2）每次（月）收入 4 000 元以上的：

应纳税所得额 = [每次(月)收入额 - 准予扣除项目 - 修缮费用(800元为限)] × (1 - 20%)

【小贴士】财产租赁所得，以一个月内取得的收入为一次；个人出租房屋的个人所得税应税收入不含增值税。

【小贴士】财产租赁所得，适用 20% 的比例税率；对个人按市场价出租的住房，暂减按 10% 的税率征收个人所得税。(重要)

【经典例题】

【例题·计算问答题】李某于 2020 年 1 月将其自有的面积为 150 平方米的公寓按市场价出租给张某居住。李某每月取得租金收入 4 500 元，全年租金收入 54 000 元。

要求：（1）计算李某全年租金收入应缴纳的个人所得税。(不考虑其他税费)

（2）假定当年 2 月因下水道堵塞李某找人修理，发生修理费用 1 000 元，有维修部门的正式收据。计算李某 2 月和 3 月应缴纳的个人所得税。

【答案及解析】（1）每月应纳税额 = 4 500 × (1 - 20%) × 10% = 360（元），全年应纳税额 = 360 × 12 = 4 320（元）。(如果对租金收入依法计征城市维护建设税、房产税和教育费附加等，还应将其从税前的收入中先扣除后再计算个人所得税。)

（2）2 月应纳税额 = (4 500 - 800 - 800) × 10% = 290（元），3 月应纳税额 = (4 500 - 200) × (1 - 20%) × 10% = 344（元）。

（二）个人房屋转租应纳税额的计算

个人将承租房屋转租取得的租金收入，属于个人所得税应税所得，应按“财产租赁所得”项目计算缴纳个人所得税。具体规定如下：

（1）取得转租收入的个人向房屋出租方支付的租金，凭房屋租赁合同和合法支付凭据允许在计算个人所得税时，从该项转租收入中扣除。

（2）有关财产租赁所得个人所得税税前扣除税费的扣除次序调整为：

①财产租赁过程中缴纳的税费。

②向出租方支付的租金。

③由纳税人负担的租赁财产实际开支的修缮费用。

④税法规定的费用扣除标准。

【经典例题】

【真题·计算问答题】（2017节选）李某3月将承租的一套住房转租给他人居住。李某承租的住房租金为每月2 000元（有房屋租赁合同和合法支付凭证），其转租的租金收入为每月3 000元。

要求：（1）回答李某转租住房向房屋出租方支付的租金，是否允许在税前扣除及具体规定。

（2）按次序写出转租收入应纳个人所得税的税前扣除项目。

【答案及解析】（1）李某转租住房向房屋出租方支付的租金可以在税前扣除。取得转租收入的个人向出租方支付的租金能提供房屋租赁合同和合法支付凭据的，向出租方支付的租金可以税前扣除。

（2）个人将承租房屋转租取得的租金收入，按照"财产租赁所得"项目征税，扣除税费按次序为：①财产租赁过程中缴纳的税费。②向出租方支付的租金。③由纳税人负担的租赁财产实际开支的修缮费用。④税法规定的费用扣除标准。

重难点5：财产转让所得应纳税额的计算 ★★★

（一）一般情况下应纳税额的计算

财产转让所得，以转让财产的收入额减除财产原值和合理费用后的余额，为应纳税所得额。

应纳税额＝应纳税所得额×适用税率＝（收入总额－财产原值－合理费用）×20%

1. 财产原值，是指：

（1）有价证券，为买入价以及买入时按照规定缴纳的有关费用。

（2）建筑物，为建造费或者购进价格以及其他有关费用。

（3）土地使用权，为取得土地使用权所支付的金额、开发土地的费用以及其他有关费用。

（4）机器设备、车船，为购进价格、运输费、安装费以及其他有关费用。

（5）其他财产，参照以上方法确定。

【小贴士】纳税人未提供完整、准确的财产原值凭证，不能正确计算财产原值的，由主管税务机关**核定**其财产原值。

2. 合理费用，是指**卖出财产时**按照规定支付的有关税费。

（二）个人住房转让所得应纳税额的计算（重要）

1. 转让收入的确定。

个人住房转让，应以实际成交价格为转让收入。

【小贴士】纳税人申报的住房成交价格，明显低于市场价格且无正当理由的，征收机关依法有权根据有关信息**核定**其转让收入，但必须保证各税种计税价格一致。

2. 房屋原值的确定。

对转让住房收入计算个人所得税应纳税所得额时，纳税人可凭原购房合同、发票等有效凭证，经税务机关审核后，允许从其转让收入中减除房屋原值、转让住房过程中缴纳的部分税金及有关合理费用。房屋原值具体如下：

（1）商品房：为购置该房屋时实际支付的房价款及缴纳的相关税费。

（2）自建住房：为实际发生的建造费用及建造和取得产权时实际缴纳的相关税费。

（3）经济适用房：为原购房人实际支付的房价款及相关税费，以及按规定缴纳的土地出让金。

【小贴士】经济适用房，包括集资合作建房、安居工程住房。

（4）已购公有住房：为原购公有住房**标准面积**按当地经济适用房价格计算的房价款，加上原购公有住房**超标准面积**实际支付的房价款以及按规定向财政部门（或原产权单位）缴纳的所得收益及相关税费。

（5）城镇拆迁安置住房，其原值分别为：

①房屋拆迁取得货币补偿后购置房屋的，为购置该房屋实际支付的房价款及缴纳的相关税费。

②房屋拆迁采取产权调换方式的，所调换房屋原值为《房屋拆迁补偿安置协议》注明的价款及缴纳的相关税费。

③房屋拆迁采取产权调换方式，被拆迁人除取得所调换房屋，又取得部分货币补偿的，所调换房屋原值为《房屋拆迁补偿安置协议》注明的价款和缴纳的相关税费，**减去**货币补偿后的余额。

④房屋拆迁采取产权调换方式，被拆迁人取得所调换房屋，又支付部分货币的，所调换房屋原值为《房屋拆迁补偿安置协议》注明的价款，**加上**所支付的货币及缴纳的相关税费。

【小贴士】房屋原值确定的要点：实际支付，实际发生，实际缴纳。

3. 转让住房过程中缴纳的税金。

纳税人在转让住房时，实际缴纳的城市维护建设税、教育费附加、土地增值税、印花税（目前二手住房交易暂免）等税金。

4. 合理费用的确定。

合理费用，是指住房装修费用、住房贷款利息、手续费、公证费等费用。

（1）支付的住房装修费用。

①已购公有住房、经济适用房：最高扣除限额为房屋原值的**15%**。

②商品房及其他住房：最高扣除限额为房屋原值的**10%**。

【小贴士】纳税人原购房为装修房，即合同注明房价款中含有装修费（铺装了地板，装配了洁具、厨具等）的，不得再重复扣除装修费用。

（2）支付的住房贷款利息。

纳税人出售以按揭贷款方式购置的住房，其向贷款银行实际支付的住房贷款利息，凭贷款银行出具的有效证明据实扣除。

（3）纳税人按照有关规定实际支付的手续费、公证费等凭有关部门出具的有效证明据实扣除。

【小贴士】个人转让住房涉及增值税的相关规定：

（1）个人将购买不足2年的住房对外销售的，按照5%的征收率全额缴纳增值税。

（2）个人将购买2年以上（含2年）的住房对外销售的，除北京、上海、广州、深圳四城市外，免征增值税；北京、上海、广州、深圳四城市，普通住房免税，非普通住房按照5%的征收率差额缴纳增值税。

【小贴士】个人转让自用达5年以上，且是唯一的家庭生活居住用房取得的所得，免征个人所得税。

【经典例题】

【例题·计算问答题】某人建房一幢，造价360 000元，支付其他费用50 000元。建成后将房屋出售，售价600 000元，售房过程中按规定支付交易税费35 000元。

要求：计算该个人出售房屋应缴纳的个人所得税。

【答案及解析】（1）应纳税所得额 = 600 000 −（360 000 + 50 000）− 35 000 = 155 000（元）。（2）应缴纳的个人所得税 = 155 000 × 20% = 31 000（元）。

【例题·计算问答题】2020年5月，市民李某以100万元（含税）的价格，将自己居住了不足2年的一套住房出售给了好友刘某，该套住房面积为95平方米，刘某此前已有一套住房。已知：李某当年以80万元购入该套住房，缴纳税费1万元；购入后发生的住房装修费为2万元。

要求：（1）计算李某出售住房应缴纳的个人所得税。

（2）计算刘某应缴纳的契税。（假定当期契税的税率为3%）

【答案及解析】（1）李某应缴纳的增值税 = 100 ÷（1 + 5%）× 5% = 4.76（万元）；李某应缴纳的城市维护建设税及教育费附加、地

方教育附加 $=4.76\times(7\%+3\%+2\%)=0.48$（万元）；李某应缴纳的个人所得税 $=[100\div(1+5\%)-80-1-2-0.48]\times20\%=2.35$（万元）。

（2）刘某应缴纳的契税 $=100\div(1+5\%)\times3\%=2.86$（万元）。

5. 个人转让离婚析产房屋的征税问题。

（1）通过离婚析产的方式分割房屋产权，是夫妻双方对共同共有财产的处置，个人因离婚办理房屋产权过户手续，不征收个人所得税。

（2）个人（再）转让离婚析产房屋所取得的收入，允许扣除其相应的财产原值和合理费用后，余额按照规定的税率缴纳个人所得税；其相应的财产原值，为房屋初次购置全部原值和相关税费之和**乘以转让者占房屋所有权的比例**。

【小贴士】购置时间，按照个人购买住房取得的房产证或契税完税证明上注明的时间为准。对于同时出具房产证和契税完税证明且两者所注明时间不一致的，按照“孰先”的原则确定购买时间。

（三）个人转让股权应纳税额的计算（重要）

本规定只适用于普通企业或组织的个人股东转让股权，**不适用**于个人独资企业、合伙企业、境内上市公司。

【小贴士】股权、股份、股票是相关但不相同的概念，具体区别如下：

（1）股权，是指自然人股东（简称“个人”）投资于在中国境内成立的企业或组织（统称“被投资企业”）的股权。

（2）若投资于股份公司，该股权可称为“股份”，股份的表现形式为“股票”。

（3）股票分为“上市公司股票”与“非上市公司股票”。

【小贴士】个人转让股票、股权的计税规则如下：

（1）个人转让沪深上市公司流通股股票、新三板非原始股股票差价，暂免征收个人所得税。

（2）内地个人投资者通过沪港通转让联交所股票差价，暂免征收个人所得税。

（3）香港市场投资者（包括企业和个人）投资上交所上市A股取得的转让差价所得，暂免征收（企业或个人）所得税。

（4）个人转让上市公司限售股、新三板原始股股票，应缴纳个人所得税。

（5）个人转让非上市公司股票，应缴纳个人所得税。

1. 股权转让具体行为。（七类）

（1）出售股权。

（2）公司回购股权。

（3）发行人首次公开发行新股时，被投资企业股东将其持有的股份以公开发行方式一并向投资者发售。

（4）股权被司法或行政机关强制过户。

（5）以股权对外投资或进行其他非货币性交易。

（6）以股权抵偿债务。

（7）其他股权转移行为。

【小贴士】以上情形，股权已经发生了实质上的转移，而且转让方也相应获取了报酬或免除了责任，属于股权转让行为，个人就股权转让所得缴纳个人所得税。

2. 股权转让收入的确定。

转让人取得与股权转让相关的各种款项，包括违约金、补偿金以及其他名目的款项、资产、权益等，均应当并入股权转让收入。

【小贴士】股权转让收入，应当按照公平交易原则确定。纳税人转让股权，应当获得与之相匹配的回报，无论回报是何种形式或名义，无论回报取得是在当期或后续期间，都应作为股权转让收入的组成部分。

【小贴士】符合下列情形之一的，主管税务机关**可以核定**股权转让收入：

（1）申报的股权转让收入，明显偏低且无正当理由的。

（2）未按照规定期限办理纳税申报，经税务机关责令限期申报，逾期仍不申报的。

（3）转让方无法提供或拒不提供股权转

让收入的有关资料。

（4）其他应核定股权转让收入的情形。

【小贴士】符合下列情形之一，**视为**股权转让收入**明显偏低**：

（1）申报的股权转让收入，低于股权对应的净资产份额的。

（2）申报的股权转让收入，低于初始投资成本或低于取得该股权所支付的价款及相关税费的。

（3）申报的股权转让收入，低于相同或类似条件下同一企业同一股东或其他股东股权转让收入的。

（4）申报的股权转让收入，低于相同或类似条件下同类行业的企业股权转让收入的。

（5）不具合理性的无偿让渡股权或股份。

（6）主管税务机关认定的其他情形。

【小贴士】符合下列条件之一的股权转让收入明显偏低，**视为有正当理由**：

（1）能出具有效文件，证明被投资企业因**国家政策调整，生产经营受到重大影响**，导致低价转让股权。

（2）**继承**或将股权转让给其能提供具有法律效力身份关系证明的配偶、父母、子女、祖父母、外祖父母、孙子女、外孙子女、兄弟姐妹，以及对转让人承担直接抚养或者赡养义务的抚养人或者赡养人。

（3）相关法律、政府文件或企业章程规定，并有相关资料充分证明转让价格合理且真实的本企业员工持有的**不能对外转让股权的内部转让**。

（4）股权转让双方能够提供有效证据证明其合理性的其他合理情形。

3. 股权转让收入的核定方法。

主管税务机关在对股权转让收入进行核定时，必须按照净资产核定法、类比法、其他合理方法的**先后**顺序进行选择。

（1）被投资企业账证健全或能够对资产进行评估核算的，应当采用净资产核定法进行核定。

（2）被投资企业净资产难以核实的，如其股东存在其他符合公平交易原则的股权转让或类似情况的股权转让，主管税务机关可以采用类比法核定股权转让收入。

（3）以上方法都无法适用的，可采用其他合理方法。

【小贴士】为了减少纳税人资产评估方面的支出，对6个月内多次发生股权转让且净资产未发生重大变动的情况，给予了简化处理，即可参照**上一次**的评估情况核定转让收入。

4. 个人转让股权的原值确认。

（1）以现金出资方式取得股权。

按照实际支付的价款与取得股权直接相关的合理税费之和确认股权原值。

（2）以非货币性资产出资方式取得股权。

按照税务机关认可或核定的投资入股时，非货币性资产价格与取得股权直接相关的合理税费之和确认股权原值。

（3）通过无偿让渡方式取得股权。

具备“继承或将股权转让给其能提供具有法律效力身份关系证明的配偶、父母、子女、祖父母、外祖父母、孙子女、外孙子女、兄弟姐妹以及对转让人承担直接抚养或者赡养义务的抚养人或者赡养人”情形的，按取得股权发生的合理税费与原持有人的股权原值之和确认。

（4）被投资企业以资本公积、盈余公积、未分配利润转增股本。

个人股东已依法缴纳个人所得税的，以转增额和相关税费之和确认其新转增股本的股权原值。

（5）除以上情形外，由主管税务机关按照避免重复征收个人所得税的原则，合理确认股权原值。

【小贴士】个人转让股权未提供完整、准确的股权原值凭证，不能正确计算股权原值的，由主管税务机关**核定**其股权原值。

【小贴士】对个人多次取得同一被投资企业股权的，转让部分股权时，采用**“加权平均法”**确定其股权原值。

【小贴士】股权转让人，已被主管税务机

关核定股权转让收入并依法征收个人所得税的，该股权受让人的股权原值以取得股权时发生的合理税费与股权转让人被主管税务机关核定的股权转让收入之和确认。

5. 征收管理。

（1）纳税地点：股权转让所得纳税人，需要在**被投资企业**所在地办理纳税申报。

（2）扣缴义务人：个人转让股权所得，以股权**转让方**为个人所得税纳税人，以**受让方**为扣缴义务人。

【小贴士】受让方无论是企业还是个人，均应按税法规定履行扣缴税款义务。

【经典例题】

【真题·多选题】（2018）个人转让股权的下列情形中，税务机关可以核定股权转让收入的有（　　）。

A. 因遭遇火灾而无法提供股权转让收入的相关资料

B. 转让方拒不向税务机关提供股权转让收入的有关资料

C. 申报的股权转让收入明显偏低但有正当理由

D. 未按规定期限申报纳税且超过税务部门责令申报期限仍未申报

【答案】ABD

【解析】选项C，申报的股权转让收入明显偏低且无正当理由的，税务机关可以核定股权转让收入。

（四）个人转让债券类债权时原值的确定

转让债券类债权，采用“加权平均法”确定其应予减除的财产原值和合理费用。

原值的计算公式如下：

一次卖出某一种类债券允许扣除的买入价和费用＝（纳税人购进的该种类债券买入价和买进过程中缴纳的税费总和÷纳税人购进的该种类债券总数量）×一次卖出的该种类债券的数量＋卖出的该种类债券过程中缴纳的税费

【小贴士】计算债权原值，应遵循“配比原则”。

【经典例题】

【例题·计算问答题】李某购入某企业发行的债券1 000份，每份买入价100元，支付购入债券的税费共计1 500元；8个月后将债券一次卖出600份，每份卖出价120元，支付卖出债券的税费共计1 100元。债券到期，李某取得债券利息收入8 000元。

要求：分别计算李某转让债券和取得债券利息应缴纳的个人所得税。

【答案及解析】（1）一次卖出债券应扣除的买价及费用＝（1 000×100＋1 500）÷1 000×600＋1 100＝62 000（元），应缴纳的个人所得税＝（600×120－62 000）×20%＝2 000（元）。（2）取得债券利息收入应缴纳的个人所得税＝8 000×20%＝1 600（元）。

重难点6：利息、股息、红利所得应纳税额的计算★★

（一）应纳税所得额的确定

利息、股息、红利所得的基本规定是以每次收入全额计税。

【小贴士】利息、股息、红利所得，适用20%的比例税率；储蓄存款利息，暂免征收个人所得税。

【小贴士】关于“次”的规定：以支付利息、股息、红利时取得的收入为一次。

（二）应纳税额的计算公式

应纳税额＝应纳税所得额×适用税率

【小贴士】外籍个人从外商投资企业取得的股息、红利所得，暂免征收个人所得税。

【小贴士】个人股东获得转增的股本，应按照“利息、股息、红利所得”项目，适用20%税率征收个人所得税。

【经典例题】

【例题·单选题】2019年9月，中国公民李某以10万元的资金购入上交所的某境内上市公司的股票10 000股。2020年3月，该上市公司宣布实施每股0.08元的分红决定，李某在 5 月将上述股票以 13 万元的价格转让，李某上述行为应缴纳个人所得税(　　)元。

A. 0　　B. 80

C. 270　　D. 280

【答案】B

【解析】(1) 转让境内上市公司的股票所得免征个人所得税。(2) 个人转让上市公司股票持股期限在 1 个月以上至 1 年（含 1 年）的，获得上市公司股票的利息、红利所得暂减按 50% 计入应纳税所得额。(3) 李某应缴纳的个人所得税 = 10 000 × 0.08 × 50% × 20% = 80（元）。

重难点 7：偶然所得应纳税额的计算★★

【小贴士】偶然所得，以每次收入额为应纳税所得额，以每次收入为一次。

【小贴士】偶然所得，适用 20% 的比例税率。

偶然所得的计算公式如下：

应纳税额 = 应纳税所得额 × 适用税率 = 每次收入额 × 20%

第六单元　应纳税额计算中的特殊问题处理

【小贴士】应纳税额计算中的特殊问题，包括但不限于以下 37 项内容。

重难点 1：关于全年一次性奖金的规定★★★

1. 全年一次性奖金，是指行政机关、企事业单位等扣缴义务人根据其全年经济效益和对雇员全年工作业绩的综合考核情况，向雇员发放的一次性奖金。

2. 全年一次性奖金的范围。

(1) 年终加薪。(2) 实行年薪制、绩效工资办法的单位根据考核情况兑现的年薪。(3) 绩效工资。

【小贴士】居民个人取得除全年一次性奖金以外的其他各种名目奖金，如半年奖、季度奖、加班奖、先进奖、考勤奖等，一律与当月工资、薪金合并，按税法规定缴纳个人所得税。

3. 计税方法。

(1) 2021 年 12 月 31 日前（可选择计税）。

方法一：可以不并入当年综合所得，以全年一次性奖金收入除以 12 个月得到的数额，按照月度税率表，确定适用税率和速算扣除数，**单独**计算纳税。

应纳税额 = 全年一次性奖金收入 × 适用税率 − 速算扣除数

【小贴士】一个纳税年度内，对每一个纳税人，该计税办法只允许采用一次。（三个“一”）

方法二：也可以选择并入当年综合所得计算纳税。

(2) 自 2022 年 1 月 1 日起，居民个人取得全年一次性奖金，**应并入**当年综合所得计算缴纳个人所得税。

月度税率表

级数	全月应纳税所得额	税率（%）	速算扣除数（元）
1	不超过 3 000 元的	3	0
2	超过 3 000 元至 12 000 元的部分	10	210
3	超过 12 000 元至 25 000 元的部分	20	1 410
4	超过 25 000 元至 35 000 元的部分	25	2 660
5	超过 35 000 元至 55 000 元的部分	30	4 410
6	超过 55 000 元至 80 000 元的部分	35	7 160
7	超过 80 000 元的部分	45	15 160

【经典例题】

【例题·计算问答题】居民个人李某2020年在我国境内每月的税后工资为3 800元，12月31日又一次性领取年奖金60 000元（不考虑其他因素）。

要求：（1）计算李某取得年终奖金，选择不并入综合所得应缴纳的个人所得税。

（2）计算李某取得年终奖金，选择并入综合所得应缴纳的个人所得税。

【答案及解析】（1）年终奖金适用的税率和速算扣除数为：按12个月分摊后，每月的奖金＝60 000÷12＝5 000（元），根据月度税率表，适用的税率和速算扣除数分别为10%、210元，应纳税额＝60 000×10%－210＝5 790（元）。

（2）应纳税额＝（60 000＋3 800×12－60 000）×10%－2 520＝2 040（元）。

重难点2：雇主为雇员承担全年一次性奖金部分税款有关个人所得税的计税方法★★

【小贴士】本部分内容介绍选择不并入综合所得的计税方法。

个人所得税应由取得所得的个人缴纳，当雇主另外为雇员负担全年一次性奖金部分个人所得税税款，则意味着雇员又额外增加了收入，应将雇主负担的这部分税款并入雇员的全年一次性奖金，换算为应纳税所得额后，按照规定方法计征个人所得税。

1. 雇主为雇员**定额负担**税款。

应纳税所得额＝雇员取得的全年一次性奖金＋雇主替雇员定额负担的税款

2. 雇主为雇员按比例负担税款。

（1）查找不含税全年一次性奖金的适用税率和速算扣除数。

将未含雇主负担税款的全年一次性奖金收入除以12，根据其商数找出**不含税级距**对应的适用税率A和速算扣除数A。

（2）计算含税全年一次性奖金。

应纳税所得额＝（未含雇主负担税款的全年一次性奖金收入－不含税级距的速算扣除数A×雇主负担比例）÷（1－不含税级距的适用税率A×雇主负担比例）

（3）将应纳税所得额除以12，根据其商数找出对应的适用税率B和速算扣除数B，据以计算税款。

计算公式如下：

应纳税额＝应纳税所得额×适用税率B－速算扣除数B

实际缴纳税额＝应纳税额－雇主为雇员负担的税额

【小贴士】雇主为雇员负担全年一次性奖金部分税款的税务处理，就是先将税后全年一次性奖金换算为税前的应纳税所得额，然后计算应纳税额。

【小贴士】雇主为雇员负担的个人所得税税款，应属于个人工资、薪金的一部分。凡单独作为企业管理费用列支的，在计算企业所得税时不得税前扣除。

【小贴士】个体工商户代其从业人员或他人负担的税款，不得税前扣除。

【举例】2020年3月，甲有限公司员工李某取得2019年的年终奖金30 000元。甲有限公司替李某承担600元税款，李某选择不并入当年综合所得的计税方法。

【解析】（1）甲有限公司为李某负担的税额，作为其年终奖的一部分并入李某取得的年终奖，应纳税所得额＝雇员取得的全年一次性奖金＋雇主替雇员定额负担的税款＝30 000＋600＝30 600（元）。（2）查找税率。30 600÷12＝2 550（元），因此，适用的税率为3%。（3）应纳税额＝30 600×3%＝918（元）。（4）单位为李某负担了600元税款，则李某需自行负担的税额＝918－600＝318（元）。

重难点3：关于廉租住房的个人所得税规定★

【小贴士】本部分内容相当于“税收优惠”。

1. 对个人按《廉租住房保障办法》规定取得的廉租住房货币补贴，免征个人所得税。

2. 对于所在单位以廉租住房名义发放的不符合规定的补贴，应征收个人所得税。

3. 个人捐赠住房作为公租房，符合税收法律法规规定的，对其公益性捐赠支出未超过其申报的应纳税所得额 30% 的部分，准予从其应纳税所得额中扣除。

4. 符合地方政府规定条件的城镇住房保障家庭从地方政府领取的住房租赁补贴，免征个人所得税。

重难点 4：房屋赠与个人所得税的计算 ★★★

1. 房屋产权无偿赠与对当事双方不征收个人所得税的情形。

（1）房屋产权所有人将房屋产权无偿赠与配偶、父母、子女、祖父母、外祖父母、孙子女、外孙子女、兄弟姐妹。

（2）房屋产权所有人将房屋产权无偿赠与对其承担直接抚养或者赡养义务的抚养人或者赡养人。

（3）房屋产权所有人死亡，依法取得房屋产权的法定继承人、遗嘱继承人或者受遗赠人。

2. 除上述规定情形外，受赠人因无偿受赠房屋取得的受赠所得，按照“偶然所得”项目缴纳个人所得税。

应纳税所得额 = 房地产赠与合同上标明的赠与房屋价值 - 受赠人支付的相关税费

【小贴士】赠与合同标明的房屋价值，明显低于市场价格或房地产赠与合同未标明赠与房屋价值的，主管税务机关可依据市场评估价格或采取其他合理方式确定受赠人的应纳税所得额。

3. 受赠人转让受赠房屋。

受赠人（再）转让受赠房屋，按“财产转让所得”项目缴纳个人所得税。

应纳税所得额 = 转让受赠房屋的收入 - 原捐赠人取得该房屋的实际购置成本 - 赠与和转让过程中受赠人支付的相关税费

【经典例题】

【例题·计算问答题】2017 年 5 月，李某以 160 万元的价格购入一套住房，居住了两年后，于 2019 年 5 月，无偿赠送给了自己的妹妹，妹妹取得房屋后，于 2020 年 5 月将该房屋转让，取得不含增值税转让收入 200 万元。

已知：妹妹受赠及转让房屋过程中，共缴纳可以扣除的相关税费 20 万元。

要求：（1）回答妹妹受赠住房是否缴纳个人所得税。

（2）计算妹妹转让住房应缴纳的个人所得税。

【答案及解析】（1）妹妹不缴纳个人所得税。根据规定，个人将房屋产权无偿赠与配偶、父母、子女、祖父母、外祖父母、孙子女、外孙子女、兄弟姐妹，不征收个人所得税。

（2）受赠人转让受赠房屋的，以其转让受赠房屋的收入减除原捐赠人取得该房屋的实际购置成本以及赠与和转让过程中受赠人支付的相关税费后的余额，为受赠人的应纳税所得额。妹妹转让房屋应缴纳的个人所得税 = (200 - 160 - 20) × 20% = 4（万元）。

重难点 5：关于外籍个人有关津贴的政策 ★★★

1. 2019 年 1 月 1 日至 2021 年 12 月 31 日期间，外籍个人符合居民个人条件的，可以选择享受个人所得税专项附加扣除，也可以选择按照相关文件规定，享受住房补贴、语言训练费、子女教育费等津贴、补贴免税优惠政策，但不得同时享受。

【小贴士】外籍个人一经选择，在一个纳税年度内不得变更。

2. 自 2022 年 1 月 1 日起，外籍个人不再享受住房补贴、语言训练费、子女教育费等津贴、补贴免税优惠政策，应按规定享受专项附加扣除政策。

3. 享受免税优惠的外籍个人津贴包括：

（1）外籍个人以非现金形式或实报实销

形式取得的住房补贴、伙食补贴、搬迁费、洗衣费；外籍个人按合理标准取得的境内、外出差补贴，以及外籍个人取得的探亲费、语言训练费、子女教育费等。

【小贴士】可以享受免征优惠的探亲费，仅限于外籍个人在我国的受雇地与其家庭所在地（包括配偶或父母居住地）之间搭乘交通工具，且每年不超过两次的费用。

（2）受雇于我国境内企业的外籍个人（不包括香港、澳门居民个人），因家庭等原因居住在香港、澳门，每个工作日往返于内地与香港、澳门等地区，由此境内企业（包括其关联企业）给予其在香港或澳门住房、伙食、洗衣、搬迁等非现金形式或实报实销形式的补贴，凡能提供有效凭证的，经主管税务机关审核确认的。

（3）在香港或澳门进行语言培训、子女教育而取得的费用补贴，凡能提供有效支出凭证等材料的，经主管税务机关审核确认为合理的部分。

重难点6：关于个人取得公务交通、通信补贴收入的征税问题★★

个人因公务用车和通信制度改革而取得的公务用车、通信补贴收入，扣除一定标准的公务费用后，按照“工资、薪金所得”项目计征个人所得税。按月发放的，并入当月工资、薪金所得计征个人所得税；不按月发放的，分解到所属月份并与该月份工资、薪金所得合并后计征个人所得税。

【小贴士】公务费用扣除标准，由省税务局根据纳税人公务交通、通信费用实际发生情况调查测算，报经省级人民政府批准后确定，并报国家税务总局备案。

重难点7：在外商投资企业、外国企业和外国驻华机构工作的中方人员取得的工资、薪金所得的征税问题★

1. 从两处取得工资、薪金的税务处理。

中方人员，凡是由雇用单位和派遣单位分别支付的，由雇用单位在支付工资、薪金时，按税法法规减除费用，计算扣缴个人所得税；派遣单位支付的工资、薪金不再减除费用，以支付全额直接确定适用税率，计算扣缴个人所得税。

【小贴士】中方人员，应持两处支付单位提供的原始明细工资、薪金单（书）和完税凭证原件，选择并固定到一地税务机关申报每月工资、薪金收入，汇算清缴其工资、薪金收入的个人所得税，多退少补。

2. 上交派遣（介绍）单位的费用扣除。

对可以提供有效合同或有关凭证，能够证明其工资、薪金所得的一部分，按照有关法规上交派遣（介绍）单位的，可扣除其实际上交的部分，按其余额计征个人所得税。

【经典例题】

【例题·计算问答题】2020年5月，李某作为某外商投资企业雇用的中方人员，从该外商投资企业取得薪金8 000元。同月，李某还取得其所在的派遣单位发给的工资4 000元。（不考虑李某应享受的专项扣除、专项附加扣除和依法确定的其他扣除等因素）

要求：计算该外商投资企业、派遣单位分别扣缴的李某的个人所得税税额。

【答案及解析】（1）外商投资企业应为李某扣缴的个人所得税 =（8 000 - 5 000）×3% = 90（元）。（2）派遣单位应为李某扣缴的个人所得税 = 4 000×3% = 120（元）。

重难点8：关于非居民个人和无住所居民个人有关个人所得税的政策★★

无住所的个人，可能是居民纳税人，也可能是非居民纳税人，这要取决于该个人在中国的居住时间，对其工资、薪金征税时首先要判定纳税人身份，以确定其纳税义务。居民纳税人负有无限纳税义务，应就其来源于境内和境外所得纳税；非居民纳税人负有有限纳税义务，仅就其来源于境内所得纳税。

1. 工资、薪金所得来源地的确定。

（1）个人实际在中国境内工作期间取得

的工资、薪金，不论是由中国境内还是境外企业或个人雇主支付，均属来源于中国境内的所得。

（2）个人实际在中国境外工作期间取得的工资、薪金，不论是由中国境内还是境外企业或个人雇主支付，均属于来源于中国境外的所得。

2. 无住所的个人取得工资、薪金所得的纳税义务。

居住时间	纳税人性质	境内所得		境外所得	
		境内支付	境外支付	境内支付	境外支付
累计不超过90天	短期非居民	√	免税	×（高管交）	×
累计90～183天	长期非居民	√	√	×（高管交）	×
累计满183天的年度连续不满6年	短期居民	√	√	√	免税
累计满183天的年度连续满6年	长期居民	√	√	√	√

【小贴士】在中国境内居住累计满183天的任一年度中有一次离境超过30天的，无住所个人在中国境内居住累计满183天的年度的连续年限重新起算。

【小贴士】在一个纳税年度内，在境内累计居住不超过90天的非居民个人，仅就归属于境内工作期间并由境内雇主支付或者负担的工资、薪金所得计算缴纳个人所得税。（不含外籍高管）

当月工资、薪金收入额的计算公式如下：

当月工资、薪金收入额＝当月境内外工资、薪金总额×当月境内支付工资、薪金数额÷当月境内外工资、薪金总额×当月工资、薪金所属工作期间境内工作天数÷当月工资、薪金所属工作期间公历天数

【小贴士】在一个纳税年度内，在境内累计居住超过90天但不满183天的非居民个人，取得归属于境内工作期间的工资、薪金所得，均应当计算缴纳个人所得税；其取得归属于境外工作期间的工资、薪金所得，不征收个人所得税。（不含外籍高管）

当月工资、薪金收入额的计算公式如下：

当月工资、薪金收入额＝当月境内外工资、薪金总额×当月工资、薪金所属工作期间境内工作天数÷当月工资、薪金所属工作期间公历天数

【小贴士】境内居住累计满183天的年度连续不满6年的无住所居民个人，符合《个人所得税法实施条例》第四条优惠条件的，其取得的全部工资、薪金所得，除归属于境外工作期间且由境外单位或者个人支付的工资、薪金所得部分外，均应计算缴纳个人所得税。

工资、薪金所得收入额的计算公式如下：

当月工资、薪金收入额＝当月境内外工资、薪金总额×[1－当月境外支付工资、薪金数额÷当月境内外工资、薪金总额×当月工资、薪金所属工作期间境外工作天数÷当月工资、薪金所属工作期间公历天数]

【小贴士】在境内居住累计满183天的年度连续满6年后，不符合《个人所得税法实施条例》第四条优惠条件的无住所居民个人，其从境内、境外取得的全部工资、薪金所得均应计算缴纳个人所得税。

【经典例题】

【例题·单选题】下列关于个人所得税的表述中，不正确的是（　　）。

A. 在中国境内无住所，但一个纳税年度内在中国境内居住满183天的个人，为居民个人

B. 连续或累计在中国境内居住不超过90天的非居民个人，其所取得的中国境内所得并由境内支付的部分免税

C. 在中国境内无住所，且一个纳税年度

内在中国境内一次居住不超过30天的个人，为非居民个人

D. 在境内居住累计满183天的年度连续满6年后，不符合规定优惠条件的无住所居民个人，其从境内、境外取得的全部工资、薪金所得均应计算缴纳个人所得税

【答案】B

【解析】选项B，连续或累计在中国境内居住不超过90天的非居民个人，其所取得的中国境内所得并由境外支付的部分免税。

【例题·计算问答题】法国居民罗伯特先生在中国境内无住所，2020年4月18日来中国境内工作，6月在中国工作了18天后回国，6月取得由中国境内外资企业支付的月工资、薪金3万元人民币，法国公司每月支付的工资、薪金折合人民币2万元。

要求：计算罗伯特先生2020年6月应缴纳个人所得税的工资、薪金收入额。

【答案及解析】在一个纳税年度内，在境内累计居住不超过90天的非居民个人，仅就归属于境内工作期间并由境内雇主支付或者负担的工资、薪金所得计算缴纳个人所得税。罗伯特先生2020年6月应缴纳个人所得税的工资、薪金收入额 = (30 000 + 20 000) × (30 000 ÷ 50 000) × (18 ÷ 30) = 18 000（元）。

重难点9：对个人因解除劳动合同取得经济补偿金的征税方法★★★

个人与用人单位解除劳动关系，取得一次性补偿收入（包括用人单位发放的经济补偿金、生活补助费和其他补助费），在当地**上年职工平均工资3倍**数额以内的部分，免征个人所得税；超过3倍数额的部分，**不并入**当年综合所得，单独适用**综合所得税率表**，计算纳税。

【小贴士】个人在解除劳动关系合同后，再次任职、受雇的，已纳税的一次性补偿收入不再与再次任职、受雇的工资、薪金所得合并。

【小贴士】个人领取一次性补偿收入时按照国家和地方政府规定的比例实际缴纳的住房公积金、医疗保险费、基本养老保险费、失业保险费，可以在计征其一次性补偿收入的个人所得税时予以扣除。

【小贴士】企业职工从**破产企业**取得的一次性安置费收入，免征个人所得税。

【经典例题】

【例题·计算问答题】2020年5月，李某和其任职的甲有限公司签订了解除劳动关系协议，协议约定，甲有限公司一次性支付李某经济补偿金100 000元。该公司所在地区上年度职工平均工资为20 000元。

要求：计算甲有限公司支付李某一次性经济补偿金应扣缴的个人所得税。

【答案及解析】（1）超过免税标准的补偿金 = 100 000 − 20 000 × 3 = 40 000（元），适用10%的税率，速算扣除数为2 520元。（2）应扣缴的个人所得税 = 40 000 × 10% − 2 520 = 1 480（元）。

重难点10：关于实行内部退养办法人员取得收入的征税问题★★

实行内部退养的个人，在其办理内部退养手续后至法定离退休年龄之间，从原任职单位取得的工资、薪金，**不属于**离退休工资，应按“**工资、薪金所得**”项目计征个税。

1. 个人在办理内部退养手续后，从原任职单位取得的一次性收入，应按办理内部退养手续后至法定离退休年龄之间的所属**月份进行平均**，并与领取当月的**工资、薪金所得**合并后减除当月费用扣除标准，以余额为基数确定适用税率。

2. 个人在办理内部退养手续后，至法定退休年龄之间**重新就业**取得的工资、薪金所得，应与其从原任职单位取得的同一月份的工资、薪金所得**合并**缴纳个人所得税，再将当月工资、薪金加上取得的一次性收入，减去费用扣除标准，按适用税率计征个人所得税。

重难点11：个人提前退休取得补贴收入征收个人所得税的规定★★

自2019年1月1日起，个人办理提前退休手续而取得的一次性补贴收入，应按照办理提前退休手续至法定离退休年龄之间实际年度数平均分摊，确定适用税率和速算扣除数，单独适用综合税率表，计算纳税。计算公式如下：

应纳税额＝{[(一次性补贴收入÷办理提前退休手续至法定退休年龄的实际年度数)－费用扣除标准]×适用税率－速算扣除数}×办理提前退休手续至法定退休年龄的实际年度数

【经典例题】

【例题·计算问答题】2020年1月，李某办理了提前退休手续，距法定退休年龄还有5年，取得一次性补贴收入250 000元。

要求：计算李某就一次性补贴收入应缴纳的个人所得税。

【答案及解析】(1) 将一次性补贴收入按提前退休年度数平均：250 000÷5＝50 000(元)。(2) 由于商数未超过年度费用扣除标准60 000元，因此李某无须缴纳个人所得税。

重难点12：企业年金、职业年金个人所得税的规定★★★

企业年金（职业年金），是指企业（事业单位）及其职工按照规定，在依法参加基本养老保险的基础上，自愿建立的补充养老保险制度。企业年金（职业年金），主要由个人缴费、企业缴费和年金基金投资运营收益三部分组成。

【小贴士】自2014年1月1日起，企业年金、职业年金个人所得税的计算征收采用“递延纳税”政策，即在年金缴费环节和年金基金投资运营收益分配环节暂不征收个人所得税，将纳税义务递延到个人实际领取年金的环节。

1. 缴费时的个人所得税处理。

(1) 单位缴费部分：计入个人账户时暂不缴纳个人所得税。

(2) 个人缴费部分：不超过本人缴费工资计税基数的4%标准内的部分，暂从个人当期的应纳税所得额中扣除。(双重限制：基数不超标，比例不超标)

【小贴士】个人缴费工资计税基数，为本人上一年度月平均工资，其不超过工作地所在设区城市上一年度职工月平均工资300%部分，不计入缴费基数；超过上述标准缴付的年金单位缴费和个人缴费部分，应并入个人当期的工资、薪金所得征税。

2. 年金基金投资运营收益。

年金基金投资运营收益分配计入个人账户时，个人暂不缴纳个人所得税。

3. 领取时的个人所得税处理。(重要)

个人达到国家规定的退休年龄领取的企业年金或职业年金，按“工资、薪金所得”项目纳税，不并入综合所得，全额单独计算应纳个人所得税。

(1) 按月领取的，适用月度税率表计算纳税。

(2) 按季领取的，平均分摊计入各月，按每月领取额适用月度税率表计算纳税。

(3) 按年领取的，适用年度综合所得税率表计算纳税。

(4) 一次性领取的特殊规定。

个人因出境定居或个人死亡后，其指定的受益人或法定继承人一次性领取的，适用综合税率表计算纳税；除上述特殊原因外一次性领取年金个人账户资金或余额的，适用月度税率表计算纳税。

【小贴士】学员应注意辨析不同情形下适用“月度税率表”与“综合税率表”的差异。特别是上述第(4)项不同情形适用税率表的差异。

【小贴士】“月度税率表”与“综合税率表”的差异：学员可理解为“月度税率表”税负较重，“综合税率表”税负较轻。

【小贴士】“缴费工资”不同于工资收入，一般情形下“缴费工资”低于工资收入。

【小贴士】单位和个人按规定比例提取并缴付的住房公积金、医疗保险金、基本养老保险金、失业保险金免征个人所得税；领取原提存的住房公积金、医疗保险金、基本养老保险金、失业保险金免征个人所得税。

【经典例题】

【例题·计算问答题】2020 年 5 月，甲有限公司员工李某取得工资收入 6 000 元，岗位津贴 500 元，当月企业年金个人缴费部分 200 元。李某个人缴费工资计税基数为每月 3 000 元。

要求：计算李某当月预扣预缴的个人所得税。

【答案及解析】(1) 对企业年金个人缴费部分，在不超过本人缴费工资计税基数的 4% 标准内的部分，暂从个人当期的应纳税所得额中扣除，扣除部分 = 3 000 × 4% = 120（元）；(2) 预扣预缴应纳税所得额 = 6 000 + 500 − 120 − 5 000 = 1 380（元），适用税率为 3%，应预扣预缴个人所得税 = 1 380 × 3% = 41.4（元）。

重难点 13：办理补充养老保险退保和提供担保的征税方法★

单位为职工个人购买**商业性补充养老保险**等，在办理投保手续时应作为个人所得税的工资、薪金所得，按税法规定缴纳个人所得税；因各种原因退保，个人未取得实际收入的，已缴纳的个人所得税应予以退回。

【小贴士】个人为单位或他人提供担保获得收入，应按**“偶然所得”**项目计算缴纳个人所得税。

重难点 14：商业健康保险个人所得税政策★★

适用**商业健康保险**税收优惠政策的纳税人，是指取得工资、薪金所得，连续性劳务报酬所得的个人，以及取得个体工商户生产经营所得、对企事业单位的承包承租经营所得的个体工商户业主、个人独资企业投资者、合伙企业合伙人和承包承租经营者。

1. 对个人购买符合规定的商业健康保险产品的支出，允许在当年（月）计算应纳税所得额时予以税前扣除，扣除限额为 2 400 元/年（200 元/月）。

2. 单位统一为员工购买符合规定的商业健康保险产品的支出，应分别计入员工个人工资、薪金，视同个人购买，按上述限额予以扣除。

重难点 15：个人兼职和退休人员再任职取得收入个人所得税的征税办法★★

1. 个人兼职取得的收入，应按照**“劳务报酬所得”**项目缴纳个人所得税。

2. 退休人员**再任职**取得的收入，在减除按《个人所得税法》规定的费用扣除标准后，按**“工资、薪金所得”**项目缴纳个人所得税。

【小贴士】学员应注意辨析“个人兼职”与“退休人员再任职”适用应税项目的差异。

重难点 16：企业促销展业赠送礼品个人所得税的规定★★

1. 属于下列情形之一的，**不征收**个人所得税：

(1) 通过价格折扣、折让方式向个人销售商品（产品）和提供服务。

(2) 在向个人销售商品（产品）和提供服务的**同时**给予赠品，如个人购手机赠话费、入网费，或购话费赠手机等。

(3) 对累积消费达到一定额度的个人按消费积分反馈礼品。

2. 属于下列情形之一的，取得该项所得的个人应依法缴纳个人所得税：

(1) 企业在业务宣传、广告等活动中，随机向**本单位以外的个人**赠送礼品（包括网络红包，下同），以及企业在年会、座谈会、庆典以及其他活动中向**本单位以外的个人**赠送礼品，个人取得的礼品所得。但企业赠送的具有价格折扣或折让性质的消费券、代金券、抵用券、优惠券等礼品除外。

（2）企业对累积消费达到一定额度的顾客，给予额外抽奖机会，个人的获奖所得。

【小贴士】上述所得按照“偶然所得”项目，全额适用20%的税率计税。

【小贴士】企业赠送的礼品，是自产产品（服务）的，按该产品（服务）的市场销售价格确定个人的应税所得；是外购商品（服务）的，按该商品（服务）的实际购置价格确定个人的应税所得。

【经典例题】

【真题·多选题】（2014）张某在足球世界杯期间参加下列活动所获收益，应缴纳个人所得税的有（　　）。

A. 参加某电商的秒杀活动，以100元购得原价2 000元的足球鞋一双

B. 为赴巴西看球，开通手机全球漫游套餐，获赠价值1 500元的手机一部

C. 参加某电台举办世界杯竞猜活动，获得价值6 000元的赴巴西机票一张

D. 作为某航空公司金卡会员被邀请参加世界杯抽奖活动，抽得市价2 500元的球衣一套

【答案】CD

【解析】选项A属于通过价格折扣、折让方式获得商品（产品），不征个人所得税。选项B属于企业在向个人销售商品（产品）和提供服务的同时给予赠品，不征收个人所得税。选项C、D按照“偶然所得”征收个税。

重难点17：企业为股东个人购买汽车的个人所得税征税方法★★

企业（不包括个体工商户、个人独资企业、合伙企业）为股东购买车辆并将车辆所有权办到股东个人名下，应按照“利息、股息、红利所得”项目征收个人所得税。

【小贴士】考虑到该股东个人名下的车辆同时也为企业经营使用的，允许合理减除部分所得；减除的具体数额，由主管税务机关根据车辆的实际使用情况合理确定。

重难点18：企业资金为个人购房的个人所得税征税方法★★

个人取得以下情形的房屋或其他资产，不论所有权人是否将财产无偿或有偿交付企业使用，其实质均为企业对个人进行了实物性质的分配，应依法计征个人所得税。

1. 企业出资购买房屋及其他财产，将所有权登记为投资者个人、投资者家庭成员或企业其他人员的。

2. 企业投资者个人、投资者家庭成员或企业其他人员向企业借款用于购买房屋及其他财产，将所有权登记为投资者、投资者家庭成员或企业其他人员，且借款年度终了后未归还借款的。

【小贴士】对个人独资企业、合伙企业的个人投资者或其家庭成员取得的上述所得，按“经营所得”项目计征个人所得税。

【小贴士】对除个人独资企业、合伙企业以外其他企业（法人企业）的个人投资者或其家庭成员取得的上述所得，按“利息、股息、红利所得”项目计征个人所得税。

【小贴士】对（所有）企业其他人员（如雇员）取得上述所得，按“工资、薪金所得”项目计征个人所得税。

【小贴士】对（所有）企业其他人员（非投资者，如非雇员）取得的上述所得，按“劳务报酬所得”项目计征个人所得税。

【小贴士】学员应注意辨析上述情形适用应税项目的差异，既看企业性质，又看个人身份。

重难点19：个人取得拍卖收入征收的个人所得税规定★★★

【小贴士】作者将自己的文字作品手稿原件或复印件拍卖取得的所得，按“特许权使用费所得”纳税。

【经典例题】

【例题·计算问答题】2020年5月，我国

居民纳税人李某拍卖自己的文学作品手稿原件，取得收入8 000元。

要求：说明李某取得的拍卖收入缴纳个人所得税时适用的所得项目和预扣率，并计算李某预扣预缴的个人所得税。

【答案及解析】(1) 适用所得项目为“特许权使用费所得”，预扣率为20%。(2) 李某预扣预缴的个人所得税 =8 000×(1-20%)×20% =1 280 (元)。

1. 个人拍卖除文字作品原稿及复印件外的**其他财产**，应以其转让收入额减除财产原值和合理费用后的余额为应纳税所得额，按照“财产转让所得”纳税。应纳税额的计算公式如下：

应纳税额 =(转让收入额-财产原值-拍卖财产过程中缴纳的税金及有关合理费用)×20%

【举例】“王羲之卖字”，按“特许权使用费所得”项目纳税；“卖王羲之的字”，按“财产转让所得”项目纳税。

【小贴士】如不能提供合法、完整、准确的财产原值凭证，不能正确计算财产原值的：

(1) 拍卖品为经文物部门认定是**海外回流文物的**，按转让收入额的**2%**征收率计征个人所得税。计算公式如下：

应纳税额 = 应税收入×2%

(2) 拍卖**其他财产的**，按转让收入额的3%征收率计征个人所得税。计算公式如下：

应纳税额 = 应税收入×3%

2. 财产拍卖所得应纳税额，由拍卖单位负责代扣代缴，并按规定向拍卖单位所在地主管税务机关办理纳税申报。

重难点20：个人以非货币资产投资的个人所得税规定★★★

【小贴士】非货币性资产投资，包括以非货币性资产出资设立新的企业，以及以非货币性资产出资参与企业增资扩股、定向增发股票、股权置换、重组改制等投资行为。

个人以非货币性资产投资，属于个人转让非货币性资产和投资**同时发生**。对个人转让非货币性资产的所得，应按照**“财产转让所得”**项目，依法计税。

1. 收入确认。

个人以非货币性资产投资，应按评估后的**公允价值**确认非货币性资产转让收入。

2. 扣除项目。

(1) 非货币性资产原值，为纳税人取得该项资产时**实际发生**的支出。纳税人不能提供相关证明资料，不能准确计算原值的，主管税务机关可依法进行**核定**。

(2) 合理税费，是指纳税人在非货币性资产投资过程中，发生的**与资产转移相关**的税金及合理费用。

【小贴士】允许扣除的税费必须与非货币性资产投资相关，且具有合理性。

应纳税所得额的计算公式如下：

应纳税所得额 = 非货币性资产转让收入-该资产原值及合理税费

3. 征收管理。

(1) 纳税义务发生时间。

个人应于非货币性资产转让、**取得**被投资企业**股权时**，确认非货币性资产转让收入的实现。

(2) 纳税期限。

个人应在发生上述应税行为的次月15日内，向主管税务机关申报纳税。

【小贴士】纳税人一次性缴税有困难的，可合理确定分期缴纳计划并报主管税务机关**备案**后，自发生上述应税行为之日起**不超过5个公历年度内（含）**分期缴纳个人所得税。

【小贴士】交易过程中取得现金补价的，现金部分应优先用于缴税；现金不足以缴纳的部分，可分期缴纳。

【小贴士】个人在分期缴税期间（再）转让其持有的上述全部或部分股权，并取得现金收入的，该现金收入应优先用于缴纳尚未缴清的税款。

(3) 纳税地点。

纳税人以不动产投资的，以**不动产所在地**税务机关为主管税务机关；纳税人以其持有的企业股权对外投资的，以该企业所在地税务机关为主管税务机关；对纳税人以其他非货币性资产投资的情形，以被投资企业所在地税务机关为主管税务机关。

重难点21：个人终止投资经营收回款项征收个人所得税的规定★★

1. 个人终止投资经营，从被投资企业或合作项目、被投资企业的其他投资者以及合作项目的经营合作人取得股权转让收入、违约金、补偿金、赔偿金及以其他名目收回的款项等，均属于个人所得税应税收入，应按“财产转让所得”项目缴纳个人所得税。

2. 应纳税所得额和应纳税额的计算公式如下：

应纳税所得额 = 个人取得的股权转让收入、违约金、补偿金、赔偿金以及其他名目收回款项合计数 - 原实际出资额（投入额）及相关税费

应纳税额 = 应纳税所得额 × 20%

【小贴士】《企业所得税法》规定，投资企业从被投资企业撤回或减少投资，其取得的资产：

（1）相当于初始出资的部分，应确认为投资收回。

（2）相当于被投资企业累计未分配利润和累计盈余公积按减少实收资本比例计算的部分，应确认为股息所得（符合条件的，免税）。

（3）其余部分确认为投资资产转让所得。

重难点22：创业投资企业个人合伙人和天使投资个人有关个人所得税的规定★★★

（一）合伙创投企业（重要）

合伙创投企业，采取股权投资方式直接投资于初创科技型企业满2年（24个月，下同）的，其个人合伙人可以按照对初创科技型企业投资额的70%抵扣个人合伙人从合伙创投企业分得的经营所得；当年不足抵扣的，可以（无限期）在以后纳税年度结转抵扣。

【小贴士】上述规定中有三个主体：一是个人合伙人；二是创投企业；三是初创科技型企业。学员应注意辨析。

【小贴士】上述规定中“个人合伙人从合伙创投企业分得的经营所得”的确定，一般是指按照合伙企业合伙协议的约定分配比例，计算每名合伙人分配的经营所得。

【小贴士】上述规定中“个人合伙人可以按照对初创科技型企业投资额的70%抵扣”的确定，是指合伙企业按照每名合伙人的投资比例，计算其分配的可抵扣投资额。即按照合伙创投企业投资的初创科技型企业的全部实缴投资额的70%，乘以每名合伙人实缴投资额比例进行计算。实缴投资额比例，是指按照投资符合抵扣条件当年12月31日的实缴投资比例计算。

【经典例题】

【例题·计算问答题】2018年5月1日，甲合伙创投企业投资某初创科技型企业500万元，截至2020年5月1日，该投资符合投资抵扣税收优惠政策（不考虑其他符合投资抵扣税收优惠的投资）。李某是该合伙创投企业的个人合伙人，2020年12月31日，李某对该合伙创投企业实缴出资300万元，占全部合伙人实缴出资比例的10%。该合伙创投企业2020年度实现经营所得200万元，按照合伙协议的约定，李某的分配比例为15%。

要求：计算李某2020年度实际可抵扣的投资额。

【答案及解析】（1）该合伙创投企业截至2020年末，符合投资抵扣条件的投资共500万元，可抵扣投资额 = 500 × 70% = 350（万元）。（2）2020年末，李某对合伙创投企业的实缴出资比例为10%，则李某分得的可抵扣投资额 = 350 × 10% = 35（万元）。（3）2020年度，按照合伙协议的约定，李某分配经营所得 = 200 × 15% = 30（万元）。

因此，李某2020年实际可抵扣的投资额为30万元，当年不足抵扣的5万元（35 -

30)，可以在以后纳税年度结转抵扣。

（二）天使投资个人

1. 天使投资个人采取股权投资方式，直接投资于初创科技型企业满2年的，可以按照投资额的70%抵扣**转让**该初创科技型企业股权取得的应纳税所得额；当期不足抵扣的，可以在以后取得转让该初创科技型企业股权的应纳税所得额时结转抵扣。

2. 天使投资个人投资**多个初创科技型企业的**，对其中办理注销清算的初创科技型企业，天使投资个人对其投资额的70%尚未抵扣完的，可自注销清算之日起**36个月内**抵扣天使投资个人**转让其他**初创科技型企业股权取得的应纳税所得额。

3. 初创科技型企业接受天使投资个人投资满2年，在上海证券交易所、深圳证券交易所上市的，天使投资个人转让该企业股票时，按照现行**限售股**有关规定执行，其尚未抵扣的投资额，在税款清算时一并计算抵扣。

【小贴士】享受上述规定的税收政策的投资，仅限于通过向被投资初创科技型企业**直接支付现金**方式取得的股权投资，不包括受让其他股东的存量股权。

重难点23：关于创业投资企业个人合伙人所得税政策的规定★★

创投企业，可以选择按单一投资基金核算或者按创投企业年度所得整体核算，对其个人合伙人来源于创投企业的所得计算个人所得税应纳税额。

【小贴士】创投企业，是指符合《创业投资企业管理暂行办法》或者《私募投资基金监督管理暂行办法》关于创业投资企业（基金）的有关规定，并按照规定完成**备案**且规范运作的**合伙制**创业投资企业（基金）。

【小贴士】创投企业选择按单一投资基金核算的，其个人合伙人从该基金应分得的股权转让所得和股息、红利所得，按照20%税率计算缴纳个人所得税。

【小贴士】创投企业选择按年度所得整体核算的，其个人合伙人应从创投企业取得的所得，按照**"经营所得"**项目，适用5%～35%的超额累进税率计算缴纳个人所得税。

（一）单一投资基金核算

单一投资基金核算，是指单一投资基金（包括不以基金名义设立的创投企业）在一个纳税年度内，从不同创业投资项目取得的股权转让所得和股息、红利所得，应按下述方法分别核算纳税：

1. 股权转让所得。

（1）单个投资项目的股权转让所得，按年度股权转让收入扣除对应股权原值和转让环节合理费用后的余额计算。

（2）单一投资基金的股权转让所得，按一个纳税年度内不同投资项目的所得和损失相互抵减后的余额计算，余额大于或等于0的，即确认为该基金的年度股权转让所得；余额小于0的，该基金年度股权转让所得按零计算且**不能跨年结转**。

【小贴士】个人合伙人，按照其应从基金年度股权转让所得中分得的份额计算其应纳税额，并由创投企业在次年3月31日前代扣代缴个人所得税。

【小贴士】如符合上述**重难点22**中规定条件的，创投企业个人合伙人可以按照被转让项目对应投资额的70%抵扣其应从基金年度股权转让所得中分得的份额后，再计算其应纳税额，当期不足抵扣的，**不得向以后年度结转**。

【经典例题】

【例题·计算问答题】甲有限合伙企业，创投基金规模为5 000万元。其中，李某投资甲有限合伙企业500万元，占该创投基金份额的10%。甲有限合伙企业投资于A项目800万元，获得被投资公司15%的股权。2年后，甲有限合伙企业将所投的A项目以1 500万元转让。

要求：计算就李某该转让行为应缴纳的个人所得税。

【答案及解析】李某应缴纳的个人所得税

税额 = (1 500 - 800) × 10% × 20% = 14 (万元)。

2. 股息、红利所得。

单一投资基金的股息、红利所得，以其来源于所投资项目分配的股息、红利收入以及其他固定收益类证券等收入的**全额计算**。个人合伙人，按照其应从基金股息、红利所得中分得的份额计算其应纳税额，并由创投企业按次代扣代缴个人所得税。

【小贴士】除前述可以扣除的成本、费用之外，单一投资基金发生的包括投资基金管理人的管理费和业绩报酬在内的其他支出，不得在核算时扣除。

(二) 创投企业年度所得整体核算

创投企业年度所得整体核算，是指将创投企业以每一纳税年度的收入总额减除成本、费用以及损失后，计算应分配给个人合伙人的所得。年度核算亏损的，**准予按有关规定向以后年度结转**。

【小贴士】如符合上述**重难点22**中规定条件的，创投企业个人合伙人可以按照被转让项目对应投资额的70%抵扣其可以从创投企业应分得的经营所得后，再计算其应纳税额。

【小贴士】按照**"经营所得"**项目计税的个人合伙人，没有综合所得的，可依法减除基本减除费用、专项扣除、专项附加扣除以及国务院确定的其他扣除。但是，从多处取得经营所得的，应汇总计算个人所得税，只减除一次上述费用和扣除。

(三) 其他相关规定

1. 创投企业选择按单一投资基金核算或按创投企业年度所得整体核算后，**3年内**不能变更。

2. 创投企业选择按单一投资基金核算的，应当在完成备案的30日内，向主管税务机关进行核算方式备案；未按规定备案的，视同选择按创投企业年度所得整体核算。

3. 本政策执行期限：自2019年1月1日起至2023年12月31日止。本政策仅适用于个人合伙人，即：自然人合伙人。

【小贴士】单一投资基金核算，按照20%税率计算缴纳个人所得税的所得，**仅限于**分得的股权转让所得和股息、红利所得。

【小贴士】按年度所得整体核算的，按照**"经营所得"**项目，适用5%～35%的超额累进税率计算缴纳个人所得税，包括从创投企业取得的所有所得。

重难点24：个人因购买和处置债权取得所得征收个人所得税的方法★★

【小贴士】个人通过招标、竞拍或其他方式购置债权以后，通过相关司法或行政程序主张债权而取得的所得，应按照**"财产转让所得"**项目缴纳个人所得税。

个人取得"打包"债权，只**处置部分债权的**，其应纳税所得额按以下方式确定：

1. 以每次处置部分债权的所得，作为一次财产转让所得征税。

2. 应税收入的确定。

按照个人取得的货币资产和非货币资产的**评估价值或市场价值**的合计数确定应税收入。

3. 扣除项目的确定。

所处置债权成本费用(即财产原值)，按下列公式计算：

当次处置债权成本费用 = 个人购置"打包"债权实际支出 × 当次处置债权账面价值(或拍卖机构公布价值) ÷ "打包"债权账面价值(或拍卖机构公布价值)

【小贴士】个人购买和处置债权过程中发生的拍卖招标手续费、诉讼费、审计评估费以及缴纳的税金等合理税费，在计算个人所得税时允许扣除。

【经典例题】

【例题·计算问答题】中国公民李某购买"打包"债权实际支出为60万元，2020年5月处置该债权的30%，取得处置收入30万元，在债权处置过程中发生相关费用2万元。

要求：计算李某处置"打包"债权应缴纳的个人所得税。

【答案及解析】(1) 个人通过招标、竞拍或其他方式购置债权以后，通过相关司法或行政程序主张债权而取得的所得，应按照“财产转让所得”项目缴纳个人所得税。(2) 李某处置“打包”债权应缴纳的个人所得税 = (30 - 60 × 30% - 2) × 20% = 2 (万元)。

重难点 25：关于企业改组改制过程中个人取得的量化资产征税问题★★

1. 对职工个人以股份形式取得的仅作为分红依据，**不拥有所有权**的企业量化资产，**不征收**个人所得税。(**形式上**取得企业量化资产)

2. 对职工个人以股份形式取得的**拥有所有权**的企业量化资产，暂缓征收个人所得税。(**实质上**取得企业量化资产)

3. 个人将（实质上取得企业量化资产）股份转让时，就其转让收入额，减除个人取得该股份时实际支付的费用支出和合理转让费用后的余额，按**“财产转让所得”**项目计征个人所得税。

4. 对职工个人以股份形式取得的企业量化资产参与企业分配而获得的股息、红利，应按**“利息、股息、红利所得”**项目征收个人所得税。

【经典例题】

【例题·多选题】2020 年 5 月，某国有企业改制为股份制企业。该企业职工李某，在企业改制过程中以 21 000 元的成本取得了价值 30 000 元拥有所有权的量化股份。8 个月后，李某获得了企业分配的股息 1 000 元。此后，李某以 40 000 元的价格将股份转让。不考虑转让过程中的税费，以下有关计征李某个人所得税的表述中，正确的有(　　)。

A. 李某取得量化股份时暂缓计征个人所得税

B. 对李某取得的量化股份价值与支付成本的差额 9 000 元，应在取得当月与当月工资、薪金合并，按“工资、薪金所得”计征个人所得税

C. 对李某取得的 1 000 元股息，应按“利息、股息、红利所得”计征个人所得税

D. 对李某转让量化股份取得的收入应以 19 000 元为计税依据，按“财产转让所得”计征个人所得税

【答案】ACD

【解析】选项 B 暂缓征收个人所得税。

重难点 26：转让全国中小企业股份转让系统挂牌公司股票个人所得税政策★★

（一）转让非原始股

自 2018 年 11 月 1 日（含）起，对个人转让新三板**挂牌公司非原始股**取得的所得，**暂免征收**个人所得税。(相当于转让上市公司的股票，免征个人所得税)

【小贴士】非原始股，是指个人在新三板挂牌公司**挂牌后**取得的股票，以及由上述股票孳生的送、转股。

（二）转让原始股

对个人转让新三板挂牌公司**原始股**取得的所得，按照**“财产转让所得”**，适用 20% 的比例税率征收个人所得税。

【小贴士】原始股，是指个人在新三板挂牌公司**挂牌前**取得的股票，以及在该公司挂牌前和挂牌后由上述股票孳生的送、转股。

（三）征收管理

1. 2019 年 9 月 1 日**之前**，个人转让新三板挂牌公司原始股的个人所得税，征收管理办法按照现行股权转让所得有关规定执行，以**股票受让方**为扣缴义务人，由**被投资企业**所在地税务机关负责征收管理。

2. 自 2019 年 9 月 1 日（含）起，个人转让新三板挂牌公司原始股的个人所得税，以股票托管的**证券机构**为扣缴义务人，由**股票托管**的证券机构所在地主管税务机关负责征收管理。

重难点 27：个人投资者收购企业股权后将原盈余积累转增股本征收个人所得税的规定★★★

股权收购后，企业将原账面金额中的盈余

积累向个人投资者（新股东）转增股本，个人所得税的不同处理如下：

1. 新股东以不低于净资产（所有者权益）价格收购股权的，企业原盈余积累已全部计入股权交易价格，新股东取得盈余积累转增股本（实收资本）的部分，不征收个人所得税。

【小贴士】“盈余积累”不同于会计上的“盈余公积”。“盈余积累”指的是“资本公积、盈余公积、未分配利润”。

【小贴士】“实收资本”与“股本”含义相同。

【经典例题】

【例题·计算问答题】甲有限公司所有者权益（净资产）为200万元，其中：（1）实收资本100万元。（2）资本公积30万元（其中资本溢价20万元）。（3）盈余公积30万元。（4）未分配利润40万元。李某与甲有限公司经协商以250万元整体收购该公司。（假定李某的盈余积累100万元全部转增实收资本）

已知：甲有限公司股东为自然人股东。

要求：（1）回答李某收购完成后转增实收资本是否缴纳个人所得税并说明理由。若缴纳，计算应缴纳的个人所得税。

（2）计算甲有限公司原股东的转让行为应缴纳的个人所得税。

【答案及解析】（1）李某取得股权后，转增实收资本，无须缴纳个人所得税。根据规定，新股东以不低于净资产（所有者权益）价格收购股权的，企业原盈余积累已全部计入股权交易价格，新股东取得盈余积累转增股本（实收资本）的部分，不征收个人所得税。

（2）股权转让应缴纳的个人所得税 $=[250-(100+20)]\times20\%=26$（万元）。

2. 新股东以低于净资产价格收购股权的，企业原盈余积累中，对于股权收购价格减去原股本（实收资本）的差额部分已经计入股权交易价格，新股东取得盈余积累转增股本（实收资本）的部分，不征收个人所得税；对于股权收购价格低于原所有者权益的差额部分未计入股权交易价格，新股东取得盈余积累转增股本（实收资本）的部分，应按照**“利息、股息、红利所得”**项目征收个人所得税。

【小贴士】新股东以低于净资产价格收购企业股权后转增股本，应按照下列**顺序**进行：

（1）先转增应税的盈余积累部分。

（2）再转增免税的盈余积累部分。

【经典例题】

【例题·计算问答题】甲一人有限公司所有者权益（净资产）为200万元，其中：（1）实收资本100万元。（2）资本公积30万元（其中资本溢价20万元）。（3）盈余公积30万元。（4）未分配利润40万元。李某与甲一人有限公司经协商以160万元整体收购该公司。（假定李某的盈余积累100万元全部转增实收资本）

已知：甲有限公司股东为自然人股东。

要求：（1）回答李某收购完成后转增实收资本是否缴纳个人所得税并说明理由；若缴纳，计算应缴纳的个人所得税。

（2）计算甲一人有限公司原股东转让行为应缴纳的个人所得税。

【答案及解析】（1）李某取得股权后，转增实收资本需要缴纳个人所得税。根据规定，股权收购价格减去原实收资本的差额部分60万元（160－100）已经计入股权交易价格，新股东取得盈余积累转增实收资本的部分，不征收个人所得税；对于股权收购价格低于原所有者权益的差额部分40万元（200－160）未计入股权交易价格，新股东取得盈余积累转增实收资本的部分，应按照“利息、股息、红利所得”项目征收个人所得税。即盈余积累100万元中有60万元是不征收个人所得税的，剩余40万元需要缴纳个人所得税，李某应缴纳的个人所得税 $=40\times20\%=8$（万元）。

（2）甲一人有限公司应缴纳的个人所得税 $=[160-(100+20)]\times20\%=8$（万元）。

重难点28：企业转增股本个人所得税规定 ★★★

1. 股份制企业用**资本公积金**转增股本不

属于股息、红利性质的分配，对个人取得的转增股本数额，不作为个人所得，不征收个人所得税。

2. 股份制企业用盈余公积金派发红股，属于股息、红利性质的分配，对个人取得的红股数额，应作为个人所得征税。

【小贴士】“资本公积金”，是指股份制企业股票溢价发行收入所形成的资本公积金。与此不相符合的其他资本公积金分配个人所得部分，应当依法征收个人所得税。

【小贴士】学员应注意辨析“资本公积金”与“盈余公积”的差异。

3. 中小高新技术企业递延纳税。

（1）自2016年1月1日起，全国范围内的中小高新技术企业（未上市或未在新三板挂牌交易的）以未分配利润、盈余公积、资本公积向个人股东转增股本时，个人股东一次缴纳个人所得税确有困难的，可根据实际情况自行制订分期缴税计划，在不超过5个公历年度内（含）分期缴纳，并将有关资料报主管税务机关备案。

【小贴士】中小高新技术企业，是指注册在中国境内实行查账征收的、经认定取得高新技术企业资格，且年销售额和资产总额均不超过2亿元、从业人数不超过500人的企业。

（2）股东（再）转让股权并取得现金收入的，该现金收入应优先用于缴纳尚未缴清的税款。

（3）在股东转让该部分股权之前，企业依法宣告破产，股东进行相关权益处置后没有取得收益或收益小于初始投资额的，主管税务机关对其尚未缴纳的个人所得税可不予追征。

【小贴士】上述政策与个人以非货币资产投资的个人所得税处理相同。

4. 个人股东获得转增的股本，应按照“利息、股息、红利所得”项目，适用20%税率征收个人所得税。

5. 上市公司、上市中小高新技术企业或在全国中小企业股份转让系统挂牌的中小高新技术企业向个人股东转增股本，股东应纳的个人所得税，继续按现行有关股息、红利差别化个人所得税政策执行。

【小贴士】企业向个人转增股本，根据上述规定，有3种不同情况的征税规则：

（1）个人取得上市（含新三板，下同）企业转增的股本（不含以股票发行溢价形成的资本公积转增股本），执行股息、红利差别化税收政策。

（2）个人取得非上市或没有在新三板挂牌交易的中小高新技术企业转增股本，并符合上述第3项所述条件的，可在5年内分期纳税。

（3）个人从非上市其他企业转增股本，应一次性按“利息、股息、红利所得”项目计缴税款。

重难点29：个人股票期权所得个人所得税的征税方法（上市公司）★★

企业员工股票期权（简称“股票期权”），是指上市公司按照规定的程序授予本公司及其控股企业员工的一项权利，该权利允许被授权员工在未来时间内以某一特定价格购买本公司一定数量的股票。

【小贴士】上述“某一特定价格”被称为“授予价”或“施权价”，即根据股票期权计划可以购买股票的价格，一般为股票期权授予日的市场价格或该价格的折扣价格，也可以是按照事先设定的计算方法约定的价格；“授予日”，也称“授权日”，是指公司授予员工上述权利的日期；“行权”，也称“执行”，是指员工根据股票期权计划选择购买股票的过程；员工行使上述权利的当日为“行权日”，也称“购买日”。

（一）不可公开交易的股票期权

不可公开交易的个人股票期权所得征收个人所得税的方法如下：

1. 施权时，不征税。

2. 员工行权时，按施权价低于购买日公平市价（当日收盘价）的差额，按“工资、薪金所得”项目征收个人所得税。

【小贴士】如在行权日之前转让股票期权，以转让净收益，按**"工资、薪金所得"**项目缴税。

3. 行权后境内上市公司股票再转让，获得差价，暂不征个人所得税。（除另有规定外，对于员工转让境外上市公司股票，按"财产转让所得"征税）

4. 因拥有股权，参与税后利润分配所得，按**"利息、股息、红利所得"**项目征收个人所得税。（实行股息、红利差别化政策）

5. 应纳税款的计算。

居民个人取得股票期权、股票增值权、限制性股票、股权奖励等股权激励，在2021年12月31日前，不并入当年综合所得，全额单独适用**综合所得税率表**，计算纳税。计算公式如下：

应纳税额＝股权激励收入×适用税率－速算扣除数

【小贴士】居民个人一个纳税年度内，取得两次以上（含两次）股权激励的，应合并按上述规定计算纳税。

【小贴士】个人行权后的境内上市公司股票再行转让取得的所得，暂不征收个人所得税。

（二）可公开交易的股票期权

员工接受可公开交易的股票期权（授权时约定可转让，且存在公开市场及挂牌价格），按以下规定进行税务处理：

1. 授权日，按照**"工资、薪金所得"**项目征收个人所得税。

2. 行权日前转让的，按照**"财产转让所得"**项目征收个人所得税。

3. 行权时，不计算征税。

4. 行权后的股票（再）转让，按照"**财产转让所得**项目"征收个人所得税。

【小贴士】转让境内上市公司股票，暂免征收个人所得税；转让境外上市公司股票依法纳税。

5. 行权后不转让而参与企业税后利润分配，按照"**利息、股息、红利所得**"项目征收个人所得税。

【小贴士】学员应注意辨析"不可公开交易的股票期权"与"可公开交易的股票期权"税务处理的差异。

重难点30：股票增值权所得和限制性股票所得的个人所得税规定★★

1. 股票增值权，是指上市公司授予公司员工在未来一定时期和约定条件下，获得规定数量的股票价格上升所带来收益的权利。被授权人在约定条件下行权，上市公司按照行权日与授权日二级市场股票差价乘以授权股票数量，发放给被授权人现金。被授权人股票增值权应纳税所得额计算公式如下：

股票增值权某次行权应纳税所得额＝（行权日股票价格－授权日股票价格）×行权股票份数

2. 限制性股票，是指上市公司按照股权激励计划约定的条件，授予公司员工一定数量本公司的股票。被激励对象限制性股票应纳税所得额计算公式如下：

应纳税所得额＝（股票登记日股票市价＋本批次解禁股票当日市价）÷2×本批次解禁股票份数－被激励对象实际支付的资金总额×（本批次解禁股票份数÷被激励对象获取的限制性股票总份数）

3. 对于个人从上市公司（含境内、外上市公司）取得的股票增值权所得和限制性股票所得，比照"股票期权所得"的有关规定，计算征收个人所得税。

4. 纳税义务发生时间。

（1）股票增值权：为上市公司向被授权人兑现股票增值权所得的日期。

（2）限制性股票：为每一批次限制性股票解禁的日期。

重难点31：完善股权激励（非上市公司）和技术入股有关个人所得税的规定★★★

（一）对符合条件的非上市公司股票期权、股权期权、限制性股票和股权奖励实行递延纳税政策

1. **非上市公司**授予本公司员工的股票期

权、股权期权、限制性股票和股权奖励，符合规定条件的，经向主管税务机关备案，可实行递延纳税政策，即员工在取得股权激励时可暂不纳税，递延至转让该股权时纳税。

（1）股权转让时，按照股权转让收入减除股权取得成本以及合理税费后的差额，适用“财产转让所得”项目，按照20%的税率计算缴纳个人所得税。

（2）股权转让时，股票（权）期权取得成本按行权价确定，限制性股票取得成本按实际出资额确定，股权奖励取得成本为0。

2. 享受递延纳税政策的非上市公司股权激励（包括股票期权、股权期权、限制性股票和股权奖励，下同）须同时满足以下条件：

（1）属于境内居民企业的股权激励计划。

（2）股权激励计划经公司董事会、股东（大）会审议通过。未设股东（大）会的国有单位，经上级主管部门审核批准。股权激励计划应列明激励目的、对象、标的、有效期、各类价格的确定方法、激励对象获取权益的条件、程序等。

（3）激励标的应为境内居民企业的本公司股权。股权奖励的标的可以是技术成果投资入股到其他境内居民企业所取得的股权。激励标的股票（权）包括通过增发、大股东直接让渡以及法律法规允许的其他合理方式授予激励对象的股票（权）。

（4）激励对象应为公司董事会或股东（大）会决定的技术骨干和高级管理人员，激励对象人数累计不得超过本公司最近6个月在职职工平均人数的30%。

（5）股票（权）期权自授予日起应持有满3年，且自行权日起持有满1年；限制性股票自授予日起应持有满3年，且解禁后持有满1年；股权奖励自获得奖励之日起应持有满3年。

【小贴士】上述时间条件，须在股权激励计划中列明。

（6）股票（权）期权自授予日至行权日的时间不得超过10年。

（7）实施股权奖励的公司及其奖励股权标的公司所属行业均不属于《股权奖励税收优惠政策限制性行业目录》范围。公司所属行业按公司上一纳税年度主营业务收入占比最高的行业确定。

3. 股权激励计划所列内容不同时满足上述第2项规定的全部条件，或递延纳税期间公司情况发生变化，不再符合上述第2项第（4）～（6）条的，不得享受递延纳税优惠，应按规定计算缴纳个人所得税。

【小贴士】全国中小企业股份转让系统挂牌公司按照上述规定执行。

（二）对上市公司股票期权、限制性股票和股权奖励适当延长纳税期限

1. 上市公司授予个人的股票期权、限制性股票和股权奖励，经向主管税务机关备案，个人可自股票期权行权、限制性股票解禁或取得股权奖励之日起，在不超过12个月的期限内缴纳个人所得税。

2. 上市公司股票期权、限制性股票应纳税款的计算，继续按照相关规定执行。股权奖励应纳税款的计算比照上述规定执行。

【小贴士】上市公司，是指其股票在上海证券交易所、深圳证券交易所上市交易的股份有限公司。

（三）对技术成果投资入股实施选择性税收优惠政策

【小贴士】本政策适用主体包括企业与个人。

1. 企业或个人以技术成果投资入股到境内居民企业，被投资企业支付的对价全部为股票（权）的，企业或个人可选择继续按现行有关税收政策执行，也可选择适用递延纳税优惠政策。

选择技术成果投资入股递延纳税政策的，经向主管税务机关备案，投资入股当期可暂不纳税，允许递延至转让股权时，按股权转让收入减去技术成果原值和合理税费后的差额计算缴纳所得税。

2. 企业或个人选择适用上述任一项政策，均允许被投资企业按技术成果投资入股时的评估值入账并在企业所得税税前摊销扣除。

【小贴士】技术成果投资入股，是指纳税人将技术成果所有权让渡给被投资企业、取得该企业股票（权）的行为。

【小贴士】对股权激励或技术成果投资入股选择适用递延纳税政策的，企业应在规定期限内到主管税务机关办理备案手续。未办理备案手续的，不得享受递延纳税优惠政策。

重难点32：科技人员取得职务科技成果转化现金奖励有关个人所得税政策★

（一）税收优惠

非营利性科研机构和高校，从职务科技成果转化收入中给予科技人员的现金奖励，可减按50%计入科技人员当月工资、薪金所得项目，依法缴纳个人所得税。

【小贴士】现金奖励，是指非营利性科研机构和高校在取得科技成果转化收入三年（36个月）内奖励给科技人员的现金。

（二）非营利性科研机构和高校的界定

非营利性科研机构和高校，包括国家设立的科研机构和高校，依法批准设立的民办非营利性科研机构和高校。

（三）享受税收优惠，须同时符合的条件

1. 科技人员，是指对完成或转化职务科技成果作出重要贡献的人员。

2. 科技成果转化，是指向他人转让科技成果或者许可他人使用科技成果。

3. 非营利性科研机构和高校转化科技成果，应当签订技术合同，并根据《技术合同认定登记管理办法》，在技术合同登记机构进行审核登记，并取得技术合同认定登记证明。

【小贴士】非营利性科研机构和高校应健全科技成果转化的资金核算，不得将正常工资、奖金等收入列入科技人员职务科技成果转化现金奖励享受税收优惠。

重难点33：证券投资基金个人所得税的规定★

1. 对个人投资者买卖基金单位获得的差价收入，在对个人买卖股票的差价收入未恢复征收个人所得税以前，暂不征收个人所得税。（不征税）

2. 对投资者从基金分配中获得的股票的股息、红利收入以及企业债券的利息收入，由上市公司和发行债券的企业在向基金派发股息、红利、利息时代扣代缴20%的个人所得税，基金向个人投资者分配股息、红利、利息时，不再代扣代缴个人所得税。（应征税）

3. 对投资者从基金分配中获得的国债利息、储蓄存款利息以及买卖股票价差收入，在国债利息收入、个人储蓄存款利息收入以及个人买卖股票差价收入未恢复征收所得税以前，暂不征收所得税。（不征税）

4. 对个人投资者从基金分配中获得的企业债券差价收入，应按税法规定对个人投资者征收个人所得税，税款由基金在分配时依法代扣代缴。（应征税）

重难点34：律师事务所从业人员取得收入征收个人所得税的有关规定★★

1. 作为投资者的律师。

律师个人出资兴办的独资和合伙性质的律师事务所，比照“经营所得”项目征收个人所得税，出资律师本人的工资、薪金不得扣除。

【小贴士】合伙制律师事务所，应将年度经营所得全额作为基数，按出资比例或者事先约定的比例计算各合伙人应分配的所得，据以征收个人所得税。

2. 作为雇员的律师。

律师事务所支付给雇员所得，按“工资、薪金所得”项目缴纳个人所得税。

作为律师事务所雇员的律师与律师事务所按规定的比例对收入分成，律师事务所不负担律师办理案件支出的费用（如交通费、资料费、通讯费及聘请人员等费用），律师的分成收入按规定扣除办理案件支出的费用后，余额与律师事务所发给的工资合并，按“工资、薪金所得”项目计征个人所得税。

【小贴士】律师从其分成收入中扣除办理案件支出费用的标准，在律师当月分成收入的

30%比例内确定。实行这一收入分成办法的律师办案费用不得在律师事务所重复列支。

3. 作为兼职的律师。

兼职律师从律师事务所取得工资、薪金性质的所得，律师事务所在代扣代缴其个人所得税时，不再减除规定的费用扣除标准，以收入全额（取得分成收入的为扣除办理案件支出费用后的余额）直接扣缴个人所得税。

4. 律师再聘请人员。

律师（上述三种情形的律师）以个人名义再聘请其他人员为其工作而支付的报酬，应由该律师按"劳务报酬所得"项目负责代扣代缴个人所得税。

5. 律师从接受法律事务服务的当事人处取得法律顾问费或其他酬金等收入，应并入其从律师事务所取得的其他收入，按照规定计算缴纳个人所得税。

【小贴士】学员应注意辨析作为律师的不同身份时适用应税项目的差异。

6. 律师个人承担的按照律师协会规定参加的业务培训费用，可据实扣除。（新增）

重难点35：保险营销员、证券经纪人佣金收入的政策★

保险营销员、证券经纪人取得的佣金收入，属于劳务报酬所得，以不含增值税的收入减除20%的费用后的余额为收入额。收入额减去展业成本以及附加税费后，并入当年综合所得，计算缴纳个人所得税。计算公式如下：

并入综合所得的金额 = 收入额 − 展业成本 − 附加税费 = 不含增值税的收入 ×（1 − 20%）×（1 − 25%）− 附加税费

【小贴士】保险营销员、证券经纪人展业成本按照收入额的25%计算。

【小贴士】扣缴义务人向保险营销员、证券经纪人支付佣金收入时，应按照"累计预扣法"计算预扣税款。

重难点36：北京2022年冬奥会和冬残奥会个人所得税的规定★★

1. 个人捐赠北京2022年冬奥会、冬残奥会、测试赛的资金和物资支出，可在计算个人应纳税所得额时予以全额扣除。

2. 对受北京冬奥组委邀请的，在北京2022年冬奥会、冬残奥会、测试赛期间临时来华，从事奥运相关工作的外籍顾问以及裁判员等外籍技术官员取得的，由北京冬奥组委、测试赛赛事组委会支付的劳务报酬免征个人所得税。

3. 对于参赛运动员因北京2022年冬奥会、冬残奥会、测试赛比赛获得的奖金和其他奖赏收入，按现行税收法律法规的有关规定征免（或征或免）应缴纳的个人所得税。

4. 对国际奥委会及其相关实体、国际残奥委会及其相关实体的外籍雇员、官员、教练员、训练员以及其他代表在2019年6月1日至2022年12月31日期间临时来华，从事与北京冬奥会相关的工作，取得由北京冬奥组委支付或认定的收入，免征个人所得税。

【小贴士】上述人员的身份及收入由北京冬奥组委出具证明文件，北京冬奥组委定期将该类人员名单及免税收入相关信息报送税务部门。

重难点37：关于公益慈善事业捐赠个人所得税政策★★★

（一）基本规定

1. 个人通过境内公益性社会组织、县级以上人民政府及其部门等国家机关，向教育、扶贫、济困等公益慈善事业的捐赠（以下简称"公益捐赠"），发生的公益捐赠支出，可以按照《个人所得税法》的有关规定在计算应纳税所得额时扣除。

2. 个人发生的公益捐赠支出金额，按照以下规定确定：

（1）捐赠货币性资产的，按照实际捐赠金额确定。

（2）捐赠股权、房产的，按照个人持有股权、房产的财产原值确定。

（3）捐赠除股权、房产以外的其他非货币性资产的，按照非货币性资产的市场价格确定。

（二）居民个人公益性捐赠的相关规定

1. 居民个人按照以下规定扣除公益捐赠支出：

（1）居民个人发生的公益捐赠支出可以在财产租赁所得，财产转让所得，利息、股息、红利所得，偶然所得（以下统称“分类所得”），综合所得或者经营所得中扣除。在当期一个所得项目扣除不完的公益捐赠支出，可以按规定在其他所得项目中继续扣除。

（2）居民个人发生的公益捐赠支出，在综合所得、经营所得中扣除的，扣除限额分别为当年综合所得、当年经营所得应纳税所得额的30%；在分类所得中扣除的，扣除限额为当月分类所得应纳税所得额的30%。

（3）居民个人根据各项所得的收入、公益捐赠支出、适用税率等情况，**自行决定**在综合所得、分类所得、经营所得中扣除的公益捐赠支出的顺序。

2. 居民个人在综合所得中扣除公益捐赠支出的，应按照以下规定处理：

（1）居民个人取得工资、薪金所得的，可以选择在预扣预缴时扣除，也可以选择在年度汇算清缴时扣除。

【小贴士】居民个人选择在预扣预缴时扣除的，应按照累计预扣法计算扣除限额，其捐赠当月的扣除限额为截至当月累计应纳税所得额的30%（全额扣除的从其规定，下同）。个人从两处以上取得工资、薪金所得，选择其中一处扣除，选择后当年不得变更。

（2）居民个人取得劳务报酬所得、稿酬所得、特许权使用费所得的，预扣预缴时不扣除公益捐赠支出，统一在汇算清缴时扣除。

（3）居民个人取得全年一次性奖金、股权激励等所得，且按规定采取不并入综合所得而单独计税方式处理的，公益捐赠支出扣除比照分类所得的扣除规定处理。

3. 居民个人发生的公益捐赠支出，可在捐赠当月取得的分类所得中扣除。当月分类所得应扣除未扣除的公益捐赠支出，可以按照以下规定追补扣除：

（1）扣缴义务人已经代扣但尚未解缴税款的，居民个人可以向扣缴义务人提出追补扣除申请，退还已扣税款。

（2）扣缴义务人已经代扣且解缴税款的，居民个人可以在公益捐赠之日起90日内提请扣缴义务人向征收税款的税务机关办理更正申报追补扣除，税务机关和扣缴义务人应当予以办理。

（3）居民个人自行申报纳税的，可以在公益捐赠之日起90日内向主管税务机关办理更正申报追补扣除。

【小贴士】居民个人捐赠当月有多项多次分类所得的，应先在其中一项一次分类所得中扣除。已经在分类所得中扣除的公益捐赠支出，不再调整到其他所得中扣除。

【小贴士】应纳税所得额，是指计算扣除捐赠额之前的应纳税所得额。

（三）经营所得公益性捐赠的相关规定

在经营所得中扣除公益捐赠支出应按以下规定处理：

1. 个体工商户发生的公益捐赠支出，在其经营所得中扣除。

2. 个人独资企业、合伙企业发生的公益捐赠支出，其个人投资者应当按照捐赠年度合伙企业的分配比例（全额分配），计算归属于每一个人投资者的公益捐赠支出，个人投资者应将其归属的个人独资企业、合伙企业公益捐赠支出和本人需要在经营所得扣除的其他公益捐赠支出合并，在其经营所得中扣除。

3. 在经营所得中扣除公益捐赠支出的，可以选择在预缴税款时扣除，也可以选择在汇算清缴时扣除。

【小贴士】经营所得采取核定征收方式的，不扣除公益捐赠支出。

（四）非居民个人发生的公益捐赠的相关规定

非居民个人发生的公益捐赠支出，未超过其在公益捐赠支出发生的当月应纳税所得额30%的部分，可以从其应纳税所得额中扣除。扣除不完的公益捐赠支出，可以在经营所得中继续扣除。

【小贴士】非居民个人按规定可以在应纳税所得额中扣除公益捐赠支出而未实际扣除的，可按照前述规定追补扣除。

（五）其他规定

1. 国务院规定对公益捐赠全额税前扣除的，按照规定执行。个人同时发生按 30% 扣除和全额扣除的公益捐赠支出，自行选择扣除次序。

2. 公益性社会组织、国家机关在接受个人捐赠时，应当按照规定开具捐赠票据；个人索取捐赠票据的，应予以开具。

3. 机关、企事业单位统一组织员工开展公益捐赠的，纳税人可以凭汇总开具的捐赠票据和员工明细单扣除。

4. 个人应留存捐赠票据，留存期限为 5 年。

【小贴士】在学习上述 37 项特殊问题时，应注意以下几点：

（1）应注意辨析“哪些应征”“哪些不征”“哪些免征”。

（2）应注意辨析“应税项目”适用的具体应税项目。

（3）应注意辨析适用工资、薪金所得项目时，具体征税适用的是“综合税率表”还是“月度税率表”。

（4）应注意辨析有些项目在“计税方法”“税收优惠”等方面的相同性、相似性。

第七单元　征收管理

【小贴士】个人所得税的纳税办法，有自行申报纳税和全员全额扣缴申报纳税两种。

重难点 1：自行申报纳税★★

自行申报纳税，是由纳税人自行在税法规定的纳税期限内，向税务机关申报取得的应税所得项目和数额，如实填写个人所得税的纳税申报表，并按税法规定计算应纳税额，据此缴纳个人所得税的一种方法。

有下列情形之一的，纳税人应当依法办理纳税申报：

1. 取得综合所得需要办理汇算清缴。

2. 取得应税所得没有扣缴义务人。

3. 取得应税所得，扣缴义务人未扣缴税款。

4. 取得境外所得。

5. 因移居境外注销中国户籍。

6. 非居民个人在中国境内从两处以上取得工资、薪金所得。

7. 国务院规定的其他情形。

【小贴士】以下就上述第 1～6 项中的情形分别进行说明。

（一）取得综合所得需要办理汇算清缴的纳税申报

取得综合所得需要办理汇算清缴的情形：

1. 从两处以上取得综合所得，且综合所得年收入额减除专项扣除后的余额超过 60 000 元。

2. 取得劳务报酬所得、稿酬所得、特许权使用费所得中一项或者多项所得，且综合所得年收入额减除专项扣除的余额超过 60 000 元。

3. 纳税年度内预缴税额低于应纳税额。

4. 纳税人申请退税。

【小贴士】需要办理汇算清缴的纳税人，应当在取得所得的次年 3 月 1 日至 6 月 30 日内，向任职、受雇单位所在地主管税务机关办理纳税申报。

【小贴士】纳税人有两处以上任职、受雇单位的，选择向其中一处任职、受雇单位所在地主管税务机关办理纳税申报。

【小贴士】纳税人没有任职、受雇单位的，向户籍所在地或经常居住地主管税务机关办理纳税申报。

【小贴士】纳税人申请退税，应当提供其在中国境内开设的银行账户，并在汇算清缴地就地办理税款退库。

【小贴士】在办理 2019 年度和 2020 年度的综合所得年度汇算清缴时，2019 年 1 月 1 日至 2020 年 12 月 31 日居民个人取得的综合所得，年度综合所得收入不超过 120 0000 元且需要汇算清缴补税的，或者年度汇算清缴补税金额不超过400元的，居民个人可免于办理个人所得税综合所得汇算清缴。但是，居民个人取得综合所得时存在扣缴义务人未依法预扣预缴税款的情形除外。

【小贴士】在办理2019年度及以后年度的综合所得年度汇算清缴时，残疾、孤老人员和烈属取得综合所得办理汇算清缴且汇算清缴地与预扣预缴地规定不一致的，用预扣预缴地规定计算的减免税额与用汇算清缴地规定计算的减免税额相比较，按照孰高值确定减免税额。

（二）取得经营所得的纳税申报

【小贴士】税法对“经营所得”没有规定扣缴义务人。

1. 纳税人取得经营所得，**按年**计算个人所得税，由纳税人在月度或季度终了后15日内，向**经营管理所在地**主管税务机关办理**预缴**纳税申报。

2. 在取得所得的**次年3月31日前**，向经营管理所在地主管税务机关办理**汇算清缴**。

3. 从两处以上取得经营所得的，选择向**其中一处**经营管理所在地主管税务机关办理年度汇总申报。

（三）取得应税所得，扣缴义务人未扣缴税款的纳税申报

1. **居民个人**取得综合所得的，且符合前述第（一）项所述**需要办理汇算清缴**情形的，应当按照第（一）项规定办理汇算清缴。

2. **非居民个人**取得工资、薪金所得，劳务报酬所得，稿酬所得，特许权使用费所得的，应当在取得所得的**次年6月30日前**，向扣缴义务人所在地主管税务机关办理纳税申报。

【小贴士】有两个以上扣缴义务人**均未**扣缴税款的，选择向其中一处扣缴义务人所在地主管税务机关办理纳税申报。

【小贴士】非居民个人在次年6月30日前离境（临时离境除外）的，应当在离境前办理纳税申报。

3. **纳税人**取得利息、股息、红利所得，财产租赁所得，财产转让所得和偶然所得的，应当在取得所得的**次年6月30日前**，按相关规定向主管税务机关办理纳税申报。

（四）取得境外所得的纳税申报

居民个人从中国境外取得所得的，应当在取得所得的次年**3月1日至6月30日内**，向中国境内任职、受雇单位所在地主管税务机关办理纳税申报。

【小贴士】在中国境内没有任职、受雇单位的，向户籍所在地或中国境内经常居住地主管税务机关办理纳税申报；户籍所在地与中国境内经常居住地不一致的，选择其中一地主管税务机关办理纳税申报。

【小贴士】在中国境内没有户籍的，向中国境内**经常居住地**主管税务机关办理纳税申报。

（五）因移居境外注销中国户籍的纳税申报

纳税人因移居境外注销中国户籍的，应当在申请**注销中国户籍前**，向户籍所在地主管税务机关办理纳税申报，进行税款清算。

（六）非居民个人在中国境内从两处以上取得工资、薪金所得的纳税申报

非居民个人，在中国境内从两处以上取得工资、薪金所得的，应当在取得所得的**次月15日内**，向其中一处任职、受雇单位所在地主管税务机关办理纳税申报。

【小贴士】纳税申报方式：纳税人可以采用远程办税端、邮寄等方式申报，也可以直接到主管税务机关申报。

【小贴士】纳税人在办理纳税申报时需要**享受税收协定待遇的**，按照享受税收协定待遇有关办法办理。

重难点2：全员全额扣缴申报纳税★★★

全员全额扣缴申报，是指扣缴义务人应当在代扣税款的**次月15日内**，向主管税务机关报送其支付所得的**所有个人（非纳税人）**的有关信息、支付所得数额、扣除事项和数额、扣缴税款的具体数额和总额以及其他相关涉税信息资料。

【小贴士】扣缴义务人，是指向个人支付所得的单位或者个人。

【小贴士】扣缴义务人向个人支付应税款项时，应当依照《个人所得税法》规定**预扣或者代扣**税款，按时缴库，并专项记载备查。

（一）代扣预扣税款的范围

1. 全额扣缴申报范围包括《个人所得税法》中**除经营所得以外**所列的各个所得（8项）项目。

【小贴士】所得支付，包括现金支付、汇拨支付、转账支付和以有价证券、实物以及其他形式的支付。

2. 申报内容：包含扣缴义务人支付所得**（不论是否达到纳税标准）**的**所有个人**的有关信息、支付所得数额、扣除事项和数额、扣缴税款的具体数额和总额以及其他相关涉税信息资料。

3. 扣缴义务人向居民个人支付工资、薪金所得时，应当按照**累计预扣法**计算预扣税款，并按月办理扣缴申报。

4. 扣缴义务人向居民个人支付劳务报酬所得、稿酬所得、特许权使用费所得时，应当按次或者按月预扣预缴税款。

居民个人办理年度综合所得汇算清缴时，应当依法计算劳务报酬所得、稿酬所得、特许权使用费所得的收入额，并入年度综合所得计算应纳税款，税款多退少补。

5. 扣缴义务人支付利息、股息、红利所得，财产租赁所得，财产转让所得或者偶然所得时，应当依法按次或者按月代扣代缴税款。

【小贴士】纳税人需要**享受税收协定待遇**的，应当在取得应税所得时**主动**向扣缴义务人提出，并提交相关信息、资料，扣缴义务人代扣代缴税款时按照享受税收协定待遇有关办法办理。

【经典例题】

【例题·单选题】不实行个人所得税全员全额扣缴申报应税所得的是(　　)。

A. 劳务报酬所得

B. 财产转让所得

C. 个人独资企业经营所得

D. 工资、薪金所得

【答案】C

【解析】选项C，《个人所得税法》对“经营所得”没有规定扣缴义务人。

（二）非居民个人的相关规定

非居民个人取得工资、薪金所得，劳务报酬所得，稿酬所得和特许权使用费所得，有扣缴义务人的，由扣缴义务人**按月或者按次**代扣代缴税款，**不办理汇算清缴**。

【小贴士】非居民个人在一个纳税年度内税款扣缴方法保持不变，达到居民个人条件时，应当告知扣缴义务人基础信息变化情况，年度终了后按照居民个人有关规定办理汇算清缴。

（三）其他相关规定

1. 居民个人向扣缴义务人提供有关信息，并依法要求办理专项附加扣除的，扣缴义务人应当按照规定在工资、薪金所得按月预扣预缴税款时予以扣除，不得拒绝。

2. 扣缴义务人应当按照纳税人提供的信息计算税款、办理扣缴申报，不得擅自更改纳税人提供的信息。

3. 扣缴义务人发现纳税人提供的信息与实际情况不符的，可以要求纳税人修改。纳税人拒绝修改的，扣缴义务人应当报告税务机关，税务机关应当及时处理。

4. 纳税人发现扣缴义务人提供或者扣缴申报的个人信息、支付所得、扣缴税款等信息与实际情况不符的，有权要求扣缴义务人修改。扣缴义务人拒绝修改的，纳税人应当报告税务机关，税务机关应当及时处理。

5. 对扣缴义务人按照规定扣缴的税款，按年付给**2%**的手续费，但不包括税务机关、司法机关等查补或者责令补扣的税款。

6. 扣缴义务人**未将扣缴的税款解缴入库的**，不影响纳税人按照规定申请退税，税务机关应当凭纳税人提供的有关资料办理退税。

【小贴士】扣缴义务人不按规定履行代扣代缴义务的，税务机关负责向纳税人追缴税款，但对扣缴义务人将依照《税收征收管理法》的规定，处以应扣未扣税款50%以上3倍以下的罚款。

7. 扣缴义务人每月或者每次预扣、代扣的税款，应当在次月15日内缴入国库，并向税务机关报送《个人所得税扣缴申报表》。

重难点3：办理2019年度个人所得税综合所得汇算清缴事项的规定★★

（一）2019年度汇算的内容

依据税法规定，2019年度终了后，居民个人（以下简称“纳税人”）需要汇总2019年1月1日至12月31日取得的工资、薪金所得，劳务报酬所得，稿酬所得，特许权使用费所得四项所得（综合所得）的收入额，减除费用60 000元以及专项扣除、专项附加扣除、依法确定的其他扣除和符合条件的公益慈善事业捐赠（以下简称“捐赠”）后，适用综合所得个人所得税税率并减去速算扣除数，计算本年度最终应纳税额，再减去2019年度已预缴税额，得出本年度应退或应补税额，向税务机关申报并办理退税或补税。具体计算公式如下：

汇算应退或应补税额＝[（综合所得收入额－60 000元－“三险一金”等专项扣除－子女教育等专项附加扣除－依法确定的其他扣除－捐赠）×适用税率－速算扣除数]－2019年已预缴税额

【小贴士】2019年度汇算仅计算并结清本年度综合所得的应退或应补税款，不涉及以前或往后年度，也不涉及财产租赁等其他分类所得，以及纳税人按规定选择不并入综合所得计算纳税的全年一次性奖金等所得。

（二）无须办理年度汇算的纳税人

依据税法规定，纳税人在2019年度已依法预缴个人所得税且符合下列情形之一的，无须办理年度汇算：

1. 纳税人年度汇算需补税但年度综合所得收入不超过120 000元的。

2. 纳税人年度汇算需补税金额不超过400元的。

3. 纳税人已预缴税额与年度应纳税额一致或者不申请年度汇算退税的。

（三）需要办理年度汇算的纳税人

依据税法规定，符合下列情形之一的，纳税人需要办理年度汇算：

1. 2019年度已预缴税额大于年度应纳税额且申请退税的。包括：

（1）2019年度综合所得收入额不超过60 000元但已预缴个人所得税。

（2）年度中间劳务报酬所得、稿酬所得、特许权使用费所得适用的预扣率高于综合所得年适用税率。

（3）预缴税款时，未申报扣除或未足额扣除减除费用、专项扣除、专项附加扣除、依法确定的其他扣除或捐赠，以及未申报享受或未足额享受综合所得税收优惠。

2. 2019年度综合所得收入超过120 000元且需要补税金额超过400元的。包括：

（1）取得两处及以上综合所得。

（2）合并后适用税率提高导致已预缴税额小于年度应纳税额。

（四）可享受的税前扣除

下列未申报扣除或未足额扣除的税前扣除项目，纳税人可在年度汇算期间办理扣除或补充扣除：

1. 纳税人及其配偶、未成年子女在2019年度发生的，符合条件的大病医疗支出。

2. 纳税人在2019年度未申报享受或未足额享受的子女教育、继续教育、住房贷款利息或住房租金、赡养老人专项附加扣除，以及减除费用、专项扣除、依法确定的其他扣除。

3. 纳税人在2019年度发生的符合条件的捐赠支出。

（五）办理时间

纳税人办理2019年度汇算的时间为2020年3月1日至6月30日。在中国境内无住所的纳税人在2020年3月1日前离境的，可以在离境前办理年度汇算。

（六）办理方式

纳税人可自主选择下列办理方式：

1. 自行办理年度汇算。

2. 通过取得工资、薪金所得或连续性取得劳务报酬所得的扣缴义务人代为办理。

3. 委托涉税专业服务机构或其他单位及个人（受托人）办理，受托人需要与纳税人签订授权书。

（七）办理渠道

1. 纳税人可优先通过网上税务局（包括手机App）办理年度汇算，税务机关将按规定为纳税人提供申报表预填服务。

2. 不方便通过上述方式办理的，也可以通过邮寄方式或到办税服务厅办理。

（八）申报信息及资料留存

纳税人办理年度汇算时，除向税务机关报送年度汇算申报表外，如需修改本人相关基础信息，新增享受扣除或者税收优惠的，还应按规定一并填报相关信息。

【小贴士】纳税人以及代办年度汇算的扣缴义务人，需要将年度汇算申报表以及与纳税人综合所得收入、扣除、已缴税额或税收优惠等相关资料，自年度汇算期结束之日起留存5年。

（九）接受年度汇算申报的税务机关

纳税人自行办理或受托人为纳税人代为办理2019年度汇算的：

1. 向纳税人任职受雇单位所在地的主管税务机关申报。

2. 有两处及以上任职受雇单位的，可自主选择向其中一处单位所在地的主管税务机关申报。

3. 纳税人没有任职受雇单位的，向其户籍所在地或者经常居住地的主管税务机关申报。

4. 扣缴义务人在年度汇算期内，为纳税人办理年度汇算的，向扣缴义务人的主管税务机关申报。

（十）年度汇算的退税、补税

1. 关于退税。

纳税人申请年度汇算退税，应当提供其在中国境内开设的符合条件的银行账户。税务机关按规定审核后，在接受年度汇算申报的税务机关所在地（即汇算清缴地）就地办理税款退库。

【小贴士】纳税人2019年度综合所得收入额不超过60 000元且已预缴个人所得税的，税务机关在网上税务局（包括手机App）提供便捷退税功能，纳税人可以在2020年3月1日至5月31日期间，通过简易申报表办理年度汇算退税。

2. 关于补税。

纳税人办理年度汇算补税的，可以通过网上银行、办税服务厅POS机刷卡、银行柜台、非银行支付机构等方式缴纳。

（十一）年度汇算服务

纳税人如需提前或延后办理的，可与税务机关预约或通过网上税务局（包括手机App）在法定年度汇算期内办理。

重难点4：专项附加扣除的操作办法★★★

（一）享受扣除及办理时间

1. 子女教育。

（1）学前教育阶段，为子女年满3周岁当月至小学入学前一月。

（2）学历教育，为子女接受全日制学历教育入学的当月至全日制学历教育结束的当月。

2. 继续教育。

（1）学历（学位）继续教育，为在中国境内接受学历（学位）继续教育入学的当月至学历（学位）继续教育结束的当月。

（2）技能人员职业资格继续教育、专业技术人员职业资格继续教育，为取得相关证书的当年。

【小贴士】上述期间包含因病或其他非主观原因休学，但学籍继续保留的休学期间，以及施教机构按规定组织实施的寒暑假等假期。

3. 大病医疗，为医疗保障信息系统记录的医药费用实际支出的当年。

4. 住房贷款利息，为贷款合同约定开始

还款的当月至贷款全部归还或贷款合同终止的当月，扣除期限最长不得超过240个月。

5. 住房租金，为租赁合同（协议）约定的房屋租赁期开始的当月至租赁期结束的当月。提前终止合同（协议）的，以实际租赁期限为准。

6. 赡养老人，为被赡养人年满60周岁的当月至赡养义务终止的年末。

【小贴士】享受上述（不包括大病医疗）专项附加扣除的纳税人，自符合条件开始，可以向支付工资、薪金所得的扣缴义务人提供上述专项附加扣除有关信息，由扣缴义务人在预扣预缴税款时，按其在本单位本年可享受的累计扣除额办理扣除；也可以在次年3月1日至6月30日内，向汇缴地主管税务机关办理汇算清缴申报时扣除。

【小贴士】纳税人同时从两处以上取得工资、薪金所得，并由扣缴义务人办理上述专项附加扣除的，对同一专项附加扣除项目，一个纳税年度内，纳税人只能选择从其中一处扣除。

【小贴士】（只有）享受大病医疗专项附加扣除的纳税人，由其在次年3月1日至6月30日内，自行向汇缴地主管税务机关办理汇算清缴申报时扣除。

【小贴士】扣缴义务人办理工资、薪金所得预扣预缴税款时，应当根据纳税人报送的《个人所得税专项附加扣除信息表》（以下简称《扣除信息表》）为纳税人办理专项附加扣除。

【小贴士】纳税人年度中间更换工作单位的，在原单位任职、受雇期间已享受的专项附加扣除金额，不得在新任职、受雇单位扣除。原扣缴义务人应当自纳税人离职不再发放工资、薪金所得的当月起，停止为其办理专项附加扣除。

【小贴士】纳税人未取得工资、薪金所得，仅取得劳务报酬所得、稿酬所得、特许权使用费所得需要享受专项附加扣除的，应当在次年3月1日至6月30日内，自行向汇缴地主管税务机关报送《扣除信息表》，并在办理汇算清缴申报时扣除。

【小贴士】一个纳税年度内，纳税人在扣缴义务人预扣预缴税款环节未享受或未足额享受专项附加扣除的，可以在当年内向支付工资、薪金的扣缴义务人申请在剩余月份发放工资、薪金时补充扣除，也可以在次年3月1日至6月30日内，向汇缴地主管税务机关办理汇算清缴时申报扣除。

（二）报送信息及留存备查资料

1. 纳税人选择在扣缴义务人发放工资、薪金所得时享受专项附加扣除的，首次享受时应当填写并向扣缴义务人报送《扣除信息表》。

【小贴士】纳税年度中间相关信息发生变化的，纳税人应当更新《扣除信息表》相应栏次，并及时报送给扣缴义务人。

【小贴士】更换工作单位的纳税人，需要由新任职、受雇扣缴义务人办理专项附加扣除的，应当在入职的当月，填写并向扣缴义务人报送《扣除信息表》。

2. 纳税人次年需要由扣缴义务人继续办理专项附加扣除的，应当于每年12月份对次年享受专项附加扣除的内容进行确认，并报送至扣缴义务人。纳税人未及时确认的，扣缴义务人于次年1月起暂停扣除，待纳税人确认后再行办理专项附加扣除。

【小贴士】扣缴义务人应当将纳税人报送的专项附加扣除信息，在次月办理扣缴申报时一并报送至主管税务机关。

3. 纳税人选择在汇算清缴申报时享受专项附加扣除的，应当填写并向汇缴地主管税务机关报送《扣除信息表》。

4. 纳税人将需要享受的专项附加扣除项目信息填报至《扣除信息表》相应栏次。

【小贴士】填报要素完整的，扣缴义务人或者主管税务机关应当受理；填报要素不完整的，扣缴义务人或者主管税务机关应当及时告知纳税人补正或重新填报。

【小贴士】纳税人未补正或重新填报的，

暂不办理相关专项附加扣除，待纳税人补正或重新填报后再行办理。

5. 纳税人享受子女教育专项附加扣除，应当填报配偶及子女的姓名、身份证件类型及号码、子女当前受教育阶段及起止时间、子女就读学校以及本人与配偶之间扣除分配比例等信息。

【小贴士】纳税人需要留存备查的资料包括：子女在境外接受教育的，应当留存境外学校录取通知书、留学签证等境外教育佐证资料。

6. 纳税人享受继续教育专项附加扣除，接受学历（学位）继续教育的，应当填报教育起止时间、教育阶段等信息。

【小贴士】纳税人需要留存备查的资料包括：纳税人接受技能人员职业资格继续教育、专业技术人员职业资格继续教育的，应当留存职业资格相关证书等资料。

7. 纳税人享受住房贷款利息专项附加扣除，应当填报住房权属信息、住房坐落地址、贷款方式、贷款银行、贷款合同编号、贷款期限、首次还款日期等信息；纳税人有配偶的，填写配偶姓名、身份证件类型及号码。

【小贴士】纳税人需要留存备查的资料包括住房贷款合同、贷款还款支出凭证等资料。

8. 纳税人享受住房租金专项附加扣除，应当填报主要工作城市、租赁住房坐落地址、出租人姓名及身份证件类型和号码或者出租方单位名称及纳税人识别号（社会统一信用代码）、租赁起止时间等信息；纳税人有配偶的，填写配偶姓名、身份证件类型及号码。

【小贴士】纳税人需要留存备查的资料包括住房租赁合同或协议等资料。

9. 纳税人享受赡养老人专项附加扣除，应当填报纳税人是否为独生子女、月扣除金额、被赡养人姓名及身份证件类型和号码、与纳税人关系；有共同赡养人的，需填报分摊方式、共同赡养人姓名及身份证件类型和号码等信息。

【小贴士】纳税人需要留存备查的资料包括约定或指定分摊的书面分摊协议等资料。

10. 纳税人享受大病医疗专项附加扣除，应当填报患者姓名、身份证件类型及号码、与纳税人关系、与基本医保相关的医药费用总金额、医保目录范围内个人负担的自付金额等信息。

【小贴士】纳税人需要留存备查的资料包括：大病患者医药服务收费及医保报销相关票据原件或复印件，或者医疗保障部门出具的纳税年度医药费用清单等资料。

【小贴士】纳税人应当对报送的专项附加扣除信息的真实性、准确性、完整性负责。

【小贴士】纳税人可以通过远程办税端、电子或者纸质报表等方式，向扣缴义务人或者主管税务机关报送个人专项附加扣除信息。

（三）后续管理

1. 纳税人应当将《扣除信息表》及相关留存备查资料，自法定汇算清缴期结束后保存5年。

【小贴士】纳税人报送给扣缴义务人的《扣除信息表》，扣缴义务人应当自预扣预缴年度的次年起留存5年。

2. 扣缴义务人应当及时按照纳税人提供的信息计算办理扣缴申报，不得擅自更改纳税人提供的相关信息。

【小贴士】除纳税人另有要求外，扣缴义务人应当于年度终了后两个月内，向纳税人提供已办理的专项附加扣除项目及金额等信息。

3. 纳税人有下列情形之一的，主管税务机关应当责令其改正；情形严重的，应当纳入有关信用信息系统，并按照国家有关规定实施联合惩戒；涉及违反《税收征收管理法》等法律法规的，税务机关依法进行处理。

（1）报送虚假专项附加扣除信息。

（2）重复享受专项附加扣除。

（3）超范围或标准享受专项附加扣除。

（4）拒不提供留存备查资料。

（5）国家税务总局规定的其他情形。

【小贴士】纳税人在任职、受雇单位报送虚假扣除信息的，税务机关责令改正的同时，通知扣缴义务人。

重难点5：反避税的规定★★

（一）适用的情形

有下列情形之一的，税务机关有权按照合理方法进行纳税调整：

1. 个人与其关联方之间的业务往来不符合独立交易原则而减少本人或者其关联方应纳税额，且无正当理由。

2. 居民个人控制的，或者居民个人和居民企业共同控制的设立在实际税负明显偏低的国家（地区）的企业，无合理经营需要，对应当归属于居民个人的利润不作分配或者减少分配。

3. 个人实施其他不具有合理商业目的的安排而获取不当税收利益。

（二）反避税措施

税务机关依照前述规定情形作出纳税调整，需要补征税款的，应当补征税款，并依法加收利息。

1. 依法加征的利息，应当按照税款所属纳税申报期最后一日中国人民银行公布的与补税期间同期的人民币贷款基准利率计算。自税款纳税申报期满次日起至补缴税款期限届满之日止按日加收。

2. 纳税人在补缴税款期限届满前补缴税款的，利息加收至补缴税款之日。

重难点6：自然人纳税识别号的规定★

1. 自然人纳税人识别号，是自然人纳税人办理各类涉税事项的唯一代码标识。

【小贴士】有中国公民身份号码的，以其中国公民身份号码作为纳税人识别号；没有中国公民身份号码的，由税务机关赋予其纳税人识别号。

2. 纳税人首次办理涉税事项时，应当向税务机关或者扣缴义务人出示有效身份证件，并报送相关基础信息。有效身份证件，一般是指“居民身份证”。

重难点7：将《税收完税证明》调整为《纳税记录》的规定★

从2019年1月1日起，纳税人申请开具税款所属期为2019年1月1日（含）以后的个人所得税缴（退）税情况证明的，税务机关不再开具《税收完税证明》，调整为开具《纳税记录》。

重难点8：建立个人所得税纳税信用管理机制★

1. 全面实施个人所得税申报信用承诺制。

2. 建立健全个人所得税纳税信用记录。

3. 建立自然人失信行为认定机制。

4. 对个人所得税守信纳税人提供更多便利和机会。

5. 对个人所得税严重失信当事人实施联合惩戒。

6. 强化信息安全和隐私保护。

7. 建立异议解决和失信修复机制。

【经典例题】

【真题·计算问答题】（2020）居民个人王某在某省会城市工作，其两个子女分别就读于中学和小学。2019年王某与个人所得税汇算清缴相关的收入及支出如下：

（1）全年领取扣除按规定比例缴付的社保费用和住房公积金后的工资共计180 000元，单位已为其预扣预缴个人所得税款9 480元。

（2）在工作地所在城市无自有住房，因租房居住每月支付房租5 000元。将其位于另一城市的自有住房出租，每月取得租金收入4 500元。

（其他相关资料：以上专项附加扣除均由王某100%扣除，王某当年并未向单位报送其专项附加扣除信息，不考虑出租房产涉及的其他税费。）

附：　　综合所得个人所得税税率表（部分）

级数	全年应纳税所得额	税率（%）	速算扣除数（元）
1	不超过 36 000 元的	3	0
2	超过 36 000 ~ 144 000 元的部分	10	2 520
3	超过 144 000 ~ 300 000 元的部分	20	16 920

要求：根据上述资料，按照下列序号回答问题，如有计算需计算出合计数。

（1）计算王某 2019 年度出租房产应缴纳的个人所得税。

（2）回答王某是否可以享受 2019 年度专项附加扣除，如果可以，回答办理的时间期限和受理税务机关。

（3）计算王某 2019 年度可申请的综合所得退税额。

（4）王某如需办理 2019 年度个人所得税汇算清缴，回答其可选择哪些办理的渠道。

【答案及解析】（1）出租房产每月应纳个人所得税额 = 4 500 ×（1 − 20%）× 10% = 360（元）。

出租房产年度应纳个人所得税额 = 360 × 12 = 4 320（元）。

（2）可以享受 2019 年度专项附加扣除。

应在 2020 年（次年）3 月 1 日至 6 月 30 日内，向纳税人任职受雇单位所在地主管税务机关办理汇算清缴时申报扣除。

（3）2019 年综合所得应纳税所得额 = 180 000 − 60 000 − 12000 × 2 − 18 000 = 78 000（元）。

2019 年综合所得应纳个人所得税额 = 78 000 × 10% − 2 520 = 5 280（元）。

2019 年可申请综合所得退税额 = 9 480 − 5 280 = 4 200（元）。

（4）办理渠道包括：网上税务局（个人所得税 App）、邮寄和办税服务厅。

【本章总结】

1. 个人所得税每年都会考核“计算问答题”，在有些年份会考核“综合题”，所以学员对 2018 年以前的考试真题需要熟悉，对 2019 年、2020 年的考试真题需要掌握。

2. 本章应掌握与熟悉的内容。

（1）掌握应税所得 9 个项目的具体规定，熟悉征税范围的界定，如应征、不征、免征、按什么项目征。

（2）熟悉“综合所得税率表”“月度所得税率表”“经营所得税率表”，掌握除这三表外的其他税率。

（3）掌握各个应税项目应税收入及扣除项目的确定，进一步掌握各个应税项目应纳税所得额的计算，再进一步掌握各个应税项目应纳税额的计算。

（4）掌握综合所得的预缴与年终汇算清缴的计算。

（5）掌握税收优惠的内容。

（6）掌握一些特殊问题的应纳税额的计算。

（7）熟悉征收管理中“全员全额扣缴申报纳税”的内容，掌握“专项附加扣除的操作办法”的内容。

（8）本章相关“数字”“时间”多数需要学员熟悉或掌握。

3. 与其他税种的关系。

与企业所得税：两个“所得税”有很多相同或相似的规定，需要同时对比记忆。

通关练习

一、单项选择题

1. 目前我国个人所得税的征收模式是(　　)。

A. 分类征收制　　B. 综合征收制

C. 复合征收制　　D. 混合征收制

2. 居民个人是指在中国境内有住所，或者无住所而在中国境内居住满一定天数的个人，该天数是指(　　)。

A. 一个纳税年度在中国境内居住累计满90天

B. 一个纳税年度在中国境内居住累计满183天

C. 一个纳税年度在中国境内居住累计满365天

D. 一个纳税年度在中国境内居住连续满183天

3. 以下应按工资、薪金所得征税的项目是(　　)。

A. 差旅费津贴

B. 误餐补助

C. 外国来华留学生的奖学金

D. 年终加薪

4. 某高校教师为出版社审稿所得属于(　　)。

A. 工资、薪金所得

B. 稿酬所得

C. 劳务报酬所得

D. 特许权使用费所得

5. 下列属于稿酬所得的项目是(　　)。

A. 某工程师在刊物上发表文章取得的报酬

B. 提供著作权的使用权而取得的报酬

C. 将国外的文学作品翻译取得的报酬

D. 个人在本公司任职，同时兼任董事，取得的董事费收入

6. 根据《个人所得税专项附加扣除暂行办法》的有关规定，下列表述中，不正确的是(　　)。

A. 子女教育支出按照每个子女每月1 000元的标准定额扣除

B. 纳税人接受技能人员职业资格继续教育的支出，在取得相关证书的当年按照3 600元定额扣除

C. 纳税人发生的大病医疗支出，在80 000元限额内据实扣除

D. 纳税人为独生子女的，赡养老人支出按照每月2 000元的标准定额扣除

7. 下列项目中，按“工资、薪金所得”项目征税的是(　　)。

A. 上市公司用本企业资金为优秀员工购买房屋

B. 上市公司个人股东从该公司借款，在该纳税年度终了后既不归还又未用于公司生产经营

C. 个人独资企业的个人投资者用企业资金为本人购买汽车

D. 有限责任公司的个人投资者用公司资金为本人购买汽车

8. 下列各项中，按照“偶然所得”项目计算缴纳个人所得税的是(　　)。

A. 企业对累积消费达到一定额度的个人按消费积分反馈礼品

B. 福利彩票中奖收入5万元

C. 消费者以8折的优惠价格购买服装

D. 消费者在购买电器的同时取得商家赠送的围裙一条

9. 下列所得来源地的确定中，说法不正确的是(　　)。

A. 在中国境内提供劳务取得的所得属于来源于中国境内的所得

B. 将财产出租给承租人在中国境外使用而取得的所得属于来源于中国境内的所得

C. 转让中国境内的不动产而取得的所得属于来源于中国境内的所得

D. 许可各种特许权在中国境内使用而取得的所得属于来源于中国境内的所得

10. 承包、承租人对企业经营成果不拥有所有权，仅是按合同规定取得一定所得的，其所得按(　　)所得项目征税。

A. 工资、薪金

B. 经营

C. 利息、股息、红利

D. 劳务报酬

11. 居民个人取得的下列应税所得中，按次计征个人所得税的是(　　)。

A. 经营所得

B. 财产租赁所得

C. 劳务报酬所得

D. 稿酬所得

12. 以下属于我国《个人所得税法》中规定的专项扣除的项目是(　　)。

A. 住房公积金

B. 大病医疗

C. 继续教育

D. 符合规定的职业年金

13. 中国公民王先生的大儿子在英国读大学，小儿子在国内某小学二年级就读。2020年王先生的两个儿子各自有3个月的寒暑假期。经与妻子约定，子女教育支出双方各扣除50%。2020年王先生申报缴纳个人所得税时，可以扣除的子女教育支出为(　　)元。

A. 9 000　　B. 12 000

C. 18 000　　D. 24 000

14. 纳税人在中国境内接受学历（学位）继续教育的支出，在学历（学位）教育期间按照每月(　　)元定额扣除。

A. 1 500　　B. 1 100

C. 1 000　　D. 400

15. 中国公民李先生及其妻子在2020年均发生了与基本医保相关的医药费用支出。李先生扣除医保报销后个人负担（医保目录范围内的自付部分，下同）27 000元，其妻子扣除医保报销后个人负担80 000元。李先生夫妇选择在李先生一方扣除大病医疗支出。则李先生在个人所得税汇算清缴时，一共可以扣除的大病医疗支出为(　　)元。

A. 27 000　　B. 77 000

C. 80 000　　D. 107 000

16. 中国公民王先生于2019年使用商业银行贷款为本人购买中国境内住房，每月支付房贷利息3 000元，王先生与其妻子约定，房贷利息支出专项附加扣除由王先生扣除。2020年王先生申报缴纳个人所得税时，可以扣除的住房贷款利息支出为(　　)元。

A. 12 000　　B. 24 000

C. 36 000　　D. 48 000

17. 中国公民李先生系独生子女，父母已相继过世，李先生赡养85岁的爷爷和奶奶。2020年李先生申报缴纳个人所得税时，最多可以扣除的赡养老人支出为(　　)元。

A. 0　　B. 12 000

C. 18 000　　D. 24 000

18. 我国公民赵先生于2020年12月获得福利彩票中奖收入30 000元，当即将中奖收入10 000元通过民政部门捐赠给某贫困地区（取得捐赠证明），则赵先生对该笔中奖收入应缴纳的个人所得税为(　　)元。

A. 4 000　　B. 4 200

C. 6 000　　D. 8 000

19. 下列所得中，需按规定缴纳个人所得税的是(　　)。

A. 国家发行的金融债券利息

B. 储蓄存款利息

C. 外籍个人从外商投资企业取得的股息、红利所得

D. 个人转让自用达2年以上并且是唯一的家庭生活居住用房取得的所得

20. 个人取得的下列所得中，应征收个人所得税的是(　　)。

A. 个人办理代扣代缴税款手续，按规定取得的扣缴手续费

B. 个人投资者从投保基金公司取得的行政和解金

C. 个人购买体育彩票中奖收入11 000元

D. 个人转让上市公司股票取得的所得

21. 个人独资企业生产经营活动中，投资者的生产经营费用和个人、家庭费用混合在一起，并且难以划分的，则生产经营有关费用按（　　）扣除。

A. 0　　B. 10%

C. 20%　　D. 40%

22. 个体工商户研究开发新产品、新技术而购置一定价值的测试仪器和试验性装置的购置费准予在计算个人所得税应纳税所得额时直接扣除，该仪器、装置的单台价值在（　　）万元以下。

A. 5　　B. 10

C. 15　　D. 100

23. 中国公民孙某2020年将其拥有的闲置住房出租给李某居住，合同约定每月不含增值税租金5 000元；8月发生房屋修缮费用1 300元，支付的修缮费及缴纳的相关税费均能提供合法票据。孙某8月取得的租金收入应缴纳的个人所得税为（　　）元。（不考虑其他税费）

A. 290　　B. 296

C. 336　　D. 672

24. 下列关于居民个人2020年取得全年一次性奖金的表述中，不正确的是（　　）。

A. 居民个人取得的全年一次性奖金，在2021年12月31日前可选择并入当年综合所得计税，也可以选择单独计税

B. 在一个纳税年度内，对每一个纳税人，全年一次性奖金单独计税的计税办法只允许采用一次

C. 自2021年1月1日起，居民个人取得全年一次性奖金，应并入当年综合所得计算缴纳个人所得税

D. 加班费和考勤奖与当月工资、薪金收入合并缴纳个人所得税

25. 自2019年1月1日至2021年12月31日，对自主就业退役士兵从事个体经营的，自办理个体工商户登记当月起，在3年内按每户每年（　　）元为限额依次扣减其当年实际应缴纳的增值税、城市维护建设税、教育费附加、地方教育附加和个人所得税。

A. 8 000　　B. 10 000

C. 12 000　　D. 15 000

26. 居民个人从中国境外取得所得的，应当在取得所得次年（　　）申报纳税。

A. 1月1日至3月31日内

B. 1月1日至5月31日内

C. 3月1日至6月30日内

D. 4月1日至6月30日内

27. 下列关于个人所得税所得来源地的确定中，说法不正确的是（　　）。

A. 因任职、受雇、履约等而在中国境内提供劳务取得的所得按照支付地确定来源于中国境内的所得

B. 将财产出租给承租人在中国境内使用而取得的所得为来源于中国境内的所得

C. 转让中国境内的不动产等财产或者在中国境内转让其他财产取得的所得按照不动产坐落地确定来源于中国境内的所得

D. 许可各种特许权在中国境内使用而取得的所得为来源于中国境内的所得

28. 企业向个人赠送礼品的下列情形中，应征收个人所得税的是（　　）。

A. 企业通过价格折扣方式向个人销售商品

B. 企业向个人销售商品的同时给予赠品

C. 企业对累积消费达到一定额度的个人按消费积分反馈礼品

D. 企业对累积消费达到一定额度的顾客，给予额外抽奖机会，个人的获奖所得

29. 依法批准设立的非营利性研究开发机构和高等学校根据规定，从职务科技成果转化收入中给予科技人员的现金奖励，可减按（　　）计入科技人员当月工资、薪金，依法缴纳个人所得税。

A. 25%　　B. 50%

C. 75%　　D. 100%

30. 根据试点地区开展个人税收递延型商业养老保险的相关规定，取得工资、薪金所得，连续性劳务报酬所得的个人，其缴纳的保

费准予在申报扣除当月计算应纳税所得额时予以限额据实扣除，扣除限额(　　)。

A. 按照当月工资、薪金，连续性劳务报酬收入的5%和1 000元孰低办法确定

B. 按照当月工资、薪金，连续性劳务报酬收入的5%和1 000元孰高办法确定

C. 按照当月工资、薪金，连续性劳务报酬收入的6%和1 000元孰低办法确定

D. 按照当月工资、薪金，连续性劳务报酬收入的6%和1 000元孰高办法确定

31. 居民个人王某2020年除取得境内工资收入150 000元（已代扣“三险一金”）外，还从境外甲国获得劳务报酬收入折合人民币100 000元、稿酬收入折合人民币40 000元和利息收入折合人民币20 000元，并分别就这三项收入在甲国缴纳税款10 000元、1 000元和2 000元。假设除居民个人年度费用扣除标准60 000元和某专项附加扣除12 000元外，不考虑其他费用扣除和境内预缴税额。王某2020年来源于甲国的所得抵免限额为(　　)元。

A. 9 526.32　　B. 9 617.15

C. 9 773.31　　D. 9 873.15

二、多项选择题

1. 下列各项中，属于我国个人所得税纳税人的有(　　)。

A. 中国公民

B. 在中国有所得的外国人

C. 个人独资企业

D. 合伙企业个人投资者

2. 下列关于个人所得税的税率适用，说法正确的有(　　)。

A. 居民个人综合所得适用七级超额累进税率，税率为3% ~45%

B. 居民个人经营所得适用五级超额累进税率，税率为5% ~35%

C. 居民个人劳务报酬所得在预扣预缴时，适用三级超额累计税率，税率为20% ~40%

D. 居民个人出租住房，适用10%的比例税率

3. 根据《个人所得税法》的相关规定，居民个人取得的下列各项所得中，属于综合所得的有(　　)。

A. 工资、薪金所得

B. 劳务报酬所得

C. 特许权使用费所得

D. 财产转让所得

4. 下列各项中，应按“经营所得”项目征收个人所得税的有(　　)。

A. 出租车属个人所有，但挂靠出租汽车经营单位的出租车驾驶员取得的收入

B. 合伙企业的个人投资者以企业资金为本人购买的汽车

C. 个人独资企业的个人投资者以企业资金为本人购买的住房

D. 法人制企业的个人投资者以企业资金为本人购买的汽车

5. 居民个人取得的下列所得中，按年计征的有(　　)。

A. 劳务报酬所得　　B. 经营所得

C. 财产租赁所得　　D. 稿酬所得

6. 根据《个人所得税法》的相关规定，下列关于每次收入确定的说法正确的有(　　)。

A. 非居民个人稿酬所得以每次出版、发表取得的收入为一次

B. 非居民个人劳务报酬所得属于一次性收入的，以取得该项收入为一次

C. 财产租赁所得，以一个月内取得的收入为一次

D. 偶然所得，以每次收入为一次

7. 根据《个人所得税专项附加扣除暂行办法》的有关规定，下列关于专项附加扣除的表述中正确的有(　　)。

A. 纳税人年满3岁的子女未接受学前教育，则不允许按扣除标准扣除

B. 个人接受硕士研究生继续教育，可以选择由其父母按子女教育扣除

C. 夫妻双方婚前分别购买住房发生的首套住房贷款，其贷款利息支出，可在婚后分别对各自购买的住房按扣除标准的50%扣除

D. 住房租金支出由签订租赁住房合同的承租人扣除

8. 下列关于大病医疗专项附加扣除的表述中，不正确的有(　　)。

A. 纳税人发生的与基本医保相关的医药费用支出，扣除医保报销后个人负担（指医保目录范围内的自付部分）累计超过15 000元的部分，由纳税人在办理年度汇算清缴时，在60 000元限额内据实扣除

B. 纳税人发生的医药费用支出可以选择由本人或者其配偶扣除

C. 未成年子女发生的医药费用支出可以选择由其父母一方扣除

D. 纳税人及其配偶、未成年子女发生的医药费用支出，可以汇总在一起计算扣除额

9. 个人取得的下列所得中，不征收或暂不征收个人所得税的有(　　)。

A. 个人独资企业从事种植业、养殖业、饲养业和捕捞业取得的所得

B. 被拆迁人按照标准取得的拆迁补偿款

C. 乡镇企业的职工和农民取得的青苗补偿费

D. 保险赔款

10. 根据《个人所得税法》的相关规定，下列关于经营所得的表述中，正确的有(　　)。

A. 取得经营所得的个人，没有综合所得的，在计算其每一纳税年度的应纳税所得额时可以分别减除费用6万元、专项扣除、专项附加扣除以及依法确定的其他扣除

B. 个体工商户业主的工资、薪金支出可以税前扣除

C. 投资者兴办两个或两个以上企业的，企业的年度经营亏损不能跨企业弥补

D. 个体工商户代其从业人员负担的税款，不得税前扣除

11. 根据《个人所得税法》的相关规定，个体工商户的业主在计算其经营所得时，下列费用准予在个人所得税税前据实扣除的有(　　)。

A. 为研究开发新产品而购置一台12万元的测试仪器的购置费

B. 合理的劳动保护支出

C. 按照规定缴纳的行政性收费

D. 生产经营与个人、家庭生活混用难以分清的费用的40%部分

12. 计算个人转让住房应缴纳的个人所得税时允许扣除的税金有(　　)。

A. 城市维护建设费

B. 教育费附加

C. 土地增值税

D. 印花税

13. 关于企业年金的个人所得税处理，下列表述中正确的有(　　)。

A. 企业按标准缴纳的企业年金单位缴费部分，在计入个人账户时，个人暂不缴纳个人所得税

B. 年金基金投资运营收益分配计入个人账户时，个人暂不纳税

C. 个人达到国家规定的退休年龄，领取的企业年金符合规定的，不并入综合所得，全额单独计算应纳税款

D. 个人死亡后，法定继承人一次性领取的年金个人账户余额，适用月度税率表计算纳税

14. 关于解除劳动关系取得一次性补偿收入的个人所得税处理，下列表述中不正确的有(　　)。

A. 个人与用人单位解除劳动关系取得一次性补偿收入，免征个人所得税

B. 个人与用人单位解除劳动关系取得一次性补偿收入，全额并入当年综合所得

C. 个人与用人单位解除劳动关系取得一次性补偿收入，在当地上年职工平均工资3倍数额以内的部分，免征个人所得税

D. 个人与用人单位解除劳动关系取得一次性补偿收入，超过当地上年职工平均工资3倍数额的部分，不并入当年综合所得，单独适用综合所得税率表，计算纳税

15. 集体所有制企业改制为股份合作制企

业时，对于职工拥有所有权的量化股份，下列说法正确的有（　　）。

A. 取得量化资产暂缓征收个人所得税

B. 持有量化资产期间获得的股息、红利，应按“利息、股息、红利所得”项目征收个人所得税

C. 转让股份按“财产转让所得”计征个人所得税

D. 转让股份暂缓征收个人所得税

16. 根据《个人所得税法》的相关规定，下列关于累计预扣法的表述中正确的有（　　）。

A. 居民个人取得的劳务报酬所得，按照累计预扣法计算预扣税款

B. 纳税年度终了计算出的本期应预扣预缴税额为负值时，由纳税人通过办理综合所得年度汇算清缴，税款多退少补

C. 累计预扣预缴应纳税所得额 = 累计收入 - 累计免税收入 - 累计减除费用 - 累计专项扣除 - 累计专项附加扣除 - 累计依法确定的其他扣除

D. 年度预扣预缴税额与年度应纳税额不一致的，由居民个人于次年 3 月 31 日前向主管税务机关办理综合所得年度汇算清缴，税款多退少补

17. 根据《个人所得税法》的相关规定，下列各项中，说法正确的有（　　）。

A. 个人从公开发行和转让市场取得的上市公司股票，持股期限在 1 个月以内（含 1 个月）的，其股息、红利所得全额计入应纳税所得额

B. 个人从公开发行和转让市场取得的上市公司股票，持股期限在 1 个月以上至 1 年（含 1 年）的，其股息、红利所得暂减按 50% 计入应纳税所得额

C. 个人从公开发行和转让市场取得的上市公司股票，持股期限超过 1 年的，其股息、红利所得全额计入应纳税所得额

D. 对个人转让境外上市公司股票所得，暂免征收个人所得税

18. 下列各项中，不符合个人所得税有关规定的有（　　）。

A. 个人出租自有住房取得的所得可按照 20% 税率征收个人所得税

B. 对个人转让已自用 3 年并且是家庭唯一居住用房取得的所得免征个人所得税

C. 法人制企业个人投资者以企业资金为本人买房，依照“经营所得”征收个人所得税

D. 房屋产权所有人将房屋产权无偿赠与配偶，对当事双方不征收个人所得税

19. 下列按“工资、薪金所得”项目征收个人所得税的有（　　）。

A. 个人取得的公务用车、通信补贴收入

B. 全年一次性奖金

C. 个人获得的不竞争款项

D. 特聘教授取得的岗位津贴

20. 以下外籍个人取得的津贴，可以免征个人所得税的有（　　）。

A. 外籍个人取得的合理的语言训练费

B. 外籍个人按合理标准取得的境内、外出差补贴

C. 以非现金形式取得的住房补贴和搬迁费所得

D. 外籍个人取得的合理的探亲费

21. 以下对个人取得拍卖收入征收个人所得税的说法正确的有（　　）。

A. 作者将自己的文字作品手稿原件或复印件拍卖取得的所得，按照“财产转让所得”项目缴纳个人所得税

B. 个人拍卖除文字作品原稿及复印件外的其他财产，按照“特许权使用费所得”项目缴纳个人所得税

C. 对个人财产拍卖所得征收个人所得税时，以该项财产最终拍卖成交价格为其转让收入额

D. 个人财产拍卖所得应缴纳的个人所得税税款，由拍卖单位负责代扣代缴

22. 根据现行的个人所得税政策，下列各项说法正确的有（　　）。

A. 实行内部退养的个人在其办理内部退养手续后至法定离退休年龄之间从原任职单位取得的工资、薪金，应按“工资、薪金所得”项目计征个人所得税

B. 单位为职工个人购买商业性补充养老保险等，在办理投保手续时应按“工资、薪金所得”项目缴纳个人所得税

C. 单位统一为员工购买符合规定的商业健康保险产品，视同个人购买，自购买产品的当月起，在不超过规定标准内按月扣除

D. 律师以个人名义再聘请其他人员为其工作而支付的报酬，应由该律师按“劳务报酬所得”项目代扣代缴个人所得税

23. 根据《个人所得税法》的规定，以下说法不正确的有(　　)。

A. 保险营销员、证券经纪人取得佣金收入，属于劳务报酬所得

B. 律师事务所，比照“经营所得”项目征收个人所得税

C. 个人转让新三板挂牌公司非原始股取得的所得，按照“财产转让所得”征收个人所得税

D. 个人转让新三板挂牌公司原始股取得的所得，暂免征收个人所得税

24. 企业向个人赠送礼品，应依法缴纳个人所得税的有(　　)。

A. 企业对累积消费达到一定额度的个人按消费积分反馈礼品

B. 企业在召开座谈会的过程中，向本单位以外的个人赠送礼品

C. 企业在业务宣传活动中随机向本单位以外的个人赠送礼品

D. 企业通过价格折扣方式向个人销售商品

25. 纳税人享受住房贷款利息专项附加扣除，应当填报的信息有(　　)。

A. 住房权属信息　　B. 贷款方式

C. 贷款银行　　D. 贷款期限

26. 下列关于扣缴义务人的相应规定，说法正确的有(　　)。

A. 支付工资、薪金所得的扣缴义务人应当于年度终了后1个月内，向纳税人提供其个人所得和已扣缴税款等信息

B. 扣缴义务人不得擅自更改纳税人提供的信息

C. 扣缴义务人依法履行代扣代缴义务，纳税人不得拒绝

D. 扣缴义务人每月或者每次预扣、代扣的税款，应当在次月15日内缴入国库

27. 以下关于专项附加扣除的计算时间的表述中，正确的有(　　)。

A. 学前教育阶段，为子女年满3周岁当月至小学入学前一月

B. 住房贷款利息，为贷款合同约定开始还款的当月至贷款全部归还或贷款合同终止的当月

C. 赡养老人，为被赡养人年满60周岁的当月至赡养义务终止的月末

D. 技能人员职业资格继续教育、专业技术人员职业资格继续教育，为取得相关证书的当年

28. 根据《个人所得税法》的相关规定，下列关于办理汇算清缴期限的表述中，说法正确的有(　　)。

A. 居民个人取得综合所得，需要办理汇算清缴的，在取得所得的次年3月1日至6月30日内办理汇算清缴

B. 居民个人从中国境外取得所得，在取得所得的次年3月1日至6月30日内申报纳税

C. 经营所得，在取得所得的次年3月31日前办理汇算清缴

D. 非居民个人在中国境内从两处以上取得工资、薪金所得，在取得所得的次年3月1日至6月30日内申报纳税

29. 纳税人应当依法自行办理纳税申报的情形有(　　)。

A. 取得应税所得没有扣缴义务人

B. 取得应税所得，扣缴义务人未扣缴税款

C. 取得财产租赁所得

D. 取得境外所得

30. 实行个人所得税全员全额扣缴申报的应税所得有(　　)。

A. 工资、薪金所得

B. 特许权使用费所得

C. 偶然所得

D. 个体工商户经营所得

31. 个人所得税的境外所得税税额不能抵免的情形包括(　　)。

A. 按照境外所得税法律属于错缴或错征的境外所得税税额

B. 按照我国政府签订的避免双重征税协定规定不应征收的境外所得税税额

C. 因少缴或迟缴境外所得税而追加的利息、滞纳金或罚款

D. 境外所得税纳税人从境外征税主体得到实际返还或补偿的境外所得税税款

32. 依据《个人所得税法》的规定，纳税人在2020年度已依法预缴个人所得税且符合下列(　　)情形之一的，无须办理年度汇算。

A. 纳税人年度汇算需补税但年度综合所得收入不超过12万元的

B. 纳税人年度汇算需补税金额不超过400元的

C. 纳税人已预缴税额与年度应纳税额一致的

D. 纳税人不申请年度汇算退税的

三、计算问答题

1. 2019年我国某省会城市公民张某取得如下收入：

(1) 每月工资收入9 400元，按照标准缴纳“三险一金”1 040元，每月奖金1 000元，12月取得年终奖22 000元。

(2) 业余时间兼职课外辅导，每月从兼职单位取得报酬3 500元，兼职8个月。

(3) 10月份在报社发表文章，获得稿酬6 000元。

(4) 1月1日出租一处住房，不含增值税租金4 500元/月，租期10个月。

(5) 8月取得某上市公司分派的股息10 000元，系上年12月份购买的股票，8月底将持有的该股票转让，获得收入100 000元。

(6) 转让境外上市公司股票取得转让净所得55 000元，在境外缴纳个人所得税9 000元。

(7) 通过拍卖行拍卖一幅字画，取得收入15 000元，该幅字画购买时实际支付的价款及其他费用共计6 500元，拍卖时实际支付相关费用400元。

(8) 购买体育彩票，取得中奖收入20 000元。

(其他相关资料：张某系独生子，父母均已年满60周岁，张某向任职单位提供有关信息并依法要求办理专项附加扣除。)

要求：根据上述资料，按照下列序号回答问题，如有计算需计算出合计数。

(1) 计算张某的兼职单位合计应预扣预缴的个人所得税。

(2) 计算报社对张某的稿酬应预扣预缴的个人所得税。

(3) 如果张某就全年一次性奖金选择单独计税，计算张某综合所得和全年一次性奖金共应缴纳的个人所得税。

(4) 计算张某出租住房取得所得应缴纳的个人所得税。(不考虑相关税费)

(5) 计算张某股息收入应缴纳的个人所得税。

(6) 计算张某转让境外上市公司股票应在我国补缴的个人所得税。

(7) 计算张某拍卖字画取得的收入应缴纳的个人所得税。

(8) 计算张某彩票中奖收入应缴纳的个人所得税。

2. 某高校教师李某2019年取得的收入情况如下：

(1) 每月工资收入10 000元，按规定标准缴纳的“三险一金”合计为1 100元。

(2) 4月份出版一部专著，取得稿酬100 000元。

(3) 5月份李某通过拍卖行将自己的文字

作品手稿原件进行拍卖，取得拍卖收入 150 000 元。

（4）6 月份将自己的一项著作权许可他人使用，取得收入 200 000 元。

（5）7 月份将两年前购买的住房对外出售，该住房不含增值税原值是 800 000 元，房屋不含增值税销售收入 1 000 000 元，转让过程中发生的除个人所得税、增值税以外的已纳税费共计 30 000 元。

（6）购买福利彩票中奖获得 3 000 元奖金。

（7）自 1 月 1 日起将自有的一套住房对外出租，每月不含增值税租金 3 000 元，租期为 1 年，全年租金收入 36 000 元。其中，8 月份发生修缮费用 1 500 元。

（8）9 月份取得国债利息收入 2 000 元，取得企业债券利息收入 6 000 元。

（其他相关资料：李某已婚，有两个子女，一个孩子 2 岁半，另一个孩子 4 岁，夫妻双方约定由李某扣除；李某是非独生子，父母已年满 70 周岁，和哥哥约定双方平均分摊扣除赡养老人支出，李某已向学校提供有关信息并依法要求办理专项附加扣除。）

要求：根据上述资料，按照下列序号回答问题，如有计算需计算出合计数。

（1）计算李某销售住房应缴纳的个人所得税。

（2）计算李某彩票中奖应缴纳的个人所得税。

（3）计算李某出租住房应缴纳的个人所得税。

（4）计算李某利息收入应缴纳的个人所得税。

（5）计算李某综合所得应缴纳的个人所得税。

通关练习答案及解析

一、单项选择题

1.【答案】D

【解析】目前，我国个人所得税已初步建立分类与综合相结合的征收模式，即混合征收制的模式。

2.【答案】B

【解析】居民个人是指在中国境内有住所，或者无住所而一个纳税年度在中国境内居住累计满 183 天的个人。

3.【答案】D

【解析】选项 A、B、C 不属于纳税人工资、薪金所得的范畴，是个人取得的不予征税的项目。选项 D 属于工资、薪金所得范畴。

4.【答案】C

【解析】高校教师审稿所得属于劳务报酬所得，不属于稿酬所得。

5.【答案】A

【解析】选项 B 属于特许权使用费所得，选项 C 属于劳务报酬所得，选项 D 属于工资、薪金所得。

6.【答案】C

【解析】选项 C，纳税人发生的大病医疗支出，扣除医保报销后个人负担（指医保目录范围内的自付部分）累计超过 15 000 元的部分，由纳税人在办理年度汇算清缴时，在 80 000 元限额内据实扣除。

7.【答案】A

【解析】选项 C 属于经营所得，选项 B、D 属于利息、股息、红利所得。

8.【答案】B

【解析】选项 A，企业对累积消费达到一定额度的个人按消费积分反馈礼品，不征收个人所得税。选项 C，企业通过价格折扣、折让方式向个人销售商品（产品）和提供服务，不征收个人所得税。选项 D，企业在向个人销售商品（产品）和提供服务的同时给予赠品，不征收个人所得税。

9.【答案】B

【解析】将财产出租给承租人在中国境内使用而取得的所得属于来源于中国境内的所得。

10.【答案】A

【解析】承包、承租人对企业经营成果不拥有所有权，仅是按合同规定取得一定所得的，其所得按“工资、薪金所得”项目征税；承包、承租人按合同的规定只向发包、出租方缴纳一定费用后，企业经营成果归其所有的，承包、承租人取得的所得，按经营所得中“对企事业单位的承包、承租经营所得”项目征税。

11.【答案】B

【解析】选项C、D，居民个人的工资、薪金所得，劳务报酬所得，稿酬所得以及特许权使用费所得，属于综合所得，按年计算个人所得税。选项A，经营所得也是按年计征。选项B，财产租赁所得按次计征个人所得税。

12.【答案】A

【解析】选项A属于我国《个人所得税法》中规定的专项扣除项目，选项B、C属于专项附加扣除项目，选项D属于依法确定的其他扣除。

13.【答案】B

【解析】纳税人的子女接受全日制学历教育的相关支出（包括在中国境外接受教育的支出），按照每个子女每月1 000元的标准定额扣除。父母可以选择由其中一方按扣除标准的100%扣除，也可以选择由双方分别按扣除标准的50%扣除。学历教育扣除期间包含因病或其他非主观原因休学但学籍继续保留的休学期间，以及施教机构按规定组织实施的寒暑假等假期。王先生2020年可以扣除的子女教育支出＝1 000×50%×12×2＝12 000（元）。

14.【答案】D

【解析】纳税人在中国境内接受学历（学位）继续教育的支出，在学历（学位）教育期间按照每月400元定额扣除。同一学历继续教育的扣除期限不能超过48个月。

15.【答案】B

【解析】纳税人发生的与基本医保相关的医药费用支出扣除医保报销后个人负担累计超过15 000元的部分，由纳税人在办理年度汇算清缴时，在80 000元限额内据实扣除。李先生本人支出超出15 000元的部分＝27 000－15 000＝12 000（元），小于80 000元限额；其妻子支出超出15 000元的部分＝80 000－15 000＝65 000（元），小于80 000元限额，所以李先生可以扣除的大病医疗支出＝12 000＋65 000＝77 000（元）。

16.【答案】A

【解析】纳税人本人或者配偶单独或者共同使用商业银行或者住房公积金个人住房贷款为本人或者其配偶购买中国境内住房，发生的首套住房贷款利息支出，在实际发生贷款利息的年度，按照每月1 000元的标准定额扣除，扣除期限最长不超过240个月。王先生2020年可以扣除的住房贷款利息支出＝1 000×12＝12 000（元）。

17.【答案】D

【解析】纳税人为独生子女的，赡养老人的支出按照每月2 000元的标准定额扣除，被赡养人是指年满60岁的父母，以及子女均已去世的年满60岁的祖父母、外祖父母。李先生2020年可以扣除的赡养老人支出＝2 000×12＝24 000（元）。

18.【答案】B

【解析】捐赠扣除限额＝30 000×30%＝9 000（元），应缴纳的个人所得税＝(30 000－9 000)×20%＝4 200（元）。

19.【答案】D

【解析】个人转让自用达5年以上并且是唯一的家庭生活居住用房取得的所得免征个人所得税。

20.【答案】C

【解析】选项C，购买体育彩票一次中奖收入不超过10 000元的，暂免征收个人所得税；对一次中奖收入超过10 000元的，应按税法规定全额征税。

21.【答案】A

【解析】个人独资企业和合伙企业投资者及其家庭发生的生活费用不允许在税前扣除。投资者及其家庭发生的生活费用与企业生产经营费用混合在一起，并且难以划分的，全部视为投资者个人及其家庭发生的生活费用，不允许在税前扣除。

22. 【答案】B

【解析】个体工商户研究开发新产品、新技术、新工艺所发生的开发费用，以及研究开发新产品、新技术而购置单台价值在10万元以下的测试仪器和试验性装置的购置费准予直接扣除；单台价值在10万元以上（含10万元）的测试仪器和试验性装置，按固定资产管理，不得在当期直接扣除。

23. 【答案】C

【解析】由纳税人负担的实际发生的修缮费每月以800元为限扣除，未扣完的部分下次继续扣除，直到扣完为止。孙某8月份取得的租金收入应缴纳的个人所得税 =（5 000 - 800）×（1 - 20%）×10% =336（元）。

24. 【答案】C

【解析】自2022年1月1日起，居民个人取得全年一次性奖金，应并入当年综合所得计算缴纳个人所得税。

25. 【答案】C

【解析】自2019年1月1日至2021年12月31日，对自主就业退役士兵从事个体经营的，自办理个体工商户登记当月起，在3年内按每户每年12 000元为限额依次扣减其当年实际应缴纳的增值税、城市维护建设税、教育费附加、地方教育附加和个人所得税。

26. 【答案】C

【解析】居民个人从中国境外取得所得的，应当在取得所得的次年3月1日至6月30日内申报纳税。

27. 【答案】A

【解析】除国务院财政、税务主管部门另有规定外，下列所得，不论支付地点是否在中国境内，均为来源于中国境内的所得：

（1）因任职、受雇、履约等而在中国境内提供劳务取得的所得。

（2）将财产出租给承租人在中国境内使用而取得的所得。

（3）转让中国境内的不动产等财产或者在中国境内转让其他财产取得的所得。

（4）许可各种特许权在中国境内使用而取得的所得。

（5）从中国境内企业、事业单位、其他组织以及居民个人取得的利息、股息、红利所得。

28. 【答案】D

【解析】选项A、B、C与销售直接相关，属于不征收个人所得税的情形。选项D具有额外性和偶然性，取得该项所得的个人应按“偶然所得”项目缴纳个人所得税，税款由提供奖品的企业代扣代缴。

29. 【答案】B

【解析】依法批准设立的非营利性研究开发机构和高等学校根据规定，从职务科技成果转化收入中给予科技人员的现金奖励，可减按50%计入科技人员当月工资、薪金所得，依法缴纳个人所得税。

30. 【答案】C

【解析】根据试点地区开展个人税收递延型商业养老保险的相关规定，取得工资、薪金所得，连续性劳务报酬所得的个人，其缴纳的保费准予在申报扣除当月计算应纳税所得额时予以限额据实扣除，扣除限额按照当月工资、薪金、连续性劳务报酬收入的6%和1 000元孰低办法确定。

31. 【答案】C

【解析】王某2020年境内、外全部综合所得收入额 = 150 000 + 100 000 ×（1 - 20%）+ 40 000 ×（1 - 20%）×70% =252 400（元）。

王某2020年境内、外全部综合所得应纳税额 =（252 400 - 60 000 - 12 000）×20% - 16 920 =19 160（元）。

王某2020年来源于甲国综合所得抵免限额 = 19 160 ×（80 000 + 22 400）÷（150 000 + 80 000 + 22 400）=7 773.31（元）。

王某2020年来源于甲国其他分类所得抵

免限额 = 10 000 × 20% = 2 000（元）。

王某2020年来源于甲国所得抵免限额 = 7 773.31 + 2 000 = 9 773.31（元）。

二、多项选择题

1.【答案】ABCD

【解析】个人所得税的纳税人包括中国公民、个体工商业户、个人独资企业、合伙企业个人投资者以及在中国有所得的外籍人员和港澳台同胞。

2.【答案】ABCD

【解析】以上选项均正确。

3.【答案】ABC

【解析】居民个人取得的工资、薪金所得，劳务报酬所得，稿酬所得以及特许权使用费所得为综合所得，按纳税年度合并计算个人所得税。

4.【答案】ABC

【解析】选项D，除个人独资企业、合伙企业以外的其他企业的个人投资者以企业资金为本人购买的汽车，视为企业对个人投资者的红利分配，按“利息、股息、红利所得”项目征收个人所得税。

5.【答案】ABD

【解析】选项A、B、D，经营所得、居民个人取得的综合所得按年计征。选项C，财产租赁所得按次计征。

6.【答案】ABCD

【解析】选项A、B、C、D均正确。

7.【答案】CD

【解析】选项A，纳税人只要子女年满3岁，就可以按子女教育支出进行专项附加扣除。选项B，个人接受本科及以下学历（学位）继续教育，符合税法规定扣除条件的，可以选择由其父母扣除，也可以选择由本人扣除。

8.【答案】AD

【解析】选项A，纳税人发生的与基本医保相关的医药费用支出，扣除医保报销后个人负担（指医保目录范围内的自付部分）累计超过15 000元的部分，由纳税人在办理年度汇算清缴时，在80 000元限额内据实扣除。选项D，纳税人及其配偶、未成年子女发生的医药费用支出，应按前述规定分别计算扣除额。

9.【答案】ABCD

【解析】选项A、B、C、D均正确。

10.【答案】ACD

【解析】选项B，个体工商户业主的工资、薪金支出不得税前扣除。

11.【答案】BCD

【解析】选项A，个体工商户研究开发新产品、新技术、新工艺所发生的开发费用，以及研究开发新产品、新技术而购置单台价值在10万元以下的测试仪器和试验性装置的购置费准予直接扣除；单台价值在10万元以上（含10万元）的测试仪器和试验性装置，按固定资产管理，不得在当期直接扣除。

12.【答案】ABCD

【解析】选项A、B、C、D均正确。

13.【答案】ABC

【解析】选项D，个人因出境定居而一次性领取的年金个人账户资金，或个人死亡后，其指定的受益人或法定继承人一次性领取的年金个人账户余额，适用综合所得税率表计算纳税。对个人除上述特殊原因外一次性领取年金个人账户资金或余额的，适用月度税率表计算纳税。

14.【答案】AB

【解析】个人与用人单位解除劳动关系取得一次性补偿收入（包括用人单位发放的经济补偿金、生活补助费和其他补助费），在当地上年职工平均工资3倍数额以内的部分，免征个人所得税；超过3倍数额的部分，不并入当年综合所得，单独适用综合所得税率表，计算纳税。

15.【答案】ABC

【解析】集体所有制企业在改制为股份合作制企业时，对职工个人以股份形式取得的拥有所有权的企业量化资产，暂缓征收个人所得税；待个人将股份转让时，就其转让收入额，减除个人取得该股份时实际支付的费用支出和合理转让费用后的余额，按“财产转让所得”项目计征个人所得税。持有量化资产期间获得的股息、红利，应按“利息、股息、红利所得”项目征收个人所得税。

16.【答案】BC

【解析】选项A，扣缴义务人向居民个人支付工资、薪金所得时，应当按照累计预扣法计算预扣税款，并按月办理扣缴申报。选项D，年度预扣预缴税额与年度应纳税额不一致的，由居民个人于次年3月1日至6月30日向主管税务机关办理综合所得年度汇算清缴，税款多退少补。

17.【答案】AB

【解析】选项C，个人从公开发行和转让市场取得的上市公司股票，持股期限在1个月以内（含1个月）的，其股息、红利所得全额计入应纳税所得额；持股期限在1个月以上至1年（含1年）的，暂减按50%计入应纳税所得额；持股期限超过1年的，暂免征收个人所得税；选项D，对个人转让境外上市公司股票应按照“财产转让所得”征收个人所得税。

18.【答案】ABC

【解析】选项A，个人出租自有住房的收入按10%税率征收个人所得税。选项B，对个人转让自用5年以上并且是唯一的家庭生活居住用房取得的所得，免征个人所得税。选项C，法人制企业个人投资者以企业资金为本人买房，依照“利息、股息、红利所得”项目征收个人所得税。

19.【答案】ABD

【解析】选项C按“偶然所得”项目缴纳个人所得税，选项A、B、D属于工资、薪金所得项目。

20.【答案】ABCD

【解析】选项A、B、C、D均正确。

21.【答案】CD

【解析】选项A，作者将自己的文字作品手稿原件或复印件拍卖取得的所得，按照“特许权使用费”所得项目缴纳个人所得税。选项B，个人拍卖除文字作品原稿及复印件外的其他财产，按照“财产转让所得”项目缴纳个人所得税。

22.【答案】ABD

【解析】选项C，单位统一为员工购买符合规定的商业健康保险产品，视同个人购买，自购买产品的次月起，在不超过200元/月的标准内按月扣除。

23.【答案】CD

【解析】选项C，个人转让新三板挂牌公司非原始股取得的所得，暂免征收个人所得税。选项D，个人转让新三板挂牌公司原始股取得的所得，按照“财产转让所得”项目征收个人所得税。

24.【答案】BC

【解析】选项A、D与销售直接相关，属于不征收个人所得税的情形。

25.【答案】ABCD

【解析】纳税人享受住房贷款利息专项附加扣除，应当填报住房权属信息、住房坐落地址、贷款方式、贷款银行、贷款合同编号、贷款期限、首次还款日期等信息；纳税人有配偶的，填写配偶姓名、身份证件类型及号码。

26.【答案】BCD

【解析】选项A，支付工资、薪金所得的扣缴义务人应当于年度终了后2个月内，向纳税人提供其个人所得和已扣缴税款等信息。

27.【答案】ABD

【解析】赡养老人专项附加扣除的计算时间，为被赡养人年满60周岁的当月至赡养义务终止的年末。

28.【答案】ABC

【解析】选项D，非居民个人在中国境内从两处以上取得工资、薪金所得的，应在取得所得的次月15日内申报纳税。

29.【答案】ABD

【解析】有下列情形之一的，纳税人应当

依法办理纳税申报：(1) 取得综合所得需要办理汇算清缴。(2) 取得应税所得没有扣缴义务人。(3) 取得应税所得，扣缴义务人未扣缴税款。(4) 取得境外所得。(5) 因移居境外注销中国户籍。(6) 非居民个人在中国境内从两处以上取得工资、薪金所得。(7) 国务院规定的其他情形。选项C应采用代扣代缴的方式。

30. 【答案】ABC

【解析】实行个人所得税全员全额扣缴申报的应税所得包括：(1) 工资、薪金所得。(2) 劳务报酬所得。(3) 稿酬所得。(4) 特许权使用费所得。(5) 利息、股息、红利所得。(6) 财产租赁所得。(7) 财产转让所得。(8) 偶然所得。

31. 【答案】ABCD

【解析】下列情形中的个人所得税境外所得税额不能抵免：

(1) 按照境外所得税法律属于错缴或错征的境外所得税税额。

(2) 按照我国政府签订的避免双重征税协定以及内地与香港、澳门签订的避免双重征税安排规定不应征收的境外所得税税额。

(3) 因少缴或迟缴境外所得税而追加的利息、滞纳金或罚款。

(4) 境外所得税纳税人或者其利害关系人从境外征税主体得到实际返还或补偿的境外所得税税款。

(5) 按照我国《个人所得税法》及其实施条例规定，已经免税的境外所得负担的境外所得税税款。

32. 【答案】ABCD

【解析】依据税法规定，纳税人已依法预缴个人所得税且符合下列情形之一的，无须办理年度汇算：

(1) 纳税人年度汇算需补税但年度综合所得收入不超过12万元的。

(2) 纳税人年度汇算需补税金额不超过400元的。

(3) 纳税人已预缴税额与年度应纳税额一致或者不申请年度汇算退税的。

三、计算问答题

1. 【答案及解析】

(1) 兼职取得的所得属于劳务报酬所得。

兼职单位应预扣预缴的个人所得税 = (3 500 − 800) × 20% × 8 = 4 320 (元)。

(2) 报社预扣预缴的个人所得税 = 6 000 × (1 − 20%) × 20% × (1 − 30%) = 672 (元)。

(3) 综合所得应纳税额 = [9 400 × 12 + 1 000 × 12 + 3 500 × (1 − 20%) × 8 + 6 000 × (1 − 20%) × 70% − (5 000 + 1 040 + 2 000) × 12] × 10% − 2 520 = 2 888 (元)。

22 000 ÷ 12 = 1 833.33 (元)，由此确定全年一次性奖金适用税率3%。

应纳税额 = 22 000 × 3% = 660 (元)。

合计应缴纳的个人所得税 = 2 888 + 660 = 3 548 (元)。

(4) 张某出租住房共应缴纳的个人所得税 = 4 500 × (1 − 20%) × 10% × 10 = 3 600 (元)。

(5) 张某股息收入应缴纳的个人所得税 = 10 000 × 50% × 20% = 1 000 (元)。

(6) 转让境外上市公司股票抵免限额 = 55 000 × 20% = 11 000 (元)，大于在境外实际缴纳税额9 000元，应在我国补缴的个人所得税 = 11 000 − 9 000 = 2 000 (元)。

(7) 张某拍卖字画取得的收入应缴纳的个人所得税 = (15 000 − 6 500 − 400) × 20% = 1 620 (元)。

(8) 张某彩票中奖收入应缴纳的个人所得税 = 20 000 × 20% = 4 000 (元)。

2. 【答案及解析】

(1) 李某销售住房应缴纳的个人所得税 = (1 000 000 − 800 000 − 30 000) × 20% = 34 000 (元)。

(2) 李某彩票中奖应缴纳的个人所得税为0 (福利彩票、体育彩票中奖收入10 000元以下免税)。

(3) 李某出租住房应缴纳的个人所得税 = (3 000 − 800 − 800) × 10% + (3 000 − 700 − 800) × 10% + (3 000 − 800) × 10% ×

10 = 2 490（元）。

（4）李某利息收入应缴纳的个人所得税 = 6 000 × 20% = 1 200（元）。

（5）应纳税所得额 = [10 000 × 12 + 100 000 ×（1 − 20%）× 70% + 150 000 ×（1 − 20%）+ 200 000 ×（1 − 20%）] − 60 000 − 1 100 × 12 −（1 000 × 12 + 1 000 × 12）= 358 800（元）。

全年应纳税额 = 358 800 × 25% − 31 920 = 57 780（元）。

第六章　城市维护建设税法和烟叶税法

2021 年教材内容主要变化

本章按照2020年8月11日通过的《城市维护建设税法》进行了修改。

本章近五年考情分析

本章属于税法考试**非重点章**，包括城市维护建设税法、烟叶税法、教育费附加和地方教育附加三部分内容，其中城市维护建设税法**相对**重要。考试一般以单项选择题、多项选择题命题，偶尔会涉及计算问答题或综合题。近五年考试平均分值2分左右。2021年考试分值预计在3分左右。

本章内容如下：

第一单元　城市维护建设税法

第二单元　烟叶税法

第三单元　教育费附加和地方教育附加

重难点解析

第一单元　城市维护建设税法

重难点1：纳税人与征税范围★★

1. 城市维护建设税是对从事经营活动，缴纳**增值税、消费税**的单位和个人征收的一种税。

2. 城市维护建设税，以缴纳增值税、消费税的单位和个人为纳税人（含外籍单位和外籍个人）。

（1）增值税、消费税的扣缴义务人同时也是城市维护建设税的扣缴义务人。

（2）除特殊环节（进口）外，只要纳税人缴纳**增值税或消费税**，都会涉及城市维护建设税的缴纳。

3. 城市维护建设税的征税范围。

城市维护建设税的征收范围较广，具体包括市区、县城、建制镇，以及税法规定的其他地区。

对进口货物或者境外单位和个人向境内销售劳务、服务、无形资产缴纳的增值税、消费税税额，不征收城市维护建设税。

【小贴士】城市维护建设税的特点：

（1）专款专用——税款保证用于城市公用事业和公共设施的维护和建设。

（2）附加税——城市维护建设税本身没有特定的课税对象，而是以纳税人实际缴纳的增值税、消费税的税额之和为计税依据，其征管方法也完全比照增值税、消费税的有关规定办理。

（3）根据城镇规模设计不同的比例税率。

（4）征收范围较广——对进口货物或者境外单位和个人向境内销售劳务、服务、无形资产缴纳的增值税、消费税税额，不征收城市维护建设税，除此之外，由于增值税、消费税是我国流转环节的主体税种，而城市维护建设税又是其附加税，因此城市维护建设税的征收范围也相应较广。

重难点2：税率、计税依据与应纳税额的计算★★★

（一）税率

城市维护建设税采用**地区差别比例税率**：

1. 纳税人所在地为市区的，税率为7%（包括撤县建市的县级市）。

2. 纳税人所在地为县城、镇的，税率为5%。

3. 纳税人所在地不在市区、县城或镇的，税率为1%。

【小贴士】城市维护建设税的适用税率，应当按纳税人所在地的规定税率执行。上述所称“纳税人所在地”，是指纳税人住所地或者与纳税人生产经营活动相关的其他地点，具体地点由省、自治区、直辖市确定。**（新增）**

（二）计税依据

1. 城市维护建设税计税依据包含的因素：

（1）纳税人向**税务机关实际缴纳**的增值税、消费税。

（2）纳税人被税务机关**查补**的增值税、消费税。

（3）纳税人出口货物**免抵**的增值税。

2. 城市维护建设税计税依据不包含的因素（重要）：

（1）纳税人进口环节由**海关代征**的增值税、消费税。

（2）非税款项，如纳税人违反“两税”有关规定而被加收的**滞纳金和罚款**等。

（3）除增值税、消费税以外的**其他税**不作为城市维护建设税的计税依据。

【小贴士】对实行增值税期末留抵退税的纳税人，允许其从城市维护建设税、教育费附加和地方教育附加的计税（征）依据中**扣除退还**的增值税税额。

【小贴士】城市维护建设税以增值税、消费税税额为计税依据并同时征收，如果要免征或者减征增值税、消费税，也就要同时免征或者减征城市维护建设税。

【经典例题】

【真题·单选题】（2020）下列关于城市维护建设税税务处理的表述中，符合税法规定的是（　　）。

A. 收取的污水处理劳务收入免征城市维护建设税

B. 海关进口产品代征的增值税应同时代征城市维护建设税

C. 退还出口产品增值税时应同时退还已缴纳的城市维护建设税

D. 实行增值税期末留抵退税的纳税人，准予从城市维护建设税的计税依据中扣除退还的增值税税额

【答案】D

【解析】选项A，污水处理劳务收入按规定应当缴纳增值税，因此应缴纳城市维护建设税。选项B、C，城市维护建设税进口不征，出口不退。

【真题·单选题】（2016）企业缴纳的下列税额中，应作为城市维护建设税计税依据的是（　　）。

A. 消费税税额

B. 房产税税额

C. 关税税额

D. 城镇土地使用税税额

【答案】A

【解析】选项B、C、D，城市维护建设税的计税依据不包含除增值税、消费税以外的其他税。

（三）应纳税额的计算（重要）

城市维护建设税的计算公式为：

应纳税额＝（实纳增值税＋实纳消费税）×适用税率

【经典例题】

【真题·单选题】（2014）位于市区的甲汽车轮胎厂，2014年5月实际缴纳增值税和消

费税362万元，其中包括由位于县城的乙企业代收代缴的消费税30万元、进口环节增值税和消费税50万元、被税务机关查补的增值税12万元。补缴增值税同时缴纳的滞纳金和罚款共计8万元。则甲厂本月应向所在市区税务机关缴纳的城市维护建设税为(　　)万元。

A. 18.9　　B. 19.74

C. 20.3　　D. 25.34

【答案】B

【解析】甲厂本月应向所在市区税务机关缴纳的城市维护建设税 = (362 - 30 - 50) × 7% = 19.74（万元）。

【真题·单选题】（2015）位于**市区**的甲企业2015年7月销售产品缴纳增值税和消费税共计50万元，被税务机关查补增值税15万元并处**罚款5万元**，甲企业7月应缴纳的城市维护建设税为(　　)万元。

A. 3.25　　B. 4.9

C. 3.5　　D. 4.55

【答案】D

【解析】甲企业7月应缴纳的城市维护建设税 = (50 + 15) × 7% = 4.55（万元）。

重难点3：税收优惠和征收管理★★

（一）税收优惠（重要）

根据国民经济和社会发展的需要，国务院对重大公共基础设施建设、特殊产业和群体以及重大突发事件应对等情形可以规定减征或者免征城市维护建设税，报全国人民代表大会常务委员会备案。**（新增）**

【小贴士】城市维护建设税原则上不单独规定减免税。

【经典例题】

【真题·多选题】（2014）下列关于城市维护建设税计税依据的表述中，正确的有(　　)。

A. 免征“增值税、消费税”时应同时免征城市维护建设税

B. 对出口产品退还增值税的，不退还已缴纳的城市维护建设税

C. 纳税人被查补“增值税、消费税”时应同时对查补的“增值税、消费税”补缴城市维护建设税

D. 纳税人违反“增值税、消费税”有关税法被加收的滞纳金应计入城市维护建设税的计税依据

【答案】ABC

【解析】选项D，纳税人违反“增值税、消费税”有关税法而加收的滞纳金和罚款，是税务机关对纳税人违法行为的经济制裁，不作为城市维护建设税的计税依据。

【真题·多选题】（2017）下列关于城市维护建设税计税依据的表述中，正确的有(　　)。

A. 对出口产品退还增值税的，同时退还已缴纳的城市维护建设税

B. 经税务机关正式审批的当期免抵增值税税额应计入城市维护建设税的计税依据

C. 纳税人违反增值税法规定被加收的滞纳金应计入城市维护建设税的计税依据

D. 纳税人被查补消费税时应同时对查补的消费税补缴城市维护建设税

【答案】BD

【解析】选项A，对出口产品不退还已缴纳的城市维护建设税；选项C，纳税人因违反“两税”有关规定而加收的滞纳金和罚款，不作为城市维护建设税的计税依据。

【例题·单选题】位于县城的某纳税人当月应纳增值税5万元，减免3万元，补缴2个月前漏缴的增值税0.5万元。本月应缴城市维护建设税(　　)万元。

A. 0.125　　B. 0.18

C. 0.135　　D. 0.245

【答案】A

【解析】本月应缴纳城市维护建设税 = (5 - 3 + 0.5) × 5% = 0.125（万元）。

【例题·单选题】某企业（位于县城）2020年5月拖欠增值税50万元，经税务机关查出后，补缴了拖欠的增值税，同时加罚了滞纳金和罚款合计5万元。该企业应缴纳城市维护建设税(　　)万元。

A. 0.4　　B. 2.1

C. 2.5　　D. 2.9

【答案】C

【解析】该企业应缴纳城市维护建设税 = 50×5% = 2.5（万元）。

（二）征收管理

1. 纳税环节。

城市维护建设税的纳税环节，为纳税人实际缴纳增值税、消费税的环节。

2. 纳税地点。

一般而言，纳税人缴纳增值税、消费税的地点，就是该纳税人缴纳城市维护建设税的地点。

3. 纳税期限。

城市维护建设税的纳税期限分别与增值税、消费税的纳税期限一致。

【小贴士】具体纳税期限，由主管税务机关根据纳税人增值税、消费税应纳税额的大小分别核定；不能按照固定期限纳税的，可以按次纳税。

第二单元　烟叶税法

烟叶税，是以纳税人收购烟叶的收购金额为计税依据征收的一种税。

重难点1：纳税人与征税范围★★

1. 纳税人。

在中华人民共和国境内，依照《烟草专卖法》的规定**收购**烟叶的单位为烟叶税的纳税人。

【小贴士】烟叶税的纳税人仅限于单位，不包括个人。

2. 征税范围：晾晒烟叶、烤烟叶。

重难点2：税率和应纳税额的计算★★

（一）税率

烟叶税实行比例税率，税率为**20%**。

（二）应纳税额的计算

应纳税额 = 实际支付的价款×20% = 收购金额×(1+10%)×20%

纳税人收购烟叶实际支付的**价款总额**包括：纳税人支付给烟叶生产销售单位和个人的烟叶**收购价款**和**价外补贴**。其中，价外补贴**统一**按烟叶收购价款的**10%**计算。

【小贴士】学员应注意辨析“价款总额”“收购价款（金额）”“价外补贴”的差异。

【小贴士】烟叶税，要注意与增值税的农产品进项税额抵扣内容结合掌握。

烟叶进项税额 = 收购金额×(1+10%)×(1+20%)×扣除率 = 收购金额×1.1×1.2×扣除率 = 收购金额×1.32×扣除率

【经典例题】

【真题·单选题】（2017改编）某烟草公司2020年3月8日支付烟叶收购价款88万元，另向烟农支付了价外补贴10万元。该烟草公司3月收购烟叶应缴纳的烟叶税为（　　）万元。

A. 17.6　　B. 19.36

C. 21.56　　D. 19.6

【答案】B

【解析】应缴纳烟叶税 = 88×(1+10%)×20% = 19.36（万元）。

【例题·计算问答题】2020年5月，某卷烟厂收购烟叶生产卷烟，收购凭证上注明价款50万元，并向烟叶生产者支付了收购价款10%的价外补贴，并于当月全部领用生产烟丝。

要求：计算该卷烟厂5月收购烟叶可抵扣的进项税额。

【答案及解析】（1）烟叶作为农产品，其进项税额可计算抵扣；（2）烟叶进项税额 = (收购价款+价外补贴+烟叶税)×10% = 50×(1+10%)×(1+20%)×10% = 6.6（万元）。

重难点3：征收管理★★

【小贴士】烟叶税的征收管理，依照《烟叶税法》及《税收征收管理法》的有关规定执行。

1. 纳税义务发生时间：纳税人收购烟叶的**当天**。

【小贴士】收购烟叶的当日是指纳税人向烟叶销售者付讫收购烟叶款项或者开具收购烟叶凭据的当日。

2. 纳税地点：向烟叶**收购地**的主管税务机关申报纳税。

3. 纳税期限。

烟叶税**按月**计征，纳税人应当于纳税义务**发生月终了之日起15日内**申报并缴纳税款。

【经典例题】

【真题·单选题】（2017改编）某烟草公司2020年3月8日到邻县收购烟草支付价款88万元，另向烟农支付了10%价外补贴，下列纳税事项的表述中，正确的是（　　）。

A. 烟草公司3月收购烟叶应缴纳烟叶税19.6万元

B. 烟草公司3月收购烟叶应缴纳烟叶税17.6万元

C. 烟草公司收购烟叶的纳税义务发生时间是3月8日

D. 烟草公司应向公司所在地主管税务机关申报缴纳烟叶税

【答案】C

【解析】选项A、B，应缴纳烟叶税 $=88\times(1+10\%)\times20\%=19.36$（万元）；选项C，烟叶税的纳税义务发生时间为纳税人收购烟叶的当天。收购烟叶的当日是指纳税人向烟叶销售者付讫收购烟叶款项或者开具收购烟叶凭据的当日。选项D，烟草公司应向收购地的主管税务机关申报缴纳烟叶税。

【例题·单选题】根据现行《烟叶税法》规定，下列说法中正确的是（　　）。

A. 烟叶税实行定额税率

B. 烟叶税的纳税地点为烟叶收购地

C. 烟叶税的纳税人是销售烟叶的单位

D. 没收违法收购的烟叶，由销售烟叶的单位按销售额纳税

【答案】B

【解析】选项A，烟叶税实行比例税率，税率为20%。选项C，烟叶税的纳税人是在境内收购烟叶的单位。选项D，查处没收违法收购的烟叶，由收购罚没烟叶的单位按照购买金额计算缴纳烟叶税。

【例题·多选题】某市甲烟草有限公司到相邻的乙县收购烟叶，2020年3月8日支付烟叶收购价款100万元，另对烟农支付了价外补贴，下列纳税事项的表述中，正确的有（　　）。

A. 甲烟草有限公司应在2020年4月8日前申报缴纳烟叶税

B. 甲烟草有限公司收购烟叶的纳税义务发生时间是2020年3月8日

C. 甲烟草有限公司3月收购烟叶应缴纳烟叶税22万元

D. 甲烟草有限公司应向乙县主管税务机关申报缴纳烟叶税

【答案】BCD

【解析】选项A，烟叶税按月计征，纳税人应当于纳税义务发生月终了之日起15日内申报并缴纳税款。选项C，纳税人收购烟叶实际支付的价款总额包括纳税人支付给烟叶生产销售单位和个人的烟叶收购价款和价外补贴。其中，价外补贴统一按烟叶收购价款的10%计算，其应缴纳烟叶税 $=100\times(1+10\%)\times20\%=22$（万元）。选项D，纳税人收购烟叶，应当向烟叶收购地的主管税务机关申报缴纳烟叶税。

第三单元　教育费附加和地方教育附加

重难点：教育费附加和地方教育附加★★

教育费附加和地方教育附加，是对缴纳增值税、消费税的单位和个人征收，以其实际缴纳的增值税、消费税税款为计征依据，分别与增值税、消费税同时缴纳。

1. 征收比率。

教育费附加征收比率为3%，地方教育附加征收比率统一为2%。

2. 计算公式。

应纳教育费附加 =（实纳增值税 + 实纳消费税）×3%

应纳地方教育附加 =（实纳增值税 + 实纳消费税）×2%

3. 教育费附加和地方教育附加的减免规定。

（1）对海关进口的产品征收的增值税、消费税，不征收教育费附加。

（2）对由于减免增值税、消费税而发生退税的，可同时退还已征收的教育费附加。但对出口产品退还增值税、消费税的，不退还已征的教育费附加。

（3）对国家重大水利工程建设基金免征教育费附加。

（4）自 2016 年 2 月 1 日起，按月纳税的月销售额或营业额不超过 10 万元（按季度纳税的季度销售额或营业额不超过 30 万元）的缴纳义务人，免征教育费附加、地方教育附加。

【小贴士】上述规定的纳税义务人既包括小规模纳税人，也包括一般纳税人。上述规定只适用于两个附加，城市维护建设税适用于其他规定。

【经典例题】

【例题·单选题】2020 年 5 月，位于市区的某公司被税务机关查补增值税 45 000 元、消费税 25 000 元、企业所得税 30 000 元；另外，被加收滞纳金 3 000 元、被处罚款 5 000 元。该企业应补缴城市维护建设税和教育费附加(　　)元。

A. 5 000　　B. 7 000

C. 8 000　　D. 5 600

【答案】B

【解析】应补缴城市维护建设税和教育费附加 =（45 000 + 25 000）×（7% + 3%）= 7 000（元）。

【本章总结】

1. 以前年度考试，出现过消费税与城市维护建设税结合命题的情形。

2. 本章应掌握与熟悉的内容。

（1）城市维护建设税的税率、烟叶税的价外补贴比例、烟叶税的税率、教育费附加以及地方教育附加的比率均需要掌握。

（2）掌握城市维护建设税的计税依据。

（3）掌握烟叶税的计算以及烟叶进项税额抵扣的计算。

（4）掌握教育费附加和地方教育附加的计算。

3. 与其他税种及章节的关系。

（1）与增值税：烟叶作为农产品，其进项税额可以计算抵扣。

（2）与第十三章税收征收管理法：由税务机关征收的教育费附加、地方教育附加不是税，不能采取《税收征收管理法》规定的措施。

通关练习

一、单项选择题

1. 下列关于城市维护建设税的说法中，正确的是(　　)。

A. 只要缴纳增值税就要缴纳城市维护建设税

B. 只要缴纳消费税就要缴纳城市维护建设税

C. 海关对进口产品代征的增值税、消费税，同时代征城市维护建设税

D. 对于因减免税而需进行增值税、消费税退库的，城市维护建设税也可同时退库

2. 甲生产企业地处某县城，2020 年 11 月有审核批准的增值税免抵税额 10 万元，当月实际缴纳消费税 30 万元，甲企业当月应缴纳城市维护建设税为(　　)万元。

A. 1　　B. 1.5

C. 2　　D. 2.8

3. 位于某市的 A 生产企业（属增值税一般纳税人）2019 年 12 月缴纳进口环节增值税 100 万元，内销产品缴纳增值税 300 万元；本

月将位于市内的一处写字楼（系 2016 年 4 月购入）对外出租，取得含税租金收入 50 万元（选择简易计税方法计税），该企业本月应缴纳城市维护建设税和教育费附加、地方教育附加合计(　　)万元。

A. 30.24　　B. 36.29

C. 36.54　　D. 48.29

4. 位于某县一卷烟厂（一般纳税人）委托某市一卷烟厂（一般纳税人）加工一批烟丝。委托方提供原材料 50 000 元（不含增值税），支付加工费 3 000 元（不含增值税），烟丝消费税税率为 30%，受托方无同类烟丝市场价格。受托方代收代缴消费税时，应代收代缴的城市维护建设税为(　　)元。

A. 611.54　　B. 1 135.71

C. 1 590　　D. 2 345.13

5. 下列表述中说法不正确的是(　　)。

A. 在中华人民共和国境内缴纳增值税、消费税的单位和个人，为城市维护建设税的纳税人，应当依照规定缴纳城市维护建设税

B. 城市维护建设税的扣缴义务人为负有增值税、消费税扣缴义务的单位和个人，在扣缴增值税、消费税的同时扣缴城市维护建设税

C. 对实行增值税期末留抵税额的纳税人，不允许从其城市维护建设税计税依据中扣除退还的增值税税额

D. 国务院对重大公共基础设施建设、特殊产业和群体以及重大突发事件应对等情形可以规定减征或者免征城市维护建设税，报全国人民代表大会常务委员会备案

6. 某烟草公司（增值税一般纳税人）2020 年 12 月收购烟叶 50 000 千克，价款 500 000 元，则其 12 月应纳烟叶税为(　　)元。

A. 90 000　　B. 100 000

C. 110 000　　D. 120 000

7. 下列关于烟叶税的规定中，说法不正确的是(　　)。

A. 烟叶税的征税范围为晾晒烟叶、烤烟叶

B. 烟叶税的纳税义务发生时间为纳税人收购烟叶的当日

C. 烟叶税的纳税地点是烟叶收购地

D. 纳税人应当于纳税义务发生月终了次日起 15 日内申报并缴纳税款

二、多项选择题

1. 城市维护建设税的特点包括(　　)。

A. 税款专款专用

B. 是一种附加税

C. 根据城镇规模设计地区差别比例税率

D. 征收范围较广

2. 下列行为中，不需要缴纳城市维护建设税、教育费附加和地方教育附加的有(　　)。

A. 开发商销售房产

B. 个人购买住房

C. 个人转让著作权

D. 医疗机构提供的医疗服务

3. 城市维护建设税的计税依据不包括(　　)。

A. 进口环节代征的增值税额

B. 进口环节代征的消费税额

C. 罚款

D. 滞纳金

4. 某生产企业（一般纳税人）生产销售木制筷子，其取得的销售收入应缴纳的税费有(　　)。

A. 增值税

B. 消费税

C. 城市维护建设税

D. 教育费附加

5. 下列情形中，不缴纳城市维护建设税的有(　　)。

A. 某个人缴纳的车辆购置税

B. 某企业进口高尔夫球杆被海关代征的消费税

C. 某个人从事金融商品转让直接免征的增值税

D. 某生产企业出口货物经批准免抵的增值税

6. 依据城市维护建设税的有关规定，下列说法中正确的有(　　)。

A. 城市维护建设税的纳税环节发生在增值税、消费税纳税环节之后

B. 城市维护建设税计税依据不包括加收的滞纳金和罚款

C. 税务机关免征或减征增值税、消费税，同时免征或减征城市维护建设税

D. 城市维护建设税适用的税率均应按纳税人所在地的税率执行

7. 关于城市维护建设税的适用税率，下列表述中正确的有(　　)。

A. 城市维护建设税实行地区差别比例税率

B. 由受托方代收代缴、代扣代缴增值税、消费税的，可按受托方所在地的规定税率就地缴纳城市维护建设税

C. 流动经营等无固定纳税地点的纳税人在居住地按适用税率缴纳城市维护建设税

D. 在市区的企业城市维护建设税的税率是5%

8. 位于市区的某生产企业为增值税一般纳税人，主要从事货物的出口以及内销，其出口货物适用“免、抵、退”税办法。2020年1月，该企业当期应纳增值税为－20万元，当期免抵退税额为60万元。不考虑企业其他业务，下列表述中正确的有(　　)。

A. 当期应退还该企业增值税60万元

B. 当期应退还该企业增值税20万元

C. 当期应退还该企业城市维护建设税1.4万元

D. 当期该企业应缴纳城市维护建设税2.8万元

9. 下列关于城市维护建设税、教育费附加的说法中，正确的有(　　)。

A. 因减免税消费税退库的，城市维护建设税和教育费附加也可同时退库

B. 进口环节代征消费税也要代征城市维护建设税、教育费附加

C. 对增值税实行即征即退办法的，一般情况下附征的城市维护建设税不予退还

D. 对出口产品退还增值税的，不退还已缴纳的城市维护建设税和教育费附加

10. 根据烟叶税的有关规定，下列说法中不正确的有(　　)。

A. 在境内收购烤烟叶的单位和个人是烟叶税的纳税人

B. 烟叶税的纳税义务发生时间为纳税人运回烟叶的当日

C. 纳税人收购烟叶，应当回机构所在地的主管税务机关申报纳税

D. 烟叶税实行定额税率

11. 下列关于烟叶税的规定中正确的有(　　)。

A. 收购烟叶的单位为烟叶税的纳税人

B. 烟叶税的征税对象包括晾晒烟叶、烤烟叶

C. 烟叶税实行比例税率，税率为20%

D. 纳税人收购烟叶实际支付的价款总额包括纳税人支付给烟叶生产销售单位和个人的烟叶收购价款和价外补贴。其中，价外补贴统一按烟叶收购价款的10%计算

通关练习答案及解析

一、单项选择题

1. 【答案】D

【解析】选项A、B、C，进口环节海关代征的增值税、消费税不缴纳城市维护建设税。

2. 【答案】C

【解析】对经国家税务局正式审核批准的当期免抵的增值税税额应纳入城市维护建设税和教育费附加的计征范围，甲企业应纳城市维护建设税＝(10＋30)×5%＝2（万元）。

3. 【答案】B

【解析】出口不退、进口不征，所以该公司应缴纳城市维护建设税和教育费附加、地方教育附加合计＝300×(7%＋3%＋2%)＋50÷(1＋5%)×5%×(7%＋3%＋2%)＝36＋

0.29 = 36.29（万元）。

4.【答案】B

【解析】受托方应代收代缴城市维护建设税 = (50 000 + 3 000) ÷ (1 − 30%) × 30% × 5% = 1 135.71（元）。

5.【答案】C

【解析】选项 C，对实行增值税期末留抵税额的纳税人，允许从其城市维护建设税计税依据中扣除退还的增值税税额。

6.【答案】C

【解析】该烟草公司应纳烟叶税 = 500 000 × (1 + 10%) × 20% = 110 000（元）。

7.【答案】D

【解析】纳税人应当于纳税义务发生月终了之日起 15 日内申报并缴纳税款。

二、多项选择题

1.【答案】ABCD

【解析】以上选项均正确。

2.【答案】BCD

【解析】选项 B，个人购买房屋行为，不会涉及缴纳增值税和消费税，所以不需要缴纳城市维护建设税、教育费附加和地方教育附加。选项 C、D，免征增值税，同时也免征城市维护建设税、教育费附加和地方教育附加。

3.【答案】ABCD

【解析】选项 A、B、C、D 均正确。

4.【答案】ACD

【解析】纳税人生产销售的木制筷子属于增值税的征收范围，但不属于消费税的征收范围，木质一次性筷子属于消费税的征收范围。在征收增值税的同时，应征收城市维护建设税和教育费附加。

5.【答案】ABC

【解析】选项 A，城市维护建设税的纳税人是实际缴纳增值税、消费税的单位和个人，只缴纳车辆购置税的个人，不缴纳城市维护建设税。选项 B，进口环节海关代征的消费税不附征城市维护建设税。选项 C，城市维护建设税随增值税、消费税减免而减免。选项 D，经税务局正式审核批准的当期免抵的增值税税额，尽管没有实际缴纳，但也应纳入城市维护建设税和教育费附加的计税（征）依据，分别按规定的税（费）率征收城市维护建设税和教育费附加。

6.【答案】BCD

【解析】选项 A，城市维护建设税的纳税环节，就是纳税人缴纳增值税、消费税的环节。

7.【答案】AB

【解析】选项 C，流动经营等无固定纳税地点的单位和个人，在经营地缴纳增值税、消费税的，其城市维护建设税税率在经营地按经营地适用税率执行。选项 D，在市区的企业城市维护建设税的税率是 7%。

8.【答案】BD

【解析】选项 A、B，该企业当期应纳增值税为 −20 万元，当期免抵退税额为 60 万元，当期应退税额为 20 万元，当期免抵税额 = 60 − 20 = 40（万元）。选项 C，对出口产品退还增值税、消费税的，不退还已缴纳的城市维护建设税。选项 D，生产企业出口货物实行“免、抵、退”税办法后，经审核批准的当期免抵的增值税税额应纳入城市维护建设税的计征范围，计算缴纳城市维护建设税。当期该企业应缴纳城市维护建设税 = 40 × 7% = 2.8（万元）。

9.【答案】ACD

【解析】选项 B，对城市维护建设税、教育费附加都有进口不征、出口不退的规则。

10.【答案】ABCD

【解析】选项 A，在中国境内收购烟叶的“单位”为烟叶税的纳税人。选项 B，烟叶税的纳税义务发生时间为纳税人收购烟叶的当日。选项 C，纳税人收购烟叶，向烟叶收购地的主管税务机关申报纳税。选项 D，烟叶税实行比例税率，税率为 20%。

11.【答案】ABCD

【解析】以上选项均正确。

第七章　关税法和船舶吨税法

2021 年教材内容主要变化

1. 删除“税则归类的步骤”。
2. 删除“按照征收关税的标准”。
3. 新增“特殊进口货物的完税价格”。
4. 删除“原产地规定”。
5. 新增“重大技术装备”的减税规定。
6. 删除“加工贸易产品、边境贸易进口物资等的减免关税规定”。

本章近五年考情分析

本章属于税法考试**非重点章**，包括关税法、船舶吨税法相关内容，其中关税法**相对重要**。考试一般以单项选择题、多项选择题命题。需要注意的是，关税的计算会与进口增值税、进口消费税、进口车辆购置税一并出现在计算问答题或综合题当中，关税计算的正确与否，直接影响进口增值税、进口消费税、进口车辆购置税的计算。近五年本章考试平均分值在 3.5 分左右。2021 年考试分值预计在 3.5 分左右。

本章内容如下：

第一单元　关税征税对象与纳税人

第二单元　关税进出口税则

第三单元　关税完税价格与应纳税额的计算（重要）

第四单元　关税减免规定

第五单元　关税征收管理

第六单元　船舶吨税法

重难点解析

第一单元　关税征税对象与纳税人

关税，是海关依法对进出境货物、物品征收的一种税。

所谓“境”是指关境，又称“海关境域”“关税领域”，是国家《海关法》全面实施的领域。

重难点 1：征税对象★★

关税的征税对象，是**准许**进出境的货物（贸易性）和物品（个人）。

【小贴士】货物和物品在计征关税时有不同的计税规则。

（1）货物，是指贸易性商品。

（2）物品，是指入境旅客随身携带的行李物品、个人邮递物品、各种运输工具上的服务人员携带进口的自用物品、馈赠物品以及其他方式进境的个人物品。

重难点 2：纳税人★★

关税的纳税人包括：

1. 进口货物收货人。

2. 出口货物发货人。

3. 进出境物品的所有人。

【小贴士】进出境物品的所有人包括该物品的所有人和推定为所有人的人。一般情况下，对于携带进境的物品，推定其携带人为所有人；对分离运输的行李，推定相应的进出境旅客为所有人；对以邮递方式进境的物品，推定其收件人为所有人；以邮递或其他运输方式出境的物品，推定其寄件人或托运人为所有人。

【经典例题】

【例题·多选题】下列各项中，属于关税纳税人的有(　　)。

A. 进口货物的收货人

B. 出口货物的发货人

C. 进出境物品的携带人

D. 进口货物的发货人

【答案】ABC

【解析】关税的纳税人，包括进口货物的收货人、出口货物的发货人、进出境物品的所有人和推定所有人（携带人、收件人、寄件人或托运人等）。

【例题·多选题】进出境物品的所有人包括该物品的所有人和推定为所有人的人，推定的所有人包括(　　)。

A. 对于携带进境的物品，推定其携带人为所有人

B. 对分离运输的行李，推定相应的进出境旅客为所有人

C. 对以邮递方式进境的物品，推定其寄件人或托运人为所有人

D. 以邮递或其他运输方式出境的物品，推定其收件人为所有人

【答案】AB

【解析】选项A、B，对于携带进境的物品，推定其携带人为所有人。对分离运输的行李，推定相应的进出境旅客为所有人。选项C、D：对以邮递方式进境的物品，推定其收件人为所有人。以邮递或其他运输方式出境的物品，推定其寄件人或托运人为所有人。

第二单元　关税进出口税则

进出口税则，是一国政府根据国家关税政策和经济政策，通过一定立法程序制定公布实施的进出口货物和物品应税的关税税率表。

进出口税则以税率表为主体，税率表包括税则商品分类目录和税率栏两大部分。

重难点1：关税税率★★

（一）进口关税税率

1. 进口货物税率形式。

我国进口税则设有：最惠国税率、协定税率、特惠税率、普通税率、关税配额税率等。对进口货物在一定期限内可实行暂定税率。

【小贴士】最惠国税率适用原产于与我国共同适用最惠国待遇条款的WTO成员方的进口货物，或原产于与我国签订有相互给予最惠国待遇条款的双边贸易协定的国家或地区进口的货物，以及原产于我国境内的进口货物。

【小贴士】协定税率适用原产于与我国签订含有关税优惠条款的区域性贸易协定的国家或地区的进口货物。

【小贴士】特惠税率适用原产于与我国签订有特殊关税优惠条款的贸易协定的国家或地区的进口货物。

【小贴士】普通税率适用于原产于上述国家或地区以外的其他国家或地区的进口货物，以及原产地不明的进口货物。

【小贴士】暂定税率是在海关进出口税则规定的进口优惠税率基础上，对进口的某些重要的工农业生产原材料和机电产品关键部件（但只限于从与中国订有关税互惠协议的国家和地区进口的货物）和出口的特定货物实施的更为优惠的关税税率。

【小贴士】配额税率是指对实行关税配额

管理的进口货物，关税配额内的，适用关税配额税率；关税配额外的，按不同情况分别适用于最惠国税率、协定税率、特惠税率或普通税率。

【小贴士】适用最惠国税率、协定税率、特惠税率的国家或者地区名单，由国务院关税税则委员会决定，报国务院批准后执行。

2. 进口货物税率适用规则。

【小贴士】暂定税率优先适用于优惠税率或最惠国税率，所以适用最惠国税率的进口货物有暂定税率的，适用暂定税率。

【小贴士】当最惠国税率低于或等于协定税率时，协定有规定的，按相关协定的规定执行；协定无规定的，二者从低适用。

【小贴士】适用协定税率、特惠税率的进口货物有暂定税率的，应当从低适用税率。

【小贴士】适用普通税率的进口货物，不适用暂定税率。按照普通税率征税的进口货物，经国务院关税税则委员会特别批准，可以适用最惠国税率。

【经典例题】

【例题·单选题】适用特惠税率、协定税率的进口货物有暂定税率的，应当(　　)。

A. 适用特惠税率　B. 适用协定税率

C. 适用暂定税率　D. 从低适用税率

【答案】D

【解析】适用协定税率、特惠税率的进口货物有暂定税率的，应当从低适用税率。

【例题·多选题】下列关于进口货物税率适用规则表述中，正确的有(　　)。

A. 暂定税率优先适用于优惠税率或最惠国税率

B. 适用普通税率的进口货物，不适用暂定税率

C. 当最惠国税率低于或等于协定税率时，协定有规定的，按相关协定的规定执行

D. 当最惠国税率低于或等于协定税率时，协定无规定的，二者从低适用

【答案】ABCD

【解析】以上选项均正确。

3. 进境物品税率。

自2019年4月9日起，除另有规定外，我国对准予应税进口的旅客行李物品、个人邮寄物品以及其他个人自用物品，均由海关按照《中华人民共和国进境物品进口税税率表》的规定，征收进口关税、代征进口环节增值税和消费税等进口税。**(新增)**

(二) 出口关税税率 (了解)

根据《关于执行2020年进口暂定税率等调整方案的公告》(海关总署公告2019年第227号)规定，自2020年1月1日起，我国继续对铬铁等107项出口商品征收出口关税，适用出口税率或出口暂定税率，征收商品范围和税率维持不变。

【经典例题】

【真题·单选题】(2016) 下列机构中，有权决定征收特别关税的货物、适用国别、税率、期限和征收办法的是(　　)。

A. 财政部

B. 海关总署

C. 商务部

D. 国务院关税税则委员会

【答案】D

【解析】适用最惠国税率、协定税率、特惠税率的国家或地区的名单，由国务院关税税则委员会决定，报国务院批准后执行。

重难点2：税率的运用★★★

(一) 一般规定

进出口货物，应当适用海关接受该货物申报进口或者出口之日实施的税率征税。

【小贴士】税务机关负责征收的税种，税率在一定时期内相对固定；而关税税率相对变化较频繁。

(二) 特殊规定

不同进出口方式下，税率的具体运用有不同的规定。

1. 进口货物到达前，经海关核准先行申

报的，应当适用装载该货物的运输工具申报进境之日实施的税率。

2. 进口转关运输货物，应适用指运地海关接受该货物申报进口之日实施的税率。货物运抵指运地前，经海关核准先行申报的，应适用装载此货物的运输工具抵达指运地之日实施的税率。

【小贴士】指运地，即托运人指定的货物运往地，也就是目的港。转关运输货物是海关监管货物；转关运输是指由进境地入境后，运往另一设关地点办理进口海关手续的货物。

3. 出口转关运输货物，应适用启运地海关接受该货物申报出口之日实施的税率。

4. 经海关批准，实行集中申报的进出口货物，应适用每次货物进出口时海关接受该货物申报之日实施的税率征税。

5. 因超过规定期限未申报而由海关依法变卖的进口货物，其税款计征应适用装载该货物的运输工具申报进境之日实施的税率。

6. 因纳税人违反规定需要追征税款的进出口货物，应当适用违反规定的行为发生之日实施的税率；行为发生之日不能确定的，适用海关发现该行为之日实施的税率。

（三）保税、减免税等货物的补税规定

已申报进境并放行的保税货物、减免税货物、租赁货物或已申报进出境并放行的暂时进出境货物，有下列行为之一需要缴纳税款的，适用海关接受纳税人再次填写报关单申报办理纳税及有关手续之日实施的税率：

1. 保税货物经批准不复运出境的。

2. 保税仓储货物转入国内市场销售的。

3. 减免税货物经批准转让或移作他用的。

4. 可暂不缴纳税款的暂时进出境货物，经批准不复运出境或进境的。

5. 租赁进口货物，分期缴纳税款的。

【经典例题】

【例题·单选题】下列各项关于关税适用税率的表述中，正确的是(　　)。

A. 出口货物，按货物实际出口离境之日实施的税率征税

B. 进口货物，应当适用海关接受该货物申报进口之日实施的税率征税

C. 进口转关运输货物，应适用进境地海关接受该货物申报进口之日实施的税率

D. 进口货物到达前，经海关核准先行申报的，应当按照货物实际进境之日实施的税率征税

【答案】B

【解析】选项A，出口货物，应当适用海关接受该货物申报出口之日实施的税率。选项C，进口转关运输货物，应当适用指运地海关接受该货物申报进口之日实施的税率。选项D，进口货物到达前，经海关核准先行申报的，应当适用装载该货物的运输工具申报进境之日实施的税率。

【例题·多选题】下列关于我国关税税率运用的表述中，正确的有(　　)。

A. 经海关批准，实行集中申报的进出口货物，适用每次货物进出口时海关接受该货物申报之日实施的税率征税

B. 出口转关运输货物，应当适用目的地海关接受该货物申报出口之日实施的税率征税

C. 进口转关运输货物，应当适用指运地海关接受该货物申报进口之日实施的税率征税

D. 进口货物到达前，经海关核准先行申报的，应当适用装载货物的运输工具申报进境之日实施的税率征税

【答案】ACD

【解析】选项B，出口转关运输货物，应当适用启运地海关接受该货物申报出口之日实施的税率征税。

第三单元　关税完税价格与应纳税额的计算

重难点1：关税完税价格★★★

进出口货物的完税价格，由海关以该货物的成交价格为基础审查确定。成交价格不能确定时，完税价格由海关依法估定。

（一）一般进口货物的完税价格

进口货物完税价格，包括货物的货价、货物运抵我国境内输入地点起卸前的运输及其相关费用、保险费。

【小贴士】确定进口货物完税价格的方法主要有两类：成交价格估价方法和进口货物海关估价方法。

1. 成交价格估价方法。（重要）

进口货物的成交价格，是指卖方向我国境内销售该货物时买方为进口该货物向卖方实付、应付的，并且按照《完税价格办法》的有关规定调整后的价款总额，包括直接支付的价款和间接支付的价款。

进口货物，以海关审定的成交价格为基础的到岸价格（CIF）为完税价格。

到岸价格，是指货物在采购地的正常价格，加上国外已征的出口税和运抵我国输入地点起卸前的包装费、运费、保险费、手续费等费用。

采用成交价格估价方法，以成交价格为基础审查确定进口货物的完税价格时，未包括在该货物实付、应付价格中的下列费用或者价值应当计入完税价格：

（1）需要计入完税价格的项目：

①由买方负担的除购货佣金以外的佣金和经纪费。

②由买方负担的与该货物视为一体的容器费用。

③由买方负担的包装材料和包装劳务费用。

④与该货物的生产和向我国境内销售有关的，由买方以免费或者低于成本的方式提供并可以按适当比例分摊的料件、工具、模具、消耗材料及类似货物的价款，以及在境外开发、设计等相关服务的费用。

⑤与该货物有关并作为卖方向我国销售该货物的一项条件，应当由买方直接或间接支付的特许权使用费。但在估定完税价格时，单独列明的进口货物在境内的复制权费不得计入关税完税价格。

⑥卖方直接或间接从买方对该货物进口后转售、处置或使用所得中获得的收益。

【小贴士】购货佣金，是买方为采购商品向自己的采购代理人支付的劳务费用。

【小贴士】卖方佣金，是买方为采购商品向销售代理人支付的劳务费用。

（2）下列费用，不得计入完税价格：

①购货佣金。

②厂房、机械、设备等货物进口后发生的建设、安装、装配、维修和技术援助的费用（保修费用除外）。

③货物运抵我国境内输入地点起卸之后的运输及其相关费用、保险费。

④进口关税、进口环节海关代征税及其他国内税。

⑤为在境内复制进口货物而支付的费用。

⑥境内外技术培训及境外考察费用。

⑦符合条件的为进口货物而融资产生的利息费用。

（3）进口货物完税价格中的运输及相关费用、保险费的计算。（重要）

①运费及相关费用。

进口货物的运输及相关费用，应当按照由买方实际支付或应当支付的费用计算，如果进口货物的运输及相关费用无法确定的，海关应按该货物进口同期的正常运输成本审查确定。

运输工具作为进口货物，利用自身动力进境的，海关在审查确定完税价格时，不再另行计入运输及相关费用。

②保险费。

进口货物的保险费，应按实际支付的费用计算。但是，如果进口货物的保险费无法确定或未实际发生，海关应当按照“货价加运费”的3‰计算保险费。

计算公式为：

保险费＝（货价＋运费）×3‰

邮运进口的货物，应当以邮费作为运输及其相关费用、保险费。

【经典例题】

【真题·单选题】（2020）在以成交价格

估价方法确定进口货物完税价格时，下列各项费用应计入完税价格的是（　　）。

A. 由买方负担的购货佣金

B. 在进口货物价款中单独列明的设备进口后发生的维修费

C. 在进口货物价款中单独列明的设备进口后发生的保修费用

D. 在进口货物价款中单独列明的在境内复制进口货物而支付的费用

【答案】C

【解析】下列费用，不得计入完税价格：（1）购货佣金。（2）厂房、机械、设备等货物进口后发生的建设、安装、装配、维修和技术援助的费用（保修费用除外）。（3）货物运抵我国境内输入地点起卸之后的运输及其相关费用、保险费。（4）进口关税、进口环节海关代征税及其他国内税。（5）为在境内复制进口货物而支付的费用。（6）境内外技术培训及境外考察费用。（7）符合条件的为进口货物而融资产生的利息费用。因此，选项C，在进口货物价款中单独列明的设备进口后发生的保修费用，可以计入进口货物的关税完税价格中。

【真题·多选题】（2011）下列各项中，应当计入进口货物关税完税价格的有（　　）。

A. 由买方负担的购货佣金

B. 由买方负担的境外包装材料费用

C. 由买方负担的境外包装劳务费用

D. 由买方负担的与进口货物视为一体的容器费用

【答案】BCD

【解析】选项A，由买方负担的除购货佣金以外的佣金和经纪费要计入关税完税价格，购货佣金不得计入关税完税价格。

【真题·多选题】（2014）下列税费中，应计入进口货物关税完税价格的有（　　）。

A. 进口环节缴纳的消费税

B. 单独支付的境内技术培训费

C. 由买方负担的境外包装材料费用

D. 由买方负担的与该货物视为一体的容器费用

【答案】CD

【解析】选项A、B，不得计入完税价格。

【例题·单选题】下列属于进口关税完税价格组成部分的是（　　）。

A. 进口人向自己采购代理人支付的购货佣金

B. 与进口货物有关的特许权使用费

C. 进口设备报关后的安装调试费用

D. 进口人报关后的境内技术培训费用

【答案】B

【解析】选项A、C、D，不得计入完税价格。

【例题·单选题】2020年5月，某进出口公司进口一批红酒，成交价格为200万元人民币，关税税率为14%，货物运输率为2%，但是进口货物的保险费无法确定，该贸易公司应缴纳的关税为（　　）万元。

A. 28.28　　B. 28.54

C. 28.64　　D. 28.65

【答案】D

【解析】该贸易公司应缴纳关税 = 200 × (1 + 2%) × (1 + 3‰) × 14% = 28.65（万元）。

【例题·计算问答题】2020年5月，我国某进出口公司从加拿大进口一批纺织原料，共5 000吨，货物以境外口岸离岸价格成交，单价折合人民币为12 000元，买方承担境外包装费每吨500元人民币；另外，向卖方支付的佣金为每吨1 000元人民币，向自己的采购代理人支付佣金每吨600元人民币，进口后发生运输和装卸费用为每吨350元人民币。

（其他相关资料：该货物运抵中国海关境内输入地起卸前的运输、保险费为每吨2 000元人民币。）

要求：计算该批纺织原料的关税完税价格。

【答案及解析】计入进口货物完税价格的，包括货价、支付的佣金（不包括买方向自己采购代理人支付的购货佣金）、买方负担的包装费和与该货物视为一体的容器费、进口途中的运费（不包括进口后发生的运输装卸费）及其相关费用、保险费。因此关税完税价格 =（12 000 + 500 + 1 000 + 2 000）× 5 000/10 000 = 7 750（万元）。

【真题·综合题节选】（2018 改编）某市一家进出口公司为增值税一般纳税人，2020 年 5 月发生以下业务：

从国外进口中档护肤品一批，该批货物在国外的买价为 200 万元人民币，由进出口公司支付的购货佣金为 10 万元人民币，运抵我国海关卸货前发生的运输费为 30 万元人民币，保险费无法确定。该批货物已报关，取得海关开具的增值税专用缴款书。

（其他相关资料：进口护肤品的关税税率为 10%，增值税税率为 13%。）

要求：（1）计算上述业务应缴纳的进口关税；（2）计算上述业务应缴纳的进口环节增值税。

【答案及解析】（1）关税完税价格 =（200 + 30）+（200 + 30）× 3‰ = 230.69（万元）；关税应纳税额 = 230.69 × 10% = 23.07（万元）。

（2）增值税应纳税额 =（230.69 + 23.07）× 13% = 32.99（万元）。

2. 进口货物海关估价方法。

对进口货物的价格，不符合成交价格条件或成交价格不能确定的，海关经了解有关情况，并且与纳税人进行**价格磋商**后，依次（有顺序）使用的方法包括：

（1）相同货物成交价格估价方法。

（2）类似货物成交价格估价方法。

（3）倒扣价格估价方法。

完税价格 = 境内售价 − 通常的利润和一般费用（包括直接费用和间接费用）− 通常支付的佣金 − 境内运费等 − 进口关税、进口环节海关代征税及其他国内税

【小贴士】按照倒扣价格法审查确定进口货物的完税价格时，如果进口货物、相同或者类似货物没有在海关接受进口货物申报之日前后 45 日内在境内销售，可以将在境内销售的时间延长至接受货物申报之日前后 90 日内。**（新增）**

（4）计算价格估价方法。

完税价格 = 料件成本和加工费用 + 通常的利润和一般费用（包括直接费用和间接费用）+ 入境前的运费及相关费用、保险费

【小贴士】上述倒扣价格估价方法（3）和计算价格估价方法（4）的适用顺序可以颠倒。

（5）合理估价方法，是指当海关使用上述任何一种估价方法都无法确定海关估价时，海关遵循客观、公平、统一的原则，以客观量化的数据资料为基础审查确定进口货物完税价格的估价方法。习惯上也叫作“最后一招”。

【小贴士】海关在采用合理方法确定进口货物的完税价格时，**不得使用**以下价格：

①境内生产的货物在境内的销售价格。

②可供选择的价格中较高的价格。

③货物在出口地市场的销售价格。

④以计算价格方法规定的有关各项之外的价值或费用计算的价格。

⑤出口到第三国或地区的货物的销售价格。

⑥最低限价或武断、虚构的价格。

（二）特殊进口货物的完税价格

1. 运往境外修理的货物。

运往境外修理的机械器具、运输工具或其他货物，出境时已向海关报明，并在海关规定期限内复运进境的，应当以境外修理费和物料费为基础审查确定完税价格。

2. 运往境外加工的货物。

运往境外加工的货物，出境时已向海关报明，并在海关规定期限内复运进境的，应当以境外加工费、料件费、复运进境的运输及相关费用、保险费为基础审查确定完税价格。

3. 暂时进境的货物。

经海关批准暂时进境的货物，应当按照一般进口货物完税价格确定的有关规定，审查确定完税价格。

4. 租赁方式进口的货物。

租赁方式进口的货物中，以租金方式对外支付的租赁货物，在租赁期间以海关审定的租

金作为完税价格，利息应当予以计入。

留购的租赁货物，以海关审定的留购价格作为完税价格；承租人申请一次性缴纳税款的，可以选择按照“进口货物海关估价方法”的相关内容确定完税价格，或者按照海关审查确定的租金总额作为完税价格。

5. 留购的进口货样。

对于境内留购的进口货样、展览品和广告陈列品，以海关审定的留购价格作为完税价格。

6. 予以补税的减免税货物。

特定地区、特定企业或者具有特定用途的特定减免税进口货物，应当接受海关监管。其监管年限依次为：船舶、飞机 8 年；机动车辆 6 年；其他货物 3 年。监管年限自货物进口放行之日起计算。

由海关监管使用的减免税进口货物，在监管年限内转让或移作他用需要补税的，应当以海关审定的该货物原进口时的价格，扣除折旧部分价值作为完税价格。其计算公式为：

完税价格 = 海关审定的该货物原进口时的价格 ×［1 - 申请补税时实际已使用的时间（月）÷（监管年限 ×12）］

7. 不存在成交价格的进口货物。

易货贸易、寄售、捐赠、赠送等不存在成交价格的进口货物，由海关与纳税人进行价格磋商后，按照“进口货物海关估价方法”的规定，估定完税价格。

8. 进口软件介质。

进口载有专供数据处理设备用软件的介质，具有下列情形之一的，应当以介质本身的价值或者成本为基础审查确定完税价格：（1）介质本身的价值或者成本与所载软件的价值分列。（2）介质本身的价值或者成本与所载软件的价值虽未分列，但是纳税义务人能够提供介质本身的价值或者成本的证明文件，或者能提供所载软件价值的证明文件。

含有美术、摄影、声音、图像、影视、游戏、电子出版物的介质不适用上述规定。**（新增）**

【经典例题】

【例题·多选题】 下列说法中正确的有（　　）。

A. 运往境外修理的机械器具、运输工具或其他货物，出境时已向海关报明，并在海关规定期限内复运进境的，应当以境外修理费和物料费为基础审查确定完税价格

B. 运往境外加工的货物，出境时已向海关报明，并在海关规定期限内复运进境的，应当以境外加工费、料件费、复运进境的运输及相关费用、保险费为基础审查确定完税价格

C. 对于境内留购的进口货样、展览品和广告陈列品，以海关审定的留购价格作为完税价格

D. 易货贸易、寄售、捐赠、赠送等不存在成交价格的进口货物，由海关与纳税人进行价格磋商后，按照“进口货物海关估价方法”的规定，估定完税价格

【答案】 ABCD

【解析】 以上选项均正确。

【例题·多选题】 以下关于租赁方式进口的货物的完税价格，说法正确的有（　　）。

A. 租赁方式进口的货物中，以租金方式对外支付的租赁货物，在租赁期间以海关审定的租金作为完税价格，利息应当予以计入

B. 租赁方式进口的货物中，以租金方式对外支付的租赁货物，在租赁期间以海关审定的租金作为完税价格，利息不予以计入

C. 留购的租赁货物，以海关审定的留购价格作为完税价格

D. 承租人申请一次性缴纳税款的可以选择按照“进口货物海关估价方法”的相关内容确定完税价格，或者按照海关审查确定的租金总额作为完税价格

【答案】 ACD

【解析】 选项 B 不正确。

（三）出口货物的完税价格

1. 以成交价格为基础的完税价格。

出口货物的完税价格，由海关以该货物向

境外销售的成交价格为基础审查确定，并且应当包括货物运至我国境内输出地点装载前的运输及其相关费用、保险费。

（1）不包括出口关税。

（2）不包括在货物价款中，单独列明的货物运至我国境内输出地点装载后的运输及其相关费用、保险费。

（3）不包括单独列明支付给境外的佣金。

【小贴士】货物运至我国境内输出地点装载前的运输及相关费用、保险费应计入出口货物的完税价格中。

计算公式为：

完税价格 =（离岸价格 - 单独列明的境外运费及其相关费用、保险费）÷（1 + 出口关税税率）

2. 出口货物海关估价方法。

出口货物的成交价格不能确定时，海关经了解有关情况，并且与纳税人进行**价格磋商**后，完税价格由海关依次（有顺序）使用下列方法估定：

（1）同时或大约同时向同一国家或地区出口的**相同货物**的成交价格。

（2）同时或大约同时向同一国家或地区出口的**类似货物**的成交价格。

（3）根据境内生产相同或类似货物的成本、利润和一般费用（包括直接费用和间接费用）、境内发生的运输及其相关费用、保险费计算所得的价格。

（4）按照合理方法估定的价格。

【经典例题】

【真题·单选题】（2014 改编）我国某公司 2020 年 5 月从国内甲港口出口一批锌锭到国外，货物成交价格 148 万元（不含出口关税），另外，支付货物运抵甲港口装载前的运输费、保险费共计 10 万元，支付甲港口到国外目的地港口之间的运输保险费 20 万元。锌锭出口关税税率为 20%。该公司出口锌锭应缴纳的出口关税为（　　）万元。

A. 25.6　　B. 29.6

C. 31.6　　D. 34

【答案】C

【解析】该公司应缴纳出口关税 =（148 + 10）× 20% = 31.6（万元）。

【真题·单选题】（2017）下列出口货物成交价格包含的税收和费用中，应计入出口货物关税完税价格的是（　　）。

A. 出口关税税额

B. 单独列明支付给境外的佣金

C. 货物运至我国境内输出地点装载前的运输费用

D. 我国离境口岸至境外口岸之间的保险费

【答案】C

【解析】出口货物完税价格，由海关以该货物向境外销售的成交价格为基础审查确定，不包括出口关税、单独列明支付给境外的佣金以及在货物价款中，单独列明的货物运至我国境内输出地点装载后的运输及其相关费用、保险费。货物运至我国境内输出地点装载前的运输及相关费用、保险费应计入出口货物关税完税价格。

【真题·多选题】（2018）下列各项费用中，应计入出口货物完税价格的有（　　）。

A. 货价中单独列明由买方承担的佣金

B. 卖方出口货物时向买方直接收取的卖方佣金

C. 货物运至我国境内输出地点装载前的保险费

D. 货价中单独列明的货物运至我国境内输出地点装载后的运输费用

【答案】BC

【解析】选项 A、B，支付给自己采购代理人的佣金不计入关税完税价格，但是“卖方佣金”和“中介佣金”需要计入关税完税价格中。选项 C、D：出口货物的完税价格，由海关以该货物的成交价格为基础审查确定，并且应当包括货物运至我国境内输出地点装载前的运输及其相关费用、保险费。不包括“装载后”的运输费用。

重难点2：应纳税额的计算★★

（一）从价计税应纳税额

关税税额＝应税进（出）口货物数量×单位完税价格×税率

【小贴士】目前，我国海关计征关税标准主要是从价税。

（二）从量计税应纳税额

关税税额＝应税进（出）口货物数量×单位货物税额

【小贴士】我国目前对原油、啤酒和胶卷等进口商品征收从量税。

（三）复合计税应纳税额

关税税额＝应税进（出）口货物数量×单位货物税额＋应税进（出）口货物数量×单位完税价格×税率

【小贴士】复合税又称混合税，它是对某种进口货物混合使用从价税和从量税的一种关税计征标准。我国目前仅对录像机、放像机、摄像机、数字照相机和摄录一体机等进口商品征收复合税。

（四）滑准税应纳税额

关税税额＝应税进（出）口货物数量×单位完税价格×滑准税税率

【小贴士】滑准税是根据货物的不同价格适用不同税率的一类特殊的从价关税。它是一种关税税率随进口货物价格由高至低而由低至高设置计征关税的方法。简单地讲，就是进口货物的价格越高，其进口关税税率越低，进口商品的价格越低，其进口关税税率越高。滑准税的特点是可保持实行滑准税商品的国内市场价格的相对稳定，而不受国际市场价格波动的影响。

【经典例题】

【例题·计算问答题】大连某进出口公司从美国进口货物一批，货物以离岸价格成交，成交价折合人民币为1 410万元（包括单独计价并经海关审查属实的向境外采购代理人支付的购货佣金10万元，但不包括为使用该货物而向境外支付的软件费50万元、向卖方支付的佣金15万元），另支付货物运抵我国大连港的运费、保险费等35万元。

（其他相关资料：假设该货物适用关税税率为20%、增值税税率为13%、消费税税率为10%。）

要求：分别计算该公司进口环节应缴纳的关税、消费税和增值税税额。

【答案及解析】进口货物完税价格＝离岸价＋软件费＋向卖方支付的佣金－购货佣金＋运保费＝1 410＋50＋15－10＋35＝1 500（万元）。

（1）进口环节应缴纳关税＝1 500×20%＝300（万元）。

进口消费税、增值税组成计税价格＝（1 500＋300）÷（1－10%）＝2 000（万元）。

（2）进口环节海关应代征消费税＝2 000×10%＝200（万元）。

（3）进口环节海关应代征增值税＝2 000×13%＝260（万元）。

重难点3：跨境电子商务零售“进口”税收政策★★

【小贴士】自2016年4月8日起，跨境电子商务零售进口商品按照货物征收关税和进口环节增值税、消费税。

（一）适用范围

适用于从其他国家或地区进口的、《跨境电子商务零售进口商品清单》范围内的以下商品：

1. 所有通过与海关联网的电子商务交易平台交易，能够实现交易、支付、物流电子信息“三单”比对的跨境电子商务零售进口商品。

2. 未通过与海关联网的电子商务交易平台交易，但快递、邮政企业能够统一提供交易、支付、物流等电子信息，并承诺承担相应法律责任进境的跨境电子商务零售进口商品。

【小贴士】不属于跨境电子商务零售进口的个人物品，以及无法提供交易、支付、物流等电子信息的跨境电子商务零售进口商品，按现行规定执行。

（二）计征限额

在限值以内进口的跨境电子商务零售进口商品：

1. 关税税率暂设为0。

2. 进口环节增值税、消费税取消免征税额，暂按法定应纳税额的70%征收。

【小贴士】限额，是指单次交易限值为人民币5 000元，个人年度交易限值为人民币26 000元。

【小贴士】超过单次限值、累加后超过个人年度限值的单次交易，以及完税价格超过5 000元限值的单个不可分割商品，均按照一般贸易方式全额征税。

【小贴士】计税依据：

应征关税＝完税价格×关税税率（关税税率为0）

法定计征的消费税＝[（完税价格＋关税）/（1－消费税税率）]×消费税税率

应征消费税＝法定计征的消费税×70%

法定计征的增值税＝（完税价格＋关税＋法定计征的消费税税额）×增值税税率

应征增值税＝法定计征的增值税×70%

（三）计征规定

1. 购买跨境电子商务零售进口商品的个人作为纳税义务人，实际交易价格（包括货物零售价格、运费和保险费）作为完税价格，电子商务企业、电子商务交易平台企业或物流企业可作为代收代缴义务人。

2. 跨境电子商务零售进口商品自海关放行之日起30日内退货的，可申请退税，并相应调整个人年度交易总额。

3. 跨境电子商务零售进口商品购买人（订购人）的身份信息应进行认证；未进行认证的，购买人（订购人）身份信息应与付款人一致。

【经典例题】

【真题·多选题】（2017）跨境电子商务零售进口商品按照货物征收关税，下列企业可以作为代收代缴义务人的有（　　）。

A. 物流企业

B. 商品生产企业

C. 电子商务交易平台企业

D. 电子商务企业

【答案】ACD

【解析】跨境电子商务零售进口商品，按照货物征收关税和进口环节增值税、消费税，购买跨境电子商务零售进口商品的个人作为纳税人，实际交易价格（包括货物零售价格、运费和保险费）作为完税价格，电子商务企业、电子商务交易平台企业或物流企业可作为代收代缴义务人。

第四单元　关税减免规定

关税的减免分为法定减免、特定减免、暂时减免和临时减免四种类型。

重难点1：法定减免税★★★

法定减免税是税法中明确列出的减税或免税。符合税法规定可予减免税的进出口货物，纳税义务人无须提出申请，海关可按规定直接予以减免税。海关对法定减免税货物一般不进行后续管理。

下列进出口货物、物品予以减免关税：

1. 关税税额在人民币50元以下的一票货物，可免征关税。

2. 无商业价值的广告品和货样，可免征关税。

3. 外国政府、国际组织无偿赠送的物资，可免征关税。

4. 进出境运输工具装载的途中必需的燃料、物料和饮食用品，可予免税。

5. 在海关放行前损失的货物，可免征关税（全损）。

6. 在海关放行前遭受损坏的货物，可根据海关认定的受损程度减征关税（部分受损）。

7. 我国缔结或参加的国际条约规定减征、免征关税的货物、物品，按规定予以减免关税。

8. 法律规定减征、免征关税的其他货物、物品。

重难点 2：特定减免税★

特定减免税，也称为政策性减免税，是指在法定减免税之外，国家按国际通行规则和我国实际情况，制定发布的特定或**政策性**减免税。包括：

1. 科教用品。
2. 残疾人专用品。
3. 慈善捐赠物资。
4. 重大技术装备。

【小贴士】自 2020 年 1 月 8 日起，对符合规定条件的企业及核电项目业主为生产国家支持发展的重大技术装备或产品而确有必要进口的部分关键零部件及原材料，免征关税和进口环节增值税。

【小贴士】取得免税资格的企业及核电项目业主可向主管海关提出申请，选择放弃免征进口环节增值税，只免征进口关税。企业及核电项目业主主动放弃免征进口环节增值税后，36 个月内不得再次申请免征进口环节增值税。

重难点 3：暂时免税★★

暂时进境或者暂时出境的货物，在进境或者出境时纳税人向海关缴纳相当于应纳税款的**保证金或者提供其他担保的**，可以暂不缴纳关税，并应当自进境或者出境之日起 **6 个月内**复运出境或者复运进境；需要延长复运出境或者复运进境期限的，纳税人应当根据海关总署的规定向海关办理延期手续。暂时进境或者暂时出境的货物包括：

1. 在展览会、交易会、会议及类似活动中展示或者使用的货物。
2. 文化、体育交流活动中使用的表演、比赛用品。
3. 进行新闻报道或者摄制电影、电视节目使用的仪器、设备及用品。
4. 开展科研、教学、医疗活动使用的仪器、设备及用品。
5. 在上述第 1 项至第 4 项所列活动中使用的交通工具及特种车辆。
6. 货样。
7. 供安装、调试、检测设备时使用的仪器、工具。
8. 盛装货物的容器。
9. 其他用于非商业目的的货物。

【经典例题】

【真题·多选题】（2014 改编）下列进口货物中，法定免征进口关税的有（　　）。

A. 国际组织无偿赠送的物资

B. 具有一定商业价值的货样

C. 海关放行后损坏的进口货物

D. 关税税额为人民币 30 元的一票货物

【答案】AD

【解析】选项 B，无商业价值的广告品和货样，可免征关税；选项 C，在海关放行前损失的货物，可免征关税。

【真题·多选题】（2019）下列进口的货物或物品中，免征关税的有（　　）。

A. 无商业价值的广告品

B. 国际组织无偿赠送的货物

C. 在海关放行前损失的货物

D. 外国政府无偿援助的物资

【答案】ABCD

【解析】下列进出口货物、物品予以减免关税：（1）关税税额在人民币 50 元以下的一票货物，可免征关税。（2）无商业价值的广告品和货样，可免征关税。（3）外国政府、国际组织无偿赠送的物资，可免征关税。（4）进出境运输工具装载的途中必需的燃料、物料和饮食用品，可予免税。（5）在海关放行前损失的货物，可免征关税。（6）在海关放行前遭受损坏的货物，可以根据海关认定的受损程度减征关税。（7）我国缔结或者参加的国际条约规定减征、免征关税的货物、物品，按照规定予以减免关税。

第五单元　关税征收管理

重难点 1：关税缴纳★★

（一）关税申报

1. **进口货物**自运输工具申报进境之日起**14 日内**向海关申报。

2. 除海关特准的外，**出口货物**在运抵海关监管区后装货的**24 小时以前**向海关申报。

（二）纳税期限

纳税人应自海关填发税款缴款书之日起**15 日内**缴纳关税。

【小贴士】不能按期缴纳税款，经依法提供税款担保后，可延期缴纳，但最长**不得超过 6 个月**。

重难点 2：关税的强制执行★★

关税的强制执行措施，包括加收滞纳金和强制征收。

1. 征收关税滞纳金。

关税滞纳金金额＝滞纳关税税额×滞纳金征收比率（0.5‰）×滞纳天数

2. 强制征收。

如纳税人自缴纳税款期限届满之日起 3 个月仍未缴纳税款，经海关**关长**批准，海关可以采取**强制扣缴、变价抵缴**等强制措施。

【经典例题】

【真题·单选题】（2006）某公司进口一批货物，海关于 2006 年 3 月 1 日填发税款缴款书，但公司迟至 3 月 27 日才缴纳 500 万元的关税。海关应征收关税滞纳金为（　　）万元。

A. 2.75　　B. 3

C. 6.5　　D. 6.75

【答案】B

【解析】滞纳 12 天，海关应征收关税滞纳金＝500×12×0.5‰＝3（万元）。

【真题·多选题】（2016）下列措施中，属于《海关法》赋予海关可以采取的强制措施有（　　）。

A. 补征税额　　B. 强制扣缴

C. 变价抵缴　　D. 征收关税滞纳金

【答案】BCD

【解析】强制措施主要有两类：（1）征收关税滞纳金；（2）强制征收，如纳税义务人自缴纳税款期限届满之日起 3 个月仍未缴纳税款，经直属海关关长或其授权的隶属海关关长批准，海关可以采取强制扣缴、变价抵缴等强制措施。

重难点 3：关税退还★★

关税退还，是指海关将实际征收多于应当征收的税额（溢征关税）退还给纳税人的一种行政行为。

1. 溢征关税，**海关**发现后应立即退还。

2. **纳税人**发现的，申请退税时限为缴纳税款之日起 1 年内。纳税人可以书面形式要求海关退还多缴的税款并加算银行同期**活期存款利息**。

【小贴士】有下列情况之一，纳税人可自缴纳税款之日起 1 年内，申请退还关税：

（1）已征进口关税的货物，因品质或规格原因，原状退货复运出境的。

（2）已征出口关税的货物，因品质或规格原因，原状退货复运进境，并已重新缴纳因出口而退还的国内环节有关税收的。

（3）已征出口关税的货物，因故未装运出口，申报退关的。

海关应当自受理退税申请之日起 30 日内查实并通知纳税义务人办理退还手续；纳税义务人应当自收到通知之日起 3 个月内办理有关退税手续。

重难点 4：关税补征和追征★★

关税的补征和追征，是指海关在纳税人按海关核定的税额缴纳关税后，发现实际征收税额少于应征税额（短征关税）时，责令纳税人补缴所差税款的一种行政行为。

1. 关税补征，是**非因纳税人**违反海关规定造成的少征或漏征关税，关税补征期为缴纳税款或货物、物品放行之日起 **1 年内**。

2. 关税追征，是**因纳税人**违反海关规定造成少征或漏征关税，关税追征期为缴纳税款或货物、物品放行之日起 **3 年内**，并加收少征或漏征税款 0.5‰的**滞纳金**。

【小贴士】补征和追征的差异在于导致少纳税款的**责任不同**，责任的不同也带来补征与追征时限的不同。

【小贴士】关税溢征、补征、追征之比较：

具体情形	关税不同规定
关税溢征	（1）海关发现的，应立即退还； （2）纳税人发现的，自缴纳税款之日起 1 年内书面申请退税，并加算银行同期活期存款利息
关税补征	海关发现的，自缴纳税款或货物、物品放行之日起 1 年内补征，不加收滞纳金
关税追征	自纳税人缴纳税款或者货物、物品放行之日起 3 年内追征，按日加收 0.5‰的滞纳金

【经典例题】

【真题·单选题】（2020）因纳税义务人违反规定而造成的少征关税，海关可以自纳税义务人缴纳税款或者货物、物品放行之日起的一定期限内追征。这一期限是（　　）年。

A. 1　　B. 3

C. 5　　D. 10

【答案】B

【解析】关税追征自纳税人缴纳税款或者货物、物品放行之日起 3 年内追征，按日加收 0.5‰的滞纳金。

重难点 5：关税纳税争议★

纳税人同海关发生争议时，可以向海关申请复议，但同时应当在规定期限内按海关核定的税额缴纳关税，逾期则构成滞纳，海关有权按规定采取强制执行措施。

【小贴士】对征税行为的争议，按税务机关规定缴纳税款、滞纳金或提供担保后，才可以申请行政复议；行政复议是诉讼的必经前置程序。

【小贴士】纳税义务人自海关填发税款缴款书之日起 60 日内，向原征税海关的上一级海关提出复议申请。海关行政复议机关应当自受理复议申请之日起 60 日内作出复议决定，并以复议决定书的形式正式答复纳税义务人；纳税义务人对海关复议决定仍然不服的，可以自收到复议决定书之日起 15 日内，向人民法院提起诉讼。

【本章总结——关税】

1. 进口环节增值税、消费税、关税的计算，是以前年度常考不衰的组合命题点。

2. 关税应掌握与熟悉的内容。

（1）掌握进口货物的完税价格的一般规定。

（2）掌握完税价格中运输及保险费的计算。

（3）掌握关税的减免。

（4）熟悉关税税率的运用。

（5）熟悉出口货物完税价格的计算。

（6）掌握关税应纳税额的计算。

（7）掌握关税的补证与追征。

3. 与其他章节及税种的关系。

（1）与其他税种不同，关税（包括吨税）的缴纳在征管方面不适用《税收征收管理法》。

（2）与增值税、消费税：进口货物组成计税价格计算应纳增值税、应纳消费税，计税价格包含关税完税价格、关税税额、消费税税额。

第六单元　船舶吨税法

重难点 1：征税范围和税率★★

（一）征税范围

自境外港口进入境内港口的船舶（以下简称“应税船舶”），应当缴纳船舶吨税（以下简称“吨税”）。

（二）税率

吨税采用定额税率，设置优惠税率和普通税率。

1. 优惠税率。

（1）中华人民共和国国籍的应税船舶。

（2）船籍国（地区）与我国签订含有相互给予船舶税费**最惠国待遇**条款的条约或者协定的应税船舶。

2. 普通税率。

除了适用优惠税率的船舶之外的其他应税船舶，适用普通税率。

【小贴士】拖船按照发动机功率每千瓦折合净吨位0.67吨。

【小贴士】无法提供净吨位证明文件的游艇，按照发动机功率每千瓦折合净吨位0.05吨。

【小贴士】拖船和非机动驳船分别按相同净吨位船舶税率的50%计征税款。

重难点2：应纳税额的计算★★

吨税按照船舶净吨位和吨税执照期限征收。

计算公式为：

应纳税额＝船舶净吨位×定额税率（元/净吨）

【小贴士】净吨位，是指由船籍国（地区）政府签发或者授权签发的船舶吨位证明书上标明的净吨位。

【小贴士】**应税船舶负责人**申领吨税执照时，应当向海关提供下列文件：

（1）船舶国籍证书或者海事部门签发的船舶国籍证书收存证明。

（2）船舶吨位证明。

【经典例题】

【例题·计算问答题】英国某运输公司一艘货轮驶入我国某港口，该货轮净吨位为20 000吨，货轮负责人已向我国海关领取了吨税执照，在港口停留期为90天，英国已与我国签订有相互给予船舶税费最惠国待遇条款的条约。

要求：计算该货轮负责人应向我国海关缴纳的吨税。

【答案及解析】（1）根据吨税的相关规定，该货轮应享受优惠税率，每净吨位6.6元。（2）应缴纳吨税＝20 000×6.6＝132 000（元）。

重难点3：税收优惠★★★

（一）直接优惠

下列船舶免征吨税：

1. 应纳税额在人民币50元以下的船舶。

2. 自境外以购买、受赠、继承等方式取得船舶所有权的**初次**进口到港的**空载**船舶。

3. 吨税执照期满后**24小时内不上下客货**的船舶。

4. 非机动船舶（不包括非机动驳船）。

5. 捕捞、养殖渔船。

6. 避难、防疫隔离、修理、**改造**、终止运营或者拆解，并不上下客货的船舶。

7. 军队、武装警察部队**专用**或者**征用**的船舶。

8. 警用船舶。

9. 依照法律规定应当予以免税的外国驻华使领馆、国际组织驻华代表机构及其有关人员的船舶。

10. 国务院规定的其他船舶。

（二）延期优惠

在吨税执照期限内，应税船舶发生下列情形之一的，海关按照实际发生的天数批注延长吨税执照期限：

1. 避难、防疫隔离、修理、改造，并不上下客货。

2. 军队、武装警察部队征用。

【经典例题】

【真题·多选题】（2020）应税船舶在吨税执照期限内发生的下列情形中，海关可按照实际发生天数批注延长吨税执照期限的有（　　）。

A. 避难并不上下客货的

B. 武装警察部队征用的

C. 补充供给不上下旅客的

D. 防疫隔离不上下客货的

【答案】ABD

【解析】在吨税执照期限内，应税船舶发生下列情形之一的，海关按照实际发生的天数批注延长吨税执照期限：（1）避难、防疫隔离、修理，并不上下客货。（2）军队、武装警察部队征用。

【真题·多选题】（2014）下列船舶中，免征船舶吨税的有（　　）。

A. 养殖渔船

B. 非机动驳船

C. 军队征用的船舶

D. 应纳税额为人民币100元的船舶

【答案】AC

【解析】选项B，非机动驳船按相同净吨位船舶税率的50%计征船舶吨税。选项D，应纳税额为人民币50元以下的船舶，免征船舶吨税。

【真题·单选题】（2018）下列从境外进入我国港口的船舶中，免征船舶吨税的是（　　）。

A. 养殖渔船

B. 非机动驳船

C. 拖船

D. 吨税执照期满后24小时内上下客货的船舶

【答案】A

【解析】选项B、C，非机动驳船和拖船分别按相同净吨位船舶税率的50%计征税款。选项D，吨税执照期满后24小时内“不上下”客货的船舶免征船舶吨税。

重难点4：征收管理★★

1. 征收机关。

吨税由海关负责征收。海关征收吨税应制发缴款凭证。

2. 纳税义务发生时间。

吨税纳税义务发生时间为应税船舶进入港口的**当日**。

应税船舶在吨税执照期满后尚未离开港口的，应当申领新的吨税执照，自上一次执照期满的**次日起**续缴吨税。

3. 纳税期限。

应税船舶负责人应当自海关填发吨税缴款凭证之日起15日内缴清税款。未按期缴清税款的，自滞纳税款之日起至缴清税款之日止，按日加收滞纳税款0.5‰的税款滞纳金。

【小贴士】应税船舶在吨税执照期限内，因修理、改造导致净吨位变化的，吨税执照继续有效。

4. 纳税担保。

应税船舶到达港口前，经海关核准先行申报并办结出入境手续的，应税船舶负责人应当向海关提供与其依法履行吨税缴纳义务相适应的担保；应税船舶到达港口后，依照规定向海关申报纳税。

下列财产、权利可以用于担保：

（1）人民币、可自由兑换货币。

（2）汇票、本票、支票、债券、存单。

（3）银行、非银行金融机构的保函。

（4）海关依法认可的其他财产、权利。

5. 吨税执照在期满前毁损或者遗失的，应当向原发照海关书面申请核发吨税执照副本，不再补税。

6. 吨税税款、滞纳金、罚款以人民币计算。

【本章总结——吨税】

1. 吨税应掌握与熟悉的内容。

（1）掌握税收优惠的内容。

（2）熟悉征收管理的内容。

2. 与其他章节及税种的关系。

（1）与其他税种不同，吨税（包括关税）的缴纳在征管方面不适用《税收征收管理法》。

（2）与车船税：吨税仅是针对船舶的，车船税不仅包括船舶还有车辆；吨税针对的是外国籍船舶或是行驶在境外的船舶，车船税的征收对象是中国籍车船和行驶在境内的车船。

通关练习

一、单项选择题

1. 原产于我国参加的含有关税优惠条款的区域性贸易协定有关缔约方的进口货物，采用的税率是(　　)。

A. 最惠国税率　　B. 协定税率

C. 特惠税率　　D. 普通税率

2. 我国海关计征关税标准主要是(　　)。

A. 从价税　　B. 从量税

C. 复合税　　D. 滑准税

3. 对于税率的运用，下列说法中不正确的是(　　)。

A. 进口货物，应当适用海关接受该货物申报进口之日实施的税率

B. 出口货物，应当适用海关接受该货物申报出口之日实施的税率

C. 进口货物到达前，经海关核准先行申报的，应当适用装载该货物的运输工具申报进境之日实施的税率

D. 经批准集中申报的进出口货物，应当适用每次货物进出口当日实施的税率

4. 以下项目需计入进口货物关税完税价格的是(　　)。

A. 货物运抵境内输入地点起卸前的运输及其相关费用

B. 进口环节海关代征的增值税

C. 货物运抵境内输入地点起卸后发生的运输及其相关费用

D. 境外考察费用

5. 下列费用中不计入进口货物关税完税价格的是(　　)。

A. 买方负担的容器费用

B. 买方负担的经纪费

C. 由买方负担的包装费

D. 由买方负担的购货佣金

6. 下列项目中，属于进口货物关税完税价格组成部分的是(　　)。

A. 进口人向自己的境外采购代理人支付的劳务费用

B. 为在境内复制进口货物而支付的费用

C. 进口设备的保修费用

D. 货物运抵境内输入地点起卸之后的运输费用

7. 某企业2020年12月进口设备一台，设备价格折合人民币是30万元，支付境外自己的采购代理人佣金2万元，运抵我国境内输入地点起卸前的运费0.8万元，保险费0.2万元。该企业进口环节应纳关税(　　)万元。(关税税率为20%)

A. 6　　B. 6.2

C. 6.4　　D. 6.6

8. 某企业进口一批货物，货价折合人民币4 000万元，支付到达我国境内输入地点起卸前的运费折合人民币50万元，该批货物进口关税税率为15%，未发生保险费，该企业进口该批货物应缴纳关税(　　)万元。

A. 600　　B. 607.5

C. 608.4　　D. 609.32

9. 下列项目中，应计入出口货物完税价格的是(　　)。

A. 货物运至我国境内输出地点装载前的运输费

B. 单独列明的货物运至我国境内输出地点装载后的运输费

C. 单独列明的货物运至我国境内输出地点装载后的保险费

D. 出口关税

10. 运往境外修理的机械器具、运输工具或其他货物，出境时已向海关报明，并在海关规定期限内复运进境的，应当以(　　)为基础审查确定完税价格。

A. 相同或类似价格的进口成交价格

B. 境外修理费和物料费

C. 海关审定的境外修理费和物料费以及该货物复运进境的运输及相关费用、保险费

D. 相同或类似价格的境内销售价格

11. 境内一单位将一批货物运往境外加工，出境时向海关报明价值100万元，支付加工费6万元，料件费10万元，支付复运进境运输费5万元和保险费5万元，同类进口货物的进口价格为150万元，该货物适用的关税税率为20%，则该单位就该货物应该缴纳的进口关税为(　　)万元。

A. 30　　B. 25.2

C. 20　　D. 5.2

12. 境内一单位将一批货物运往境外修理，出境时向海关报明价值100万元，支付修理费10万元，料件费10万元，支付复运进境运输费8万元和保险费6万元，同类进口货物的进口价格为160万元，该货物适用的关税税率为20%，则该单位就该货物应该缴纳的进口关税为(　　)万元。

A. 32　　B. 26.8

C. 10　　D. 6.8

13. 依据关税的有关规定，下列进口货物中可享受特定减免税的是(　　)。

A. 无商业价值的广告品

B. 国际组织无偿赠送的物资

C. 海关放行前损失的货物

D. 科研机构进口国内不能生产的科学研究和教学用品

14. 暂时进境或者暂时出境的下列货物，在进境或者出境时纳税义务人向海关缴纳相当于应纳税款的保证金或者提供其他担保的，可以暂不缴纳关税，并应当自进境或者出境之日起(　　)个月内复运出境或者复运进境。

A. 3　　B. 6

C. 9　　D. 12

15. 按我国《海关法》现行规定，进出口货物、物品放行后，海关发现少征或者漏征税款，应当自缴纳税款或者货物、物品放行之日起(　　)年内补征税款。

A. 1　　B. 3

C. 5　　D. 10

16. A国国籍一艘货轮停靠在我国某港口，该货轮净吨位为2 500吨。货船负责人已向我国海关领取了吨税执照，在港口停留期限为30天，A国已与我国签订有相互给予船舶税费最惠国待遇条款。已知超过2 000净吨但不超过10 000净吨的船舶，30天期限的普通税率为4.0元/净吨，优惠税率为2.9元/净吨，其应纳的船舶吨税为(　　)元。

A. 0　　B. 3 625

C. 7 250　　D. 10 000

17. 应税船舶发现多缴纳船舶吨税的，可以自缴纳税款之日起(　　)年内以书面形式要求海关退还多缴的税款并加算银行同期活期存款利息。

A. 1　　B. 2

C. 3　　D. 4

二、多项选择题

1. 以下进口商品征收复合税的有(　　)。

A. 录像机　　B. 摄像机

C. 原油　　D. 啤酒

2. 已申报进境并放行的保税货物、减免税货物、租赁货物或者已申报进出境并放行的暂时进出境货物，有规定情形之一需缴纳税款的，应当适用海关接受纳税义务人再次填写报关单申报办理纳税及有关手续之日实施的税率，这些规定情形包括(　　)。

A. 保税货物经批准不复运出境的

B. 保税仓储货物转入国内市场销售的

C. 减免税货物经批准转让或者移作他用的

D. 可暂不缴纳税款的暂时进出境货物，经批准不复运出境或者进境的

3. 下列关于进出口货物关税税率的适用表述中正确的有(　　)。

A. 进出口货物，应当适用海关接受该货物申报进口或者出口之日实施的税率

B. 进口转关运输货物，应当适用指运地海关接受该货物申报进口之日实施的税率

C. 出口转关运输货物，应当适用启运地海关接受该货物申报出口之日实施的税率

D. 因纳税义务人违反规定需要追征税款

的进出口货物，应当适用违反规定的行为发生之日实施的税率；行为发生之日不能确定的，适用海关发现该行为之日实施的税率

4. 由买方负担的下列费用中，应计入进口货物关税完税价格的有(　　)。

A. 境外保险费　　B. 境外运输费

C. 境外经纪费　　D. 境外考察费

5. 进口货物海关估价方法有(　　)。

A. 相同货物成交价格估价方法

B. 类似货物成交价格估价方法

C. 倒扣价格估价方法

D. 计算价格估价方法

6. 海关遵循客观、公平、统一的原则，以客观量化的数据资料为基础审查确定进口货物的完税价格，不得使用的价格有(　　)。

A. 境内生产的货物在境内的销售价格

B. 可供选择的价格中较高的价格

C. 货物在出口地市场的销售价格

D. 出口到第三国或者地区的货物的销售价格

7. 使用倒扣价格方法审查确定进口货物关税完税价格时，应扣除的项目有(　　)。

A. 同类货物在境内第一销售环节销售时支付的佣金

B. 进口增值税

C. 运抵境内输入地点起卸后的运输费

D. 运抵境内输入地点起卸前的运输费

8. 关于进口货物完税价格中的运输及相关费用、保险费的规定，下列说法中正确的有(　　)。

A. 进口货物的运输及其相关费用无法确定的，海关应当按照该货物进口同期的正常运输成本审查确定

B. 运输工具作为进口货物，利用自身动力进境的，海关在审查确定完税价格时，不再另行计入运输及其相关费用

C. 进口货物的保险费无法确定或者未实际发生，完税价格中则不包括保险费

D. 邮运进口的货物，应当以邮费作为运输及其相关费用、保险费

9. 运往境外加工的货物，出境时已向海关报明，并在海关规定期限内复运进境的，应当以(　　)为基础审查确定完税价格。

A. 境外加工费

B. 境外料件费

C. 复运进境的运输费

D. 复运进境的保险费

10. 跨境电子商务零售进口税收政策，下列说法中正确的有(　　)。

A. 跨境电子商务零售进口商品单次交易限值为人民币 5 000 元，个人年度交易限值为人民币 26 000 元

B. 在限值内进口的商品，关税税率暂设为 0

C. 在限值内进口环节增值税、消费税暂按法定应纳税额的 50% 征收

D. 超过单次限值的商品，按照一般贸易方式全额计税

11. 下列货物、物品可享受法定免税的有(　　)。

A. 关税税额在人民币 50 元以下的一票货物

B. 外国政府无偿赠送的物资

C. 海关放行前损失的货物

D. 境外自然人无偿向中国红十字总会捐赠的直接用于慈善事业的物资

12. 根据关税的有关规定，下列说法中正确的有(　　)。

A. 由于纳税人违反海关规定而少征或漏征的关税，海关在 1 年内可以追征

B. 由于纳税人违反海关规定而少征或漏征的关税，海关在 3 年内可以追征

C. 非因纳税人违反海关规定造成的少征或漏征的关税，海关应自纳税人缴纳税款之日起 1 年内补征

D. 非因纳税人违反海关规定造成的少征或漏征的关税，海关应自纳税人缴纳税款之日起 3 年内补征

13. 下列关于关税的征收管理的规定中说法正确的有(　　)。

A. 纳税人自缴纳税款期限届满之日起 3 个月仍未缴纳税款，经直属海关关长或者其授权的隶属海关关长批准，海关可以采取强制扣缴、变价抵缴等强制措施

B. 纳税人同海关发生纳税争议，可自海关填发税款缴纳书之日起 60 日内，向原征税海关的上一级海关提出复议申请

C. 海关行政复议机关应当自受理复议申请之日起 90 日内作出复议决定

D. 纳税人对海关复议决定不服，可自收到复议决定书之日起 60 日内，向人民法院提起诉讼

14. 以下关于关税的缴纳说法正确的有（　　）。

A. 纳税人应当自海关填发税款缴纳书之日起 15 日内缴纳税款

B. 纳税人因不可抗力不能按期缴纳税款的，经依法提供税款担保后，可以延期缴纳税款，但最长不得超过 3 个月

C. 征收关税滞纳金自关税缴纳期限届满滞纳日起，至纳税人缴纳关税之日止，按滞纳税款 0.5‰的比例按日征收

D. 已征出口关税的货物，因故未装运出口，申报退关的，纳税人自缴纳税款之日起 1 年内，可以申请退还关税

15. 以下船舶免征船舶吨税的有（　　）。

A. 非机动船舶

B. 警用船舶

C. 吨税执照期满后 48 小时内不上下客货的船舶

D. 防疫隔离不上下客货的船舶

16. 以下关于船舶吨税的征收管理，说法正确的有（　　）。

A. 船舶吨税纳税义务发生时间为应税船舶进入港口的当日

B. 应税船舶负责人应当自海关填发吨税缴款凭证之日起 15 日内缴清税款

C. 应税船舶在吨税执照期限内，因修理、改造导致净吨位变化的，吨税执照继续有效

D. 应税船舶在吨税执照期限内，因税目税率调整或者船籍改变而导致适用税率变化的，吨税执照继续有效

通关练习答案及解析

一、单项选择题

1. 【答案】B

【解析】选项 A，最惠国税率适用原产于与我国共同适用最惠国待遇条款的 WTO 成员方的进口货物，或原产于与我国签订有相互给予最惠国待遇条款的双边贸易协定的国家或地区进口的货物，以及原产于我国境内的货物。选项 C，特惠税率适用原产于与我国签订有特殊优惠关税协定的国家或地区的进口货物。选项 D，普通税率适用于原产于上述国家或地区以外的其他国家或地区的进口货物。

2. 【答案】A

【解析】我国海关计征关税标准主要是从价税。

3. 【答案】D

【解析】选项 D，经批准集中申报的进出口货物，应当适用每次货物进出口时海关接受该货物申报之日实施的税率。

4. 【答案】A

【解析】进口货物的完税价格包括货物的货价、货物运抵境内输入地点起卸前的运输及其相关费用、保险费。

5. 【答案】D

【解析】由买方负担的购货佣金不计入进口货物关税完税价格。

6. 【答案】C

【解析】选项 A，计入关税完税价格的佣金不包括购货佣金（进口人向自己的境内外采购代理人支付的劳务费用）。选项 B、D，为在境内复制进口货物而支付的费用和货物运抵境内输入地点起卸之后的运输费用都属于进口后发生的费用，不应计入进口货物关税的完税

价格。

7. 【答案】B

【解析】支付给境外自己采购代理人佣金属于不需要计入关税完税价格的购货佣金。关税完税价格 = 30 + 0.8 + 0.2 = 31（万元），应纳关税 = 31 × 20% = 6.2（万元）。

8. 【答案】D

【解析】如果进口货物的保险费无法确定或未实际发生，海关应按“货价加运费”两者总额的3‰计算保险费。该企业进口该批货物应缴纳关税 = (4 000 + 50) × (1 + 3‰) × 15% = 609.32（万元）。

9. 【答案】A

【解析】出口货物的完税价格，由海关以该货物向境外销售的成交价格为基础审查确定，并应包括货物运至我国境内输出地点装载前的运输及其相关费用、保险费，但其中包含的出口关税税额，应扣除。

10. 【答案】B

【解析】运往境外修理的机械器具、运输工具或其他货物，出境时已向海关报明，并在海关规定期限内复运进境的，应当以境外修理费和物料费为基础审查确定完税价格。

11. 【答案】D

【解析】运往境外加工的货物，出境时已向海关报明，并在海关规定期限内复运进境的，应当以境外加工费、料件费、复运进境的运输及相关费用、保险费为基础审查确定完税价格。该单位就该货物应该缴纳的进口关税 = (6 + 10 + 5 + 5) × 20% = 5.2（万元）。

12. 【答案】C

【解析】运往境外修理的机械器具、运输工具或其他货物，出境时已向海关报明，并在海关规定期限内复运进境的，应当以境外修理费和物料费为基础审查确定完税价格。该单位就该货物应该缴纳的进口关税 = (10 + 10) × 20% = 10（万元）。

13. 【答案】D

【解析】选项A、B、C享受的是法定减免税。

14. 【答案】B

【解析】暂时进境或者暂时出境的下列货物，在进境或者出境时纳税义务人向海关缴纳相当于应纳税款的保证金或者提供其他担保的，可以暂不缴纳关税，并应当自进境或者出境之日起6个月内复运出境或者复运进境。

15. 【答案】A

【解析】按我国《海关法》现行规定，进出口货物、物品放行后，海关发现少征或者漏征税款，应当自缴纳税款或者货物、物品放行之日起1年内补征税款。

16. 【答案】C

【解析】应纳船舶吨税 = 2 500 × 2.9 = 7 250（元）。

17. 【答案】C

【解析】应税船舶发现多缴纳船舶吨税的，可以自缴纳税款之日起3年内以书面形式要求海关退还多缴的税款并加算银行同期活期存款利息。

二、多项选择题

1. 【答案】AB

【解析】选项C、D征收从量税。

2. 【答案】ABCD

【解析】已申报进境并放行的保税货物、减免税货物、租赁货物或者已申报进出境并放行的暂时进出境货物，有下列情形之一需缴纳税款的，应当适用海关接受纳税义务人再次填写报关单申报办理纳税及有关手续之日实施的税率：(1) 保税货物经批准不复运出境的；(2) 保税仓储货物转入国内市场销售的；(3) 减免税货物经批准转让或者移作他用的；(4) 可暂不缴纳税款的暂时进出境货物，经批准不复运出境或者进境的；(5) 租赁进口货物，分期缴纳税款的。

3. 【答案】ABCD

【解析】以上选项均正确。

4. 【答案】ABC

【解析】选项D，境外考察费用不计入进口货物的完税价格中。

5. 【答案】ABCD

【解析】以上选项均正确。

6.【答案】ABCD

【解析】使用合理方法时，海关以客观量化的数据资料为基础审查确定完税价格，但不得使用以下价格：(1) 境内生产的货物在境内的销售价格；(2) 可供选择的价格中较高的价格；(3) 货物在出口地市场的销售价格；(4) 以计算价格估价方法规定之外的价值或费用计算的相同或类似货物的价格；(5) 出口到第三国或地区的货物的销售价格；(6) 最低限价或武断、虚构的价格。

7.【答案】ABC

【解析】选项A、B、D，都属于进口货物完税价格之外的项目，应予扣除。选项D，属于进口货物完税价格之内的项目，不能扣除。

8.【答案】ABD

【解析】选项C，进口货物的保险费无法确定或者未实际发生，海关应当按照“货价加运费”两者总额的3‰计算保险费。

9.【答案】ABCD

【解析】运往境外加工的货物，出境时已向海关报明，并在海关规定期限内复运进境的，应当以境外加工费、料件费、复运进境的运输及相关费用、保险费为基础审查确定完税价格。

10.【答案】ABD

【解析】选项C，在限值内进口环节增值税、消费税暂按法定应纳税额的70%征收。

11.【答案】ABC

【解析】选项D属于特定减免税。

12.【答案】BC

【解析】由于纳税人违反海关规定而少征或漏征的关税，海关在3年内可以追征；非因纳税人违反海关规定造成的少征或漏征的关税，海关应予补征，补征期限为缴纳税款或货物、物品放行之日起1年内。

13.【答案】AB

【解析】选项C，海关行政复议机关应当自受理复议申请之日起60日内作出复议决定，并以复议决定书的形式正式答复纳税人。选项D，纳税人对海关复议决定不服，可以自收到复议决定书之日起15日内，向人民法院提起诉讼。

14.【答案】ACD

【解析】选项B，纳税人因不可抗力不能按期缴纳税款的，经依法提供税款担保后，可以延期缴纳税款，但最长不得超过6个月。

15.【答案】ABD

【解析】选项C，吨税执照期满后24小时内不上下客货的船舶，免征吨税。

16.【答案】ABCD

【解析】以上选项均正确。

第八章　资源税法和环境保护税法

2021 年教材内容主要变化

根据 2020 年 9 月 1 日起实施的《资源税法》，资源税法部分重新编写。

本章近五年考情分析

本章属于税法考试次重点章，包括资源税法和环境保护税法。其中，资源税是近年来改革力度最大的税种之一，是考试中的重点税种；环境保护税，是 2018 年新增的小税种。考试一般以单项选择题、多项选择题命题，资源税会单独以计算问答题形式命题，或者与增值税结合以计算问答题的形式出现。近五年考试分值平均 6 分左右。2021 年预计考试分值在 7 分左右。

本章内容如下：

第一单元　资源税法

第二单元　环境保护税法

重难点解析

第一单元　资源税法

资源税，是对在中华人民共和国领域及管辖海域开发应税资源的单位和个人，课征的一种税。

重难点 1：纳税人★★

在中华人民共和国领域和中华人民共和国管辖的其他海域开发应税资源的单位和个人，为资源税的纳税人，应当依照资源税法规定缴纳资源税。

【小贴士】缴纳资源税的应税产品的开发地点是“境内”，所以资源税有“进口不征，出口不退”的规则。

【小贴士】应税资源产品（以下简称“应税产品”）的具体范围，由《资源税税目税率表》（以下简称《税目税率表》）确定。应税产品包括矿产品和盐。矿产品则包括原矿和选矿产品。

【小贴士】纳税人以应税产品用于非货币性资产交换、捐赠、偿债、赞助、集资、投资、广告、样品、职工福利、利润分配或者连续生产非应税产品等，应按规定缴纳资源税。（新增）

【小贴士】纳税人开采或者生产应税产品自用于连续生产应税产品的，不缴纳资源税。如铁原矿用于继续生产铁精粉的，在移送铁原矿时不缴纳资源税；但用于生产非应税产品的，如将铁精粉继续用于冶炼的，应当在移送环节缴纳资源税。（新增）

【经典例题】

【真题·多选题】（2005）下列各项中，属于资源税纳税人的有（　　）。

A. 境内开采原煤的国有企业

B. 进口铁矿石的私营企业

C. 境内开采石灰石的个体经营者

D. 我国管辖海域开采天然原油的外商投资企业

【答案】ACD

【解析】选项B，资源税进口不征。

【例题·多选题】下列属于应当征收资源税的情形有（　　）。

A. 纳税人以天然气用于非货币性资产交换

B. 纳税人将铁原矿用于继续生产铁精粉的

C. 纳税人将铁精粉继续用于冶炼

D. 纳税人将铜用于偿债

【答案】ACD

【解析】选项A、D，纳税人以应税产品用于非货币性资产交换、捐赠、偿债、赞助、集资、投资、广告、样品、职工福利、利润分配或者连续生产非应税产品等，应按规定缴纳资源税。选项B，纳税人开采或者生产应税产品自用于连续生产应税产品的，不缴纳资源税。选项C，纳税人开采或者生产应税产品自用于连续生产非应税产品的，不缴纳资源税。

重难点2：税目与税率★★★

（一）税目（征税范围）

资源税税目包括**能源矿产、金属矿产、非金属矿产、水气矿产、盐**5大类，在5个税目下面又设有若干子目。《资源税法》所列的税目有164个，涵盖了所有已经发现的矿种和盐。

1. 能源矿产。

（1）原油，是指开采的天然原油，**不包括人造石油**。

（2）天然气、页岩气、天然气水合物。

（3）煤炭，包括原煤和以未税原煤加工的洗选煤。

（4）煤成（层）气。

（5）铀、钍。

（6）油页岩、油砂、天然沥青、石煤。

（7）地热。

2. 金属矿产。

（1）黑色金属。

（2）有色金属。

3. 非金属矿产。

（1）矿物类。

（2）岩石类。

（3）宝玉石类，包括宝石、玉石、宝石级金刚石、玛瑙、黄玉、碧玺。

4. 水气矿产。

（1）二氧化碳气、硫化氢气、氦气、氡气。

（2）矿泉水。

5. 盐。

（1）钠盐、钾盐、镁盐、锂盐。

（2）天然卤水。

（3）海盐。

【小贴士】上述各税目征税时有的对**原矿征税**，有的对**选矿征税**，具体适用的征税对象按照《税目税率表》的规定执行，主要包括三类：（1）按原矿征税；（2）按选矿征税；（3）按原矿或者选矿征税。

【小贴士】纳税人以自采原矿（经过采矿过程采出后未进行选矿或者加工的矿石）直接销售，或者自用于应当缴纳资源税情形的，按照原矿计征资源税。**（新增）**

【小贴士】纳税人以自采原矿洗选加工为选矿产品（通过破碎、切割、洗选、筛分、磨矿、分级、提纯、脱水、干燥等过程形成的产品，包括富集的精矿和研磨成粉、粒级成型、切割成型的原矿加工品）销售，或者将选矿产品自用于应当缴纳资源税情形的，按照选矿产品计征资源税，在原矿移送环节不缴纳资源税。**（新增）**

【经典例题】

【例题·多选题】下列各项中，应征收资源税的有(　　)。

A. 进口的天然气

B. 专门开采的天然气

C. 海盐

D. 开发的矿泉水

【答案】BCD

【解析】选项A，进口天然气，不属于资源税征税范围。

(二) 税率

【小贴士】资源税的税率形式包括比率税率和定额税率。

【小贴士】《资源税法》按原矿、选矿分别设定税率。《税目税率表》中规定征税对象为原矿或者选矿的，应当分别确定具体适用税率。

【小贴士】对原油、天然气、中重稀土、钨、钼等战略资源实行固定税率，由税法直接确定。

【小贴士】《税目税率表》中实行幅度税率的，其具体适用税率由省、自治区、直辖市人民政府统筹考虑该应税资源的品位、开采条件以及对生态环境的影响等情况，在规定的税率幅度内提出，报同级人民代表大会常务委员会决定，并报全国人民代表大会常务委员会和国务院备案。

重难点3：计税依据★★

资源税的计税依据为应税产品的销售额或销售量，各税目的征税对象包括原矿、选矿等，资源税适用从价计征为主、从量计征为辅的征税方式。根据《税目税率表》的规定，地热、砂石、矿泉水和天然卤水可采用从价计征或从量计征的方式，其他应税产品统一适用从价定率征收的方式。

【小贴士】纳税人开采或者生产不同税率应税产品的，应当分别核算不同税目应税产品的销售额或销售数量；未分别核算的或者不能准确提供不同税目应税产品的销售额或者销售数量的，从高适用税率。

(一) 从价定率征收的计税依据

1. 销售额的基本规定。

从价定率征收的计税依据为计税销售额。计税销售额，是指纳税人销售应税产品向购买方收取的全部价款和价外费用，不包括增值税销项税额。

【小贴士】计入销售额中的相关运杂费用，凡取得增值税发票或者其他合法有效凭据的，准予从销售额中扣除。相关运杂费用是指应税产品从坑口或者洗选（加工）地到车站、码头或者购买方指定地点的运输费用、建设基金以及随运销产生的装卸、仓储、港杂费用。

2. 特殊情形下销售额的确定。

(1) 纳税人申报的应税产品销售额明显偏低且无正当理由的，或者有自用应税产品行为而无销售额的，主管税务机关可以按下列方法和顺序确定其应税产品销售额：

①按纳税人最近时期同类产品的平均销售价格确定。

②按其他纳税人最近时期同类产品的平均销售价格确定。

③按后续加工非应税产品销售价格，减去后续加工环节的成本利润后确定。

④按应税产品组成计税价格确定。

组成计税价格 = 成本 × (1 + 成本利润率) ÷ (1 − 资源税税率)

上述公式中的成本利润率由省、自治区、直辖市税务机关确定。

⑤按其他合理方法确定。**(新增)**

(2) 外购应税产品购进金额、购进数量的扣减。

纳税人外购应税产品与自采应税产品混合销售或者混合加工为应税产品销售的，在计算应税产品销售额或者销售数量时，准予扣减外购应税产品的购进金额或者购进数量；当期不足扣减的，可结转下期扣减。纳税人应当准确核算外购应税产品的购进金额或者购进数量，未准确核算的，一并计算缴纳资源税。

纳税人核算并扣减当期外购应税产品购进

金额、购进数量，应当依据外购应税产品的增值税发票、海关进口增值税专用缴款书或者其他合法有效凭据。

纳税人以外购原矿与自采原矿混合为原矿销售，或者以外购选矿产品与自产选矿产品混合为选矿产品销售的，在计算应税产品销售额或者销售数量时，直接扣减外购原矿或者外购选矿产品的购进金额或者购进数量。

纳税人以外购原矿与自采原矿混合洗选加工为选矿产品销售的，在计算应税产品销售额或者销售数量时，按照下列方法进行扣减：

准予扣减的外购应税产品购进金额（数量）= 外购原矿购进金额（数量）×（本地区原矿适用税率 ÷ 本地区选矿产品适用税率）

不能按照上述方法计算扣减的，按照主管税务机关确定的其他合理方法进行扣减。**（新增）**

（二）从量定额征收的计税依据

实行从量定额征收的以应税产品的销售数量为计税依据。应税产品的销售数量，包括纳税人开采或者生产应税产品的实际销售数量和自用于应当缴纳资源税情形的应税产品数量。

【经典例题】

【真题·单选题】（2010）纳税人开采应税矿产品销售的，其资源税的征税数量为（　　）。

A. 开采数量　　B. 实际产量

C. 计划产量　　D. 销售数量

【答案】 D

【解析】 实行从量定额征收的以应税产品的销售数量为计税依据。

重难点 4：应纳税额的计算★★

（一）从价定率方式应纳税额的计算

实行从价定率方式征收资源税的，根据应税产品的销售额和规定的适用税率计算应纳税额，具体计算公式为：

应纳税额 = 销售额 × 适用税率

【经典例题】

【真题·单选题】（2012 改编）某油田 2020 年 5 月共计开采原油 8 000 吨，当月销售原油 6 000 吨，取得不含税销售收入 18 000 000 元，同时还向购买方收取违约金 22 600 元，优质费 5 650 元；支付运输费用 20 000 元（运输发票已比对）。已知销售原油的资源税税率为 6%，则该油田 5 月应缴纳的资源税为（　　）元。

A. 1 082 700　　B. 932 534.48

C. 1 080 000　　D. 1 081 500

【答案】 D

【解析】 取得违约金和优质费属于价外费用，需要价税分离；应缴纳资源税 = [18 000 000 +（22 600 + 5 650）÷（1 + 13%）] × 6% = 1 081 500（元）。

【例题·计算问答题】 某油田 2020 年 5 月销售原油 20 000 吨，开具增值税专用发票取得销售额 10 000 万元、增值税税额 1 300 万元。已知：原油资源税税率为 6%。

要求：计算该油田 5 月应缴纳的资源税。

【答案及解析】 销售原油应纳税额 = 10 000 × 6% = 600（万元）。

【真题·计算问答题】（2017 改编）某石化企业为增值税一般纳税人，2020 年 5 月发生以下业务：

（1）从国外某石油公司进口原油 50 000 吨，支付不含税价款折合人民币 9 000 万元，其中包含包装费和保险费折合人民币 10 万元。

（2）开发原油 10 000 吨，并将开发的原油对外销售 6 000 吨，取得含税销售额 2 260 万元，同时向购买方收取延期付款利息 2.26 万元、包装费 1.13 万元，另外支付运输费用 7.02 万元。

（3）用开采的原油 2 000 吨加工生产汽油 1 300 吨。

（其他相关资料：原油的资源税税率为 6%。）

要求：根据上述资料，按照下列序号回答问题，如有计算需计算出合计数。

（1）说明业务（1）中该石化企业是否应对从国外某石油公司进口的原油计算缴纳资源税，如需要计算缴纳，计算应缴纳的资源税税额。

（2）计算业务（2）应缴纳的资源税税额。

（3）计算业务（3）应缴纳的资源税税额。

【答案及解析】

（1）不需要缴纳资源税。资源税的纳税人，是在中华人民共和国领域及管辖海域开发应税资源的单位和个人。《资源税法》规定，仅对在境内开发应税产品的单位和个人征收，进口的矿产品不征收资源税，对出口应税产品也不免征或退还已纳资源税。

（2）实行从价定率征收的以销售额作为计税依据。销售额，是指纳税人销售应税产品向购买方收取的全部价款和价外费用，但不包括收取的增值税销项税额和运杂费用。延期付款利息和包装费均属于价外费用。应缴纳的资源税税额 =（2 260 + 2.26 + 1.13）/（1 + 13%）× 6% = 120.18（万元）。

（3）将开采的资源税应税产品连续加工非应税产品的，于移送使用时缴纳资源税；应缴纳的资源税税额 = 2 000 × 2 260/6 000/（1 + 13%）× 6% = 40（万元）。

（二）从量定额方式应纳税额的计算

实行从量定额征收资源税的，根据应税产品的课税数量和规定的单位税额计算应纳税额，具体计算公式为：

应纳税额 = 课税数量 × 单位税额

【举例】 某砂石开采企业2020年5月销售砂石3 000立方米，已知：资源税率为2元/立方米。计算该企业5月应缴纳的资源税。

【解析】 销售砂石应缴纳资源税 = 3 000 × 2 = 6 000（元）。

重难点5：减税、免税项目★★★

（一）有下列情形之一的，免征资源税

1. **开采**原油以及油田范围内**运输**原油过程中用于**加热**的原油、天然气。

2. 煤炭开采企业因安全生产需要抽采的煤成（层）气。

（二）有下列情形之一的，减征资源税

1. 从低丰度油气田开采的原油、天然气减征20%资源税。

2. 高含硫天然气、三次采油和从深水油气田开采的原油、天然气，减征30%资源税。

3. 稠油、高凝油减征40%资源税。

4. 从衰竭期矿山开采的矿产品，减征30%资源税。

（三）可由省级人民政府决定的减税或者免税

有下列情形之一的，省级人民政府可以决定减税或者免税：

1. 纳税人开采或者生产应税产品过程中，因意外事故或者自然灾害等原因遭受重大损失的。

2. 纳税人开采共伴生矿、低品位矿、尾矿。

【小贴士】 上述两项的免征或者减征的具体办法，由省、自治区、直辖市人民政府提出，报同级人民代表大会常务委员会决定，并报全国人民代表大会常务委员会和国务院备案。

（四）其他减税、免税

1. 对青藏铁路公司及其所属单位运营期间自采自用的砂、石等材料免征资源税。

2. 自2018年4月1日至2021年3月31日，对页岩气资源税减征30%。

3. 自2019年1月1日至2021年12月31日，对增值税小规模纳税人可以在50%的税额幅度内减征资源税。

4. 自2014年12月1日至2023年8月31日，对充填开采置换出来的煤炭，资源税减征50%。**（新增）**

【小贴士】 纳税人的免征、减征项目，应当单独核算销售额或者销售数量；未单独核算或者不能准确提供销售额和销售数量的，不予免税或者减税。

【小贴士】纳税人开采或者生产同一应税产品，其中既有享受减免税政策的，又有不享受减免税政策的，按照免税、减税项目的产量占比等方法分别核算确定免税、减税项目的销售额或者销售数量。(新增)

【小贴士】纳税人开采或者生产同一应税产品同时符合两项或者两项以上减征资源税优惠政策的，除另有规定外，只能选择其中一项执行。(新增)

【小贴士】纳税人享受资源税优惠政策，实行"自行判别、申报享受、有关资料留存备查"的办理方式，另有规定的除外。纳税人对资源税优惠事项留存材料的真实性和合法性承担法律责任。(新增)

【经典例题】

【真题·单选题】(2020) 下列开采资源的情形中，依法免征资源税的是(　　)。

A. 开采稠油

B. 开采页岩气

C. 从衰竭期矿山开采的矿产品

D. 煤炭开采企业因安全生产需要抽采的煤层气

【答案】D

【解析】选项D，煤炭开采企业因安全生产需要抽采的煤成(层)气，免征资源税。选项A，稠油、高凝油减征40%资源税。选项B，自2018年4月1日至2021年3月31日，对页岩气资源税减征30%。选项C，从衰竭期矿山开采的矿产品，减征30%资源税。

【真题·多选题】(2011改编) 下列各项关于资源税减免税规定的表述中，正确的有(　　)。

A. 对出口的应税产品免征资源税

B. 对进口的应税产品不征收资源税

C. 开采原油过程中用于加热的原油免征资源税

D. 开采应税产品过程中因自然灾害有重大损失的可由省级人民政府减征资源税

【答案】BCD

【解析】选项A，资源税进口不征、出口不退。

【真题·多选题】(2016改编) 企业开发和生产的下列资源产品中，应当征收资源税的有(　　)。

A. 人造石油

B. 深水油气田开采的天然气

C. 煤炭开采企业因安全生产需要抽采的煤成(层)气

D. 从衰竭期矿山开采的矿产品

【答案】BD

【解析】选项A，不属于资源税的征税范围。选项C，免征资源税。

【例题·单选题】2020年5月，某原油开采企业(增值税一般纳税人)销售原油取得不含税销售额3 560万元，开采过程中的加热使用原油1吨，用10吨原油与汽车生产企业换取一辆汽车，原油不含税销售价格0.38万元/吨，原油资源税率6%，该企业5月应缴纳资源税(　　)万元。

A. 182.56　　B. 213.60

C. 213.83　　D. 213.85

【答案】C

【解析】开采原油过程中用于加热的原油，免税。应缴纳资源税税额 = (3 560 + 0.38 × 10) × 6% = 213.83(万元)。

【例题·多选题】下列各项关于资源税减免税规定的表述中，正确的有(　　)。

A. 从低丰度油气田开采的原油、天然气减征20%资源税

B. 高含硫天然气、三次采油和从深水油气田开采的原油、天然气，减征30%资源税

C. 稠油、高凝油减征40%资源税

D. 对充填开采置换出来的煤炭，资源税减征50%

【答案】ABCD

【解析】以上选项均正确。

重难点6：征收管理★★

（一）纳税义务发生时间

纳税人销售应税产品，纳税义务发生时间为收讫销售款或者取得索取销售款凭据的当日；自用应税产品的，纳税义务发生时间为移送应税产品的当日。

【小贴士】资源税纳税义务发生时间的规定与增值税、消费税规定基本相同，只是资源税进口不征，所以资源税没有进口环节纳税义务发生时间的规定。

【经典例题】

【真题·多选题】（2008）下列各项中，符合资源税纳税义务发生时间规定的有（　　）。

A. 采取分期收款结算方式的为实际收到款项的当天

B. 采取预收货款结算方式的为发出应税产品的当天

C. 自产自用应税产品的为移送使用应税产品的当天

D. 采取其他结算方式的为收讫销售款或取得索取销售款凭据的当天

【答案】BCD

【解析】选项A，纳税人采用分期收款结算方式的，其纳税义务发生时间为销售合同规定的收款日期的当天。

（二）纳税期限（重要）

1. 资源税按月或者按季申报缴纳；不能按固定期限计算缴纳的，可以按次申报缴纳。

2. 纳税人按月或者按季申报缴纳的，应当自月度或者季度终了之日起15日内，向税务机关办理纳税申报并缴纳税款。

（三）纳税地点

纳税人应当在矿产品的开采地或者海盐的生产地缴纳资源税。

（四）征收机关

资源税由税务机关按照《资源税法》和《税收征收管理法》的规定征收管理。

【小贴士】海上开采的原油和天然气资源税由海洋石油税务管理机构征收管理。（新增）

重难点7：水资源税改革试点实施办法★★

自2017年12月1日起，北京、天津、山西、内蒙古、河南、山东、四川、陕西、宁夏9个省区市纳入水资源税改革试点，由征收水资源费改为征收水资源税。

（一）纳税人

除规定情形外，水资源税的纳税人为直接取用地表水、地下水的单位和个人，包括直接从江、河、湖泊（含水库）和地下取用水资源的单位和个人。

【小贴士】下列情形，不缴纳水资源税：

1. 农村集体经济组织及其成员从本集体经济组织的水塘、水库中取用水的。

2. 家庭生活和零星散养、圈养畜禽饮用等少量取用水的。

3. 水利工程管理单位为配置或者调度水资源取水的。

4. 为保障矿井等地下工程施工安全和生产安全必须进行临时应急取用（排）水的。

5. 为消除对公共安全或者公共利益的危害临时应急取水的。

6. 为农业抗旱和维护生态与环境必须临时应急取水的。

（二）税率

1. 一般规定。

按不同取用水性质实行差别（定额）税率，具体适用税率，授权省级人民政府确定。

2. 特殊规定：

（1）地下水税额要高于地表水。

（2）超采区地下水税额要高于非超采区。

（3）严重超采地区的地下水税额要大幅高于非超采地区。

（4）对超计划或超定额用水加征1～3倍。

（5）对特种行业从高征税。

（6）对超过规定限额的农业生产取用水、农村生活集中式饮水工程取用水从低征税。

（三）应纳税额的计算

水资源税实行从量计征。

取水用途	计税依据	计算公式
一般取用水	实际取用水量	应纳税额＝实际取用水量×适用税额
疏干排水	实际取用水（排水）量	
水力发电和火力发电贯流式（不含循环式）冷却取用水	实际发电量	应纳税额＝实际发电量×适用税额

（四）税收减免

下列情形，予以免征或者减征水资源税：

1. **规定限额内**的农业生产取用水免征水资源税。

2. 取用污水处理再生水，免征水资源税。

3. 除接入城镇公共供水管网以外，军队、武警部队通过其他方式取用水的，免征水资源税。

4. 抽水蓄能发电取用水，免征水资源税。

5. 采油排水经分离净化后在封闭管道回注的，免征水资源税。

6. 财政部、国家税务总局规定的其他免征或者减征情形。

【小贴士】应适当关注“不缴纳水资源税”与“税收减免”的差异。

【经典例题】

【例题·多选题】下列免征水资源税的有（　　）。

A. 抽水蓄能发电取用水

B. 取用污水处理再生水

C. 水利工程管理单位为配置或者调度水资源取水

D. 采油排水经分离净化后在封闭管道回注水

【答案】ABD

【解析】选项C，水利工程管理单位为配置或者调度水资源取水的，不缴纳水资源税。

（五）征收管理

1. 征管模式：税务征管、水利核量、自主申报、信息共享。

2. 纳税义务发生时间：纳税人取用水资源的当日。

3. 纳税期限。

（1）除农业生产取用水外，**按季或者按月**征收。

（2）对超过规定限额的农业生产取用水水资源税**可按年**征收。

（3）不能按固定期限计算纳税的，可以按次申报纳税。

4. 申报期限。

自纳税期满或者纳税义务发生之日起15日内申报纳税。

5. 纳税地点。

由生产经营所在地的主管税务机关征收管理，跨省（区、市）调度的水资源，由**调入区域所在地**的税务机关征收水资源税。

【本章总结——资源税】

1. 以前年度，资源税单独考核过计算问答题。

2. 资源税应掌握与熟悉的内容。

（1）掌握资源税的计税依据、税额计算。

（2）熟悉资源税的税目和税率。

（3）掌握资源税的税收优惠。

（4）熟悉资源税的征收管理。

（5）熟悉水资源税的不征或减免的情形。

（6）熟悉水资源税的纳税期限。

3. 与其他税种的关系。

（1）与增值税：凡是需要同时计算资源税和增值税的矿产品，在计算增值税时，大多适用基本税率13%，但是天然气适用低税率9%。

（2）与企业所得税：在计算企业所得税应纳税所得额时，资源税可在企业所得税前扣除。

（3）与消费税：资源税与消费税在纳税人、纳税环节、视同销售等内容有相同或相似的规定。

第二单元　环境保护税法

环境保护税，是对在中华人民共和国领域和中华人民共和国管辖的其他海域，**直接**向环境排放**应税污染物**的企业事业单位和其他生产经营者征收的一种税。

【小贴士】《环境保护税法》自2018年1月1日起施行。

环境保护税，具有以下基本特点：

1. 属于调节型税种。
2. 其渊源是排污收费制度。
3. 属于综合型环境税。

【小贴士】环境保护税的征税范围包括大气污染物、水污染物、固体废物和噪声四大类，与对单一污染物征收的税种不同，属于综合型环境税。

4. 属于直接排放税。

【小贴士】环境保护税的纳税义务人是在我国领域和管辖的其他海域直接向环境排放应税污染物的企业事业单位和其他生产经营者。如果企业事业单位和其他生产经营者向依法设立的污水集中处理、生活垃圾集中处理场所排放应税污染物，不属于直接排放，不征收环境保护税。

5. 对大气污染物、水污染物规定了幅度定额税率。
6. 采用税务、环保部门紧密配合的征收方式。
7. 收入纳入一般预算收入，全部划归地方。

【经典例题】

【例题·多选题】以下符合环境保护税基本特点的有(　　)。

A. 其渊源是排污收费制度

B. 属于综合型环境税

C. 属于间接排放税

D. 收入纳入一般预算收入，全部划归地方

【答案】ABD

【解析】选项C，环境保护税属于直接排放税。

重难点1：纳税人★★

环境保护税的纳税人，是在中华人民共和国领域和中华人民共和国管辖的其他海域，直接向环境排放**应税污染物**的企业事业单位和其他生产经营者。

【小贴士】环境保护税的纳税人，须有**直接**向环境排放应税污染物的行为。

【小贴士】有下列情形之一的，**不属于直接**向环境排放污染物，**不缴纳**相应污染物的环境保护税：（1）企业事业单位和其他生产经营者向依法设立的污水集中处理、生活垃圾集中处理场所排放应税污染物的；（2）企业事业单位和其他生产经营者在符合国家和地方环境保护标准的设施、场所贮存或者处置固体废物的；（3）达到省级人民政府确定的规模标准，并且有污染物排放口的畜禽养殖场，应当依法缴纳环境保护税，但依法对畜禽养殖废弃物进行综合利用和无害化处理的，不属于直接向环境排放污染物，不缴纳环境保护税。

【小贴士】依法设立的城乡污水集中处理、生活垃圾集中处理场所**超过**国家和地方规定的排放标准向环境排放应税污染物的，应当缴纳环境保护税。

重难点2：税目与税率★★

（一）税目（征税范围）

环境保护税的税目、税额，依照《环境保护税法》所附《环境保护税税目税额表》执行。具体包括**大气污染物、水污染物、固体废物和（工业）噪声**四大类。

【小贴士】对《环境保护税税目税额表》的内容，学员应适当的关注。

（二）税率

环境保护税采用定额税率。

1. 固体废物和噪声，税额标准是全国统一的。

2. 大气污染物和水污染物规定了幅度定额税率具体适用税额的确定和调整，由省级人民政府在《环境保护税税目税额表》规定的

税额幅度内提出，报同级人民代表大会常务委员会决定，并报全国人民代表大会常务委员会和国务院备案。

3. 环境保护税的计税单位，大气污染物、水污染物为“每污染当量”、固体废物为“每吨”、(工业)噪声为“超标分贝”。

【经典例题】

【真题·多选题】(2020) 下列排放物中，属于环境保护税征税范围的有( )。

A. 危险废物　　B. 交通噪声

C. 二氧化碳　　D. 氮氧化物

【答案】AD

【解析】环境保护税的税目，包括大气污染物、水污染物、固体废物和噪声。大气污染物中不包括二氧化碳，噪声特指的是工业噪声，不包括建筑噪声和交通噪声。

【真题·多选题】(2018) 下列污染物中，属于环境保护税征收范围的有( )。

A. 建筑噪声　　B. 二氧化硫

C. 煤矸石　　D. 氮氧化物

【答案】BCD

【解析】选项A，环境保护税的税目，包括大气污染物、水污染物、固体废物和噪声，其中噪声特指的是工业噪声，不包括建筑噪声和交通噪声。

重难点3：计税依据和应纳税额的计算★★

(一) 计税依据确定的基本方法

1. 应税污染物的计税依据，按照下列方法确定：

(1) 应税大气污染物，按照污染物排放量折合的污染当量数确定。

(2) 应税水污染物，按照污染物排放量折合的污染当量数确定。

(3) 应税固体废物，按照固体废物的排放量确定。

(4) 应税噪声，按照超过国家规定标准的分贝数确定。

【小贴士】应税大气污染物、水污染物的污染当量数，以该污染物的排放量除以该污染物的污染当量值计算。每种应税大气污染物、水污染物的具体污染当量值，依照《环境保护税法》所附《应税污染物和当量值表》执行。

2. 应税污染物的确定方法(有顺序)。

(1) 纳税人安装使用符合国家规定和监测规范的污染物自动监测设备的，按照污染物自动监测数据计算。

(2) 纳税人未安装使用污染物自动监测设备的，按照监测机构出具的符合国家有关规定和监测规范的监测数据计算。

(3) 因排放污染物种类多等原因不具备监测条件的，按照国务院环境保护主管部门规定的排污系数、物料衡算方法计算。

(4) 不能按照上述(1)~(3)项规定的方法计算的，按照省级人民政府环境保护主管部门规定的抽样测算的方法核定计算。

【经典例题】

【真题·单选题】(2019) 下列应税污染物中，在确定计税依据时只对超过规定标准的部分征收环境保护税的是( )。

A. 固体废物　　B. 工业噪声

C. 水污染物　　D. 大气污染物

【答案】B

【解析】选项B，应税噪声按照超过国家规定标准的分贝数确定。

【真题·多选题】(2019) 下列应税污染物中，按照污染物排放量折合的污染当量数作为环境保护税计税依据的有( )。

A. 噪声　　B. 煤矸石

C. 水污染物　　D. 大气污染物

【答案】CD

【解析】选项A，应税噪声按照超过国家规定标准的分贝数确定计税依据。选项B，应税固体废物按照固体废物的排放量确定计税依据。选项C、D：应税大气污染物、水污染物按照污染物排放量折合的污染当量数确定计税依据。

(二) 大气污染物应纳税额的计算

1. 计税依据：污染物排放量折合的污染

当量数。

应税大气污染物污染当量数＝该污染物的排放量÷该污染物的污染当量值

【小贴士】每一排放口，或者没有排放口的应税大气污染物，按照污染当量数从大到小排序，对**前三项**污染物征收环境保护税。

2. 应纳税额的计算。

应纳税额＝污染当量数×具体适用税额

【举例】某企业2020年5月向大气直接排放二氧化硫、氟化物各100千克，一氧化碳200千克、氯化氢80千克，假设当地大气污染物每污染当量税额为1.2元，该企业只有一个排放口。计算应缴纳的环境保护税税额步骤如下：

（1）计算各污染物的污染当量数：

污染当量数＝该污染物的排放量÷该污染物的污染当量值。

二氧化硫污染当量数＝100÷0.95＝105.26。

氟化物污染当量数＝100÷0.87＝114.94。

一氧化碳污染当量数＝200÷16.7＝11.98。

氯化氢污染当量数＝80÷10.75＝7.44。

（2）按污染当量数排序：

氟化物污染当量数（114.94）＞二氧化硫污染当量数（105.26）＞一氧化碳污染当量数（11.98）＞氯化氢污染当量数（7.44）。

该企业只有一个排放口，排序选取计税前三项污染物为：氟化物、二氧化硫、一氧化碳。

（3）计算应纳税额：

应纳税额＝（114.94＋105.26＋11.98）×1.2＝278.62（元）。

（三）水污染物应纳税额的计算

1. 计税依据：污染物排放量折合的污染当量数。

应税水污染物的污染当量数＝该污染物的排放量÷该污染物的污染当量值

【小贴士】每一排放口的应税水污染物，按照《应税污染物和当量值表》，区分**第一类**水污染物和**其他类**水污染物，按照污染当量数从大到小排序。对第一类水污染物按照**前五项**征收环境保护税，对其他类水污染物按照**前三项**征收环境保护税。

2. 应纳税额的计算（适用监测数据法的水污染物）。

适用监测数据法的水污染物（包括第一类水污染物和其他类水污染物）的应纳税额，为污染当量数乘以具体适用税额。

应纳税额＝污染当量数×具体适用税额

【举例】甲化工厂是环境保护税纳税人，该厂仅有1个污水排放口且直接向河流排放污水，已安装使用符合国家规定和监测规范的污染物自动监测设备。检测数据显示，该排放口2020年5月共排放污水6万吨（折合6万立方米），应税污染物为六价铬，浓度为六价铬0.5毫克/升。计算该化工厂5月应缴纳的环境保护税（该厂所在省的水污染物税率为2.8元/污染当量，六价铬的污染当量值为0.02）。

【解析】（1）计算污染当量数。

六价铬污染当量数＝排放总量×浓度值÷当量值＝60 000 000×0.5÷1 000 000÷0.02＝1 500。

（2）应纳税额＝1 500×2.8＝4 200（元）。

3. 应纳税额的计算（适用抽样测算法）。

适用抽样测算法的情形，纳税人按照环境保护税法所附《禽畜养殖业、小型企业和第三产业水污染物当量值》表所规定的当量值计算污染当量数。

（1）规模化禽畜养殖业排放的水污染物应纳税额。

污染当量数＝禽畜养殖数量÷污染当量值

应纳税额＝污染当量数×具体适用税额

（2）小型企业和第三产业排放的水污染物污染当量数，以污水排放量（吨）除以污染当量值（吨）计算。

应纳税额＝污水排放量（吨）÷污染当量值（吨）×适用税额

（3）医院排放的水污染物，其污染当量数以病床数或者污水排放量除以相应的污染当量值计算。

应纳税额 = 医院床位数 ÷ 污染当量值 × 适用税额

应纳税额 = 污水排放量 ÷ 污染当量值 × 适用税额

【举例】某养殖场，2020 年 2 月养牛存栏量为 100 头，污染当量值为 0.1 头，假设当地水污染物适用税额为每污染当量 2.8 元，当月应纳环境保护税税额计算如下：

水污染物当量数 = 100 ÷ 0.1 = 1 000；

应纳税额 = 1 000 × 2.8 = 2 800（元）。

【举例】某餐饮公司，通过安装水流量计测得 2020 年 2 月排放污水量为 60 吨，污染当量值为 0.5 吨。假设当地水污染物适用税额为每污染当量 2.8 元，当月应纳环境保护税税额计算如下：

水污染物当量数 = 60 ÷ 0.5 = 120；

应纳税额 = 120 × 2.8 = 336（元）。

【举例】某县医院，床位 56 张，每月按时消毒，无法计量月污水排放量，污染当量值为 0.14 床，假设当地水污染物适用税额为每污染当量 2.8 元，当月应纳环境保护税税额计算如下：

水污染物当量数 = 56 ÷ 0.14 = 400；

应纳税额 = 400 × 2.8 = 1 120（元）。

（四）固体废物应纳税额的计算（重要）

1. 计税依据（固体废物排放量）。固体废物的排放量，为当期应税固体废物的**产生量**减去当期应税固体废物的贮存量、处置量、综合利用量的余额。计算公式为：

固体废物的排放量 = 当期固体废物的产生量 − 当期固体废物的综合利用量 − 当期固体废物的贮存量 − 当期固体废物的处置量

【小贴士】（1）固体废物的贮存量、处置量，是指在符合国家和地方环境保护标准的设施、场所贮存或者处置的固体废物数量；（2）固体废物的综合利用量，是指按照国务院发展改革、工业和信息化主管部门关于资源综合利用要求，以及国家和地方环境保护标准进行综合利用的固体废物数量。

2. 应纳税额的计算。

应纳税额 = 固体废物排放量 × 具体适用税额

【举例】2020 年 2 月，甲有限公司产生尾矿 1 000 吨，其中综合利用的尾矿 100 吨（符合国家相关规定），在符合国家和地方环境保护标准的设施贮存 200 吨，尾矿环境保护税适用税额为每吨 15 元。计算该公司当月尾矿应缴纳的环境保护税。

【解析】应纳税额 = (1 000 − 100 − 200) × 15 = 10 500（元）。

（五）噪声应纳税额的计算

1. 计税依据：超过国家规定标准的分贝数。

【小贴士】超过国家规定标准的分贝数，是指实际产生的**工业噪声**与国家规定的工业噪声排放标准限值之间的差值。

【小贴士】噪声计税几点说明：

（1）一个单位边界上有多处噪声超标，根据最高一处超标声级计算应纳税额；当沿边界长度超过 100 米有两处以上噪声超标，按照两个单位计算应纳税额。

（2）一个单位有不同地点作业场所的，应当分别计算应纳税额，合并计征。

（3）昼、夜均超标的环境噪声，昼、夜分别计算应纳税额，累计计征。

（4）声源一个月内超标不足 15 天的，减半计算应纳税额。

（5）夜间频繁突发和夜间偶然突发厂界超标噪声，按等效声级和峰值噪声两种指标中超标分贝值高的一项计算应纳税额。

2. 应纳税额的计算。

应纳税额 = 超过国家规定标准的分贝数对应的具体适用税额

【小贴士】纳税人有下列情形之一的，以其当期应税**大气污染物、水污染物的产生量**作为污染物的**排放量**（产生量等于排放量，属于惩罚措施）：

（1）未依法安装使用污染物自动监测设备，或者未将污染物自动监测设备与环境保护主管部门的监控设备联网。

(2) 损毁或者擅自移动、改变污染物自动监测设备。

(3) 篡改、伪造污染物监测数据。

(4) 通过暗管、渗井、渗坑、灌注或者稀释排放以及不正常运行防治污染设施等方式违法排放应税污染物。

(5) 进行虚假纳税申报。

【小贴士】纳税人有下列情形之一的，以其当期应税固体废物的产生量作为固体废物的排放量（产生量等于排放量，属于惩罚措施）：

(1) 非法倾倒应税固体废物。

(2) 进行虚假纳税申报。

【经典例题】

【例题·多选题】下列情形中，以纳税人当期污染物产生量作为排放量计征环境保护税的有（ ）。

A. 未依法安装使用污染物自动监测设备

B. 通过暗管方式违法排放污染物

C. 篡改、伪造污染物监测数据

D. 进行虚假纳税申报

【答案】ABCD

【解析】纳税人有下列情形之一的，以其当期应税大气污染物、水污染物的产生量作为污染物的排放量：(1) 未依法安装使用污染物自动监测设备或者未将污染物自动监测设备与环境保护主管部门的监控设备联网；(2) 损毁或者擅自移动、改变污染物自动监测设备；(3) 篡改、伪造污染物监测数据；(4) 通过暗管、渗井、渗坑、灌注或者稀释排放以及不正常运行防治污染设施等方式违法排放应税污染物；(5) 进行虚假纳税申报。

重难点4：税收减免★★★

（一）暂免征税项目

1. 农业生产（不包括规模化养殖）排放应税污染物的。

2. 机动车、铁路机车、非道路移动机械、船舶和航空器等流动污染源排放应税污染物的。

3. 依法设立的城乡污水集中处理、生活垃圾集中处理场所排放相应应税污染物，不超过国家和地方规定的排放标准的。

4. 纳税人综合利用的固体废物，符合国家和地方环境保护标准的。

5. 国务院批准免税的其他情形。

（二）减征税额项目

1. 纳税人排放应税大气污染物或者水污染物的浓度值低于国家和地方规定的污染物排放标准30%的，减按75%征收环境保护税。

2. 纳税人排放应税大气污染物或者水污染物的浓度值低于国家和地方规定的污染物排放标准50%的，减按50%征收环境保护税。

【小贴士】减征税额项目，只包括“应税大气污染物和水污染物”。

【经典例题】

【真题·单选题】（2018）下列情形中，属于直接向环境排放污染物从而应缴纳环境保护税的是（ ）。

A. 企业在符合国家和地方环境保护标准的场所处置固体废物的

B. 事业单位向依法设立的生活垃圾集中处理场所排放应税污染物的

C. 企业向依法设立的污水集中处理场所排放应税污染物的

D. 依法设立的城乡污水集中处理场所超过国家和地方规定的排放标准排放应税污染物的

【答案】D

【解析】选项D，依法设立的城乡污水集中处理、生活垃圾集中处理场所排放相应应税污染物，不超过国家和地方规定的排放标准的，免征环境保护税。

【例题·多选题】关于环境保护税，下列说法中正确的有（ ）。

A. 环境保护税纳税人不包括家庭和个人

B. 环境保护税税率为统一比例税率

C. 环境保护税收入全部归地方

D. 机动车和船舶排放的应税污染物暂时免征环境保护税

【答案】ACD

【解析】选项B，环境保护税采用定额税率。

重难点5：征收管理★★

（一）环境保护税采用“企业申报、税务征收、环保协同、信息共享”的征管方式

（二）纳税义务发生时间、纳税地点

1. 纳税义务发生时间，为纳税人排放应税污染物的当日。

2. 纳税人应当向应税污染物排放地的税务机关，申报缴纳环境保护税。

【小贴士】应税污染物排放地是指：（1）应税大气污染物、水污染物：排放口所在地；（2）应税固体废物、应税噪声：产生地。

（三）纳税期限

环境保护税按月计算，按季申报缴纳；不能按固定期限计算缴纳的，可以按次申报缴纳。

1. 纳税人按季申报缴纳的，应当自季度终了之日起15日内，向税务机关办理纳税申报并缴纳税款。

2. 纳税人按次申报缴纳的，应当自纳税义务发生之日起15日内，向税务机关办理纳税申报并缴纳税款。

（四）纳税资料复核

税务机关发现纳税人的纳税申报数据资料异常或者纳税人未按照规定期限办理纳税申报的，可以提请环境保护主管部门进行复核，环境保护主管部门应当自收到税务机关的数据资料之日起15日内向税务机关出具复核意见。税务机关应当按照环境保护主管部门复核的数据资料调整纳税人的应纳税额。

纳税人的纳税申报数据资料异常，包括但不限于下列情形：

1. 纳税人当期申报的应税污染物排放量与上一年同期相比明显偏低，且无正当理由。

2. 纳税人单位产品污染物排放量与同类型纳税人相比明显偏低，且无正当理由。

【本章总结——环境保护税】

1. 环境保护税应掌握与熟悉的内容。

（1）掌握环境保护税的纳税人，须有直接向环境排放应税污染物的行为。

（2）掌握应税固体废物差额计税的规定。

（3）掌握税收减免的内容。

（4）熟悉应税污染物的税目及环境保护税的计税单位。

（5）熟悉纳税义务发生时间、纳税地点的规定。

2. 与其他章节及税种的关系。

（1）与第一章税法总论：环境保护税收入纳入一般预算收入，全部划归地方。

（2）与企业所得税：在计算企业所得税应纳税所得额时，环境保护税可（直接）在企业所得税税前扣除。

通关练习

一、单项选择题

1. 下列关于资源税纳税人的规定中，说法正确的是(　　)。

A. 资源税对在中国境内外开采或生产应税产品的单位和个人征收

B. 进口矿产品和盐的单位和个人是资源税的纳税人

C. 对出口应税产品实行免征或退还已纳资源税

D. 单位和个人以应税产品进行投资，应计算缴纳资源税

2.《资源税法》所列的税目有(　　)个。

A. 160　　B. 162

C. 164　　D. 166

3. 从低丰度油气田开采的原油、天然气减征(　　)资源税。

A. 20%　　B. 30%

C. 40%　　D. 50%

4. 资源税纳税人以自采原矿直接加工为非应税产品的，视同(　　)。

A. 原矿销售

B. 选矿销售

C. 应税产品销售

D. 非应税产品销售

5. 某煤矿企业2020年10月共计开采原煤8 000吨，当月销售原煤6 000吨，取得不含税销售收入1 800 000元，同时还向购买方收取违约金22 600元，优质费5 650元；支付从坑口到车站、码头的运输费用取得增值税发票，注明价款为20 000元。已知销售原煤的资源税税率为4%。则该煤矿企业10月应缴纳的资源税为(　　)元。

A. 73 200　　B. 73 000

C. 72 200　　D. 72 000

6. 某煤炭企业将外购100万元原煤与自采200万元原煤混合洗选加工为选煤销售，选煤销售额为550万元。当地原煤税率为4%，选煤税率为2%，在计算应税产品销售额时，准予扣减的外购应税产品购进金额为(　　)万元。

A. 100　　B. 200

C. 250　　D. 300

7. 某原油生产企业将外购原油和自产原油按照1∶3的比例混合在一起销售，2020年12月销售混合原油2 000吨，取得不含增值税销售额300万元，经增值税发票确认，外购原油单价800元/吨（不含增值税），该原油资源税税率为6%，当期该原油生产企业应纳的资源税为(　　)万元。

A. 0　　B. 12.8

C. 15.6　　D. 18

8. 以下关于水资源税税率的表述中，不正确的是(　　)。

A. 超采区地下水税额要高于非超采区

B. 地下水税额要高于地表水

C. 对特种行业从低征税

D. 对超计划或超定额用水加征1～3倍

9. 以下符合水资源减免规定的是(　　)。

A. 规定限额内的农业生产取用水，免征水资源税

B. 取用污水处理再生水，免征水资源税

C. 抽水蓄能发电取用水，免征水资源税

D. 军队接入城镇公共供水管网取用水，免征水资源税

10. 以下关于环境保护税的特点，说法不正确的是(　　)。

A. 属于单一型环境税

B. 属于直接排放税

C. 采用税务、环保部门紧密配合的征收方式

D. 收入全部划归地方

11. 某餐饮公司，通过安装水流量计测得2020年12月排放污水量为100吨，污染当量值为0.5吨。假设当地水污染物适用税额为每污染当量2.8元，当月应纳环境保护税(　　)元。

A. 140　　B. 280

C. 560　　D. 580

12. 某县医院，床位140张，每月按时消毒，无法计量月污水排放量，污染当量值为0.14床，假设当地水污染物适用税额为每污染当量2.4元，每月应纳环境保护税(　　)元。

A. 336　　B. 470.4

C. 1 246　　D. 2 400

13. 假设某企业2020年1月产生炉渣1 000吨，其中在符合国家和地方环境保护标准的设施贮存300吨。炉渣环境保护税适用税额为每吨25元，该企业当月炉渣应缴纳环境保护税(　　)元。

A. 7 500　　B. 17 500

C. 25 000　　D. 32 500

14. 下列情形应缴纳环境保护税的是(　　)。

A. 农业生产排放应税污染物

B. 存栏1 000头猪的养猪场排放应税污染物

C. 机动车行驶排放应税污染物

D. 纳税人综合利用的固体废物，符合国家和地方环境保护标准的

15. 某企业 2020 年 1 月连续 20 天发生的工业噪声分贝超过国家标准 13 分贝。按照《环境保护税税目税额表》规定，噪声超标 13～15 分贝的，应纳税额每月 5 600 元。则该企业当月应纳环境保护税(　　)元。

A. 0　　B. 1 866. 67

C. 2 800　　D. 5 600

二、多项选择题

1. 下列各项中，应征收资源税的有(　　)。

A. 进口铁矿　　B. 出口天然气

C. 洗煤　　D. 开采销售煤炭

2. 根据《资源税税目税率表》的规定，对(　　)实行固定税率，由税法直接确定。

A. 原油　　B. 天然气

C. 中重稀土　　D. 钨、钼

3. 根据《资源税税目税率表》的规定，以下资源的计税依据既可以采用从价定率又可以采用从量定额征收的有(　　)。

A. 地热　　B. 砂石

C. 矿泉水　　D. 天然卤水

4. 按照现行资源税优惠政策的规定，下列说法中正确的有(　　)。

A. 煤炭开采企业因安全生产需要抽采的煤成（层）气免征资源税

B. 高含硫天然气减征 30% 资源税

C. 高凝油减征 40% 资源税

D. 开采原油用于加热的原油免征资源税

5. 根据《资源税暂行条例》规定，下列说法中正确的有(　　)。

A. 原油是指开采的天然原油，不包括人造石油

B. 对三次采油开采的原油、天然气资源税减征 30%

C. 天然气包括专门开采的天然气、与原油同时开采的天然气，地面抽采煤层气

D. 稠油减征 40%

6. 某天然气开采企业销售天然气，当月缴纳情况说法中正确的有(　　)。

A. 按照天然气不含增值税的销售额缴纳增值税

B. 按照天然气不含增值税的销售额缴纳消费税

C. 按照天然气不含增值税的销售额缴纳资源税

D. 按照缴纳的增值税、消费税税额缴纳城市维护建设税

7. 资源税纳税人申报的应税产品销售额明显偏低且无正当理由的，或者有自用应税产品行为而无销售额的，主管税务机关可以按下列方法和顺序确定其应税产品销售额(　　)。

A. 按纳税人最近时期同类产品的平均销售价格确定

B. 按其他纳税人最近时期同类产品的平均销售价格确定

C. 按后续加工非应税产品销售价格，减去后续加工环节的成本利润后确定

D. 按应税产品组成计税价格确定，组成计税价格 = 成本 ×（1 + 成本利润率）÷（1 − 资源税税率）

8. 以下关于资源税的说法中正确的有(　　)。

A. 纳税人以自采原矿直接销售，按照原矿计征资源税

B. 纳税人以自采原矿自用于应当缴纳资源税情形的，按照原矿计征资源税

C. 纳税人以自采原矿洗选加工为选矿产品，按照选矿产品计征资源税，在原矿移送环节不缴纳资源税

D. 纳税人将选矿产品自用于应当缴纳资源税情形的，按照选矿产品计征资源税，在原矿移送环节不缴纳资源税

9. 以下关于资源税的征收管理，正确的有(　　)。

A. 纳税人应当在矿产品的开采地或者海盐的生产地缴纳资源税

B. 资源税按月或者按季申报缴纳

C. 不能按固定期限计算缴纳的，可以按次申报缴纳

D. 纳税人按月或者按季申报缴纳的，应当自月度或者季度终了之日起15日内，向税务机关办理纳税申报并缴纳税款

10. 下列有关资源税的说法中正确的有(　　)。

A. 资源税《税目税率表》中规定征税对象为原矿或者选矿的，应当分别确定具体适用税率

B. 海上开采的原油和天然气资源税由海洋石油税务管理机构征收管理

C. 资源税按照《税目税率表》实行从价计征或者从量计征

D. 纳税人销售应税产品，自用应税产品的，纳税义务发生时间为移送应税产品的当日

11. 以下关于资源税的表述中正确的有(　　)。

A. 进口的矿产品和盐不征收资源税

B. 资源税主要实行从价计征

C. 在生产、进口、批发、零售各环节均应征收资源税

D. 开采海洋或陆上油气资源的中外合作油气田，在2011年11月1日前已签订的合同继续缴纳矿区使用费，不缴纳资源税；合同期满后，依法缴纳资源税

12. 以下关于资源税的税收优惠说法正确的有(　　)。

A. 自2019年1月1日至2021年12月31日，对增值税小规模纳税人可以在50%的税额幅度内减征资源税

B. 自2014年12月1日至2023年8月31日，对充填开采置换出来的煤炭，资源税减征50%

C. 从衰竭期矿山开采的矿产品，减征30%资源税

D. 稠油、高凝油减征40%资源税

13. 以下可由省级人民政府决定的减税或者免税的情形包括(　　)。

A. 纳税人开采或者生产应税产品过程中，因意外事故或者自然灾害等原因遭受重大损失的

B. 纳税人开采共伴生矿

C. 纳税人开采低品位矿

D. 纳税人开采尾矿

14. 在水资源税试点规定中，下列情形不缴纳水资源税的有(　　)。

A. 农村集体经济组织及其成员从本集体经济组织的水塘中取用水的

B. 为农业抗旱和维护生态与环境必须临时应急取水的

C. 水利工程管理单位为配置或者调度水资源取水的

D. 为消除公共利益的危害临时应急取水的

15. 以下属于环境保护税特点的有(　　)。

A. 属于调节型税种

B. 属于直接排放税

C. 对大气污染物、水污染物规定了幅度定额税率

D. 采用税务、环保部门紧密配合的征收方式

16. 以下关于应税污染物的计税依据，说法正确的有(　　)。

A. 应税大气污染物按照污染物排放量折合的污染当量数确定

B. 应税水污染物按照污染物排放量折合的污染当量数确定

C. 应税固体废物按照污染物排放量折合的污染当量数确定

D. 应税噪声按照污染物排放量折合的污染当量数确定

17. 下列关于环境保护税税收减免规定，说法不正确的有(　　)。

A. 船舶排放应税污染物免征环境保护税

B. 农业生产（不包括规模化养殖）排放应税污染物的

C. 纳税人排放应税大气污染物或者水污染物的浓度值低于国家和地方规定的污染物排放标准30%的，减按50%征收环境保护税

D. 纳税人排放应税大气污染物或者水污染物的浓度值低于国家和地方规定的污染物排放标准50%的，减按40%征收环境保护税

18. 以下符合环境保护税政策规定的有(　　)。

A. 环境保护税的纳税义务发生时间是纳税人排放应税污染物的当日

B. 纳税人应当向应税污染物排放地的税务机关申报缴纳环境保护税

C. 纳税人按季申报缴纳的，应当自季度终了之日起5日内，办理纳税申报并缴纳税款

D. 纳税人按次申报缴纳的，应当自月份终了之日起15日内，办理纳税申报并缴纳税款

三、计算问答题

1. 某石化企业为增值税一般纳税人，2020年5月发生以下业务：

（1）从国外某石油公司进口原油500 000吨，支付不含税价款折合人民币90 000万元，其中含包装费及保险费折合人民币100万元。

（2）开采原油100 000吨，并将开采的原油对外销售60 000吨，取得含税销售额23 400万元，同时向购买方收取延期付款利息23.4万元，包装费11.7万元，另外支付运输费用70.2万元。

（3）用开采的原油30 000吨加工生产汽油23 000吨。

（其他相关资料：当地2020年原油适用的资源税税率为10%。）

要求：根据上述资料，按照下列序号回答问题，如有计算需计算合计数。

（1）说明业务（1）中该石化公司进口原油是否需要缴纳资源税。

（2）计算业务（2）应缴纳的资源税。

（3）计算业务（3）应缴纳的资源税。

（4）计算该石化公司当月应纳资源税。

2. 某企业2020年12月直接排放二氧化硫、氟化物各150千克，一氧化碳、氯化物各120千克，烟尘80千克。已知，二氧化硫、氟化物、一氧化碳、氯化氢、烟尘的污染当量值分别为0.95千克、0.87千克、16.7千克、10.75千克、2.18千克，假设当地大气污染物每污染当量税额2元，该企业只有一个排放口。

要求：根据上述资料，按照下列序号回答问题，如有计算需计算合计数。

（1）计算各项污染物的污染当量数。

（2）计算该企业当月应纳的环境保护税。

通关练习答案及解析

一、单项选择题

1. 【答案】D

【解析】选项A，资源税仅对在中国境内开采或生产应税产品的单位和个人征收。选项B，进口的矿产品和盐不征收资源税。选项C，对出口应税产品不免征或退还已纳资源税。

2. 【答案】C

【解析】《资源税法》所列的税目有164个。

3. 【答案】A

【解析】从低丰度油气田开采的原油、天然气减征20%资源税。

4. 【答案】A

【解析】选项A，纳税人以自采原矿直接加工为非应税产品的，视同原矿销售。

5. 【答案】D

【解析】取得违约金和优质费属于价外费用，需要价税分离。根据《资源税法》的有关规定，计入销售额中的相关运杂费用，凡取得增值税发票或者其他合法有效凭据的，准予

从销售额中扣除。相关运杂费用是指应税产品从坑口或者洗选（加工）地到车站、码头或者购买方指定地点的运输费用、建设基金以及随运销产生的装卸、仓储、港杂费用。应缴纳资源税税额 = [1 800 000 + (22 600 + 5 650) ÷ (1 + 13%) − 20 000] × 4% = 72 200（元）。

6. 【答案】B

【解析】纳税人以外购原矿与自采原矿混合洗选加工为选矿产品销售的，在计算应税产品销售额或者销售数量时，按照下列方法进行扣减：准予扣减的外购应税产品购进金额(数量) = 外购原矿购进金额(数量) × (本地区原矿适用税率 ÷ 本地区选矿产品适用税率) = 100 × (4% ÷ 2%) = 200（万元）。

7. 【答案】C

【解析】纳税人外购应税产品与自采应税产品混合销售或者混合加工为应税产品销售的，在计算应税产品销售额或者销售数量时，准予扣减外购应税产品的购进金额或者购进数量。

外购原油的购进金额 = 2 000 × 1/4 × 800 ÷ 10 000 = 40（万元），应税原油计税依据 = 300 − 40 = 260（万元），应纳资源税 = 260 × 6% = 15.6（万元）。

8. 【答案】C

【解析】选项C，对特种行业从高征税。

9. 【答案】D

【解析】除接入城镇公共供水管网以外，军队、武警部队通过其他方式取用水的，免征水资源税。

10. 【答案】A

【解析】环境保护税具有以下特点：(1) 属于调节型税种；(2) 其渊源是排污收费制度；(3) 属于综合型环境税；(4) 属于直接排放税；(5) 对大气污染物、水污染物规定了幅度定额税率；(6) 采用税务、环保部门紧密配合的征收方式；(7) 收入纳入一般预算收入，全部划归地方。

11. 【答案】C

【解析】水污染物当量数 = 100 ÷ 0.5 = 200，应纳税额 = 200 × 2.8 = 560（元）。

12. 【答案】D

【解析】水污染物当量数 = 140 ÷ 0.14 = 1 000，应纳税额 = 1 000 × 2.4 = 2 400（元）。

13. 【答案】B

【解析】固体废物的计税依据需要用减法计算：固体废物排放量 = 当期固体废物的产生量 − 当期固体废物的综合利用量 − 当期固体废物的贮存量 − 当期固体废物的处置量。炉渣排放量 = 1 000 − 300 = 700（吨），环境保护税应纳税额 = 700 × 25 = 17 500（元）。

14. 【答案】B

【解析】选项A，农业生产（不包括规模化养殖）排放应税污染物的暂免征收环境保护税。选项C，机动车、铁路机车、非道路移动机械、船舶和航空器等流动污染源排放应税污染物的暂免征收环境保护税。选项D，不属于直接向环境排放应税污染物，不需要缴纳环境保护税。

15. 【答案】D

【解析】应税噪声的应纳税额为超过国家规定标准分贝数对应的具体适用税额。该企业当月应纳环境保护税5 600元。

二、多项选择题

1. 【答案】BCD

【解析】资源税只对在中华人民共和国领域及管辖海域内开采应税矿产品或生产盐课税，对进口资源不征收资源税。出口不免征资源税。洗煤属于资源税征税范围。

2. 【答案】ABCD

【解析】根据《资源税税目税率表》的规定对原油、天然气、中重稀土、钨、钼等战略资源实行固定税率，由税法直接确定。

3. 【答案】ABCD

【解析】根据《资源税税目税率表》的规定，地热、砂石、矿泉水和天然卤水可采用从价计征或从量计征的方式，其他应税产品统一适用从价定率征收的方式。

4. 【答案】ABCD

【解析】以上选项均正确。

5.【答案】ABD

【解析】选项C，天然气指专门开采或者与原油同时开采的天然气，地面抽采煤层气免征资源税。

6【答案】AC

【解析】销售天然气应缴纳资源税和增值税，并随增值税税额缴纳城市维护建设税。天然气不属于消费税的征税范围，不征收消费税。

7.【答案】ABCD

【解析】以上选项均正确。

8.【答案】ABCD

【解析】以上选项均正确。

9.【答案】ABCD

【解析】以上选项均正确。

10.【答案】ABCD

【解析】以上选项均正确。

11【答案】ABD

【解析】选项C，资源税的纳税环节具有单一性，仅在开采或生产应税资源销售环节或自用环节征税，之后流转环节不再征收资源税。

12.【答案】ABCD

【解析】以上选项均正确。

13.【答案】ABCD

【解析】以上选项均正确。

14.【答案】ABCD

【解析】下列情形，不缴纳水资源税：(1) 农村集体经济组织及其成员从本集体经济组织的水塘、水库中取用水的；(2) 家庭生活和零星散养圈养畜禽饮用等少量取用水的；(3) 水利工程管理单位为配置或者调度水资源取水的；(4) 为保障矿井等地下工程施工安全和生产安全必须进行临时应急取用(排) 水的；(5) 为消除对公共安全或者公共利益的危害临时应急取水的；(6) 为农业抗旱和维护生态与环境必须临时应急取水的。

15.【答案】ABCD

【解析】环境保护税具有以下基本特点：(1) 属于调节型税种；(2) 其渊源是排污收费制度；(3) 属于综合型环境税；(4) 属于直接排放税；(5) 对大气污染物、水污染物规定了幅度定额税率；(6) 采用税务、环保部门紧密配合的征收方式；(7) 收入纳入一般预算收入，全部划归地方。

16.【答案】AB

【解析】选项C，应税固体废物按照固体废物的排放量确定。选项D，应税噪声按照超过国家规定标准的分贝数确定。

17.【答案】CD

【解析】选项C，纳税人排放应税大气污染物或者水污染物的浓度值低于国家和地方规定的污染物排放标准30%的，减按75%征收环境保护税；选项D，纳税人排放应税大气污染物或者水污染物的浓度值低于国家和地方规定的污染物排放标准50%的，减按50%征收环境保护税。

18.【答案】AB

【解析】选项C，纳税人按季申报缴纳的，应当自季度终了之日起15日内，办理纳税申报并缴纳税款。选项D，纳税人按次申报缴纳的，应当自纳税义务发生之日起15日内，办理纳税申报并缴纳税款。

三、计算问答题

1.【答案及解析】

(1) 由于资源税仅对在中国境内开采或生产应税产品的单位和个人征收，因此业务(1) 中该石化公司进口原油无须缴纳资源税。

(2) 业务(2) 应缴纳的资源税 = (23 400 + 23.4 + 11.7) ÷ (1 + 13%) × 10% = 2 073.90 (万元)。

(3) 业务(3) 应缴纳的资源税 = (23 400 ÷ 60 000) × 30 000 ÷ (1 + 13%) × 10% = 1 035.40 (万元)。

(4) 该石化公司当月应纳资源税 = 2 073.9 + 1 035.4 = 3 109.30 (万元)。

2.【答案及解析】

(1) 污染当量数 = 该污染物的排放量 ÷

第八章 资源税法和环境保护税法

该污染物的污染当量值

二氧化硫污染当量数 = 150 ÷ 0.95 = 157.89；

氟化物污染当量数 = 150 ÷ 0.87 = 172.41；

一氧化碳污染当量数 = 120 ÷ 16.7 = 7.19；

氯化氢污染当量数 = 120 ÷ 10.75 = 11.16；

烟尘污染当量数 = 80 ÷ 2.18 = 36.70。

（2）按污染当量数给五项污染物排序，对大气污染物确定排序前三项的污染物征收环境保护税。

氟化物污染当量数（172.41）> 二氧化硫污染当量数（157.89）> 烟尘污染当量数（36.70）> 氯化氢污染当量数（11.16）> 一氧化碳污染当量数（7.19），该企业只有一个排放口，排序选取计税前三项污染物：氟化物、二氧化硫、烟尘。

就排序前三项的污染物的污染当量数之和与规定的定额税率计算应纳税额。

应税大气污染物的应纳税额 = 污染当量数 × 适用税额

应纳税额 =（172.41 + 157.89 + 36.70）× 2 = 734（元）。

第九章　城镇土地使用税法和耕地占用税法

2021 年教材内容主要变化

调整两项城镇土地使用税的税收优惠政策。

本章近五年考情分析

本章属于税法考试**非重点章**，包括城镇土地使用税法和耕地占用税法两部分内容，其中城镇土地使用税法**相对**重要。考试一般以单项选择题、多项选择题命题，偶尔计算问答题、综合题也会涉及。近五年本章考试平均分值3分左右。2021 年预计考试分值在3分左右。

本章内容如下：

第一单元　城镇土地使用税法

第二单元　耕地占用税法

重难点解析

第一单元　城镇土地使用税法

城镇土地使用税，是以开征区域内的**国家所有或集体所有**的土地为征税对象，对拥有土地**使用权**的单位和个人征收的一种税。

重难点1：纳税义务人与征税范围★★

（一）纳税义务人

1. 城镇土地使用税由**拥有**土地使用权的单位或个人缴纳。

2. 拥有土地使用权的单位和个人不在土地所在地的，其土地的**实际使用人和代管人**为纳税人。

3. 土地使用权未确定或权属纠纷未解决的，由**实际使用人**纳税。

4. 土地使用权**共有**的，由共有各方分别纳税。

5. 在城镇土地使用税征税范围内，承租集体所有建设用地的，由直接从集体经济组织**承租土地**的单位和个人，缴纳城镇土地使用税。

（二）征税范围

城镇土地使用税的征税范围包括在**城市、县城、建制镇和工矿区内**的国家所有和集体所有的土地。

【小贴士】征税范围不包括农村。

【小贴士】建立在城市、县城、建制镇、工矿区**以外**的工矿企业，不需要缴纳城镇土地使用税。

【小贴士】城市的征税范围包括**市区和郊区**；县城的征税范围为县人民政府所在地的城镇；建制镇的征税范围为镇人民政府所在地。

【经典例题】

【例题·多选题】根据城镇土地使用税纳税人的相关规定，下列说法正确的有(　　)。

A. 个人拥有土地使用权的，以个人为纳

税人

B. 单位拥有土地使用权的，以单位为纳税人

C. 土地使用权出租的，以承租人为纳税人

D. 土地使用权属未确定的，以实际使用人为纳税人

【答案】ABD

【解析】选项C，土地使用权出租的，以出租人为纳税人。

重难点2：税率、计税依据和应纳税额的计算★★

（一）税率

城镇土地使用税采用定额幅度差别税率。

【小贴士】城镇土地使用税适用四档地区幅度差别定额税率，每档最高税率是最低税率的**20倍**。

【小贴士】经省、自治区、直辖市人民政府批准，经济落后地区的适用税额标准可适当降低，但降低额不得超过税率表中规定的**最低税额的30%**。（降低有限度）

【小贴士】经济发达地区的适用税额标准可适当提高，但须报**财政部批准**。（提高须审批）

（二）计税依据

城镇土地使用税，以纳税人**实际占用**的土地面积为计税依据。纳税人实际占用土地面积，按下列方法确定：

1. 省级人民政府确定的单位组织测定土地面积的，以**测定的面积**为计税依据。

2. 尚未组织测量土地面积，但纳税人持有政府部门核发的土地使用证书的，以**证书确认的土地面积**为计税依据。

3. 尚未核发土地使用证书的，以**申报的土地面积**为计税依据，待核发土地使用证书以后再作调整。

【小贴士】上述顺序：一测定；二证书；三申报。

4. 对在征税范围内**单独建造**的地下建筑用地，按规定征收城镇土地使用税。

（1）已取得地下土地使用权证的，按土地使用权证确认的土地面积计算应征税款；

（2）未取得地下土地使用权证或地下土地使用权证上未标明土地面积的，按地下建筑**垂直投影面积**计算应征税款。

【小贴士】对上述**单独建造**的地下建筑用地，暂按应征税款的**50%**征收城镇土地使用税。**但地上地下相连的建筑物**不执行上述规定。

（三）应纳税额的计算（重要）

基本计算公式为：

全年应纳税额 = 实际占用应税土地面积（平方米）× 适用税额

单独建造的地下建筑物的税额计算公式为：

全年应纳税额 = 证书确认应税土地面积或地下建筑物垂直投影面积（平方米）× 适用税额 × 50%

【小贴士】土地使用权由几方共有的，由共有各方按照各自实际使用的土地面积占总面积的比例，分别计算缴纳城镇土地使用税（先分后税）。

【经典例题】

【真题·单选题】（2012）甲企业位于某经济落后地区，2011年12月取得一宗土地的使用权（未取得土地使用证书），2012年1月已按1 500平方米申报缴纳城镇土地使用税。2012年4月该企业取得了政府部门核发的土地使用证书，上面注明的土地面积为2 000平方米。已知该地区适用每平方米0.9元至18元的固定税额，当地政府规定的固定税额为每平方米0.9元，并另按照国家规定的最高比例降低税额标准。则该企业2012年应该补缴的城镇土地使用税为（　　）元。

A. 0　　B. 315

C. 945　　D. 1 260

【答案】B

【解析】(1) 尚未核发土地使用证书的，应由纳税人申报土地面积，据以纳税，待核发土地使用证以后再作调整。经济落后地区，城镇土地使用税的适用税额标准可适当降低，但降低额不得超过规定最低税额标准的30%。(2) 应补缴城镇土地使用税 $=(2\ 000-1\ 500)\times 0.9\times(1-30\%)=315$ (元)。

【真题·单选题】(2017) 某企业2016年度拥有位于市郊的一宗地块，其地上面积为1万平方米，单独建造的地下建筑面积为4 000平方米(已取得地下土地使用权证)。该市规定的城镇土地使用税税率为2元/平方米。则该企业2016年度就此地块应缴纳的城镇土地使用税为(　　)万元。

A. 0.8　　B. 2

C. 2.8　　D. 2.4

【答案】D

【解析】(1) 对在城镇土地使用税征税范围内单独建造的地下建筑用地，按规定征收城镇土地使用税。其中，已取得地下土地使用权证的，按土地使用权证确认的土地面积计算应征税款。并且单独建造的地下建筑用地暂按应征税款的50%征收城镇土地使用税。(2) 该企业2016年度此地块应缴纳的城镇土地使用税 $=1\times2+0.4\times2\times50\%=2.4$ (万元)。

重难点3：税收优惠★★★

作为地方性税种，城镇土地使用税的税收优惠分为两个层次：一是税法条例中明确规定的法定税收优惠；二是各省级税务局确定减免的税收优惠。

【小贴士】学员应注意辨析城镇土地使用税两个层次税收优惠的不同规定，学习时既要掌握税收优惠的具体规定，又要熟悉优惠规定属于哪个层次。

(一) 法定免缴城镇土地使用税的优惠

1. 国家机关、人民团体、军队自用(办公用地和公务用地)的土地。如国家机关、人民团体的办公楼用地，军队的训练场用地等。

2. 由国家财政部门拨付事业经费的单位自用(业务用地)的土地。如学校的教学楼、操场、食堂等占用的土地。

3. 宗教寺庙、公园、名胜古迹自用的土地。

宗教寺庙自用的土地，是指举行宗教仪式等的用地和寺庙内的宗教人员生活用地。公园、名胜古迹自用的土地，是指供公共参观游览的用地及其管理单位的办公用地。

【小贴士】上述单位的生产、经营用地和其他用地，不属于免税范围，应按规定缴纳城镇土地使用税，如公园、名胜古迹中附设的营业单位如影剧院、饮食部、茶社、照相馆等使用的土地。

4. 市政街道、广场、绿化地带等公共用地。

5. 直接用于农、林、牧、渔业的生产用地。

【小贴士】这部分土地是指直接从事于种植养殖、饲养的专业用地，不包括农副产品加工场地和生活办公用地。

6. 经批准开山填海整治的土地和改造的废弃土地，从使用的月份起免缴城镇土地使用税5~10年(自开自用)。

7. 对非营利性医疗机构、疾病控制机构和妇幼保健机构等卫生机构自用的土地，免征城镇土地使用税。

8. 对国家拨付事业经费和企业办的各类学校、托儿所、幼儿园自用的房产、土地，免征城镇土地使用税。(新增)

【小贴士】房产税也有相关规定。

9. 免税单位无偿使用纳税单位的土地(如公安、海关等单位使用铁路、民航等单位的土地)，免征城镇土地使用税；纳税单位无偿使用免税单位的土地，纳税单位应照章缴纳城镇土地使用税。

【小贴士】学员应注意"无偿使用"与"无租使用"的差异。

【小贴士】纳税单位与免税单位共同使用、共有使用权土地上的多层建筑，对纳税单位可按其占用的建筑面积占建筑总面积的比例计征城镇土地使用税。

【小贴士】房产税也有相关规定。

10. 对特殊用地划分了征免税界限和给予政策性减免税照顾。具体规定如下：

（1）对石油天然气生产建设中用于地质勘探、钻井、井下作业、油气田地面工程等施工临时用地暂免征收城镇土地使用税。

（2）对企业的铁路专用线、公路等用地，在厂区以外、与社会公用地段未加隔离的，暂免征收城镇土地使用税。

（3）对企业厂区以外的公共绿化用地和向社会开放的公园用地，暂免征收城镇土地使用税。

（4）对盐场的盐滩、盐矿的矿井用地，暂免征收城镇土地使用税。

11. 自2019年1月1日至2021年12月31日，对专门经营农产品的农产品批发市场、农贸市场使用（包括自有和承租，下同）的房产、土地，暂免征收城镇土地使用税。对同时经营其他产品的农产品批发市场和农贸市场使用的房产、土地，按其他产品与农产品交易场地面积的比例确定征免城镇土地使用税。

【小贴士】享受上述税收优惠的房产、土地，是指农产品批发市场、农贸市场直接为农产品交易提供服务的房产、土地。

【小贴士】农产品批发市场、农贸市场的行政办公区、生活区，以及商业餐饮娱乐等非直接为农产品交易提供服务的房产、土地，不属于规定的优惠范围，应按规定征收城镇土地使用税。

12. 自2020年1月1日起至2022年12月31日止，对物流企业自有的（包括自用和出租）或承租的大宗商品仓储设施用地，减按所属土地等级适用税额标准的50%计征城镇土地使用税。（新增）

【小贴士】物流企业的办公、生活区用地及其他非直接从事大宗商品仓储的用地，不属于优惠范围，应按规定征收城镇土地使用税。

13. 自2018年10月1日至2020年12月31日，对按照去产能和调结构政策要求停产停业、关闭的企业，自停产停业次月起，免征城镇土地使用税。企业享受免税政策的期限累计不得超过两年。

14. 自2019年1月1日至2021年12月31日，对国家级、省级科技企业孵化器、大学科技园和国家备案众创空间自用以及无偿或通过出租等方式提供给在孵对象使用的土地，免征城镇土地使用税。

15. 自2019年1月1日至2021年12月31日，对城市公交站场、道路客运站场、城市轨道交通系统运营用地，免征城镇土地使用税。

【小贴士】城市轨道交通系统免征范围，不包括旅游景区等单位内部为特定人群服务的轨道系统。

16. 自2019年1月1日至2020年12月31日，对向居民供热收取采暖费的供热企业，为居民供热所使用的厂房及土地免征城镇土地使用税。

【小贴士】对供热企业其他厂房及土地，应当按照规定征收城镇土地使用税。

【经典例题】

【真题·单选题】（2009）某盐场2008年度占地200 000平方米，其中办公楼占地20 000平方米，盐场内部绿化占地50 000平方米，盐场附属幼儿园占地10 000平方米，盐滩占地120 000平方米。盐场所在地城镇土地使用税单位年税额每平方米0.7元。该盐场2008年应缴纳的城镇土地使用税为(　　)元。

A. 14 000　　B. 49 000

C. 56 000　　D. 140 000

【答案】B

【解析】应缴纳城镇土地使用税 = (200 000 − 10 000 − 120 000) × 0.7 = 49 000（元）。

【真题·单选题】（2014）下列土地中，免征城镇土地使用税的是(　　)。

A. 营利性医疗机构自用的土地

B. 公园内附设照相馆使用的土地

C. 生产企业无偿使用海关部门的免税土地

D. 公安部门无偿使用铁路企业的应税土地

【答案】D

【解析】选项A、B，为经营性用地，照章纳税。选项C，纳税单位无偿使用免税单位的土地，纳税单位应照章缴纳城镇土地使用税。

【例题·单选题】某县肉制品加工企业2020年占地60 000平方米，其中办公占地5 000平方米，生猪养殖基地占地28 000平方米，肉制品加工车间占地16 000平方米，企业内部道路及绿化占地11 000平方米。企业所在地城镇土地使用税单位税额每平方米0.8元。该企业全年应缴纳城镇土地使用税(　　)元。

A. 16 800　　B. 25 600

C. 39 200　　D. 48 000

【答案】B

【解析】直接用于农、林、牧、渔业的生产用地免征土地使用税，但不包括农副产品加工场地和生活办公用地。对企业厂区以外的公共绿化用地暂免征收土地使用税，企业厂区以内的照章征税。应缴纳城镇土地使用税 = (60 000 - 28 000) × 0.8 = 25 600（元）。

【例题·计算问答题】2019年12月，甲有限公司与某市政府机关因各自办公所需共同购得一栋办公楼，占地面积3 000平方米，建筑面积10 000平方米，楼高四层。按照双方签订的合同约定，甲有限公司只占用一层。该办公楼所在地城镇土地使用税的年税额为5元/平方米。

要求：计算该公司与政府机关2020年度应缴纳城镇土地使用税。

【答案及解析】国家机关、人民团体、军队自用的土地，免税。甲有限公司应缴纳城镇土地使用税 = 3 000 × (1 - 3/4) × 5 = 3 750（元）。

（二）由省级税务局确定的减免优惠

1. 个人所有的**居住**房屋及院落用地。

2. 房产管理部门在房租调整改革前经租的居民住房用地。

3. 免税单位职工家属的宿舍用地。

4. 集体和个人办的各类学校、医院、托儿所、幼儿园用地。

【经典例题】

【真题·多选题】（2018）下列土地中，属于法定免缴城镇土地使用税的有(　　)。

A. 个人所有的居住房屋用地

B. 免税单位无偿使用纳税单位的土地

C. 名胜古迹自用土地

D. 国家财政部门拨付事业经费的学校用地

【答案】BCD

【解析】选项A，属于省、自治区、直辖市税务局确定的土地使用税减免优惠，不属于“法定减免”。

【例题·多选题】下列各项中，不属于《城镇土地使用税暂行条例》直接规定的免税项目的有(　　)。

A. 个人所有的居住房屋及院落用地

B. 公立大学自用的土地

C. 免税单位职工家属的宿舍用地

D. 集体办的医院、托儿所和幼儿园用地

【答案】ACD

【解析】选项B，属于由国家财政部门拨付事业经费的单位**自用**的土地。

重难点4：征收管理★★

（一）纳税期限

城镇土地使用税，按年计算、分期缴纳。

【经典例题】

【真题·单选题】（2020）下列关于城镇土地使用税征收方法的表述中，符合税法规定的是(　　)。

A. 按月计算缴纳

B. 按季计算缴纳

C. 按年计算、分期缴纳

D. 按半年计算、分期缴纳

【答案】C

【解析】城镇土地使用税实行按年计算、

分期缴纳的征收方法，具体纳税期限由省、自治区、直辖市人民政府确定。

（二）纳税义务发生时间

【小贴士】纳税人占用土地，一般是从次月起发生城镇土地使用税的纳税义务。

【小贴士】只有新征用耕地，是在批准征用之日起满1年时开始缴纳城镇土地使用税。

具体情形	纳税义务发生时间
购置新建商品房	房屋交付使用之次月起
购置存量房	房地产权属登记机关签发房屋权属证书之次月起
出租、出借房产	交付出租、出借房产之次月起
以出让或转让方式有偿取得土地使用权的	应由受让方从合同约定交付土地时间的次月起缴纳城镇土地使用税；合同未约定交付土地时间的，由受让方从合同签订的次月起缴纳城镇土地使用税
新征用的耕地	批准征用之日起满1年时
新征用的非耕地	批准征用次月起
纳税人因土地权利状态发生变化而依法终止城镇土地使用税纳税义务的	其应纳税款的计算应截止到土地权利发生变化的当月末

【小贴士】为避免对一块土地同时征收耕地占用税和城镇土地使用税，税法规定，凡是缴纳了耕地占用税的，从批准征用之日起满1年时征收土地使用税；征用非耕地因不需要缴纳耕地占用税，应从批准征用之次月起征收土地使用税。

【经典例题】

【真题·单选题】（2008）某人民团体有A、B两栋办公楼，A栋占地3 000平方米，B栋占地1 000平方米。2007年3月30日至12月31日该团体将B栋出租。当地城镇土地使用税的税率为每平方米15元，该团体2007年应缴纳城镇土地使用税（　　）元。

A. 3 750　　B. 11 250

C. 12 500　　D. 15 000

【答案】B

【解析】人民团体自用的A楼免征城镇土地使用税，但出租的B楼属于经营使用，不享受免税政策，应从交付出租、出借房产之次月起，缴纳城镇土地使用税。B楼应缴纳城镇土地使用税 $=1\ 000\times15\times9\div12=11\ 250$（元）。

【真题·多选题】（2017）下列关于城镇土地使用税纳税义务发生时间的表述中，正确的有（　　）。

A. 纳税人新征用的非耕地，自批准征用次月起缴纳城镇土地使用税

B. 纳税人购置新建商品房，自房屋交付使用之次月起缴纳城镇土地使用税

C. 纳税人新征用的耕地，自批准征用之日起满6个月时开始缴纳城镇土地使用税

D. 纳税人出租房产，自合同约定应付租金日期的次月起缴纳城镇土地使用税

【答案】AB

【解析】选项C，纳税人新征用的耕地，自批准征用之日起满1年时开始缴纳城镇土地使用税。选项D，纳税人出租、出借房产，自交付出租、出借房产之次月起缴纳城镇土地使用税。

【真题·单选题】（2019）某企业2018年初占用土地25 000平方米，其中托儿所占地1 000平方米，其余为生产经营用地；6月购置一栋办公楼，占地2 000平方米。该企业所在地城镇土地使用税年税额为6元/平方米，

则该企业2018年应缴纳城镇土地使用税(　　)元。

A. 144 000　　B. 150 000

C. 151 000　　D. 156 000

【答案】B

【解析】应缴纳城镇土地使用税 $=(25\ 000-1\ 000)\times 6+2\ 000\times 6\times 6\div 12=150\ 000$（元）。

【真题·多选题】(2019) 下列关于城镇土地使用税纳税义务发生时间的表述中，符合税法规定的有(　　)。

A. 纳税人出租房产，自交付出租房产之次月起纳税

B. 纳税人出借房产，自交付出借房产之次月起纳税

C. 纳税人新征用的耕地，自批准征用之次月起纳税

D. 纳税人购置新建商品房，自房屋交付使用之次月起纳税

【答案】ABD

【解析】选项C，纳税人新征用的耕地，自批准征用之日起满1年时开始缴纳城镇土地使用税。

(三) 纳税地点和征收机构

城镇土地使用税的纳税地点为**土地所在地**，由**土地所在地**的税务机关负责征收。

【本章总结——城镇土地使用税】

1. 城镇土地使用税应掌握与熟悉的内容。

(1) 掌握应纳税额的计算。

(2) 掌握税收优惠的内容。

(3) 熟悉征税范围的内容。

(4) 熟悉计税依据的规定。

(5) 掌握征收管理的规定。

2. 与其他税种的关系。

(1) 与房产税：两税关系密切，与房产税在纳税义务人、征税范围、税收优惠和纳税义务发生时间上存在一定的共性。

(2) 与企业所得税：城镇土地使用税计入“税金及附加”，可在企业所得税前扣除，可与企业所得税结合命制综合题。

(3) 与耕地占用税：纳税人新征用的耕地，自批准征用之日起满1年时开始缴纳城镇土地使用税；纳税人新征用的非耕地，自批准征用次月起缴纳城镇土地使用税。

第二单元　耕地占用税法

耕地占用税，是对占用耕地建房或从事其他非农业建设的单位和个人，就其实际占用的耕地面积征收的一种税，它属于对特定土地资源占用课税。

重难点1：纳税人与征税范围★★

(一) 纳税人

耕地占用税的纳税人，是指在境内占用耕地建设建筑物、构筑物或者从事非农业建设的单位和个人。

1. 经批准占用耕地的，纳税人为农用地转用审批**文件中标明的**建设用地人。

2. 农用地转用审批文件中未标明建设用地人的，纳税人为用地申请人，其中用地申请人为各级人民政府的，由同级土地储备中心、自然资源主管部门或政府委托的其他部门、单位履行耕地占用税申报纳税义务。

3. 未经批准占用耕地的，纳税人为**实际用地人**。

(二) 征税范围

耕地占用税的征税范围，包括纳税人占用耕地建设建筑物、构筑物或者从事非农业建设的**国家所有和集体所有**的耕地。

耕地，是指用于种植农作物的土地，包括菜地、园地。其中，园地包括花圃、苗圃、茶园、果园、桑园和其他种植经济林木的土地。

占用鱼塘及其他农用土地建房或从事其他非农业建设，也视同占用耕地，必须依法征收耕地占用税。

占用已开发从事种植、养殖的滩涂、草场、水面和林地等从事非农业建设，由省、自治区、直辖市本着有利于保护土地资源和生态平衡的原则，结合具体情况**确定是否征收耕地占用税**。

【小贴士】直接为农业生产服务的生产设施，是指直接为农业生产服务而建设的建筑物和构筑物。

【经典例题】

【真题·多选题】(2011) 根据耕地占用税有关规定，下列各项土地中属于耕地的有(　　)。

A. 果园　　B. 花圃

C. 茶园　　D. 菜地

【答案】ABCD

【解析】耕地占用税所称耕地，是指用于种植农作物的土地，包括菜地、园地。其中，园地包括花圃、苗圃、茶园、果园、桑园和其他种植经济林木的土地。

重难点2：税率、计税依据和应纳税额的计算★★

(一) 税率

耕地占用税采用地区差别定额税率。

各地区耕地占用税的适用税额，由省级人民政府在规定的税额幅度内提出，报同级人大常委会决定，并报全国人大常委会和国务院备案。(政府提出、人大决定)

在人均耕地低于0.5亩的地区，省、自治区、直辖市可以根据当地经济发展情况，适当提高耕地占用税的适用税额，但提高的部分不得超过税法确定的适用税额的50%。

【小贴士】占用基本农田的，应当按照当地适用税额加征150%。

(二) 计税依据

耕地占用税，以纳税人实际占用的属于耕地占用税征税范围的土地（以下简称“应税土地”）面积为计税依据，按应税土地当地适用税额计税，实行一次性征收。

(三) 税额计算

应纳税额为纳税人实际占用的应税土地面积（平方米）乘以适用税额。

1. 基本计算公式为：

应纳税额 = 应税土地面积 × 适用税额

2. 加按150%征收耕地占用税的计算公式为：

应纳税额 = 应税土地面积 × 适用税额 × 150%

【小贴士】应税土地面积包括经批准占用面积和未经批准占用面积，以平方米为单位。适用税额，是指省级人大常委会决定的应税土地所在地县级行政区的现行适用税额。

【举例】某市一家企业新占用20 000平方米耕地用于工业建设，所占耕地适用的定额税率为20元/平方米。计算该企业应纳的耕地占用税。

【解析】应纳税额 = 20 000 × 20 = 400 000(元)

【经典例题】

【例题·单选题】在人均耕地低于0.5亩的地区，省、自治区、直辖市可以根据当地经济发展情况，适当提高耕地占用税的适用税额，但提高的部分不得超过税法规定适用税额的比例是(　　)。

A. 20%　　B. 30%

C. 50%　　D. 100%

【答案】C

【解析】在人均耕地低于0.5亩的地区，省、自治区、直辖市可以根据当地经济发展情况，适当提高耕地占用税的适用税额，但提高的部分不得超过税法确定的适用税额的50%。

重难点3：税收优惠和征收管理★★★

(一) 免征耕地占用税

1. 军事设施占用耕地。

2. 学校、幼儿园、社会福利机构、医疗机构占用耕地。

【小贴士】学校内经营性场所和教职工住房占用耕地的，按照当地适用税额缴纳耕地占用税。

3. 农村烈士遗属、因公牺牲军人遗属、残疾军人以及符合农村最低生活保障条件的农村居民，在规定用地标准以内新建自用住宅，免征耕地占用税。

(二) 减征耕地占用税

1. 铁路线路、公路线路、飞机场跑道、

停机坪、港口、航道、水利工程占用耕地，减按每平方米2元的税额征收耕地占用税。

【小贴士】专用铁路和铁路专用线占用耕地的，按照当地适用税额缴纳耕地占用税。

【小贴士】专用公路和城区内机动车道占用耕地的，按照当地适用税额缴纳耕地占用税。

2. 农村居民在规定用地标准以内占用耕地新建自用住宅，按照当地适用税额减半征收耕地占用税。

【小贴士】农村居民经批准搬迁，新建自用住宅占用耕地不超过原宅基地面积的部分，免征耕地占用税。

【小贴士】免征或者减征耕地占用税后，纳税人改变原占地用途，不再属于免征或者减征耕地占用税情形的，应当按照当地适用税额补缴耕地占用税。

3. 纳税人临时占用耕地，是指经自然资源主管部门批准，在一般不超过2年内临时使用耕地并且没有修建永久性建筑物的行为。依法复垦应由自然资源主管部门会同有关行业管理部门认定并出具验收合格确认书。

4. 因挖损、采矿塌陷、压占、污染等损毁耕地属于税法所称的非农业建设，应依照税法规定缴纳耕地占用税；自自然资源、农业农村等相关部门认定损毁耕地之日起3年内依法复垦或修复，恢复种植条件的，比照相关规定办理退税。

5. 在农用地转用环节，用地申请人能证明建设用地人符合税法规定的免税情形的，免征用地申请人的耕地占用税；在供地环节，建设用地人使用耕地用途符合税法规定的免税情形的，由用地申请人和建设用地人共同申请，按退税管理的规定退还用地申请人已经缴纳的耕地占用税。

【经典例题】

【真题·多选题】（2009）下列各项中，应征收耕地占用税的有（　　）。

A. 铁路线路占用耕地

B. 学校占用耕地

C. 公路线路占用耕地

D. 军事设施占用耕地

【答案】AC

【解析】选项B、D，免征耕地占用税。

【真题·单选题】（2014）下列耕地占用的情形中，属于免征耕地占用税的是（　　）。

A. 医院占用耕地

B. 建厂房占用鱼塘

C. 高尔夫球场占用耕地

D. 商品房建设占用林地

【答案】A

【解析】选项A，医疗机构占用耕地免征耕地占用税。选项B、C、D，需要缴纳耕地占用税。

【真题·单选题】（2017）下列占用耕地的行为中，免征耕地占用税的是（　　）。

A. 停机坪占用耕地

B. 飞机场跑道占用耕地

C. 公路线路占用耕地

D. 军事设施占用耕地

【答案】D

【解析】军事设施占用耕地免征耕地占用税。

【真题·单选题】（2018）下列占用耕地的情形中，应减征耕地占用税的是（　　）。

A. 医院占用耕地

B. 养老院占用耕地

C. 停机坪占用耕地

D. 省政府批准成立的技工学校占用耕地

【答案】C

【解析】选项A、B、D，学校、幼儿园、社会福利机构、医疗机构占用耕地免征耕地占用税。

【例题·计算问答题】象牙山某村民有一处果园，占地8 000平方米，2020年5月将其中的3 000平方米改造为花圃，另外将200平方米建造自用住宅（在规定用地标准以内）。

（其他相关资料：该地适用的耕地占用税定额税率为每平方米20元。）

要求：计算该村民应缴纳的耕地占用税。

【答案及解析】 农村居民在规定用地标准以内占用耕地新建自用住宅，按照当地适用税额减半征收耕地占用税。果园改造为花圃无须缴纳耕地占用税。该村民应缴纳耕地占用税 = 200 × 20 × 50% = 2 000（元）。

【例题·计算问答题】 象牙山某村民经批准搬迁，搬迁前住宅占用耕地100平方米，搬迁后新建自用住宅占用耕地180平方米。

（其他相关资料：该地适用的耕地占用税定额税率为每平方米20元。）

要求：计算该村民应缴纳的耕地占用税。

【答案及解析】 农村居民在规定用地标准以内占用耕地新建自用住宅，按照当地适用税额减半征收耕地占用税。其中农村居民经批准搬迁，新建自用住宅占用耕地不超过原宅基地面积的部分，免征耕地占用税。该村民应缴纳耕地占用税 =（180 - 100）× 20 × 50% = 800（元）。

（三）征收管理

耕地占用税由**税务机关**负责征收。

1. 纳税义务发生时间。

（1）耕地占用税的纳税义务发生时间，为纳税人收到自然资源主管部门**办理占用耕地手续的书面通知的当日**。纳税人应当自**纳税义务发生之日起30日内申报缴纳耕地占用税**。

（2）未经批准占用耕地的，耕地占用税纳税义务发生时间为自然资源主管部门认定的纳税人**实际占用**耕地的当日。

（3）因挖损、采矿塌陷、压占、污染等损毁耕地的纳税义务发生时间为自然资源、农业农村等相关部门**认定损毁耕地**的当日。

（4）纳税人占地类型、占地面积和占地时间等纳税申报数据材料，以自然资源等相关部门提供的相关材料为准；未提供相关材料或者材料信息不完整的，经主管税务机关提出申请，由自然资源等相关部门自收到申请之日起30日内出具认定意见。

2. 纳税申报。

（1）纳税人占用耕地，应当在**耕地所在地**申报纳税。

（2）纳税人的纳税申报数据资料异常或者纳税人未按照规定期限申报纳税的，包括下列情形：

①纳税人改变原占地用途，不再属于免征或者减征耕地占用税情形，未按照规定进行申报的。

②纳税人已申请用地但尚未获得批准先行占地开工，未按照规定进行申报的。

③纳税人实际占用耕地面积大于批准占用耕地面积，未按照规定进行申报的。

④纳税人未履行报批程序擅自占用耕地，未按照规定进行申报的。

⑤其他应提请相关部门复核的情形。

（3）纳税人因建设项目施工或者地质勘查临时占用耕地，应当依照本法的规定缴纳耕地占用税。纳税人在批准临时占用耕地期满之日起1年内依法复垦，恢复种植条件的，全额退还已经缴纳的耕地占用税。

（4）耕地占用税的征收管理，依照《耕地占用税法》和《税收征收管理法》的规定执行。

【经典例题】

【例题·多选题】 下列关于耕地占用税的表述中，不正确的有（　　）。

A. 建设直接为农业生产服务的生产设施而占用农用耕地的，不征收耕地占用税

B. 耕地占用税的纳税义务发生时间为占用耕地的当日

C. 纳税人应当自纳税义务发生之日起30日内，申报缴纳耕地占用税

D. 纳税人在批准临时占用耕地期满之日起半年内依法复垦，恢复种植条件的，全额退还已经缴纳的耕地占用税

【答案】 BD

【解析】 选项B，耕地占用税的纳税义务发生时间，为纳税人收到自然资源主管部门办理占用耕地手续的书面通知的当日。选项D，纳税人因建设项目施工或者地质勘查临时占用耕地，应当依照规定缴纳耕地占用税，纳税人在批准临时占用耕地期满之日起1年内依法复

垦，恢复种植条件的，全额退还已经缴纳的耕地占用税。

【本章总结——耕地占用税】

1. 耕地占用税应掌握与熟悉的内容。

（1）掌握税收优惠的内容。

（2）熟悉征税范围的内容。

（3）熟悉征收管理的时限与相关手续。

2. 与其他税种的关系。

（1）与城镇土地使用税。

耕地占用税与城镇土地使用税之比较

不同税种	征税范围	纳税人	纳税环节
耕地占用税	有耕地的地区	占用者	一次课征
城镇土地使用税	城市、县城、建制镇、工矿区	持（保）有者	按年计算、分期缴纳

（2）与土地增值税：耕地占用税计入房地产开发成本，计算土地增值额时可扣除。

通关练习

一、单项选择题

1. 下列关于城镇土地使用税纳税人的表述中，说法不正确的是（　　）。

A. 拥有土地使用权的单位和个人为纳税义务人

B. 拥有土地使用权的单位和个人不在土地所在地的，其土地的实际使用人或代管人为纳税义务人

C. 土地使用权未确定或权属纠纷未解决的，可暂不缴纳税款

D. 在城镇土地使用税征税范围内，承租集体所有建设用地的，直接从集体经济组织承租土地的单位和个人为纳税义务人

2. 甲企业与乙企业按 1∶1 的比例共同拥有一块土地的使用权，该土地占地面积 1 000 平方米，城镇土地使用税每平方米年税额 8 元，甲企业当年应缴纳的城镇土地使用税为（　　）元。

A. 0　　B. 4 000

C. 6 000　　D. 8 000

3. 经济落后地区，城镇土地使用税的适用税额标准可适当降低，但降低额不得超过上述规定最低税额的（　　）。

A. 10%　　B. 20%

C. 30%　　D. 50%

4. 对地下建筑用地暂按应征税款的（　　）征收城镇土地使用税。

A. 0　　B. 25%

C. 50%　　D. 75%

5. 2020 年某企业实际占地 100 000 平方米，其中医院占地 1 800 平方米，幼儿园占地 1 500 平方米，绿化用地 1 000 平方米，其余为企业厂房用地，该企业所在地区城镇土地使用税年税额为 5 元/平方米，该厂当年应缴纳城镇土地使用税（　　）元。

A. 478 500　　B. 483 500

C. 488 500　　D. 500 000

6. 下列用地，应征收城镇土地使用税的是（　　）。

A. 政府部门的办公楼用地

B. 企业办的学校用地

C. 非营利性医疗机构自用的土地

D. 名胜古迹的饮食部用地

7. 下列表述中不符合城镇土地使用税有关规定的是（　　）。

A. 城镇土地使用税按年计算，分期缴纳

B. 纳税人购置新建商品房，自房屋交付使用之次月起，缴纳城镇土地使用税

C. 纳税人新征用的耕地，自批准征用之日起满 1 年时开始缴纳城镇土地使用税

D. 纳税人新征用的非耕地，自批准征用之日起满 1 年时开始缴纳城镇土地使用税

8. 以下关于城镇土地使用税的说法中不正确的是(　　)。

A. 城镇土地使用税的开征区域包括城市、县城、建制镇和工矿区

B. 城镇土地使用税以纳税人实际占用的土地面积为计税依据

C. 纳税单位与免税单位共同使用土地，免征城镇土地使用税

D. 城镇土地使用税在土地所在地缴纳

9. 以下关于耕地占用税的表述不正确的是(　　)。

A. 耕地占用税对占用耕地实行一次性征收

B. 耕地占用税的纳税人不包括个人

C. 占用花圃用以建房的应缴纳耕地占用税

D. 占用鱼塘用以建房的应缴纳耕地占用税

10. 某企业经批准占用基本农田 20 000 平方米，其中 2 000 平方米用于建造学校、1 000 平方米用于建造医院，其余用于建造厂房。当地耕地占用税税额为 40 元/平方米。该企业应缴纳耕地占用税(　　)万元。

A. 68　　B. 80

C. 102　　D. 120

11. 下列耕地占用行为，减半征收耕地占用税的是(　　)。

A. 农村居民在规定用地标准以内新建自用住宅占用耕地

B. 农村烈士遗属在规定用地标准以内新建自用住宅占用耕地

C. 社会福利机构占用耕地

D. 医疗机构占用耕地

12. 以下关于耕地占用税的税收优惠，说法不正确的是(　　)。

A. 农村居民经批准搬迁，新建自用住宅占用耕地不超过原宅基地面积的部分，免征耕地占用税

B. 免征或减征耕地占用税后，纳税人改变原占地用途，不需要补缴耕地占用税

C. 纳税人临时占用耕地，应当缴纳耕地占用税

D. 建设直接为农业生产服务的生产设施占用耕地，不征收耕地占用税

13. 以下关于耕地占用税的征收管理的规定，说法正确的是(　　)。

A. 耕地占用税的纳税义务发生时间为纳税人占用耕地的当天

B. 纳税人应当自纳税义务发生之日起 15 日内申报缴纳耕地占用税

C. 纳税人因建设项目施工或者地质勘查临时占用耕地，应当缴纳耕地占用税

D. 纳税人在批准临时占用耕地期满之日起 1 年内依法复垦，恢复种植条件的，退还 50% 的耕地占用税

14. 某农户有一处菜地，占地 1 000 平方米，2019 年 12 月将其中的 800 平方米改造为茶园，其余 200 平方米建造自用住宅（在规定用地标准以内）。已知该地适用的耕地占用税定额税率为每平方米 35 元。则该农户应缴纳的耕地占用税为(　　)元。

A. 3 500　　B. 7 000

C. 17 500　　D. 35 000

15. 下列用地不免征城镇土地使用税的是(　　)。

A. 城市公交站场

B. 道路客运站场

C. 物流企业自有的大宗商品仓储设施用地

D. 城市轨道交通系统运营用地

二、多项选择题

1. 下列选项中，应计算缴纳城镇土地使用税的有(　　)。

A. 军队的训练场用地

B. 寺庙宗教人员生活用地

C. 公园照相馆用地

D. 企业办公楼用地

2. 纳税人实际占用的土地面积是城镇土地使用税的计税依据，其具体内容有(　　)。

A. 省人民政府确定的单位组织测定的土

地面积

B. 尚未组织测量，根据政府部门核发的土地使用证书上确认的土地面积

C. 纳税人持有土地使用证书但认为不准确而自测申报的土地面积

D. 省人民政府确定的单位尚未组织测量且纳税人未取得土地使用证书而自测申报的土地面积

3. 下列选项中，属于法定免缴城镇土地使用税的有（　　）。

A. 疾病控制机构自用的土地

B. 广场、绿化地带等公共用地

C. 免税单位无偿使用纳税单位的土地

D. 个人办的幼儿园用地

4. 下列土地由省、自治区、直辖市税务局确定减免城镇土地使用税的有（　　）。

A. 盐场的盐滩用地

B. 专门经营农产品的农产品批发市场用地

C. 个人所有的居住房屋及院落用地

D. 集体办的医院用地

5. 下列关于城镇土地使用税的纳税义务发生时间的表述正确的有（　　）。

A. 纳税人出租、出借房产，自交付出租、出借房产之次月起缴纳城镇土地使用税

B. 纳税人购置存量房，自房屋交付使用之次月起缴纳城镇土地使用税

C. 以出让或转让方式有偿取得土地使用权的，应由受让方从合同约定交付土地时间的次月起缴纳城镇土地使用税

D. 纳税人新征用的耕地，自批准征用次月起缴纳城镇土地使用税

6. 下列各项中，符合城镇土地使用税规定的有（　　）。

A. 城镇土地使用税在土地所在地缴纳

B. 纳税人使用的土地不属于同一省管辖的，由纳税人向机构所在地税务机关缴纳

C. 在同一省管辖范围内，纳税人跨地区使用的土地，其纳税地点由各省税务局确定

D. 城镇土地使用税的收入纳入地方财政预算管理

7. 根据耕地占用税相关制度的规定，以下说法正确的有（　　）。

A. 纳税人占用鱼塘应缴纳耕地占用税

B. 纳税人临时占用耕地应缴纳耕地占用税

C. 铁路线路占用耕地免征耕地占用税

D. 农民占用耕地建房免征耕地占用税

8. 下列用地行为，应征收耕地占用税的有（　　）。

A. 军事设施占用耕地

B. 公路线路占用耕地

C. 修建港口占用耕地

D. 开发房产占用耕地

9. 以下符合耕地占用税法规定的有（　　）。

A. 农村居民在规定用地标准以内占用耕地新建自用住宅，按照当地适用税额减半征收耕地占用税

B. 占用基本农田的，应当按照适用税额加征 150%

C. 纳税人应当自纳税义务发生之日起 30 日内申报缴纳耕地占用税

D. 耕地占用税对占用耕地实行一次性征收

通关练习答案及解析

一、单项选择题

1. 【答案】C

【解析】城镇土地使用税的纳税人：(1) 拥有土地使用权的单位和个人为纳税义务人。(2) 拥有土地使用权的单位和个人不在土地所在地的，其土地的实际使用人或代管人为纳税义务人。(3) 土地使用权未确定或权属纠纷未解决的，其实际使用人为纳税义务人。(4) 土地使用权共有的，共有各方都是纳税义务人，由共有各方分别纳税。(5) 在城镇

土地使用税征税范围内，承租集体所有建设用地的，直接从集体经济组织承租土地的单位和个人为纳税义务人。

2. 【答案】B

【解析】甲企业按实际占用土地面积计算缴纳城镇土地使用税。甲企业占用土地面积 = 1 000 × 50% = 500（平方米），甲企业当年应纳城镇土地使用税 = 500 × 8 = 4 000（元）。

3. 【答案】C

【解析】经济落后地区，城镇土地使用税的适用税额标准可适当降低，但降低额不得超过上述规定最低税额的 30%。经济发达地区的适用税额标准可以适当提高，但须报财政部批准。

4. 【答案】C

【解析】对地下建筑用地暂按应征税款的 50% 征收城镇土地使用税。

5. 【答案】A

【解析】应缴纳城镇土地使用税 =（100 000 － 1 800 － 1 500 － 1 000）× 5 = 478 500（元）。

6. 【答案】D

【解析】选项 A，国家机关、人民团体、军队自用的土地免征城镇土地使用税，自用指的是单位本身办公用地和公务用地。选项 B，企业办的学校免征城镇土地使用税。选项 C，非营利性医疗机构自用的土地免征城镇土地使用税。选项 D，名胜古迹中附设的营业单位如影剧院、饮食部等使用的土地，应征收城镇土地使用税。

7. 【答案】D

【解析】纳税人新征用的非耕地，自批准征用次月起缴纳城镇土地使用税。

8. 【答案】C

【解析】选项 C，纳税单位与免税单位共同使用、共有使用权土地上的多层建筑，对纳税单位可按其占用的建筑面积占建筑总面积的比例计征城镇土地使用税。

9. 【答案】B

【解析】耕地占用税的纳税人指占用耕地从事非农业建设的单位和个人。

10. 【答案】C

【解析】学校、幼儿园、社会福利机构、医疗机构占用耕地免征耕地占用税。占用基本农田的，应当按照适用税额加征 150%。应缴纳耕地占用税 =（20 000 － 2 000 － 1 000）× 40 × 150% ÷ 10 000 = 102（万元）。

11. 【答案】A

【解析】选项 A，农村居民在规定用地标准以内占用耕地新建自用住宅，按照当地适用税额减半征收耕地占用税。选项 B、C、D，免征耕地占用税。

12. 【答案】B

【解析】免征或者减征耕地占用税后，纳税人改变原占地用途，不再属于免征或者减征耕地占用税情形的，应当按照当地适用税额补缴耕地占用税。

13. 【答案】C

【解析】选项 A，耕地占用税的纳税义务发生时间为纳税人收到自然资源主管部门办理耕地手续的书面通知的当日。选项 B，纳税人应当自纳税义务发生之日起 30 日内申报缴纳耕地占用税。选项 D，纳税人在批准临时占用耕地期满之日起 1 年内依法复垦，恢复种植条件的，全额退还已经缴纳的耕地占用税。

14. 【答案】A

【解析】菜地改造成茶园属于农业用途，不属于耕地占用税的征税范围；农民在规定用地标准以内建造自用住宅占用耕地，按当地适用税额减半征收耕地占用税。该农户应缴纳的耕地占用税 = 200 × 35 × 50% = 3 500（元）。

15. 【答案】C

【解析】物流企业自有的大宗商品仓储设施用地减按所属土地等级适用税额标准的 50% 计征城镇土地使用税。

二、多项选择题

1. 【答案】CD

【解析】选项 C、D 都属于经营用土地，应照章缴纳城镇土地使用税。选项 A 属于军队自用的土地，免征城镇土地使用税。选项 B 属于宗教寺庙自用的土地，免征城镇土地使用税。

2. 【答案】ABD

【解析】纳税义务人实际占用的土地面积按下列办法确定：(1) 凡由省、自治区、直辖市人民政府确定的单位组织测定土地面积的，以测定的面积为准。(2) 尚未组织测定，但纳税人持有政府部门核发的土地使用证书的，以证书确认的土地面积为准。(3) 尚未核发土地使用证书的，应由纳税人申报土地面积，据以纳税，等到核发土地使用证以后再作调整。

3. 【答案】ABC

【解析】选项 D，个人办的幼儿园用地不属于法定免缴城镇土地使用税的范围，而是由省、自治区、直辖市税务局确定减免的项目。

4. 【答案】CD

【解析】选项 A、B 按照税法规定免征城镇土地使用税。省、自治区、直辖市税务局确定的城镇土地使用税减免优惠有：(1) 个人所有的居住房屋及院落用地。(2) 房产管理部门在房租调整改革前经租的居民住房用地。(3) 免税单位职工家属的宿舍用地。(4) 集体和个人办的各类学校、医院、托儿所、幼儿园用地。选项 C、D 属于由省、自治区、直辖市税务局确定减免城镇土地使用税的情况。

5. 【答案】AC

【解析】选项 B，不正确，纳税人购置存量房，自办理房屋权属转移、变更登记手续，房地产权属登记机关签发房屋权属证书之次月起，缴纳城镇土地使用税。选项 D，纳税人新征用的耕地，自批准征用之日起满 1 年时开始缴纳城镇土地使用税。

6. 【答案】ACD

【解析】选项 B 纳税人使用的土地不属于同一省、自治区、直辖市管辖范围的，由纳税人分别向土地所在地的税务机关缴纳城镇土地使用税。

7. 【答案】AB

【解析】选项 C，铁路线路占用耕地减按每平方米 2 元的税额征收耕地占用税。选项 D，农民在规定用地标准以内占用耕地新建自用住宅，按当地适用税额减半征收耕地占用税。

8. 【答案】BCD

【解析】选项 A，军事设施占用耕地免征耕地占用税。选项 B、C，铁路线路、公路线路、飞机场跑道、停机坪、港口、航道占用耕地，减按每平方米 2 元的税额征收耕地占用税。选项 D，开发房产正常缴纳耕地占用税。

9. 【答案】ABCD

【解析】以上选项均正确。

第十章　房产税法、契税法和土地增值税法

2021 年教材内容主要变化

1. 房产税的税收优惠政策进行了调整。

2. 契税按照于 2020 年 8 月 11 日通过的《中华人民共和国契税法》（以下简称《契税法》）进行了调整。

3. 土地增值税增加了土地增值税清算时间的规定。

4. 土地增值税增加了个人销售住房的税收优惠。

5. 删除土地增值税纳税申报表的内容。

本章近五年考情分析

本章属于税法考试**次重点章**，包括房产税法、契税法和土地增值税法三部分内容。房产税法、契税法为考试的非重点税种，一般以单项选择题、多项选择题命题。但是土地增值税是考试中的重点税种，小税种当中的重点，除以单项选择题、多项选择题命题外，每年基本还会考核计算问答题。近五年本章考试平均分值 11 分左右。2021 年预计考试分值也在 11 分左右。

本章内容如下：

第一单元　房产税法

第二单元　契税法

第三单元　土地增值税法

重难点解析

第一单元　房产税法

房产税是以房屋为征税对象，按照房屋的计税余值或租金收入，向产权所有人征收的一种财产税。

重难点 1：纳税人与征税范围★★

（一）纳税人

房产税以在征税范围内的房屋产权所有人（或受益人）为纳税人。其中：

1. 产权属国家所有的，由经营管理单位纳税；产权属集体和个人所有的，由集体单位和个人纳税。

2. 产权出典的，由承典人纳税（提示不是“出典人”纳税）。

3. 产权所有人、承典人不在房屋所在地的，由房产代管人或者使用人纳税。

4. 产权未确定及租典纠纷未解决的，由房产代管人或者使用人纳税。

5. 纳税单位和个人无租使用房产管理部门、免税单位及纳税单位的房产，由使用人（即纳税单位和个人）代为缴纳房产税。

【小贴士】学员应注意辨析房屋出典与房屋出租行为的区别，两者纳税人不同。

【小贴士】房产税的纳税人按照谁受益、谁纳税的原则确定。

【经典例题】

【真题·多选题】（2013）下列情形中，应由房产代管人或者使用人缴纳房产税的有（　　）。

A. 房屋产权未确定的

B. 房屋产权所有人不在房屋所在地的

C. 房屋租典纠纷未解决的

D. 房屋承典人不在房屋所在地的

【答案】ABCD

【解析】产权未确定及租典纠纷未解决的，由房产代管人或者使用人纳税。产权所有人、承典人不在房屋所在地的，由房产代管人或者使用人纳税。

【例题·单选题】下列关于房产税纳税人的说法中，正确的是（　　）。

A. 产权出典的，由出典人缴纳房产税

B. 产权属于国家所有的，由经营管理单位缴纳房产税

C. 无论产权所有人是否在房屋所在地，均由产权所有人缴纳房产税

D. 纳税单位无租使用免税单位房产的，由免税单位缴纳房产税

【答案】B

【解析】选项A，产权出典的，由承典人纳税。选项C，产权所有人、承典人不在房屋所在地的，由房产代管人或者使用人纳税。选项D，纳税单位和个人无租使用免税单位的房产，应由使用人代为缴纳房产税。

（二）征税范围

1. 房产的概念。房产，是以房屋形态表现的财产，即有屋面和围护结构（有墙或两边有柱），能够遮风避雨，可供人们在其中生产、学习、工作、娱乐、居住或储藏物资的场所。

2. 房产税的征税范围。

房产税在城市、县城、建制镇和工矿区征收，**不包括农村**。

【小贴士】房地产开发企业建造的商品房（相当于工业企业的产品），在出售前，不征收房产税；对出售前房地产开发企业已使用或出租、出借的商品房应按规定征收房产税。

【小贴士】房产税的征税范围与城镇土地使用税的征税范围一致。

【小贴士】房产税的征税对象可理解为**经营性房产**属于征税范围，**非经营性**的房产一般不纳税。

【经典例题】

【真题·单选题】（2020）下列房屋及建筑物中，属于房产税征税范围的是（　　）。

A. 加油站的遮阳棚

B. 农村的居住用房

C. 位于市区的经营性用房

D. 建在室外的露天游泳池

【答案】C

【解析】选项A，不符合房产的定义。房产，是以房屋形态表现的财产，即有屋面和围护结构（有墙或两边有柱），能够遮风避雨，可供人们在其中生产、学习、工作、娱乐、居住或储藏物资的场所。选项B，房产税在城市、县城、建制镇和工矿区征收，不包括农村。选项D，房产不等于建筑物，独立于房屋之外的建筑物，如围墙、烟囱、水塔、变电塔、油池油柜、酒窖菜窖、酒精池、糖蜜池、室外游泳池、玻璃暖房、砖瓦石灰窑以及各种油气罐等，则不属于房产。

【真题·单选题】（2014）下列房屋及建筑物中，属于房产税征税范围的是（　　）。

A. 农村的居住用房

B. 建在室外的露天游泳池

C. 个人拥有的市区经营性用房

D. 房地产开发企业尚未使用或出租而待售的商品房

【答案】C

【解析】个人拥有的市区经营性用房属于房产税征收范围，其余选项不征房产税。

重难点2：税率★★

房产税采用比例税率，有两档规定税率，另有一档优惠税率。

1. 自有房产用于生产经营，税率为1.2%。

2. 出租非居住的房产取得租金收入，税率为12%。

3. 个人出租住房（不分出租后用途），优惠税率为4%。

重难点3：计税依据和应纳税额的计算★★★

房产税的计税依据有两种：一是从价计征，即对经营性自用的房屋，以房产的计税余值作为计税依据；二是从租计征，即对于出租的房屋，以租金收入作为计税依据。

（一）计税依据（从价计征）

从价计征，按照房产原值一次减除10%～30%损耗后的计税余值计征。

计税余值，是指依照税法规定按房产原值一次减除10%～30%的损耗以后的余额。扣除比例由当地省、自治区、直辖市人民政府确定。

房产原值，是指纳税人按照会计制度规定，在会计核算账簿“固定资产”科目中记载的房屋原价（不含扣减的折旧额）。自2009年1月1日起，对依照房产原值计税的房产，不论是否记载在会计账簿固定资产科目中，均应按照房屋原价计算缴纳房产税。

1. 房产原值应包含地价。

（1）对按照房产原值计税的房产，无论会计上如何核算，房产原值均应包含地价，包括为取得土地使用权支付的价款、开发土地发生的成本费用等。

（2）宗地容积率低于0.5的，按房产建筑面积的2倍计算土地面积并据此确定计入房产原值的地价。

【小贴士】容积率，是指建筑面积与占地面积的比率。

【小贴士】房产原值明显不合理的应予评估；没有原值的由所在地税务机关参考同类房屋的价值核定。

【经典例题】

【真题·单选题】（2017）某企业2016年3月投资1 500万元取得5万平方米的土地使用权，用于建造面积为3万平方米的厂房，建筑成本和费用为2 000万元，2016年4月底竣工验收并投入使用。对该厂房征收房产税时所确定的房产原值是（　　）万元。

A. 2 900　　B. 3 500

C. 5 000　　D. 3 800

【答案】B

【解析】对按照房产原值计税的房产，无论会计上如何核算，房产原值均应包含地价，包括为取得土地使用权支付的价款、开发土地发生的成本费用等。“营改增”前购建的房地产，所支付价款全额计入成本。计征房产税的房产原值＝1 500＋2 000＝3 500（万元）。

【例题·单选题】某企业2016年3月投资1 500万元取得5万平方米的土地使用权，用于建造面积为2万平方米的厂房，建筑成本和费用为2 000万元，2016年4月底竣工验收并投入使用。对该厂房征收房产税时所确定的房产原值是（　　）万元。

A. 3 200　　B. 3 500

C. 5 000　　D. 3 800

【答案】A

【解析】宗地容积率＝建筑面积÷占地面积＝2÷5＝0.4＜0.5，按房产建筑面积的2倍计算土地面积并据此确定计入房产原值的地价＝(1 500÷5)×20 000×2÷10 000＝1 200（万元），对计征房产税的房产原值＝1 200＋2 000＝3 200（万元）。

2. 附属设备和配套设施的计税规定。

房产原值应包括与房屋不可分割的各种附属设备或一般不单独计算价值的配套设施。

（1）凡以房屋为载体，不可随意移动的附属设备和配套设施，如给排水、采暖、消防、中央空调、电气及智能化楼宇设备等，无论在会计核算中是否单独记账与核算，都应计入房产原值，计征房产税。

（2）对于更换房屋附属设备和配套设施的，在其价值计入房产原值时，可扣减原来相应设备和设施的价值。

（3）对附属设备和配套设施中易损坏、需要经常更换零配件，更新后不再计入房产原值。

【小贴士】纳税人对原有房屋进行改建、扩建，要相应增加房屋原值。

3. 对投资联营的房产的规定。

（1）以房产投资联营，投资者参与投资利润分红、共担风险的，房产所有权已经转移给被投资方，**由被投资方按照“房产余值”**作为计税依据计征房产税。（真投资）

（2）以房产投资收取固定收入、不承担经营风险的，实际是以联营名义取得房产租金，**由出租方按照“租金收入”**作为计税依据计征房产税。（假投资）

【举例】A以房产与其他投资人共同投资设立甲有限公司，对甲有限公司共担风险，共负盈亏，则被投资联营**甲有限公司为房产税纳税人**，从价计税。

【举例】A以房产投资甲有限公司，只收取固定收入，不承担联营风险的，则投资人A为房产税纳税人，从租计税。

4. 对融资租赁房屋应纳房产税的规定。

融资租赁的房产，由**承租人**自融资租赁合同约定开始日的**次月起**依照房产余值缴纳房产税；合同未约定开始日的，由**承租人**自合同签订的**次月**起依照房产余值缴纳房产税。

【经典例题】

【真题·单选题】（2011）下列各项中，应作为融资租赁房屋房产税计税依据的是（　）。

A. 房产售价　　B. 房产余值

C. 房产原值　　D. 房产租金

【答案】B

【解析】融资租赁的房产，由承租人自融资租赁合同约定开始日的次月起依照房产余值缴纳房产税；合同未约定开始日的，由承租人自合同签订的次月起依照房产余值缴纳房产税。

5. 居民住宅区内业主共有的经营性房产的计税依据。

由实际经营（包括自营和出租）的代管人或使用人缴纳房产税。

（1）自营的，依照房产原值减除10%～30%后的余值计征，没有房产原值或不能将业主共有房产与其他房产的原值准确划分开的，由房产所在地税务机关参照同类房产**核定**房产原值。

（2）出租的，依照租金收入计征。

6. 地下建筑物应纳房产税的规定。

凡在房产税征收范围内的具备房屋功能的地下建筑，均应依照有关规定征收房产税。

地下建筑物分为两类，与地上房屋相连的地下建筑物和独立的地下建筑物，有不同的征税规则。

（1）对于与地上房屋相连的地下建筑。

如房屋的地下室、地下停车场、商场的地下部分等，应将地下部分与地上房屋**视为一个整体**，按照地上房屋建筑的有关规定计算征收房产税。

（2）独立的地下建筑物。

在进行10%～30%的**扣除前先对**房产的原值进行确定：

①地下建筑物为工业用途的，以房屋原价的50%～60%作为应税房产原值。

②地下建筑物为商业及其他用途的，以房屋原价的70%～80%作为应税房产原值。

【小贴士】单独建造的地下建筑物可以享受房产原值的“折扣优惠”。

（二）计税依据（从租计征）

房产出租的，以房产不含税租金收入为房产税的计税依据。

1. 如果是以劳务或者其他形式为报酬抵付房租收入的，应根据**当地同类**房产的租金水平，确定一个标准租金额从租计征。

2. 对出租房产，租赁双方签订的租赁合同约定有免收租金期限的，免收租金期间由**产**

权所有人按照房产余值缴纳房产税。

【小贴士】免租期不同于无租使用房产。

【小贴士】纳税人出租不动产，租赁合同中约定免租期的，不属于增值税视同销售服务，不需要对该行为缴纳增值税，但是免租期内由产权所有人按房产余值从价计算缴纳房产税。

【经典例题】

【真题·多选题】（2020）下列关于房产税计税依据的表述中，符合税法规定的有（　　）。

A. 融资租赁房屋的，以房产余值计算缴纳房产税

B. 经营租赁房屋的，以评估价格计算缴纳房产税

C. 房屋出典的，由承典人按重置成本计算缴纳房产税

D. 纳税人对原有房屋进行改建、扩建的，要相应增加房屋的原值

【答案】AD

【解析】选项A，融资租赁的房产依照房产余值缴纳房产税。选项B，经营租赁房屋的依照房产租金收入计征房产税。选项C，产权出典的，由承典人以房产余值计算缴纳房产税纳税。选项D，纳税人对原有房屋进行改建、扩建的，要相应增加房屋的原值。

【真题·多选题】（2010）下列各项中，应依照房产余值缴纳房产税的有（　　）。

A. 融资租赁的房产

B. 产权出典的房产

C. 无租使用其他单位的房产

D. 用于自营的居民住宅区内业主共有的经营性房产

【答案】ABCD

【解析】以上选项均正确。

【真题·多选题】（2015）下列项目中，应以房产租金作为计税依据征收房产税的有（　　）。

A. 以融资租赁方式租入的房屋

B. 以经营租赁方式租出的房屋

C. 居民住宅区内业主自营的共有经营性房屋

D. 以收取固定收入、不承担联营风险方式投资的房屋

【答案】BD

【解析】选项A、C：应依照房产余值缴纳房产税。

【真题·单选题】（2019）下列情形中，应该从价计征房产税的是（　　）。

A. 单位出租地下人防设施的

B. 以劳务为报酬抵付房租的

C. 个人出租房屋用于生产经营的

D. 以居民住宅区内业主共有的经营性房产进行自营的

【答案】D

【解析】选项A、B、C：应依照从租计征房产税。

【例题·计算问答题】2019年12月，甲有限公司与乙商户签订房屋租赁合同，将一幢原值1 000万元的写字楼租给乙商户使用。合同约定如下：

（1）租期为2年，自2020年1月至2021年12月，2020年1月、2月免收租金。

（2）每月租金10万元（不含增值税）。

（3）写字楼于2019年12月交付乙商户，乙商户自2020年3月起每月交付租金。

（其他相关资料：当地的房产原值减除比例为20%。）

要求：计算甲有限公司2020年应缴纳的房产税。

【答案及解析】（1）对出租房产，租赁双方签订的租赁合同约定有免收租金期限的，免收租金期间由产权所有人按照房产余值缴纳房产税。（2）甲有限公司2020年1月、2月从价计税，应交房产税 = 1 000 ×（1 − 20%）× 1.2% ×2/12 = 1.6（万元），甲有限公司2020年3～12月从租计税 = 10 × 12% × 10 = 12（万元）。（3）甲有限公司2020年应缴纳房产税 = 1.6 + 12 = 13.6（万元）。

（三）应纳税额的计算

1. 一般房产税应纳税额的计算。

计税方法	计税依据	税率	计税公式
从价	房产原值一次减除10%～30%损耗后的余值（含地价）	年税率1.2%	应纳税额＝应税房产原值×(1－扣除比例)×1.2%
从租	不含税租金收入；以劳务或其他形式为报酬抵付房租收入的，按当地同类房产租金水平确定	12%	应纳税额＝不含增值税租金收入×12%或4%
	个人按市场价格出租的居住用房	4%	

2. 地下建筑物房产税应纳税额的计算。

（1）工业用途房产，以房屋原价的50%～60%作为应税房产原值。

应纳税额＝应税房产原值×(1－原值减除比例)×1.2%

（2）商业和其他用途房产，以房屋原价的70%～80%作为应税房产原值。

应纳税额＝应税房产原值×(1－原值减除比例)×1.2%

【小贴士】出租的地下建筑，按照出租地上房屋建筑的有关规定计算征收房产税。

【经典例题】

【真题·单选题】（2010）某公司2008年购进一处房产，2009年5月1日用于投资联营（收取固定收入，不承担联营风险），投资期3年，当年取得固定收入160万元。该房产原值3 000万元，当地政府规定的减除幅度为30%，该公司2009年应缴纳的房产税为（　　）万元。

A. 21.2　　B. 27.6

C. 29.7　　D. 44.4

【答案】B

【解析】以房产投资联营，收取固定收入，不承担联营风险的，由出租方按租金收入计算缴纳房产税。应缴纳房产税＝3 000×(1－30%)×1.2%×4÷12＋160×12%＝27.6（万元）。

【真题·单选题】（2012）某上市公司2011年以5 000万元购得一处高档会所，然后加以改建，支出500万元在后院新建一露天泳池，支出500万元新增中央空调系统，拆除200万元的照明设施，再支付500万元安装智能照明和楼宇声控系统，会所于2011年底改建完毕并对外营业。当地省政府规定计算房产余值扣除比例为30%，2012年该会所应缴纳房产税为（　　）万元。

A. 42　　B. 48.72

C. 50.4　　D. 54.6

【答案】B

【解析】应缴纳房产税＝(5 000＋500－200＋500)×(1－30%)×1.2%＝48.72（万元）。

【真题·单选题】（2016）某工厂企业2016年2月自建的厂房竣工并投入使用，该厂房的原值是8 000万元，其中用于储存物资的独立地下室为800万元，假设房产原值的减除比例为30%，地下室应税原值为房产原价的60%。该企业2016年应缴纳房产税（　　）万元。

A. 56　　B. 59.14

C. 53.76　　D. 61.60

【答案】C

【解析】应缴纳房产税＝(8 000－800)×(1－30%)×1.2%×10÷12＋800×60%×(1－30%)×1.2%×10÷12＝53.76（万元）。

【例题·单选题】李某拥有两处房产，一处原值100万元的房产供自己和家人居住，另一处原值30万元的房产于2020年7月1日出租给老王，老王租房的目的非居住，而是用于开超市，老王按市场价每月支付不含税租金1 200元。李某当年应缴纳房产税为（　　）元。

A. 288　　B. 576

C. 840　　D. 864

【答案】A

【解析】自2008年3月1日起，对个人出租住房，不区分用途，均按4%的税率征收房产税。应缴纳房产税 = 1 200 × 6 × 4% = 288（元）。

重难点 4：税收优惠★★

1. 国家机关、人民团体、军队**自用**的房产免征房产税。

【小贴士】上述单位对**出租**房产以及非自身业务使用的**生产、营业**用房，不属于免税范围。

【小贴士】上述单位对其所属的**附属**工厂、商店、招待所等不属于单位公务、业务的用房，应照章纳税。

2. 由国家财政部门拨付事业经费的单位，如学校、医疗卫生单位、托儿所、幼儿园、敬老院、文化、体育、艺术等实行全额或差额预算管理的事业单位所有的、本身业务范围内使用的房产免征房产税。

3. 宗教寺庙、公园、名胜古迹**自用**的房产免征房产税。

【小贴士】宗教寺庙、公园、名胜古迹中**附设**的营业单位，如影剧院、饮食部、茶社、照相馆等所**使用**的房产及**出租**的房产，不属于免税范围，应照章纳税。

4. 个人所有**非营业**用的房产免征房产税。

【小贴士】对个人拥有的**营业**用房或者**出租**的房产，不属于免税房产，应照章纳税。

5. 非营利性医疗机构、疾病控制机构和妇幼保健机构等**卫生机构自用**的房产，免征房产税。

6. 自 2001 年 1 月 1 日起，按政府规定价格出租的公有住房和廉租住房，包括企业和自收自支事业单位向职工出租的单位自有住房，房管部门向居民出租的公有住房，落实私房政策中带户发还产权并以政府规定租金标准向居民出租的私有住房等，暂免征收房产税。

7. 为支持公共租赁住房（公租房）的建设和运营，对经营公租房的租金收入，免征房产税。

8. 企业办的各类学校、医院、托儿所、幼儿园自用的房产，免征房产税。（**新增**）

9. 经有关部门鉴定，对毁损不堪居住的房屋和危险房屋，在停止使用后，可免征房产税。（**新增**）

10. 自 2004 年 7 月 1 日起，纳税人因房屋大修导致连续停用半年以上的，在房屋大修期间免征房产税。

11. 凡是在基建工地为基建工地服务的各种工棚、材料棚、休息棚、办公室、食堂、茶炉房、汽车房等临时性房屋，无论是施工企业自行建造还是基建单位出资建造，交施工企业使用的，在施工期间，一律免征房产税。但是，如果在基建工程结束后，施工企业将这种临时性房屋交还或者低价转让给基建单位的，应当从基建单位接收的次月起，依照规定缴纳房产税。（**新增**）

12. 纳税单位与免税单位共同使用的房屋，按各自使用的部分分别征收或免征房产税。（**新增**）

13. 自 2019 年 1 月 1 日至 2021 年 12 月 31 日，对高校学生公寓免征房产税。

14. 自 2019 年 1 月 1 日至 2021 年 12 月 31 日，对农产品批发市场、农贸市场（包括自有和承租）专门用于经营农产品的房产，暂免征收房产税。对同时经营其他产品的农产品批发市场和农贸市场使用的房产，按其他产品与农产品交易场地面积的比例确定征免房产税。

15. 为推进国有经营性文化事业单位转企改制，对由财政部门拨付事业经费的文化事业单位转制为企业的，自转制注册之日起 5 年内对其自用房产免征房产税。2018 年 12 月 31 日之前已完成转制的企业，自 2019 年 1 月 1 日起，对其自用房产可继续免征 5 年房产税。（**新增**）

16. 房地产开发企业建造的商品房，在出售前不征收房产税。但出售前房地产开发企业已使用或出租、出借的商品房，应按规定征收房产税。（**新增**）

17. 自 2019 年 1 月 1 日至 2021 年 12 月 31 日，对商品储备管理公司及直属库自用的承担商品储备业务的房产免征房产税。（**新增**）

18. 自2019年6月1日至2025年12月31日，为社区提供养老、托育、家政等服务的机构自用或其通过承租、无偿使用等方式取得并用于提供社区养老、托育、家政服务的房产免征房产税。(新增)

19. 自2018年1月1日至2023年12月31日，对纳税人及其全资子公司从事大型民用客机发动机、中大功率民用涡轴涡桨发动机研制项目自用的科研、生产、办公房产，免征房产税。(新增)

20. 自2019年1月1日至2021年12月31日，各省、自治区、直辖市人民政府可根据本地区实际情况，以及宏观调控需要确定，对增值税小规模纳税人在50%的税额幅度内减征房产税。增值税小规模纳税人已依法享受房产税其他优惠政策的，可叠加享受本规定的优惠政策。(新增)

【经典例题】

【真题·单选题】(2009) 某企业2008年房产原值共计9 000万元，其中该企业所属的幼儿园和子弟学校用房原值分别为300万元、800万元，当地政府确定计算房产余值的扣除比例为25%，该企业2008年应缴纳的房产税为(　　)万元。

A. 71.1　　B. 73.8

C. 78.3　　D. 81

【答案】A

【解析】应缴纳房产税 $=(9\ 000-300-800)\times(1-25\%)\times1.2\%=71.1$(万元)。

【真题·多选题】(2014) 下列房屋中，免征房产税的有(　　)。

A. 居民个人出租的住房

B. 公园管理部门自用的办公用房

C. 按政府规定价格出租的公有住房

D. 军队自用的房产

【答案】BCD

【解析】选项A，对个人拥有的营业用房或者出租的房产，不属于免税房产，应照章纳税。

【例题·多选题】下列各项中，符合房产税优惠政策规定的有(　　)。

A. 个人所有的营业用房产免征房产税

B. 宗教寺庙、名胜古迹自用的房产免征房产税

C. 大学附属招待所使用的房产免征房产税

D. 经营公租房的租金收入免征房产税

【答案】BD

【解析】选项A，个人所有非营业用的房产免征房产税。选项C，由国家财政部门拨付事业经费的单位，包括实行全额或差额预算管理的事业单位所有的，本身业务范围内使用的房产免征房产税。

【例题·多选题】下列各项中，符合房产税优惠政策规定的有(　　)。

A. 经有关部门鉴定，对毁损不堪居住的房屋和危险房屋，在停止使用后，可免征房产税

B. 纳税人因房屋大修导致连续停用半年以上的，在房屋大修期间免征房产税

C. 房地产开发企业建造的商品房，在出售前不征收房产税。但出售前房地产开发企业已使用或出租、出借的商品房，应按规定征收房产税

D. 企业办的各类学校、医院、托儿所、幼儿园自用的房产，免征房产税

【答案】ABCD

【解析】以上选项均正确。

重难点5：征收管理★★

(一) 纳税义务发生时间

1. 纳税人将原有房产用于生产经营，从生产经营之月起，缴纳房产税。

2. 纳税人自行新建房屋用于生产经营，从建成之次月起，缴纳房产税。

3. 纳税人委托施工企业建设的房屋，从办理验收手续的次月起，缴纳房产税。

4. 纳税人购置新建商品房，自房屋交付使用之次月起，缴纳房产税。

5. 纳税人购置存量房，自办理房屋权属

转移、变更登记手续，房地产权属登记机关签发房屋权属证书之次月起，缴纳房产税。

6. 纳税人出租、出借房产，自交付出租、出借房产之次月起，缴纳房产税。

7. 房地产开发企业自用、出租、出借本企业建造的商品房，自房屋使用或交付之次月起，缴纳房产税。

8. 纳税人因房产的实物或权利状态发生变化，而依法终止房产税纳税义务的，其应纳税款的计算应截止到房产的实物或权利状态发生变化的当月末。

【小贴士】上述8项，只有第1项将原有房产用于生产经营的，是从“之月”起缴纳房产税，其他强调“次月”，如建成、验收、交付、出租、取证等次月。

【小贴士】由于从价计算房产税计算公式计算出来的是年税额，需要从纳税义务发生时间角度看应纳税额是否需要按月折算。

【经典例题】

【真题·单选题】（2015）下列关于房产税纳税义务发生时间的表述中，正确的是(　　)。

A. 纳税人出租房产，自交付房产之月起缴纳房产税

B. 纳税人自行新建房屋用于生产经营，从建成之月起缴纳房产税

C. 纳税人将原有房产用于生产经营，从生产经营之月起缴纳房产税

D. 房地产开发企业自用本企业建造的商品房，自房屋使用之月起缴纳房产税

【答案】C

【解析】选项A、B、D，纳税义务发生时间均为“次月”。

【真题·多选题】（2018）下列关于房产税纳税义务发生时间的表述中，正确的有(　　)。

A. 纳税人自行新建房屋用于生产经营，从建成之月起缴纳房产税

B. 纳税人将原有房产用于生产经营，从生产经营之月起缴纳房产税

C. 纳税人出租房产，自交付出租房产之次月起缴纳房产税

D. 房地产开发企业自用本企业建造的商品房，自房屋使用之次月起缴纳房产税

【答案】BCD

【解析】选项A，纳税人自行新建房屋用于生产经营，从建成之“次月”起缴纳房产税。

【例题·单选题】2020年1月31日，李某将自有住房出租，当月交付使用，每月收取不含税租金5 000元。李某2020年应缴纳房产税(　　)元。

A. 2 200　　B. 2 400

C. 7 200　　D. 6 600

【答案】A

【解析】对个人出租住房，不区分实际用途，均按4%的税率征收房产税。出租、出借房产，自交付出租、出借房产之次月起计征房产税。李某2020年应缴纳房产税＝5 000×4%×11＝2 200（元）。

（二）纳税期限

房产税实行按年计算、分期缴纳的征收办法，具体纳税期限由省级人民政府确定。

（三）纳税地点、征收机关

房产税在房产所在地缴纳。对房产不在同一地方的纳税人，应按房产的坐落地点分别向房产所在地的税务机关纳税。

【经典例题】

【例题·多选题】下列关于房产税征收管理的规定，说法正确的有(　　)。

A. 房产税按年计算，分期缴纳

B. 房产税在房产所在地缴纳

C. 对房产不在同一地方的纳税人，应按房产的坐落地点分别向房产所在地的税务机关纳税

D. 纳税人购置存量房，自办理房屋权属转移、变更登记手续，房地产权属登记机关签发房屋权属证书之月起，缴纳房产税

【答案】ABC

【解析】选项D，纳税人购置存量房，自办理房屋权属转移、变更登记手续，房地产权属登记机关签发房屋权属证书之次月起，缴纳房产税。

【本章总结——房产税】

1. 房产税应掌握与熟悉的内容。

（1）掌握房产税的征税范围和税率。

（2）掌握房产税的计税依据和税收优惠。

（3）熟悉房产税的征收管理。

2. 与其他税种的关系。

（1）与增值税："营改增"后，计算房产税的租金不含增值税。

（2）与城镇土地使用税：两税关系密切，房产税与城镇土地使用税在纳税义务人、税收优惠和纳税义务发生时间等存在一定的共性。

（3）与企业所得税：房产税在企业所得税税前可（直接）扣除。

第二单元 契税法

契税，是以在中华人民共和国境内转移土地、房屋权属为征税对象，向产权**承受人**征收的一种财产税。

重难点1：纳税人和征税范围★★

（一）纳税人

契税的纳税人是在境内转移土地、房屋权属，**承受产权**的单位和个人。土地、房屋权属是指土地使用权和房屋所有权。

（二）征税范围（5项）

契税的征税对象为发生土地使用权和房屋所有权**权属转移**的土地和房屋。

1. 国有土地使用权出让（不征收土地增值税）。

【小贴士】国有土地使用权出让，是指国家以土地所有者的身份将土地使用权在一定年限内**让与**土地使用者，并由土地使用者向国家支付**土地出让金**的行为（土地买卖的一级市场）。

2. 土地使用权转让（征收土地增值税）。

【小贴士】土地使用权的转让，是指土地使用者通过出让等形式**取得**土地使用权后，以出售、赠与、互换等方式将土地使用权转移给其他单位和个人的行为（土地买卖的二级市场）。

【小贴士】土地使用权转让，不包括土地承包经营权和土地经营权的转移。

3. 房屋买卖。

即以货币为媒介，出卖者向购买者过渡房产**所有权**的交易行为。某些特殊方式转移土地、房屋权属也**视同**土地使用权转让、房屋买卖缴纳契税：

（1）以房产**抵债或实物交换**房屋，视同房屋买卖，由产权承受人按房屋**现值**缴纳契税。

（2）以**房产作投资或入股**，应按规定办理房屋产权交易和产权变更登记手续，视同房产买卖，由产权承受方按入股房产**现值**缴纳契税。

【小贴士】以自有房产作股投入**本人独资**经营的企业，因未发生权属变化，不需办理房产变更手续，故不缴纳契税。

（3）买房拆料或翻建新房，应照章征收契税。

4. 房屋赠与。

房屋的赠与，是指房屋产权所有人将其房屋无偿转让给受赠者的行为，应由受赠人按规定缴纳契税。

（1）以获奖方式取得房屋产权的，其实质是接受赠与房产，应照章缴纳契税。

（2）对于《继承法》规定的法定继承人（包括配偶、子女、父母、兄弟姐妹、祖父母、外祖父母）继承土地、房屋权属的，不征收契税；非法定继承人根据遗嘱承受死者生前的土地房屋权属，属于赠与行为，应征收契税。

【小贴士】婚姻**存续**期间夫妻之间变名或加名的免征契税。

5. 房屋互换。

互换价格相等，免征契税；互换价格不等

的，由**多交付**货币、实物、无形资产等其他经济利益的一方缴纳契税。

【小贴士】以预购方式或者预付集资建房款方式承受土地、房屋权属，应视同房屋买卖行为，照章纳税。

【经典例题】

【例题·单选题】单位和个人发生下列行为，应缴纳契税的是(　　)。

A. 转让土地使用权

B. 转让不动产所有权

C. 承受不动产所有权

D. 赠与不动产所有权

【答案】C

【解析】契税的纳税人是房屋、土地权属的承受方；房屋、土地权属的转让方无须缴纳契税。

【例题·多选题】下列行为中，应缴纳契税的有(　　)。

A. 以获奖方式取得的土地使用权

B. 法定继承人继承土地、房屋权属

C. 以出让方式承受土地权属

D. 以自有房产作价入股本人经营的独资企业

【答案】AC

【解析】选项B，对于《继承法》规定的法定继承人（包括配偶、子女、父母、兄弟姐妹、祖父母、外祖父母）继承土地、房屋权属，不征契税。选项D，同一自然人与其设立的个人独资企业、一人有限公司之间土地、房屋权属的划转，免征契税。

重难点2：税率、计税依据和应纳税额的计算★★

（一）税率

契税实行**幅度比例税率**，税率幅度为3%～5%。

（二）计税依据（重要）

1. 土地使用权出售、房屋买卖，其计税依据为土地、房屋权属转移合同确定的价格，包括承受者应交付的货币、实物、其他经济利益对应的价款。

2. 土地使用权赠与、房屋赠与，以及其他没有价格的转移土地、房屋权属行为，其计税依据为税务机关参照土地使用权出售、房屋买卖的市场价格依法核定的价格。

3. 土地使用权互换、房屋互换，其计税依据是所换取的土地使用权、房屋的价格差额。

【小贴士】等价互换免征契税；不等价互换，依互换价格差额征税；即房屋互换：谁支付价格差额，谁交契税。

【小贴士】等价互换房屋不等于实物互换房屋，实物互换房屋应照章纳税。

4. 国有土地使用权出让，其计税依据为承受人为取得该土地使用权而支付的全部经济利益。具体而言：

（1）以协议方式出让的，其计税依据为土地出让合同确定的成交价格，具体包括土地出让金、土地补偿费、安置补助费、地上附着物和青苗补偿费、拆迁补偿费、市政建设配套费等承受者应支付的货币、实物、无形资产及其他经济利益。

没有成交价格或者成交价格明显偏低的，征收机关可依次按下列两种方式确定计税依据：

①评估价格：有政府批准设立的房地产评估机构根据相同地段、同类房地产进行综合评定，并经当地税务机关确认的价格。

②土地基准地价：由县以上人民政府公示的土地基准地价。

（2）先以划拨方式取得土地使用权，后经批准改为出让方式取得该土地使用权的，土地受让方应依法补缴契税，其计税依据为应补交的土地出让金和其他出让费用。

5. 房屋附属设施征收契税的依据。

（1）不涉及土地使用权和房屋所有权转移变动的，不征收契税。

（2）采取分期付款方式购买房屋附属设施土地使用权、房屋所有权，按合同规定的总

价款计算征收契税。（房子可以分期，契税不能分期）

（3）承受的房屋附属设施权属**如果是单独计价的**，按照当地适用的税率征收契税，如果与房屋统一计价的，适用**与房屋相同的税率**。

【小贴士】“营改增”后，成交价格等契税的计税依据不含增值税；税务机关核定的计税价格或收入也不含增值税。

【经典例题】

【真题·多选题】（2014）下列关于契税计税依据的表述中，正确的有（　　）。

A. 购买的房屋以成交价格作为计税依据

B. 接受赠与的房屋参照市场价格核定计税依据

C. 采取分期付款方式购买的房屋参照市场价格核定计税依据

D. 转让以划拨方式取得的土地使用权，以补交的土地使用权出让金作为计税依据

【答案】ABD

【解析】选项C，采取分期付款方式购买房屋附属设施土地使用权、房屋所有权的，应按合同规定的总价款计征契税。

【真题·单选题】（2016）甲企业2016年1月因无力偿还乙企业已到期的债务3 000万元，经双方协商甲企业同意以自有房产偿还债务。该房产的原值5 000万元，净值2 000万元，评估现值9 000万元。乙企业支付了差价款6 000万元，双方办理了产权过户手续。则乙企业计缴契税的计税依据是（　　）万元。

A. 2 000　　B. 6 000

C. 9 000　　D. 5 000

【答案】C

【解析】以房抵债的，应由产权承受人，按房屋现值缴纳契税。由于本题业务发生在“营改增”之前，故不考虑增值税问题。

【真题·单选题】（2017）赠与房屋时，确定契税计税依据所参照的价格或价值是（　　）。

A. 房屋原值　　B. 摊余价值

C. 协议价格　　D. 市场价格

【答案】D

【解析】土地使用权与房屋的赠与，契税的计税依据由征收机关参照土地使用权出售、房屋买卖的市场价格核定。

（三）应纳税额的计算

应纳税额 = 计税依据 × 税率

【经典例题】

【真题·单选题】（2020）居民甲将一套价值为100万元的一居室住房与居民乙互换成一套两居室住房，支付给乙换房差价款50万元，当地契税税率为4%。则甲应缴纳的契税为（　　）万元。

A. 0　　B. 2

C. 4　　D. 6

【答案】B

【解析】房屋互换，其契税的计税依据为所换取的土地使用权、房屋的价格差额。也就是说，互换价格相等时，免征契税；互换价格不等时，由多交付的货币、实物、无形资产或者其他经济利益的一方缴纳契税。则甲应缴纳的契税 = 50 × 4% = 2（万元）。

【真题·单选题】（2009）居民甲2008年购置了一套价值100万元的新住房，同时对原有的两套住房处理如下：一套出售给居民乙，成交价格50万元；另一套市场价格80万元的住房与居民丙进行等价互换。假定当地省政府规定的契税税率为4%，则居民甲2008年应缴纳的契税为（　　）万元。

A. 4　　B. 6

C. 7.2　　D. 9.2

【答案】A

【解析】契税以受让方为纳税人，居民之间等价互换房屋的免征契税，甲应纳契税 = 100 × 4% = 4（万元）。

【真题·单选题】（2010）居民乙因拖欠居民甲180万元款项无力偿还，2010年6月经当地有关部门调解，以房产抵偿该笔债务，居民甲因此取得该房产的产权并支付给居民乙差

价款 20 万元。假定当地省政府规定的契税税率为 5%。下列表述中正确的是(　　)。

A. 居民甲应缴纳契税 1 万元

B. 居民乙应缴纳契税 1 万元

C. 居民甲应缴纳契税 10 万元

D. 居民乙应缴纳契税 10 万元

【答案】C

【解析】承受人应该缴纳契税，应纳契税 =(180+20)×5% =10（万元）。

【例题·单选题】某公司 2020 年 1 月以 1 200 万元（不含增值税）购入一幢旧写字楼作为办公用房，该写字楼原值 2 000 万元，已计提折旧 900 万元。当地适用契税税率为 3%，该公司购入写字楼应缴纳契税(　　)万元。

A. 30　　B. 36

C. 24　　D. 60

【答案】B

【解析】契税的计税依据不含增值税。土地使用权出售、房屋买卖，其计税价格为成交价格，应纳税额 =1 200×3% =36（万元）。

重难点 3：税收优惠★★★

1. 有下列情形之一的，免征契税：

(1) 国家机关、事业单位、社会团体、军事单位承受土地、房屋用于办公、教学、医疗、科研和军事设施。

(2) 非营利性的学校、医疗机构、社会福利机构承受土地、房屋权属用于办公、教学、医疗、科研、养老、救助。

(3) 承受荒山、荒地、荒滩土地使用权，并用于农、林、牧、渔业生产。

(4) 婚姻关系存续期间夫妻之间变更土地、房屋权属。

(5) 法定继承人通过继承承受土地、房屋权属。

(6) 依照法律规定应当予以免税的外国驻华使馆、领事馆和国际组织驻华代表机构承受土地、房屋权属。

根据国民经济和社会发展的需要，国务院对居民住房需求保障、企业改制重组、灾后重建等情形可以规定免征或者减征契税，报全国人民代表大会常务委员会备案。

2. 省、自治区、直辖市可以决定对下列情形免征或者减征契税：

(1) 因土地、房屋被县级以上人民政府征收、征用，重新承受土地、房屋权属。

(2) 因不可抗力灭失住房，重新承受住房权属。

免征或者减征契税的具体办法，由省、自治区、直辖市人民政府提出，报同级人民代表大会常务委员会决定，并报全国人民代表大会常务委员会和国务院备案。**(新增)**

【经典例题】

【真题·多选题】(2008) 下列各项中，免征或不征契税的有(　　)。

A. 国家出让国有土地使用权

B. 受赠人接受他人赠与的房屋

C. 法定继承人继承土地、房屋权属

D. 承受荒山土地使用权用于林业生产

【答案】CD

【解析】选项 C，属于不征契税项目。选项 D，属于免税项目。

【真题·单选题】(2019) 下列房产转让的情形中，产权承受方免予缴纳契税的是(　　)。

A. 将房产赠与非法定继承人

B. 以获奖方式承受土地、房屋权属

C. 以自有房产投资入股本人独资经营的企业

D. 以预付集资建房款方式承受土地、房屋权属

【答案】C

【例题·单选题】下列有关契税的表述中，正确的是(　　)。

A. 买房用以拆料或翻建新房的，应缴纳契税

B. 受让农村土地承包经营权的，应缴纳契税

C. 以实物互换房屋的，应以差价部分作为契税的计税依据

D. 非法定继承人根据遗嘱承受死者生前的土地房屋权属，不征收契税

【答案】A

【解析】选项B，土地使用权的转让不包括土地承包经营权和土地经营权的转移，因此不涉及契税。选项C，以实物互换房屋均视同房屋买卖，应由产权承受人，按房屋现值缴纳契税。选项D，非法定继承人根据遗嘱承受死者生前的土地房屋权属，属于赠与行为，应征收契税。

【例题·多选题】下列行为中，应当缴纳契税的是(　　)。

A. 个人以自有房产投入本人独资经营的企业

B. 企业将自有房产与另一企业的房产等价互换

C. 获奖方式取得的房产

D. 企业以自有房产投资于另一企业并取得相应的股权

【答案】CD

【解析】选项A，以自有房产作股投入本人独资经营的企业，因未发生权属变化，不需办理房产变更手续，故不缴纳契税。选项B，等价互换房屋、土地权属的，免征契税。选项C、D，应缴纳契税。

【例题·多选题】下列情形中，免征契税的有(　　)。

A. 非营利性的学校承受土地、房屋权属用于办公、教学

B. 承受荒滩土地使用权，并用于牧业生产

C. 法定继承人通过继承承受土地、房屋权属

D. 婚姻关系存续期间夫妻之间变更土地、房屋权属

【答案】ABCD

【解析】有下列情形之一的，免征契税：(1)国家机关、事业单位、社会团体、军事单位承受土地、房屋用于办公、教学、医疗、科研和军事设施。(2)非营利性的学校、医疗机构、社会福利机构承受土地、房屋权属用于办公、教学、医疗、科研、养老、救助。(3)承受荒山、荒地、荒滩土地使用权，并用于农、林、牧、渔业生产。(4)婚姻关系存续期间夫妻之间变更土地、房屋权属。(5)法定继承人通过继承承受土地、房屋权属。(6)依照法律规定应当予以免税的外国驻华使馆、领事馆和国际组织驻华代表机构承受土地、房屋权属。

【例题·多选题】省、自治区、直辖市可以决定对下列情形免征或者减征契税的有(　　)。

A. 因土地被县级以上人民政府征收、征用，重新承受土地、房屋权属

B. 因房屋被县级以上人民政府征收、征用，重新承受土地、房屋权属

C. 因不可抗力灭失住房，重新承受住房权属

D. 承受荒山用于林业生产

【答案】ABC

【解析】省、自治区、直辖市可以决定对下列情形免征或者减征契税：(1)因土地、房屋被县级以上人民政府征收、征用，重新承受土地、房屋权属。(2)因不可抗力灭失住房，重新承受住房权属。

重难点4：征收管理★★

(一)纳税义务发生时间

契税的纳税义务发生时间，是纳税人签订土地、房屋权属转移合同的当日，或者取得其他具有土地、房屋权属转移合同性质凭证的当日。

【经典例题】

【例题·单选题】下列说法中，符合契税纳税义务发生时间规定的是(　　)。

A. 纳税人接收土地、房屋的当日

B. 纳税人支付土地、房屋款项的当日

C. 纳税人办理土地、房屋权属证书的当日

D. 纳税人签订土地、房屋权属转移合同的当日

【答案】D

【解析】契税的纳税义务发生时间，是纳税人签订土地、房屋权属转移合同的当日。

（二）纳税期限、纳税地点

纳税人应当在依法办理土地、房屋权属登记手续前申报缴纳契税。（新增）

契税在土地、房屋所在地的征收机关缴纳。

（三）征收管理其他规定

纳税人办理纳税事宜后，税务机关应向纳税人开具契税完税凭证。纳税人办理有关土地、房屋的权属登记，不动产登记机构应当查验契税完税、减免税凭证或者相关信息。未按照规定缴纳契税的，不动产登记机构不予办理土地、房屋权属登记。

在依法办理土地、房屋权属登记前，权属转移合同、权属转移合同性质凭证不生效、无效、被撤销或者被解除的，纳税人可以向税务机关申请退还已缴纳的税款，税务机关应当依法办理。

税务机关应当与相关部门建立契税涉税信息共享和工作配合机制。自然资源、住房城乡建设、民政、公安等相关部门应当及时向税务机关提供与转移土地、房屋权属有关的信息，协助税务机关加强契税征收管理。

税务机关及其工作人员对税收征收管理过程中知悉的纳税人的个人信息，应当依法予以保密，不得泄露或者非法向他人提供。（新增）

【本章总结——契税】

1. 契税应掌握与熟悉的内容。

（1）掌握契税的计税依据。

（2）掌握契税的税收优惠。

（3）熟悉契税税额的计算。

2. 与其他税种的关系。

（1）与增值税："营改增"后，计征契税的成交价格不含增值税。

（2）与土地增值税：契税作为取得土地使用权所支付的金额的组成部分，成为计算土地增值额可扣除的因素；在存量房地产转让不能取得评估价格，但能提供购房发票和契税完税凭证时，契税也成为计算土地增值额可扣除金额的组成部分。

（3）与印花税：契税和印花税都涉及对合同契约的征税，但契税征税范围小于印花税，且契税仅由财产承受人缴纳，印花税则在一般情况下由交易双方缴纳。

第三单元　土地增值税法

土地增值税，是对有偿转让国有土地使用权及地上建筑物和其他附着物产权并取得增值收入的单位和个人所征收的一种税。

重难点1：纳税人★★

土地增值税的纳税人，是转让国有土地使用权、地上建筑物及其附着物并取得收入的单位和个人。

重难点2：征税范围★★

（一）基本征税范围

1. 转让国有土地使用权。

2. 地上建筑物及其附着物连同国有土地使用权一并转让。

3. 存量房地产买卖。

【小贴士】土地增值税的基本征税范围不仅仅限于"土地"交易。

【小贴士】土地增值税针对"转让"（二级市场）国有土地使用权征税；"出让"国有土地使用权（一级市场），不征税。另外，未经国家征用的集体土地使用权不得买卖。

【小贴士】产权必须发生转移，土地增值税的征税范围不包括未转让土地使用权、房产所有权的行为。

【小贴士】强调房地产转移要"有偿"，转让房地产是否取得收入。（货币、实物及其他收入）

（二）特殊征税范围（重要）

【小贴士】以下内容，学员应注意辨析哪些应征、哪些不征、哪些免征。

1. 属于土地增值税的征税范围的情形（应征）。

（1）转让国有土地使用权。

（2）取得土地使用权后进行房屋开发建造然后出售。

（3）存量房地产买卖。

（4）抵押期满以房地产抵债。（发生权属转让）

（5）单位之间交换房地产。（有实物形态收入）

（6）合作建房建成后转让。

（7）非公益性赠与、赠与给除直系亲属和直接赡养人以外的。

2. 不属于土地增值税的征税范围的情形（不征）。

（1）房地产继承。（无收入）

（2）房地产有条件的赠与。（对象有限定，无收入）

【小贴士】不予征税的房屋赠与，包括：①房产所有人、土地使用权所有人通过中国境内非营利的社会团体、国家机关将房屋产权、土地使用权赠与教育、民政和其他社会福利、公益事业的行为。②房产所有人、土地使用权所有人将房屋产权、土地使用权赠与直系亲属或承担直接赡养义务人的行为。

（3）房地产出租。（权属未变）

（4）房地产抵押期内。（权属未变）

（5）房地产评估增值。（无权属转移）

（6）房地产的代建行为。（权属未变）

3. 免征或暂免征收土地增值税的情形。

（1）对个人之间互换自有居住用房地产的，经当地税务机关核实，可以免征土地增值税。

（2）合作建房建成后按比例分房自用。

【小贴士】对于一方出地，一方出资金，双方合作建房，建成后按比例分房自用的，暂免征收土地增值税；建成后转让的，应征收土地增值税。

（3）与房地产开发企业无关的房地产投资联营。

（4）因国家建设需要依法征用、收回的房地产。

（5）个人转让住房。

（6）建造普通标准住宅出售，增值额未超过扣除项目金额20%的。

（7）企事业单位、社会团体以及其他组织转让旧房作为公租房房源，且增值额未超过扣除项目金额20%的。

【小贴士】上述内容需要与土地增值税的税收优惠内容结合掌握。

【经典例题】

【真题·单选题】（2020）下列行为中，属于土地增值税征税范围的是（　　）。

A. 企业间的房屋置换

B. 某人将自有房产无偿赠与子女

C. 某人将自有的一套闲置住房出租

D. 某企业通过福利机构将一套房产无偿赠与养老院

【答案】A

【解析】选项B、D，属于不予征税的房屋赠与，包括：（1）房产所有人、土地使用权所有人通过中国境内非营利的社会团体、国家机关将房屋产权、土地使用权赠与教育、民政和其他社会福利、公益事业的行为。（2）房产所有人、土地使用权所有人将房屋产权、土地使用权赠与直系亲属或承担直接赡养义务人的行为。选项C，土地增值税是对转让国有土地使用权及其地上建筑物和附着物征收。选项C由于权属未发生转移，因此不属于土地增值税的征税范围。

【真题·单选题】（2016）下列房地产交易行为中，应当缴纳土地增值税的是（　　）。

A. 房地产公司出租别墅

B. 非营利的基金会将合作建造的房屋转让

C. 房地产公司通过国家机关将其拥有的房屋赠与学校

D. 城市居民之间互换自有居住用房且经核实

【答案】B

【解析】选项B，合作建房建成后转让的，应征收土地增值税。选项A，产权未转移，不属于土地增值税征收范围。选项C，房产所有人通过中国境内非营利的社会团体、国家机关将房屋产权赠与教育、民政和其他社会福利、公益事业的，不属于土地增值税的征税范围。选项D，对个人之间互换自有居住用房地产的，经当地税务机关核实，可以免征土地增值税。

【真题·单选题】（2014）下列情形中，应当计算缴纳土地增值税的是(　　)。

A. 工业企业向房地产开发企业转让国有土地使用权

B. 房产所有人通过希望工程基金会将房屋产权赠与西部教育事业

C. 甲企业出资金、乙企业出土地，双方合作建房，建成后按比例分房自用

D. 房地产开发企业代客户进行房地产开发，开发完成后向客户收取代建收入

【答案】A

【解析】选项B，房产所有人通过中国境内非营利的社会团体、国家机关将房屋产权赠与教育、民政和其他社会福利、公益事业的，不属于土地增值税的征税范围。选项C，合作建房后按比例分房自用的，暂免征收土地增值税。选项D，房地产开发公司代客户进行房地产的开发，不属于土地增值税的征税范围。

【真题·单选题】（2012）下列各项中，属于土地增值税征收范围的是(　　)。

A. 房地产的出租行为

B. 房地产的抵押行为

C. 房地产的重新评估行为

D. 个人互换自有住房的行为

【答案】D

【解析】选项A、B、C，产权未转移，不属于土地增值税征收范围。选项D，属于土地增值税的征收范围，但是经税务机关核实，免征土地增值税。

重难点3：税率★★

土地增值税采用**四级超率**累进税率，累进依据为增值额与扣除项目金额之间的比率。

级数	增值额与扣除项目金额的比率	税率	速算扣除系数（%）
1	不超过50%的部分	30%	0
2	超过50%～100%的部分	40%	5
3	超过100%～200%的部分	50%	15
4	超过200%的部分	60%	35

【小贴士】土地增值税所采用的四级超率累进税率，是目前我国**唯一**采用超率累进税率的税种。

【小贴士】土地增值税的税率，考试时非必须提供，建议学员熟悉。

【经典例题】

【例题·单选题】甲有限公司转让办公楼取得不含税收入1 000万元，计算土地增值额准予扣除项目金额700万元，则适用税率为(　　)。

A. 30%　　　　B. 40%

C. 50%　　　　D. 60%

【答案】A

【解析】增值额与扣除项目金额的比率＝(1 000－700)÷700×100%＝42.86%，适用第1级税率，即30%。

重难点4：应税收入与扣除项目★★★

土地增值税的计税依据，为转让房地产的增值额。

增值额＝转让房地产不含税收入－税法规定的扣除项目金额

【小贴士】土地增值税，以国家有关部门

审批的房地产开发项目为单位进行清算，对于分期开发的项目，以分期项目为单位清算。

【小贴士】土地增值税的计算应当遵循配比原则。举例：

（1）如某房地产开发企业开发两个项目，应按每个项目分别计算缴纳土地增值税。

（2）如某房地产开发企业开发某个项目由A、B两个楼盘构成，整个项目开发过程中的费用应该在两个楼盘之间进行分配，将来销售A楼盘时应该配比A楼盘的费用。

【小贴士】土地增值税的计算，卖地有卖地的方法，卖房有卖房的方法；新房有新办法，老房有老办法。

（一）应税收入

纳税人转让房地产取得的应税收入（不含增值税），应包括转让房地产的全部价款及有关的经济收益。从收入的形式来看，包括货币收入、实物收入和其他收入。实物收入按取得收入时的市场价格折算成货币收入。

【小贴士】“营改增”后的房地产销售额，为不含增值税的销售额。

（二）扣除项目的确定（新房5项）

1. 取得土地使用权所支付的金额，是指纳税人为取得土地使用权支付的地价款和按国家统一规定缴纳的有关费用之和。

【小贴士】取得土地使用权所支付的地价款，一般包括三种形式：

（1）以出让方式取得土地使用权的，为支付的土地出让金。

（2）以行政划拨方式取得土地使用权的，为转让土地使用权时按规定补缴的土地出让金。

（3）以转让方式取得土地使用权的，为支付的地价款。

【小贴士】按国家统一规定缴纳的有关费用，是指纳税人在取得土地使用权过程中为办理有关手续，按国家统一规定缴纳的有关登记、过户手续费和契税。

2. 房地产开发成本。

（1）土地征用及拆迁补偿费。主要包括土地征用费、耕地占用税、劳动力安置费及有关地上、地下附着物拆迁补偿的净支出、安置动迁用房支出等。

（2）前期工程费，包括规划、设计、项目可行性研究和水文、地质、勘察、测绘、“三通一平”等支出。

（3）建筑安装工程费，出包方式支付给承包单位的建筑安装工程费；以自营方式发生的建筑安装工程费。

（4）基础设施费，包括开发小区内道路、供水、供电、供气、排污、排洪、通信、照明、环卫、绿化等工程发生的支出。

（5）公共配套设施费，包括不能有偿转让的开发小区内公共配套设施发生的支出。

（6）开发间接费用，是指直接组织、管理开发项目发生的费用，包括工资、职工福利费、折旧费、修理费、办公费、水电费、劳动保护费、周转房摊销等。

【经典例题】

【真题·计算问答题】（2012节选）地处县城的某房地产开发公司，2012年3月对一处已竣工的房地产开发项目进行验收，可售建筑面积共计25 000平方米。该项目的开发销售情况如下：

（1）该公司取得土地使用权应支付的土地出让金为16 000万元，政府减征了10%，该公司按规定缴纳了契税（税率为5%）。公司用一半的土地开发了该地产项目。

（2）该公司为该项目发生的开发成本为12 000万元。

（3）该项目发生开发费用600万元，其中利息支出150万元，但不能按转让房地产项目计算分摊。

（4）4月销售20 000平方米的房屋，共计取得收入40 000万元；另外5 000平方米的房屋出租给他人使用（产权未发生转移），月租金为45万元，租期为8个月。

要求：（1）计算该公司清算土地增值税时允许扣除的土地使用权支付金额。

（2）计算该公司清算土地增值税时允许

扣除的开发成本。

【答案及解析】(1) [16 000×5% +16 000×(1－10%)]×50%×(20 000÷25 000)=6 080(万元)。

(2) 12 000×(20 000÷25 000)=9 600(万元)。

3. 房地产开发费用。

【小贴士】学员应注意辨析会计上的期间费用、企业所得税前扣除的期间费用、土地增值税所称的开发费用的差异。

房地产开发费用，是指与房地产开发项目有关的销售费用、管理费用、财务费用。

(1) 纳税人能够按转让房地产项目计算分摊利息支出并能提供金融机构贷款证明的：

允许扣除的房地产开发费用＝利息＋(取得土地使用权所支付的金额＋房地产开发成本)×5%以内

【小贴士】上述利息最高不能超过按商业银行同类同期贷款利率计算的金额。超期利息、超标利息及罚息不得扣除。

(2) 纳税人不能按转让房地产项目计算分摊利息支出，或不能提供金融机构贷款证明的：

允许扣除的房地产开发费用＝(取得土地使用权所支付的金额＋房地产开发成本)×10%以内

【小贴士】房地产开发企业既向金融机构借款，又有其他借款的，其房地产开发费用计算扣除时不能同时适用上述(1)、(2)项所述两种办法。

【小贴士】开发费用计算时还需注意以下几个问题：

(1) 利息的上浮幅度按国家的有关规定执行，超过上浮幅度的部分不允许扣除。

(2) 提供金融机构证明，分摊利息支出。

(3) 全部使用自有资金，没有利息支出的，扣除方法为：

房地产开发费用＝(取得土地使用权所支付的金额＋房地产开发成本)×10%以内

【小贴士】土地增值税清算时，已经计入房地产开发成本的利息支出，应调整至财务费用中计算扣除。

【经典例题】

【例题·单选题】某房地产开发公司开发一住宅项目，取得该土地使用权所支付的金额3 000万元，房地产开发成本4 000万元，利息支出500万元(能提供金融机构贷款证明)，所在省人民政府规定，能提供金融机构贷款证明的，其他房地产开发费用扣除比例为4%。该公司计算土地增值税时允许扣除的开发费用为(　　)万元。

A. 780　　B. 700

C. 850　　D. 500

【答案】A

【解析】允许扣除的开发费用＝500＋(3 000＋4 000)×4%＝780(万元)。

4. 与转让房地产有关的税金。

(1) 房地产开发企业：城市维护建设税、教育费附加。

(2) 非房地产开发企业：城市维护建设税、教育费附加、印花税。(印花税按产权转移书据纳税，税率为0.5‰)

【小贴士】"营改增"后，转让房地产取得的收入为不含增值税收入，因此转让环节税金中不必重复扣除收入中已不包含的增值税。

5. 财政部确定的其他扣除项目。

对从事房地产开发的纳税人，允许按取得土地使用权所支付的金额和房地产开发成本之和，加计20%的扣除。

加计扣除金额＝(取得土地使用权所支付的金额＋房地产开发成本)×20%

【小贴士】加计扣除仅适用于房地产开发企业转让新建房，非房地产开发企业没有此项规定。

【小贴士】房地产开发企业取得土地使用权后未经开发就转让的，不得加计扣除。

【经典例题】

【例题·计算问答题】甲房地产开发公司整体出售了其新建的商品房，相关资料如下：

（1）与商品房相关的取得土地使用权支付金额和开发成本共计9 000万元。

（2）该公司没有按房地产项目计算分摊借款利息；项目所在省政府规定，计征土地增值税时房地产开发费用扣除比例按国家规定允许的最高比例执行（10%）。

（3）与转让该商品房有关的税金为180万元。

要求：分别计算转让该商品房项目缴纳土地增值税时，应扣除的房地产开发费用和其他扣除项目金额。

【答案及解析】（1）房地产开发费用 $=9\ 000\times10\%=900$（万元）；（2）其他扣除项目 $=9\ 000\times20\%=1\ 800$（万元）。

（三）扣除项目的确定（旧房3项，适用存量房地产转让）

税法规定，纳税人转让旧房的扣除项目金额，包括：

（1）房屋及建筑物的评估价格；

（2）取得土地使用权所支付的地价款；

（3）按国家统一规定缴纳的有关费用以及在转让环节缴纳的税金。（不含增值税）

【小贴士】旧房及建筑物的评估价格＝房地产重置成本价×成新度折扣率

重置成本价，是对旧房及建筑物，按**转让时**的建材价格及人工费用计算，建造同样面积、同样层次、同样结构、同样建设标准的新房及建筑物所需花费的成本费用。

【举例】甲有限公司一座20世纪70年代建造的办公楼，四成新，当年的建造成本为80万元。2020年建造同样的办公楼需2 000万元，2020年转让时的评估价格 $=2\ 000\times40\%=800$（万元）。

【小贴士】旧房及建筑物不能取得评估价格的。

纳税人转让旧房及建筑物，凡不能取得评估价格，但能提供购房发票的，经当地税务部门确认，取得土地使用权所支付的金额、旧房及建筑物的评估价格，可按发票所载金额并从购买年度起至转让年度止**每年加计5%**计算扣除。

计算扣除项目时“每年”按购房发票所载日期起至售房发票开具之日止，每满12个月计1年；超过1年，未满12个月但超过6个月的，可以视同为1年（实际1年）。

【小贴士】对纳税人购房时缴纳的契税，凡能提供契税完税凭证的，准予作为“与**转让**房地产有关的税金”予以扣除，**但不作为**加计5%的基数。

【小贴士】契税在计算土地增值税时扣除的不同情形：（1）可能在“**取得**土地使用权所支付的金额”中扣除。（2）可能在“房屋及建筑物的**评估**价格”中扣除。（3）可能在“与**转让**房地产有关的税金”中扣除。

契税支付环节		税务处理
取得土地使用权时支付的契税（新房）		视同“按国家统一规定缴纳的有关费用”，计入“**取得土地使用权所支付的金额**”中扣除
纳税人转让存量房，其原购入环节缴纳的契税	转让有评估价格的存量房	已经包含在旧房及建筑物的评估价格之中，故计征土地增值税时，**不另作**为与转让房地产有关的税金予以扣除
	转让无评估价格但能提供购房发票的存量房	凡能提供契税完税凭证的，准予作为“**与转让房地产有关的税金**”予以扣除，但不作为加计5%的基数

【经典例题】

【例题·单选题】2020年5月，甲有限公司销售自用办公楼，不能取得评估价格，该公司提供的购房发票所载购房款为1 200万元，购买日期为2010年1月1日。购入及转让环节相关税费80万元，其中，购入环节缴纳的契税为36万元。该公司在计算土地增值税时允许扣除项目金额（　　）万元。

A. 1 280　　　　B. 1 880

C. 1 895　　　　　D. 1 940

【答案】B

【解析】允许扣除项目金额 = 1 200 × (1 + 5% × 10) + 80 = 1 880（万元）。

重难点5：应纳税额的计算★★★

（一）增值额的确定

1. 通过转让收入（不含增值税）减除扣除项目确定。

2. 评估价格的使用。

纳税人有下列情形之一的，按照**房地产评估价格**计算征收：

（1）隐瞒、虚报房地产成交价格的。税务机关根据评估价格确定转让房地产的收入。

（2）提供扣除项目金额不实的。应由评估机构按照房屋重置成本价乘以成新度折扣率计算的房屋成本价和取得土地使用权时的基准地价进行评估。税务机关根据评估价格确定扣除项目金额。

（3）转让房地产的成交价格低于房地产评估价格，又无正当理由的。由税务机关参照房地产评估价格确定转让房地产的收入。

（二）应纳税额的计算方法

应纳税额 = 土地增值额 × 适用税率 − 扣除项目金额 × 速算扣除系数

计算时注意分步骤列式计算：

第一步，确定应税收入。

第二步，确定扣除项目。

第三步，计算土地增值额。

第四步，计算增值额占扣除项目金额的百分比，确定适用税率和速算扣除系数。

第五步，计算应纳税额。

【举例】增值额超过扣除项目金额 50%，未超过 100%：

土地增值税税额 = 土地增值额 × 40% − 扣除项目金额 × 5%

【经典例题】

【真题·多选题】（2012）下列情形中，应按评估价格计征土地增值税的有（　　）。

A. 提供扣除项目金额不实的

B. 隐瞒、虚报房地产成交价格的

C. 房地产开发项目全部竣工完成销售需要进行清算

D. 转让房地产的成交价格低于房地产评估价格，又无正当理由的

【答案】ABD

【解析】纳税人有下列情形之一的，按照房地产评估价格计算征收土地增值税：（1）隐瞒、虚报房地产成交价格的；（2）提供扣除项目金额不实的；（3）转让房地产的成交价格低于房地产评估价格，又无正当理由的。

【真题·计算问答题】（2020）某房地产开发公司是增值税一般纳税人，2020 年 5 月，拟对其开发的位于市区的写字楼项目进行土地增值税清算。该项目资料如下：

（1）2016 年 1 月以 8 000 万元竞得国有土地一宗，并按规定缴纳契税。

（2）2016 年 3 月开始动工建设，发生房地产开发成本 15 000 万元，其中包括装修费用 4 000 万元。

（3）发生利息支出 3 000 万元，但不能提供金融机构贷款证明。

（4）2020 年 3 月，该项目全部销售完毕，共计取得含税销售收入 42 000 万元。

（5）该项目已预缴土地增值税 450 万元。

（其他相关资料：契税税率为 5%，利息支出不能提供金融机构贷款证明，当地省政府规定的房地产开发费用的扣除比例为 10%，计算土地增值税允许扣除的有关税金及附加共计 240 万元，该公司对项目选择简易计税方法计缴增值税。）

要求：根据上述资料，按照下列序号回答问题，如有计算需计算出合计数。

（1）说明该项目应进行土地增值税清算的原因。

（2）计算土地增值税时允许扣除的取得土地使用权支付的金额。

（3）计算该项目应缴纳的增值税额。

（4）计算土地增值税时允许扣除的开发

费用。

（5）计算土地增值税时允许扣除项目金额的合计数。

（6）计算该房地产开发项目应补缴的土地增值税额。

【答案及解析】（1）房地产开发项目全部竣工、完成销售的，纳税人应进行土地增值税清算。

（2）该项目清算土地增值税时允许扣除的取得土地使用权支付的金额 = 8 000 + 8 000 × 5% = 8 400（万元）。

（3）应缴纳的增值税税额 = 42 000 ÷（1 + 5%）× 5% = 2 000（万元）。

（4）允许扣除的开发费用 =（15 000 + 8 400）× 10% = 2 340（万元）。

（5）允许扣除项目金额的合计数 = 8 400 + 15 000 + 2 340 + 240 +（8 400 + 15 000）× 20% = 30 660（万元）。

（6）应缴纳土地增值税税额的计算：

增值额 = 42 000 ÷（1 + 5%）- 30 660 = 9 340（万元）。

增值率 = 9 340 ÷ 30 660 × 100% = 30.46%，适用税率 30%，速算扣除系数为 0。

应补缴土地增值税额 = 9 340 × 30% - 450 = 2 352（万元）。

【真题·计算问答题】（2018 节选）某房地产开发公司注册地在甲市，2018 年 7 月对其在乙市开发的一房地产项目进行土地增值税清算，相关资料如下：

（1）2017 年 3 月，公司经"招拍挂"以 24 000 万元取得该房地产项目土地使用权，缴纳了契税。

（2）自 2017 年 4 月起，公司对受让土地进行项目开发建设，发生开发成本 15 000 万元、发生与该项目相关的利息支出 3 000 万元，并能提供金融机构的贷款证明。

（3）2018 年 6 月项目实现全部销售，共取得不含税收入 75 000 万元，允许扣除的有关税金及附加 360 万元，已预缴土地增值税 750 万元。

（其他相关资料：当地适用的契税税率为 5%，省级政府规定其他开发费用的扣除比例为 5%。）

要求：根据上述资料，按照下列序号回答问题，如有计算需计算出合计数。

（1）计算该公司清算土地增值税时允许扣除的土地使用权支付金额。

（2）计算该公司清算土地增值税时允许扣除项目金额的合计数。

（3）计算该公司清算土地增值税时应补缴的土地增值税。

【答案及解析】（1）该公司清算土地增值税时允许扣除的土地使用权支付金额 = 24 000 + 24 000 × 5% = 25 200（万元）。

（2）允许扣除项目金额，包括：

①取得土地使用权所支付的金额 = 25 200 万元。

②开发成本 = 15 000 万元。

③开发费用 = 3 000 +（25 200 + 15 000）× 5% = 5 010（万元）。

④允许扣除的税金及附加 = 360 万元。

⑤加计扣除项目金额 =（25 200 + 15 000）× 20% = 8 040（万元）。

该公司清算土地增值税时允许扣除项目金额的合计数 = 25 200 + 15 000 + 5 010 + 360 + 8 040 = 53 610（万元）。

（3）增值额 = 75 000 - 53 610 = 21 390（万元）。

增值率 = 21 390 ÷ 53 610 × 100% = 39.90%。

适用税率为 30%，速算扣除系数为 0。

应补缴的土地增值税 = 21 390 × 30% - 750 = 5 667（万元）。

【真题·计算问答题】（2015 改编）某工业企业 2020 年 3 月 1 日转让其位于县城的一栋办公楼，取得不含增值税销售收入 12 000 万元。2009 年建造该办公楼时，为取得土地使用权支付金额 3 000 万元，发生建造成本 4 000 万元。转让时经政府批准的房地产评估机构评估后，确定该办公楼的重置成本价为 8 000 万元。

（其他相关资料：产权转移书据印花税税率0.5‰，成新度折扣率60%；增值税选择简易计税。）

要求：根据上述资料，按照下列序号回答问题，如有计算需计算出合计数。

（1）请解释重置成本价的含义。

（2）计算土地增值税时该企业办公楼的评估价格。

（3）计算土地增值税时允许扣除的税金。

（4）计算土地增值税时允许扣除项目金额的合计数。

（5）计算转让办公楼应缴纳的土地增值税。

【答案及解析】（1）重置成本价的含义是：对旧房及建筑物，按转让时的建材价格及人工费用计算，建筑同样面积、同样层次、同样结构、同样建设标准的新房及建筑物所需花费的成本费用。

（2）计算土地增值税时该企业办公楼的评估价格=8 000×60%=4 800（万元）。

（3）应纳增值税=12 000×5%=600（万元）；应纳城市维护建设税=600×5%=30（万元）；应纳教育费附加和地方教育费附加=600×（3%+2%）=30（万元）；应纳印花税=12 000×0.5‰=6（万元）；可扣除的税金=30+30+6=66（万元）。

（4）计算土地增值税时允许扣除项目金额的合计数=4 800+3 000+66=7 866（万元）。

（5）转让办公楼的增值额=12 000－7 866=4 134（万元）；增值率=4 134÷7 866×100%=52.56%；应纳土地增值税=4 134×40%－7 866×5%=1 260.3（万元）。

重难点6：房地产开发企业土地增值税清算 ★★★

（一）清算单位

土地增值税，以国家有关部门审批的房地产开发**项目**为单位进行清算，对于分期开发的项目，以**分期项目**为单位清算。

开发项目中同时包含**普通住宅**和**非普通住宅**的，应分别计算增值额。

【小贴士】 建造普通标准住宅出售，其增值率未超过20%的，免征土地增值税；增值率超过20%的，应就其全部增值额按规定计税。

【经典例题】

【真题·单选题】（2010）对房地产开发公司进行土地增值税清算时，可作为清算单位的是（　　）。

A. 规划申报项目　　B. 审批备案项目

C. 商业推广项目　　D. 设计建筑项目

【答案】 B

【解析】 土地增值税，以国家有关部门审批的房地产开发项目为单位进行清算。

（二）清算条件

1. 符合下列情形之一的，纳税人**应进行**土地增值税的清算：

（1）房地产开发项目全部竣工、完成销售的。

（2）整体转让未竣工决算房地产开发项目的。

（3）直接转让土地使用权的。

2. 符合下列情形之一的，主管税务机关**可要求**纳税人进行土地增值税清算：

（1）已竣工验收的房地产开发项目，已转让的房地产建筑面积占整个项目可售建筑面积比例在**85%以上**，或该比例虽未超过85%，但剩余可售建筑面积**已经出租或自用的**。

（2）取得销售（预售）许可证**满3年**仍未销售完毕的。

（3）纳税人申请注销税务登记但未办理土地增值税清算手续的。

（4）省税务机关规定的其他情况。

【小贴士】 对于主管税务机关**可要求**纳税人进行清算，且主管税务机关已经确定需要清算的项目，纳税人**须在**主管税务机关限定的期限内办理清算手续。

【经典例题】

【真题·多选题】（2009）下列情形中，纳税人应当进行土地增值税清算的有(　　)。

A. 直接转让土地使用权的

B. 整体转让未竣工决算房地产开发项目的

C. 房地产开发项目全部竣工并完成销售的

D. 取得销售（预售）许可证2年仍未销售完毕的

【答案】ABC

【解析】符合下列情形之一的，纳税人应进行土地增值税的清算：（1）房地产开发项目全部竣工、完成销售的。（2）整体转让未竣工决算房地产开发项目的。（3）直接转让土地使用权的。符合下列情形之一的，主管税务机关可要求纳税人进行土地增值税清算：（1）已竣工验收的房地产开发项目，已转让的房地产建筑面积占整个项目可售建筑面积比例在85%以上，或该比例虽未超过85%，但剩余可售建筑面积已经出租或自用的。(2) 取得销售（预售）许可证满3年仍未销售完毕的。(3) 纳税人申请注销税务登记但未办理土地增值税清算手续的。（4）省税务机关规定的其他情况。

【小贴士】学员要注意区分“应当进行土地增值税的清算”和“可要求纳税人进行土地增值税清算”的情形。

【真题·单选题】（2015）下列情形中，纳税人应当进行土地增值税清算的是(　　)。

A. 直接转让土地使用权的

B. 取得销售（预售）许可证满1年仍未销售完毕的

C. 转让未竣工决算房地产开发项目50%股权的

D. 房地产开发项目尚未竣工但已销售面积为50%的

【答案】A

（三）土地增值税的清算时间

1. 凡符合应办理土地增值税清算条件的项目，纳税人应当在满足条件之日起90日内到主管税务机关办理清算手续。

2. 凡属税务机关要求纳税人进行土地增值税进行清算的项目，纳税人应当在接到主管税务机关下发的清算通知之日起90日内，到主管地税机关办理清算手续。**（新增）**

【经典例题】

【例题·单选题】凡符合应办理土地增值税清算条件的项目，纳税人应当在满足条件之日起(　　)日内到主管税务机关办理清算手续。

A. 15　　B. 30

C. 60　　D. 90

【答案】D

【解析】凡符合应办理土地增值税清算条件的项目，纳税人应当在满足条件之日起90日内到主管税务机关办理清算手续。

（四）土地增值税清算应税收入的确认

1. 一般情形下销售房地产应税收入的确认。

土地增值税清算时，已全额开具商品房销售发票的，按照发票所载金额确认收入；未开具发票或未全额开具发票的，以交易双方签订的销售合同所载的售房金额及其他收益确认收入。销售合同所载商品房面积与有关部门实际测量面积不一致，在清算前已发生补、退房款的，应在计算土地增值税时予以调整。

房地产开发项目的销售行为跨越“营改增”前后的，按以下方法确定土地增值税应税收入：

土地增值税清算应税收入 = “营改增”前转让房地产取得的收入 + “营改增”后转让房地产取得的不含增值税收入**（新增）**

2. 视同销售房地产应税收入的确认。

房地产开发企业将开发的产品用于职工福利、奖励、对外投资、分配给股东或投资人、抵偿债务、换取其他单位和个人的非货币性资产等，发生**所有权转移**时应视同销售房地产。收入按下列方法和**顺序**确认：

（1）按本企业在**同一**地区、**同一**年度销售的**同**类房地产的**平均**价格确定。（三同）

（2）由主管税务机关参照当地当年、同类房地产的市场价格或评估价值确定。

3. 房地产开发企业将开发的部分房地产转为企业自用或用于出租等商业用途时，如果产权未产生转移，不征收土地增值税，在税款清算时不列收入，也不得扣除相应的成本和费用。

【小贴士】房地产企业用建造的该项目房地产安置回迁户的，安置用房视同销售处理。

【经典例题】

【例题·多选题】房地产公司将开发产品用于下列用途，属于土地增值税视同销售的有（　　）。

A. 安置回迁　　B. 奖励职工
C. 利润分配　　D. 对外出租

【答案】ABC

【解析】选项 D，房地产开发公司将开发产品对外出租，没有发生权属转移，不属于土地增值税的征税范围。

（五）土地增值税清算的扣除项目（重要）

【小贴士】土地增值税的扣除项目可分为：可据实扣除的项目、可核定扣除的项目、不可扣除的项目。学员要注意辨析。

1. 可据实扣除的项目。

（1）房地产开发企业开发建造的与清算项目配套的居委会和派出所用房、会所、停车场（库）、物业管理场所、变电站、热力站、水厂、文体场馆、学校、幼儿园、托儿所、医院、邮电通信等公共设施，按以下原则处理：

①建成后产权属于全体业主所有的，其成本、费用可以扣除。

②建成后无偿移交给政府、公用事业单位用于非营利性社会公共事业的，其成本、费用可以扣除。

③建成后有偿转让的，应计算收入，并准予扣除成本、费用。

（2）房地产开发企业销售已装修的房屋，其装修费用可以计入房地产开发成本。

（3）房地产开发企业为取得土地使用权所支付的契税，应视同“按国家统一规定缴纳的有关费用”，计入“取得土地使用权所支付的金额”中扣除。

（4）属于多个房地产项目共同的成本费用，应按清算项目可售建筑面积占多个项目可售总建筑面积的比例或其他合理的方法，计算确定清算项目的扣除金额。

2. 可核定扣除的项目。

房地产开发企业办理土地增值税清算所附送的前期工程费、建筑安装工程费、基础设施费、开发间接费用（属于开发成本）的凭证或资料不符合清算要求或不实的，税务机关可参照当地建安造价定额资料，核定上述四项开发成本的单位面积金额标准，并据以计算扣除。

3. 不可扣除的项目。

（1）除另有规定外，扣除取得土地使用权所支付的金额、房地产开发成本、费用及与转让房地产有关税金，须提供合法有效凭证；不能提供合法有效凭证的，不予扣除。

（2）房地产开发企业的预提费用，除另有规定外，不得扣除。

（3）房地产开发企业逾期开发缴纳的土地闲置费不得扣除。

【小贴士】房地产开发企业逾期开发缴纳的土地闲置费，在计算企业所得税时可在税前扣除。

4. 质量保证金的扣除规定。

（1）房地产开发企业在工程竣工验收后，根据合同约定，扣留建筑安装施工企业一定比例的工程款，作为开发项目的质量保证金，在计算土地增值税时，建筑安装施工企业就质量保证金对房地产开发企业开具发票的，按发票所载金额予以扣除。

（2）竣工验收后，建筑安装施工企业就质量保证金对房地产开发企业未开具发票的，扣留的质量保证金不得计算扣除。

【小贴士】质量保证金是否可扣除，要看是否有发票，没有取得发票不得扣除。

5. 拆迁安置费的扣除规定。

（1）房地产企业用建造的该项目房地产

安置回迁户的，安置用房视同销售处理，同时将此确认为房地产开发项目的拆迁补偿费。

（2）房地产开发企业支付给回迁户的补差价款，计入拆迁补偿费；回迁户支付给房地产开发企业的补差价款，应抵减本项目拆迁补偿费。

（3）开发企业采取异地安置，异地安置的房屋属于自行开发建造的，房屋价值计入本项目的拆迁补偿费；异地安置的房屋属于购入的，以实际支付的购房支出计入拆迁补偿费。

（4）货币安置拆迁的，房地产开发企业凭合法有效凭据计入拆迁补偿费。

【经典例题】

【真题·单选题】（2007）对房地产开发企业进行土地增值税清算时，下列表述正确的是（　　）。

A. 房地产开发企业的预提费用，除另有规定外，不得扣除

B. 房地产开发企业提供的开发间接费用资料不实的，不得扣除

C. 房地产开发企业提供的前期工程费的凭证不符合清算要求的，不得扣除

D. 房地产开发企业销售已装修房屋，可以扣除的装修费用不得超过房屋价值的10%

【答案】A

【解析】选项B、C，属于税务机关可核定扣除的项目。选项D，房地产开发企业销售已装修的房屋，其装修费用可以计入房地产开发成本。

【真题·多选题】（2009）进行土地增值税清算时，房地产开发企业开发建造的与清算项目配套的会所等公共设施，其成本费用可以扣除的情形有（　　）。

A. 建成后开发企业转为自用的

B. 建成后开发企业用于出租的

C. 建成后直接赠与其他企业的

D. 建成后产权属于全体业主的

【答案】CD

【解析】进行土地增值税清算时，房地产开发企业开发建造的与清算项目配套的公共设施，建成后产权属于全体业主的，其成本费用可以扣除。

【真题·单选题】（2014）房地产开发企业进行土地增值税清算时，下列各项中，允许在计算增值额时扣除的是（　　）。

A. 加罚的利息

B. 已售精装修房屋的装修费用

C. 逾期开发土地缴纳的土地闲置费

D. 未取得建筑安装施工企业开具发票的扣留质量保证金

【答案】B

【解析】选项A，加罚的利息在计算土地增值税时不可以扣除。选项C，房地产开发企业逾期开发缴纳的土地闲置费计算土地增值税时不得扣除。选项D，质量保证金要看发票，没有取得发票是不可以扣除的。

（六）核定征收

房地产开发企业有下列情形之一的，税务机关可以参照与其开发规模和收入水平相近的当地企业的土地增值税税负情况，按不低于预征率的征收率核定征收土地增值税：

1. 依照法律、行政法规的规定应当设置但未设置账簿的。

2. 擅自销毁账簿或者拒不提供纳税资料的。

3. 虽设置账簿，但账目混乱或者成本资料、收入凭证、费用凭证残缺不全，难以确定转让收入或扣除项目金额的。

4. 符合土地增值税清算条件，未按照规定的期限办理清算手续，经税务机关责令限期清算，逾期仍不清算的。

5. 申报的计税依据明显偏低，又无正当理由的。

【小贴士】预征率不同于征收率；核定**征收率原则上不得低于5%**。

（七）清算后再转让房地产的处理

在土地增值税清算时未转让的房地产，清算后销售或有偿转让的，纳税人应按规定进行土地增值税的纳税申报，扣除项目金额按清算

时的单位建筑面积成本费用乘以销售或转让面积计算。

单位建筑面积成本费用 = 清算时的扣除项目总金额 ÷ 清算的总建筑面积

【经典例题】

【例题·计算问答题】2019 年，某房地产公司将一建筑面积20 000 平方米的楼盘销售了90%，房地产公司进行了已售面积的土地增值税清算，扣除项目总金额 3 960 万元。2020年，销售其清算时未转让的房地产建筑面积1 000 平方米，取得不含税销售收入 500 万元。

要求：计算清算后转让房地产应缴纳的土地增值税。

【答案及解析】单位建筑面积成本费用 = 3 960 ÷（20 000 × 90%）= 0.22（万元/平方米）。

扣除项目金额 = 1 000 × 0.22 = 220（万元）。

增值额 = 500 − 220 = 280（万元）。

增值率 = 280 ÷ 220 × 100% = 127.27%。

应缴纳土地增值税 = 280 × 50% − 220 × 15% = 107（万元）。

【小贴士】纳税人按规定预缴土地增值税后，清算补缴的土地增值税，在主管税务机关规定的期限内补缴的，不加收滞纳金。

重难点7：税收优惠★★

1. 建造普通标准住宅出售，其增值率未超过20%的，免征土地增值税；增值率超过20%的，应就其全部增值额按规定计税。

【小贴士】20%是起征点，19.99%不纳税，20.01%应就其全部增值额按规定计税。

【小贴士】普通标准住宅应同时满足下列条件：(1) 住宅小区建筑容积率在1.0以上。(2) 单套建筑面积在120平方米以下。(3) 实际成交价格低于同级别土地上住房平均交易价格1.2倍以下。

【小贴士】对于纳税人既建普通标准住宅又从事其他房地产开发的，应分别核算增值额。不分别核算增值额或不能准确核算增值额的，其建造的普通标准住宅不能适用这一免税规定。

2. 因国家建设需要依法征用、收回的房地产，免税。

3. 因城市实施规划、国家建设的需要而搬迁，由纳税人自行转让原房地产的，免税。

4. 对企事业单位、社会团体以及其他组织转让旧房作为改造安置住房或公共租赁住房房源且增值额未超过扣除项目金额20%的，免征土地增值税。

5. 自 2008 年 11 月 1 日，对个人销售住房暂免征收土地增值税。**(新增)**

【经典例题】

【例题·单选题】下列情形中，需要缴纳土地增值税的是(　　)。

A. 个人销售商铺

B. 企业吸收合并过程中涉及房地产过户

C. 因国家建设需要而被政府收回房地产

D. 因城市实施规划而搬迁，企业自行转让房地产

【答案】A

【解析】选项 B，对企业改制、资产整合过程中涉及的土地增值税予以免征。选项 C，因国家建设需要而被政府征用、收回的房地产，免税。选项 D，因城市实施规划、国家建设需要而搬迁，纳税人自行转让房地产，免税。

重难点8：征收管理★

（一）土地增值税预征

除保障性住房外，东部地区省份预征率不得低于 **2%**，中部和东北地区省份不得低于 **1.5%**，西部地区省份不得低于 **1%**。

【小贴士】预征率不同于征收率；核定征收率原则上不得低于5%。

（二）纳税地点

1. 纳税人是法人的。

(1) 转让的房地产坐落地与机构所在地或经营所在地一致时，在办理税务登记的原管

辖税务机关申报纳税。

(2) 转让的房地产坐落地与机构所在地或经营所在地不一致时，在房地产坐落地所管辖的税务机关申报纳税。

2. 纳税人是自然人的。

(1) 转让的房地产坐落地与居住所在地一致时，在住所所在地税务机关申报纳税。

(2) 转让的房地产坐落地与其居住所在地不一致时，在房地产坐落地的税务机关申报纳税。

(三) 纳税申报

纳税人应在合同签订后**7日内**，到房地产所在地主管税务机关申报纳税，并向税务机关提供下列相关资料：房屋及建筑物产权、土地使用权证书；土地转让、房产买卖合同；房地产评估报告及其他与转让房地产有关的资料。

【本章总结——土地增值税】

1. 土地增值税几乎每年都会考核“计算问答题”，对历年考试真题需要熟悉。

2. 土地增值税应掌握与熟悉的内容。

(1) 掌握土地增值税计算过程中的各项扣除规定，特别是配比原则的应用，利息的扣除规定，开发成本的范围，与房地产转让有关的税金，印花税是否单独扣除，是否有加计扣除等规定。

(2) 掌握清算的条件、清算的计算。

(3) 熟悉土地增值税税率，掌握除税率外的税法规定的各种比例与数字。

(4) 掌握征税范围的内容。

(5) 熟悉转让房地产收入的确定。

(6) 土地增值税计算过程会涉及增值税、城市维护建设税、耕地占用税、契税、印花税等多个税种，应当熟悉与其他税种的混合计算。

3. 与其他税种的关系。

(1) 征税范围：土地增值税、增值税、契税三个税种在征税范围方面存在差异。

(2) 与契税：两税之间有共同之处，但土地增值税是在房地产交易过程中对转让方征收，而契税则是针对这一交易行为中的承受方征收的，两个税种调节的目的不同。

(3) 与企业所得税：土地增值税是企业所得税税前可(直接)扣除的税种。

通关练习

一、单项选择题

1. 以下关于房产税纳税人和征税范围的说法中，不正确的是(　　)。

A. 房产税以房产为征税对象

B. 房地产开发企业建造的商品房，在出售前不征收房产税

C. 房产税的征税范围包括农村

D. 产权所有人不在房屋所在地的，由房产代管人或者使用人纳税

2. 下列各项中，符合房产税纳税义务人规定的是(　　)。

A. 房屋产权属于国家所有的，不缴纳房产税

B. 产权属于集体所有的房产出租的，不缴纳房产税

C. 房屋产权出典的，由承典人缴纳房产税

D. 房屋产权未确定的，不缴纳房产税

3. 下列各项中，在计算房产税时不应计入房产原值的是(　　)。

A. 采暖设施

B. 消防设备

C. 智能化楼宇

D. 室外露天停车场

4. 以下关于房产税计税依据的表述中，说法不正确的是(　　)。

A. 以房产投资联营，投资者参与投资利润分红，共担风险的，按房产余值作为计税依据计征房产税

B. 以房产投资，收取固定收入，不承担

联营风险的，由出租方按租金收入计缴房产税

C. 融资租赁房屋，由承租人自融资租赁合同约定开始日的当月起依照房产余值缴纳房产税

D. 居民住宅区内业主共有的经营性房产缴纳房产税

5. 2020 年某企业建造办公楼，购买 1 万平方米的土地使用权，支付不含增值税的金额 9 000 万元，新建办公楼建筑面积 8 万平方米，工程成本 1 500 万元，2019 年 12 月底竣工验收，该企业征收房产税的房产原值是（ ）万元。

A. 1 500　　B. 7 500

C. 9 000　　D. 10 500

6. 某企业拥有 2016 年购入的房产原值为 500 万元，2019 年 12 月 30 日签约，将该房产自 2020 年 3 月 1 日起出租，收取 10 个月含增值税年租金 40 万元，已知当地省政府规定的房产原值减除比例为 20%，该企业选择简易计税办法计算增值税，则该企业 2020 年应缴纳房产税（ ）万元。

A. 4.57　　B. 4.8

C. 5.37　　D. 9.37

7. 下列出租住房的行为，一律减按 4% 的税率征收房产税的是（ ）。

A. 个人出租在农村的住房

B. 个人出租在城市的住房

C. 社会团体出租在城市的住房

D. 社会团体出租在农村的住房

8. 某企业 2020 年有一处独立的地下建筑物，为工业用途房产，房产原价 100 万元，9 月 20 日将其出售。当地省政府规定房产原值减除比例为 20%，工业用途地下建筑以原价的 50% 作为应税房产原值，该企业当年应缴纳房产税（ ）元。

A. 3 600　　B. 4 800

C. 6 000　　D. 7 200

9. 下列关于房产税的税收优惠表述不正确的是（ ）。

A. 军队自用的房产免征房产税

B. 个人所有非营业用的房产免征房产税

C. 妇幼保健机构自用的房产免征房产税

D. 个人无租使用免税单位的房产免征房产税

10. 以下不符合房产税规定的是（ ）。

A. 纳税人将原有房产用于生产经营，从生产经营之月起缴纳房产税

B. 纳税人购置新建商品房，自房屋交付使用之次月起缴纳房产税

C. 房地产开发企业自用本企业建造的商品房，自房屋使用之次月起缴纳房产税

D. 房产不在同一地方的纳税人在机构所在地的税务机关缴纳房产税

11. 下列行为中，免予缴纳契税的是（ ）。

A. 以抵债方式取得土地使用权

B. 以获奖方式承受土地、房屋权属

C. 以预购方式承受土地、房屋权属

D. 以自有房产作股投入本人独资经营的企业

12. 根据契税的有关规定，下列说法正确的是（ ）。

A. 土地承包经营权的转移不属于土地使用权的转让

B. 以实物互换房屋，不属于契税征税范围

C. 房屋的受赠人不需要缴纳契税

D. 已缴纳契税的购房个人，办理房屋权属变更登记后退房的，退还已纳契税

13. 下列关于契税计税依据的说法中，不正确的是（ ）。

A. 土地使用权出售、房屋买卖，以成交价格为计税依据

B. 房屋赠与，由征收机关参照房屋买卖的市场价格核定

C. 房屋互换，由征收机关参照房屋买卖的市场价格核定

D. 以划拨方式取得土地使用权，经批准转让房地产时，由房地产转让者补交契税，计税依据为补交的土地使用权出让费用或者土地

收益

14. 居民甲有两套住房，将一套出售给居民乙，成交价格为 1 000 000 元；将另一套价值 850 000 元的住房与居民丙的住房互换，并支付换房差价款 100 000 元。以下说法正确的是(　　)。(假定适用的契税税率均为 3%，上述金额均不含增值税)

A. 甲缴纳契税 3 000 元，乙缴纳契税 30 000 元，丙不缴纳契税

B. 甲缴纳契税 3 000 元，乙不缴纳契税，丙缴纳契税 30 000 元

C. 甲不缴纳契税，乙缴纳契税 30 000 元，丙缴纳契税 30 000 元

D. 甲和丙不缴纳契税，乙缴纳契税 30 000 元

15. 契税的纳税义务发生时间是(　　)。

A. 纳税人签订土地、房屋权属转移合同或取得其他具有土地、房屋权属转移合同性质凭证的当日

B. 纳税人签订土地、房屋权属转移合同或取得其他具有土地、房屋权属转移合同性质凭证的 15 日内

C. 纳税人签订土地、房屋权属转移合同或取得其他具有土地、房屋权属转移合同性质凭证的 30 日内

D. 纳税人签订土地、房屋权属转移合同或取得其他具有土地、房屋权属转移合同性质凭证的 60 日内

16. 下列各项中，应计算缴纳土地增值税的是(　　)。

A. 企业之间互换房产

B. 房地产的继承

C. 房地产出租

D. 房地产重新评估

17. 某企业转让一幢 2010 年建造的办公楼，建造的造价为 1 000 万元。经房地产评估机构评定，该楼的重置成本价为 2 500 万元，成新度折扣率为七成。在计算土地增值税时，该楼的评估价格为(　　)万元。

A. 700　　B. 1 000

C. 1 750　　D. 2 500

18. 以下关于土地增值税扣除项目的规定，说法不正确的是(　　)。

A. 房地产开发企业销售已装修的房屋，装修费用可以计入房地产开发成本

B. 房地产开发企业的预提费用，除另有规定外不得扣除

C. 房地产开发企业逾期开发缴纳的土地闲置费可以扣除

D. 房地产企业用建造的该项目房地产安置回迁户的，安置用房视同销售处理

19. 纳税人转让旧房及建筑物，凡不能取得评估价格，但能够提供购房发票的，可按发票所载金额并从购买年度起至转让年度止每年加计(　　)计算扣除。

A. 5%　　B. 10%

C. 15%　　D. 20%

20. 以下关于土地增值税税收优惠的规定，说法正确的是(　　)。

A. 纳税人建造普通标准住宅出售，增值额未超过扣除项目金额 25% 的，免征土地增值税

B. 对企事业单位、社会团体以及其他组织转让旧房作为公租房房源，且增值额未超过扣除项目金额 25% 的，免征土地增值税

C. 因国家建设需要依法征用、收回的房地产，免征土地增值税

D. 因城市实施规划、国家建设的需要而搬迁，由纳税人自行转让原房地产的，照章缴纳土地增值税

21. 土地增值税纳税人应在签订房地产转让合同后的(　　)日内，到房地产所在地税务机关办理纳税申报。

A. 1　　B. 5

C. 7　　D. 15

二、多项选择题

1. 下列关于房产税纳税人的有关规定，表述正确的有(　　)。

A. 产权属于国家所有的，由经营管理单位纳税

B. 产权属集体和个人所有的，由集体和个人纳税

C. 产权出典的，由承典人纳税

D. 产权所有人不在房屋所在地的，由房产代管人或者使用人纳税

2. 下列关于房产税的有关规定，说法正确的有(　　)。

A. 房地产开发企业建造的商品房在出售前已使用的，应按规定计征房产税

B. 房产税的征税范围包括农村

C. 按房产原值计税的房产，房产原值应包括地价

D. 出租房产，租赁合同约定有免收租金期限的，免收租金期间免交房产税

3. 以下免征房产税的有(　　)。

A. 国家机关的办公用房

B. 学校的教学楼

C. 个人对外出租住房

D. 经营公租房的租金收入

4. 根据房产税的相关规定，下列房产中，免征或暂免征收房产税的有(　　)。

A. 高校学生公寓

B. 按政府规定价格出租的公有住房

C. 个人非营业用的房产

D. 按政府规定价格出租的廉租住房

5. 以下关于房产税纳税义务时间的表述中，说法正确的有(　　)。

A. 纳税人将原有房产用于生产经营，从生产经营之月起缴纳房产税

B. 纳税人自行新建房屋用于生产经营，从建成之次月起缴纳房产税

C. 纳税人委托施工企业建设的房屋，从办理验收手续之当月起缴纳房产税

D. 纳税人购置新建商品房，从房屋交付使用之次月起缴纳房产税

6. 以下关于房产税的规定中，表达正确的有(　　)。

A. 宗地容积率低于 0.5 的，按房产建筑面积的 2 倍计算土地面积，并据此确定计入房产原值的地价

B. 宗地容积率低于 1 的，按房产建筑面积的 2 倍计算土地面积，并据此确定计入房产原值的地价

C. 融资租赁的房产未约定开始日的，由承租人自合同签订当日起缴纳房产税

D. 纳税人对原有房屋进行改建、扩建的，要相应增加房屋的原值

7. 以下关于房产税征收管理的说法正确的有(　　)。

A. 房产税实行按年计算、分期缴纳的征收方法

B. 房产税实行按月计算、分期缴纳的征收方法

C. 房产税在房产所在地缴纳

D. 房产不在同一地方的纳税人，应按房产的坐落地点分别向房产所在地的税务机关纳税

8. 下列属于契税纳税人的有(　　)。

A. 接受房产抵债的债权人

B. 买房拆料的个人

C. 房屋的受赠人

D. 个人以自有房产作股投入本人独资经营的企业

9. 下列行为应征契税的有(　　)。

A. 土地承包经营权的转移

B. 以土地、房屋权属作价投资、入股

C. 获奖方式承受土地、房屋权属

D. 预购方式承受土地、房屋权属

10. 关于契税的计税依据，下列表述正确的有(　　)。

A. 房屋赠与的计税依据，由征收机关参照房屋买卖的市场价格核定

B. 房屋互换的计税依据，为互换的房屋的价格差额

C. 不涉及土地使用权和房屋所有权转移变动的房屋附属设施，不征收契税

D. 个人无偿赠与不动产给非法定继承人，对受赠人全额征收契税

11. 以下符合契税征收管理规定的有(　　)。

A. 契税的纳税义务发生时间是纳税人签

订土地、房屋权属转移合同的当日

B. 契税的纳税义务发生时间是纳税人取得其他具有土地、房屋权属转移合同性质凭证的当日

C. 纳税人应当自纳税义务发生之日起7日内办理纳税申报

D. 契税在纳税人机构所在地的税务机关缴纳

12. 下列事项中，不属于土地增值税征税范围的有(　　)。

A. 国有土地使用权的出让

B. 国有土地使用权的转让

C. 房地产的继承

D. 房地产的出租

13. 下列行为中，应计算缴纳土地增值税的有(　　)。

A. 存量房地产的买卖

B. 双方合作建房后转让房产

C. 个人之间互换自有居住用房地产

D. 房产所有人将房屋产权赠与直系亲属

14. 下列各项中，按房地产开发企业开发成本扣除的项目有(　　)。

A. 耕地占用税

B. 小区绿化支出

C. 利息支出

D. 项目可行性研究

15. 在计算转让旧房的土地增值税时，以下可作为扣除项目金额的有(　　)。

A. 房屋及建筑物的评估价格

B. 取得土地使用权支付的地价款

C. 按国家规定缴纳的有关费用

D. 转让旧房缴纳的增值税、城市维护建设税、教育费附加

16. 房地产开发企业有下列(　　)情形的，税务机关核定征收土地增值税。

A. 申报的计税依据明显偏低，又无正当理由的

B. 擅自销毁账簿或者拒不提供纳税资料的

C. 符合土地增值税清算条件，未按照规定的期限办理清算手续的

D. 依照法律、行政法规的规定应当设置但未设置账簿的

17. 下列情形中，主管税务机关可要求纳税人进行土地增值税清算的有(　　)。

A. 房地产开发项目全部竣工、完成销售的

B. 纳税人申请注销税务登记但未办理土地增值税清算手续的

C. 取得销售许可证满3年仍未销售完毕的

D. 整体转让未竣工决算房地产开发项目的

18. 以下关于土地增值税的扣除项目的规定，说法正确的有(　　)。

A. 房地产开发企业建造的与清算项目配套的公共设施，建成后产权属于全体业主的，成本、费用不得扣除

B. 房地产开发企业销售已装修的房屋，其装修费用可以计入房地产开发成本进行扣除

C. 房地产开发企业扣留建筑施工企业一定比例的工程款，作为开发项目的质量保证金，建筑施工企业对房地产开发企业开具发票的，扣留的保证金不得计算扣除

D. 房地产开发企业建造的与清算项目配套的公共设施，建成后有偿转让的，准予扣除成本、费用

三、计算问答题

1. 某房地产开发公司（增值税一般纳税人）于2020年3月从政府手中获得一宗土地使用权，支付土地出让金5 000万元，并支付了相关税费，取得相关票据。自2020年4月起至2020年12月末，该房地产开发公司在该土地上建造了普通住宅，并全部对外销售完毕。依据销售合同共计取得含税销售收入35 000万元。在开发过程中，开发成本共计8 000万元，开发销售期间发生管理费用700万元、销售费用1 000万元、利息费用400万元（能够提供金融机构的贷款证明，并可以在整个项目计算分摊）。

（其他相关资料：该公司计算土地增值税可扣除的税金及附加为200万元；当地契税税率为3%；房地产开发费用扣除比例按照规定相关上限执行。）

要求：根据上述资料，按照下列序号回答问题，如有计算需计算出合计数。

（1）纳税人是否应进行土地增值税清算？请说明理由。

（2）该房地产开发公司销售写字楼的增值税销项税额。

（3）该房地产开发公司计算土地增值税可扣除金额合计。

（4）该房地产开发公司销售住宅应缴纳的土地增值税。

2. 某企业2020年12月1日转让其位于市区的一栋写字楼，取得不含增值税销售收入30 000万元。2014年建造该写字楼时，支付土地使用权的金额5 000万元，建造成本10 000万元。转让时经房地产评估机构评估后，确定该写字楼的重置成本价为18 000万元，成新度折扣率为70%，允许扣除的有关税金及附加2 432万元。

要求：根据上述资料，按照下列序号回答问题，如有计算需计算出合计数。

（1）计算土地增值税时该企业写字楼的评估价格。

（2）计算土地增值税时允许扣除项目金额。

（3）计算转让写字楼应缴纳的土地增值税。

通关练习答案及解析

一、单项选择题

1. 【答案】C

【解析】选项C，房产税的征税范围不包括农村。

2. 【答案】C

【解析】选项A，房屋产权属于国有的，由经营管理单位缴纳房产税。选项B，房屋产权属于集体所有的，由集体单位缴纳房产税。选项D，房屋产权未确定的，由房产代管人或者使用人缴纳房产税。

3. 【答案】D

【解析】房产原值应包括与房屋不可分割的各种附属设备或一般不单独计算价值的配套设施，但室外露天停车场不是房产不可分割的一部分，而且也不符合房产定义，故不能计入房产原值。

4. 【答案】C

【解析】融资租赁房屋，由承租人自融资租赁合同约定开始日的次月起依照房产余值缴纳房产税。

5. 【答案】D

【解析】对按照房产原值计税的房产，无论会计上如何核算，房产原值均应包含地价，包括为取得土地使用权支付的价款、开发土地发生的成本费用等。该企业征收房产税的房产原值 $=9\ 000+1\ 500=10\ 500$（万元）。

6. 【答案】D

【解析】该企业2020年应纳房产税 $=500\times(1-20\%)\times1.2\%\times2\div12+40\div(1+5\%)\times12\%=0.8+4.57=5.37$（万元）。

7. 【答案】B

【解析】选项B，个人出租住房，不分用途，按4%的税率征收房产税。选项A、D，房产税征税范围不包括农村。选项C，对企事业单位、社会团体以及其他组织按市场价格向个人出租用于居住的住房，减按4%的税率征收房产税，其他情况按12%的税率计算房产税。

8. 【答案】A

【解析】纳税人因房产的实物或权利状态发生变化，而依法终止房产税纳税义务的，其应纳税款的计算应截止到房产的实物或权利状态发生变化的当月末。该企业9月20日转让的房产，其房产税计算到9月末。该企业应缴

纳房产税 $=100\times50\%\times(1-20\%)\times1.2\%\times10\ 000\times9\div12=3\ 600$（元）。

9. 【答案】D

【解析】纳税单位和个人无租使用房产管理部门、免税单位及纳税单位的房产，应由使用人代为缴纳房产税。

10. 【答案】D

【解析】房产税在房产所在地缴纳，房产不在同一地方的纳税人，应按房产的坐落地点分别向房产所在地的税务机关缴纳。

11. 【答案】D

【解析】以自有房产作股投入本人独资经营的企业，免纳契税。

12. 【答案】A

【解析】选项B，以实物互换房屋，视同房屋买卖，应由产权承受人，按房屋现值缴纳契税。选项C，房屋的受赠人要按规定缴纳契税。选项D，已缴纳契税的购房单位和个人，在未办理房屋权属变更登记前退房的，退还已纳契税，在办理房屋权属变更登记后退房的，不予退还已纳契税。

13. 【答案】C

【解析】选项C，土地使用权互换、房屋互换，为所互换的土地使用权、房屋的价格差额。

14. 【答案】A

【解析】房屋买卖以成交价格为依据计税，由承受方缴纳契税。互换房屋、土地权属，价格相等免征契税；价格不等时，由多交付差价的一方缴纳契税。甲作为互换房屋支付差价的一方应缴纳契税 $=100\ 000\times3\%=3\ 000$（元）。乙作为房屋买方应缴纳契税 $=1\ 000\ 000\times3\%=30\ 000$（元）。丙换入甲的房屋不支付差价故不缴纳契税。

15. 【答案】A

【解析】契税的纳税义务发生时间是纳税人签订土地、房屋权属转移合同的当日，或者纳税人取得其他具有土地、房屋权属转移合同性质凭证的当日。

16. 【答案】A

【解析】选项B、C、D不属于土地增值税的征税范围。

17. 【答案】B

【解析】用评估的重置成本价与成新度折扣率计算评估价格。该楼的评估价格 $=2\ 500\times70\%=1\ 750$（万元）。

18. 【答案】C

【解析】房地产开发企业逾期开发缴纳的土地闲置费不得扣除。

19. 【答案】A

【解析】纳税人转让旧房及建筑物，凡不能取得评估价格，但能够提供购房发票的，可按发票所载金额并从购买年度起至转让年度止每年加计5%计算扣除。

20. 【答案】C

【解析】选项A，纳税人建造普通标准住宅出售，增值额未超过扣除项目金额20%的，免征土地增值税。选项B，对企事业单位、社会团体以及其他组织转让旧房作为公租房房源，且增值额未超过扣除项目金额20%的，免征土地增值税。选项D，因城市实施规划、国家建设的需要而搬迁，由纳税人自行转让原房地产的，免征土地增值税。

21. 【答案】C

【解析】土地增值税纳税人应在签订房地产转让合同后的7日内，到房地产所在地税务机关办理纳税申报。

二、多项选择题

1. 【答案】ABCD

【解析】选项A、B、C、D都属于正确答案。

2. 【答案】AC

【解析】选项B，房产税的征税范围不包括农村。选项D，出租房产，租赁合同有免收租金期限的，免收租金期间由产权所有人按照房屋原值缴纳房产税。

3. 【答案】ABD

【解析】选项C，个人对外出租住房，按4%的税率征收房产税。

4. 【答案】ABCD

【解析】选项A、B、C、D都属于正确

答案。

5.【答案】ABD

【解析】选项C，纳税人委托施工企业建设的房屋，从办理验收手续之次月起缴纳房产税。

6.【答案】AD

【解析】选项B，宗地容积率低于0.5的，按房产建筑面积的2倍计算土地面积并据此确定计入房产原值的地价。选项C，融资租赁的房产未约定开始日的，由承租人自合同签订的次月起依照房产余值缴纳房产税。

7.【答案】ACD

【解析】选项B，房产税实行按年计算、分期缴纳的征收方法。

8.【答案】ABC

【解析】选项D，以自有房产作股投入本人独资经营的企业，免纳契税。

9.【答案】BCD

【解析】选项A，土地承包经营权的转移不属于契税的征税范围。

10. 答案：ABCD

【解析】选项A、B、C、D都属于正确答案。

11.【答案】AB

【解析】选项C，纳税人应当自纳税义务发生之日起10日内办理纳税申报。选项D，契税在土地、房屋所在地的征收机关缴纳。

12.【答案】ACD

【解析】选项A，国有土地使用权的出让，出让的目的是实行国有土地的有偿使用制度，合理开发、利用、经营土地，因此土地使用权的出让不属于土地增值税的征税范围。选项C，房地产的继承虽然发生了权属变更，但被继承人并没有因为权属变更而取得任何收入，因此房地产的继承不属于土地增值税的征税范围。选项D，房地产的出租，虽取得收入，但没有发生房产产权、土地使用权的转让，因此房地产的出租不属于土地增值税的征税范围。

13.【答案】AB

【解析】选项C，个人之间互换自有居住用房地产，免征土地增值税。选项D，房产所有人将房屋产权赠与直系亲属，房地产权属发生变更，但房产所有人没有取得任何收入，因此房地产的赠与不属于土地增值税的征税范围。

14.【答案】ABD

【解析】选项C，利息支出，应按照房地产开发费用中的财务费用项目计算扣除。

15.【答案】ABC

【解析】转让旧房的，可作为土地增值税扣除项目金额的有房屋及建筑物的评估价格、取得土地使用权支付的地价款和按国家规定缴纳的有关费用、转让环节缴纳的增值税以外的税金。

16.【答案】ABD

【解析】房地产开发企业有下列情形之一的，税务机关可以参照与其开发规模和收入水平相近的当地企业的土地增值税税负情况，按不低于预征率的征收率核定征收土地增值税：(1)依照法律、行政法规的规定应当设置但未设置账簿的。(2)擅自销毁账簿或者拒不提供纳税资料的。(3)虽设置账簿，但账目混乱或者成本资料、收入凭证、费用凭证残缺不全，难以确定转让收入或扣除项目金额的。(4)符合土地增值税清算条件，未按照规定的期限办理清算手续，经税务机关责令限期清算，逾期仍不清算的。(5)申报的计税依据明显偏低，又无正当理由的。

17.【答案】BC

【解析】符合下列情形之一的，主管税务机关可要求纳税人进行土地增值税清算：(1)已竣工验收的房地产开发项目，已转让的房地产建筑面积占整个项目可售建筑面积的比例在85%以上，或该比例虽未超过85%，但剩余的可售建筑面积已经出租或自用的。(2)取得销售许可证满3年仍未销售完毕的。(3)纳税人申请注销税务登记但未办理土地增值税清算手续的。(4)省税务机关规定的其他情形。

18.【答案】BD

【解析】选项A，房地产开发企业建造的与清算项目配套的公共设施，建成后产权属于全体业主的，成本、费用可以扣除。选项C，房地产开发企业扣留建筑施工企业一定比例的工程款，作为开发项目的质量保证金，建筑施工企业对房地产开发企业开具发票的，按发票所载金额予以扣除。

三、计算问答题

1. **【答案及解析】**

（1）纳税人应进行土地增值税清算。按照规定，房地产开发项目全部竣工、完成销售的，纳税人应进行土地增值税清算。本题中的房地产开发公司，已将普通住宅全部对外销售完毕，所以纳税人应进行土地增值税清算。

（2）该房地产开发公司销售写字楼的增值税销项税额 =（35 000 − 5 000）÷（1 + 9%）× 9% = 2 477.06（万元）。

不动产转让的增值税税率为9%，房地产开发公司一般纳税人计算增值税销项税额时，可从销售额中扣减支付给政府的土地价款。

（3）取得土地使用权支付的全部金额 = 5 000 ×（1 + 3%）= 5 150（万元）。

可扣除的开发成本 = 8 000万元。

可扣除的开发费用 = 400 +（5 150 + 8 000）× 5% = 1 057.5（万元）。

加计扣除 =（5 150 + 8 000）× 20% = 2 630（万元）。

扣除项目金额合计 = 5 150 + 8 000 + 1 057.5 + 200 + 2 630 = 17 037.5（万元）。

（4）该房地产开发公司的不含税转让收入金额 = 35 000 − 2 477.06 = 32 522.94（万元）。

土地增值额 = 32 522.94 − 17 037.5 = 15 485.44（万元）。

增值率 = 15 485.44 ÷ 17 037.5 × 100% = 90.89%，适用40%的税率，速算扣除系数5%。

房地产开发公司应缴纳的土地增值税 = 15 485.44 × 40% − 17 037.5 × 5% = 5 342.3（万元）。

2. **【答案及解析】**

（1）该企业写字楼的评估价格 = 重置成本价 × 成新度折扣率 = 18 000 × 70% = 12 600（万元）。

（2）转让存量房的扣除项目：取得土地使用权所支付的金额、房屋及建筑物的评估价格、转让环节缴纳的税金。

计算土地增值税时允许扣除项目金额的合计数 = 5 000 + 12 600 + 2 452 = 20 052（万元）。

（3）增值额 = 30 000 − 20 052 = 9 948（万元）。

增值率 = 9 948 ÷ 20 052 × 100% = 49.61%，适用税率为30%。

转让写字楼应缴纳的土地增值税 = 9 948 × 30% = 2 984.4（万元）。

第十一章　车辆购置税法、车船税法和印花税法

2021 年教材内容主要变化

1. 车辆购置税征税范围发生变化，删除征税范围的具体规定。

2. 删除印花税纳税申报表。

本章近五年考情分析

本章属于税法考试**次重点章**，包括车辆购置税法、车船税法、印花税法三部分内容，其中印花税法**相对**重要。考试一般以单项选择题、多项选择题命题，印花税偶尔年份会单独考核计算问答题。近五年本章考试平均分值 5 分左右。2021 年预计考试分值在 5 分左右。

本章内容如下：

第一单元　车辆购置税法

第二单元　车船税法

第三单元　印花税法

重难点解析

第一单元　车辆购置税法

车辆购置税，是以在中国境内购置**规定车辆**为课税对象、在**特定的环节**向车辆购置者征收的一种税。就其性质而言，属于直接税的范畴。

重难点 1：纳税人与征税范围★★

（一）纳税人

车辆购置税的纳税人，是指在境内购置汽车、有轨电车、汽车挂车、排气量超过 150 毫升的摩托车（统称“应税车辆”）的单位和个人。

【小贴士】购置是指以购买、进口、自产、受赠、获奖或者其他方式**取得并自用**应税车辆的行为。

【小贴士】车辆购置税实行一次性征收；购置已征车辆购置税的车辆，不再征收车辆购置税。

【小贴士】车辆购置税的应税行为，是从各种购置渠道取得并使用应税车辆的行为，其行为标志是“自用”。

【经典例题】

【真题·多选题】（2020）以下列方式取得的车辆中，应缴纳车辆购置税的有（　　）。

A. 购置的二手汽车

B. 购买自用的汽车

C. 自产自用的汽车

D. 以受赠方式取得的自用汽车

【答案】BCD

【解析】选项 B、C、D，车辆购置税的购置是指以购买、进口、自产、受赠、获奖或者其他方式取得并自用应税车辆的行为。选项

A，车辆购置税实行一次性征收；购置已征车辆购置税的车辆，不再征收车辆购置税。

【真题·多选题】（2009）下列各项中，属于车辆购置税应税行为的有（　　）。

A. 购买使用行为

B. 进口使用行为

C. 受赠使用行为

D. 获奖使用行为

【答案】ABCD

【解析】车辆购置税的购置是指以购买、进口、自产、受赠、获奖或者其他方式取得并自用应税车辆的行为。

【真题·多选题】（2012）下列各项中，属于车辆购置税应税行为的有（　　）。

A. 受赠使用应税车辆

B. 进口使用应税车辆

C. 经销商经销应税车辆

D. 债务人以应税车辆抵债

【答案】AB

【解析】车辆购置税的购置是指购买使用行为、进口使用行为、受赠使用行为、自产自用行为、获奖使用行为以及拍卖、抵债、走私、罚没等方式取得并使用的行为。

【真题·单选题】（2018）下列人员中，属于车辆购置税纳税义务人的是（　　）。

A. 应税车辆的拍卖者

B. 应税车辆的承租者

C. 应税车辆的出口者

D. 应税车辆的受赠者

【答案】D

【解析】车辆购置税的纳税人，是指在我国境内购置应税车辆的单位和个人，其中购置是指购买、进口、受赠、自产、受赠、获奖或者其他方式取得并自用应税车辆的行为。

（二）征税范围（重要）

以列举的车辆作为征税对象，未列举的车辆不纳税。其征税范围包括汽车、有轨电车、汽车挂车、排气量超过150毫升的摩托车。

【小贴士】地铁、轻轨等城市轨道交通车辆，装载机、平地机、挖掘机、推土机等轮式专用机械车，以及起重机（吊车）、叉车、电动摩托车，不属于应税车辆。

【小贴士】纳税人进口自用应税车辆，是指纳税人直接从境外进口或者委托代理进口自用的应税车辆，不包括在境内购买的进口车辆。

【经典例题】

【例题·多选题】下列车辆中，属于车辆购置税征税范围的有（　　）。

A. 排气量120毫升的摩托车

B. 有轨电车

C. 汽车挂车

D. 电动自行车

【答案】BC

【解析】选项A，排气量超过150毫升的摩托车属于车辆购置税的征税范围。选项D，电动自行车不属于车辆购置税的征税范围。

重难点2：税率与计税依据★★

（一）税率（重要）

车辆购置税实行统一比例税率，税率为10%。

（二）计税依据（调整）

计税依据为应税车辆的计税价格，按照下列规定确定：

【小贴士】车辆购置税实行从价定率、价外征收的方法计算应纳税额，应税车辆的价格即计税价格为车辆购置税的计税依据。

1. 自2020年6月1日起，纳税人购置应税车辆，以发票电子信息中的不含增值税价作为计税价格。纳税人依据相关规定提供其他有效价格凭证的情形除外。

应税车辆存在多条发票电子信息或者没有发票电子信息的，纳税人按照购置应税车辆实际支付给销售方的全部价款（不包括增值税税

款）申报纳税。（新增）

2. 纳税人进口自用应税车辆的计税价格，为关税完税价格加上关税和消费税。

计税价格 = 关税完税价格 + 关税 + 消费税 = (关税完税价格 + 关税) ÷ (1 − 消费税税率)

【小贴士】纳税人进口自用应税车辆，是指纳税人直接从境外进口或者委托代理进口自用的应税车辆，不包括在境内购买的进口车辆。

3. 纳税人自产自用应税车辆的计税价格，按照纳税人生产的同类应税车辆（即车辆配置序列号相同的车辆）的销售价格确定，不包括增值税税款；没有同类应税车辆销售价格的，按照组成计税价格确定。组成计税价格计算公式为：

组成计税价格 = 成本 × (1 + 成本利润率)

属于应征消费税的应税车辆，其组成计税价格中应加计消费税税额。

4. 纳税人以受赠、获奖或者其他方式取得自用应税车辆的计税价格，按照购置应税车辆时相关凭证载明的价格确定，不包括增值税税款。

【小贴士】（1）购置应税车辆时相关凭证，是指原车辆所有人购置或者以其他方式取得应税车辆时载明价格的凭证。（2）无法提供相关凭证的，**参照**同类应税车辆市场平均交易价格确定其计税价格。

【小贴士】原车辆所有人为车辆生产或者销售企业，未开具机动车销售统一发票的，按照车辆生产或者销售同类应税车辆的销售价格确定应税车辆的计税价格；无同类应税车辆销售价格的，按照组成计税价格确定应税车辆的计税价格。

【小贴士】纳税人申报的应税车辆计税价格明显偏低，又无正当理由的，由税务机关依照《税收征收管理法》的规定核定其应纳税额。

【小贴士】纳税人以外汇结算应税车辆价款的，按照申报纳税之日的人民币汇率中间价折合成人民币计算缴纳税款。

重难点3：应纳税额的计算★★★

应纳税额 = 计税价格 × 税率(10%)

（一）购买自用应税车辆应纳税额的计算

纳税人购买自用的应税车辆，其计税价格由纳税人支付给销售者的**全部**价款组成（不包括增值税税款）。

实际支付给销售者的全部价款，依据纳税人购买应税车辆时相关凭证载明的价格确定，不包括增值税税款。计税价格**还应包括**下列费用：

1. 随购买车辆支付的工具件和零部件价款。

2. 支付的车辆装饰费。

3. 代收款项应区别征税。凡使用代收单位（受托方）票据收取的款项，应视作代收单位价外收费，购买者支付的价费款，应并入计税依据中一并征税；凡使用委托方票据收取，受托方只履行代收义务和收取代收手续费的款项，应按其他税收政策规定征税。

4. 销售单位开展优质销售活动所开票收取的有关费用，应属于经营性收入，企业在代理过程中按规定支付给有关部门的费用，企业已作经营性支出列支核算，其收取的各项费用并在一张发票上难以划分的，应作为价外收入计算征税。

【举例】宋某2020年5月从某汽车有限公司购买一辆小汽车供自己使用，支付了含增值税税款在内的款项226 000元，另支付代收临时牌照费580元、代收保险费1 000元，支付购买工具件和零配件价款4 000元，车辆装饰费1 200元。所支付的款项均由该汽车有限公司开具“机动车销售统一发票”和有关票据。计算宋某应缴纳的车辆购置税。

计税依据 = (226 000 + 580 + 1 000 + 4 000 + 1 200) ÷ (1 + 13%) = 206 000（元）。应纳税额 = 206 000 × 10% = 20 600（元）。

【经典例题】

【真题·多选题】（2011）某机关2011年

4月购买汽车一辆，随购车支付的下列款项中，应并入计税依据征收车辆购置税的有(　　)。

A. 代垫款项　　B. 增值税税款

C. 零部件价款　　D. 车辆装饰费

【答案】CD

【解析】选项A，凡使用代收单位（受托方）票据收取的款项，应视作代收单位价外收费，购买者支付的价费款，应并入计税依据中一并征税；凡使用委托方票据收取，受托方只履行代收义务和收取代收手续费的款项，应按其他税收政策规定征税。选项B，增值税税款不计入计税依据。

【真题·单选题】(2019)下列税费中，应计入车辆购置税计税依据的是(　　)。

A. 购车时支付的增值税

B. 购车时随购车款同时支付的车辆装饰费

C. 购车时支付的已取得保险公司票据的保险费

D. 购车时支付的已取得公安交管部门票据的临时牌照费

【答案】B

【解析】选项B，支付的车辆装饰费应作为价外费用并入计税依据中计税。

【真题·单选题】(2013改编)2020年5月，王某从汽车4S店购置了一辆排气量为1.8升的乘用车，支付购车款（含增值税）226 000元并取得“机动车销售统一发票”，支付代收保险费5 000元并取得保险公司开具的票据，支付购买工具件价款（含增值税）1 000元并取得汽车4S店开具的普通发票。王某应缴纳的车辆购置税为(　　)元。

A. 20 000　　B. 20 088.50

C. 20 512.82　　D. 24 000

【答案】B

【解析】王某应缴纳的车辆购置税 =（226 000 + 1 000）÷ 1.13 × 10% = 20 088.50（元）。

【例题·多选题】(2014改编)某旅游公司2020年5月从游艇生产企业购进一艘游艇，取得的增值税专用发票注明价款120万元、税额15.6万元；从汽车贸易公司购进一辆小汽车，取得增值税机动车统一销售发票注明价款40万元、税额5.2万元；游艇的消费税税率为10%，小汽车消费税税率为5%。下列关于上述业务相关纳税事项的表述中，正确的有(　　)。

A. 汽车贸易公司应缴纳消费税2万元

B. 游艇生产企业应缴纳消费税12万元

C. 旅游公司应缴纳游艇车辆购置税12万元

D. 旅游公司应缴纳小汽车的车辆购置税4万元

【答案】BD

【解析】选项A，汽车贸易公司销售普通小汽车不缴纳消费税，普通小汽车在生产环节、委托加工环节和进口环节缴纳消费税。选项B，游艇生产企业应缴纳消费税 = 120 × 10% = 12（万元）。选项C，游艇不属于车辆购置税征税范围。选项D，旅游公司应缴纳小汽车的车辆购置税 = 40 × 10% = 4（万元）。

【例题·单选题】2020年5月，李某在某4S店购买一台小汽车自用，支付含税价款82 490元，4S店代收临时牌照费150元，代收保险费3 000元。4S店对代收临时牌照费和代收保险费均提供委托方票据。李某应纳车辆购置税为(　　)元。

A. 6 293.1　　B. 6 896.55

C. 7 300　　D. 8 000

【答案】C

【解析】李某应缴纳车辆购置税 = 82 490 ÷（1 + 13%）× 10% = 7 300（元）。

（二）进口自用应税车辆应纳税额的计算

纳税人进口自用的应税车辆，以**组成计税价格（只能组价）**为计税依据。计算公式为：

组成计税价格 = 关税完税价格 + 关税

如果进口车辆是属于消费税征税范围的小汽车，则计算公式为：

组成计税价格 = 关税完税价格 + 关税 + 消费

税＝(关税完税价格＋关税)÷(1－消费税税率)

【小贴士】进口自用应税车辆计征车辆购置税的计税依据，与进口计算增值税的计税依据一致。

【举例】某外贸进出口公司2020年6月，从国外进口10辆某公司生产的某型号小轿车。该公司报关进口这批小轿车时，经报关地海关对有关报关资料的审查，确定关税完税价格为每辆185 000元人民币，海关按关税政策规定每辆征收了关税46 200元，并按消费税、增值税有关规定分别代征了每辆小轿车的进口消费税40 800元和增值税35 360元。由于联系业务需要，该公司将一辆小轿车留在本单位使用。计算该公司应缴纳的车辆购置税。

计税依据＝185 000＋46 200＋40 800＝272 000（元），应纳税额＝272 000×10%＝27 200（元）。

【经典例题】

【例题·单选题】2020年5月，某汽车贸易公司进口5辆小轿车，海关审定的关税完税价格为25万元/辆。当月销售2辆，取得含税销售额60万元；2辆供公司自用；1辆用于抵偿债务，合同约定的含税价格为30万元。该汽车贸易公司应缴纳车辆购置税(　　)万元。(小轿车关税税率为28%，消费税税率为9%)

A. 7.03　　B. 5.00

C. 7.50　　D. 10.55

【答案】A

【解析】应缴纳车辆购置税＝2×(25＋25×28%)÷(1－9%)×10%＝7.03（万元）。

(三) 其他自用应税车辆应纳税额的计算

纳税人自产自用、受赠使用、获奖使用和以其他方式取得并自用应税车辆的，凡不能取得该型车辆的购置价格，或者低于最低计税价格的，以国家税务总局核定的最低计税价格作为计税依据计算征收车辆购置税：

应纳税额＝最低计税价格×税率

【举例】某客车制造厂将自产的一辆某型号的客车，用于本厂后勤服务，该厂在办理车辆上牌落籍前，出具该车的发票，注明金额65 000元，并按此金额向主管税务机关申报纳税。经审核，国家税务总局对该车同类型车辆核定的最低计税价格为80 000元。计算该车应纳车辆购置税。

【解析】应纳税额＝80 000×10%＝8 000（元）。

【经典例题】

【例题·计算问答题】2020年5月，某汽车制造厂将排量为2.0升的自产C型汽车3辆转作本厂固定资产，2辆对外抵偿债务，1辆奖励给本厂优秀员工。本厂同类C型汽车对外含增值税销售价格为226 000元/辆。

要求：计算该汽车制造厂应缴纳的车辆购置税。

【答案及解析】自产自用的汽车需要缴纳车辆购置税，对外抵债的汽车由接受并自用的一方缴纳车辆购置税，奖励员工的汽车由取得并自用的员工缴纳车辆购置税。应缴纳车辆购置税＝226 000÷(1＋13%)×3×10%＝60 000（元）。

(四) 免税条件消失车辆的税务处理（新增）

已经办理免税、减税手续的车辆因转让、改变用途等原因不再属于免税、减税范围的，纳税人、纳税义务发生时间、应纳税额按以下规定执行：

1. 发生转让行为的，受让人为车辆购置税纳税人；未发生转让行为的，车辆所有人为车辆购置税纳税人。

2. 纳税义务发生时间为车辆转让或者用途改变等情形发生之日。

3. 应纳税额计算公式为：

应纳税额＝初次办理纳税申报时确定的计税价格×(1－使用年限×10%)×10%－已纳税额

【小贴士】应纳税额不得为负数。

【小贴士】使用年限的计算方法是，自纳税人初次办理纳税申报之日起，至不再属于免税、减税范围的情形发生之日止。使用年限取整计算，不满1年的不计算在内。

重难点4：税收优惠★★★

1. 外国驻华使馆、领事馆和国际组织驻华机构及其外交人员自用车辆免税。

2. 中国人民解放军和中国人民武装警察部队列入军队武器装备订货计划的车辆免税。

3. 悬挂应急救援专用号牌的国家综合性消防救援车辆免税。

4. 设有固定装置的非运输专用作业车辆免税。

5. 城市公交企业购置的公共汽电车辆免税。

【小贴士】公共汽电车辆，是指按规定的线路、站点票价营运，用于公共交通服务，为运输乘客设计和制造的车辆，**包括**公共汽车、无轨电车和有轨电车。

6. 回国服务的在外留学人员用现汇购买1辆个人**自用国产**小汽车和长期来华定居专家**进口1辆自用**小汽车免征车辆购置税。

7. 防汛部门和森林消防部门用于指挥、检查、调度、报汛（警）、联络的由指定厂家生产的设有固定装置的指定型号的车辆免征车辆购置税。

8. 自2021年1月1日至2022年12月31日，对购置的新能源汽车免征车辆购置税。

【小贴士】免征车辆购置税的新能源汽车是指纯电动汽车、插电式混合动力（含增程式）汽车、燃料电池汽车。

【小贴士】免征车辆购置税的新能源汽车，通过发布《免征车辆购置税的新能源汽车车型目录》实施管理。购置时间为机动车销售统一发票（或有效凭证）上注明的日期。

9. 自2018年7月1日至2021年6月30日，对购置挂车减半征收车辆购置税。

10. 中国妇女发展基金会"母亲健康快车"项目的流动医疗车免征车辆购置税。

11. 北京2022年冬奥会和冬残奥会组织委员会新购置车辆免征车辆购置税。

12. 原公安现役部队和原武警黄金、森林、水电部队改制后换发地方机动车牌证的车辆（公安消防、武警森林部队执行灭火救援任务的车辆除外），一次性免征车辆购置税。

【经典例题】

【例题·多选题】下列车辆中，可以享受车辆购置税减免税政策的有（　　）。

A. 林业部门购买的森林消防专用车

B. 城市公交企业购置的公共汽电车辆

C. 国际组织驻华机构自用车辆

D. 回国服务的留学人员用现汇购买1辆自用进口小汽车

【答案】ABC

【解析】选项D，回国服务的留学人员用现汇购买1辆自用国产小汽车，享受免征车辆购置税优惠政策。

【例题·多选题】根据车辆购置税的规定，下列车辆应计算缴纳车辆购置税的有（　　）。

A. 汽车

B. 电动摩托车

C. 有轨电车

D. 设有固定装置的非运输专用作业车辆

【答案】AC

【解析】车辆购置税法规定的征税范围为汽车、有轨电车、汽车挂车、排气量超过150毫升的摩托车。

重难点5：征收管理★★

（一）纳税申报

1. 车辆购置税的纳税义务发生时间为纳税人购置应税车辆的当日，以纳税人购置应税车辆所取得的车辆相关凭证上注明的时间为准。

（1）购买自用应税车辆的为购买之日，即车辆相关价格凭证的开具日期。

（2）进口自用应税车辆的为进口之日，即《海关进口增值税专用缴款书》或者其他有效凭证的开具日期。

（3）自产、受赠、获奖或者以其他方式取得并自用应税车辆的为取得之日，即合同、法律文书或者其他有效凭证的生效或者开具日期。

2. 纳税人应当自纳税义务发生之日起60日内申报缴纳车辆购置税。

3. 纳税人应当在向公安机关交通管理部门办理车辆注册登记前，缴纳车辆购置税。

4. 纳税人应到下列地点办理车辆购置税纳税申报：

（1）需要办理车辆登记注册手续的纳税人，向车辆登记地的主管税务机关申报纳税。

（2）不需要办理车辆登记注册手续的纳税人，单位纳税人向其机构所在地的主管税务机关申报纳税，个人纳税人向其户籍所在地或者经常居住地的主管税务机关申报纳税。

5. 车辆购置税实行一车一申报制度。

6. 纳税人办理纳税申报时应当如实填报《车辆购置税纳税申报表》，同时提供车辆合格证明和车辆相关价格凭证。

（二）车辆购置税的退税制度

已征车辆购置税的车辆退回车辆生产或销售企业，纳税人申请退还车辆购置税的，应退税额计算公式如下：

应退税额 = 已纳税额 ×（1 - 使用年限 × 10%）

应退税额不得为负数。

使用年限的计算方法是，自纳税人缴纳税款之日起，至申请退税之日止。

（三）纳税环节

车辆购置税是对应税车辆的购置使用行为课征，实行一次课征制度。征税环节为购置使用环节。（最终消费环节）

【本章总结——车辆购置税】

1. 车辆购置税应掌握与熟悉的内容。

（1）掌握车辆购置税的比例税率为10%。

（2）掌握车辆购置税的计税依据、税收优惠的规定。

（3）熟悉车辆购置税的各类应税行为、税额计算、退税制度的特殊规定。

2. 与其他章节或税种的关系。

（1）与第一章税法总论：掌握车辆购置税由税务机关征收，属于中央固定收入。

（2）与车船税：车辆购置税是“购置”环节纳税且一次性征收，车船税是保有环节缴纳，持有期间每年纳税。

（3）与企业所得税：车辆购置税可以在所得税前扣除，属于计算应纳税所得额时可（间接）扣除的税金。

第二单元　车船税法

车船税，是指在中华人民共和国境内的车辆、船舶的所有人或者管理人按照中华人民共和国车船税法应缴纳的一种税。

重难点1：纳税人与征税范围★★

（一）纳税人

车船税的纳税人，是指在中华人民共和国境内，车辆、船舶（以下简称“车船”）的所有人或者管理人，应当依照《车船税法》的规定缴纳车船税。

【小贴士】管理人，是指对车船具有管理权或者使用权，不具有所有权的单位和个人。

（二）征税范围

车船税的征税范围，是指在境内属于《车船税法》所附《车船税税目税额表》规定的车辆、船舶。车辆、船舶是指：

1. 依法应当在车船管理部门登记的机动车辆和船舶。

2. 依法不需要在车船管理部门登记、在单位内部场所行驶或者作业的机动车辆和船舶。

【小贴士】车辆分为机动车辆和非机动车辆，车船税的征收范围包括机动车辆，不包括非机动车辆。

【小贴士】船舶分为机动船舶和非机动船舶，车船税的征收范围包括机动船舶，不包括非机动船舶，但非机动驳船需要缴纳车船税。

【小贴士】境内单位和个人租入外国籍船

船的，不征收车船税；境内单位和个人将船舶出租到境外的，应依法征收车船税。

重难点2：税率与税目★★

（一）车船税实行定额税率

《车船税税目税额表》中车辆、船舶的税目适用范围由财政部、国家税务总局参照国家相关标准确定。

【小贴士】“车辆”的具体适用税额，由省级人民政府依照《车船税法》所附《车船税税目税额表》规定的税额幅度和国务院的规定确定。

【小贴士】“船舶”的具体适用税额，由国务院在《车船税法》所附《车船税税目税额表》规定的税额幅度内确定。

（二）税目

税目		计税单位
乘用车［按发动机汽缸容量（排气量）分档］		每辆
摩托车		
商用车	客车	
	货车	整备质量每吨
挂车		
其他车辆	专用作业车	
	轮式专用机械车	
船舶	机动船舶	净吨位每吨
	游艇	艇身长度每米

1. 计税单位。

车船税计税单位包括：“每辆”“整备质量每吨”“净吨位每吨”“艇身长度每米”。

2. 具体规定。

（1）客货两用车，按照货车计税。

（2）挂车，按照货车税额的50%计算。

（3）征税范围内的其他车辆，不包括拖拉机。

（4）拖船、非机动驳船，分别按照机动船舶税额的50%计算。

【小贴士】拖船按照发动机功率每1千瓦折合净吨位0.67吨，计算征收车船税。

3.《车船税法》及其实施条例所涉及的排气量、整备质量、核定载客人数、净吨位、千瓦、艇身长度，以车船管理部门核发的**车船登记证书**或者**行驶证**相应项目所载数据为准。

4.《车船税法》及其实施条例涉及的整备质量、净吨位、艇身长度等计税单位，有尾数的一律按照**含尾数的计税单位据实计算车船税应纳税额**。计算得出的应纳税额小数点后超过两位的可四舍五入保留两位小数。

【经典例题】

【真题·单选题】（2016）下列关于车船税计税单位确认的表述中，正确的是（　　）。

A. 摩托车按“排气量”作为计税单位

B. 游艇按“净吨位每吨”作为计税单位

C. 商用货车按“每辆”作为计税单位

D. 专用作业车按“整备质量每吨”作为计税单位

【答案】D

【解析】选项A，摩托车按“量”作为计税单位。选项B，游艇按“艇身长度每米”作为计税单位。选项C，商用货车按“整备质量每吨”作为计税单位。

【例题·单选题】下列关于车船税的说法中，正确的是（　　）。

A. 拖船按船舶税额的70%计算车船税

B. 挂车按照货车税额的50%计算车船税

C. 非机动驳船按照机动船舶税额60%计算车船税

D. 车辆整备质量尾数在0.5吨以下的不计算车船税

【答案】B

【解析】选项A、C，拖船、非机动驳船按照机动船舶税额的50%计算车船税。选项D，根据规定，有尾数的一律按照含尾数的计税单位据实计算车船税应纳税额，计算得出的应纳税额小数点后超过两位的可四舍五入保留两位小数。

【例题·多选题】下列车船中，无须缴纳车船税的有（　　）。

A. 拖拉机　　B. 节能汽车

C. 非机动驳船　　D. 纯电动乘用车

【答案】BC

【解析】选项A，拖拉机不属于车船税的征税范围。选项B，对节能汽车，减半征收车船税。选项D，对新能源车船，免征车船税。

重难点3：应纳税额的计算★★

1. 购置的新车船，购置当年的应纳税额自纳税义务发生的**当月**起**按月**计算。计算公式为：

应纳税额=（年应纳税额÷12）×应纳税月份数

应纳税月份数=12－纳税义务发生时间（取月份）+1

【举例】某单位2020年5月购买捷达轿车一辆，该省政府规定该排量乘用车每辆适用的车船税年税额为480元。

【解析】该单位这辆捷达车2020年应纳税月份数=12－5+1=8（个），该辆捷达车当年应缴纳车船税=480÷12×8=320（元）。

【经典例题】

【真题·单选题】（2014）某机械制造厂2013年拥有货车3辆，每辆货车的整备质量为1.499吨；挂车1辆，其整备质量为1.2吨；小汽车2辆。已知货车车船税税率为整备质量每吨年基准税额16元，小汽车车船税税率为每辆年基准税额360元。该厂2013年度应缴纳车船税为（　　）元。

A. 441.6　　B. 792

C. 801.55　　D. 811.2

【答案】C

【解析】应缴纳车船税=1.499×3×16+1.2×16×50%+2×360=801.55（元）。

【例题·单选题】某运输企业2020年初拥有小轿车5辆，2020年3月外购货车12辆，每辆整备质量为10吨，并于当月办理登记手续。假设货车年税额为整备质量每吨50元，小轿车年税额为每辆500元，该企业2020年应缴纳车船税（　　）元。

A. 2 500　　B. 7 000

C. 8 500　　D. 7 500

【答案】D

【解析】应缴纳车船税=5×500+12×10×50÷12×10=7 500（元）。

2. 被盗抢、报废、灭失的车船的税额计算。

（1）在一个纳税年度内，**已完税**的车船被盗抢、报废、灭失的，纳税人可以凭有关管理机关出具的证明和完税证明，向纳税所在地的主管税务机关申请退还自**被盗抢、报废、灭失月份起至该纳税年度终了期间**的税款。

（2）已办理退税的被盗抢车船失而复得的，纳税人应当从公安机关出具相关证明的**当月起**计算缴纳车船税。

【小贴士】已缴纳车船税的车船在同一纳税年度内办理转让过户的，不另纳税，也不退税。

【小贴士】已经缴纳车船税的车船，因质量原因，车船被退回生产企业或者经销商的，纳税人可以向纳税所在地的主管税务机关申请退还自退货月份起至该纳税年度终了期间的税款。退货月份以退货发票所载日期的当月为准。

【经典例题】

【真题·单选题】（2015）某企业2015年1月缴纳了5辆客车的车船税，其中一辆9月被盗，已办理车船税退还手续；11月由公安机关找回并出具证明，企业补缴了车船税，假定该类型客车年基准税额为480元/辆，该企业2015年实际缴纳的车船税总计为（　　）元。

A. 1 920　　B. 2 400

C. 3 250　　D. 2 320

【答案】D

【解析】该企业4辆车缴纳全年的税额，1辆车缴纳10个月的税额（备注：9月份被盗时可以申请退还剩余4个月的车船税，11月找回，需要缴纳2个月的车船税，合计需缴纳10个月的车船税）。该企业2015年实缴的车船税总计 $=4\times480+480\div12\times10=2\ 320$（元）。

重难点4：税收优惠★★★

（一）法定减免

1. 捕捞、养殖渔船。

2. 军队、武装警察部队专用的车船。

3. 警用车船。包括公安机关、国家安全机关、监狱、劳动教养管理机关和人民法院、人民检察院领取警用牌照的车辆和执行警务的专用船舶。

4. 依照法律规定应当予以免税的外国驻华使领馆、国际组织驻华代表机构及其有关人员的车船。

5. 对节能汽车，减半征收车船税；对新能源车船，免征车船税。

【小贴士】减半征收车船税的节能乘用车和商用车、免征车船税的使用新能源汽车和船舶，均应符合规定的标准。

【小贴士】纯电动乘用车、燃料电池乘用车不属于车船税征收范围。

【小贴士】学员应注意辨析"减半征收车船税""免征车船税""不属于车船税征收范围"的具体界定。

6. 省级人民政府根据当地实际情况，可以对公共交通车船，农村居民拥有并主要在农村地区使用的摩托车、三轮汽车和低速载货汽车定期减征或者免征车船税。

7. 国家综合性消防救援车辆由部队号牌改挂应急救援专用号牌的，一次性免征改挂当年车船税。

（二）特定减免

1. 经批准临时入境的外国车船和香港特别行政区、澳门特别行政区、台湾地区的车船，不征收车船税。

2. 按照规定缴纳船舶吨税的机动船舶，自《车船税法》实施之日起5年内免征车船税。

3. 机场、港口**内部行驶或作业**的车船，自《车船税法》实施之日起5年内免征车船税。

【小贴士】上述法定减免和特定减免的具体范围，学员要注意辨析。

【经典例题】

【真题·单选题】（2020）下列车船中，免征车船税的是（　　）。

A. 洒水车

B. 非机动驳船

C. 纯天然气动力船舶

D. 双燃料轻型商用车

【答案】C

【解析】选项A，属于专用作业车，应当征收车船税。选项C，对新能源车船，免征车船税。选项D，不符合新能源车船标准，不免征车船税。

【真题·单选题】（2017）下列车船中，享受减半征收车船税优惠的是（　　）。

A. 纯电动汽车

B. 燃料电池汽车

C. 符合规定标准的节约能源乘用车

D. 使用新能源的混合动力汽车

【答案】C

【解析】对节能汽车，减半征收车船税；对新能源车船，免征车船税。减半征收车船税的节能乘用车和商用车、免征车船税的新能源汽车和船舶，均应符合规定的标准。

【真题·单选题】（2018）下列车船中，免征车船税的是（　　）。

A. 辅助动力帆艇

B. 武警专用车船

C. 半挂牵引车

D. 客货两用汽车

【答案】B

【解析】选项B，军队、武装警察部队专用的车船，免征车船税。

【例题·多选题】下列车船属于法定免税的有（　　）。

A. 港口内部作业车

B. 公安部门专用车船

C. 非机动驳船

D. 捕捞、养殖渔船

【答案】BD

【解析】非机动驳船、专项作业车不在法定免税范围之内。

【例题·多选题】下列在用车船中，应当免征车船税的有（　　）。

A. 公安机关办案专用的车辆

B. 军队用于出租的富余小汽车

C. 农村的公共交通车辆

D. 在渔船管理部门登记的净吨位1.5吨的捕捞渔船

【答案】AD

【解析】选项B，军队、武装警察部队专用的车船属于法定免税范围。选项C，省级人民政府根据当地实际情况，可以对公共交通车船，农村居民拥有并主要在农村地区使用的摩托车、三轮汽车和低速载货汽车定期减征或者免征车船税。

重难点5：征收管理★★

（一）纳税期限

车船税纳税义务发生时间，为取得车船所有权或者管理权的当月，即为购买车船的发票或者其他证明文件所载日期的当月。

（二）纳税地点

车船税的纳税地点，为车船的登记地或者车船税扣缴义务人所在地；依法不需要办理登记的车船，车船税的纳税地点为车船的所有人或者管理人所在地。

（三）纳税申报

车船税按年申报，分月计算，一次性缴纳。纳税年度为公历1月1日至12月31日。具体纳税申报期限由省、自治区、直辖市人民政府规定。

【小贴士】车船税、房产税、城镇土地使用税按年计算、分期缴纳。

【本章总结——车船税】

1. 车船税应掌握与熟悉的内容。

（1）掌握车船税在取得车船所有权或者管理权的“当月”发生纳税义务。

（2）掌握免征、减征、不征车船税的具体范围。

（3）熟悉车船税的计税依据、税额的计算。

（4）掌握车船税税收优惠的内容。

2. 与其他税种的关系。

（1）与企业所得税：车船税可以在所得税前扣除，属于计算应纳税所得额时可（直接）扣除的税金。

（2）与车辆购置税税收优惠的差异。**（重要）**

车辆性质		车船税	车辆购置税
新能源汽车	乘用车	纯电动乘用车和燃料电池乘用车不属于车船税征税范围，不征收车船税	免征车辆购置税
	商用车	纯电动商用车、插电式（含增程式）混合动力汽车、燃料电池商用车免征车船税	

续表

车辆性质		车船税	车辆购置税
节能汽车	乘用车	**减半**征收车船税	无税收优惠
	商用车	**减半**征收车船税	
挂车		挂车按照货车税额的**50%**计算车船税	**减半**征收车辆购置税

第三单元　印花税法

印花税是以经济活动和经济交往中，书立、领受应税凭证的行为为征税对象征收的一种税。

重难点1：纳税人★★

印花税的纳税人，是指在中国境内书立、使用、领受印花税法所列举的**凭证**，并应依法履行纳税义务的单位和个人。具体分为：立合同人、立据人、立账簿人、领受人、使用人和各类电子应税凭证的签订人。

（一）立合同人

立合同人指合同的当事人，是指对凭证**有直接**权利义务关系的单位和个人，**但不包括合同的担保人、证人、鉴定人**。

当事人的代理人有代理纳税的义务，他与纳税人负有同等的税收法律义务和责任。

【小贴士】合同的界限：包括合同以及具有合同效力的协议、契约、合约、单据、确认书及其他各种名称的凭证；合同应当是合法的合同。

（二）立据人

书立产权转移书据的单位和个人，如商品房销售合同按产权转移书据计税贴花。

（三）立账簿人

设立并使用**营业**账簿的单位和个人。

（四）领受人

领取或接受并持有权利、许可证照的单位和个人。

【小贴士】权利、许可证照包括不动产权证书、营业执照、商标注册证、专利证书。

（五）使用人

在国外书立、领受，但在**国内使用**应税凭证的单位和个人。

（六）各类电子应税凭证的签订人

【小贴士】对应税凭证，凡由两方或两方以上当事人共同书立应税凭证的，其**当事人各方**都是印花税纳税人，应各就其所持凭证的计税金额履行纳税义务。

【经典例题】

【例题·多选题】下列属于印花税纳税义务人的有（　　）。

A. 购销合同的担保人

B. 发放专利证书的国家行政部门

C. 在国外书立，在国内使用技术合同的单位

D. 签订勘察设计合同的两家公司

【答案】CD

【解析】选项A，印花税的纳税人包括立合同人，立合同人是指合同的当事人，即对凭证有直接权利义务关系的单位和个人，但不包括合同的担保人、证人、鉴定人。选项B，印花税的纳税人，是领取或接受并持有权利、许可证照的单位和个人。

重难点2：税目与税率★★★

（一）税目

印花税共**13个税目**，包括：10类经济合同；产权转移书据；营业账簿；权利、许可证照。

1. 购销合同，包括供应、预购、采购、购销结合及协作、调剂、补偿、贸易等合同。

【小贴士】购销合同，包括发电厂与电网之间、电网与电网之间（国家电网公司系统、南方电网公司系统**内部**各级电网互供电量除外）签订的**购售电合同**。

【小贴士】出版单位与发行单位之间订立的图书、报刊、音像制品的应税凭证，如订购单、订数单等属于购销合同。

【小贴士】电网与用户之间签订的供用电合同不属于印花税列举征税的凭证，不征收印花税。

2. 加工承揽合同，包括加工、定做、修缮、印刷、广告、测绘、测试等合同。

3. 建设工程勘察设计合同，包括勘察、设计合同。

4. 建筑安装工程承包合同，包括建筑、安装工程承包合同的总包合同、分包合同和转包合同。

5. 财产租赁合同。

6. 货物运输合同。

【小贴士】客运合同，不属于印花税列举征税的凭证，不征收印花税。

7. 仓储保管合同。

8. 借款合同，包括银行及其他金融组织和借款人（不包括银行同业拆借）所签订的借款合同。

【小贴士】融资租赁合同属于借款合同，不属于财产租赁合同。

9. 财产保险合同。

【小贴士】人身（寿）保险合同，不属于印花税列举征税的凭证，不征收印花税。

【小贴士】“家庭财产两全保险”属于家庭财产保险性质，其合同在财产保险合同之列，照章纳税。

10. 技术合同，包括技术开发、转让、咨询、服务等合同。

【小贴士】一般的法律、会计、审计（税务）等方面的咨询不属于技术咨询，其所书立合同不贴印花。

【小贴士】技术转让合同，包括专利申请权转让、非专利技术转让所书立的合同。不包括专利权转让、专利实施许可所书立的合同（两者适用于产权转移书据）。

【小贴士】对比掌握四类不同的专利相关转让合同：

（1）专利权转让合同，是指专利权人作为转让方将其发明创造专利的所有权或持有权移交受让方，受让方支付约定价款所订立的合同（产权转移书据）。

（2）专利实施许可合同，是指专利权人或者其授权的人作为转让方许可受让方在约定的范围内实施专利，受让方支付约定使用费所订立的合同（产权转移书据）。

（3）专利申请权转让合同，是指转让方将其就特定的发明创造申请专利的权利移交受让方，受让方支付约定价款所订立的合同（技术合同）。

（4）非专利技术转让合同，是指转让方将拥有的非专利技术成果提供给受让方，明确相互间非专利技术成果使用权、转让权，受让方支付约定使用费所订立的合同（技术合同）。

11. 产权转移书据，包括财产所有权、版权、商标专用权、专利权、专有技术使用权共5项产权的转移书据。

（1）财产所有权的征税范围。“财产所有权”转移书据的征税范围，是指经政府管理机关登记注册的动产和不动产所有权转移所立的书据，以及企业股权转让所立的书据、个人无偿赠送不动产所签订的“个人无偿赠与不动产登记表”。

（2）土地使用权出让合同、土地使用权转让合同、商品房销售合同按照产权转移书据（财产所有权）征收印花税。

（3）专利权转让、专利实施许可所书立的合同，按产权转移书据征收印花税。

【小贴士】按产权转移书据征收印花税的具体项目：财产所有权和版权、商标专用权、专利权、专有技术使用权等转移书据和专利实施许可合同、土地使用权出让合同、土地使用权转让合同、商品房销售合同、个人无偿赠与不动产登记表。

12. 营业账簿，是指财务会计核算账簿，分为记载资金的账簿和其他账簿。

（1）记载资金的账簿。记载资金的账簿，

不是指记载货币资金的账簿，而是指记载“实收资本”和“资本公积”资本金数额增减变化的账簿。

（2）其他账簿。除记载资金账簿以外的营业账簿，包括日记账簿和各（总）明细分类账簿。

【小贴士】车间、门市部、仓库设置的不属于会计核算范围或虽属会计核算范围，但不记载金额的登记簿、统计簿、台账等，不贴印花。

【小贴士】凡银行用以反映资金存贷经营活动、记载经营资金增减变化、核算经营成果的账簿，如各种日记账、明细账和总账都属于营业账簿，应按照规定征收印花税。

【小贴士】银行根据业务管理需要设置的各种登记簿，如空白重要凭证登记簿、有价单证登记簿、现金收付登记簿等，其记载的内容与资金活动无关，仅用于内部备查，属于非营业账簿，均不贴花。

13. 权利、许可证照，包括不动产权证书、工商营业执照、商标注册证、专利证书。

【小贴士】学员应注意辨析上述13项税目所列具体范围之间的差异。

【经典例题】

【真题·多选题】（2007）下列各项中，应按“产权转移书据”税目征收印花税的有（　　）。

A. 商品房销售合同

B. 土地使用权转让合同

C. 专利申请权转让合同

D. 个人无偿赠与不动产登记表

【答案】ABD

【解析】选项C，专利申请权转让合同按照“技术合同”贴花。

【真题·单选题】（2013）下列合同中，属于印花税征税范围的是（　　）。

A. 供用电合同　　B. 融资租赁合同

C. 人寿保险合同　　D. 法律咨询合同

【答案】B

【解析】选项A、C、D，电网与用户之间签订的供用电合同、人寿保险合同、法律咨询合同不属于印花税列举征税的凭证，不征收印花税。选项B，融资租赁合同按照“借款合同”贴花。

【真题·多选题】（2014）下列凭证中，属于印花税征税范围的有（　　）。

A. 银行设置的现金收付登记簿

B. 个人出租门店签订的租赁合同

C. 电网与用户之间签订的供用电合同

D. 出版单位与发行单位之间订立的图书订购单

【答案】BD

【解析】选项A，银行根据业务管理需要设置的各种登记簿，如现金收付登记簿，属于非营业账簿，不征收印花税。选项C，电网与用户之间签订的供用电合同不属于印花税列举征税的凭证，不征收印花税。

【真题·单选题】（2017）下列合同中，应按照“技术合同”税目征收印花税的是（　　）。

A. 技术中介合同

B. 会计制度咨询合同

C. 税务筹划咨询合同

D. 经济法律咨询合同

【答案】A

【解析】选项B、C、D，一般的法律、会计、审计等方面的咨询不属于技术咨询，其所立合同不贴印花。

【真题·多选题】（2018）下列合同中，应按照“产权转移书据”税目缴纳印花税的有（　　）。

A. 商品房销售合同

B. 专利实施许可合同

C. 股权转让合同

D. 专利申请权转让合同

【答案】ABC

【解析】选项D，按照“技术合同”缴纳印花税。

【真题·多选题】（2015改编）下列证照中，应按“权利、许可证照”税目征收印花税的有(　　)。

A. 专利证书　　B. 工商营业执照

C. 卫生许可证　　D. 税务登记证

【答案】AB

【解析】权利、许可证照包括：不动产权证书、工商营业执照、商标注册证、专利证书。

（二）税率

印花税税率，分为定额税率和比例税率。

具体税率		适用税目
比例税率	0.05‰	借款合同
	0.3‰	购销合同、建筑安装工程承包合同、技术合同
	0.5‰	加工承揽合同、建设工程勘察设计合同、货物运输合同、产权转移书据、营业账簿中记载资金的账簿
	0.1%	财产租赁合同、仓储保管合同、财产保险合同
5元定额税率		权利、许可证照和营业账簿中的其他账簿

【小贴士】印花税税率学员应熟悉，考试中可以不作为已知条件列示。

【小贴士】土地增值税的税率，考试时非必须提供，建议学员熟悉。

（三）证券交易印花税税率的特别规定

1. 在沪深证券交易所、全国中小企业股份转让系统买卖、继承、赠与优先股股票所书立的股权转让书据，均依书立时实际成交金额，由出让方按1‰的税率计算缴纳证券交易印花税（单边征收）。

2. 香港市场投资者通过沪港通、深港通买卖、继承、赠与上交所、深交所上市A股，按内地现行税制规定缴纳证券（股票）交易印花税；内地投资者通过沪港通、深港通买卖、继承、赠与联交所上市股票，按香港特别行政区现行税法规定缴纳印花税。

【小贴士】交易所的区域，决定了按照该区域的税法规定计算缴纳印花税。

重难点3：应纳税额的计算★★

（一）应纳税额的计算公式

应纳税额＝应税凭证计税金额（或应税凭证件数）×适用税率（或5元）

（二）计税依据的一般规定（重要）

1. 购销合同（重要）。

（1）购销合同的计税依据为购销金额，不得作任何扣除。

（2）商品购销活动中，采用以货换货（易货）方式和调剂合同进行商品交易签订的合同，是反映既购又销**双重**经济行为的合同，应按合同所载的**购和销**合计金额计税贴花。

【小贴士】合同未列明金额的，应按合同所载购、销数量依照国家牌价或者**市场价格**计算应纳税额。

【经典例题】

【真题·单选题】（2012）甲汽车轮胎厂与乙汽车制造厂签订了一份货物交换合同，甲以价值65万元的轮胎交换乙的两辆汽车，同时甲再支付给乙3万元差价。对此项交易，甲应缴纳的印花税税额为(　　)元。

A. 195　　B. 390

C. 399　　D. 408

【答案】C

【解析】甲应缴纳印花税＝$(65\times2+3)\times0.3‰\times10\,000=399$（元）。

2. 加工承揽合同（重要）。

（1）**受托方**提供原材料的加工、定做合同，材料和加工费分别记载的，**分别按**购销合同和加工承揽合同贴花；未分别记载的，按全部金额依照加工承揽合同贴花。

（2）**委托方**提供原料或主要材料的加工

合同，按照合同中规定的受托方的加工费收入和提供的辅助材料金额之和，按加工承揽合同贴花。

【小贴士】学员应注意辨析“加工承揽合同印花税的计算”与“委托加工消费税的计算”的差异。

【经典例题】

【真题·单选题】（2003）某公司受托加工制作广告牌，双方签订的加工承揽合同中分别注明加工费 40 000 元、委托方提供价值 60 000 元的主要材料、受托方提供价值 2 000 元的辅助材料。该公司此项合同应缴纳印花税（　）元。

A. 20　　B. 21

C. 38　　D. 39

【答案】B

【解析】应缴纳印花税 =（40 000 + 2 000）× 0.5‰ = 21（元）。

【真题·单选题】（2009）某学校委托一服装加工企业定做一批校服，合同载明原材料金额 80 万元由服装加工企业提供，学校另支付加工费 40 万元。服装加工企业的该项业务应缴纳印花税（　）元。

A. 240　　B. 360

C. 440　　D. 600

【答案】C

【解析】该企业应缴纳印花税 = 800 000 × 0.3‰ + 400 000 × 0.5‰ = 440（元）。

3. 建设工程勘察设计合同。计税依据为勘察、设计收取的费用，即勘察、设计收入。

4. 建筑安装工程承包合同（重要）。计税依据为承包金额，不得剔除任何费用。

【小贴士】施工单位将自己承包的建设项目分包给其他施工单位的，所签订的分包合同还要计税贴花。

【经典例题】

【例题·计算问答题】甲建筑公司与某企业签订了一份建筑安装承包合同，合同金额 8 000万元（含相关费用 180 万元）。施工期间经双方约定，甲建筑公司又将其中价值 2 000 万元的安装工程分包给乙建筑公司，并签订了分包合同。

要求：计算甲建筑公司应缴纳的印花税税额。

【答案及解析】施工单位将自己承包的建设项目分包给其他施工单位的，所签订的分包合同还要计税贴花。甲建筑公司应缴纳印花税 =（8 000 + 2 000）× 0.3‰ = 3（万元）。

5. 财产租赁合同。计税依据为租赁金额。

【小贴士】财产租赁合同如果经计算，税额超过 1 角不足 1 元的，按 1 元贴花。

【小贴士】租赁合同只是规定（月）天租金而不确定租期的，先定额 5 元贴花，以后结算时按实际金额计税，补贴印花。

【经典例题】

【真题·综合题】（2020 节选部分）位于市区的某餐饮企业为增值税一般纳税人。2019 年 12 月经营业务如下：向居民张某租入一家门面房用于餐厅经营，合同约定每月租金为 3 万元，租期为 12 个月，签约后已在本月一次性支付全额租金。

要求：计算餐饮企业应缴纳的印花税。

【答案及解析】餐饮企业应缴纳的印花税 = 360 000 × 0.1% = 360（元）。

6. 货物运输合同（重要）。计税依据为运输费金额，**但不包括**所运货物的金额、装卸费用和保险费用等。

【小贴士】国内货物联运，因结算单据（合同）所列运费的结算方式不同而计税依据也不同，即起运地统一结算全程运费的，以全程运费为计税依据；分程结算运费的，应以分程运费为计税依据。

【小贴士】国际货运，**托运方**按全程运费计税；承运方为我国运输企业的按本程运费计算贴花，承运方为**外国运输企业**的免纳印花税。

【经典例题】

【真题·单选题】（2020）货物运输合同计

征印花税的计税依据是(　　)。

A. 运费收入

B. 运费收入加保险费

C. 运费收入加装卸费

D. 运费收入加所运货物金额

【答案】A

【解析】货物运输合同的计税依据为取得的运输费金额（即运费收入），不包括所运货物的金额、装卸费和保险费等。

【真题·多选题】(2015) 我国运输企业甲与国外运输企业乙根据我国境内托运方企业丙的要求签订了1份国际货运合同，合同规定由甲负责起运，乙负责境外运输，甲、乙、丙分别持有全程运费结算凭证，下列关于计算缴纳印花税的表述中正确的有(　　)。

A. 甲按本程运费计算缴纳印花税

B. 丙按全程运费计算缴纳印花税

C. 乙按本程运费计算缴纳印花税

D. 乙按全程运费计算缴纳印花税

【答案】AB

【解析】选项C、D，国际货运，托运方按全程运费计税；承运方为我国运输企业的按本程运费计算贴花，承运方为外国运输企业的免纳印花税。

【真题·单选题】(2019) 甲企业与运输公司签订货物运输合同，记载货物价款100万元、装卸费15万元、运输费20万元。甲企业按“货物运输合同”税目计算缴纳印花税的计税依据为(　　)万元。

A. 20　　　　B. 100

C. 120　　　　D. 135

【答案】A

【解析】货物运输合同的计税依据为运输费金额，不包括所运货物的金额、装卸费用和保险费用等。

7. 仓储保管合同。计税依据为收取的仓储保管的**费用，不包括**所保管货物的金额。

8. 借款合同。借款合同的计税依据为借款金额。不同的借贷形式，税法规定了不同的计税方法。

(1) 一项信贷业务既签订借款合同，又一次或分次填开借据的，以借款合同所载金额为依据计税贴花。一项信贷业务只填开借据作为合同使用的，以借据所载金额为依据计税贴花。

(2) 流动资金周转性借款合同一般按年(期)签订，规定最高限额，借款人在规定期限和最高限额内随借随还，以其规定的最高限额为依据，在签订时贴花一次；在规定期限及限额内随借随还不签订新合同的，不再另贴印花。

(3) 借款方以财产作抵押，取得一定数量抵押贷款的合同按借款合同贴花；借款方因无力偿还借款而将抵押财产转移给贷款方时，就双方签订的产权转移书据，按产权转移书据的规定计税贴花。

(4) 银行及其他金融组织的融资租赁业务签订的**融资租赁合同**，按合同所载租金总额，暂按借款合同计税贴花。

(5) 银团贷款，各方分别在所执合同正本上，按各自的借款金额计税贴花。

(6) 基建贷款，按年度用款计划分年签订借款合同，最后一年签订包含分合同的借款金额的总借款合同，按分合同分别贴花，最后签订的总合同只就借款总额扣除分合同借款金额后的余额计税贴花。

【经典例题】

【真题·综合题】(2020节选部分) 某饮料生产企业甲为增值税一般纳税人，适用企业所得税税率25%。2019年度实现营业收入80 000万元，自行核算的2019年度会计利润为5 600万元，2020年5月经聘请的会计师事务所审核后，发现如下事项：12月1日签订两项借款合同，向非关联供货商借款1 000万元，向银行借款4 000万元，未计提印花税。甲于2020年3月1日补缴印花税税款及滞纳金，借款合同印花税税率为0.05‰。

要求：计算应调整的企业所得税应纳税所得额。

【答案及解析】根据印花税的有关规定，借款合同指的是银行及其他金融组织和借款人（不包括银行同业拆借）所签订的借款合同。因此金融机构借款合同缴纳印花税，非金融机构借款不用缴纳印花税。企业需要计提的印花税 =4 000 ×0.05‰ =0.2（万元）。

9. 财产保险合同。计税依据为支付（收取）的保险费金额，**不包括**所保财产的金额。

10. 技术合同。计税依据为合同所载的价款、报酬或使用费。

【小贴士】技术开发合同研究开发经费不作为计税依据。

11. 产权转移书据。计税依据为书据中所载的金额。

12. 营业账簿。

（1）记载资金的营业账簿，以实收资本和资本公积的两项合计金额为计税依据。

（2）其他营业账簿按件计税。

【小贴士】凡“资金账簿”在次年度的实收资本和资本公积未增加的，对其不再计算贴花。

【小贴士】自 2018 年 5 月 1 日起，对按 0.5‰税率贴花的资金账簿减半征收印花税，对按件贴花 5 元的其他账簿免征印花税。

13. 权利、许可证照。计税依据为应税凭证件数，每件 5 元。

（三）计税依据的特殊规定

1. 凭证以“金额”“收入”“费用”作为计税依据的，应当全额计税，不得作任何扣除。

【小贴士】合同约定不含增值税金额或价税分离列示的，按照不含增值税的金额为计税依据。

2. 同一凭证记载两个或两个以上适用不同税目税率的经济事项，分别记载金额的，应分别计算税额加总贴花；未分别记载金额的，按税率高的计税贴花。

【经典例题】

【例题·计算问答题】甲电厂与乙运输公司签订一份运输保管合同，合同载明的费用为 50 000 元，但合同未对运费和保管费分别记载。

（其他相关资料：货物运输合同印花税税率为 0.5‰，仓储保管合同印花税税率为 1‰。）

要求：计算该项合同双方各应缴纳的印花税税额。

【答案及解析】（1）同一凭证记载两个或两个以上适用不同税目税率的经济事项，未分别记载金额的，按税率高的计税贴花；（2）双方各应缴纳印花税 =50 000 ×1‰ =50（元）。

3. 外币折算人民币金额的，汇率采用凭证**书立当日**国家外汇管理局公布的外汇牌价。

【小贴士】计税时需要外币折算人民币金额的，不同的税种有不同的规定，学员可适当的关注。

4. 应纳税额不足 1 角的，免纳印花税；1 角以上的，分位四舍五入。

【小贴士】财产租赁合同如果经计算，税额超过 1 角不足 1 元的，按 1 元贴花。

5. 签订时无法确定计税金额的合同**先定额贴花 5 元**，待结算实际金额时补贴印花税票（重要）。

6. 订立的合同不论是否兑现或是否按期兑现，均应依合同金额贴花。

【小贴士】应税合同在**签订时**纳税义务已经发生即已产生，所以不论合同是否兑现或是否按期兑现，均应贴花完税。对已履行并贴花的合同，所载金额与合同履行后实际结算金额不一致的，只要双方未修改合同金额，一般不再办理完税手续。

【经典例题】

【例题·计算问答题】甲有限公司与乙有限公司签订了一份采购合同，合同约定甲有限公司购买乙有限公司 50 万元货物，但因故合同未能兑现。

要求：甲公司是否应缴纳印花税。

【答案及解析】订立的合同不论是否兑现或是否按期兑现，均应依合同金额贴花。甲公司采购合同应缴纳印花税 = 50 × 0.3‰ × 10 000 = 150(元)。

重难点 4：税收优惠★★

1. 应税凭证的正本贴花之后，副本、抄本不再贴花，但是以副本、抄本视同正本使用的除外。

2. **无息、贴息**贷款合同免税。

3. 房地产管理部门与个人签订的用于**生活居住**的租赁合同免税。

4. 农牧业保险合同免税。

5. 自 2019 年 1 月 1 日至 2021 年 12 月 31 日，对与高校学生签订的高校学生公寓租赁合同，免征印花税。

6. 对公租房经营管理单位建造管理公租房涉及的印花税予以免征。

(1) 对公租房经营管理单位购买住房作为公租房，免征印花税。(购买免征)

(2) 对公租房租赁双方签订租赁协议涉及的印花税，予以免征。(出租免税)

【小贴士】在其他住房项目中配套建设公租房，根据政府部门提供的相关材料，可以按照**公租房建筑面积占总建筑面积的比例**免征建造、管理公租房涉及的印花税。

7. 为贯彻落实《国务院关于加快棚户区改造工作意见》，对改造安置住房经营管理单位、开发商与改造安置住房相关的印花税及购买安置住房的个人涉及的印花税，自 2013 年 7 月 4 日起予以免征。

【小贴士】在商品住房等开发项目中配套建造安置住房的，依据政府部门出具的相关材料、房屋征收（拆迁）补偿协议或棚户区改造合同（协议），按**改造安置住房建筑面积占总建筑面积的比例**免征印花税。

8. 自 2018 年 5 月 1 日起，对按 0.5‰税率贴花的资金账簿**减半征收**印花税，对按件贴花 5 元的其他账簿**免征**印花税。(重要)

9. 对社保基金会、社保基金投资管理人管理的社保基金转让非上市公司股权，免征社保基金会、社保基金投资管理人应缴纳的印花税。

【经典例题】

【例题·多选题】下列各项中属于印花税免税项目的有(　　)。

A. 无息贷款合同

B. 专利证

C. 技术合同

D. 工商营业执照副本

【答案】AD

【解析】选项 A、D，对已缴纳印花税凭证的副本或者抄本免征印花税。无息贷款合同免征印花税。

【例题·单选题】某有限公司 2020 年 5 月成立，其记载资金账簿列明实收资本、资本公积 500 000 元，其他账簿 18 本，则其上述账簿应缴纳印花税(　　)元。

A. 215　　　　B. 340

C. 250　　　　D. 125

【答案】D

【解析】上述账簿应缴纳印花税 = 500 000 × 0.5‰ × 50% = 125（元）。

重难点 5：征收管理★★

(一) 纳税方法

印花税的缴纳办法有三种：自行贴花办法、汇贴或汇缴办法、委托代征办法。

1. 自行贴花。纳税人发生应税行为时，自行计算应纳税额，自行购买印花税票，自行一次贴足印花税票并加以注销或划销，纳税义务才算全部履行完毕。

【小贴士】自行贴花，适用于应税凭证较少或贴花次数较少的纳税人。

【小贴士】对于已贴花的凭证，修改后所载金额增加的，其增加部分应当**补贴**印花税票，但多贴印花税票者，不得申请退税或者抵用。

2. 汇贴或汇缴。

(1) 汇贴：当一份凭证应纳税额**超过 500 元时**，用缴款书或完税证缴纳。

(2) 汇缴：同一种类应税凭证需要频繁

贴花的，可按1个月的期限汇总缴纳。

【小贴士】汇贴或汇缴，适用于应纳税额较大或者贴花次数频繁的纳税人。

3. 委托代征，是指税务机关委托由发放或者办理应纳税凭证的单位代为征收印花税。

【经典例题】

【真题·多选题】（2008）甲公司于2007年8月与乙公司签订了数份以货易货合同，以共计750 000元的钢材换取650 000元的水泥，甲公司取得差价100 000元。下列各项中表述正确的有（　　）。

A. 甲公司8月应缴纳的印花税为225元

B. 甲公司8月应缴纳的印花税为420元

C. 甲公司可对以货易货合同采用汇缴方式缴纳印花税

D. 甲公司可对以货易货合同采用汇贴方式缴纳印花税

【答案】BC

【解析】甲公司8月应缴纳的印花税 =（750 000 + 650 000）× 0.3‰ = 420（元）。同一种类应纳税凭证，需频繁贴花的，纳税人可以采用汇总缴纳方式，汇总缴纳的期限为1个月。

（二）纳税环节与纳税地点

1. 纳税环节：在书立或领受时贴花，如合同签订时、账簿启用时和证照领受时。

2. 纳税地点：一般实行就地纳税。

【小贴士】如果合同是在国外签订，并且不便在国外贴花的，应在将合同带**入境时**办理贴花纳税手续。

【经典例题】

【真题·多选题】（2010）居民甲将其拥有的一处房产转让给居民乙，双方签订房屋权属转移合同并按规定办理了房屋产权过户手续。下列关于契税和印花税的表述中，正确的有（　　）。

A. 作为交易的双方，居民甲和居民乙均同时负有印花税和契税的纳税义务

B. 契税的计税依据为房屋权属转移合同中确定的房产成交价格

C. 契税纳税人应在该房产的所在地缴纳契税，印花税的纳税人应在签订合同时就地纳税

D. 契税纳税人的纳税义务在房屋权属转移合同签订的当天发生，印花税纳税人的纳税义务在房屋权属转移合同签订时发生

【答案】BCD

【解析】选项A，作为交易双方，居民甲和居民乙同时负担印花税的纳税义务；居民乙缴纳契税，居民甲不缴纳。

（三）违章处理

1. 在应纳税凭证上**未贴**或者**少贴**印花税票的，或者已粘贴在应税凭证上的印花税票**未注销或者未划销的**，由税务机关追缴其不缴或者少缴的税款、滞纳金，并处不缴或者少缴的税款**50%以上5倍以下**的罚款。

2. 已贴用的印花税票**揭下重用**造成未缴或少缴印花税的，由税务机关追缴其不缴或者少缴的税款、滞纳金，并处不缴或者少缴的税款**50%以上5倍以下**的罚款；构成犯罪的，依法追究刑事责任。

3. **伪造**印花税票的，由税务机关责令改正，处2 000元以上1万元以下的罚款；情节严重的，处1万元以上5万元以下的罚款；构成犯罪的，依法追究刑事责任。

4. 按期汇总缴纳印花税的纳税人，超过税务机关核定的纳税期限，未缴或少缴印花税款的，由税务机关追缴其不缴或者少缴的税款、滞纳金，并处不缴或者少缴的税款**50%以上5倍以下**的罚款；情节严重的，同时**撤销其汇缴许可证**；构成犯罪的，依法追究刑事责任。

5. 纳税人违反以下规定的，由税务机关责令限期改正，可处以2 000元以下的罚款；情节严重的，处2 000元以上1万元以下的罚款：

（1）凡汇总缴纳印花税的凭证，应加注税务机关指定的汇缴戳记，编号并装订成册

后，将已贴印花或者缴款书的一联粘附册后，盖章注销，保存备查。

（2）纳税人对纳税凭证应妥善保存。凭证的保存期限，凡国家已有明确规定的，按规定办理；没有明确规定的其余凭证均应在**履行完毕后保存1年**。

【经典例题】

【例题·多选题】下列关于印花税的说法中，正确的有（　　）。

A. 对多贴花的凭证，不予退税

B. 印花税应当在书立或领受时贴花

C. 对财产租赁合同的应纳税额超过1角但不足1元的，按1元贴花

D. 伪造印花税票，由税务机关责令改正，并处以2 000元以上5 000元以下的罚款

【答案】ABC

【解析】选项D，伪造印花税票的，由税务机关责令改正，处2 000元以上1万元以下的罚款；情节严重的，处1万元以上5万元以下的罚款；构成犯罪的，依法追究刑事责任。

【本章总结——印花税】

1. 以前年度，印花税单独考核过计算问答题。

2. 印花税应掌握与熟悉的内容。

（1）掌握印花税的纳税人。

（2）掌握印花税计税依据的一般规定和特殊规定。

（3）熟悉印花税的税目和税率。

（4）熟悉印花税的税收优惠。

3. 与其他税种的关系。

（1）与契税：都与合同凭证相关，但印花税比契税的征税范围广，纳税人、税率和计税规则存在差异，注意区别。

（2）与土地增值税的增值额计算、企业所得税的应纳税所得额确定均有联系，可成为计算问答题或综合题的组成部分。

通关练习

一、单项选择题

1. 下列属于车辆购置税征税范围的是（　　）。

A. 电动摩托车　　B. 推土机

C. 挂车　　D. 挖掘机

2. 居民张某2020年12月从汽车有限公司（增值税一般纳税人）购进一辆小轿车自用，支付了含增值税价款247 800元，支付购买工具件和零配件含税价款2 500元；另支付代收临时牌照费500元，代收保险费1 200元，均取得汽车有限公司开具的发票。居民张某应纳车辆购置税（　　）元。

A. 21 929.2　　B. 22 150.44

C. 22 194.69　　D. 22 300.89

3. 某外贸进出口公司2020年12月进口10辆小轿车，关税完税价格为每辆50万元，该公司缴纳了进口环节的相关税款，当月对外销售6辆，2辆赠送给关系单位，2辆留在本单位自用。该公司应纳车辆购置税（　　）万元。（小轿车关税税率为15%，消费税税率为12%）

A. 6.53　　B. 13.07

C. 26.14　　D. 65.34

4. 以下关于车辆购置税的税收优惠说法正确的是（　　）。

A. 设有固定装置的非运输车辆免税

B. 回国服务的留学人员用现汇购买1辆自用进口小汽车免税

C. 长期来华定居专家购买1辆自用国产小汽车免税

D. 购置挂车免征车辆购置税

5. 纳税人应当自纳税义务发生之日起（　　）日内申报缴纳车辆购置税。

A. 15　　B. 30

C. 60　　D. 90

6. 车辆退回生产企业或者经销商的，纳

税人申请退税时，主管税务机关自纳税人办理纳税申报之日起，按已缴纳税款每满 1 年扣减(　　)计算退税额；未满 1 年的，按已缴纳税款全额退税。

A. 5%　　　　B. 10%

C. 15%　　　　D. 20%

7. 下列车船应计算缴纳车船税的是(　　)。

A. 捕捞渔船

B. 警用车船

C. 新能源车船

D. 单位内部场所行驶的机动车辆和船舶

8. 某运输企业 2020 年初拥有净吨位 5 000 吨的货船 5 艘；发动机功率 8 000 千瓦的拖船 2 只；净吨位 800 吨的非机动驳船 2 只。机动船舶车船税适用的年税额如下：净吨位 200 吨（含）以下为每吨 3 元；净吨位 201 吨至 2 000 吨为每吨 4 元；净吨位 2001 吨至 10 000 吨为每吨 5 元。该企业 2020 年应纳车船税(　　)元。

A. 89 150　　　　B. 155 000

C. 175 100　　　　D. 178 300

9. 某企业 2020 年 1 月 1 日购入一辆客车，当月将车船税缴纳完毕。该车适用的车船税年税额为 480 元/辆。该车于 6 月 1 日被盗，经公安机关确认后，该公司遂向税务局申请退税，在办理退税手续后，此车又于 11 月 1 日被追回并在当月取得公安机关证明。则该公司就该车 2020 年实际应缴纳的车船税为(　　)元。

A. 280　　　　B. 320

C. 360　　　　D. 400

10. 下列各项中，不属于车船税征税范围的是(　　)。

A. 纯电动商用车

B. 插电式混合动力汽车

C. 燃料电池乘用车

D. 燃料电池商用车

11. 下列各项中，说法不正确的是(　　)。

A. 节能汽车，减半征收车船税

B. 车船税纳税义务发生时间为取得车船所有权或者管理权的下个月

C. 车船税的纳税地点为车船的登记地或者车船税扣缴义务人所在地

D. 车船税按年申报，分月计算，一次性缴纳

12. 下列各项中，不属于印花税应税凭证的是(　　)。

A. 出版单位与发行单位之间订立的图书订购单

B. 发电厂与电网之间签订的购售电合同

C. 电网与电网之间签订的购售电合同

D. 电网与用户之间签订的供用电合同

13. 对专利实施许可合同应按(　　)税目征收印花税。

A. 技术合同

B. 购销合同

C. 产权转移书据

D. 权利、许可证照

14. 甲公司与乙公司签订一份受托加工合同，合同规定甲公司提供价值 200 万元的原材料和辅助材料，收取加工费 36 万元，甲公司应纳印花税(　　)元。

A. 180　　　　B. 708

C. 780　　　　D. 1 180

15. 某企业签订出租写字楼合同，租期 3 年，每年支付租金 100 万元，则该企业应纳印花税(　　)元。

A. 5　　　　B. 1 000

C. 1 500　　　　D. 3 000

16. 甲公司与乙公司签订了以货易货合同，由甲公司向乙公司提供价值 1 000 000 元的汽车，乙公司向甲公司提供同等价值的轮胎。甲、乙两公司共应缴纳印花税(　　)元。

A. 150　　　　B. 300

C. 600　　　　D. 1 200

17. 以下各项表述中，说法不正确的是(　　)。

A. 对国际货运，凡由我国运输企业运输的，不论在我国境内、境外起运或中转分程运输，我国运输企业所持的一份运费结算凭证，均按本程运费计算应纳税额

B. 由外国运输企业运输进出口货物的，外国运输企业所持的一份运费结算凭证按全程运费计算应纳税额

C. 无息、贴息贷款合同免税

D. 房地产管理部门与个人签订的用于生活居住的租赁合同免税

18. 一份凭证应纳税额超过(　　)元的，应向当地税务机关申请填写缴款书或者完税证，将其中一联粘贴在凭证上或者由税务机关在凭证上加注完税标记代替贴花。

A. 300　　B. 500

C. 700　　D. 1 000

19. 同一种类应纳税凭证，需频繁贴花的，纳税人可以根据实际情况自行决定是否采用按期汇总缴纳印花税的方式，汇总缴纳的期限为(　　)。

A. 15 日　　B. 1 个月

C. 2 个月　　D. 3 个月

20. 以下关于车辆购置税的税收优惠，说法不正确的是(　　)。

A. 悬挂应急救援专用号牌的国家综合性消防救援车辆免税

B. 长期来华定居专家购买 1 辆个人自用国产小汽车免征车辆购置税

C. 中国妇女发展基金会“母亲健康快车”项目的流动医疗车免征车辆购置税

D. 城市公交企业购置的公共汽电车辆免税

二、多项选择题

1. 下列行为属于车辆购置税征税范围的有(　　)。

A. 购买应税车辆自用的行为

B. 进口应税车辆的行为

C. 自产自用应税车辆的行为

D. 受赠取得并自用应税车辆的行为

2. 下列关于车辆购置税计税依据的表述正确的有(　　)。

A. 支付的车辆装饰费应作为价外费用并入计税依据中计税

B. 使用委托方票据收取的代收款项，应并入计税依据中征税

C. 使用代收单位票据收取的代收款项，应并入计税依据中征税

D. 车辆购置税的计税依据为含增值税的计税价格

3. 按照现行车辆购置税的有关规定，下列说法正确的有(　　)。

A. 城市公交企业购置的公共汽电车辆免征车辆购置税

B. 新能源汽车免征车辆购置税

C. 非运输车辆免税

D. 国际组织驻华机构自用车辆免税

4. 关于车辆购置税的征收管理，下列说法正确的有(　　)。

A. 车辆购置税的纳税义务发生时间为纳税人购置应税车辆的当日

B. 车辆购置税在办理车辆登记注册手续前缴纳

C. 纳税人购置应税车辆，应当向车辆登记注册地的主管税务机关申报纳税

D. 纳税人购置不需办理车辆登记注册手续的应税车辆，应当向纳税人机构所在地或户籍所在地或经常居住地的主管税务机关申报纳税

5. 以下符合车辆购置税征收管理规定的有(　　)。

A. 获奖方式取得并自用的应税车辆，应自取得之日起 15 日内申报纳税

B. 购买自用应税车辆，应自购买之日起 60 日内申报纳税

C. 进口自用应税车辆，应当自进口之日起 60 日内申报纳税

D. 车辆退回生产企业的，可以申请退税

6. 下列车船属于车船税征税范围的有(　　)。

A. 乘用车　　B. 挂车

C. 拖拉机　　D. 非机动驳船

7. 下列有关车船税计税单位的表述中，正确的有(　　)。

A. 客货两用汽车以“每辆”为计税单位

B. 货车以“整备质量每吨”为计税单位

C. 挂车以“整备质量每吨”为计税单位

D. 游艇以“净吨位每吨”为计税单位

8. 以下关于车船税的规定说法正确的有(　　)。

A. 购置的新车船，购置当年的应纳税额自纳税义务发生的当月起按月计算

B. 在一个纳税年度内，已完税的车船被盗抢，纳税人可以向税务机关申请退还自被盗抢下月起至该纳税年度终了期间的税款

C. 已办理退税的被盗抢车船，失而复得的，纳税人应当从公安机关出具相关证明的下月起计算缴纳车船税

D. 已缴纳车船税的车船在同一纳税年度内办理转让过户的，不另纳税，也不退税

9. 以下关于车船税的征管，说法正确的有(　　)。

A. 车船税纳税义务发生时间为取得车船所有权或者管理权的当月

B. 车船税纳税义务发生时间为取得车船所有权或者管理权的次月

C. 车船税按年申报，分月计算，分月缴纳

D. 车船税的纳税地点为车船的登记地或者车船税扣缴义务人所在地

10. 下列合同中，应按财产保险合同计税贴花的有(　　)。

A. 企业财产保险合同

B. 货物运输保险合同

C. 家庭财产两全保险合同

D. 农牧业保险合同

11. 以下项目所书立的合同按照产权转移书据贴花的有(　　)。

A. 专利实施许可合同

B. 专利申请权转让合同

C. 土地使用权转让合同

D. 土地使用权出让合同

12. 关于印花税的计税依据，说法不正确的有(　　)。

A. 货物运输合同的计税依据为取得的运输费金额，包括所运货物的金额、装卸费和保险费

B. 按年签订的流动资金周转性借款合同，规定最高限额且在规定期限和最高限额内随借随还的，以其规定的最高限额为计税依据

C. 财产保险合同的计税依据为支付（收取）的保险费，并包括所保财产的金额

D. 营业账簿税目中记载资金的账簿的计税依据为“实收资本”与“资本公积”两项的合计金额

13. 根据印花税的有关规定，下列说法错误的有(　　)。

A. 应税凭证所载金额为外国货币的，应按照凭证书立当月 1 日国家外汇管理局公布的外汇牌价折合成人民币，计算应纳税额

B. 合同是否兑现或是否按期兑现，均应贴花

C. 采取以货易货方式进行商品交易的合同，应按合同所载的购销合计金额计税贴花

D. 施工单位将自己承包的建设项目，分包或者转包给其他施工单位所签订的分包合同或者转包合同，免纳印花税

14. 根据印花税的有关规定，下列说法正确的有(　　)。

A. 国内货物联运，在起运地统一结算全程运费的，应以全程运费作为计税依据，由起运地运费结算双方缴纳印花税

B. 国际货运，由我国运输企业运输的，所持的运费结算凭证按全程运费计算应纳税额

C. 国际货运，外国运输企业所持有的运输进出口货物的运费结算凭证免税

D. 国际货运，托运方所持的运费结算凭证应缴纳印花税

15. 以下关于印花税的表述中符合政策规定的有(　　)。

A. 对纳税人以电子形式签订的各类凭证免征印花税

B. 银行设立的空白重要凭证登记簿，应按规定缴纳印花税

C. 一般的会计咨询不属于技术咨询，其

所立合同不贴印花

D. 企业与银行签订的融资租赁合同，暂按借款合同计税

16. 下列关于印花税的说法中，正确的有（　　）。

A. 已贴花的凭证，修改后所载金额增加的，不需要补缴印花税

B. 凡多贴印花税票者，不得申请退税或者抵用

C. 印花税应当在书立或领受时贴花

D. 印花税纳税人自行计算应纳税额、自行购买印花税票、自行贴花并注销或划销

通关练习答案及解析

一、单项选择题

1. 【答案】C

【解析】选项A、B、D不属于车辆购置税应税车辆。

2. 【答案】D

【解析】车辆购置税 =（247 800 + 2 500 + 500 + 1 200）÷（1 + 13%）× 10% = 22 300.89（元）。

3. 【答案】B

【解析】该公司进口小轿车10辆，销售的6辆由购买使用者缴纳车辆购置税；赠送给关系单位的2辆由关系单位缴纳车辆购置税；该公司仅对其自用的2辆缴纳车辆购置税。该公司应纳车辆购置税 = 50 ×（1 + 15%）÷（1 − 12%）× 10% × 2 = 13.07（万元）。

4. 【答案】A

【解析】选项B，回国服务的留学人员用现汇购买1辆自用国产小汽车免征车辆购置税。选项C，长期来华定居专家进口1辆自用小汽车免征车辆购置税。选项D，购置挂车减半征收车辆购置税。

5. 【答案】C

【解析】纳税人应当自纳税义务发生之日起60日内申报缴纳车辆购置税。纳税人购买自用应税车辆的，应自购买之日起60日内申报纳税，进口自用应税车辆的，应自进口之日起60日内申报纳税，自产、受赠、获奖或者以其他方式取得并自用应税车辆的，应自取得之日起60日申报纳税。

6. 【答案】B

【解析】车辆退回生产企业或者经销商的，纳税人申请退税时，主管税务机关自纳税人办理纳税申报之日起，按已缴纳税款每满1年扣减10%计算退税额；未满1年的，按已缴纳税款全额退税。

7. 【答案】D

【解析】选项D属于车船税的征税范围。选项A、B、C免征车船税。

8. 【答案】B

【解析】该企业应纳车船税 = 5 000 × 5 × 5 + 8 000 × 0.67 × 5 × 2 × 50% + 800 × 4 × 2 × 50% = 155 000（元）。

9. 【答案】A

【解析】该公司当年应缴纳1月至5月、11月、12月共7个月的车船税。该公司就该车2020年实际应缴纳的车船税 = 480 × 7 ÷ 12 = 280（元）。

10. 【答案】C

【解析】选项A、B、D是新能源汽车，免征车船税。选项C是燃料电池乘用车和纯电动商用车不属于车船税征税范围，不征车船税。

11. 【答案】B

【解析】车船税纳税义务发生时间为取得车船所有权或者管理权的当月。

12. 【答案】D

【解析】电网与用户之间签订的供用电合同，不属于印花税列举征税的凭证，不征收印花税。

13. 【答案】C

【解析】专利实施许可合同按产权转移数

据税目征收印花税；专利申请权转让合同和非专利技术转让合同按技术合同税目征收印花税。

14. 【答案】C

【解析】由受托方提供原材料的加工、定做合同，凡在合同中分别记载加工费金额和原材料金额的，应分别按“加工承揽合同”“购销合同”计税，两项税额相加数，即为合同应贴印花。甲公司应纳印花税 = 360 000 × 0.5‰ + 2 000 000 × 0.3‰ = 780（元）。

15. 【答案】D

【解析】该企业应纳印花税 = 1 000 000 × 3 × 1‰ = 3 000（元）。

16. 【答案】D

【解析】以货易货方式进行商品交易签订的合同，按合同所载的购销合计金额计税贴花。共应缴纳印花税 = （1 000 000 + 1 000 000）× 0.3‰ × 2 = 1 200（元）。

17. 【答案】B

【解析】由外国运输企业运输进出口货物的，外国运输企业所持的一份运费结算凭证免纳印花税。

18. 【答案】B

【解析】一份凭证应纳税额超过 500 元的，应向当地税务机关申请填写缴款书或者完税证，将其中一联粘贴在凭证上或者由税务机关在凭证上加注完税标记代替贴花，这就是通常所说的汇贴办法。

19. 【答案】B

【解析】同一种类应纳税凭证，需频繁贴花的，纳税人可以根据实际情况自行决定是否采用按期汇总缴纳印花税的方式，汇总缴纳的期限为 1 个月。

20. 【答案】B

【解析】选项 B，长期来华定居专家进口 1 辆自用小汽车免征车辆购置税。

二、多项选择题

1. 【答案】ABCD

【解析】车辆购置税的征税范围指的是购买、进口、自产、受赠、获奖或者其他方式取得并自用应税车辆的行为。

2. 【答案】AC

【解析】选项 B，销售单位的代收款项应区别征税，凡使用代收单位票据收取的款项，应视作代收单位价外收费，计入计税价格中一并征税；凡使用委托方票据收取，受托方只履行代收义务和收取代收手续费的款项，应按其他税收政策规定征税。选项 D，销售单位开给购买者的各种发票金额中包含增值税税款，因此计算车辆购置税时，应换算为不含增值税的计税价格。

3. 【答案】ABD

【解析】选项 C，设有固定装置的非运输专用作业车辆实行法定免税。

4. 【答案】ABCD

【解析】选项 A、B、C、D 都属于正确答案。

5. 【答案】BCD

【解析】获奖方式取得并自用的应税车辆，应自取得之日起 60 日内申报纳税。

6. 【答案】ABD

【解析】拖拉机不属于车船税的征税范围。

7. 【答案】BC

【解析】选项 A，客货两用汽车以“整备质量每吨”为计税单位。选项 D，游艇以“艇身长度每米”为计税单位。

8. 【答案】AD

【解析】选项 B，在一个纳税年度内，已完税的车船被盗抢，纳税人可以向税务机关申请退还自被盗抢月份起至该纳税年度终了期间的税款。选项 C，已办理退税的被盗抢车船，失而复得的，纳税人应当从公安机关出具相关证明的当月起计算缴纳车船税。

9. 【答案】AD

【解析】选项 B，车船税纳税义务发生时间为取得车船所有权或者管理权的当月。选项 C，车船税按年申报，分月计算，一次性缴纳。

10. 【答案】ABCD

【解析】财产保险合同分为企业财产保

险、机动车辆保险、货物运输保险、家庭财产保险和农牧业保险五大类，“家庭财产两全保险”属于家庭财产保险性质，应照章纳税。

11. 【答案】ACD

【解析】选项B，按技术合同贴花。选项A、C、D，按产权转移书据贴花。

12. 【答案】AC

【解析】选项A，货物运输合同的计税依据为取得的运输费金额，不包括所运货物的金额、装卸费和保险费。选项C，财产保险合同的计税依据为支付（收取）的保险费，不包括所保财产的金额。

13. 【答案】AD

【解析】选项A，应税凭证所载金额为外国货币的，应按照凭证书立当日国家外汇管理局公布的外汇牌价折合成人民币，计算应纳税额。选项D，施工单位将自己承包的建设项目，分包或者转包给其他施工单位所签订的分包合同或者转包合同，应按新的分包合同或转包合同所载金额计算应纳税额。

14. 【答案】ACD

【解析】选项B，国际货运，由我国运输企业运输的，所持的运费结算凭证按本程运费计算应纳税额。

15. 【答案】CD

【解析】选项A，对纳税人以电子形式签订的各类应税凭证按规定征收印花税。选项B，银行设立的空白重要凭证登记簿，记载的内容与资金活动无关，仅用于内部备查，不征收印花税。

16. 【答案】BCD

【解析】选项A，已贴花的凭证，修改后所载金额增加的，其增加部分应当补贴印花税票。

第十二章　国际税收税务管理实务

2021年教材内容主要变化

1. 明确“截至2020年4月，我国已对外正式签署107个避免双重征税协定，其中101个协定已经生效；内地和香港、澳门两个特别行政区签署了税收安排，大陆与台湾地区签署了税收协议”。

2. 修改“居民享受税收协定待遇的税务管理”部分内容，如“第四条④申请人为个人且在中国境内无住所，而一个纳税年度内在中国境内居住累计满183天的，提供在中国境内实际居住时间的证明材料，包括出入境信息等资料”。

3. 修改“股息、利息、租金、特许权使用费和财产转让所得”的表述。

4. 删除“多层持股条件的综合判断及间接抵免负担税额的计算”的例题。

5. 删除“抵免限额及实际抵免境外税额的计算”的例题。

6. 新增“特别纳税调整程序”的内容。

7. 调整“转让定价调整方法”的内容。

8. 调整“转让定价调查及调整”的内容。

本章近五年考情分析

本章属于税法考试**次重点章**，考试一般以单项选择题、多项选择题命题，多数年份计算问答题会占有一席之地。近五年考试平均分值6分左右。预计2021年考试分值在7分左右。

本章内容如下：

第一单元　国际税收协定

第二单元　非居民企业税收管理

第三单元　境外所得税收管理

第四单元　国际反避税

第五单元　转让定价税务管理

第六单元　国际税收征管合作

重难点解析

第一单元　国际税收协定

重难点1：国际税收协定及其范本★★★

世界上最早的国际税收协定，是比利时和法国于1843年签订的。

国际税收协定范本：20世纪60年代的《经合组织范本》（或称《OECD范本》）和《联合国范本》（或称《UN范本》）。

【小贴士】《联合国范本》：较为注重扩大收入来源国的税收管辖权，发展中国家多以此为依据；《经合组织范本》：虽在某些方面承认收入来源国的优先征税权，但主导思想强调的是居民税收管辖权。

重难点2：我国缔结税收协定（安排）的情况★

1983年，中日签订避免双重征税的协定，是我国对外签订的第一个全面性的避免双重征税协定。

截至2020年4月，我国已对外正式签署**107**个避免双重征税协定，其中101个协定已经生效；内地和香港、澳门两个特别行政区签署了税收安排，大陆与台湾地区签署了税收协议。**（调整）**

重难点3：国际税收协定典型条款介绍★★

（一）税收居民

1. “缔约国一方居民”：按照该缔约国法律，由于住所、居所、管理机构所在地、总机构所在地、注册地或任何其他类似标准，在该缔约国负有纳税义务的人，也包括该缔约国、地方当局或法定机构。

【小贴士】居民应是在一国负有全面纳税义务的人，这是判断居民身份的必要条件。但“纳税义务”并不等同于事实上的征税。

2. 双重居民身份下最终居民身份的判定。

（1）永久性住所。

（2）重要利益中心。

（3）习惯性居处。

（4）国籍。

【小贴士】首先按顺序判断。当采用上述标准依次判断仍然无法确定其身份时，可由缔约国双方主管当局按照协定规定的相互协商程序协商解决。

【经典例题】

【真题·单选题】（2017）下列关于双重居民身份下最终居民身份判定标准的排序中，正确的是（　　）。

A. 永久性住所、重要利益中心、习惯性居处、国籍

B. 重要利益中心、习惯性居处、国籍、永久性住所

C. 国籍、永久性住所、重要利益中心、习惯性居处

D. 习惯性居处、国籍、永久性住所、重要利益中心

【答案】A

【解析】为了解决双重居民身份下个人最终居民身份的归属，协定进一步规定了以下确定标准，需特别注意的是，这些标准的使用是有先后顺序的，只有使用前一标准无法解决问题时，才使用后一标准。这些标准依次为：（1）永久性住所。（2）重要利益中心。（3）习惯性居处。（4）国籍。当采用上述标准依次判断仍然无法确定其身份时，可由缔约国双方主管当局按照协定规定的相互协商程序协商解决。

3. 除个人以外（即公司和其他团体），同时为缔约国双方居民的人，应认定其是“实际管理机构”所在国的居民。如果缔约国双方因判定实际管理机构标准不同而不能达成一致意见的，应由缔约国双方主管当局按照协定规定的相互协商程序，通过相互协商解决。

（二）劳务所得

1. 独立个人劳务。

缔约国一方居民个人由于专业性劳务或其他独立性活动取得的所得，应**仅**在该缔约国征税，但符合下列条件之一的，来源国也有征税权：

（1）该居民个人在缔约国另一方为从事上述活动的目的设有经常使用的**固定基地**。

（2）该居民个人在任何12个月中在缔约国另一方停留连续或累计**达到或超过183天**。

2. **非**独立个人劳务（**工资、薪金所得**）。

（1）缔约国一方居民因在缔约国另一方从事受雇的活动取得的报酬，同时具有以下三个条件的，应仅在该缔约国一方（居民国）征税：

①收款人在任何12个月中在该缔约国另一方停留连续或累计不超过183天。

②该项报酬由并非该缔约国另一方居民的雇主支付或代表该雇主支付。

③该项报酬不是由雇主设在该缔约国另一方的常设机构或固定基地所负担。

（2）在缔约国一方企业经营国际运输的船舶或飞机上从事受雇活动取得的报酬，应仅在该缔约国征税。

重难点4：国际税收协定管理★★

（一）受益所有人

申请享受我国对外签署的税收协定中对股息、利息和特许权使用费等条款的税收待遇时，缔约国居民需要向税务机关提供资料，进行受益所有人的认定。国家税务总局对受益所有人的有关规定如下：

1. “受益所有人”，是指对所得或所得据以产生的权利或财产具有所有权和支配权的人。

2. 判定需要享受税收协定待遇的缔约对方居民（以下简称“申请人”）“受益所有人”身份时，应根据本条所列因素，结合具体案例的实际情况进行综合分析。一般来说，下列因素不利于对申请人“受益所有人”身份的判定：

（1）申请人有义务在收到所得的12个月内将所得的50%以上支付给第三国（地区）居民，“有义务”包括约定义务和虽未约定义务但已形成支付事实的情形。

（2）申请人从事的经营活动不构成实质性经营活动。实质性经营活动包括具有实质性的制造、经销、管理等活动。

（3）缔约对方国家（地区）对有关所得不征税或免税，或征税但实际税率极低。

（4）在利息据以产生和支付的贷款合同之外，存在债权人与第三人之间在数额、利率和签订时间等方面相近的其他贷款或存款合同。

（5）在特许权使用费据以产生和支付的版权、专利、技术等使用权转让合同之外，存在申请人与第三人之间在有关版权、专利、技术等的使用权或所有权方面的转让合同。

3. 申请人从中国取得的所得为股息时，申请人虽不符合“受益所有人”条件，但直接或间接持有申请人100%股份的人符合“受益所有人”条件，并且属于以下两种情形之一的，应认为申请人具有“受益所有人”身份：

（1）上述符合“受益所有人”条件的人为申请人所属居民国（地区）居民。

（2）上述符合“受益所有人”条件的人虽不为申请人所属居民国（地区）居民，但该人和间接持有股份情形下的中间层均为符合条件的人。

4. 下列申请人从中国取得的所得为股息时，可不根据第二条规定的因素进行综合分析，直接判定申请人具有“受益所有人”身份：

（1）缔约对方政府。

（2）缔约对方居民且在缔约对方上市的公司。

（3）缔约对方居民个人。

（4）申请人被第（1）至（3）项中的一人或多人直接或间接持有100%股份，且间接持有股份情形下的中间层为中国居民或缔约对方居民。

【小贴士】上述第3条、第4条要求的持股比例应当在取得股息前连续12个月以内任何时候均达到规定比例。

【小贴士】代理人或指定收款人等（以下统称“代理人”）不属于“受益所有人”。申请人通过代理人代为收取所得的，无论代理人是否属于缔约对方居民，都不应据此影响对申请人“受益所有人”身份的判定。

【小贴士】股东基于持有股份取得股息，债权人基于持有债权取得利息，特许权授予人基于授予特许权取得特许权使用费，不属于本条所称的“代为收取所得”。

【小贴士】申请人虽具有“受益所有人”身份，但主管税务机关发现需要适用税收协定主要目的测试条款或国内税收法律规定的一般反避税规则的，适用一般反避税相关规定。

【经典例题】

【例题·单选题】下列申请人从中国取得的所得为股息时，不能直接判定申请人具有

“受益所有人”身份的是(　　)。

A. 缔约对方政府

B. 缔约对方居民且在缔约对方上市的公司

C. 缔约对方居民个人

D. 申请人被缔约对方居民且在缔约对方上市的公司直接或间接持有80%股份

【答案】D

【解析】申请人被选项A、B、C中的一人或多人直接或间接持有100%股份，且间接持有股份情形下的中间层为中国居民或缔约对方居民的，可直接判定申请人具有“受益所有人”身份。

（二）合伙企业适用税收协定问题

有关合伙企业及其他类似实体（以下简称“合伙企业”）适用税收协定的问题，应按以下原则执行：

1. 依照中国法律在中国境内成立的合伙企业，其合伙人为税收协定缔约对方居民的，该合伙人在中国负有纳税义务的所得被缔约对方视为其居民的所得的部分，可以在中国享受协定待遇。

2. 依照外国（地区）法律成立的合伙企业，其实际管理机构不在中国境内，但在中国境内设立机构、场所的，或者在中国境内未设立机构、场所，但有来源于中国境内所得的，是中国企业所得税的非居民企业纳税人。除税收协定另有规定的以外，只有当该合伙企业是缔约对方居民的情况下，其在中国负有纳税义务的所得才能享受协定待遇。该合伙企业根据《非居民纳税人享受税收协定待遇管理办法》报送的由缔约对方税务主管当局开具的税收居民身份证明，应能证明其根据缔约对方国内法，因住所、居所、成立地、管理机构所在地或其他类似标准，在缔约对方负有纳税义务。

税收协定另有规定的情况是指，税收协定规定，当根据缔约对方国内法，合伙企业取得的所得被视为合伙人取得的所得，则缔约对方居民合伙人应就其从合伙企业取得所得中分得的相应份额享受协定待遇。

（三）非居民纳税人享受税收协定待遇的税务管理

非居民纳税人享受协定待遇，采取“自行判断、申报享受、相关资料留存备查”的方式办理。

【小贴士】非居民纳税人自行判断是否符合享受协定待遇条件，判断符合的，自行享受协定待遇，留存相应资料备查，接受税务机关后续管理即可。

【经典例题】

【例题·多选题】关于非居民纳税人享受税收协定待遇的规定，说法不正确的有(　　)。

A. 非居民纳税人是否享受协定待遇，须通过税务机关判断后，才可申报享受

B. 非居民纳税人是否享受协定待遇，可自行判断后，可申报享受

C. 非居民纳税人享受协定待遇后，须留存相应资料备查

D. 非居民纳税人享受协定待遇后，资料不须留存

【答案】AD

【解析】非居民纳税人享受协定待遇，采取“自行判断、申报享受、相关资料留存备查”的方式办理。

（四）居民享受税收协定待遇的税务管理

本部分共10条规定，学员可适当了解。

第二单元　非居民企业税收管理

根据我国现行税法的规定，非居民企业是指依照外国（地区）法律成立且实际管理机构不在中国境内，但在中国境内设立机构、场所的，或者在中国境内未设立机构、场所，但有来源于中国境内所得的企业。

重难点1：外国企业常驻代表机构★

外国企业常驻代表机构，是指按照国务院有关规定，在工商行政管理部门登记或经有关部门批准，设立在中国境内的外国企业（包括港澳台企业）及其他组织的常驻代表机构

（以下简称“代表机构”）。

（一）税务登记管理

1. 代表机构应当自领取工商登记证件（或有关部门批准）之日起30日内，持以下资料（共6种），向其所在地主管税务机关申报办理税务登记。

2. 代表机构税务登记内容发生变化或者驻在期届满、提前终止业务活动的，应当向主管税务机关申报办理变更登记或者注销登记。

3. 代表机构在办理注销登记前，向主管税务机关就其清算所得申报并缴纳企业所得税。

（二）账簿凭证管理

代表机构应当按照有关法律、行政法规和国务院财政、税务主管部门的规定设置账簿，根据合法、有效凭证记账，进行核算。

（三）企业所得税

代表机构应当就其归属所得依法申报缴纳企业所得税。代表机构应按照实际履行的功能和承担的风险相配比的原则，准确计算其应税收入和应纳税所得额，并在季度终了之日起**15日**内向主管税务机关据实申报缴纳企业所得税。

（四）其他税种

代表机构发生增值税应税行为，应就其应税收入按照增值税的相关法规计算缴纳应纳税款。

根据我国现行税法的相关规定，城市维护建设税、教育费附加和地方教育附加以实际缴纳的增值税、消费税为计征依据，并分别与增值税、消费税同时缴纳。因此，代表机构在计算缴纳增值税的同时还需要计算应缴纳的城市维护建设税、教育费附加和地方教育附加。

（五）税务申报要求

代表机构的纳税地点是机构、场所所在地。采取据实申报方式的代表机构应在季度终了之日起15日内向主管税务机关申报缴纳企业所得税。

发生增值税应税行为的代表机构应按照《增值税暂行条例》及其实施细则和“营改增”税收政策规定的纳税期限，向主管税务机关据实申报缴纳增值税。

重难点2：承包工程作业和提供劳务★

承包工程作业，是指在中国境内承包建筑、安装、装配、修缮、装饰、勘探及其他工程作业；提供劳务是指在中国境内从事加工、修理修配、交通运输、仓储租赁、咨询经纪、设计、文化体育、技术服务、教育培训、旅游、娱乐及其他劳务活动。

（一）账簿凭证管理

非居民企业应当按照《税收征收管理法》及有关法律法规设置账簿，根据合法、有效凭证记账，进行核算。

（二）企业所得税

应纳税所得额的确定见第四章企业所得税法，第七节“四、非居民应纳税额的计算”。

（三）其他税种

1. 按照现行增值税的相关规定，境外单位在境内承包工程作业和提供劳务属于增值税应税劳务或应税服务范围，且在境内设有经营机构的，应当按照规定适用一般计税方法或者简易计税方法计算并自行申报缴纳增值税。如果境外单位在境内未设有经营机构，则以购买方为增值税扣缴义务人，扣缴义务人应当按照下列公式计算应扣缴税额：

应扣缴税额＝购买方支付价款÷(1＋税率)×税率

2. 根据我国现行税法的相关规定，城市维护建设税、教育费附加和地方教育附加以实际缴纳的增值税、消费税为计征依据，并分别与增值税、消费税同时缴纳。因此，非居民企业或扣缴义务人在计算缴纳或扣缴增值税的同时还需要计算应缴纳或扣缴的城市维护建设税、教育费附加和地方教育附加。

重难点3：股息、利息、租金、特许权使用费和财产转让所得★★

我国现行税法规定，非居民企业在中国境内未设立机构、场所的，或者虽设立机构、场所但取得的所得与其所设机构、场所没有实际联系的，应当就其来源于中国境内的所得缴纳企业所得税。对非居民企业取得的此等所得应缴纳的所得税，实行源泉扣缴，以支付人为扣缴义务人。

（一）应纳税额计算

【小贴士】见第四章企业所得税法第七节“四、非居民企业应纳税额的计算”。

（二）扣缴税款要求

1. 支付人自行委托代理人或指定其他第三方代为支付相关款项，或者因担保合同或法律规定等原因由第三方保证人或担保人支付相关款项的，仍由委托人、指定人或被保证人、被担保人承担扣缴义务。

2. 税款由扣缴义务人在每次支付或者到期应支付时，从支付或者到期应支付的款项中扣缴。

3. 扣缴义务人每次代扣的税款，应当自代扣之日起7日内缴入国库，并向所在地的税务机关报送扣缴企业所得税报告表。

4. 扣缴义务人未依法扣缴或者无法履行扣缴义务的，由纳税人在所得发生地缴纳。

5. 纳税人未依法缴纳的，税务机关可以从该纳税人在中国境内其他收入项目的支付人应付的款项中，追缴该纳税人的应纳税款。

【小贴士】对企业所得税法实施条例规定的不同所得，所得发生地主管税务机关按以下原则确定：

（1）不动产转让所得，为不动产所在地税务机关。

（2）权益性投资资产转让所得，为被投资企业的所得税主管税务机关。

（3）股息、红利等权益性投资所得，为分配所得企业的所得税主管税务机关。

（4）利息所得、租金所得、特许权使用费所得，为负担、支付所得的单位或个人的所得税主管税务机关。

【经典例题】

【例题·多选题】按照非居民税收管理规定，对企业所得税法实施条例规定的不同所得，所得发生地主管税务机关按以下原则确定，正确的有（　　）。

A. 不动产转让所得，为不动产所在地税务机关

B. 权益性投资资产转让所得，为被投资企业的所得税主管税务机关

C. 股息、红利等权益性投资所得，为投资企业的所得税主管税务机关

D. 利息所得、租金所得、特许权使用费所得，为负担、支付所得的单位或个人的所得税主管税务机关

【答案】ABD

【解析】选项C，股息、红利等权益性投资所得，为分配所得企业的所得税主管税务机关。

【例题·多选题】我国税法规定，非居民企业在中国境内未设立机构、场所的，或者虽设立机构、场所但取得的所得与其所设机构、场所没有实际联系的，应当就其来源于中国境内的所得缴纳企业所得税。对非居民企业取得的此等所得应缴纳的所得税，实行源泉扣缴，以支付人为扣缴义务人。下列说法正确的有（　　）。

A. 支付人自行委托代理人或指定其他第三方代为支付相关款项，或者因担保合同或法律规定等原因由第三方保证人或担保人支付相关款项的，仍由受托人、指定人或保证人、担保人承担扣缴义务

B. 税款由扣缴义务人在每次支付或者到期应支付时，从支付或者到期应支付的款项中扣缴

C. 扣缴义务人每次代扣的税款，应当自代扣之日起7日内缴入国库

D. 扣缴义务人未依法扣缴或者无法履行扣缴义务的，由纳税人在所得发生地缴纳

【答案】BCD

【解析】选项A，支付人自行委托代理人或指定其他第三方代为支付相关款项，或者因担保合同或法律规定等原因由第三方保证人或

担保人支付相关款项的，仍由委托人、指定人或被保证人、被担保人承担扣缴义务。

（三）其他相关规定

2017年1月1日起，对境外投资者从中国境内居民企业分配的利润，**直接**投资于鼓励类投资项目，凡符合规定条件的，实行递延纳税政策，**暂不征收预提所得税**。2018年1月1日起，适用范围由外商投资鼓励类项目扩大至所有非禁止外商投资的项目和领域。

境外投资者暂不征收预提所得税须**同时**满足以下条件：

条件	内容
直接投资	境外投资者以分得利润进行的直接投资，包括境外投资者以分得利润进行的增资、新建、股权收购等权益性投资行为，具体是指： （1）新增或转增中国境内居民企业实收资本或者资本公积。 （2）在中国境内投资新建居民企业。 （3）从非关联方收购中国境内居民企业股权。 （4）财政部、国家税务总局规定的其他方式。 【小贴士】不包括新增、转增、收购上市公司股份（符合条件的战略投资除外）。 【小贴士】境外投资者以分得的利润用于补缴其在境内居民企业已经认缴的注册资本，增加实收资本或资本公积的，属于符合"新增或转增中国境内居民企业实收资本或者资本公积"情形
利润来源	境外投资者分得的利润属于中国境内居民企业向投资者实际分配已经实现的留存收益而形成的股息、红利等权益性投资收益
投资方式	境外投资者用于直接投资的利润以现金形式支付的，相关款项从利润分配企业的账户直接转入被投资企业或股权转让方账户，在直接投资前不得在境内外其他账户周转
	境外投资者用于直接投资的利润以实物、有价证券等非现金形式支付的，相关资产所有权直接从利润分配企业转入被投资企业或股权转让方，在直接投资前不得在境内外其他账户周转

重难点4：中国境内机构和个人对外付汇的税收管理★★★

（一）对外付汇需要进行税务备案的情形

境内机构和个人向境外单笔支付**等值5万美元以上**（不含等值5万美元，下同）下列外汇资金，除无须进行税务备案的情形外，均应向所在地主管税务机关进行税务备案：

1. 境外机构或个人从境内获得的包括运输、旅游、通信、建筑安装及劳务承包、保险服务、金融服务、计算机和信息服务、专有权利使用和特许、体育文化和娱乐服务、其他商业服务、政府服务等服务贸易收入。

2. 境外个人在境内的工作报酬，境外机构或个人从境内获得的股息、红利、利润、直接债务利息、担保费以及非资本转移的捐赠、赔偿、税收、偶然性所得等收益和经常转移收入。

3. 境外机构或个人从境内获得的融资租赁租金、不动产的转让收入、股权转让所得以及外国投资者其他合法所得。

【小贴士】外国投资者以境内直接投资合法所得在境内再投资单笔**5万美元以上的**，也应按照规定进行税务备案。

（二）对外付汇无须进行税务备案的情形

1. 境内机构在境外发生的差旅、会议、商品展销等各项费用。

2. 境内机构在境外代表机构的办公经费，以及境内机构在境外承包工程的工程款。

3. 境内机构发生在境外的进出口贸易佣金、保险费、赔偿款。

4. 进口贸易项下境外机构获得的国际运输费用。

5. 保险项下保费、保险金等相关费用。

6. 从事运输或远洋渔业的境内机构在境外发生的修理、油料、港杂等各项费用。

7. 境内旅行社从事出境旅游业务的团费以及代订、代办的住宿、交通等相关费用。

8. 亚洲开发银行和世界银行集团下属的

国际金融公司从我国取得的所得或收入，包括投资合营企业分得的利润和转让股份所得、在华财产（含房产）出租或转让收入以及贷款给我国境内机构取得的利息。

9. 外国政府和国际金融组织向我国提供的外国政府（转）贷款（含外国政府混合（转）贷款）和国际金融组织贷款项下的利息。

本项所称国际金融组织是指国际货币基金组织、世界银行集团、国际开发协会、国际农业发展基金组织、欧洲投资银行等。

10. 外汇指定银行或财务公司自身对外融资，如境外借款、境外同业拆借、海外代付以及其他债务等项下的利息。

11. 我国省级以上国家机关对外无偿捐赠援助资金。

12. 境内证券公司或登记结算公司向境外机构或境外个人支付其依法获得的股息、红利、利息收入及有价证券卖出所得收益。

13. 境内个人境外留学、旅游、探亲等因私用汇。

14. 境内机构和个人办理服务贸易、收益和经常转移项下退汇。

15. 国家规定的其他情形。

【经典例题】

【真题·单选题】（2019）境内机构对外付汇的下列情形中，需要进行税务备案的是(　　)。

A. 境内机构在境外发生差旅费 10 万美元以上的

B. 境内机构发生在境外的进出口贸易佣金 5 万美元以上的

C. 境内机构在境外发生会议费 10 万美元以上的

D. 境内机构向境外支付旅游服务费 5 万美元以上的

【答案】 D

【解析】 境内机构和个人向境外单笔支付等值 5 万美元以上（不含等值 5 万美元，下同）下列外汇资金，除无须进行税务备案的情形外，均应向所在地主管国税机关进行税务备案：(1) 境外机构或个人从境内获得的包括运输、旅游、通信、建筑安装及劳务承包、保险服务、金融服务、计算机和信息服务、专有权利使用和特许、体育文化和娱乐服务、其他商业服务、政府服务等服务贸易收入。(2) 境外个人在境内的工作报酬，境外机构和个人从境内获得的股息、红利、利润、直接债务利息、担保费以及非资本转移的捐赠、赔偿、税收、偶然性所得等收益和经常转移收入。(3) 境外机构或个人从境内获得的融资租赁租金、不动产的转让收入、股权转让所得以及外国投资者其他合法所得。

【真题·单选题】（2018）境内机构对外支付下列外汇资金时，须办理和提交《服务贸易等项目对外支付税务备案表》的是(　　)。

A. 境内机构在境外发生的商品展销费用

B. 进口贸易项下境外机构获得的国际运输费用

C. 境内机构在境外承包工程的工程款

D. 我国区县级国家机关对外无偿捐赠援助资金

【答案】 D

【解析】 选项 A、B、C 属于对外付汇无须进行税务备案的情形。选项 D 我国省级以上国家机关对外无偿捐赠援助资金，无须进行税务备案，我国区县级国家机关对外无偿捐赠援助资金须进行税务备案。

第三单元　境外所得税收管理

居民企业以及非居民企业在中国境内设立的机构、场所，取得的下列所得已在境外缴纳的所得税税额，可以从其当期应纳税额中抵免，抵免限额为该项所得依照《企业所得税法》及其实施条例计算的应纳税额；超过抵免限额的部分，可以在以后 5 个年度内，用每年度抵免限额抵免当年应抵税额后的余额进行抵补：

1. 居民企业来源于中国境外的应税所得。

2. 非居民企业在中国境内设立机构、场所，取得发生在中国境外但与该机构、场所有实际联系的应税所得。

居民企业从其直接或者间接控制的外国企业分得的来源于中国境外的股息、红利等权益性投资收益，外国企业在境外实际缴纳的所得税税额中属于该项所得负担的部分，可以作为该居民企业的可抵免境外所得税税额，在抵免限额内抵免。

重难点1：适用范围★★★

（一）纳税人境外所得的范围

具体而言，可以适用境外（包括港澳台地区，下同）所得税收抵免的纳税人包括两类：

1. 居民企业（包括按境外法律设立但实际管理机构在中国，被判定为中国税收居民的企业）可以就其取得的境外所得直接缴纳和间接负担的境外企业所得税性质的税额进行抵免。

2. 非居民企业（外国企业）在中国境内设立的机构（场所）可以就其取得的发生在境外，但与其有实际联系的所得直接缴纳的境外企业所得税性质的税额进行抵免。

【小贴士】居民企业可享受直接抵免和间接抵免，非居民企业只能享受直接抵免。

（二）抵免办法

境外税额抵免分为直接抵免和间接抵免。

1. 直接抵免。直接抵免是指企业直接作为纳税人就其境外所得在境外缴纳的所得税税额在我国应纳税额中抵免。直接抵免主要适用于企业就来源于境外的营业利润所得在境外所缴纳的企业所得税，以及就来源于或发生于境外的股息、红利等权益性投资所得、利息、租金、特许权使用费、财产转让等所得在境外被源泉扣缴的预提所得税。

2. 间接抵免。间接抵免是指境外企业就分配股息前的利润缴纳的外国所得税额中由我国居民企业就该项分得的股息性质的所得间接负担的部分，在我国的应纳税额中抵免。

【小贴士】间接抵免必须符合最低持股条件。居民企业直接持有外国企业20%以上（含）或间接持有外国企业20%以上（含）的股份。

重难点2：境外所得税额抵免计算的基本项目★★★

企业应按照税法的有关规定准确计算下列当期与抵免境外所得税有关的项目后，确定当期实际可抵免分国（地区）别的境外所得税税额和抵免限额：

1. 境内所得的应纳税所得额（以下称“境内应纳税所得额”）和分国（地区）别的境外所得的应纳税所得额（以下称“境外应纳税所得额”）。

2. 分国（地区）别的可抵免境外所得税税额。

3. 分国（地区）别的境外所得税的抵免限额。

【小贴士】企业取得境外所得，其在中国境外已经实际直接缴纳和间接负担的企业所得税性质的税额，进行境外税额抵免计算的基本项目包括：境内、境外所得分国（地区）别的应纳税所得额、可抵免税额、抵免限额和实际抵免税额。

自2017年1月1日起，企业可以选择按国（地区）别分别计算［即“分国（地区）不分项”］，或者不按国（地区）别汇总计算［即“不分国（地区）不分项”］其来源于境外的应纳税所得额，并按照有关规定分别计算其可抵免境外所得税税额和抵免限额。上述方式一经选择，5年内不得改变。

企业选择采用不同于以前年度的方式（以下简称“新方式”）计算可抵免境外所得税税额和抵免限额时，对该企业以前年度按照有关规定没有抵免完的余额，可在税法规定结转的剩余年限内，按新方式计算的抵免限额中继续结转抵免。

重难点3：境外应纳税所得额的计算★★★

1. 企业应按照税法的有关规定，确定中国境外所得并按以下规定计算境外应纳所得税税额。

（1）在计算适用境外税额直接抵免的应纳税所得额时，应为将该项境外所得直接缴纳的境外所得税额**还原计算后的境外税前所得**。

（2）上述直接缴纳税额还原后的所得中属于**股息、红利所得**的，在计算**适用境外税额间接抵免**的境外所得时，应**再将**该项境外所得**间接负担的税额还原**计算，即该境外股息、红利所得应为境外股息、红利税后净所得与就该项所得直接缴纳和间接负担的税额之和。

2. 居民企业在境外设立不具有独立纳税地位的分支机构取得的各项境外所得，无论是否汇回中国境内，均应计入该企业所属纳税年度的境外应纳税所得额。由于分支机构不具有分配利润职能，居民企业在境外设立不具有独立纳税地位的分支机构取得的各项境外所得，无论是否汇回中国境内，均应以境外收入总额扣除与取得境外收入有关的各项合理支出后的余额，计入该企业所属纳税年度的境外应纳税所得额。

3. 居民企业应就其来源于境外的股息、红利等权益性投资收益，以及利息、租金、特许权使用费、转让财产等收入，扣除按《企业所得税法》规定计算的各项合理支出后的余额为应纳税所得额。

【小贴士】境外所得计算调整扣除的有关成本费用时，应注意如下成本费用：

股息、红利	应对应调整扣除与境外投资业务有关的项目研究、融资成本和管理费用
利息	应对应调整扣除为取得该项利息而发生的相应的融资成本和相关费用
租金	融资租赁：应对应调整扣除其融资成本
	经营租赁：应对应调整扣除租赁物相应的折旧或折耗
特许权使用费	应对应调整扣除提供特许使用的资产的研发、摊销等费用
财产转让	应对应调整扣除被转让财产的成本净值和相关费用

【小贴士】企业应当根据税法的有关规定确认境外所得的实现年度及其税额抵免年度。

（1）企业来源于境外的股息、红利等权益性投资收益所得，若实际收到所得的日期与境外被投资方作出利润分配决定的日期不在同一纳税年度的，应按被投资方作出利润分配日所在的纳税年度确认境外所得。企业来源于境外的利息、租金、特许权使用费、转让财产收入，若未能在合同约定的付款日期当年收到上述所得，仍应按合同约定付款日期所属的纳税年度确认境外所得。

（2）企业收到某一纳税年度的境外所得已纳税凭证时，凡是迟于次年5月31日汇算清缴终止日的，可以对该所得境外税额抵免追溯计算。

4. 在计算境外所得应纳税所得额时，企业为取得境内、境外所得而在境内、境外发生的共同支出，与取得境外应税所得有关的、合理的部分，应在境内、境外［分国（地区）别］应税所得之间，按照合理比例进行分摊后扣除。

一种或几种比例的综合比例分摊扣除：（1）资产比例。（2）收入比例。（3）员工工资支出比例。（4）其他合理比例。

【经典例题】

【例题·多选题】计算境外所得应纳税所得额时，企业为取得境内、境外所得而在境内、境外发生的共同支出，与取得境外应税所得有关的、合理的部分，应在境内、境外［分国（地区）别］应税所得之间，按照合理比例进行分摊后扣除，一种或几种比例的综合比例分摊扣除包括(　　)。

A. 资产比例

B. 收入比例

C. 员工工资支出比例

D. 其他合理比例

【答案】ABCD

【解析】以上选项均正确。

5. 在汇总计算境外应纳税所得额时，企业在境外同一国家（地区）设立不具有独立纳税地位的分支机构，按照《企业所得税法》及实施条例的有关规定计算的亏损，不得抵减其境内或他国（地区）的应纳税所得额，但可以用同一国家（地区）其他项目或以后年度的所得按规定弥补（此项规定基于分国不分项原则）。

企业在同一纳税年度的境内外所得加总为正数的，其境外分支机构发生的亏损，出于上述结转弥补的限制而发生的未予弥补的部分（以下称为“非实际亏损额”），今后在该分支机构的结转弥补时不受5年期限制。

（1）如果企业当期境内外所得盈利额与亏损额加总后和为零或正数，则其当年度境外分支机构的非实际亏损额可无限期向后结转弥补。

（2）如果企业当期境内外所得盈利额与亏损额加总后和为负数，则以境外分支机构的亏损额超过企业盈利额部分的实际亏损额，按规定的期限进行亏损弥补，未超过企业盈利额部分的非实际亏损额仍可无限期向后结转弥补。

【经典例题】

【真题·单选题】（2020）某居民企业2019年境内应纳税所得额500万元，其在甲国非独立纳税的分支机构发生亏损600万元，则该分支机构可以无限期向后结转弥补的亏损额为(　　)万元。

A. 0　　　　B. 100

C. 500　　　D. 600

【答案】C

【解析】选项C，根据有关规定，如果企业当期境内外所得盈利额与亏损额加总后和为负数，则以境外分支机构的亏损额超过企业盈利额部分的实际亏损额，按规定的期限进行亏损弥补，未超过企业盈利额部分的非实际亏损额仍可无限期向后结转弥补。本题中甲国非独立纳税的分支机构的100万元（600－500）为实际亏损额按规定的期限进行亏损弥补，500万元为非实际亏损额可无限期向后结转弥补。

【例题·单选题】如果企业当期境内外所得盈利额与亏损额加总后和为零或正数，则其当年度境外分支机构的非实际亏损额(　　)向后结转弥补。

A. 无限期　　　B. 可以按10年

C. 可以按5年　　D. 不允许

【答案】A

【解析】如果企业当期境内外所得盈利额与亏损额加总后和为零或正数，则其当年度境外分支机构的非实际亏损额可无限期向后结转弥补。

重难点4：可予抵免境外所得税额的确认★

可抵免境外所得税税额，是指企业来源于中国境外的所得依照中国境外税收法律以及相关规定应当缴纳并已实际缴纳的企业所得税性质的税款。

（一）不应作为可抵免境外所得税税额的情形分析

1. 按照境外所得税法律及相关规定属于错缴或错征的境外所得税税款。

2. 按照税收协定规定不应征收的境外所得税税款。

3. 因少缴或迟缴境外所得税而追加的利息、滞纳金或罚款。

4. 境外所得税纳税人或者其利害关系人从境外征税主体得到实际返还或补偿的境外所得税税款。

5. 按照我国《企业所得税法》及其实施条例规定，已经免征我国企业所得税的境外所得负担的境外所得税税款。

6. 按照国务院财政、税务主管部门有关规定已经从企业境外应纳税所得额中扣除的境外所得税税款。

【经典例题】

【例题·多选题】不应作为可抵免境外所得税税额的情形包括（　　）。

A. 按照境外所得税法律及相关规定属于错缴或错征的境外所得税税款

B. 按照税收协定规定不应征收的境外所得税税款

C. 因少缴或迟缴境外所得税而追加的利息、滞纳金或罚款

D. 境外所得税纳税人或者其利害关系人从境外征税主体得到实际返还或补偿的境外所得税税款

【答案】ABCD

【解析】不应作为可抵免境外所得税税额的情形分析：（1）按照境外所得税法律及相关规定属于错缴或错征的境外所得税税款。（2）按照税收协定规定不应征收的境外所得税税款。（3）因少缴或迟缴境外所得税而追加的利息、滞纳金或罚款。（4）境外所得税纳税人或者其利害关系人从境外征税主体得到实际返还或补偿的境外所得税税款。（5）按照我国《企业所得税法》及其实施条例规定，已经免征我国企业所得税的境外所得负担的境外所得税税款。（6）按照国务院财政、税务主管部门有关规定已经从企业境外应纳税所得额中扣除的境外所得税税款。

（二）可抵免的境外所得税税额的基本条件

1. 企业来源于中国境外的所得依照中国境外税收法律以及相关规定计算而缴纳的税额。

2. 缴纳的属于企业所得税性质的税额，而不拘泥于名称。

3. 限于企业**应当缴纳且已实际缴纳**的税额。

4. 可抵免的企业所得税税额，若是税收协定非适用所得税项目，或来自非协定国家的所得，无法判定是否属于对企业征收的所得税税额的，应层报国家税务总局裁定。

重难点5：境外所得间接负担税额的计算 ★★★

居民企业在用上述境外所得间接负担的税额进行税收抵免时，其取得的境外投资收益实际间接负担的税额，是指根据直接或者间接持股方式合计持股**20%以上（含20%，下同）**的规定层级的外国企业股份，由此应分得的股息、红利等权益性投资收益中，从最低一层外国企业起逐层计算的属于由上一层企业负担的税额，其计算公式如下：

本层企业所纳税额属于由一家上一层企业负担的税额=（本层企业就利润和投资收益所实际缴纳的税额+符合本通知规定的由本层企业间接负担的税额）×本层企业向一家上一层企业分配的股息（红利）÷本层企业所得税后利润额

1. 公式中：

（1）**本层**企业是指**实际分配股息（红利）的境外被投资企业**。

（2）本层企业就利润和投资收益所实际缴纳的税额是指本层企业按所在国税法就利润缴纳的企业所得税和在被投资方所在国就分得的股息等权益性投资收益被源泉扣缴的预提所得税。

（3）符合本节规定的由本层企业间接负担的税额是指该层企业由于从下一层企业分回股息（红利）而间接负担的由下一层企业就其利润缴纳的企业所得税税额。

（4）本层企业向一家上一层企业分配的股息（红利）是指该层企业向上一层企业**实际分配的扣缴预提所得税前的股息（红利）数额**。

（5）本层企业所得税后利润额是指该层企业实现的利润总额减去就其利润实际缴纳的企业所得税后的余额。

2. 每一层企业从其持股的下一层企业在

一个年度中分得的股息（红利），若是由该下一层企业不同年度的税后未分配利润组成，则应按该股息（红利）对应的每一年度未分配利润，分别计算就该项分配利润所间接负担的税额；按各年度计算的间接负担税额之和，即为取得股息（红利）的企业该一个年度中分得的股息（红利）所得所间接负担的所得税税额。

3. 境外第二层及以下层级企业归属不同国家的，在计算居民企业负担境外税额时，均以境外第一层企业所在国（地区）为国别划分进行归集计算，而不论该第一层企业的下层企业归属何国（地区）。

重难点6：适用间接抵免的外国企业持股比例的计算★★★

除另有规定外，由居民企业直接或者间接持有20%以上股份的外国企业，限于符合以下持股方式的三层外国企业：

第一层：单一居民企业直接持有20%以上股份的外国企业。

第二层：单一第一层外国企业直接持有20%以上股份，且由单一居民企业直接持有或通过一个或多个符合本条规定持股条件的外国企业间接持有总和达到20%以上股份的外国企业。

第三层：单一第二层外国企业直接持有20%以上股份，且由单一居民企业直接持有或通过一个或多个符合本条规定持股条件的外国企业间接持有总和达到20%以上股份的外国企业。

自2017年1月1日起，企业在境外取得的股息所得，在按规定计算该企业境外股息所得的可抵免所得税额和抵免限额时，由该企业直接或者间接持有20%以上股份的外国企业，限于按照规定持股方式确定的五层外国企业，即：

第一层：企业**直接持有20%以上**股份的外国企业。

第二层至第五层：**单一上一层外国企业直接持有20%以上**股份，且由该企业直接持有或通过一个或多个符合规定持股方式的外国企业**间接持有总和达到20%以上**股份的外国企业。

【经典例题】

【真题·计算问答题】（2016）我国居民企业甲在境外进行了投资，相关投资架构及持股比例如下图：

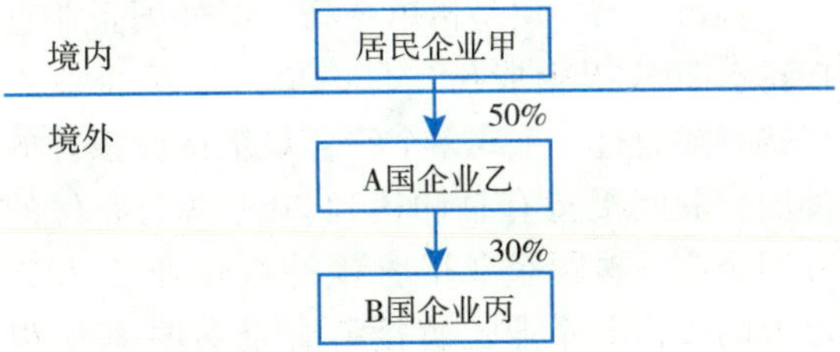

2015年经营及分配状况如下：

（1）B国企业所得税税率为30%，预提所得税税率为12%，丙企业应纳税所得总额800万元，丙企业将部分税后利润按持股比例进行了分配。

（2）A国企业所得税税率为20%，预提所得税税率为10%，乙企业应纳税所得总额（该应纳税所得总额已包含投资收益还原计算的间接税款）1 000万元。其中来自丙企业的投资收益100万元，按照12%的税率缴纳B国预提所得税12万元，乙企业在A国享受税收抵免后实际缴纳税款180万元，乙企业将全部税后利润按持股比例进行了分配。

（3）居民企业甲适用的企业所得税税率为25%，其来自境内的应纳税所得额为2 400万元。

要求：根据上述资料，按照下列序号回答问题，如有计算需计算出合计数。

（1）简述居民企业可适用境外所得税收抵免的税额范围。

（2）判断企业丙分回企业甲的投资收益能否适用间接抵免优惠政策并说明理由。

（3）判断企业乙分回企业甲的投资收益能否适用间接抵免优惠政策并说明理由。

（4）计算企业乙所纳税额属于由企业甲

负担的税额。

（5）计算企业甲取得来源于企业乙投资收益的抵免限额。

（6）计算企业甲取得来源于企业乙投资收益的实际抵免额。

【答案及解析】（1）居民企业可以就其取得的境外所得直接缴纳和间接负担的境外企业所得税性质的税额进行抵免。

（2）这里不能适用间接抵免的优惠政策。

理由：第二层是指单一第一层外国企业直接持有20%以上股份，且由单一居民企业直接持有或通过一个或多个符合规定持股条件的外国企业间接持有总和达到20%以上股份的外国企业；本题企业甲直接持有企业乙20%以上的股份，企业乙直接持有企业丙20%以上的股份，但企业甲间接持有企业丙股份为15%（50%×30%），不足20%，不能适用间接抵免的优惠政策。

（3）这里可以适用间接抵免的优惠政策。

理由：第一层是指单一居民企业直接持有20%以上股份的外国企业；本题境内企业甲直接持有企业乙的股份超过20%，可以适用间接抵免的优惠政策。

（4）企业乙的税后净利润＝1 000－12－180＝808（万元），应由企业甲负担的税款＝（12＋180）×808×50%÷808＝96（万元）。

（5）企业甲取得的境外应纳税所得额＝808×50%＋96＝500（万元），抵免限额＝500×25%＝125（万元）。

（6）企业甲境外间接负担和直接缴纳的企业所得税总额＝96＋808×50%×10%＝136.4（万元），125万元小于136.4万元，则企业甲取得来源于企业乙投资收益的实际抵免额只能为125万元。

重难点7：税收饶让抵免的应纳税额的确定★★★

居民企业从与我国政府订立税收协定（或安排）的国家（地区）取得的所得，按照该国（地区）税收法律享受了免税或减税待遇，且该免税或减税的数额按照税收协定规定应视同已缴税额在中国的应纳税额中抵免的，该免税或减税数额可作为企业实际缴纳的境外所得税额用于办理税收抵免。

【小贴士】《企业所得税法》目前尚未单方面规定税收饶让抵免，但我国与有关国家签订的税收协定规定有税收饶让抵免安排。居民企业从与我国订立税收协定（或安排）的对方国家（地区）取得所得，并按该国家（地区）税收法律享受了免税或减税待遇，且该所得已享受的免税或减税数额按照税收协定（或安排）规定应视同已缴税额在我国应纳税额中抵免的，可在其申报境外所得税额时视为已缴税额。

【小贴士】税收饶让抵免应区别下列情况进行计算：

（1）税收协定规定定率饶让抵免的，饶让抵免税额为按该定率计算的应纳境外所得税税额超过实际缴纳的境外所得税税额的数额。

（2）税收协定规定列举一国税收优惠额给予饶让抵免的，饶让抵免税额为按协定国家（地区）税收法律规定税率计算的应纳所得税额超过实际缴纳税额的数额，即实际税收优惠额。

【小贴士】境外所得采用本节第十点规定的简易办法计算抵免额的，不适用饶让抵免。

【小贴士】企业取得的境外所得根据来源国税收法律法规不判定为所在国应税所得，而按中国税收法律法规规定属于应税所得的，不属于税收饶让抵免范畴，应全额按中国税收法律法规规定缴纳企业所得税。

重难点8：抵免限额的计算★★★

企业应按照《企业所得税法》及其实施条例和本节的有关规定分国（地区）别计算境外税额的抵免限额。

某国（地区）所得税抵免限额＝中国境内、境外所得依照企业所得税法及实施条例的规定计算的应纳税总额×来源于某国（地区）的应纳税所得额÷中国境内、境外应纳

税所得总额

1. 关于上述公式中的税率，一般为法定税率25%。但是以境内、境外全部生产经营活动有关的研究开发费用总额、总收入、销售收入总额、高新技术产品（服务）收入等指标申请并经认定的高新技术企业，其来源于境外的所得可以享受高新技术企业所得税优惠政策，即对其来源于境外所得可以按照15%的优惠税率缴纳企业所得税，在计算境外抵免限额时，可按照15%优惠税率计算境内外应纳税总额。

2. 境内、境外所得之间的亏损弥补企业按照税法的有关规定计算的当期境内、境外应纳税所得总额小于零的，应以零计算当期境内、境外应纳税所得总额，其当期境外所得税的抵免限额也为零。若企业境内所得为亏损，境外所得为盈利，且企业已使用同期境外盈利全部或部分弥补了境内亏损，则境内已用境外盈利弥补的亏损不得再用以后年度境内盈利重复弥补。

由此，在计算境外所得抵免限额时，形成当期境内、境外应纳税所得总额小于零的，应以零计算当期境内、外应纳税所得总额，其当期境外所得税的抵免限额也为零。上述境外盈利在境外已纳的可予抵免但未能抵免的税额可以在以后5个纳税年度内进行结转抵免。

3. 如果企业境内为亏损，境外盈利分别来自多个国家，则弥补境内亏损时，企业可以自行选择弥补境内亏损的境外所得来源国家（地区）顺序。

【经典例题】

【例题·单选题】某境内A公司适用的企业所得税税率为25%，2020年度境内应纳税所得额100万元，境外分公司应纳税所得额30万元，在境外已缴纳企业所得税6.6万元。2020年度该公司汇总纳税时实际在我国应缴纳企业所得税（　　）万元。

A. 25　　　　B. 25.9

C. 31.6　　　D. 32.5

【答案】 B

【解析】 境外缴纳所得税的抵免限额 $=30\times25\%=7.5$（万元），应补缴企业所得税 $=7.5-6.6=0.9$（万元），汇总纳税时实际应缴纳企业所得税 $=100\times25\%+0.9=25.9$（万元）。

重难点9：实际抵免境外税额的计算★★★

在计算实际应抵免的**境外已缴纳和间接负担**的所得税税额时，企业在境外一国（地区）当年缴纳和间接负担的符合规定的所得税税额**低于**所计算的该国（地区）抵免限额的，应以该项税额作为境外所得税抵免额从企业应纳税总额中**据实抵免；超过**抵免限额的，当年应**以抵免限额**作为境外所得税抵免额进行抵免，超过抵免限额的余额允许**从次年起在连续五个**纳税年度内，用每年度抵免限额抵免当年应抵税额后的余额进行抵补。

企业当年境外一国（地区）可抵免税额中既有属于当年已直接缴纳或间接负担的境外所得税税额，又有以前年度结转的未逾期可抵免税额时，应首先抵免当年已直接缴纳或间接负担的境外所得税税额后，抵免限额有余额的，可再抵免以前年度结转的未逾期可抵免税额，仍抵免不足的，继续向以后年度结转。

重难点10：简易办法计算抵免★★

采用简易办法须遵循**"分国不分项"**原则。适用简易办法计算抵免的两种情况：

1. 企业**从境外取得营业利润所得以及符合境外税额间接抵免条件的股息所得**，虽有所得来源国（地区）政府机关核发的具有纳税性质的凭证或证明，但**因客观原因**无法真实、准确地确认应当缴纳并已经实际缴纳的境外所得税税额的，**除**就该所得直接缴纳及间接负担的税额在所得来源国（地区）的**实际有效税率低于12.5%的外**，可按境外应纳税所得额的**12.5%**作为抵免限额，企业按该国（地区）税务机关或政府机关核发具有纳税性质凭证或证明的金额，其**不超过**抵免限额的部分，准予抵免；**超过**的部分不得抵免。

2. 企业从境外取得营业利润所得以及符合境外税额间接抵免条件的股息所得，凡就该所得缴纳及间接负担的税额在所得来源国（地区）的法定税率且其实际有效税率明显高于我国的，可直接以按本通知规定计算的境外应纳税所得额和《企业所得税法》规定的税率计算的抵免限额作为可抵免的已在境外实际缴纳的企业所得税税额。

“实际有效税率”是指实际缴纳或负担的企业所得税税额与应纳税所得额的比率。

重难点11：境外分支机构与我国对应纳税年度的确定★

企业在境外投资设立不具有独立纳税地位的分支机构，其计算生产、经营所得的纳税年度与我国规定的纳税年度不一致的，与我国纳税年度当年度相对应的境外纳税年度，应为在我国有关纳税年度中任何一日结束的境外纳税年度。

企业取得境外股息所得实现日为被投资方作出利润分配决定的日期，不论该利润分配是否包括以前年度未分配利润，均应作为该股息所得实现日所在的我国纳税年度所得计算抵免。

重难点12：境外所得税抵免时应纳所得税额的计算★★

企业抵免境外所得税额后实际应纳所得税额的计算公式为：

企业实际应纳所得税额＝企业境内、外所得应纳税总额－企业所得税减免、抵免优惠税额－境外所得税抵免额

公式中抵免优惠税额，是指企业购置用于环境保护、节能节水、安全生产等专用设备的投资额，可以按一定比例（10%）实行税额抵免。

境外所得税抵免额是指按照本节计算的境外所得税额在抵免限额内实际可以抵免的税额。

第四单元　国际反避税

重难点1：税基侵蚀和利润转移项目★★★

税基侵蚀和利润转移项目是由二十国集团（以下简称“G20”）领导人背书，并委托经济合作与发展组织（以下简称“OECD”）推进的国际税改项目，是G20框架下各国携手打击国际逃避税，共同建立有利于全球经济增长的国际税收规则体系和行政合作机制的重要举措。税基侵蚀和利润转移行动计划（BEPS行动计划）在2015年底完成，共有15项行动计划。

类别	行动计划
应对数字经济带来的挑战	数字经济
协调各国企业所得税税制	混合错配、受控外国公司规则、利息扣除、有害税收实践
重塑现行税收协定和转让定价国际规则	税收协定滥用、常设机构、无形资产、风险和资本、其他高风险交易
提高税收透明度和确定性	数据统计分析、强制披露原则、转让定价同期资料、争端解决
开发多边工具促进行动计划实施	多边工具

【经典例题】

【真题·多选题】（2015）以下各项中，属于税基侵蚀和利润转移项目（BEPS）行动计划的有（　　）。

A. 数字经济

B. 有害税收实践

C. 数据统计分析

D. 实际管理机构规则

【答案】ABC

【解析】税基侵蚀和利润转移项目成果有以下15项：

（1）《关于数字经济面临的税收挑战的报告》。

（2）《消除混合错配安排的影响》。

（3）《制定有效受控外国公司规则》。

（4）《对利用利息扣除和其他款项支付实现的税基侵蚀予以限制》。

（5）《考虑透明度和实质性因素有效打击有害税收实践》。

（6）《防止税收协定优惠的不当授予》。

（7）《防止人为规避构成常设机构》。

（8）~（10）《确保转让定价结果与价值创造相匹配》。

（11）《衡量和监控 BEPS》。

（12）《强制披露规则》。

（13）《转让定价文档与国别报告》。

（14）《使争议解决机制更有效》。

（15）《开发用于修订双边税收协定的多边工具》。

【真题·多选题】（2018）OECD 于 2015 年 10 月发布税基侵蚀和利润转移项目全部 15 项产出成果。下列各项中，属于该产出成果的有（ ）。

A.《防止税收协定优惠的不当授予》

B.《金融账户涉税信息自动交换标准》

C.《消除混合错配安排的影响》

D.《确保转让定价结果与价值创造相匹配》

【答案】 ACD

重难点 2：一般反避税★★★

按照《企业所得税法》的规定，税务机关有权对企业实施其他不具有合理商业目的的安排而减少其应纳税收入或应纳税所得额进行审核评估和调查调整。

（一）一般反避税

国家税务总局制定了《一般反避税管理办法（试行）》（2015 年 2 月 1 日起施行）。

1. 一般反避税概述。

对企业实施的不具有合理商业目的而获取税收利益的避税安排，实施的**特别纳税调整**。

税务机关实施的特别纳税调整方法：全部或部分交易重新定性，税收上否定交易方的存在，对相关所得、税收优惠等重新定性。

2. 一般反避税调查。

主管税务机关实施一般反避税调查时，应当向被调查企业送达《税务检查通知书》。

被调查企业认为其安排不属于避税安排的，应当自收到《税务检查通知书》之日起**60 日内**提供资料。

【小贴士】企业因特殊情况不能按期提供的，可以向主管税务机关提交书面延期申请，经批准可以延期提供，但是**最长不得超过 30 日**。主管税务机关应当自收到企业延期申请之日起**15 日内**书面回复。逾期未回复的，视同税务机关同意企业的延期申请。

（二）间接转让财产

《关于非居民企业间接转让财产企业所得税若干问题的公告》（国家税务总局公告 2015 年第 7 号）：

1. 非居民企业通过实施不具有合理商业目的的安排，间接转让中国居民企业股权等财产，规避企业所得税纳税义务的，应按照《企业所得税法》的有关规定，**重新定性**该间接转让交易，确认为直接转让中国居民企业股权等财产。

2. 判断合理商业目的，应整体考虑与间接转让中国应税财产交易相关的所有安排，结合实际情况综合分析。

3. 除与间接转让中国应税财产相关的整体安排符合规定情形和间接转让中国应税财产具有合理商业目的等规定情形外，与间接转让中国应税财产相关的整体安排同时符合以下情形的，应直接认定为不具有合理商业目的（4 项）：

（1）境外企业股权 75% 以上价值直接或间接来自中国应税财产。

（2）间接转让中国应税财产交易发生前一年内任一时点，境外企业资产总额（不含现金）的 90% 以上直接或间接由在中国境内的投资构成，或间接转让中国应税财产交易发生前一年内，境外企业取得收入的90%以上直接或间接来源于中国境内。

（3）境外企业及直接或间接持有中国应税财产的下属企业虽在所在国家（地区）登记注册，以满足法律所要求的组织形式，但实际履行的功能及承担的风险有限，不足以证实其具有经济实质。

（4）间接转让中国应税财产交易在境外应缴所得税税负低于直接转让中国应税财产交易在中国的可能税负。

4. 间接转让中国应税财产同时符合以下条件的，应认定为具有合理商业目的。

（1）交易双方的股权关系具有下列情形之一：

①股权转让方直接或间接拥有股权受让方80%以上的股权。

②股权受让方直接或间接拥有股权转让方80%以上的股权。

③股权转让方和股权受让方被同一方直接或间接拥有80%以上的股权。

【小贴士】境外企业股权50%以上（不含50%）价值直接或间接来自中国境内不动产的，上述第①、②、③项的持股比例应为100%。

上述间接拥有的股权按照持股链中各企业的持股比例乘积计算。

（2）本次间接转让交易后可能再次发生的间接转让交易相比在未发生本次间接转让交易情况下的相同或类似间接转让交易，其中国所得税负担不会减少。

（3）股权受让方全部以本企业或与其具有控股关系的企业的股权（不含上市企业股权）支付股权交易对价。

5. 间接转让机构、场所财产所得按照《公告》规定应缴纳企业所得税的，应计入纳税义务发生之日所属纳税年度该机构、场所的所得，按照有关规定申报缴纳企业所得税。

6. 间接转让不动产所得或间接转让股权所得按照《公告》规定应缴纳企业所得税的，依照有关法律规定或者合同约定对股权转让方直接负有支付相关款项义务的单位或者个人为扣缴义务人。

重难点3：特别纳税调整★★★

（一）转让定价（第五单元重点介绍）

转让定价也称划拨定价，即交易各方之间确定的交易价格，它通常是指关联企业之间内部转让交易所确定的价格，这种内部交易价格通常不同于一般市场价格。转让定价是现代企业特别是跨国公司进行国际避税所借用的重要工具，主要是利用各国税制差别来实现的。国际关联企业的转让定价往往受跨国企业集团利益的支配，不易受市场一般供求关系的约束，对商品和劳务内部交易往来采取与独立企业之间的正常交易价格不同的计价标准，使国际关联企业的整体税收负担减轻。

按照《企业所得税法》和《税收征收管理法》的有关规定，税务机关有权对企业与其关联方之间的业务往来是否符合独立交易原则进行审核评估和调查调整。

（二）成本分摊协议（又称成本贡献协议）

企业与其关联方签署成本分摊协议，共同开发、受让无形资产，或者共同提供、接受劳务。

1. 成本分摊协议的参与方对开发、受让的无形资产或参与的劳务活动享有受益权，并承担相应的活动成本。关联方承担的成本应与非关联方在可比条件下为获得上述受益权而支付的成本相一致。

参与方使用成本分摊协议所开发或受让的无形资产不需另支付特许权使用费。涉及劳务的成本分摊协议一般适用于集团采购和集团营销策划。

2. 企业应自与关联方签订（变更）成本分摊协议之日起30日内，向主管税务机关报送成本分摊协议副本，并在年度企业所得税纳税申报时，附送《中华人民共和国企业年度关联业务往来报告表》。

3. 企业与其关联方签署成本分摊协议，有下列情形之一的，其自行分摊的成本不得税前扣除：

（1）不具有合理商业目的和经济实质。

（2）不符合独立交易原则。

（3）没有遵循成本与收益配比原则。

（4）未按规定备案或准备、保存和提供有关成本分摊协议的同期资料。

（5）自签署成本分摊协议之日起经营期限少于20年。

【经典例题】

【例题·多选题】企业与其关联方签署了成本分摊协议，下列情形中，企业成本不得扣除的有（　　）。

A. 不具有合理商业目的和经济实质

B. 符合独立交易原则

C. 遵循成本与收益配比原则

D. 未按规定备案或准备、保存和提供有关成本分摊协议的同期资料

【答案】AD

【解析】企业与其关联方签署成本分摊协议，有下列情形之一的，其自行分摊的成本不得税前扣除：（1）不具有合理商业目的和经济实质。（2）不符合独立交易原则。（3）没有遵循成本与收益配比原则。（4）未按规定备案或准备、保存和提供有关成本分摊协议的同期资料。（5）自签署成本分摊协议之日起经营期限少于20年。

（三）受控外国企业

1. 受控外国企业：是指由居民企业，或者由居民企业和居民个人（以下统称“中国居民股东”，包括中国居民企业股东和中国居民个人股东）控制的设立在实际税负低于25%的企业所得税税率水平50%的国家（地区），并非出于合理经营需要对利润不作分配或减少分配的外国企业。对于受控外国企业的上述利润中应归属于该居民企业股东的部分，应当视同分配计入该居民企业的当期收入。

【小贴士】控制，是指在股份、资金、经营、购销等方面构成实质控制。其中，股份控制是指由中国居民股东在纳税年度任何一天单层直接或多层间接单一持有外国企业10%以上有表决权股份，且共同持有该外国企业50%以上股份。中国居民股东多层间接持有股份按各层持股比例相乘计算，中间层持有股份超过50%的，按100%计算。

2. 中国居民企业股东能够提供资料证明其控制的外国企业满足以下条件之一的，可免将外国企业不作分配或减少分配的利润视同股息分配额，计入中国居民企业股东的当期所得：

（1）设立在国家税务总局指定的非低税率国家（地区）。

（2）主要取得积极经营活动所得。

（3）年度利润总额低于500万元人民币。

（四）资本弱化

企业从其关联方接受的债权性投资与权益性投资的比例超过规定标准而发生的利息支出，不得在计算应纳税所得额时扣除。

1. 关联方债权性投资与其权益性投资比例为：金融企业5∶1；其他企业2∶1。

2. 相关交易活动符合独立交易原则的；或该企业的实际税负不高于境内关联方的，其实际支付给境内关联方的利息支出，在计算应纳税所得额时准予扣除。

3. 不得在计算应纳税所得额时扣除的利息支出应按以下公式计算：

不得扣除的利息支出＝年度实际支付的全部关联方利息×（1－标准比例÷关联债资比例）

（五）特别纳税调整程序

1. 税务机关实施特别纳税调查，应当重点关注具有以下风险特征的企业：

（1）关联交易金额较大或者类型较多。

（2）存在长期亏损、微利或者跳跃性盈利。

（3）低于同行业利润水平。

（4）利润水平与其所承担的功能风险不相匹配，或者分享的收益与分摊的成本不相配比。

（5）与低税国家（地区）关联方发生关联交易。

(6) 未按照规定进行关联申报或者准备同期资料。

(7) 从其关联方接受的债权性投资与权益性投资的比例超过规定标准。

(8) 由居民企业，或者由居民企业和中国居民控制的设立在实际税负低于12.5%的国家（地区）的企业，并非由于合理的经营需要而对利润不作分配或者减少分配。

(9) 实施其他不具有合理商业目的的税收筹划或者安排。

【经典例题】

【例题·多选题】 税务机关实施特别纳税调查，应当重点关注具有以下风险特征的企业(　　)。

A. 与低税国家（地区）关联方发生关联交易

B. 低于同行业利润水平

C. 利润水平与其所承担的功能风险不相匹配

D. 未按照规定进行关联申报或者准备同期资料

【答案】 ABCD

【解析】 以上选项均正确。

2. 税务机关对企业实施特别纳税调整的，应当根据企业所得税法及其实施条例的有关规定对2008年1月1日以后发生交易补征的企业所得税按日加收利息。特别纳税调查调整补缴的税款，应当按照应补缴税款所属年度的先后顺序确定补缴税款的所属年度，以入库日为截止日，分别计算应加收的利息额：

(1) 企业在《特别纳税调查调整通知书》送达前缴纳或者送达后补缴税款的，应当自税款所属纳税年度的次年6月1日起至缴纳或者补缴税款之日止计算加收利息。企业超过《特别纳税调查调整通知书》补缴税款期限仍未缴纳税款的，应当自补缴税款期限届满次日起按照《税收征收管理法》及其实施细则的有关规定加收滞纳金，在加收滞纳金期间不再加收利息。

(2) 利息率按照税款所属纳税年度12月31日公布的与补税期间同期的中国人民银行人民币贷款基准利率（以下简称“基准利率”）加5个百分点计算，并按照一年365天折算日利息率。

(3) 企业按照有关规定提供同期资料及有关资料的，或者按照有关规定不需要准备同期资料但根据税务机关要求提供其他相关资料的，可以只按照基准利率加收利息。

(4) 经税务机关调查，企业实际关联交易额达到准备同期资料标准，但未按照规定向税务机关提供同期资料的，税务机关补征税款加收利息，适用“利息率按照税款所属纳税年度12月31日公布的与补税期间同期的中国人民银行人民币贷款基准利率加5个百分点计算，并按照一年365天折算日利息率”规定。

第五单元　转让定价税务管理

重难点1：关联申报★

实行查账征收的居民企业和在中国境内设立机构、场所并据实申报缴纳企业所得税的非居民企业向税务机关报送年度企业所得税纳税申报表时，应当就其与关联方之间的业务往来进行关联申报。

(一) 关联方

1. 根据《企业所得税法》及其实施条例的规定，关联方是指与企业有下列关联关系之一的企业、其他组织或者个人：

(1) 在资金、经营、购销等方面存在直接或者间接的控制关系。

(2) 直接或者间接地同为第三者控制。

(3) 在利益上具有相关联的其他关系。

2. 企业与其他企业、组织或者个人具有下列关系之一的，构成关联关系：

(1) 一方直接或者间接持有另一方的股份总和达到**25%以上（含25%）**；双方直接或者间接同为第三方所持有的股份达到25%以上。如果一方通过中间方对另一方间接持有股份，只要其对中间方持股比例达到25%以上，则其对另一方的持股比例按照中间方对另一方的持股比例计算。两个以上具有夫妻、直系血亲、兄弟姐妹以及其他抚养、赡养关系的自然人共同持股同一企业，在判定关联关系时持股比例合并计算。

（2）双方存在持股关系或者同为第三方持股，虽持股比例未达到第（1）项规定，但双方之间借贷资金总额占任一方实收资本比例达到50%以上，或者一方全部借贷资金总额的10%以上由另一方担保（与独立金融机构之间的借贷或者担保除外）。

（3）双方存在持股关系或者同为第三方持股，虽持股比例未达到第（1）项规定，但一方的生产经营活动必须由另一方提供专利权、非专利技术、商标权、著作权等特许权才能正常进行。

（4）双方存在持股关系或者同为第三方持股，虽持股比例未达到第（1）项规定，但一方的购买、销售、接受劳务、提供劳务等经营活动由另一方控制。所称控制是指一方有权决定另一方的财务和经营政策，并能据以从另一方的经营活动中获取利益。

（5）一方半数以上董事或者半数以上高级管理人员（包括上市公司董事会秘书、经理、副经理、财务负责人和公司章程规定的其他人员）由另一方任命或者委派，或者同时担任另一方的董事或者高级管理人员；或者双方各自半数以上董事或者半数以上高级管理人员同为第三方任命或者委派。

（6）具有夫妻、直系血亲、兄弟姐妹以及其他抚养、赡养关系的两个自然人分别与双方具有第（1）至（5）项关系之一。

（7）双方在实质上具有其他共同利益。除第（2）项规定外，上述关联关系年度内发生变化的，关联关系按照实际存续期间认定。

【小贴士】仅因国家持股或者由国有资产管理部门委派董事、高级管理人员而存在上述第（1）至（5）项关系的，不构成此处所称的关联关系。

（二）关联交易类型

关联交易主要包括以下几种类型：

1. 有形资产使用权或者所有权的转让。

2. 金融资产的转让。金融资产包括应收账款、应收票据、其他应收款项、股权投资、债权投资和衍生金融工具形成的资产等。

3. 无形资产使用权或者所有权的转让。

4. 资金融通。资金包括各类长短期借贷资金（含集团资金池）、担保费、各类应计息预付款和延期收付款等。

5. 劳务交易。劳务包括市场调查、营销策划、代理、设计、咨询、行政管理、技术服务、合约研发、维修、法律服务、财务管理、审计、招聘、培训、集中采购等。

重难点2：同期资料管理★★★

企业应当依据《企业所得税法实施条例》的规定，按纳税年度准备并按税务机关要求提供其关联交易的同期资料。同期资料包括**主体文档、本地文档和特殊事项文档**。

（一）主体文档

符合下列条件之一的企业，应当准备主体文档：

1. 年度发生跨境关联交易，且合并该企业财务报表的最终控股企业所属企业集团已准备主体文档。

2. 年度关联交易总额超过10亿元。

（二）本地文档

年度关联交易金额符合下列条件之一的企业，应当准备本地文档：

1. 有形资产所有权转让金额（来料加工业务按照年度进出口报关价格计算）超过2亿元。

2. 金融资产转让金额超过1亿元。

3. 无形资产所有权转让金额超过1亿元。

4. 其他关联交易金额合计超过4 000万元。

【小贴士】主体文档和本地文档的条件区别，主要是关联交易的金额。

（三）特殊事项文档

1. 企业签订或者执行成本分摊协议特殊事项文档和资本弱化特殊事项文档。

2. 企业关联债资比例超过标准比例需要说明符合独立交易原则的，应当准备资本弱化特殊事项文档。

（四）豁免情形

1. 企业仅与境内关联方发生关联交易的，可以不准备主体文档、本地文档和特殊事项文档。

2. 企业执行预约定价安排的，可以不准备预约定价安排涉及关联交易的本地文档和特殊事项文档。

（五）时限及其他要求

主体文档应当在企业集团最终控股企业会计年度终了之日起**12个月**内准备完毕；本地文档和特殊事项文档应当在关联交易发生年度次年6月30日之前准备完毕。

【经典例题】

【真题·单选题】（2015）发生下列关联交易的企业，可免于准备关联交易同期资料的是（　　）。

A. 关联交易属于执行预约定价安排所涉及的范围

B. 外资股份低于50%且仅与境外关联方发生关联交易

C. 除成本分摊和预约定价安排外，年度发生的关联购销金额在2亿元人民币以上

D. 除成本分摊和预约定价安排外，年度发生的除关联购销外的其他关联交易金额在4 000万元人民币以上

【答案】 A

【解析】 根据税法规定，属于下列情形之一的企业，可免于准备同期资料：（1）企业仅与境内关联方发生关联交易的，可以不准备主体文档、本地文档和特殊事项文档。（2）企业执行预约定价安排的，可以不准备预约定价安排涉及关联交易的本地文档和特殊事项文档。

【真题·单选题】（2018）关联交易同期资料中的主体文档，应当在企业集团最终控股企业会计年度终了之日起一定期限内准备完毕。这一期限为（　　）个月。

A. 15　　B. 18

C. 12　　D. 24

【答案】 C

【解析】 主体文档应当在企业集团最终控股企业会计年度终了之日起12个月内准备完毕。

【例题·单选题】 下列企业年度关联交易金额，应当准备主体文档的是（　　）。

A. 年度关联交易总额超过10亿元

B. 无形资产所有权转让金额超过1亿元

C. 金融资产转让金额超过1亿元

D. 其他关联交易金额合计超过4 000万元

【答案】 A

【解析】 符合下列条件之一的企业，应当准备主体文档：（1）年度发生跨境关联交易，且合并该企业财务报表的最终控股企业所属企业集团已准备主体文档。（2）年度关联交易总额超过10亿元。

重难点3：转让定价调整方法★★

税务机关实施转让定价调查时，应当进行可比性分析，可比性分析一般包括以下五个方面。税务机关可以根据案件情况选择具体分析内容：

一是交易资产或者劳务特性。包括有形资产的物理特性、质量、数量等；无形资产的类型、交易形式、保护程度、期限、预期收益等；劳务的性质和内容；金融资产的特性、内容、风险管理等。

二是交易各方执行的功能、承担的风险和使用的资产。功能包括研发、设计、采购、加工、装配、制造、维修、分销、营销、广告、存货管理、物流、仓储、融资、管理、财务、会计、法律及人力资源管理等；风险包括投资风险、研发风险、采购风险、生产风险、市场风险、管理风险及财务风险等；资产包括有形资产、无形资产、金融资产等。

三是合同条款，包括交易标的、交易数量、交易价格、收付款方式和条件、交货条件、售后服务范围和条件、提供附加劳务的约

定、变更或者修改合同内容的权利、合同有效期、终止或者续签合同的权利等。合同条款分析应当关注企业执行合同的能力与行为，以及关联方之间签署合同条款的可信度等。

四是经济环境，包括行业概况、地理区域、市场规模、市场层级、市场占有率、市场竞争程度、消费者购买力、商品或者劳务可替代性、生产要素价格、运输成本、政府管制，以及成本节约、市场溢价等地域特殊因素。

五是经营策略，包括创新和开发、多元化经营、协同效应、风险规避及市场占有策略等。

【经典例题】

【例题·多选题】税务机关实施转让定价调查时，应当进行可比性分析，可比性分析一般包括以下(　　)方面。

A. 交易资产或者劳务特性

B. 交易各方执行的功能、承担的风险和使用的资产

C. 经济环境

D. 经营策略

【答案】ABCD

【解析】以上选项均正确。

税务机关应当在可比性分析的基础上，选择合理的转让定价方法，对企业关联交易进行分析评估。转让定价方法包括可比非受控价格法、再销售价格法、成本加成法、交易净利润法、利润分割法及其他符合独立交易原则的方法。

(一) 可比非受控价格法

可比非受控价格法以非关联方之间进行的与关联交易相同或者类似业务活动所收取的价格作为关联交易的公平成交价格。

可比非受控价格法可以适用于所有类型的关联交易。

可比非受控价格法的可比性分析，应当按照不同交易类型，特别考察关联交易与非关联交易中交易资产或者劳务的特性、合同条款、经济环境和经营策略上的差异。

关联交易与非关联交易在以上方面存在重大差异的，应当就该差异对价格的影响进行合理调整，无法合理调整的，应当选择其他合理的转让定价方法。

(二) 再销售价格法

再销售价格法以关联方购进商品再销售给非关联方的价格减去可比非关联交易毛利后的金额作为关联方购进商品的公平成交价格。其计算公式如下：

公平成交价格 = 再销售给非关联方的价格 ×(1 − 可比非关联交易毛利率)

可比非关联交易毛利率 = 可比非关联交易毛利 ÷ 可比非关联交易收入净额 ×100%

再销售价格法一般适用于再销售者未对商品进行改变外形、性能、结构或者更换商标等实质性增值加工的简单加工或者单纯购销业务。

(三) 成本加成法

成本加成法以关联交易发生的合理成本加上可比非关联交易毛利后的金额作为关联交易的公平成交价格。其计算公式如下：

公平成交价格 = 关联交易发生的合理成本 ×(1 + 可比非关联交易成本加成率)

可比非关联交易成本加成率 = 可比非关联交易毛利 ÷ 可比非关联交易成本 ×100%

成本加成法一般适用于有形资产使用权或者所有权的转让、资金融通、劳务交易等关联交易。

(四) 交易净利润法 (又称交易净利润率法)

交易净利润法以可比非关联交易的利润指标确定关联交易的利润。利润指标包括息税前利润率、完全成本加成率、资产收益率、贝里比率等。具体计算公式如下：

息税前利润率 = 息税前利润 ÷ 营业收入 ×100%

完全成本加成率 = 息税前利润 ÷ 完全成本 ×100%

资产收益率 = 息税前利润 ÷ [(年初资产总额 + 年末资产总额) ÷2] ×100%

贝里比率＝毛利÷（营业费用＋管理费用）×100%

利润指标的选取应当反映交易各方执行的功能、承担的风险和使用的资产。利润指标的计算以企业会计处理为基础，必要时可以对指标口径进行合理调整。

交易净利润法一般适用于不拥有重大价值无形资产企业的有形资产使用权或者所有权的转让和受让、无形资产使用权受让以及劳务交易等关联交易。

【经典例题】

【例题·多选题】交易净利润法以可比非关联交易的利润指标确定关联交易的利润。利润指标包括（　　）。

A. 息税前利润率

B. 完全成本加成率

C. 资产收益率

D. 贝里比率

【答案】ABCD

【解析】以上选项均正确。

（五）利润分割法

利润分割法根据企业与其关联方对关联交易合并利润（实际或者预计）的贡献计算各自应当分配的利润额。利润分割法主要包括一般利润分割法和剩余利润分割法。

一般利润分割法通常根据关联交易各方所执行的功能、承担的风险和使用的资产，采用符合独立交易原则的利润分割方式，确定各方应当取得的合理利润；当难以获取可比交易信息但能合理确定合并利润时，可以结合实际情况考虑与价值贡献相关的收入、成本、费用、资产、雇员人数等因素，分析关联交易各方对价值做出的贡献，将利润在各方之间进行分配。

剩余利润分割法将关联交易各方的合并利润减去分配给各方的常规利润后的余额作为剩余利润，再根据各方对剩余利润的贡献程度进行分配。

利润分割法一般适用于企业及其关联方均对利润创造具有独特贡献，业务高度整合且难以单独评估各方交易结果的关联交易。利润分割法的适用应当体现利润应在经济活动发生地和价值创造地征税的基本原则。

【经典例题】

【真题·多选题】（2020）下列转让定价调整方法中，适用于有形资产购销关联交易的有（　　）。

A. 成本加成法

B. 再销售价格法

C. 交易净利润法

D. 可比非受控价格法

【答案】ABCD

【解析】以上转让定价调整方法中，均适用于有形资产购销关联交易。

重难点4：转让定价调查及调整★★★

1. 税务机关分析评估被调查企业关联交易是否符合独立交易原则时，可以根据实际情况选择算术平均法、加权平均法或者四分位法等统计方法，逐年分别或者多年度平均计算可比企业利润或者价格的平均值或者四分位区间。

【小贴士】税务机关应当按照可比利润水平或者可比价格对被调查企业各年度关联交易进行逐年测试调整。税务机关采用四分位法分析评估企业利润水平时，企业实际利润水平低于可比企业利润率区间中位值的，原则上应当按照不低于中位值进行调整。

【经典例题】

【真题·单选题】（2020）预约定价安排中确定关联交易利润水平应采取的方法是（　　）。

A. 中位值法　B. 四分位法

C. 八分位法　D. 百分位法

【答案】B

【解析】税务机关分析评估被调查企业关联交易是否符合独立交易原则时，可以根据实际情况选择算术平均法、加权平均法或者四分位法等统计方法。

2. 税务机关分析评估被调查企业为其关联方提供的来料加工业务，在可比企业不是相同业务模式，且业务模式的差异会对利润水平产生影响的情况下，应当对业务模式的差异进行调整，还原其不作价的来料和设备价值。企业提供真实完整的来料加工产品整体价值链相关资料，能够反映各关联方总体利润水平的，税务机关可以就被调查企业与可比企业因料件还原产生的资金占用差异进行可比性调整，利润水平调整幅度超过10%的，应当重新选择可比企业。

3. 企业与其关联方转让或者受让无形资产使用权而收取或者支付的特许权使用费，应当根据下列情形适时调整，未适时调整的，税务机关可以实施特别纳税调整。

（1）无形资产价值发生根本性变化。

（2）按照营业常规，非关联方之间的可比交易应当存在特许权使用费调整机制。

（3）无形资产使用过程中，企业及其关联方执行的功能、承担的风险或者使用的资产发生变化。

（4）企业及其关联方对无形资产进行后续开发、价值提升、维护、保护、应用和推广做出贡献而未得到合理补偿。

4. 企业与其关联方发生劳务交易支付或者收取价款不符合独立交易原则而减少企业或者其关联方应纳税收入或者所得额的，税务机关可以实施特别纳税调整。符合独立交易原则的关联劳务交易应当是受益性劳务交易，并且按照非关联方在相同或者类似情形下的营业常规和公平成交价格进行定价。

受益性劳务是指能够为劳务接受方带来直接或者间接经济利益，且非关联方在相同或者类似情形下，愿意购买或者愿意自行实施的劳务活动。

企业向其关联方支付非受益性劳务的价款，税务机关可以按照已税前扣除的金额全额实施特别纳税调整。非受益性劳务主要包括以下情形：

（1）劳务接受方从其关联方接受的，已经购买或者自行实施的劳务活动。

（2）劳务接受方从其关联方接受的，为保障劳务接受方的直接或者间接投资方的投资利益而实施的控制、管理和监督等劳务活动。该劳务活动主要包括：

①董事会活动、股东会活动、监事会活动和发行股票等服务于股东的活动。

②与劳务接受方的直接或者间接投资方、集团总部和区域总部的经营报告或者财务报告编制及分析有关的活动。

③与劳务接受方的直接或者间接投资方、集团总部和区域总部的经营及资本运作有关的筹资活动。

④为集团决策、监管、控制、遵从需要所实施的财务、税务、人事、法务等活动。

⑤其他类似情形。

（3）劳务接受方从其关联方接受的，并非针对其具体实施的，只是因附属于企业集团而获得额外收益的劳务活动。该劳务活动主要包括：

①为劳务接受方带来资源整合效应和规模效应的法律形式改变、债务重组、股权收购、资产收购、合并、分立等集团重组活动。

②由于企业集团信用评级提高，为劳务接受方带来融资成本下降等利益的相关活动。

③其他类似情形。

（4）劳务接受方从其关联方接受的，已经在其他关联交易中给予补偿的劳务活动。该劳务活动主要包括：

①从特许权使用费支付中给予补偿的与专利权或者非专利技术相关的服务。

②从贷款利息支付中给予补偿的与贷款相关的服务。

③其他类似情形。

（5）与劳务接受方执行的功能和承担的风险无关，或者不符合劳务接受方经营需要的关联劳务活动。

（6）其他不能为劳务接受方带来直接或者间接经济利益，或者非关联方不愿意购买或者不愿意自行实施的关联劳务活动。

5. 企业向未执行功能、承担风险，无实质性经营活动的境外关联方支付费用，不符合独立交易原则的，税务机关可以按照已税前扣除的金额全额实施特别纳税调整。

6. 实际税负相同的境内关联方之间的交易，只要该交易没有直接或者间接导致国家总体税收收入的减少，原则上不作特别纳税调整。

重难点 5：预约定价安排★

根据《企业所得税法》的有关规定，企业可以与税务机关就企业未来年度关联交易的定价原则和计算方法达成预约定价安排。预约定价安排的谈签与执行经过预备会谈、谈签意向、分析评估、正式申请、协商签署和监控执行六个阶段。

第六单元　国际税收征管合作

近年来，我国在国际税收征管合作方面取得快速进展。2013 年 8 月 27 日，我国签署《多边税收征管互助公约》(以下简称《公约》)，成为该公约的第 56 个签约方，G20 成员至此已全部加入这一公约。2015 年 7 月 1 日，第十二届全国人大常委会第十五次会议表决通过了国务院关于提请审议批准《多边税收征管互助公约》的议案。

重难点 1：情报交换★★

(一) 情报交换概述

情报交换应在税收协定生效并执行以后进行，税收情报涉及的事项可以**溯及税收协定生效并执行之前**；情报交换在税收协定规定的权利和义务范围内进行；情报交换通过税收协定确定的主管当局或其授权代表进行。我国主管当局为国家税务总局。

(二) 情报交换的种类与范围

1. 情报交换的种类。

情报交换的种类包括**专项情报交换、自动情报交换、自发情报交换以及同期税务检查、授权代表访问和行业范围情报交换等**。

2. 情报交换的范围。

除缔约国双方另有规定外，情报交换的范围一般为：

(1) 国家范围应**仅限于**与我国正式签订含有情报交换条款的税收协定并生效执行的国家。

(2) 税种范围应**仅限于**税收协定规定的税种，主要为具有所得（和财产）性质的税种。

(3) 人的范围应**仅限于**税收协定缔约国一方或双方的居民。

(4) 地域范围应**仅限于**缔约国双方有效行使税收管辖权的区域。

3. 我国从缔约国主管当局获取的税收情报可以作为税收执法行为的依据，并可以在诉讼程序中出示。

(三) 税收情报的保密

1. 税收情报一般应确定为秘密级。

2. 属以下情形的，应确定为机密级：

(1) 税收情报事项涉及偷税、骗税或其他严重违反税收法律法规的行为。

(2) 缔约国主管当局对税收情报有特殊保密要求的。

3. 税收情报事项涉及最重要的国家秘密，泄露会使国家的安全和利益遭受特别严重的损害，应确定为绝密级。

4. 税收情报的内容涉及其他部门或行业的秘密事项，按有关主管部门的保密范围确定密级。对于难以确定密级的情报，主管税务机关应逐级上报**总局**决定。

5. 在确定密级时，应该同时确定保密期限。

绝密级情报保密期限 30 年，机密级情报保密期限 20 年，秘密级情报保密期限 10 年。

【经典例题】

【真题·多选题】(2017) 下列关于税收情报交换的表述中，正确的有(　　)。

A. 税收情报应作密件处理

B. 税收情报涉及的事项可以溯及税收协

定生效并执行之前

C. 税收情报交换在税收协定规定的权利和义务范围内进行

D. 我国从缔约国主管当局获取的税收情报可以作为税收执法行为的依据

【答案】ABCD

【解析】以上选项均正确。

重难点 2：海外账户税收遵从法案★

美国《海外账户税收遵从法案》（以下简称“FATCA”），其主要目的是追查全球范围内美国富人的逃避缴纳税款行为。2008 年国际金融危机后，美国政府面临财政困局，为增加财政收入，美国国会于 2010 年 3 月通过 FATCA。FATCA 要求外国机构向美国税务机关报告美国账户持有人信息，若外国机构不遵守 FATCA，美国将对外国机构来源于美国的所得和收入扣缴 30% 的惩罚性预提所得税。

（一）FATCA 的实施模式

模式一为通过政府开展信息交换，包括互惠型和非互惠型两种子模式；模式二为金融机构直接向美国税务机关报送信息。

（二）外国金融机构的义务

（三）账户分级管理

（四）纳税人承担举证责任

虽然金融机构负有尽职调查与信息报告义务，但举证责任最终仍由纳税人承担。如果某账户持有人不能证明自己并非美国纳税人或者无法向外国金融机构提供必要的证明文件，那么该账户持有人会被认定为“不合作账户持有人”，将被扣缴 30% 的预提所得税，并且将面临被关闭账户的风险。

【经典例题】

【真题·单选题】（2016）下列关于《海外账户税收遵从法案》的表述中，正确的是（　　）。

A. 《海外账户税收遵从法案》设定举证责任最终由纳税人承担

B. 《海外账户税收遵从法案》的主要目的是追查全球企业避税情况

C. 《海外账户税收遵从法案》仅适用于美国境内

D. 根据《海外账户税收遵从法案》被认定为“不合作账户持有人”将被扣缴 40% 的预提所得税

【答案】A

【解析】选项 B，《海外账户税收遵从法案》的主要目的是追查全球范围内美国富人的逃避缴纳税款行为。选项 C，《海外账户税收遵从法案》的适用范围远远超出美国辖区。选项 D，根据《海外账户税收遵从法案》被认定为“不合作账户持有人”将被扣缴 30% 的预提所得税。

重难点 3：金融账户涉税信息自动交换标准★

（一）金融账户涉税信息自动交换标准的产生和发展

受 G20 委托，OECD 于 2014 年 7 月发布了《金融账户涉税信息自动交换标准》（Standard for Automatic Exchange of Financial Information in Tax Matters，以下简称“AEOI 标准”），获得当年 G20 布里斯班峰会的核准，为各国加强国际税收合作、打击跨境逃避税提供了强有力的工具。

（二）金融账户涉税信息自动交换标准的内容及机制

AEOI 标准由《主管当局协议范本》（Model Competent Authority Agreement，以下简称“MCAA”）和《统一报告标准》（Common Reporting Standard，以下简称“CRS”）两部分内容组成。

MCAA 是规范各国（地区）税务主管当局之间如何开展金融账户涉税信息自动交换的操作性文件，以互惠型模式为基础，分为双边和多边两个版本。CRS 规定了金融机构收集和报送外国税收居民个人和企业账户信息的相关要求和程序。

（三）金融账户涉税信息自动交换标准在中国的实施

2015年7月，《多边税收征管互助公约》由第十二届全国人大常委会第十五次会议批准，已于2016年2月对我国生效，为实施AEOI标准奠定了多边法律基础。2015年12月，经国务院批准，国家税务总局签署了《金融账户涉税信息自动交换多边主管当局间协议》，为我国与其他国家（地区）间相互交换金融账户涉税信息提供了操作层面的多边法律工具。

【经典例题】

【真题·单选题】（2017）下列国际组织或机构中，发布了《金融账户涉税信息自动交换标准》的是（　　）。

A. 联合国

B. 世界银行

C. 经济合作与发展组织

D. 世界贸易组织

【答案】 C

【解析】 经济合作与发展组织（OECD）于2014年7月发布了《金融账户涉税信息自动交换标准》。

【本章总结】

1. 近三年本章两次考核计算问答题，所以对本章学习需要高度重视。

2. 本章应掌握与熟悉的内容。

（1）掌握对非居民企业取得的来源于中国境内的股息、红利等权益性投资收益和利息、租金、特许权使用费所得、转让财产所得以及其他所得应当缴纳企业所得税，实行源泉扣缴。

（2）掌握企业在境外同一国家（地区）设立不具有独立纳税地位的分支机构，按照规定计算的亏损，不得抵减其境内或他国（地区）的应纳税所得额，但可以用同一国家（地区）其他项目或以后年度的所得按规定弥补，熟悉实际亏损和非实际亏损的弥补期限。

（3）掌握间接抵免和直接抵免的计算。

（4）掌握特别纳税调整的方法。

（5）熟悉转让定价的调整方法。

（6）熟悉情报交换的种类，情报交换的范围，情报交换的密级。

3. 与其他章节及税种的关系。

（1）与第一章税法总论第七单元联系紧密。

（2）与企业所得税相关规定一并学习。

通关练习

一、单项选择题

1.《经合组织范本》其主导思想所强调的是（　　），主要是为了促进经合组织成员国之间国际税收协定的签订。

A. 收入来源国的税收管辖权

B. 居民税收管辖权

C. 公民税收管辖权

D. 属地原则

2. 双重居民身份下最终居民身份的判定，协定规定了确定标准，按照先后顺序是（　　）。

A. 国籍，习惯性居处，重要利益中心，永久性住所

B. 重要利益中心，永久性住所，国籍，习惯性居处

C. 永久性住所，重要利益中心，习惯性居处，国籍

D. 习惯性居处，国籍，永久性住所，重要利益中心

3. 2020年12月，中国境内某企业向一非居民企业（在中国境内未设立机构、场所）支付特许权使用费150万元、境内一处不动产转让价款500万元（该不动产的净值为100万元），该企业应扣缴企业所得税（　　）万元。

A. 50　　B. 55

C. 110　　D. 130

4. 境内机构和个人向境外单笔支付等值

(　　)万美元以上（不含等值）外汇资金，除无须进行税务备案的情形外，均应向所在地主管税务机关进行税务备案。

A. 5　　B. 10

C. 20　　D. 50

5. 自2017年1月1日起，企业可以选择按国（地区）别计算［即“分国（地区）不分项”］，或者不按国（地区）别汇总计算［即“不分国（地区）不分项”］其来源于境外的应纳税所得额，并按照有关规定分别计算其可抵免境外所得税税额和抵免限额。上述方式一经选择，(　　)年内不得改变。

A. 1　　B. 3

C. 5　　D. 7

6. 如果企业当期境内外所得盈利额与亏损额加总后和为零或正数，则其当年度境外分支机构的非实际亏损额(　　)向后结转弥补。

A. 不允许　　B. 可以按5年

C. 可以按10年　　D. 可以无限期

7. 我国居民企业甲直接持有A国乙企业60%的股份，A国乙企业持有B国丙企业40%的股份，我国居民企业甲直接持有B国丙企业15%的股份，则针对居民企业甲而言，以下说法正确的是(　　)。

A. 乙符合间接抵免持股条件但丙不符合间接抵免持股条件

B. 乙不符合间接抵免持股条件但丙符合间接抵免持股条件

C. 乙丙均不符合间接抵免持股条件

D. 乙丙均符合间接抵免持股条件

8. 中国居民企业A公司，在甲国投资设立了B公司，甲国政府为鼓励境外投资，对B公司第一个获利年度实施了企业所得税免税。按甲国的税法规定，企业所得税税率为20%。A公司获得了B公司免税年度分得的利润1 000万元。根据中国和甲国政府签订税收协定规定，A公司在计算缴纳企业所得税时，可抵免的境外已纳税款是(　　)万元。

A. 0　　B. 100

C. 200　　D. 250

9. 资本弱化特殊事项文档应当在关联交易发生年度次年(　　)之前准备完毕，应当自税务机关要求之日起30日内提供。

A. 3月30日　　B. 6月30日

C. 9月30日　　D. 12月30日

10. 企业年度关联交易总额超过(　　)，应当准备主体文档。

A. 4 000万元　　B. 1亿元

C. 2亿元　　D. 10亿元

11. 按照没有关联关系的交易各方进行相同或者类似业务往来的价格进行定价的方法是(　　)。

A. 可比非受控价格法

B. 再销售价格法

C. 成本加成法

D. 交易净利润法

12. 企业的关联方以及可比企业应在与税务机关约定的期限内提供相关资料，约定期限一般不应超过(　　)日。

A. 15　　B. 30

C. 60　　D. 90

13. 预约定价安排一般适用于主管税务机关向企业送达接收其谈签意向的《税务事项通知书》之日所属纳税年度前3个年度每年度发生的关联交易金额(　　)万元人民币以上的企业。

A. 1 000　　B. 2 000

C. 4 000　　D. 5 000

14. 缔约国双方主管当局之间根据约定，以批量形式自动提供有关纳税人取得专项收入的税收情报的行为是(　　)。

A. 专项情报交换

B. 自动情报交换

C. 自发情报交换

D. 行业范围情报交换

二、多项选择题

1. 以下向境外支付外汇的情形，无须向税务机关备案的有(　　)。

A. 境内机构在境外发生的5万美元的会议费用

B. 境内机构发生在境外的1万美元的保险费

C. 境内机构和个人向境外机构支付其从境内获得的100万美元的融资租赁租金

D. 境内机构和个人向境外个人支付在境内的8万美元工作报酬

2. 非居民纳税人享受税收协定待遇，采取的方式有(　　)。

A. 自行判断

B. 申报享受

C. 税务机关判断

D. 相关资料留存备查

3. 对企业所得税法实施条例规定的不同所得，确定所得发生地主管税务机关的原则有(　　)。

A. 不动产转让所得，为不动产所在地税务机关

B. 权益性投资资产转让所得，为投资企业的所得税主管税务机关

C. 股息、红利等权益性投资所得，为分配所得企业的所得税主管税务机关

D. 利息所得、租金所得、特许权使用费所得，为负担、支付所得的单位或个人的所得税主管税务机关

4. 以下关于境外机构的亏损弥补，说法正确的有(　　)。

A. 企业当期境内外所得盈利额与亏损额加总后和为零或正数，则其当年度境外分支机构的非实际亏损额可按5年向后结转

B. 如果企业当期境内外所得盈利额与亏损额加总后和为零或正数，则其当年度境外分支机构的非实际亏损额可无限期向后结转弥补

C. 如果企业当期境内外所得盈利额与亏损额加总后和为负数，则以境外分支机构的亏损超过盈利额部分的实际亏损额可按5年向后结转

D. 如果企业当期境内外所得盈利额与亏损额加总后和为负数，未超过企业盈利额部分的非实际亏损额可无限期向后结转弥补

5. 关于税收饶让，正确的表述有(　　)。

A. 我国《企业所得税法》尚未单方面规定税收饶让抵免

B. 税收协定规定定率饶让抵免的，饶让抵免限额为按该定率计算的应纳境外所得税额超过实际缴纳的境外所得税额的数额

C. 境外所得采用简易办法计算抵免额的，不适用饶让抵免

D. 企业取得的境外所得根据来源国税收法律法规不判定为所在国应税所得，按中国税收法律法规规定属于应税所得的，可列入税收饶让抵免范畴

6. 以下各项中，属于税基侵蚀和利润转移项目（BEPS）行动计划的有(　　)。

A. 数据统计分析　B. 常设机构

C. 税收饶让　　　D. 争端解决

7. 企业应当依据《企业所得税法实施条例》的规定，按纳税年度准备并按税务机关要求提供其关联交易的同期资料。同期资料包括(　　)。

A. 主体文档　　　B. 本地文档

C. 外地文档　　　D. 特殊事项文档

8. 以下关于同期资料管理，说法正确的有(　　)。

A. 企业仅与境内关联方发生关联交易的，可以不准备主体文档、本地文档和特殊事项文档

B. 企业执行预约定价安排的，可以不准备预约定价安排涉及关联交易的本地文档和特殊事项文档

C. 主体文档应当在企业集团最终控股企业会计年度终了之日起6个月内准备完毕

D. 本地文档和特殊事项文档应当在关联交易发生年度次年6月30日之前准备完毕

9. 以下企业属于转让定价调查重点选择的企业有(　　)。

A. 关联交易数额较大或类型较多的企业

B. 长期亏损、微利或跳跃性盈利的企业

C. 高于同行业利润水平的企业

D. 按规定进行关联申报或准备同期资料的企业

10. 以下情况，属于税务机关可以优先受理的有(　　)。

A. 企业纳税信用级别为 A 级

B. 税务机关曾经对企业实施特别纳税调查调整，并已经结案

C. 企业关联申报和同期资料不完整

D. 企业不配合税务机关开展预约定价安排谈签工作

11. 除缔约国双方另有规定外，情报交换的范围一般包括(　　)。

A. 国家范围应仅限于与我国正式签订含有情报交换条款的税收协定并生效执行的国家

B. 税种范围应仅限于税收协定规定的税种，主要为具有所得（和财产）性质的税种

C. 人的范围应仅限于税收协定缔约国一方或双方的居民

D. 地域范围应仅限于缔约国双方有效行使税收管辖权的区域

三、计算问答题

1. 我国居民企业甲在境外进行了投资，在 A 国持有了乙公司 40% 的股份，乙公司持有 B 国丙企业 20% 的股份。2020 年经营情况及分配状况如下：

（1）B 国企业所得税税率为 15%，预提所得税税率为 12%，丙企业应纳税所得总额 1 000 万元，丙企业将部分税后利润按持股比例进行了分配。

（2）A 国企业所得税税率为 20%，预提所得税税率为 10%，乙企业应纳税所得总额（该应纳税所得总额已包含投资收益还原计算的间接税款）2 000 万元，其中来自丙企业的投资收益 100 万元，按照 12% 的税率缴纳 B 国预提所得税 12 万元，乙企业在 A 国享受税收抵免后实际缴纳税款 200 万元，乙企业将全部税后利润按持股比例进行了分配。

（3）居民企业甲适用的企业所得税税率 25%，其来自境内的应纳税所得额为 3 000 万元。

要求：根据上述资料，按照下列序号回答问题，如有计算需计算出合计数。

（1）判断企业丙分回企业甲的投资收益能否适用间接抵免优惠政策并说明理由。

（2）判断企业乙分回企业甲的投资收益能否适用间接抵免优惠政策并说明理由。

（3）计算企业乙所纳税额属于由企业甲负担的税额。

（4）计算企业甲取得来源于企业乙投资收益的抵免限额。

2. 中国居民企业甲公司在我国的企业所得税税率为 25%，2020 年甲公司的业务如下：

（1）境内所得的应纳税所得额为 2 500 万元。

（2）在 A 国设有一不具备独立法人地位的分公司，2020 年度，该分公司应纳税所得额 300 万元，该国实行 20% 的企业所得税税率，分公司在该国可享受第一年免征企业所得税的优惠政策，所以当年在 A 国的企业所得税税额为 0。

（3）在 B 国设有 100% 控股子公司，2020 年度从该子公司分回税后所得 315 万元，B 国适用 30% 的企业所得税税率，B 国预提所得税的税率为 10%。

（其他相关资料：我国与 A 国和 B 国签订的国际税收协定中有饶让条款；甲公司选择分国不分项抵免方法。）

要求：根据上述资料，按照下列序号回答问题，如有计算需计算出合计数。

（1）计算甲公司来自 A 国分公司所得的抵免限额。

（2）计算甲公司来自 B 国子公司所得的抵免限额。

（3）计算甲公司当年在我国实际缴纳的所得税。

3. 甲公司为未在我国境内设立机构场所的非居民企业，2020 年发生的与我国境内相关的部分业务如下：

（1）1 月 20 日，向我国境内乙公司投资 2 000 万元，持有乙公司 10% 的股权。

（2）6 月 20 日，为乙公司的一笔借贷资金提供担保服务，该笔借贷资金占乙公司全部

借贷资金的20%，取得不含增值税担保费收入20万元（该笔借贷资金来自于非金融机构）。

（3）12月30日，乙公司按持股比例向甲公司分派股息10万元。

（其他相关资料：假设1美元折合人民币7元。甲公司在中国境内无常设机构，不考虑税收协定因素。）

要求：根据上述资料，按照下列序号回答问题，如有计算需计算出合计数。

（1）判断甲公司和乙公司是否构成关联关系并说明理由。

（2）判断乙公司支付的担保费是否需要进行税务备案并说明理由。

（3）计算业务（3）中乙公司应代扣代缴的预提所得税。

通关练习答案及解析

一、单项选择题

1. 【答案】B

【解析】《经合组织范本》其主导思想所强调的是居民税收管辖权，主要是为了促进经合组织成员国之间国际税收协定的签订。

2. 【答案】C

【解析】按照缔约国一方居民的判定标准，同一人有可能同时为中国和新加坡居民。为了解决这种情况下个人最终居民身份的归属，协定进一步规定了以下确定标准，需特别注意的是，这些标准的使用是有先后顺序的，只有当使用前一标准无法解决问题时，才使用后一标准。这些标准依次为：（1）永久性住所。（2）重要利益中心。（3）习惯性居处。（4）国籍。当采用上述标准依次判断仍然无法确定其身份时，可由缔约国双方主管当局按照协定规定的相互协商程序协商解决。

3. 【答案】B

【解析】非居民企业从中国境内取得的股息、红利等权益性投资收益和利息、租金、特许权使用费所得，以收入全额为应纳税所得额；转让财产所得需要差额计税。在中国境内未设立机构、场所的，实际征税时适用10%的税率。该企业应扣缴企业所得税 =（150 + 500 − 100）× 10% = 55（万元）。

4. 【答案】A

【解析】境内机构和个人向境外单笔支付等值5万美元以上（不含等值5万美元）外汇资金，除无须进行税务备案的情形外，均应向所在地主管税务机关进行税务备案。

5. 【答案】C

【解析】自2017年1月1日起，企业可以选择按国（地区）别计算［即“分国（地区）不分项”］，或者不按国（地区）别汇总计算［即“不分国（地区）不分项”］其来源于境外的应纳税所得额，并按照有关规定分别计算其可抵免境外所得税税额和抵免限额。上述方式一经选择，5年内不得改变。

6. 【答案】D

【解析】如果企业当期境内外所得盈利额与亏损额加总后和为零或正数，则其当年度境外分支机构的非实际亏损额可无限期向后结转弥补。

7. 【答案】D

【解析】居民企业甲直接持有A国乙企业60%的股份，符合间接抵免持股条件；乙企业持有丙企业40%的股份，甲企业直接持有丙企业15%的股份，但甲企业间接持有丙企业24%（60% × 40%）的股份（大于20%），也符合间接抵免持股条件。

8. 【答案】C

【解析】由A公司抵免的境外税额 = 1 000 × 20% = 200（万元）。

9. 【答案】B

【解析】资本弱化特殊事项文档应当在关联交易发生年度次年6月30日之前准备完毕，应当自税务机关要求之日起30日内提供。

10. 【答案】D

【解析】符合下列条件之一的企业，应当准备主体文档：（1）年度发生跨境关联交易，且合并该企业财务报表的最终控股企业所属企业集团已准备主体文档。（2）年度关联交易总额超过10亿元。

11.【答案】A

【解析】可比非受控价格法以非关联方之间进行的与关联交易相同或者类似业务活动所收取的价格作为关联交易的公平成交价格。可比非受控价格法可以适用于所有类型的关联交易。

12.【答案】C

【解析】企业的关联方以及可比企业应在与税务机关约定的期限内提供相关资料，约定期限一般不应超过60日。

13.【答案】C

【解析】预约定价安排一般适用于主管税务机关向企业送达接收其谈签意向的《税务事项通知书》之日所属纳税年度前3个年度每年度发生的关联交易金额4 000万元人民币以上的企业。

14.【答案】B

【解析】自动情报交换，是指缔约国双方主管当局之间根据约定，以批量形式自动提供有关纳税人取得专项收入的税收情报的行为。

二、多项选择题

1.【答案】AB

【解析】选项A、B属于无须进行税务备案的情形。选项C、D属于需要进行税务备案的情形。

2.【答案】ABD

【解析】非居民纳税人享受协定待遇，采取“自行判断、申报享受、相关资料留存备查”的方式办理。

3.【答案】ACD

【解析】选项B，权益性投资资产转让所得，为被投资企业的所得税主管税务机关。

4.【答案】BCD

【解析】如果企业当期境内外所得盈利额与亏损额加总后和为零或正数，则其当年度境外分支机构的非实际亏损额可无限期向后结转弥补。如果企业当期境内外所得盈利额与亏损额加总后和为负数，则以境外分支机构的亏损超过盈利额部分的实际亏损额可按5年向后结转，未超过企业盈利额部分的非实际亏损额可无限期向后结转弥补。

5.【答案】ABC

【解析】选项D，企业取得的境外所得根据来源国税收法律法规不判定为所在国应税所得，按中国税收法律法规规定属于应税所得的，不属于税收饶让抵免范畴，应全额按中国税收法律法规规定缴纳企业所得税。

6.【答案】ABD

【解析】BEPS十五项行动计划包括：（1）数字经济。（2）混合错配。（3）受控外国公司规则。（4）利息扣除。（5）有害税收实践。（6）税收协定滥用。（7）常设机构。（8）无形资产。（9）风险和资本。（10）其他高风险交易。（11）数据统计分析。（12）强制披露规则。（13）转让定价同期资料。（14）争端解决。（15）多边工具。

7.【答案】ABD

【解析】企业应当依据《企业所得税法实施条例》的规定，按纳税年度准备并按税务机关要求提供其关联交易的同期资料。同期资料包括主体文档、本地文档和特殊事项文档。

8.【答案】ABD

【解析】选项C，主体文档应当在企业集团最终控股企业会计年度终了之日起12个月内准备完毕。

9.【答案】AB

【解析】转让定价调查重点选择的企业：（1）关联交易数额较大或类型较多的企业。（2）长期亏损、微利或跳跃性盈利的企业。（3）低于同行业利润水平的企业。（4）利润水平与其所承担的功能明显不相匹配的企业。（5）与避税港关联方发生业务往来的企业。（6）未按规定进行关联申报或准备同期资料的企业。（7）其他明显违背独立交易原则的企业。

10.【答案】AB

【解析】有下列情形之一的，税务机关可

以优先受理企业提交的正式申请：(1) 企业关联申报和同期资料完备合理，披露充分。(2) 企业纳税信用级别为A级。(3) 税务机关曾经对企业实施特别纳税调查调整，并已经结案。(4) 签署的预约定价安排执行期满，企业申请续签，且预约定价安排所述事实和经营环境没有发生实质性变化。(5) 企业提交的申请材料齐备，对价值链或者供应链的分析完整、清晰，充分考虑成本节约、市场溢价等地域特殊因素，拟采用的定价原则和计算方法合理。(6) 企业积极配合税务机关开展预约定价安排谈签工作。(7) 申请双边或者多边预约定价安排的，所涉及的税收协定缔约双方税务主管当局有强烈的谈签意愿，对预约定价安排的重视程度较高。(8) 其他有利于预约定价安排谈签的因素。

11. **【答案】** ABCD

【解析】 以上选项均属于正确答案。

三、计算问答题

1. **【答案及解析】**

(1) 这里不适用间接抵免的优惠政策。理由：适用间接抵免的外国企业中的第二层：单一第一层外国企业直接持有20%以上股份，且由单一居民企业直接持有或通过一个或多个符合规定持股条件的外国企业间接持有总和达到20%以上股份的外国企业。

本题企业甲直接持有企业乙40%的股份，企业乙直接持有企业丙20%以上的股份，但企业甲间接持有企业丙股份为8%（40%×20%），不足20%，不适用间接抵免的优惠政策。

(2) 这里适用间接抵免的优惠政策。

理由：适用间接抵免的外国企业中的第一层：单一居民企业直接持有20%以上股份的外国企业；本题境内企业甲直接持有企业乙的股份40%，超过20%，可以适用间接抵免的优惠政策。

(3) 企业乙的税后利润 = 2 000 − 200 − 12 = 1 788（万元）。

在A国实纳税200万元和B国预提税12万元均为境外企业乙实际缴纳的税额。

应由企业甲负担的税款 =（200 + 12）× 40% = 84.8（万元）。

(4) 企业甲取得的境外所得总额 = 1 788 × 40% + 84.8 = 800（万元）。

企业甲取得的境内外所得总额 = 800 + 3 000 = 3 800（万元）。

企业甲总应纳税额 = 3 800 × 25% = 950（万元）。

抵免限额 = 950 × 800 ÷ 3 800 = 200（万元）。

2. **【答案及解析】**

(1) 甲公司来自A国分公司所得的抵免限额 = 300 × 25% = 75（万元）。

(2) B国子公司税后所得还原成税前所得 = 315 ÷（1 − 10%）÷（1 − 30%）= 500（万元）。

抵免限额 = 500 × 25% = 125（万元）。

(3) A国优惠饶让视同纳税 = 300 × 20% = 60（万元）。

在B国实际缴纳税款 = 500 − 315 = 185（万元）。

A国视同已纳税额60万元小于75万元的抵免限额；B国实际已纳税额185万元大于125万元的抵免限额。

甲公司当年在我国实际缴纳的所得税 =（2 500 + 300 + 500）× 25% − 60 − 125 = 640（万元）。

3. **【答案及解析】**

(1) 甲公司和乙公司构成关联关系。

甲公司对乙公司仅持股10%，未达到25%的标准，但乙公司全部借贷资金总额的20%由甲公司担保，超过10%的比例，因此双方构成关联关系。

(2) 乙公司不需要进行税务备案。境内机构向境外单位支付等值5万美元以上的担保费，应向所在地主管税务机关进行税务备案。乙公司支付的担保费未超过5万美元，故不需要进行税务备案。

(3) 乙公司业务(3)应代扣代缴的预提所得税 = 10 × 10% = 1（万元）。

第十三章　税收征收管理法

2021年教材内容主要变化

1. 调整“发票领购管理”的内容。
2. 修改“发票的开具和保管”的内容。
3. 新增“非独立核算分支机构可自愿参与纳税信用评价”。

本章近五年考情分析

本章属于税法考试**非重点章**，考试一般以单项选择题、多项选择题命题，偶尔会与实体法的内容结合出现在计算问答题或综合题中。近五年本章考试平均分值在3.5分左右。2021年预计考试分值在3.5分左右。

本章内容如下：

第一单元　概述
第二单元　税务管理
第三单元　税款征收
第四单元　税务检查
第五单元　法律责任
第六单元　纳税担保和抵押
第七单元　纳税信用管理
第八单元　税收违法行为检举管理办法
第九单元　税务文书电子送达规定（试行）

重难点解析

第一单元　概述

重难点1：《税收征收管理法》的适用范围★

《中华人民共和国税收征收管理法》的适用范围，是税务机关征收的**各种税收**。海关征收的关税及代征的增值税、消费税，不适用《税收征收管理法》。

【小贴士】由税务机关征收的一部分费，如教育费附加、地方教育附加，不适用《税收征收管理法》，不能采取《税收征收管理法》规定的措施。

【经典例题】

【真题·单选题】（2018）下列税费的征收管理，适用《税收征收管理法》的是（　　）。

A. 房产税　　B. 地方教育附加
C. 关税　　D. 海关代征消费税

【答案】A

【解析】选项B，由税务机关征收的地方教育附加不是税，不能采取《税收征收管理法》规定的措施，其具体管理办法由其条例和规章决定。选项C、D：海关征收的关税及代征的增值税、消费税，不适用《税收征收管理法》，而适用其他法律、法规的规定。

【例题·多选题】下列各项中，不适用《税收征收管理法》的有（　　）。

A. 资源税　　B. 船舶吨税

C. 企业所得税　　D. 教育费附加

【答案】BD

【解析】船舶吨税由海关征收，不适用《税收征收管理法》，而适用其他法律、法规的规定。教育费附加由税务机关征收，不适用《税收征收管理法》。

重难点2：《税收征收管理法》的遵守主体★

1. 税务行政主体：税务机关。

2. 税务行政管理相对人：纳税人、扣缴义务人和其他有关单位。

3. 其他单位和部门：包括各级人民政府在内的有关单位和部门。

第二单元　税务管理

【小贴士】税务管理包括：税务登记管理；账簿、凭证管理；纳税申报管理。

重难点1：税务登记管理★★

【小贴士】简政放权进程中，部分行政审批事项取消或调整，企业办理涉税事宜时，填写税务登记表（采集卡）、完成税务登记信息补录。在完成补充信息采集后，**凭加载统一代码的营业执照**可代替税务登记证使用。

税务登记，是税务机关对纳税人实施税收管理的**首要环节和基础工作**，是征纳双方法律关系成立的依据和证明，也是纳税人必须依法履行的义务。

【小贴士】税务登记管理包括：设立（开业）税务登记；变更税务登记；注销税务登记；停业、复业登记；外出经营报验登记。

（一）设立税务登记

1. 设立税务登记的对象分为以下两类：

（1）领取工商营业执照从事生产、经营的纳税人。包括：企业；企业在**外地设立的分支机构**和从事生产、经营的场所；个体工商户；从事生产、经营的**事业单位**。

（2）其他纳税人。前款规定以外的纳税人，除**国家机关、个人（自然人）和无固定生产、经营场所的流动性农村小商贩**外，也应该按规定办理税务登记。

2. 设立税务登记的时间和地点。

（1）企业在外地设立的分支机构和从事生产、经营的场所，个体工商户和从事生产、经营的事业单位（统称“从事生产、经营的纳税人”），向**生产、经营所在地**税务机关申报办理税务登记。

①从事生产、经营的纳税人领取工商营业执照的，应当自**领取工商营业执照之日起30日内**申报办理税务登记，税务机关发放税务登记证及副本。

②从事生产、经营的纳税人未办理工商营业执照但经有关部门批准设立的，应当自**有关部门批准设立之日起30日内**申报办理税务登记，税务机关发放税务登记证及副本。

③从事生产、经营的纳税人未办理工商营业执照也未经有关部门批准设立的，应当自**纳税义务发生之日起30日内**申报办理税务登记，税务机关发放临时税务登记及副本。

④有独立的生产经营权、在财务上独立核算并定期向发包人或者出租人上交承包费或租金的承包承租人，应当自**承包承租合同签订之日起30日内**，向其承包承租业务**发生地**税务机关申报办理税务登记，税务机关发放临时税务登记证及副本。

⑤境外企业在中国境内承包建筑、安装、装配、勘探工程和提供劳务的，应当自**项目合同或协议签订之日起30日内**，向**项目所在地**税务机关申报办理税务登记，税务机关发放**临时**税务登记证及副本。

（2）上述规定以外的其他纳税人，除国家机关、个人和无固定生产、经营场所的流动性农村小商贩外，均应当自纳税义务发生之日起30日内，向纳税义务**发生地**税务机关申报办理税务登记，税务机关发放税务登记证及副本。

【小贴士】扣缴义务人应当自**扣缴义务发生之日起30日内**，向所在地的主管税务机关申报办理扣缴税款登记，领取扣缴税款登记证件。

【小贴士】税务机关对纳税人税务登记地点发生争议的，由其共同的上级税务机关**指定**管辖。

（二）变更、注销税务登记

1. 变更税务登记。

（1）纳税人已在工商行政管理机关办理变更登记的，应当自工商行政管理机关**变更登记之日起30日内**，向**原税务登记机关**如实提供相关证件、资料，申报办理变更税务登记。

（2）纳税人按照规定不需要在工商行政管理机关办理变更登记，或者其变更登记的内容与工商登记内容无关的，应当自税务登记内容**实际发生变化之日起30日内**，或者自有关机关批准或者宣布变更之日起30日内，到原税务登记机关申报办理变更税务登记。

（3）税务机关应当于**受理当日**办理变更税务登记。

2. 注销税务登记的适用范围及时间要求。

（1）纳税人发生解散、破产、撤销以及其他情形，依法终止纳税义务的，应当在向工商行政管理机关或者其他机关办理**注销登记前**，持有关证件和资料向原税务登记机关申报办理注销税务登记。

（2）按规定不需要在工商行政管理机关或者其他机关办理注销登记的，自有关机关批准或者宣告**终止之日起15日内**，持有关证件和资料向原税务登记机关申报办理注销税务登记。

（3）纳税人被工商行政管理机关吊销营业执照或者被其他机关予以撤销登记的，**自营业执照被吊销或者被撤销登记之日起15日内**向原税务登记机关申报办理注销税务登记。

【小贴士】经营地点变化涉及变更税务登记或**注销税务登记**的情形。

具体情形		登记种类
纳税人改变住所或经营地点	不涉及主管税务机关变动的	**变更税务登记**
	涉及主管税务机关变动的	向原税务登记机关申报办理**注销税务登记**，并在**30日内**向迁达地主管税务登记机关申报办理税务登记

（4）境外企业在中国境内承包建筑、安装、装配、勘探工程和提供劳务的，应当在项目完工、离开中国前15日内，持有关证件和资料，向原税务登记机关申报办理注销税务登记。

（5）纳税人办理注销税务登记前，应当向税务机关提交相关证明文件和资料，结清应纳税款、多退（免）税款、滞纳金和罚款，缴销发票、税务登记证件和其他税务证件，经税务机关核准后，办理注销税务登记手续。

（6）优化办理企业税务注销程序。

①简易注销。

对向市场监管部门申请简易注销的纳税人，符合下列情形之一的，可免予到税务机关办理清税证明，直接向市场监管部门申请办理注销登记。

A. 未办理过涉税事宜的。未办理过涉税事宜的纳税人，主动到税务机关办理清税的，税务机关可根据纳税人提供的营业执照即时出具清税文书。

B. 办理过涉税事宜但未领用发票、无欠税（滞纳金）及罚款的。办理过涉税事宜但未领用发票、无欠税（滞纳金）及罚款的纳税人，主动到税务机关办理清税，资料齐全的，税务机关即时出具清税文书；资料不齐的，可采取“承诺制”容缺办理，在其作出承诺后，即时出具清税文书。

C. 经人民法院裁定宣告破产的纳税人，持人民法院终结破产程序裁定书向税务机关申请税务注销的，税务机关即时出具清税文书，按照有关规定核销“死欠”。

②一般注销。

对向市场监管部门申请一般注销的纳税人，税务机关在为其办理税务注销时，进一步落实限时办结。

对未处于税务检查状态、无欠税（滞纳金）及罚款、已缴销增值税专用发票及税控专用设备，且符合下列情形之一的纳税人，优化即时办结服务，采取“承诺制”容缺办理，即纳税人在办理税务注销时，若资料不齐，可在其作出承诺后，税务机关即时出具清税文书：

A. 纳税信用级别为A级和B级的纳税人。

B. 控股母公司纳税信用级别为A级的M级纳税人。

C. 省级人民政府引进人才或经省级以上行业协会等机构认定的行业领军人才等创办的企业。

D. 未纳入纳税信用级别评价的定期定额个体工商户。

E. 未达到增值税纳税起征点的纳税人。

纳税人应按承诺的时限补齐资料并办结相关事项。若未履行承诺的，税务机关将对其法定代表人、财务负责人纳入纳税信用D级管理。

（7）处于非正常状态纳税人在办理税务注销前，需先解除非正常状态，补办纳税申报手续。**（新增）**

（8）纳税人办理税务注销前，无须向税务机关提出终止“委托扣款协议书”申请。税务机关办结税务注销后，委托扣款协议自动终止。

（9）对已实行实名办税的纳税人，免予提供以下证件、资料：

①《税务登记证》正（副）本、《临时税务登记证》正（副）本和《发票领用簿》。

②市场监督管理部门吊销营业执照决定原件（复印件）。

③上级主管部门批复文件或董事会决议原件（复印件）。

④项目完工证明、验收证明等相关文件原件（复印件）。

【经典例题】

【真题·单选题】（2016）企业发生的下列情形中，应当办理注销税务登记的是（　　）。

A. 改变生产经营方式

B. 改变行政隶属关系

C. 住所迁移涉及主管税务机关的变动

D. 减少注册资本

【答案】 C

【解析】 选项A、B、D，应当办理变更税务登记。

【真题·单选题】（2018）下列情形中，纳税人应当注销税务登记的是（　　）。

A. 纳税人改变生产经营方式的

B. 纳税人被工商行政管理部门吊销营业执照的

C. 纳税人改变名称的

D. 纳税人改变住所和经营地点未涉及改变原主管税务机关的

【答案】 B

【解析】 选项A、C、D，应当办理变更税务登记。

（三）停业、复业登记（重要）

1. 实行**定期定额**征收方式的个体工商户需要停业的，应当在**停业前**向税务机关申报办理停业登记。

2. 纳税人的停业期限不得超过一年。

3. 纳税人应当于恢复生产、经营之前，向税务机关申报办理复业登记。

【小贴士】纳税人在**停业期间发生纳税义务的**，应当按照规定申报缴纳税款。

【经典例题】

【例题·单选题】下列关于停业的税务管理，表述正确的是（　　）。

A. 实行查账征收方式的纳税人需要停业的，应办理停业登记

B. 若停业期间发生经营行为时，不需要

申报缴纳税款

C. 纳税人办理停业登记，税务机关收存其税务登记证，但无须收存其发票

D. 一旦纳税人申请停业，其未使用完的发票由税务机关予以收存

【答案】D

【解析】选项A，实行定期定额征收方式的个体工商户需要停业的，应当在停业前向税务机关申报办理停业登记。选项B，停业期间发生经营行为时，需要申报缴纳税款。选项C，纳税人在申报办理停业登记时，应结清应纳税款、滞纳金、罚款，税务机关应收存其税务登记证件及副本、发票领购簿、未使用完的发票和其他税务证件。

（四）外出经营报验登记

1. 纳税人跨省税务机关管辖区域（以下简称“跨省”）经营的，应当在外出生产经营以前，持税务登记证向主管税务机关申请开具《外出经营活动税收管理证明》（以下简称《外管证》）。纳税人在省税务机关管辖区域内跨县（市）经营的，是否开具《外管证》由省税务机关自行确定。

2. 税务机关按照一地一证的原则，发放《外管证》，《外管证》的有效期限一般为30日，最长不得超过180日，但建筑安装行业纳税人项目合同期限超过180日的，按照合同期限确定有效期限。

3. 纳税人应当自《外管证》签发30日内，持《外管证》向经营地税务机关报验登记，并接受经营地税务机关的管理。

4. 纳税人外出经营活动结束，应当向经营地税务机关填报《外出经营活动情况申报表》，并结清税款、缴销发票。

（五）税务登记证的作用和管理

1. 税务登记证的作用。

除按照规定不需要发给税务登记证件的以外，纳税人办理下列事项时，必须持以下税务登记证件：

（1）开立银行账户。

（2）申请减税、免税、退税。

（3）申请办理延期申报、延期缴纳税款。

（4）领购发票。

（5）申请开具外出经营活动税收管理证明。

（6）办理停业、歇业。

（7）其他有关税务事项。

2. 税务登记证管理。

（1）税务机关对税务登记证件实行定期验证和换证制度。纳税人应当在规定的期限内持有关证件到主管税务机关办理验证或者换证手续。

（2）纳税人应当将税务登记证件正本在其生产、经营场所或者办公场所公开悬挂，接受税务机关检查。

（3）纳税人遗失税务登记证件的，应当在15日内书面报告主管税务机关，并登报声明作废。同时，凭报刊上刊登的遗失声明向主管税务机关申请补办税务登记证件。

（六）非正常户处理

1. 已办理税务登记的纳税人未按照规定的期限进行纳税申报，税务机关依法责令其限期改正。纳税人逾期不改正的，税务机关可以收缴其发票或者停止向其发售发票。

2. 纳税人负有纳税申报义务，但**连续三个月**所有税种均未进行纳税申报的，税收征管系统**自动将其认定为非正常户**，并停止其发票领用簿和发票的使用。

3. 对欠税的非正常户，税务机关依照《税收征收管理法》的规定追征税款及滞纳金。

4. 已认定为非正常户的纳税人，就其逾期未申报行为接受处罚、缴纳罚款，并补办纳税申报的，税收征管系统自动解除非正常状态，无须纳税人专门申请解除。

【经典例题】

【真题·多选题】（2019）在办理税务注销时，对未处于税务检查状态、无欠税及罚款、已缴销增值税专用发票及税控专用设备，且符合下列情形之一的纳税人，可以采取“承诺制”容缺办理的有（　　）。

A. 纳税信用级别为B级的纳税人

B. 未达到增值税纳税起征点的纳税人

C. 省级人民政府引进人才创办的企业

D. 控股母公司纳税信用级别为B级的M级纳税人

【答案】ABC

【解析】选项D，控股母公司纳税信用级别为A级的M级纳税人，可以采取“承诺制”容缺办理。

重难点2：账簿、凭证管理★★

（一）账簿、凭证管理

1. 建账要求。

（1）从事生产、经营的纳税人应当自领取营业执照或者发生纳税义务之日起15日内设置账簿。

（2）扣缴义务人应当自税收法律、行政法规规定的扣缴义务发生之日起10日内，按照所代扣、代收的税种，分别设置代扣代缴、代收代缴税款账簿。

【小贴士】无力设账的举措；代为建账和办理账务；建立收支凭证粘贴簿、进货销货登记簿或使用税控装置。

【小贴士】账簿、会计凭证和报表应当使用中文。民族自治地方可以同时使用当地通用的一种民族文字。外商投资企业和外国企业可以同时使用一种外国文字。如外商投资企业、外国企业的会计记录不使用中文的，应按照《税收征收管理法》第六十条第二款“未按照规定设置、保管账簿或者保管记账凭证和有关资料”的规定处理。

2. 备案制度。

自领取税务登记证起15日内，将财务、会计制度和具体的财务、会计处理办法、会计核算软件报送税务机关备案。

3. 账簿、凭证的保管。

除另有规定者外，账簿、记账凭证、报表、完税凭证、发票、出口凭证以及其他有关涉税资料应当保存10年。

（二）发票管理（重要）

1. 发票管理的基本规定。

（1）税务机关是发票的主管机关，负责发票的印制、领购、开具、取得、保管、缴销的管理和监督。

（2）在全国范围内统一式样的发票，由国家税务总局确定。在省、自治区、直辖市范围内统一式样的发票，由省、自治区、直辖市税务局确定。

（3）增值税专用发票由国务院税务主管部门指定的企业印制；其他发票，由省、自治区、直辖市税务局指定企业印制。未经规定的税务机关指定，不得印制发票。

2. 发票领购管理。

（1）需要领购发票的单位和个人，应当持税务登记证件、经办人身份证明、按照国务院税务主管部门规定式样制作的发票专用章的印模，向主管税务机关办理发票领购手续。主管税务机关根据领购单位和个人的经营范围和规模，确认领购发票的种类、数量以及领购方式，在5个工作日内发给发票领购簿。

（2）需要临时使用发票的单位和个人，可以凭购销商品、提供或者接受服务以及从事其他经营活动的书面证明、经办人身份证明，直接向经营地税务机关申请代开发票。依照税收法律、行政法规规定应当缴纳税款的，税务机关应当先征收税款，再开具发票。税务机关根据发票管理的需要，可以按照国务院税务主管部门的规定委托其他单位代开发票。禁止非法代开发票。

【小贴士】税务机关对外省、自治区、直辖市来本辖区从事临时经营活动的单位和个人领购发票的，可以要求其提供保证人或者根据所领购发票的票面限额以及数量缴纳不超过1万元的保证金，并限期缴销发票。按期缴销发票的，解除保证人的担保义务或者退还保证金；未按期缴销发票的，由保证人或者以保证金承担法律责任。税务机关收取保证金应当开具资金往来结算票据。

3. 发票开具和保管（包括但不限于以下内容）。

（1）销售商品、提供服务以及从事其他经营活动的单位和个人，对外发生经营业务收取款项，收款方应当向付款方开具发票；特殊情况下，由付款方向收款方开具发票。

（2）所有单位和从事生产、经营活动的个人在购买商品、接受服务以及从事其他经营活动支付款项，应当向收款方取得发票。取得发票时，不得要求变更品名和金额。

（3）不符合规定的发票，不得作为财务报销凭证，任何单位和个人有权拒收。

（4）开具发票应当按照规定的时限、顺序、栏目，全部联次一次性如实开具，并加盖发票专用章。

任何单位和个人不得有下列虚开发票行为：

①为他人、为自己开具与实际经营业务情况不符的发票。

②让他人为自己开具与实际经营业务情况不符的发票。

③介绍他人开具与实际经营业务情况不符的发票。

（5）安装税控装置的单位和个人，应当按照规定使用税控装置开具发票，并按期向主管税务机关报送开具发票的数据。使用非税控电子器具开具发票的，应当将非税控电子器具使用的软件程序说明资料报主管税务机关备案，并按照规定保存、报送开具发票的数据。

（6）任何单位和个人应当按照发票管理规定使用发票，不得有下列行为：

①转借、转让、介绍他人转让发票、发票监制章和发票防伪专用品。

②知道或者应当知道是私自印制、伪造、变造、非法取得或者废止的发票而受让、开具、存放、携带、邮寄、运输。

③拆本使用发票。

④扩大发票使用范围。

⑤以其他凭证代替发票使用。

（7）除国务院税务主管部门规定的特殊情形外，发票限于领购单位和个人在本省、自治区、直辖市内开具。省、自治区、直辖市税务机关可以规定跨市、县开具发票的办法。

（8）除国务院税务主管部门规定的特殊情形外，任何单位和个人不得跨规定的使用区域携带、邮寄、运输空白发票。禁止携带、邮寄或者运输空白发票出入境。

（9）开具发票的单位和个人应当建立发票使用登记制度，设置发票登记簿，并定期向主管税务机关报告发票使用情况。

（10）开具发票的单位和个人应当在办理变更或者注销税务登记的同时，办理发票和发票领购簿的变更、缴销手续。

（11）开具发票的单位和个人应当按照税务机关的规定存放和保管发票，不得擅自损毁。已经开具的发票存根联和发票登记簿，应当保存5年。保存期满，报经税务机关查验后销毁。

4. 发票的检查。

税务机关在发票管理中有权进行下列检查：

（1）检查印制、领购、开具、取得、保管和缴销发票的情况。

（2）调出发票查验。

（3）查阅、复制与发票有关的凭证、资料。

（4）向当事各方询问与发票有关的问题和情况。

（5）在查处发票案件时，对与案件有关的情况和资料，可以记录、录音、录像、照相和复制。

【小贴士】税务机关需要将已开具的发票调出查验时，应当向被查验的单位和个人开具发票换票证。发票换票证与所调出查验的发票有同等的效力。

【小贴士】税务机关需要将空白发票调出查验时，应当开具收据。

【小贴士】单位和个人从中国境外取得的与纳税有关的发票或者凭证，税务机关在纳税审查时有疑义的，可以要求其提供境外公证机构或者注册会计师的确认证明，经税务机关审核认可后，方可作为记账核算的凭证。

5. 发票发放领用的服务与监管要求。

（1）申领普通发票原则上取消实地核查，

统一在办税服务厅即时办结。

（2）一般纳税人申请增值税专用发票最高开票限额**不超过10万元的**，主管税务机关不需事前进行实地查验。

6. 增值税电子普通发票。

增值税电子普通发票的开票方和受票方**需要纸质发票的**，可以**自行打印**增值税电子普通发票的版式文件，其法律效力、基本用途、基本使用规定等与税务机关监制的增值税普通发票相同。

7. 网络发票管理。

网络发票，是指符合国家税务总局统一标准并通过国家税务总局及省、自治区、直辖市税务局公布的网络发票管理系统开具的发票。

【小贴士】网络发票与增值税电子发票不是等同概念，网络发票只是传统发票开具方式的变化，其发放、使用、存储和管理适用于纸质发票实物管理的规定。

（1）单位和个人取得网络发票时，应及时查询验证网络发票信息的真实性、完整性，对不符合规定的发票，不得作为财务报销凭证，任何单位和个人有权拒收。

（2）开具发票的单位和个人需要开具红字发票的，必须收回**原网络发票全部联次**或取得受票方出具的有效证明，通过网络发票管理系统开具金额为负数的红字网络发票。

（3）开具发票的单位和个人必须如实在线开具网络发票，不得利用网络发票进行转借、转让、虚开发票及其他违法活动。

【小贴士】当网络出现故障，无法在线开具发票时，可离线开具发票。开具发票后，不得改动开票信息，并于**48小时内**上传开票信息。

【经典例题】

【例题·多选题】下列关于发票管理的规定不正确的有（　　）。

A. 增值税专用发票由省、自治区、直辖市税务局指定企业印制

B. 企业可以根据自己的需要，自行决定印制发票

C. 已开具的发票存根联和发票登记簿，应当保存五年

D. 纳税人可自行拆本使用发票

【答案】ABD

【解析】选项A、B，增值税专用发票由国务院税务主管部门指定的企业印制；其他发票按照国务院税务主管部门的规定，由省、自治区、直辖市税务局指定企业印制，未经规定的税务机关指定，不得印制发票。选项D，未经税务机关批准，不得拆本使用发票。

【例题·多选题】任何单位和个人应当按照发票管理规定使用发票，不得有下列行为（　　）。

A. 转借、转让、介绍他人转让发票、发票监制章和发票防伪专用品

B. 拆本使用发票

C. 扩大发票使用范围

D. 以其他凭证代替发票使用

【答案】ABCD

【解析】任何单位和个人应当按照发票管理规定使用发票，不得有下列行为：

①转借、转让、介绍他人转让发票、发票监制章和发票防伪专用品。

②知道或者应当知道是私自印制、伪造、变造、非法取得或者废止的发票而受让、开具、存放、携带、邮寄、运输。

③拆本使用发票。

④扩大发票使用范围。

⑤以其他凭证代替发票使用。

（三）税控管理

《税收征收管理法》第二十三条规定："国家根据税收征收管理的需要，积极推广使用税控装置。纳税人应当按照规定安装、使用税控装置，不得损毁或者擅自改变税控装置。"同时还在第六十条中增加了一款，规定："不能按照规定安装、使用税控装置，损毁或者擅自改动税控装置的，由税务机关责令限期改正，可以处以2 000元以下的罚款；情节严重的，处2 000元以上1万元以下的罚款。"

重难点3：纳税申报管理★★

纳税申报，是指纳税人按照税法规定的期限和内容，向税务机关提交有关**纳税事项书面**报告的法律行为。

（一）纳税申报的对象

包括纳税人和扣缴义务人，**还包括**在纳税期内没有应纳税款的纳税人以及**享受**减税、免税待遇的纳税人。

（二）纳税申报的期限

1. 法律、行政法规明确规定的。

2. 税务机关按照法律、行政法规的原则规定，结合纳税人生产经营的实际情况及其所应缴纳的税种等相关问题予以确定的。

【小贴士】上述两种期限具有同等的法律效力。

（三）纳税申报的方式

直接申报、邮寄申报、数据电文。除前述三种方式外，实行**定期定额**缴纳税款的纳税人，可以实行简易申报、简并征期等申报纳税方式。

1. 直接申报，是指纳税人自行到税务机关办理纳税申报。这是一种传统申报方式。

2. 邮寄申报，是指经税务机关批准的纳税人使用统一规定的纳税申报特快专递专用信封，通过邮政部门办理交寄手续，并向邮政部门索取收据作为申报凭据的方式。

纳税人采取邮寄方式办理纳税申报的，应当使用统一的纳税申报专用信封，并以邮政部门收据作为申报凭据。邮寄申报以寄出的邮戳日期为实际申报日期。

3. 数据电文，是指经税务机关确定的电话语音、电子数据交换和网络传输等电子方式。例如，目前纳税人的网上申报，就是数据电文申报方式的一种形式。

纳税人、扣缴义务人采取数据电文方式办理纳税申报的，其申报日期以税务机关计算机网络系统收到该数据电文的时间为准。

4. 简易申报，是指实行定期定额缴纳税款的纳税人在法律、行政法规规定的期限内或税务机关依据法规的规定确定的期限内缴纳税款的，税务机关可以视同申报。

5. 简并征期，是指实行定期定额缴纳税款的纳税人，经税务机关批准，可以采取将纳税期限合并为按季、半年、年的方式缴纳税款。

（四）延期申报

纳税人因有特殊情况，不能按期进行纳税申报的，经**县以上**税务机关核准，可以延期申报。**但应当在规定的期限内**向税务机关提出书面延期申请，经税务机关核准，在核准的期限内办理。

【小贴士】经核准延期办理纳税申报的，应当**在纳税期内按照上期实际缴纳**的税额或者税务机关**核定的税额**预缴税款，并在核准的延期内办理纳税结算。

【经典例题】

【真题·单选题】（2011）下列各项关于纳税申报管理的表述中，正确的是（　　）。

A. 扣缴人不得采取邮寄申报的方式

B. 纳税人在纳税期内没有应纳税款的，不必办理纳税申报

C. 实行定期定额缴纳税款的纳税人可以实行简易申报、简并征期等申报纳税方式

D. 主管税务机关根据纳税人实际情况及其所纳税种确定的纳税申报期限不具有法律效力

【答案】C

【解析】选项A，纳税申报方式，包括直接申报、邮寄申报、数据电文申报。选项B，纳税人在纳税期内没有应纳税款的，也应当按照规定办理纳税申报。选项D，主管税务机关根据纳税人实际情况及其所纳税种确定的纳税申报期限具有法律效力。

【真题·多选题】（2013）下列纳税申报方式中，符合《税收征收管理法》规定的有（　　）。

A. 直接申报　　B. 网上申报

C. 邮寄申报　　D. 口头申报

【答案】ABC

【解析】纳税申报的形式主要有以下三种：直接申报；邮寄申报；数据电文申报。

【真题·多选题】（2017）根据《税收征收管理法》规定，下列属于纳税申报对象的有(　　)。

A. 代扣代缴义务人

B. 享受减税的纳税人

C. 纳税期内没有应纳税款的纳税人

D. 享受免税的纳税人

【答案】ABCD

【解析】纳税申报的对象为负有纳税义务的单位、个人（包括取得临时应税收入或发生应税销售行为的纳税人，享有减税、免税待遇的纳税人）和扣缴义务人。纳税人在纳税期内没有应纳税款的，也应当按照规定办理纳税申报。

【例题·单选题】纳税人办理纳税申报时，不需要提交的证件、材料是(　　)。

A. 财务会计报表及其说明材料

B. 税控装置的电子报税材料

C. 与纳税有关的合同、协议书及凭证

D. 工商营业执照

【答案】D

【解析】选项D，属于办理税务登记时应提交的材料。

第三单元　税款征收

重难点1：税款征收的原则（7项）★

1. 税务机关是征税的**唯一**行政主体。

2. 税务机关只能依照法律、行政法规的规定征收税款。

3. 税务机关不得违反法律、行政法规的规定**开征、停征、多征、少征、提前征收或者延缓征收税款或者摊派税款**。

4. 税务机关征收税款必须遵守法定权限和法定程序。

5. 税务机关征收税款或扣押、查封商品、货物或其他财产时，必须向纳税人**开具**完税凭证或开付扣押、查封的收据或清单。

6. 税款、滞纳金、罚款统一由税务机关上缴国库。

7. 税款优先。（重要）

【小贴士】税款优先原则，具体有三个方面的优先：

（1）税收优先于**无担保**债权。

（2）纳税人发生**欠税在前**的，税收优先于抵押权、质权和留置权的执行。

（3）税收优先于**罚款、没收非法所得**。

纳税人欠缴税款，**同时**又被税务机关或者税务机关以外的其他行政部门决定处以罚款、没收非法所得的，税收优先于罚款、没收非法所得。

【经典例题】

【真题·多选题】（2009）下列各项中，符合《税收征收管理法》税款征收有关规定的有(　　)。

A. 税务机关减免税时，必须给纳税人开具承诺文书

B. 税务机关征收税款时，必须给纳税人开具完税凭证

C. 税务机关扣押商品、货物或者其他财产时必须开付收据

D. 税务机关查封商品、货物或者其他财产时必须开付清单

【答案】BCD

【解析】选项A，税务机关作出的减免税审批决定应当向纳税人送达减免税审批书面决定，但这不是承诺文书。

重难点2：税款征收的方式★★

1. 查账征收是指税务机关按照纳税人提供的账表所反映的经营情况，依照适用税率计算缴纳税款的方式。适用于财务会计制度较为健全，能认真履行纳税义务的纳税单位。

2. 查定征收是指税务机关根据纳税人的从业人员、生产设备、采用原材料等因素，对其产制的应税产品查实核定产量、销售额并据以征收税款的方式。适用于账册不够健全，但

能够控制原材料或进销货的纳税单位。

3. 查验征收是指税务机关对纳税人应税商品，通过查验数量，按市场一般销售单价计算其销售收入并据以征税的方式。适用于经营品种比较单一，经营地点、时间、商品来源不固定的纳税单位。

4. 定期定额征收是指税务机关通过典型调查，逐户确定营业额和所得额并据以征税的方式。适用于无完整考核依据的小型纳税单位。

5. 委托代征税款是指税务机关委托代征人以税务机关的名义征收税款，并将税款缴入国库的方式。适用于小额、零散税源的征收。

6. 邮寄纳税适用于有能力按期纳税，但采用其他方式纳税又不方便的纳税人。

7. 其他方式。

【经典例题】

【真题·多选题】（2006）下列各项中，符合《税收征收管理法》规定的征税方式有（　　）。

A. 税务机关通过典型调查，逐户确定营业额和所得额并据以征税的方式

B. 税务机关按照纳税人提供的账表所反映的经营情况，依照适用税率计算缴纳税款的方式

C. 税务机关对纳税人应税商品，通过查验数量，按市场一般销售单价计算其销售收入并据以征税的方式

D. 税务机关根据纳税人的从业人员、生产设备、采用原材料等因素，对其产制的应税产品查实核定产量、销售额并据以征税的方式

【答案】 ABCD

【解析】 选项A，税务机关通过典型调查，逐户确定营业额和所得额并据以征税的方式为定期定额征收方式。选项B，税务机关按照纳税人提供的账表所反映的经营情况，依照适用税率计算缴纳税款的方式为查账征收方式。选项C，税务机关对纳税人应税商品，通过查验数量，按市场一般销售单价计算其销售收入并据以征税的方式为查验征收方式。选项D，税务机关根据纳税人的从业人员、生产设备、采用原材料等因素，对其产制的应税产品查实核定产量、销售额并据以征税的方式为查定征收方式。

重难点3：税款征收制度（12项）★★★

（一）代扣代缴、代收代缴税款制度

扣缴义务人依法履行代扣、代收税款义务时，纳税人不得拒绝。纳税人拒绝的，扣缴义务人应当及时报告税务机关处理。

税务机关应按照规定付给扣缴义务人代扣、代收手续费。

1. 代扣、代收税款手续费只能由**县（市）以上**税务机关统一办理退库手续。

2. 不得在征收税款过程中**坐支**。

（二）延期缴纳税款制度

纳税人因有特殊困难，不能按期缴纳税款的，可以延期缴纳税款。

1. 特殊困难的主要内容包括：

（1）因不可抗力，导致纳税人发生较大损失，正常生产经营活动受到较大影响的。

（2）当期货币资金在扣除**应付职工工资、社会保险费**后，不足以缴纳税款的。

2. 相关规定：

（1）在规定期限内纳税人提出**书面**申请。

（2）税款的延期缴纳，必须经**省、自治区、直辖市税务局**批准，方为有效。

（3）延期期限**最长不得超过3个月**，同一笔税款不得滚动审批。

（4）批准延期内**免予**加收滞纳金。

【小贴士】 学员应注意辨析“延期申报”与“延期纳税”的差异。

【经典例题】

【真题·单选题】（2017）根据《税收征收管理法》中延期缴纳税款制度的规定，下列表述中正确的是（　　）。

A. 批准的延期期限内加收滞纳金

B. 延期缴纳的同一笔税款不得滚动审批

C. 延期缴纳税款的期限最长不得超过30天

D. 延期缴纳税款必须经县级税务机关批准

【答案】B

【解析】选项A，经批准的延期纳税，在批准的延期期限内免予加收滞纳金。选项C、D，纳税人因特殊困难不能按期缴纳税款的，经省、自治区、直辖市税务局批准，可延期缴纳税款，但最长不得超过3个月。

（三）税收滞纳金征收制度

纳税人未按照规定期限缴纳税款的，扣缴义务人未按照规定期限解缴税款的，税务机关除责令限期缴纳外，**从滞纳税款之日起**，按日加收滞纳税款0.5‰的滞纳金。

滞纳金 = 滞纳税款 × 滞纳天数 ×0.5‰

【小贴士】滞纳天数的确定：法律、行政法规规定或者税务机关依照法律、行政法规的规定确定的税款缴纳期限**届满次日起**至纳税人、扣缴义务人**实际缴纳或者解缴税款之日止**。

【小贴士】对纳税人、扣缴义务人、纳税担保人应缴纳的欠税及滞纳金不再要求同时缴纳，可以先行缴纳欠税，再依法缴纳滞纳金。

【经典例题】

【例题·计算问答题】甲有限公司为增值税一般纳税人，2020年5月应纳增值税10 000元，该企业于2020年6月18日实际缴纳税款。

要求：计算该企业应加收的滞纳金金额。

【答案及解析】该企业应于2020年6月15日前缴纳税款，但该企业在6月18日才交税，滞纳天数不含6月15日当天，要从6月16日算起，到6月18日止，包含18日当天，共计滞纳3天，应加收滞纳金 = 10 000 ×0.5‰ ×3（天）= 15（元）。

（四）减免税收制度

1. 基本规定。

减免税必须有法律、行政法规的明确规定（具体规定在各税收实体法中体现）。地方各级人民政府、各级人民政府主管部门、单位和个人违反法律、行政法规规定，擅自作出的减税、免税决定无效，税务机关不得执行，并向上级税务机关报告。

2. 具体规定。

（1）纳税人申请减免税，应向主管税务机关提出书面申请，并按规定附送有关资料。

（2）减免税的申请须经法律、行政法规规定的减税、免税审查批准机关审批。

【小贴士】县、区级税务机关负责审批的减免税，必须在20个工作日作出审批决定；地市级税务机关负责审批的，必须在30个工作日内作出审批决定；省级税务机关负责审批的，必须在60个工作日内作出审批决定。在规定期限内不能作出决定的，经本级税务机关负责人批准，可以延长10个工作日，并将延长期限的理由告知纳税人。

【小贴士】税务机关作出的减免税审批决定，应当自作出决定之日起10个工作日内向纳税人送达减免税审批书面决定。减免税批复未下达前，纳税人应按规定办理申报缴纳税款。

（3）纳税人在享受减免税待遇期间，仍应按规定办理纳税申报。

【小贴士】纳税人已享受减免税的，应当纳入正常申报，进行减免税申报。纳税人享受减免税到期的，应当申报缴纳税款。

（4）纳税人享受减税、免税条件发生变化的，应当在纳税申报时向税务机关报告；不再符合减税、免税条件的，应当依法履行纳税义务；未依法纳税的，税务机关应当予以追缴。**（调整）**

（5）减免税期满，应自期满次日起恢复纳税。

（6）纳税人同时从事减免项目与非减免项目的，应分别核算，独立计算减免项目的计税依据以及减免税额度。**不能分别核算的**，不能享受减免税；**核算不清的，由税务机关按合理方法核定**。

（7）纳税人依法可以享受减免税待遇，

但未享受而多缴税款的，凡属于无明确规定需经税务机关审批或没有规定申请期限的，纳税人可以在**3 年内**要求退还多缴的税款，但不加算银行同期存款利息。

（五）税额核定制度和税收调整制度

1. 税额核定制度（重要）。

纳税人有下列（6 种）情形之一的，税务机关有权**核定**其应纳税额：

（1）依照法律、行政法规规定可以不设置账簿的。

（2）依照法律、行政法规规定应当设置但未设置账簿的。

（3）擅自销毁账簿或者拒不提供纳税资料的。

（4）虽设置账簿，但账目混乱或成本资料、收入凭证、费用凭证残缺不全，难以查账的。

（5）发生纳税义务，未按照规定的期限办理纳税申报，经税务机关责令限期申报，逾期仍不申报的。

（6）纳税人申报的计税依据明显偏低，又无正当理由的。

目前税务机关核定税额的方法主要有以下四种：

（1）参照当地同类行业或者类似行业中，经营规模和收入水平相近的纳税人的税负水平核定。

（2）按照营业收入或者成本加合理的费用和利润的方法核定。

（3）按照耗用的原材料、燃料、动力等推算或者测算核定。

（4）按照其他合理的方法核定。

2. 税收调整制度。

税收调整制度，主要指的是关联企业的税收调整制度。

（1）关联企业的含义。

关联企业，是指有下列关系之一的公司、企业和其他经济组织：

①在资金、经营、购销等方面，存在直接或者间接的拥有或者控制关系。

②直接或者间接地同为第三者所拥有或者控制。

③在利益上具有相关联的其他关系。

（2）税务机关可以按照下列方法调整计税收入额或者所得额：

一是按照独立企业之间进行的相同或者类似业务活动的价格。

二是按照再销售给无关联关系的第三者的价格所应取得的收入和利润水平。

三是按照成本加合理的费用和利润。

四是按照其他合理的方法。

【小贴士】纳税人与其关联企业未按照独立企业之间的业务往来支付价款、费用的，税务机关自该业务往来发生的纳税年度起**3 年内**进行调整；有特殊情况的，可以自该业务往来发生的纳税年度起**10 年内**进行调整。

上述所称“特殊情况”是指纳税人有下列情形之一：

①纳税人在以前年度与其关联企业间的业务往来累计达到或超过 10 万元人民币的。

②经税务机关案头审计分析，纳税人在以前年度与其关联企业的业务往来，预计需调增其应纳税收入或所得额达 50 万元人民币的。

③纳税人在以前年度与设在避税地的关联企业有业务往来的。

④纳税人在以前年度未按规定进行关联企业间业务往来的年度申报，或申报内容不实，或不提供有关价格、费用标准的。

（六）未办理税务登记的税款征收制度（了解）

1. 适用对象。

未办理税务登记的从事生产、经营的纳税人及临时从事经营的纳税人。

2. 执行程序：

（1）核定应纳税额。

（2）责令缴纳。

（3）责令缴纳而不缴纳的，税务机关扣押其相当于应纳税款的商品、货物。

（4）扣押后缴纳应纳税款的，税务机关必须立即解除扣押，并归还所扣押的商品、货物；扣押后仍不缴纳应纳税款的，经县以上税务局（分局）局长批准，依法拍卖或变卖所扣押的商品、货物，以拍卖或者变卖所得抵缴税款。

（七）税收保全措施（预防）（重要）

税收保全措施，是指税务机关对**可能**由于纳税人的行为或者某种客观原因，致使**以后**税款的征收不能保证或难以保证的案件，采取**限制**纳税人处理或转移商品、货物或其他财产的措施。

税务机关**有根据**认为从事生产、经营的纳税人有逃避纳税义务行为的，可以在规定的**纳税期之前**，责令限期缴纳税款；在限期内发现纳税人有明显的转移、隐匿其应纳税的商品、货物以及其他财产迹象的，税务机关应责令其**提供纳税担保**。如果纳税人**不能提供纳税担保**，经**县以上税务局（分局）局长**批准，税务机关可以采取下列税收保全措施：

1. 书面通知纳税人开户银行或者其他金融机构，**冻结**纳税人的金额相当于应纳税款的存款。

2. **扣押、查封**纳税人的价值相当于应纳税款的商品、货物或者其他财产。其他财产包括纳税人的房地产、现金、有价证券等不动产和动产。

【小贴士】采取税收保全措施应具备的条件：(1) 有根据认为纳税人有逃缴纳税义务的行为。(2) 责令限期缴纳。(3) 限期内转移、隐匿财产，进而要求提供担保。(4) 不能提供担保，经批准采取保全措施。

【小贴士】适用的主体：**仅限于**从事生产、经营的纳税人，**不包括**非从事生产、经营的纳税人，**也不包括**扣缴义务人和纳税担保人。

【小贴士】保全的范围：个人及其所扶养家属维持生活必需的住房和用品以及**单价5 000元以下**的其他**生活**用品，不在税收保全措施的范围之内。生活必需的住房和用品不包括机动车辆、金银饰品、古玩字画、豪华住宅或者一处以外的住房。

【小贴士】纳税人按期限缴纳了税款的，税务机关应当自收到税款或银行转回的完税凭证之日起**1日内**解除税收保全。

【小贴士】税务机关扣押商品、货物或者其他财产时，必须**开付收据**；查封商品、货物或者其他财产时，必须**开付清单**。

【小贴士】税收保全措施期限一般**不超过6个月**；重大案件需要延长的，应当报**国家税务总局**批准。

【经典例题】

【真题·单选题】（2020）下列关于税务机关在实施税收保全措施时应注意事项的表述中，符合税法规定的是（　）。

A. 经税务所所长批准后即能施行

B. 可由1名税务人员单独执行货物查封

C. 税务机关可通知纳税人开户银行冻结其大于应纳税款的存款

D. 解除保全措施的时间是收到税款或银行转回的完税凭证之日起1日内

【答案】D

【解析】选项A，如果纳税人不能提供纳税担保，经县以上税务局（分局）局长批准，税务机关采取下列税收保全措施。选项B，税务机关执行扣押、查封商品、货物或者其他财产时，必须由两名以上税务人员执行，并通知被执行人。选项C，纳税人不能提供纳税担保的，经县以上税务局（分局）局长批准，书面通知纳税人开户银行或者其他金融机构冻结纳税人的金额相当于应纳税款的存款。选项D，如果纳税人在税务机关采取税收保全措施后按照税务机关规定的期限缴纳了税款，税务机关应当自收到税款或银行转回的完税凭证之日起1日内解除税收保全。

【真题·单选题】（2012）税务机关采取税收保全措施的期限，一般不得超过6个月，重大案件需要延长的，应报经批准。有权批准的税务机关是(　　)。

A. 县级税务局　　B. 市级税务局

C. 省级税务局　　D. 国家税务总局

【答案】D

【解析】税务机关采取税收保全措施的期限一般不得超过6个月；重大案件需要延长的，应当报国家税务总局批准。

【真题·多选题】（2010）下列关于税务机关实施税收保全措施的表述中，正确的有（　　）。

A. 税收保全措施仅限于从事生产、经营的纳税人

B. 只有在事实全部查清、取得充分证据的前提下才能进行

C. 冻结纳税人的存款时，其数额要以相当于纳税人应纳税款的数额为限

D. 个人及其扶养家属维持生活必需的住房和用品，不在税收保全措施的范围之内

【答案】ACD

【解析】选项B，在限期内发现纳税人有明显的转移、隐匿其应纳税的商品、货物以及其他财产迹象的，税务机关应责令其提供纳税担保；如果纳税人不能提供纳税担保，经批准，税务机关可采取税收保全措施。

（八）税收强制执行措施（补救）（重要）

税收强制执行措施，是指当事人**不履行**法律、行政法规规定的**义务**，有关国家机关采用法定的强制手段，强迫当事人履行义务的行为。

【小贴士】税务机关采取税收强制执行措施时，必须坚持**告诫在先**的原则。

从事生产、经营的纳税人、扣缴义务人**未按照规定的期限缴纳**或者解缴税款，纳税担保人未按照规定的期限缴纳所担保的税款，由税务机关责令限期缴纳，逾期仍未缴纳的，经**县以上税务局（分局）局长**批准，税务机关可以采取下列强制执行措施：

1. 书面通知其开户银行或其他金融机构从其存款中**扣缴**税款。

2. 扣押、查封、**依法拍卖或变卖**其价值相当于应纳税款的商品、货物或其他财产，以拍卖或者变卖所得抵缴税款。

【小贴士】适用的主体：适用于纳税人、扣缴义务人、纳税担保人。

【小贴士】实施扣押、查封、拍卖或者变卖等强制执行措施时，应当通知被执行人或其成年家属到场，否则不能直接采取扣押和查封措施。

【小贴士】扣押、查封、拍卖或者变卖被执行人的商品、货物或者其他财产，应当以应纳税额和滞纳金等为限。个人及其所扶养家属维持生活必需的住房和用品，不在强制执行措施的范围之内。

【小贴士】对价值超过应纳税额且不可分割的商品、货物或者其他财产，税务机关在纳税人、扣缴义务人或者纳税担保人无其他可供强制执行财产的情况下，可以整体扣押、查封、拍卖，以拍卖所得抵缴**税款、滞纳金、罚款**以及扣押、查封、保管、拍卖等**费用**。剩余部分应当在**3日内**退还被执行人。

【小贴士】实施扣押、查封时，对有产权证件的动产或者不动产，税务机关可以责令当事人将产权证件交税务机关保管，同时可以向有关机关发出协助执行通知书，有关机关在扣押、查封期间不再办理该动产或者不动产的**过户**手续。

【小贴士】对查封的商品、货物或者其他财产，税务机关可以指令被执行人负责保管，保管责任由被执行人承担。继续使用被查封的财产不会减少其价值的，税务机关可以允许被执行人继续使用；因被执行人保管或者使用的过错造成的损失，由被执行人承担。

【小贴士】税收保全措施与税收强制执行措施的关系。

二者之间**只有可能**的连续关系，但**没有必然**的因果连续关系。也就是说，税收强制执行措施之前不一定有税收保全措施做铺垫，而税收保全措施的结果也不一定就是税收强制执行措施。

【小贴士】税收保全措施与税收强制执行措施对比。

（1）相同点：对于纳税人本人及其所扶养家属维持生活必需的住房和用品以及单价5 000

元以下的其他生活用品，应当予以保留，不得采取税收保全和强制执行措施。

（2）不同点：

一是税收保全措施仅适用于从事生产经营的纳税人，不包括扣缴义务人和纳税担保人；税收强制执行措施适用于纳税人、扣缴义务人和纳税担保人。

二是税收保全措施不包括滞纳金，税收强制执行措施包括滞纳金。

【经典例题】

【真题·单选题】（2009）下列关于税收强制执行措施的表述中，正确的是（　　）。

A. 税收强制执行措施不适用于扣缴义务人

B. 作为家庭唯一代步工具的轿车，不在税收强制执行的范围之内

C. 税务机关采取强制执行措施时，对纳税人未缴纳的滞纳金同时强制执行

D. 税务机关可对未按期缴纳工薪收入个人所得税的个人实施税收强制执行措施

【答案】 C

【解析】 选项A，税收强制执行措施适用于扣缴义务人。选项B，生活必需的住房和用品不包括机动车辆。选项D，取得工薪收入的个人不属于从事生产、经营的纳税人，税务机关不得对未按期缴纳工薪收入个人所得税的个人实施税收强制执行措施。

【真题·单选题】（2013）税务机关采取的下列措施中，属于税收保全措施的是（　　）。

A. 查封纳税人的价值相当于应纳税款的商品或货物

B. 书面通知纳税人的开户银行从其银行存款中扣缴税款

C. 拍卖纳税人其价值相当于应纳税款的商品用以抵缴税款

D. 对纳税人逃避纳税义务的行为处以2 000元以上5 000元以下的罚款

【答案】 A

【解析】 选项B、C，属于税收强制执行措施。选项D，属于行政处罚措施。

【例题·多选题】 根据《税收征收管理法》的规定，下列项目中属于适用税收强制执行措施的条件有（　　）。

A. 税收强制执行措施必须发生在责令期满之后

B. 采取税收强制执行措施前，应当报经设区的市以上税务局（分局）局长批准

C. 对逾期不履行法定义务的纳税人必须告诫在先，执行在后

D. 仅适用从事生产经营的纳税人

【答案】 AC

【解析】 选项B，税务机关下列强制执行措施，经县以上税务局（分局）局长批准。选项D，税收强制执行措施适用于纳税人、扣缴义务人和纳税担保人。

（九）欠税清缴制度

《税收征收管理法》规定，严格控制欠缴税款的审批权限，缓缴税款的审批权限集中在**省、自治区、直辖市税务局**。

1. 限期缴税时限。

从事生产、经营的纳税人、扣缴义务人未按照规定的期限缴纳或解缴税款的，纳税担保人未按照规定的期限缴纳所担保的税款的，由税务机关发出限期缴纳税款通知书，责令缴纳或者解缴税款的**最长期限不得超过15日**。

2. 建立欠税清缴制度，防止税款流失。

（1）欠缴税款的纳税人或者他的法定代表人需要出境的，应当在出境前向税务机关结清应纳税款、滞纳金或者提供担保。未结清税款、滞纳金，又不提供担保的，税务机关可以通知出境管理机关阻止其出境。

（2）纳税人有合并、分立情形的，应当向税务机关报告，并依法缴清税款。纳税人合并时未缴清税款的，应当由**合并后的纳税人**继续履行未履行的纳税义务；纳税人分立时未缴清税款的，分立后的纳税人对未履行的纳税义务应当承担**连带**责任。

（3）欠缴税款数额在**5万元以上**的纳税人，在处分其不动产或者大额资产之前，应当

向税务机关报告。

（4）税务机关可以对欠缴税款的纳税人行使代位权、撤销权。

（5）建立欠税公告制度。

【经典例题】

【真题·单选题】（2003）根据《税收征收管理法》及其实施细则的规定，欠缴税款数额较大的纳税人在处分其不动产或者大额资产之前，应当向税务机关报告。欠缴税款数额较大是指欠缴税款在（　　）万元以上。

A. 3　　B. 5

C. 10　　D. 20

【答案】B

【解析】根据《税收征收管理法》第四十九条和《税收征收管理法实施细则》第七十七条的规定，欠缴税款数额在5万元以上的纳税人，在处分其不动产或者大额资产之前，应当向税务机关报告。

（十）税款的退还和追征制度

1. 税款的退还。

（1）纳税人超过应纳税额缴纳的税款，**税务机关发现后**应当立即退还。

（2）**纳税人**自结算缴纳税款之日起**3年内**发现的，可以向税务机关要求退还多缴的税款**并加算银行同期存款利息**，税务机关及时查实后应当立即退还。

（3）涉及从国库中退库的，依照法律、行政法规有关国库管理的规定退还。

2. 税款的追征（补征）。

（1）因**税务机关**的责任，致使纳税人、扣缴义务人未缴或者少缴税款的，税务机关在**3年内**可要求纳税人、扣缴义务人补缴税款，但是不得加收滞纳金。

（2）因纳税人、扣缴义务人计算等失误，未缴或者少缴税款的，税务机关在**3年内**可以追征税款、滞纳金；有**特殊情况**的追征期可以延长到5年。

【小贴士】特殊情况，是指纳税人或者扣缴义务人因**计算错误等失误**，未缴或者少缴、未扣或者少扣、未收或者少收税款，**累计数额在10万元以上的**。

【小贴士】对逃避缴纳税款、抗税、骗税的，税务机关追征其未缴或者少缴的税款、滞纳金或者所骗取的税款，不受前款规定期限的限制。

【小贴士】关税法与《税收征收管理法》对比：

（1）关税的补征期为1年，追征期为3年。

（2）《税收征收管理法》规定补征期为3年，追征期为3年、5年、无限期。

【经典例题】

【真题·单选题】（2014）下列关于退还纳税人多缴税款的表述中，正确的是（　　）。

A. 纳税人发现多缴税款但距缴款日期已超过3年的，税务机关不再退还多缴税款

B. 税务机关发现多缴税款的，在退还税款的同时，应一并计算银行同期存款利息

C. 税务机关发现多缴税款但距缴款日期已超过3年的，税务机关不再退还多缴税款

D. 纳税人发现当年预缴企业所得税款超过应缴税额的，可要求退款并加计银行同期存款利息

【答案】A

【解析】选项B，税务机关发现的，没有加算银行同期存款利息的规定。选项C，纳税人超过应纳税额缴纳的税款，税务机关不论何时发现均应当立即退还，没有时限规定。选项D，当年预缴企业所得税款超过应缴税额的，汇算清缴时不加算银行同期存款利息。

（十一）企业破产清算程序中的税收征管

1. 税务机关在人民法院公告的债权申报期限内，向管理人申报企业所欠税款（含教育费附加、地方教育附加）、滞纳金及罚款。因特别纳税调整产生的利息，也应一并申报。

【小贴士】企业所欠税款、滞纳金、罚款，以及因特别纳税调整产生的利息，以人民

法院裁定受理破产申请之日为截止日计算确定。

2. 在人民法院受理破产申请之日至企业注销之日期间，企业应当接受税务机关的税务管理，履行税法规定的相关义务。破产程序中如发生应税情形，应按规定申报纳税。

【小贴士】从人民法院指定管理人之日起，管理人可以以企业名义办理纳税申报等涉税事宜。企业因继续履行合同、生产经营或处置财产需要开具发票的，管理人可以以企业名义按规定申领开具发票或者代开发票。

3. 企业所欠税款、滞纳金、因特别纳税调整产生的利息，税务机关按照企业破产法相关规定进行申报，其中，企业所欠的滞纳金、因特别纳税调整产生的利息按照普通破产债权申报。

【小贴士】上述规定自2020年3月1日起实行。

【真题·多选题】（2020）企业破产清算时涉及的下列款项中，税务机关在人民法院公告的债权申报期限内，应向管理人申报的有（　　）。

A. 所欠各种税款

B. 滞纳金及罚款

C. 企业欠缴的教育费附加

D. 因特别纳税调整产生的利息

【答案】ABCD

【解析】税务机关在人民法院公告的债权申报期限内，向管理人申报企业所欠税款（含教育费附加、地方教育附加）、滞纳金及罚款。因特别纳税调整产生的利息，也应一并申报。

（十二）《无欠税证明》开具服务

1.《无欠税证明》，是指税务机关依纳税人申请，根据税收征管信息系统所记载的信息，为纳税人开具的表明其不存在欠税情形的证明。

【小贴士】“不存在欠税情形”，是指纳税人在税收征管信息系统中，不存在应申报未申报记录且无下列应缴未缴的税款：

（1）办理纳税申报后，纳税人未在税款缴纳期限内缴纳的税款。

（2）经批准延期缴纳的税款期限已满，纳税人未在税款缴纳期限内缴纳的税款。

（3）税务机关检查已查定纳税人的应补税额，纳税人未缴纳的税款。

（4）税务机关根据《税收征收管理法》核定纳税人的应纳税额，纳税人未在税款缴纳期限内缴纳的税款。

（5）纳税人的其他未在税款缴纳期限内缴纳的税款。

2. 纳税人因境外投标、企业上市等需要，确需开具《无欠税证明》的，可以向主管税务机关申请办理。

3. 已实行实名办税的纳税人到主管税务机关申请开具《无欠税证明》的，办税人员持有效身份证件直接申请开具，无须提供登记证照副本或税务登记证副本。

4. 未办理实名办税的纳税人到主管税务机关申请开具《无欠税证明》的，区分以下情况提供相关有效证件：

（1）单位纳税人和个体工商户，提供市场监管部门或其他登记机关发放的登记证照副本或税务登记证副本，以及经办人有效身份证件。

（2）自然人纳税人，提供本人有效身份证件。

5. 对申请开具《无欠税证明》的纳税人，证件齐全的，主管税务机关应当受理其申请。经查询税收征管信息系统，符合开具条件的，主管税务机关应当即时开具《无欠税证明》；不符合开具条件的，不予开具并向纳税人告知未办结涉税事宜。

6. 纳税人办结相关涉税事宜后，符合开具条件的，主管税务机关应当即时开具《无欠税证明》。

【小贴士】《无欠税证明》开具服务，自2020年3月1日起实施。

第四单元　税务检查

重难点1：税务检查的方法★

税务检查的方法包括：全查法、抽查法、

顺查法、逆查法、现场检查法、调账检查法、比较分析法、控制计算法、审阅法、核对法、观察法、外调法、盘存法、交叉稽核法。

【经典例题】

【真题·多选题】(2016)下列方法中，属于税务检查方法的有(　　)。

A. 顺查法　　B. 比较分析法

C. 交叉稽核法　　D. 逆查法

【答案】ABCD

【解析】税务检查的方法包括：全查法、抽查法、顺查法、逆查法、现场检查法、调账检查法、比较分析法、控制计算法、审阅法、核对法、观察法、外调法、盘存法、交叉稽核法。

重难点2：税务检查的职责★★

1. 税务机关有权进行下列税务检查：

(1)检查纳税人的账簿、记账凭证、报表和有关资料，检查扣缴义务人代扣代缴、代收代缴税款账簿、记账凭证和有关资料。

【小贴士】因检查需要时，经**县以上**税务局(分局)局长批准，可以将纳税人、扣缴义务人**以前会计年度**的账簿、记账凭证、报表和其他有关资料调回税务机关检查，但是税务机关必须向纳税人、扣缴义务人开付清单，并在**3个月内**完整退还。

【小贴士】有特殊情况的，经设区的**市、自治州以上**税务局局长批准，税务机关可以将纳税人、扣缴义务人**当年**的账簿、记账凭证、报表和其他有关资料调回检查，但是税务机关必须在**30日内**退还。

(2)到纳税人的生产、经营场所和货物存放地检查纳税人应纳税的商品、货物或者其他财产，检查扣缴义务人与代扣代缴、代收代缴税款有关的经营情况。但不得进入纳税人**生活区**进行检查。

(3)责成纳税人、扣缴义务人提供与纳税或者代扣代缴、代收代缴税款有关的文件、证明材料和有关资料。

(4)询问纳税人、扣缴义务人与纳税或者代扣代缴、代收代缴税款**有关**的问题和情况。

(5)到车站、码头、机场、邮政企业及其分支机构检查纳税人托运、邮寄、应税商品、货物或者其他财产的有关单据凭证和资料。

(6)经县以上税务局(分局)局长批准，凭全国统一格式的检查存款账户许可证明，**查询**从事生产、经营的纳税人、扣缴义务人在银行或者其他金融机构的**存款账户**。

2. 纳税人、扣缴义务人的义务。

纳税人、扣缴义务人必须接受税务机关依法进行的税务检查，如实反映情况，提供有关资料，不得拒绝、隐瞒。

3. 有关单位和个人的义务。

税务机关依法进行税务检查时，有权向有关单位和个人调查纳税人、扣缴义务人和其他当事人与纳税或者代扣代缴、代收代缴税款有关的情况，有关单位和个人有义务向税务机关如实提供有关资料和证明材料。

4. 税务机关调查税务违法案件时，对与案件有关的情况和资料，可以**记录、录音、录像、照相和复制**。

【小贴士】税务人员进行税务检查时，应当**出示税务检查证和税务检查通知书**；无税务检查证和税务检查通知书的，纳税人、扣缴义务人及其他当事人有权拒绝检查。

【小贴士】税务机关在调查税收**违法案件时**，经设区的**市、自治州以上**税务局(分局)局长批准，可以查询案件涉案人员的**储蓄存款**。

【小贴士】学员应注意辨析"经县以上税务局(分局)局长批准""经设区的市、自治州以上税务局(分局)局长批准""应当报国家税务总局批准"三种情形的差异。

【经典例题】

【真题·多选题】(2009)下列关于税务机关行使税务检查权的表述中，符合税法规定的有(　　)。

A. 到纳税人住所检查应纳税的商品、货物和其他财产

B. 责成纳税人提供与纳税有关的文件、证明材料和有关资料

C. 到车站检查纳税人托运货物或者其他财产的有关单据凭证和资料

D. 经县税务局局长批准，凭统一格式的检查存款账户许可证，查询案件涉嫌人员的储蓄存款

【答案】BC

【解析】选项A，税务机关不得进入纳税人生活区进行检查。选项D，经县以上税务局(分局)局长批准，凭全国统一格式的检查存款账户许可证明，查询从事生产、经营的纳税人、扣缴义务人在银行或者其他金融机构的存款账户。

第五单元　法律责任

重难点1：违反税务管理基本规定行为的处罚★

(一) 对纳税人税务违章的处罚

1. 纳税人有下列行为之一的，由税务机关责令限期改正，可以处2 000元以下的罚款；情节严重的，处2 000元以上10 000元以下的罚款：

(1) 未按照规定的期限申报办理税务登记、变更或者注销税务登记的。

(2) 未按照规定设置、保管账簿或者保管记账凭证和有关资料的。

(3) 未按照规定将财务、会计制度或者财务、会计处理办法和会计核算软件报送税务机关备查的。

(4) 未按照规定将其全部银行账号向税务机关报告的。

(5) 未按照规定安装、使用税控装置，或者损毁或擅自改动税控装置的。

(6) 纳税人未按照规定办理税务登记证件验证或者换证手续的。

2. 对不办理税务登记的纳税人，由税务机关责令限期改正，逾期不改的，由工商行政管理机关吊销其营业执照。

3. 纳税人通过提供虚假的证明资料等手段，骗取税务登记证的，处2 000元以下的罚款；情节严重的，处2 000元以上10 000元以下的罚款。

4. 纳税人未按照规定使用税务登记证件，或者转借、涂改、损毁、买卖、伪造税务登记证件的，处2 000元以上10 000元以下的罚款；情节严重的，处10 000元以上50 000元以下的罚款。

(二) 对扣缴义务人税务违章的处罚

1. 扣缴义务人未按照规定办理扣缴税款登记，税务机关应当自发现之日起3日内责令限期改正，并可处以1 000元以下的罚款。

2. 扣缴义务人未按照规定设置、保管代扣代缴、代收代缴税款账簿或者保管代扣代缴、代收代缴税款记账凭证及有关资料的，由税务机关责令限期改正，可以处2 000元以下的罚款；情节严重的，处2 000元以上5 000元以下的罚款。

3. 扣缴义务人未按照规定的期限向税务机关报送代扣代缴、代收代缴税款报告表和有关资料的，由税务机关责令限期改正，可以处2 000元以下的罚款；情节严重的，可以处2 000元以上10 000元以下的罚款。

4. 扣缴义务人编造虚假计税依据的，由税务机关责令限期改正，并处50 000元以下的罚款。

【小贴士】扣缴义务人应扣未扣、应收未收税款的，由税务机关向纳税人追缴税款，对扣缴义务人处应扣未扣、应收未收税款50%以上3倍以下的罚款。

【经典例题】

【真题·单选题】(2014) 下列关于税款扣缴制度的表述中，正确的是(　　)。

A. 代扣税款手续费可以由税务所统一办理退库手续

B. 个人收到的个人所得税扣缴手续费，

应计征个人所得税

C. 对扣缴义务人未履行扣缴义务的，可处以应扣未扣税款50%以上3倍以下的罚款

D. 扣缴义务人履行扣缴义务时，可从所扣缴的税款中减除扣缴手续费后再上交税务机关

【答案】C

【解析】选项A，代扣税款手续费只能由县（市）以上税务机关统一办理退库手续。选项B，个人收到的个人所得税扣缴手续费，应计征营业税，不计征个人所得税。选项D，扣缴义务人履行扣缴义务时，不可从所扣缴的税款中减除扣缴手续费。

重难点2：对偷税的认定及其法律责任★

1. 纳税人伪造、变造、隐匿、擅自销毁账簿、记账凭证，或者在账簿上多列支出或者不列、少列收入，或者经税务机关通知申报而拒不申报或者进行虚假的纳税申报，不缴或者少缴应纳税款的，是逃避缴纳税款。对纳税人逃避缴纳税款的，由税务机关追缴其不缴或者少缴的税款、滞纳金，并处不缴或者少缴的税款50%以上5倍以下的罚款；构成犯罪的，依法追究刑事责任。

扣缴义务人采取前款所列手段，不缴或者少缴已扣、已收税款，由税务机关追缴其不缴或者少缴的税款、滞纳金，并处不缴或者少缴的税款50%以上5倍以下的罚款；构成犯罪的，依法追究刑事责任。

2.《中华人民共和国刑法》规定：“纳税人采取欺骗、隐瞒手段进行虚假纳税申报或者不申报，逃避缴纳税款数额较大并且占应纳税额10%以上的，处3年以下有期徒刑或者拘役，并处罚金；数额巨大并且占应纳税额30%以上的，处3年以上7年以下有期徒刑，并处罚金。”

扣缴义务人采取前款所列手段，不缴或者少缴已扣、已收税款，数额较大的，依照前款的规定处罚。

3. 对多次实施前两款行为，未经处理的，按照累计数额计算。

4. 有第一款行为，经税务机关依法下达追缴通知后，补缴应纳税款，缴纳滞纳金，已受行政处罚的，不予追究刑事责任；但是，5年内因逃避缴纳税款受过刑事处罚或者被税务机关给予两次以上行政处罚的除外。

重难点3：虚假申报和不进行申报★

1. 虚假申报。

纳税人编造虚假计税依据的，由税务机关责令限期改正，并处50 000元以下的罚款。

2. 不进行申报。

纳税人不申报，不缴或少缴应纳税款的，由税务机关追缴其不缴或少缴的税款、滞纳金，并处不缴或少缴税款50%以上5倍以下的罚款。

重难点4：骗取出口退税的法律责任★

以假报出口等欺骗手段，骗取国家出口退税款的，由税务机关追缴其骗取的退税款，并处骗取税款1倍以上5倍以下的罚款；构成犯罪的，依法追究刑事责任。

【小贴士】骗取国家出口退税款的，税务机关可以在规定期间内停止为其办理出口退税。

重难点5：抗税的法律责任★

以暴力、威胁方法拒不缴纳税款的，是抗税。除由税务机关追缴其拒缴的税款、滞纳金外，依法追究刑事责任。情节轻微，未构成犯罪的，由税务机关追缴其拒缴的税款、滞纳金，并处拒缴税款1倍以上5倍以下的罚款；触及刑法的，处3年以下有期徒刑或者拘役，并处拒缴税款1倍以上5倍以下罚金；情节严重的，处3年以上7年以下有期徒刑，并处拒缴税款1倍以上5倍以下罚金。

重难点6：在规定期限内不缴或者少缴税款的法律责任

《税收征收管理法》规定：“纳税人、扣缴义务人在规定期限内不缴或者少缴应纳或者

应解缴的税款，经税务机关责令限期缴纳，逾期仍未缴纳的，税务机关除依照规定采取强制执行措施追缴其不缴或者少缴的税款外，可以处不缴或者少缴税款50%以上5倍以下的罚款。”

重难点7：违反税务代理的法律责任★

税务代理人违反税收法律、行政法规，造成纳税人未缴或者少缴税款的，除由纳税人缴纳或者补缴应纳税款、滞纳金外，对税务代理人处纳税人未缴或者少缴税款50%以上3倍以下的罚款。

【小贴士】学员应注意辨析上述规定中，不同的违法主体“纳税人”“扣缴义务人”“税务代理人”之间处罚的差异。

第六单元　纳税担保和抵押

重难点1：纳税保证★★

纳税保证，是指纳税保证人向税务机关保证；当纳税人未按照税收法律、行政法规规定或者税务机关确定的期限缴清税款、滞纳金时，由纳税保证人按照约定履行缴纳税款及滞纳金的行为。

（一）纳税保证人（人保）

纳税保证人，是指在中国境内具有纳税担保能力的自然人、法人或者其他经济组织。

1. 法人或其他经济组织财务报表资产净值超过需要担保的税额及滞纳金2倍以上的，自然人、法人或其他经济组织所拥有或者依法可以处分的未设置担保的财产的价值超过需要担保的税额及滞纳金的，为具有纳税担保能力。

2. 国家机关、学校、幼儿园、医院等事业单位、社会团体不得作为纳税保证人。

3. 企业法人的**职能部门**不得作为纳税保证人；企业法人的**分支机构**有法人书面授权的，可以在授权范围内提供纳税担保。

4. 有以下情形之一的，**不得**作为纳税保证人：

（1）有偷税、抗税、骗税、逃避追缴欠税行为被税务机关、司法机关追究过法律责任未满**2年**的。

（2）因有税收违法行为**正在**被税务机关立案处理或涉嫌刑事犯罪，被司法机关立案侦查的。

（3）纳税信誉等级被评为**C级以下**的。

（4）在主管税务机关所在地的市（地、州）**没有住所**的自然人，或税务登记**不在本市**（地、州）的企业。

（5）无民事行为能力或限制民事行为能力的自然人。

（6）与纳税人存在担保**关联关系**的。

（7）有欠税行为的。

【经典例题】

【真题·多选题】（2015）具有特殊情形的企业不得作为纳税保证人，下列各项属于该特殊情形的有（　　）。

A. 有欠税行为的

B. 因有税收违法行为正在被税务机关立案处理的

C. 与纳税人存在担保关联关系的

D. 纳税信誉等级被评为C级以下的

【答案】ABCD

【解析】有下列情形之一的，不得作为纳税保证人：（1）有偷税、抗税、骗税、逃避追缴欠税行为被税务机关、司法机关追究过法律责任未满2年的。（2）因有税收违法行为正在被税务机关立案处理，或涉嫌刑事犯罪被司法机关立案侦查的。（3）纳税信誉等级被评为C级以下的。（4）在主管税务机关所在地的市（地、州）没有住所的自然人，或税务登记不在本市（地、州）的企业。（5）无民事行为能力或限制民事行为能力的自然人。（6）与纳税人存在担保关联关系的。（7）有欠税行为的。

【真题·多选题】（2018）根据《税收征收管理法》规定，下列情形中的企业不得作为纳税保证人的有（　　）。

A. 有欠税行为的

B. 纳税信用等级被评为 B 级的

C. 与纳税人存在担保关联关系的

D. 因有税收违法行为正在被税务机关立案处理的

【答案】ACD

【解析】选项 B，纳税信誉等级被评为 C 级以下的，不得作为纳税保证人。

（二）纳税担保范围

纳税担保范围，包括**税款、滞纳金**和实现税款、滞纳金的**费用**。

【小贴士】费用包括抵押、质押登记费用，质押保管费用，以及保管、拍卖、变卖担保财产等相关费用支出。

【小贴士】纳税人有下列情况之一的，适用纳税担保：

（1）税务机关**有根据**认为**从事生产、经营的纳税人**有逃避纳税义务行为，在规定的**纳税期之前**经责令其限期缴纳应纳税款，在限期内发现纳税人有明显的转移、隐匿其应纳税的商品、货物以及其他财产或者应纳税收入的迹象，责成纳税人提供纳税担保的。

（2）欠缴税款、滞纳金的纳税人或者其法定代表人需要**出境**的。

（3）纳税人同税务机关在纳税上发生争议而未缴清税款，需要申请**行政复议**的。

（4）其他情形。

【小贴士】用于纳税担保的财产、权利的价值，不得低于应当缴纳的税款、滞纳金，并考虑相关的费用。纳税担保的财产价值**不足以抵缴税款、滞纳金的**，税务机关应当向提供担保的纳税人或纳税担保人继续**追缴**。

（三）纳税保证责任

纳税担保为**连带责任**保证，即纳税人和纳税保证人对所担保的税款及滞纳金承担连带责任。

（四）纳税担保时限

纳税担保书须经纳税人、纳税保证人签字盖章并经税务机关签字盖章同意方为有效。纳税担保从税务机关在**纳税担保书签字盖章之日起生效**。

【小贴士】税务机关认可的，保证成立；税务机关不认可的，保证不成立。

1. 保证期间。

保证期间为纳税人应缴纳税款期限届满**之日起 60 日内**，即税务机关自纳税人应缴纳税款的期限届满之日起 60 日内有权要求纳税保证人承担保证责任，缴纳税款、滞纳金。

2. 履行保证责任的期限。

履行保证责任的期限为 15 日，即纳税保证人应当自收到税务机关的纳税通知书之日起 15 日内履行保证责任，缴纳税款及滞纳金。

【小贴士】纳税保证期间内，税务机关**未通知纳税保证人**缴纳税款及滞纳金以承担担保责任的，纳税保证人**免除**担保责任。

重难点 2：纳税抵押★★

纳税抵押，是指纳税人或纳税担保人**不转移**可抵押财产的**占有**，将该财产作为税款及滞纳金的担保。

纳税人逾期未缴清税款及滞纳金的，税务机关有权依法处置该财产以抵缴税款及滞纳金。

（一）可以抵押的财产

1. 抵押人所有的房屋和其他地上定着物。（不动产）

2. 抵押人所有的机器、交通运输工具和其他财产。（动产）

3. 抵押人依法有权处分的国有的房屋和其他地上定着物。

4. 抵押人依法有权处分的国有的机器、交通运输工具和其他财产。

5. 经设区的市、自治州以上税务机关确认的其他可以抵押的合法财产。

【小贴士】以依法取得的国有土地上的房屋抵押的，该房屋占用范围内的国有土地使用权同时抵押；以乡（镇）、村企业的厂房等建筑物抵押的，其占用范围内的土地使用权同时抵押。

（二）下列财产不得抵押（8 项）

1. 土地所有权。

2. 土地使用权。（上述可抵押范围规定的除外）

3. 学校、幼儿园、医院等以公益为目的的事业单位、社会团体、民办非企业单位的教育设施、医疗卫生设施和其他社会公益设施。

【小贴士】上述单位可以其教育设施、医疗卫生设施和其他社会公益设施**以外的财产**为其应缴纳的税款及滞纳金提供抵押。

4. 所有权、使用权不明或者有争议的财产。

5. 依法被查封、扣押、监管的财产。

6. 依法定程序确认为违法、违章的建筑物。

7. 法律、行政法规规定禁止流通的财产或者不可转让的财产。

8. 经设区的市、自治州以上税务机关确认的其他不予抵押的财产。

【经典例题】

【真题·多选题】（2012）下列各项中，可以作为纳税抵押财产的有(　　)。

A. 抵押人所有的房屋

B. 抵押人拥有的土地所有权

C. 抵押人依法被查封的财产

D. 抵押人所有的交通运输工具

【答案】AD

【解析】选项B、C，土地所有权、依法被查封的财产不得抵押。

【真题·多选题】（2014）某房地产开发企业被税务机关要求提供纳税担保，该企业拥有的下列资产中，可以用作纳税抵押品的有(　　)。

A. 小轿车　　B. 写字楼

C. 库存钢材　　D. 土地所有权

【答案】ABC

【解析】选项D，不得用作纳税抵押财产的有8项，其中包括土地所有权。

重难点3：纳税质押★★

纳税质押，是指经税务机关同意，纳税人或纳税担保人将其**动产或权利凭证移交**税务机关占有，将该动产或权利凭证作为税款及滞纳金的担保。

纳税人逾期未缴清税款及滞纳金的，税务机关有权依法处置该动产或权利凭证以抵缴税款及滞纳金。

【小贴士】纳税质押分为动产质押和权利质押。动产质押包括现金以及其他除不动产以外的财产提供的质押。权利质押包括汇票、支票、本票、债券、存款单等权利凭证提供的质押。

【小贴士】对于实际价值波动很大的动产或权利凭证，经设区的市、自治州以上税务机关确认，税务机关可以不接受其作为纳税质押。

【经典例题】

【真题·单选题】（2016）纳税人的下列财产或财产权利，不得作为纳税质押品的是(　　)。

A. 房屋　　B. 汽车

C. 活期存款单　　D. 定期存款单

【答案】A

【解析】纳税质押，包括动产质押（现金以及其他除不动产以外的财产提供的质押）和权利质押（汇票、支票、本票、债券、存款单等权利凭证提供的质押）。选项A，房屋可以作为纳税抵押品。

第七单元　纳税信用管理

【小贴士】纳税信用级别设A、B、M、C、D五级。

纳税信用管理，指税务机关对纳税人的纳税信用信息开展的采集、评估、确定、发布和应用等活动。

重难点1：适用的主体★

除已办理税务登记，从事生产、经营并适用查账征收的**企业纳税人**外，纳税信用管理试行办法还适用于以下**企业纳税人**：

1. 从**首次**在税务机关办理涉税事宜之日起时间**不满一个评价年度**的企业。

【小贴士】评价年度是指公历年度，即1月1日至12月31日。

2. 评价年度内**无生产经营业务收入**的企业。

3. 适用企业所得税**核定征收**办法的企业。

4. 非独立核算分支机构可自愿参与纳税信用评价。

所称非独立核算分支机构是指由企业纳税人设立，已在税务机关完成登记信息确认且核算方式为非独立核算的分支机构。非独立核算分支机构参评后，2019年度之前的纳税信用级别不再评价，在机构存续期间适用国家税务总局纳税信用管理相关规定。

【小贴士】上述适用的主体暂不包括个人。

重难点2：纳税信用信息的采集★

纳税信用信息采集工作由国家税务总局和省税务机关组织实施，**按月采集**。

（一）信用信息的分类

1. 纳税人信用历史信息。

纳税人信用历史信息，包括**基本信息**和评价年度**之前**的纳税信用记录，以及相关部门评定的**优良**信用记录和**不良**信用记录。

2. 税务内部信息。

3. 外部信息。

（二）信用信息的采集

1. 信用历史信息中的基本信息，由税务机关从税务管理系统中采集，税务管理系统中暂缺的信息由税务机关通过纳税人申报采集。

评价年度之前的纳税信用记录，以及相关部门评定的优良信用记录和不良信用记录，从税收管理记录、国家统一信用信息平台等渠道中采集。

2. 税务内部信息从税务管理系统中采集。

3. 外部信息主要通过税务管理系统、国家统一信用信息平台、相关部门官方网站、新闻媒体或者媒介等渠道采集。

【小贴士】通过新闻媒体或者媒介采集的信息应**核实后**使用。

重难点3：纳税信用评估★★

（一）纳税信用评估方法

纳税信用评价采取**年度评价指标得分和直接判级方式**。

1. 年度评价指标得分采取扣分方式。

近三个年度内存在非经常性指标信息的，从100分起评；近三个年度内没有非经常性指标信息的，从90分起评。

2. 直接判级适用于有**严重失信行为**的纳税人。

（二）纳税信用评价指标体系

纳税信用评价指标包括税务内部信息和外部信息。

1. 税务内部信息，包括经常性指标信息和非经常性指标信息。

经常性指标信息，包括涉税申报信息、税（费）款缴纳信息、发票与税控器具信息和登记与账簿信息。

非经常性指标信息，包括纳税评估、税务审计、反避税调查信息和税务稽查信息。

2. 外部信息包括外部参考信息和外部评价信息。

外部**参考**信息，是指外部门对纳税人在评价年度的信用记录，仅记录不扣分。

外部**评价**信息，是指税务机关从**银行、工商、海关**等外部门获取的纳税人**未如实**向税务机关报告的如银行账户设置数量、股权转让变更登记或其他涉税变更登记、进口货物报关数量等重要涉税信息。

（三）纳税信用评价周期

纳税信用评价周期为一个纳税年度，有下列情形之一的纳税人，不参加本期的评价：

1. 纳入纳税信用管理时间不满一个评价年度的。

2. 因涉嫌税收违法被立案查处尚未结案的。

3. 被审计、财政部门依法查出税收违法行为，税务机关正在依法处理，尚未办结的。

4. 已申请税务行政复议、提起行政诉讼

尚未结案的。

5. 其他不应参加本期评价的情形。

（四）纳税信用级别（重要）

【小贴士】纳税信用级别设A、B、M、C、D五级。

1. A级纳税信用为年度评价指标得分**90分以上**。有下列情形之一的纳税人，本评价年度不能评为A级：

（1）实际生产经营期**不满3年的**。

（2）上一评价年度纳税信用评价结果为**D级的**。

（3）**非正常原因**一个评价年度内增值税连续3个月或者累计6个月零申报、负申报的。

（4）不能按照国家统一的会计制度规定设置账簿，并根据合法、有效凭证核算，向税务机关提供准确税务资料的。

2. **B级**纳税信用为年度评价指标得分70分以上不满90分。

3. 未发生后述第5项所列失信行为的下列企业适用M级纳税信用：

（1）新设立企业。

（2）评价年度内无生产经营业务收入且年度评价指标得分70分以上的企业。

4. C级纳税信用为年度评价指标得分40分以上不满70分。

5. D级纳税信用为年度评价指标得分不满40分或者直接判级确定的。

有下列情形之一的纳税人，本评价年度**直接判为D级**：

（1）存在逃避缴纳税款、逃避追缴欠税、骗取出口退税、虚开增值税专用发票等行为，经判决**构成涉税犯罪的**。

（2）存在第（1）项所列行为，**未构成犯罪**，但偷税（逃避缴纳税款）金额**10万元以上且占各税种应纳税总额10%以上**，或者存在逃避追缴欠税、骗取出口退税、虚开增值税专用发票等税收违法行为，已缴纳税款、滞纳金、罚款的。

（3）在规定期限内未按税务机关处理结论缴纳或者足额缴纳税款、滞纳金和罚款的。

（4）以暴力、威胁方法拒不缴纳税款或者拒绝、阻挠税务机关依法实施税务稽查执法行为的。

（5）存在违反增值税发票管理规定或者违反其他发票管理规定的行为，**导致其他单位**或者个人未缴、少缴或者骗取税款的。

（6）提供虚假申报材料享受税收优惠政策的。

（7）骗取国家出口退税款，被停止出口退（免）税资格未到期的。

（8）有**非正常户记录**或者由非正常户直接责任人员注册登记或者负责经营的。

（9）由**D级纳税人**的直接责任人员注册登记或者负责经营的。

（10）存在税务机关依法认定的其他严重失信情形的。

6. 纳税人有下列情形的，不影响其纳税信用评价：

（1）由于**税务机关原因**或者**不可抗力**，造成纳税人未能及时履行纳税义务的。

（2）**非主观故意**的计算公式运用错误以及**明显**的笔误造成未缴或者少缴税款的。

（3）国家税务总局认定的其他不影响纳税信用评价的情形。

【经典例题】

【真题·单选题】（2019）下列关于纳税信用管理的表述中，符合规定的是（　　）。

A. 按年进行纳税信用信息采集

B. 税务机关每年3月确定上一年度纳税信用评价结果

C. 以直接判级进行纳税信用评价适用于有严重失信行为的纳税人

D. 纳税年度内因涉嫌税收违法被立案查处尚未结案的纳税人，也参加本期评价

【答案】C

【解析】选项A，纳税信用信息采集工作由国家税务总局和省税务机关组织实施，按月采集。选项B，税务机关每年4月确定上一年

度纳税信用评价结果。选项 D，纳税年度内因涉嫌税收违法被立案查处尚未结案的纳税人，不参加本期评价。

重难点 4：纳税信用评估结果的应用★★★

1. 对纳税信用评价为 A 级的纳税人，税务机关予以下列激励措施：

（1）主动向社会公告年度 A 级纳税人名单。

（2）一般纳税人可单次领取 3 个月的增值税发票用量，需要调整增值税发票用量时即时办理，取消其增值税发票的认证。

（3）普通发票按需领用。

（4）连续 3 年被评为 A 级信用级别（简称 3 连 A）的纳税人，除享受以上措施外，还可以由税务机关提供绿色通道或专门人员帮助办理涉税事项。

【经典例题】

【例题·多选题】对纳税信用评价为 A 级的纳税人，税务机关予以的激励措施包括(　　)。

A. 主动向社会公告年度 A 级纳税人名单

B. 一般纳税人可单次领取 2 个月的增值税发票用量，需要调整增值税发票用量时即时办理

C. 普通发票按需领用

D. 连续 3 年被评为 A 级的纳税人，由税务机关提供绿色通道办理涉税事项

【答案】ACD

【解析】选项 B，一般纳税人可单次领取 3 个月的增值税发票用量，需要调整增值税发票用量时即时办理。

2. 对纳税信用评价为 B 级的纳税人，税务机关实施正常管理，适时进行税收政策和管理规定的辅导，并视信用评价状态变化趋势选择性地提供纳税信用 A 级纳税人适用的激励措施。

3. 对纳税信用评价为 M 级的企业，税务机关实行下列激励措施：

（1）取消增值税专用发票认证。

（2）税务机关适时进行税收政策和管理规定的辅导。

4. 对纳税信用评价为 C 级的纳税人，税务机关应依法从严管理，并视信用评价状态变化趋势选择性地采取纳税信用 D 级纳税人适用的管理措施。

5. 对纳税信用评价为 D 级的纳税人，税务机关应采取以下措施：

（1）公开 D 级纳税人及其直接责任人员名单，对直接责任人员注册登记或者负责经营的其他纳税人纳税信用直接判为 D 级。

（2）增值税专用发票领用按辅导期一般纳税人政策办理，普通发票的领用实行交（验）旧供新、严格限量供应。

（3）加强出口退税审核。

（4）加强纳税评估，严格审核其报送的各种资料。

（5）列入重点监控对象，提高监督检查频次，发现税收违法违规行为的，不得适用规定处罚幅度内的最低标准。

（6）将纳税信用评价结果通报相关部门，建议在经营、投融资、取得政府供应土地、进出口、出入境、注册新公司、工程招投标、政府采购、获得荣誉、安全许可、生产许可、从业任职资格、资质审核等方面予以限制或禁止。

（7）D 级评价保留 2 年，第 3 年纳税信用不得评价为 A 级。

（8）税务机关与相关部门实施的联合惩戒措施，以及结合实际情况依法采取的其他严格管理措施。

重难点 5：纳税信用修复

自 2020 年 1 月 1 日起，纳入纳税信用管理的企业纳税人，符合下列条件之一的，可在规定期限内向主管税务机关申请纳税信用修复：

1. 纳税人发生未按法定期限办理纳税申报、税款缴纳、资料备案等事项且已补办的。

2. 未按税务机关处理结论缴纳或者足额缴纳税款、滞纳金和罚款，未构成犯罪，纳税信用级别被直接判为D级的纳税人，在税务机关处理结论明确的期限期满后60日内足额缴纳、补缴的。

3. 纳税人履行相应法律义务并由税务机关依法解除非正常户状态的。

【小贴士】非正常户失信行为纳税信用修复，一个纳税年度内只能申请一次。

【小贴士】纳税信用修复后纳税信用级别不再为D级的纳税人，其直接责任人注册登记或者负责经营的其他纳税人之前被关联为D级的，可向主管税务机关申请解除纳税信用D级关联。

【小贴士】主管税务机关自受理纳税信用修复申请之日起15个工作日内完成审核，并向纳税人反馈信用修复结果。

【小贴士】纳税信用修复完成后，纳税人按照修复后的纳税信用级别适用相应的税收政策和管理服务措施，之前已适用的税收政策和管理服务措施不作追溯调整。

【经典例题】

【真题·单选题】（2020）下列关于纳税信用修复的表述中，符合税法规定的是（　　）。

A. 非正常户失信行为一个纳税年度内可申请两次纳税信用修复

B. 纳税信用修复完成后，纳税人之前已适用的税收政策和管理服务措施要作追溯调整

C. 主管税务机关自受理纳税信用修复申请之日起30日内完成审核，并向纳税人反馈结果

D. 纳税人履行相应法律义务并由税务机关依法解除非正常户状态的，可在规定期限内向税务机关申请纳税信用修复

【答案】D

【解析】选项A，非正常户失信行为纳税信用修复，一个纳税年度内只能申请一次。选项B，纳税信用修复完成后，纳税人按照修复后的纳税信用级别适用相应的税收政策和管理服务措施，之前已适用的税收政策和管理服务措施不作追溯调整。选项C，主管税务机关自受理纳税信用修复申请之日起15个工作日内完成审核，并向纳税人反馈信用修复结果。

第八单元　税收违法行为检举管理办法

重难点1：概述★

1. 检举，是指单位、个人采用书信、电话、传真、网络、来访等形式向税务机关提供纳税人、扣缴义务人税收违法行为线索的行为。

2. 检举税收违法行为的单位、个人称检举人；被检举的纳税人、扣缴义务人称被检举人。

3. 检举人可以实名检举，也可以匿名检举。

4. 税收违法行为，是指涉嫌偷税（逃避缴纳税款），逃避追缴欠税，骗税，虚开、伪造、变造发票，以及其他与逃避缴纳税款相关的税收违法行为。

【小贴士】检举税收违法行为是检举人的自愿行为，检举人因检举而产生的支出应当由其自行承担。

重难点2：检举事项的接收与受理★

1. 检举人检举税收违法行为应当提供被检举人的名称（姓名）、地址（住所）和税收违法行为线索；尽可能提供被检举人统一社会信用代码（身份证件号码），法定代表人、实际控制人信息和其他相关证明资料。

【小贴士】鼓励检举人提供书面检举材料。

2. 举报中心接收实名检举，应当准确登记实名检举人信息。检举人以个人名义实名检举应当由其本人提出；以单位名义实名检举应当委托本单位工作人员提出。多人联名进行实名检举的，应当确定第一联系人；未确定的，以检举材料的第一署名人为第一联系人。

3. 12366纳税服务热线接收电话检举后，应当按照以下分类转交相关部门：

（1）符合规定的检举事项，应当及时转

交举报中心。

（2）应开具而未开具发票、未申报办理税务登记及其他轻微税收违法行为的检举事项，按照有关规定直接转交被检举人主管税务机关相关业务部门处理。

（3）其他检举事项转交有处理权的单位或者部门。

【小贴士】税务机关的其他单位或者部门接到符合规定的检举材料后，应当及时转交举报中心。

4. 不同形式的检举要求。

（1）以来访形式实名检举的，检举人应当提供营业执照、居民身份证等有效身份证件的原件和复印件。

（2）以来信、网络、传真形式实名检举的，检举人应当提供营业执照、居民身份证等有效身份证件的复印件。

（3）以电话形式要求实名检举的，税务机关应当告知检举人采取（1）、（2）的形式进行检举。检举人未采取（1）、（2）的形式进行检举的，视同匿名检举。

【小贴士】举报中心可以应来访的实名检举人要求出具接收回执；对多人联名进行实名来访检举的，向其确定的第一联系人或者第一署名人出具接收回执。

5. 来访检举应当到税务机关设立的检举接待场所；多人来访提出相同检举事项的，应当推选代表，代表人数应当在3人以内。

6. 举报中心对接收的检举事项，应当及时审查，有下列情形之一的，不予受理：

（1）无法确定被检举对象，或者不能提供税收违法行为线索的。

（2）检举事项已经或者依法应当通过诉讼、仲裁、行政复议以及其他法定途径解决的。

（3）对已经查结的同一检举事项再次检举，没有提供新的有效线索的。

除前款规定外，举报中心自接收检举事项之日起即为受理。

7. 检举事项管辖有争议的，由争议各方本着有利于案件查处的原则协商解决；不能协商一致的，报请共同的上一级税务机关协调或者决定。

重难点3：检举事项的处理★

1. 检举事项受理后，应当分级分类，按照以下方式处理：

（1）检举内容详细、税收违法行为线索清楚、证明资料充分的，由稽查局立案检查。

（2）检举内容与线索较明确但缺少必要证明资料，有可能存在税收违法行为的，由稽查局调查核实。发现存在税收违法行为的，立案检查；未发现的，作查结处理。

（3）检举对象明确，但其他检举事项不完整或者内容不清、线索不明的，可以暂存待查，待检举人将情况补充完整以后，再进行处理。

（4）已经受理尚未查结的检举事项，再次检举的，可以合并处理。

2. 举报中心应当在检举事项受理之日起15个工作日内完成分级分类处理，特殊情况除外。查处部门应当在收到举报中心转来的检举材料之日起3个月内办理完毕；案情复杂无法在期限内办理完毕的，可以延期。

重难点4：检举事项的管理★

1. 举报中心应当严格管理检举材料，逐件登记已受理检举事项的主要内容、办理情况和检举人、被检举人的基本情况。

2. 已接收的检举材料原则上不予退还。不予受理的检举材料，登记检举事项的基本信息和不予受理原因后，经本级稽查局负责人批准可以销毁。

3. 暂存待查的检举材料，若在受理之日起两年内未收到有价值的补充材料，可以销毁。

4. 督办案件的检举材料应当专门管理，并按照规定办理督办案件材料的转送、报告等具体事项。

5. 检举材料的保管和整理，应当按照档

案管理的有关规定办理。

重难点5：检举人的答复和奖励★

1. 实名检举人可以要求答复检举事项的处理情况与查处结果。

2. 实名检举事项的处理情况，由作出处理行为的税务机关的举报中心答复。

3. 实名检举事项的查处结果，由负责查处的税务机关的举报中心答复。

4. 12366纳税服务热线接收检举事项并转交举报中心或者相关业务部门后，可以应检举人要求将举报中心或者相关业务部门反馈的受理情况告知检举人。

5. 检举事项经查证属实，为国家挽回或者减少损失的，按照有关规定对实名检举人给予相应奖励。

重难点6：权利保护★

1. 检举人不愿提供个人信息或者不愿公开检举行为的，税务机关应当予以尊重和保密。

2. 税务机关应当在职责范围内依法保护检举人、被检举人的合法权益。

3. 税务机关工作人员与检举事项或者检举人、被检举人有直接利害关系的，应当回避。

检举人有正当理由并且有证据证明税务机关工作人员应当回避的，经本级税务机关负责人或者稽查局负责人批准以后，予以回避。

4. 税务机关工作人员必须严格遵守以下保密规定：

（1）检举事项的受理、登记、处理及查处，应当依照国家有关法律、行政法规等规定严格保密，并建立健全工作责任制，不得私自摘抄、复制、扣压、销毁检举材料。

（2）严禁泄露检举人的姓名、身份、单位、地址、联系方式等情况，严禁将检举情况透露给被检举人及与案件查处无关的人员。

（3）调查核实情况和立案检查时不得出示检举信原件或者复印件，不得暴露检举人的有关信息，对匿名的检举书信及材料，除特殊情况以外，不得鉴定笔迹。

（4）宣传报道和奖励检举有功人员，未经检举人书面同意，不得公开检举人的姓名、身份、单位、地址、联系方式等情况。

【小贴士】检举事项查结，是指检举案件的结论性文书生效，或者检举事项经调查核实后未发现税收违法行为。

【小贴士】本办法自2020年1月1日起施行。

第九单元　税务文书电子送达规定（试行）

重难点★

1. 电子送达，是指税务机关通过电子税务局等特定系统（简称“特定系统”）向纳税人、扣缴义务人（简称“受送达人”）送达电子版式税务文书。

2. 经受送达人同意，税务机关可以采用电子送达方式送达税务文书。电子送达与其他送达方式具有同等法律效力。受送达人可以据此办理涉税事宜，行使权利、履行义务。

3. 受送达人同意采用电子送达的，签订《税务文书电子送达确认书》。

4. 税务机关采用电子送达方式送达税务文书的，以电子版式税务文书**到达特定系统受送达人端的日期为送达日期**。

5. 税务机关向受送达人送达电子版式税务文书后，通过电话、短信等方式发送提醒信息。提醒服务不影响电子文书送达的效力。

6. 受送达人需要纸质税务文书的，可以通过特定系统自行打印，也可以到税务机关办税服务厅打印。

【小贴士】暂不适用电子送达的税务文书，包括：

（1）税务处理决定书。

（2）税务行政处罚决定书（不含简易程序处罚）。

（3）税收保全措施决定书。

（4）税收强制执行决定书。

（5）阻止出境决定书。

（6）税务稽查、税务行政复议过程中使用的税务文书。

【小贴士】本规定自2020年4月1日起施行。

【本章总结】

1. 本章应掌握与熟悉的内容。

（1）掌握《税收征收管理法》的适用范围。

（2）掌握发票、纳税申报等基础管理的时间和主要程序。

（3）掌握税收保全措施、税收强制执行措施的相同点与不同点。

（4）掌握纳税保证的保证人的认定与不可抵押财产的范围。

（5）掌握纳税信用评估结果的应用。

（6）熟悉税务检查的职责。

（7）熟悉违反税收法规要承担的法律责任（违法行为判别及处理、扣缴义务人责任、税务代理人责任、违反征管制度的责任）。

2. 与其他章节的关系。

（1）建议本章与第一章、第十四章一起学习。

（2）建议本章的发票管理部分与增值税专用发票部分一起学习。

通关练习

一、单项选择题

1. 以下主体不需要办理税务登记的是（　　）。

A. 无固定生产、经营场所的流动性农村小商贩

B. 个体工商户

C. 从事生产经营的事业单位

D. 企业

2. 纳税人的停业期限不得超过（　　）。

A. 1个月　　B. 3个月

C. 半年　　D. 一年

3. 纳税人负有纳税申报义务，但连续（　　）个月所有税种均未进行纳税申报的，税收征管系统自动将其认定为非正常户，并停止其发票领用簿和发票的使用。

A. 1　　B. 3

C. 6　　D. 12

4. 从事生产经营的纳税人应当自领取营业执照或者发生纳税义务之日起（　　）日内设置账簿。

A. 10　　B. 15

C. 30　　D. 45

5. 账簿、记账凭证、报表、完税凭证、发票、出口凭证以及其他有关涉税资料应当保存（　　）。

A. 3年　　B. 5年

C. 10年　　D. 永久

6. 以下关于纳税申报管理的规定，说法不正确的是（　　）。

A. 纳税申报的对象是纳税人和扣缴义务人

B. 纳税人享受减税、免税待遇的，在减税、免税期间可以不用办理纳税申报

C. 纳税申报的形式主要有直接申报、邮寄申报、数据电文三种形式

D. 纳税人因有特殊情况，不能按期进行纳税申报的，经县以上税务机关核准，可以延期申报

7. 税款征收方式中的查定征收方式一般适用于（　　）。

A. 账册不健全，但是能够控制原材料或进销货的纳税单位

B. 经营品种比较单一，经营地点、时间和商品来源不固定的纳税单位

C. 财务会计制度较为健全，能够认真履行纳税义务的纳税单位

D. 小额、零散税源的征收

8. 以下对代扣代缴、代收代缴税款制度

的规定，说法正确的是(　　)。

A. 税法规定的扣缴义务人可以自行选择是否履行代扣、代收税款义务

B. 扣缴义务人依法履行代扣、代收税款义务时，纳税人不得拒绝

C. 对法律、法规没有规定代扣、代收的，扣缴义务人可以进行代扣、代收税款

D. 税务机关可要求扣缴义务人无偿履行代扣、代收义务

9. 以下各项规定，说法不正确的是(　　)。

A. 纳税人因有特殊困难，不能按期缴纳税款的，经省、自治区、直辖市国家税务局、地方税务局批准，可以延期缴纳税款，但最长不得超过3个月

B. 经批准的延期纳税，在批准的延期期限内免予加收滞纳金

C. 纳税人、扣缴义务人、纳税担保人应缴纳的欠税及滞纳金要求同时缴纳

D. 纳税人未按照规定期限缴纳税款的，扣缴义务人未按照规定期限解缴税款的，税务机关除责令限期缴纳外，从滞纳税款之日起，按日加收滞纳税款万分之五的滞纳金

10. 以下关于税务机关核定应纳税额的规定，说法不正确的是(　　)。

A. 依照法律、行政法规的规定可以不设置账簿的

B. 擅自销毁账簿或者拒不提供纳税资料的

C. 发生纳税义务，未按照规定的期限办理纳税申报

D. 纳税人申报的计税依据明显偏低，又无正当理由的

11. 纳税人与其关联企业未按照独立企业之间的业务往来支付价款、费用的，税务机关自该业务往来发生的纳税年度起(　　)年内进行调整。

A. 1　　B. 2

C. 3　　D. 5

12. 税务机关对单价(　　)元以下的其他生活用品，不采取税收保全和强制执行措施。

A. 3 000　　B. 5 000

C. 8 000　　D. 10 000

13. 纳税人自结清缴纳税款之日起(　　)年内发现多缴税款的，可以向税务机关要求退还多缴的税款并加算银行同期存款利息。

A. 1　　B. 2

C. 3　　D. 5

14. 以下财产不可以抵押的是(　　)。

A. 房屋　　B. 机器

C. 小汽车　　D. 土地所有权

15. 以下主体，可以成为纳税保证人的是(　　)。

A. 国家机关　　B. 学校

C. 医院　　D. 企业法人

16. 纳税保证人未按照规定的期限缴纳所担保的税款、滞纳金的，由税务机关责令限期在15日内缴纳；逾期仍未缴纳的，经(　　)批准，对纳税保证人采取强制执行措施。

A. 县以上稽查局局长

B. 县以上税务局（分局）局长

C. 设区的市以上稽查局局长

D. 设区的市以上税务局局长

17. 以下关于纳税质押的规定，说法错误的是(　　)。

A. 纳税质押是经税务机关同意，纳税人或纳税担保人将其动产或权利凭证移交税务机关占有，将该动产或权利凭证作为税款及滞纳金的担保

B. 纳税质押分为动产质押和权利质押

C. 对于实际价值波动很大的动产或权利凭证，经县以上税务机关确认，税务机关可以不接受其作为纳税质押

D. 纳税质押自纳税担保书和纳税担保财产清单经税务机关确认和质押物移交之日起生效

18. 纳税人采取欺骗、隐瞒等手段提供担保，造成应缴税款损失的，由税务机关处以(　　)。

A. 未缴、少缴税款30%以上3倍以下的罚款

B. 未缴、少缴税款50%以上5倍以下的罚款

C. 未缴、少缴税款50%以上1倍以下的罚款

D. 未缴、少缴税款100%以上5倍以下的罚款

19. 以下不符合《税收征收管理法》规定的是(　　)。

A. 有欠税行为的企业可以作为保证人

B. 权利质押包括汇票、支票、本票、债券、存款单等权利凭证提供的质押

C. 税务机关自纳税人应缴税款的期限届满之日起60日内有权要求纳税保证人承担保证责任，缴纳税款、滞纳金

D. 纳税抵押是指纳税人或纳税担保人不转移不动产等财产的占有，将该财产作为税款及滞纳金的担保，纳税人逾期未缴清税款及滞纳金的，税务机关有权依法处置该财产以抵缴税款及滞纳金

20. 以下关于纳税信用修复的规定，说法不正确的是(　　)。

A. 纳税人未按法定期限办理纳税申报、税款缴纳、资料备案等事项且已补办的可在规定期限内向主管税务机关申请纳税信用修复

B. 非正常户失信行为纳税信用修复一个纳税年度内只能申请一次

C. 主管税务机关自受理纳税信用修复申请之日起30日内完成审核，并向纳税人反馈信用修复结果

D. 纳税信用修复完成后，纳税人按照修复后的纳税信用级别适用相应的税收政策和管理服务措施，之前已适用的税收政策和管理服务措施不作追溯调整

二、多项选择题

1. 下列各项中，不适用《税收征收管理法》的有(　　)。

A. 关税

B. 海关代征的增值税

C. 企业所得税

D. 教育费附加

2. 下列各项中应当进行税务登记的有(　　)。

A. 个体工商户

B. 企业在外地设立的分支机构

C. 国家机关

D. 无固定生产经营场所的城市流动性商贩

3. 以下关于外出经营报验登记的规定，说法正确的有(　　)。

A. 纳税人在省税务机关管辖区域内跨县(市)经营的，是否开具《外管证》由省税务机关自行确定

B. 税务机关按照一地一证的原则，发放《外管证》

C. 《外管证》的有效期限一般为60日，最长不得超过180日

D. 纳税人应当自《外管证》签发30日内，持《外管证》向经营地税务机关报验登记，并接受经营地税务机关的管理

4. 根据《税收征收管理法》的规定，下列说法不正确的有(　　)。

A. 账簿、会计凭证和报表应当使用中文

B. 从事生产、经营的纳税人必须将所采用的财务、会计制度和具体的财务、会计处理办法，按税务机关的规定，自领取税务登记证件之日起30日内，及时报送主管税务机关备案

C. 在省、自治区、直辖市范围内统一式样的发票，由国家税务总局确定

D. 已开具的发票存根联和发票登记簿，应当保存5年

5. 下列各项中，属于纳税申报方式的有(　　)。

A. 直接申报　　B. 邮寄申报

C. 简易申报　　D. 数据电文

6. 纳税人办理纳税申报时，应当如实填写纳税申报表，并根据不同情况报送有关的证件、资料，下列各项中，属于应报送有关证件、资料的有(　　)。

A. 与纳税有关的合同、协议书及凭证

B. 税控装置的电子报税资料

C. 外出经营活动税收管理证明和异地完税证明

D. 财务会计报表及其说明材料

7. 根据《税收征收管理法》的规定，下列情形中，税务机关有权核定其应纳税额的有(　　)。

A. 擅自销毁账簿或者拒不提供纳税资料的

B. 依照法律、行政法规的规定应当设置但是没有设置账簿的

C. 虽设置账簿，但账目混乱或者成本资料、收入凭证、费用凭证残缺不全，难以查账的

D. 纳税人申报的计税依据明显偏高，又无正当理由的

8. 以下关于税收征收管理的说法，正确的有(　　)。

A. 外国企业可使用外文记账

B. 国家机关可以作为纳税担保人

C. 税务机关对单价5 000元以下的其他生活用品，不采取税收保全措施和强制执行措施

D. 个人及其所扶养家属维持生活必需的住房和用品，不在税收保全措施的范围之内

9. 以下关于税收保全措施的规定说法正确的有(　　)。

A. 税收保全措施仅适用于从事生产、经营的纳税人

B. 必须发生在规定的纳税期之前和责令限期缴纳应纳税款的限期内

C. 纳税人不能提供纳税担保的，经县以上税务局（分局）局长批准，书面通知纳税人开户银行或者其他金融机构冻结纳税人的全部存款

D. 税务机关扣押商品、货物或者其他财产时，必须开付清单；查封商品、货物或者其他财产时，必须开付收据

10. 根据《税收征收管理法》的规定，下列关于税收强制执行措施的说法正确的有(　　)。

A. 税收强制执行措施仅适用于从事生产、经营的纳税人

B. 对逾期不履行法定义务的纳税人必须告诫在先，执行在后

C. 在扣缴税款的同时，可以处以不缴或者少缴税款50%以上5倍以下的罚款

D. 采取税收强制执行措施时，对纳税人、扣缴义务人、纳税担保人未缴纳的滞纳金必须同时强制执行

11. 税务机关欠税清缴制度包括(　　)。

A. 离境清税制度

B. 建立改制纳税人欠税的清缴制度

C. 对欠缴税款的纳税人行使代位权

D. 建立欠税公告制度

12. 关于企业破产清算程序中的税收征管规定，下列说法正确的有(　　)。

A. 税务机关在人民法院公告的债权申报期限内，向管理人申报企业所欠税款、滞纳金及罚款，因特别纳税调整产生的利息，也应一并申报

B. 企业所欠税款、滞纳金、罚款，以及因特别纳税调整产生的利息，以人民法院裁定受理破产申请之日为截止日计算确定

C. 在人民法院裁定受理破产申请之日至企业注销之日期间，企业应当接受税务机关的税务管理，履行税法规定的相关义务

D. 企业因继续履行合同、生产经营或处置财产需要开具发票的，管理人可以以企业名义按规定申领开具发票或者代开发票

13. 税务机关派出人员在进行税务检查时，必须出示的有(　　)。

A. 税务检查证

B. 身份证

C. 工作证

D. 税务检查通知书

14. 下列关于税务机关行使税务检查权的表述中，符合税法规定的有(　　)。

A. 经县以上税务局（分局）局长批准，可以将纳税人、扣缴义务人当年的账簿、记账凭证、报表和其他有关资料调回检查，但是税务机关必须在30日内退还

B. 到纳税人的生产、经营场所和货物存放地检查应纳税的商品、货物或其他财产

C. 到车站检查纳税人托运货物或者其他财产

D. 责成纳税人、扣缴义务人提供与纳税或者代扣代缴、代收代缴税款有关的文件、证明材料和有关资料

15. 下列属于税务机关责令限期改正，可以处 2 000 元以下的罚款；情节严重的，处 2 000 元以上 10 000 元以下罚款的行为的有(　　)。

A. 未按照规定的期限申报办理税务登记、变更或者注销登记的

B. 未按照规定设置、保管账簿或者保管记账凭证和有关资料的

C. 扣缴义务人未按照规定办理扣缴税款登记的

D. 纳税人未按照规定使用税务登记证件，或者转借、涂改、损毁、买卖、伪造税务登记证件的

16. 以下关于纳税担保的相关规定，说法正确的有(　　)。

A. 企业法人的职能部门不得作为纳税保证人

B. 纳税担保范围包括税款、滞纳金和实现税款、滞纳金的费用

C. 纳税担保从纳税保证人在纳税担保书签字盖章之日起生效

D. 税务机关自纳税人应缴纳税款的期限届满之日起 60 日内有权要求纳税保证人承担保证责任，缴纳税款、滞纳金

17. 不在纳税信用评价周期内参加评价的企业有(　　)。

A. 纳入纳税信用管理时间不满一个评价年度的

B. 因涉嫌税收违法被立案查处尚未结案的

C. 被审计、财政部门依法查出税收违法行为，税务机关正在依法处理，尚未办结的

D. 已申请税务行政复议、提起行政诉讼尚未结案的

18. 根据税收违法行为检举管理办法的规定，下列说法正确的有(　　)。

A. 检举人可以实名检举，也可以匿名检举

B. 检举人因检举而产生的支出由税务机关承担

C. 检举人在检举过程中应当遵守法律、行政法规等规定

D. 检举人应当对其所提供检举材料的真实性负责，不得捏造、歪曲事实，不得诬告、陷害他人

通关练习答案及解析

一、单项选择题

1. 【答案】A

【解析】不需要办理税务登记的有国家机关、个人和无固定生产、经营场所的流动性农村小商贩，其他纳税人都应办理税务登记。

2. 【答案】D

【解析】纳税人的停业期限不得超过一年。

3. 【答案】B

【解析】纳税人负有纳税申报义务，但连续 3 个月所有税种均未进行纳税申报的，税收征管系统自动将其认定为非正常户，并停止其发票领用簿和发票的使用。

4. 【答案】B

【解析】从事生产经营的纳税人应当自领取营业执照或者发生纳税义务之日起 15 日内设置账簿。扣缴义务人应当自税收法律、行政法规规定的扣缴义务发生之日起 10 日内，按照所代扣、代收的税种，分别设置代扣代缴、代收代缴税款账簿。

5. 【答案】C

【解析】除另有规定者外，根据《税收征

收管理法实施细则》规定，账簿、记账凭证、报表、完税凭证、发票、出口凭证以及其他有关涉税资料应当保存10年。

6.【答案】B

【解析】纳税人享受减税、免税待遇的，在减税、免税期间应当按照规定办理纳税申报。

7.【答案】A

【解析】选项B适用于查验征收方式。选项C适用于查账征收方式。选项D适用于委托代征方式。

8.【答案】B

【解析】选项A，税法规定的扣缴义务人必须依法履行代扣、代收税款义务，如果不履行义务，就要承担法律责任。选项C，扣缴义务人代扣、代收税款，只限于法律、行政法规规定的范围，并依照法律、行政法规规定的征收标准执行。选项D，税务机关按照规定付给扣缴义务人代扣、代收手续费。

9.【答案】C

【解析】纳税人、扣缴义务人、纳税担保人应缴纳的欠税及滞纳金不再要求同时缴纳，可以先行缴纳欠税，再依法缴纳滞纳金。

10.【答案】C

【解析】发生纳税义务，未按照规定的期限办理纳税申报，经税务机关责令限期申报，逾期仍不申报的，税务机关才有权核定其应纳税额。

11.【答案】C

【解析】纳税人与其关联企业未按照独立企业之间的业务往来支付价款、费用的，税务机关自该业务往来发生的纳税年度起3年内进行调整，有特殊情况的，可以自该业务往来发生的纳税年度起10年内进行调整。

12.【答案】B

【解析】税务机关对单价5 000元以下的其他生活用品，不采取税收保全和强制执行措施。

13.【答案】C

【解析】纳税人自结清缴纳税款之日起3年内发现多缴税款的，可以向税务机关要求退还多缴的税款并加算银行同期存款利息，税务机关及时查实后应当立即退还。

14.【答案】D

【解析】土地所有权不得抵押。

15.【答案】D

【解析】国家机关、学校、幼儿园、医院等事业单位、社会团体不得作为纳税保证人。

16.【答案】B

【解析】纳税保证人未按照规定的期限缴纳所担保的税款、滞纳金的，由税务机关责令限期15日内缴纳；逾期仍未缴纳的，经县以上税务局（分局）局长批准，对纳税保证人采取强制执行措施。

17.【答案】C

【解析】对于实际价值波动很大的动产或权利凭证，经设区的市、自治州以上税务机关确认，税务机关可以不接受其作为纳税质押。

18.【答案】B

【解析】纳税人采取欺骗、隐瞒等手段提供担保，造成应缴税款损失的，由税务机关处以未缴、少缴税款50%以上5倍以下的罚款。

19.【答案】A

【解析】有欠税行为的企业不可以作为保证人。

20.【答案】C

【解析】主管税务机关自受理纳税信用修复申请之日起15个工作日内完成审核，并向纳税人反馈信用修复结果。

二、多项选择题

1.【答案】ABD

【解析】《税收征收管理法》的适用范围是由税务机关征收的各种税收的征收管理。由海关征收的关税及其代征的增值税、消费税适用其他法律法规的规定。教育费附加是一种费，不适用《税收征收管理法》。

2.【答案】ABD

【解析】企业，企业在外地设立的分支机构和从事生产、经营的场所，个体工商户和从事生产、经营的事业单位，均应当按规定办理税务登记。此外，除国家机关、个人和无固定生产、经营场所的流动性农村小商贩外，也应当按规定办理税务登记。

3.【答案】ABD

【解析】选项C，《外管证》的有效期限一般为30日，最长不得超过180日，但建筑安装行业纳税人合同期限超过180日的，按照合同期限确定有效期限。

4.【答案】BC

【解析】选项B，从事生产、经营的纳税人必须将所采用的财务、会计制度和具体的财务、会计处理办法，按税务机关的规定，自领取税务登记证件之日起15日内，及时报送主管税务机关备案。选项C，在省、自治区、直辖市范围内统一式样的发票，由省、自治区、直辖市税务局确定。

5.【答案】ABCD

【解析】纳税申报的方式主要包括：直接申报、邮寄申报、数据电文三种方式。除上述三种方式之外，实行定期定额缴纳税款的纳税人还可采取简易申报、简并征期等申报纳税方式。

6.【答案】ABCD

【解析】纳税人办理纳税申报时，应当如实填写纳税申报表，并根据不同情况报送有关的证件、资料，包括上述选项中的证件、资料，此外还包括境内或者境外公证机构出具的有关证明文件、税务机关规定应当报送的其他有关证件、资料。

7.【答案】ABC

【解析】纳税人申报的计税依据明显偏低，又无正当理由的，税务机关有权核定应纳税额。

8.【答案】CD

【解析】选项A，账簿、会计凭证和报表应当使用中文。民族自治地方可以同时使用当地通用的一种民族文字。外商投资企业和外国企业可以同时使用一种外国文字。如外商投资企业、外国企业的会计记录不使用中文的，应按照《税收征收管理法》第六十条第二款"未按照规定设置、保管账簿或者保管记账凭证和有关资料"的规定处理。选项B，国家机关不得作为纳税担保人。

9.【答案】AB

【解析】选项C，纳税人不能提供纳税担保的，经县以上税务局（分局）局长批准，书面通知纳税人开户银行或者其他金融机构冻结纳税人的金额相当于应纳税款的存款；选项D，税务机关扣押商品、货物或者其他财产时，必须开具收据；查封商品、货物或者其他财产时，必须开具清单。

10.【答案】BCD

【解析】税收强制执行措施不仅适用于从事生产、经营的纳税人，也适用于扣缴义务人和纳税担保人。

11.【答案】ABCD

【解析】上述选项都包括在税务机关欠税清缴制度中。此外，欠税清缴制度还包括：大额欠税处分财产报告制度、对欠缴税款的纳税人行使撤销权。

12.【答案】ABCD

【解析】以上选项均正确。

13.【答案】AD

【解析】税务机关派出人员在进行税务检查时要履行必要的手续，必须出示税务检查证和税务检查通知书。

14.【答案】BD

【解析】选项A，经设区的市、自治州以上税务局局长批准，可以将纳税人、扣缴义务人当年的账簿、记账凭证、报表和其他有关资料调回检查，但是税务机关必须在30日内退还。选项C，到车站检查纳税人托运货物或者其他财产的有关单据凭证和资料。

15.【答案】AB

【解析】选项C，扣缴义务人未按照规定办理扣缴税款登记的，税务机关应当自发现之日起3日内责令其限期改正，并可处以1 000元以下的罚款。选项D，纳税人未按照规定使用税务登记证件，或者转借、涂改、损毁、买卖、伪造税务登记证件的，处2 000元以上10 000元以下的罚款，情节严重的，处10 000

元以上50 000元以下的罚款。

16.【答案】ABD

【解析】选项C，纳税担保从税务机关在纳税担保书签字盖章之日起生效。

17.【答案】ABCD

【解析】纳税信用评价周期为一个纳税年度，有下列情形之一的纳税人，不参加本期的评价：(1) 纳入纳税信用管理时间不满一个评价年度的。(2) 因涉嫌税收违法被立案查处尚未结案的。(3) 被审计、财政部门依法查出税收违法行为，税务机关正在依法处理，尚未办结的。(4) 已申请税务行政复议、提起行政诉讼尚未结案的。(5) 其他不应参加本期评价的情形。

18.【答案】ACD

【解析】检举税收违法行为是检举人的自愿行为，检举人因检举而产生的支出应当由其自行承担。

第十四章　税务行政法制

2021年教材内容主要变化

1. 修改“税务行政复议管辖”部分内容。
2. 新增“税务行政复议补充规定”内容。
3. 调整“税务行政诉讼的管辖”的部分内容。

本章近五年考情分析

本章属于税法考试**非重点章**，考试一般以单项选择题、多项选择题命题。近五年考试平均分值在2.5分左右。2021年预计考试分值在2.5分左右。

本章内容如下：

第一单元　税务行政处罚
第二单元　税务行政复议
第三单元　税务行政诉讼

重难点解析

第一单元　税务行政处罚

税务行政处罚，是指公民、法人或者其他组织有违反税收征收管理秩序的违法行为，**尚未构成犯罪**，依法应当承担行政责任的，由税务机关给予行政处罚。

重难点1：税务行政处罚的原则★

1. 法定原则。法定依据；法定机关设定；法定机关实施；法定程序实施。
2. 公正、公开原则。处罚规定公开；处罚程序公开。
3. 以事实为依据原则。
4. 过罚相当原则。
5. 处罚与教育相结合原则。
6. 监督、制约原则。

重难点2：税务行政处罚的设定和种类★★

（一）设定

1. 全国人大及其常委会，可以通过**法律**的形式设定各种税务行政处罚。

2. 国务院，可以通过**行政法规**的形式设定除限制人身自由以外的税务行政处罚。

3. 国家税务总局，可以通过**规章**的形式设定**警告和罚款**。

（1）税务行政规章，对**非经营**活动中的违法行为设定罚款不得超过1 000元。

（2）对**经营**活动中的违法行为，有违法所得的，设定罚款不得超过违法所得的3倍，且最高不得超过3万元；没有违法所得的，设定罚款不得超过1万元。

（3）罚款超过限额的，应当报国务院批准。

【小贴士】省级税务局及以下级别的税务机关，不可设定行政处罚，只能对上述级别的处罚具体化。

【经典例题】

【真题·单选题】（2020）下列关于税务行政处罚权设定的表述中，符合税法规定的是(　　)。

A. 省级税务机关可以设定罚款

B. 市级税务机关可以设定警告

C. 国务院可以设定各种税务行政处罚

D. 税务行政规章对非经营活动中的违法行为设定罚款不得超过1 000元

【答案】D

【解析】选项A、B，国家税务总局，可以通过规章的形式设定警告和罚款。省、市级税务机关没有设定警告和罚款的权限。选项C，国务院，可以通过行政法规的形式设定除限制人身自由以外的税务行政处罚。选项D，正确。

【真题·多选题】（2020）下列关于税务行政处罚设定的表述中，正确的有(　　)。

A. 国家税务总局对非经营活动中的违法行为，设定罚款不得超过1 000元

B. 国家税务总局对非经营活动中有违法所得的违法行为，设定罚款不得超过5 000元

C. 国家税务总局对经营活动中没有违法所得的违法行为，设定罚款不得超过10 000元

D. 国家税务总局对经营活动中有违法所得的违法行为，设定罚款不得超过违法所得的3倍且最高不得超过30 000元

【答案】ACD

【解析】税务行政规章对非经营活动中的违法行为设定罚款不得超过1 000元；对经营活动中的违法行为，有违法所得的，设定罚款不得超过违法所得的3倍，且最高不得超过3万元，没有违法所得的，设定罚款不得超过1万元；超过限额的，应当报国务院批准。

（二）种类

行政处罚的种类不局限于行政罚款，现行的税务行政处罚种类如下：

1. 罚款。
2. 没收财物违法所得。
3. 停止出口退税权。
4. 法律、法规和规章规定的其他行政处罚。

【经典例题】

【真题·多选题】（2017）根据现行税务行政处罚规定，下列属于税务行政处罚的有(　　)。

A. 行政罚款

B. 加收滞纳金

C. 没收财物和违法所得

D. 停止出口退税权

【答案】ACD

【解析】选项B，滞纳金不属于行政处罚范围。现行的税务行政处罚种类主要包括：罚款、没收财物和违法所得、停止出口退税权。

重难点3：税务行政处罚的主体与管辖★★

（一）主体

1. 税务行政处罚的实施主体，主要是县以上税务机关。

2. 各级税务机关的内设机构、派出机构不具处罚主体资格。

3. 税务所可以实施罚款额在2 000元以下的税务行政处罚。

【小贴士】税务所也可成为限定条件下的税务行政处罚主体，这是《税收征收管理法》对税务所的特别授权。

【经典例题】

【真题·单选题】（2014）税务所可以在一定限额以下实施罚款作为税务行政处罚，该限额为(　　)元。

A. 50　　B. 2 000

C. 10 000　　D. 50 000

【答案】B

【解析】税务所可以实施罚款额在2 000元以下的税务行政处罚。

【例题·单选题】下列关于税务行政处罚权的表述中，正确的是(　　)。

A. 市税务局可以通过规范性文件的形式设定警告

B. 国家税务总局可以通过规章的形式设定一定限额罚款

C. 省以下税务局稽查局不具税务行政处罚主体资格

D. 作为税务机关派出机构的税务所不具有税务行政处罚主体资格

【答案】B

【解析】选项A，市税务局没有税务处罚设定权。选项C，县以上的税务机关都具有税务行政处罚主体资格。选项D，税务所可以实施罚款额在2 000元以下的税务行政处罚。

（二）管辖

税务行政处罚实行行为发生地原则，由当事人税收违法**行为发生地**的县（市、旗）以上税务机关管辖。

重难点4：税务行政处罚的程序★★

（一）简易程序的适用条件

1. 案情简单、事实清楚、违法后果比较轻微且有法定依据应当给予处罚的违法行为。其基本**特征是当场**填写《税务行政处罚决定书》。

2. 给予的处罚较轻，仅适用于对公民处以**50元以下**和对法人或者其他组织处以**1 000元以下**罚款的违法案件。

【小贴士】简易处罚程序的特点是当场作出处罚决定，但不一定当场交罚款。简易处罚程序的金额不可能涉及听证程序，但可以涉及税务行政复议、诉讼程序。

（二）一般程序（重要）

一般程序包括立案、调查取证（有的案件要举行听证）、审查、决定、执行程序。

听证，是指税务机关在对当事人**某些**违法行为作出处罚决定**之前**，按照一定形式听取调查人员和当事人意见的程序。

【小贴士】税务行政处罚听证的范围，是对**公民**作出**2 000元以上**或者对**法人或者其他组织**作出**10 000元以上**罚款的案件。

【经典例题】

【真题·单选题】（2014）下列案件中，属于税务行政处罚听证的范围是(　　)。

A. 对法人作出1万元以上罚款的案件

B. 对公民作出1 000元以上罚款的案件

C. 对法人作出没收非法所得处罚的案件

D. 对法人作出停止出口退税权处罚的案件

【答案】A

【解析】税务行政处罚听证的范围，是对公民作出2 000元以上，或者对法人或其他组织作出1万元以上罚款的案件。

【真题·单选题】（2014）下列税务行政处罚情形中，当事人可以在税务机关作出税务行政处罚决定之前要求听证的是(　　)。

A. 某公司被处以5 000元罚款

B. 某中国公民被处以500元罚款

C. 某合伙企业被处以1 500元罚款

D. 某非营利组织被处以15 000元罚款

【答案】D

【解析】税务行政处罚听证的范围，是对公民作出2 000元以上或对法人或其他组织作出10 000元以上罚款的案件。

重难点5：税务行政处罚权力清单★★

所谓“权力清单”就是明确权力该做什么，做到“法无授权不可为”。

（一）账簿、凭证管理类

1. **纳税人**未按照规定设置、保管账簿或者保管记账凭证和有关资料的，未按照规定将财务、会计制度或者财务、会计处理办法和会计核算软件报送税务机关备查的，未按照规定安装、使用税控装置，或者损毁或者擅自改动税控装置的，税务机关责令其限期改正，可以处2 000元以下的罚款；情节严重的，处2 000元以上10 000元以下的罚款。

2. **扣缴义务人**未按照规定设置、保管代扣代缴、代收代缴税款账簿或者保管代扣代缴、代收代缴税款记账凭证及有关资料的，税务机关责令其限期改正，可以处2 000元以下的罚款；情节严重的，处2 000元以上5 000元以下的罚款。

3. 非法印制、转借、倒卖、变造或者伪造完税凭证的，税务机关责令其改正，处2 000元以上10 000元以下的罚款；情节严重的，处10 000元以上50 000元以下的罚款；构成犯罪的，依法追究刑事责任。

（二）纳税申报类

1. **纳税人**未按照规定的期限办理纳税申报和报送纳税资料的；**扣缴义务人**未按照规定的期限向税务机关报送代扣代缴、代收代缴税款报告表和有关资料的，税务机关责令其限期改正，可以处2 000元以下的罚款；情节严重的，可以处2 000元以上10 000元以下的罚款。

2. 纳税人、扣缴义务人编造**虚假计税依据的**，税务机关责令其限期改正，并处50 000元以下的罚款。

（三）税务检查类

1. **纳税人、扣缴义务人**逃避、拒绝或者以其他方式阻挠税务机关检查（包括提供虚假资料，不如实反映情况，或者拒绝提供有关资料的；拒绝或者阻止税务机关记录、录音、录像、照相和复制与案件有关的情况和资料的；在检查期间，纳税人、扣缴义务人转移、隐匿、销毁有关资料的；有不依法接受税务检查的其他情形的），税务机关责令其改正，可以处10 000元以下的罚款；情节严重的，处10 000元以上50 000元以下的罚款。

2. 纳税人、扣缴义务人的**开户银行**或者其他金融机构拒绝接受税务机关依法检查纳税人、扣缴义务人存款账户，或者拒绝执行税务机关作出的冻结存款或者扣缴税款的决定，或者在接到税务机关的书面通知后帮助纳税人、扣缴义务人转移存款，造成税款流失的，税务机关处10万元以上**50万元以下**的罚款，对**直接负责**的主管人员和其他直接责任人员处1 000元以上10 000元以下的罚款。

3. 税务机关依照规定到**车站、码头、机场、邮政企业**及其分支机构检查纳税人有关情况时，有关单位拒绝的，税务机关责令其改正，可以处10 000元以下的罚款；情节严重的，处10 000元以上50 000元以下的罚款。

重难点6：税务行政处罚的执行★★★

税务机关对当事人作出罚款行政处罚决定的，当事人应当在**收到**行政处罚决定书之日起**15日内**缴纳罚款，到期不缴纳的，税务机关可以对当事人每日按罚款数额的**3%**加处罚款。

【经典例题】

【真题·单选题】（2010）某企业因有违反《税收征收管理法》的行为，被税务机关处以8 000元的罚款。假定该企业收到税务行政处罚决定书的时间为2010年3月1日，则该企业4月5日缴纳罚款时的总金额为(　　)元。

A. 8 000　　B. 9 200

C. 13 040　　D. 16 640

【答案】 C

【解析】 总金额 =8 000×[(31－15+5)×3%+1]=13 040（元）。

重难点7：税务行政处罚裁量权行使规则★

税务行政处罚裁量权，是指税务机关根据法律、法规和规章的规定，**综合考虑**税收违法行为的事实、性质、情节及社会危害程度，选择处罚**种类**和**幅度**并作出处罚决定的权力。

（一）行使税务行政处罚裁量权应当遵循的原则（了解）

（1）合法原则。（2）合理原则。（3）公平公正原则。（4）公开原则。（5）程序正当原则。（6）信赖保护原则。（7）处罚与教育相结合原则。

（二）行政处罚裁量基准制定

税务行政处罚裁量基准，是税务机关为规范行使行政处罚裁量权而制定的细化量化标准。税务行政处罚裁量基准，应当包括违法行为、处罚依据、裁量阶次、适用条件和具体标准等内容。

（三）行政处罚裁量规则适用（12 项）

1. 法律、法规、规章规定可以给予行政处罚，当事人**首次**违反且**情节轻微**，并在税务机关**发现前**主动改正的或者在税务机关责令**限期改正的期限内**改正的，不予行政处罚。

2. 税务机关应当责令当事人改正或者限期改正违法行为的，除法律、法规、规章另有规定外，责令限期改正的期限**一般不超过三十日**。

3. 对当事人的**同一个税收违法行为不得给予两次以上**罚款的行政处罚；当事人同一个税收违法行为违反不同行政处罚规定且均应处以罚款的，应当选择适用**处罚较重**的条款。

4. 当事人有下列情形之一的，**不予**行政处罚：

（1）违法行为轻微并及时纠正，没有造成危害后果的。

（2）**不满十四周岁**的人有违法行为的。

（3）**精神病人**在不能辨认或者不能控制自己行为**时**有违法行为的。

（4）其他法律规定不予行政处罚的。

5. 当事人有下列情形之一的，应当依法**从轻或者减轻**行政处罚：

（1）主动消除或者减轻违法行为危害后果的。

（2）受他人胁迫有违法行为的。

（3）配合税务机关查处违法行为有立功表现的。

（4）其他依法应当从轻或者减轻行政处罚的。

6. 违反税收法律、行政法规应当给予行政处罚的行为在**五年内未被发现的**，不再给予行政处罚。

7. 行使税务行政处罚裁量权应当依法履行**告知义务**。在作出行政处罚决定前，应当告知当事人作出行政处罚决定的事实、理由、依据及拟处理结果，并告知当事人依法享有的权利。

8. 税务机关行使税务行政处罚裁量权涉及法定**回避情形**的，应当依法告知当事人享有申请回避的权利。税务人员存在法定回避情形的，应当自行回避或者由税务机关决定回避。

9. 当事人有权进行陈述和申辩。税务机关应当充分听取当事人的意见，对其提出的事实、理由或者证据进行复核，陈述申辩事由成立的，税务机关应当采纳；不采纳的，应予说明理由。**税务机关不得因当事人的申辩而加重处罚**。

10. 税务机关对公民作出 **2 000 元以上**罚款或者对法人或者其他组织作出 **1 万元以上**罚款的行政处罚决定之前，应当告知**当事人有要求**举行听证的权利；当事人要求听证的，税务机关**应当组织听证**。

11. 对情节复杂、争议较大、处罚较重、影响较广或者拟减轻处罚等税务行政处罚案件，应当经过**集体审议**决定。

12. 税务机关按照一般程序实施行政处罚，应当在执法文书中对事实认定、法律适用、基准适用等说明理由。

第二单元　税务行政复议

重难点 1：税务行政复议的特点★

1. 税务行政复议，以当事人不服税务机关及其工作人员作出的税务**具体**行政行为为前提。

2. 税务行政复议，因当事人的**申请**而产生。

3. 税务行政复议案件的审理，一般由**原处理税务机关的上一级**税务机关进行。

4. **征税**问题的争议，税务行政复议是税务行政诉讼的**必经前置程序**。

重难点 2：税务行政复议的（受案）范围★★★

1. 适用复议**前置**的范围（重要）。

税务机关作出的**征税行为**，包括：

（1）确认纳税主体、征税对象、征税范围、减税、免税、退税、抵扣税款、适用税率、计税依据、纳税环节、纳税期限、纳税地点以及税款征收方式等具体行政行为。

（2）征收税款、加收滞纳金。

（3）扣缴义务人、受税务机关委托的单位和个人作出的代扣代缴、代收代缴、代征行为等。

2. 适用复议选择的范围。

（1）行政许可、行政审批行为。

（2）发票管理行为，包括发售、收缴、代开发票等。

（3）税收保全措施、强制执行措施。

（4）税务机关作出的税务行政处罚行为，包括罚款、没收财物和违法所得、停止出口退税权。

（5）不依法履行职责的行为，包括颁发税务登记；开具、出具完税凭证、外出经营活动税收管理证明；行政赔偿；行政奖励；其他不依法履行职责的行为。

（6）资格认定行为。

（7）不依法确认纳税担保行为。

（8）政府信息公开工作中的具体行政行为。

（9）纳税信用等级评定行为。

（10）通知出入境管理机关阻止出境行为。

（11）其他具体行政行为。

【小贴士】税务行政复议的对象，是税务机关作出的具体行政行为，但申请人认为税务机关的具体行政行为所依据的下列规定不合法，对具体行政行为申请行政复议时，可以一并向行政复议机关提出对有关规定的审查申请；申请人对具体行政行为提出行政复议申请时不知道该具体行政行为所依据的规定的，可以在行政复议机关作出行政复议决定以前提出对该规定的审查申请：

（1）国家税务总局和国务院其他部门的规定。

（2）其他各级税务机关的规定。

（3）地方各级人民政府的规定。

（4）地方人民政府工作部门的规定。

【小贴士】前款中的规定不包括规章。

【经典例题】

【真题·多选题】（2014）税务机关实施的下列具体行政行为中，属于行政复议受案范围的有（　　）。

A. 代开发票

B. 税收保全措施

C. 纳税信用等级评定

D. 停止出口退税权

【答案】ABCD

【解析】以上选项均适用行政复议受案范围。

【真题·单选题】（2015）税务机关作出的下列行政行为，纳税人不服时可以申请行政复议也可以直接向人民法院提起行政诉讼的是（　　）。

A. 罚款　　B. 确认征税范围

C. 加收滞纳金　　D. 确认抵扣税款

【答案】A

【解析】选项B、C、D，属于征税行为，税务行政复议是税务行政诉讼的必经前置程序。

【真题·多选题】（2019）纳税人对税务机关作出的下列行政行为不服时，可以申请行政复议，也可以直接向人民法院提起行政诉讼的有（　　）。

A. 收缴发票行为　　B. 阻止出境行为

C. 暂停免税办理　　D. 没收违法所得

【答案】ABD

【解析】选项C，属于征税行为，税务行政复议是税务行政诉讼的必经前置程序。

重难点3：税务行政复议机构和管辖★★★

（一）复议机构和人员

各级行政复议机关负责法制工作的机构（简称“行政复议机构”）依法办理行政复议事项。

1. 各级行政复议机关可以成立行政复议委员会，研究重大、疑难案件，提出处理建议。

2. 行政复议委员会可以邀请本机关以外的具有相关专业知识的人员参加。

【小贴士】税务机关中初次从事行政复议

的人员，应当通过国家统一法律职业资格考试取得法律职业资格。

（二）复议管辖的一般规定

1. 对各级税务局的具体行政行为不服的，向其上一级税务局申请行政复议；对计划单列市税务局的具体行政行为不服的，向国家税务总局申请行政复议。

2. 对税务所（分局）、各级税务局的稽查局的具体行政行为不服的，向其所属税务局申请行政复议。

3. 对国家税务总局的具体行政行为不服的，向国家税务总局申请行政复议。对行政复议决定不服，申请人可以向人民法院提起行政诉讼，也可以向国务院申请裁决。国务院的裁决为最终裁决。

（三）复议管辖的特殊规定（重要）

1. 对两个以上税务机关以共同的名义作出的具体行政行为不服的，向共同上一级税务机关申请行政复议。

2. 对税务机关与其他行政机关以共同的名义作出的具体行政行为不服的，向其共同上一级行政机关申请行政复议。

3. 对被撤销的税务机关在撤销以前所作出的具体行政行为不服的，向继续行使其职权的税务机关的上一级税务机关申请行政复议。

4. 对税务机关作出逾期不缴纳罚款"加处罚款"的决定不服的，向作出行政处罚决定的税务机关申请行政复议；但是对已处罚款和加处罚款都不服的，一并向作出行政处罚决定的税务机关的上一级税务机关申请行政复议。

5. 申请人向具体行政行为发生地的县级地方人民政府提交行政复议申请的，由接受申请的县级地方人民政府依照下列规则予以转送：

（1）对县级以上地方人民政府依法设立的派出机关的具体行政行为不服的，向设立该派出机关的人民政府申请行政复议。

（2）对政府工作部门依法设立的派出机构依照法律、法规或者规章规定，以自己的名义作出的具体行政行为不服的，向设立该派出机构的部门或者该部门的本级地方人民政府申请行政复议。

（3）对法律、法规授权的组织的具体行政行为不服的，分别向直接管理该组织的地方人民政府、地方人民政府工作部门或者国务院部门申请行政复议。

（4）对两个或者两个以上行政机关以共同的名义作出的具体行政行为不服的，向其共同上一级行政机关申请行政复议。

（5）对被撤销的行政机关在撤销前所作出的具体行政行为不服的，向继续行使其职权的行政机关的上一级行政机关申请行政复议。

有上述（1）～（5）项所列情形之一的，申请人也可以向具体行政行为发生地的县级地方人民政府提出行政复议申请，接受行政复议申请的县级地方人民政府，对依照上述第（1）项的规定属于其他行政复议机关受理的行政复议申请，应当自接到该行政复议申请之日起七日内，转送有关行政复议机关，并告知申请人。接受转送的行政复议机关收到行政复议申请后，应当在五日内进行审查，对不符合规定的行政复议申请，决定不予受理，并书面告知申请人；对符合规定，但是不属于本机关受理的行政复议申请，应当告知申请人向有关行政复议机关提出。（新增）

重难点4：税务行政复议申请人和被申请人 ★★

（一）申请人

1. 合伙企业，以核准登记的企业为申请人，由执行合伙事务的合伙人代表该企业参加行政复议；其他合伙组织，由合伙人共同申请行政复议。

2. 股份制企业的股东大会、股东代表大会、董事会认为税务具体行政行为侵犯企业合法权益的，以企业的名义申请行政复议。

3. 有权申请行政复议的公民死亡，近亲属可以申请行政复议。

4. 有权申请行政复议的公民为无行为能力人或者限制行为能力人，法定代理人可以代理申请行政复议。

5. 有权申请行政复议的法人或者其他组织发生合并、分立或终止的，承受其权利义务的法人或者其他组织可以申请行政复议。

【小贴士】同一行政复议案件申请人超过5人的，应当推选1～5名代表参加行政复议。

【小贴士】申请人、第三人可以委托1～2名代理人参加行政复议。

（二）被申请人

1. 申请人对具体行政行为不服申请行政复议的，作出该具体行政行为的税务机关为被申请人。

2. 申请人对扣缴义务人的扣缴税款行为不服的，主管该扣缴义务人的税务机关为被申请人；对税务机关委托的单位和个人的代征行为不服的，委托税务机关为被申请人。

3. 税务机关与法律、法规授权的组织以共同的名义作出具体行政行为的，税务机关和法律、法规授权的组织为共同被申请人。

4. 税务机关与其他组织以共同名义作出具体行政行为的，税务机关为被申请人。

5. 税务机关依照法律、法规和规章规定，经上级税务机关批准作出具体行政行为的，批准机关为被申请人。

6. 申请人对经重大税务案件审理程序作出的决定不服的，审理委员会所在税务机关为被申请人。

7. 税务机关设立的派出机构、内设机构或者其他组织，未经法律、法规授权，以自己名义对外作出具体行政行为的，税务机关为被申请人。

【小贴士】被申请人不得委托本机关以外人员参加行政复议。

【小贴士】申请人、第三人可以委托1～2名代理人参加行政复议。

【小贴士】行政复议期间，行政复议机关认为申请人以外的公民、法人或者其他组织与被审查的具体行政行为有利害关系的，可以通知其作为第三人参加行政复议。行政复议期间，申请人以外的公民、法人或者其他组织与被审查的税务具体行政行为有利害关系的，可以向行政复议机关申请作为第三人参加行政复议。

【经典例题】

【真题·单选题】（2019）下列可以作为税务行政复议申请人的是（　　）。

A. 有权申请行政复议的公民死亡的，其近亲属

B. 有权申请行政复议的股份制企业，其董事会

C. 有权申请行政复议的合伙企业，其任一合伙人

D. 与被审查的税务具体行政行为有利害关系的第三人

【答案】A

【解析】可以作为税务复议申请人的包括：

（1）合伙企业，以核准登记的企业为申请人，由执行合伙事务的合伙人代表该企业参加行政复议；其他合伙组织，由合伙人共同申请行政复议。

（2）股份制企业的股东大会、股东代表大会、董事会认为税务具体行政行为侵犯企业合法权益的，以企业的名义申请行政复议。

（3）有权申请行政复议的公民死亡，近亲属可以申请行政复议。

（4）有权申请行政复议的公民为无行为能力人或者限制行为能力人，法定代理人可以代理申请行政复议。

（5）有权申请行政复议的法人或者其他组织发生合并、分立或终止的，承受其权利义务的法人或者其他组织可以申请行政复议。

重难点5：税务行政复议申请★

1. 申请人可以在知道税务机关作出具体行政行为之日起60日内，提出行政复议申请。申请期限的计算，依照下列规定办理：

（1）当场作出具体行政行为的，自具体行政行为作出之日起计算。

（2）载明具体行政行为的法律文书直接

送达的，自受送达人签收之日起计算。

（3）载明具体行政行为的法律文书邮寄送达的，自受送达人在邮件签收单上签收之日起计算；没有邮件签收单的，自受送达人在送达回执上签名之日起计算。

（4）具体行政行为依法通过公告形式告知受送达人的，自公告规定的期限届满之日起计算。

（5）税务机关作出具体行政行为时未告知申请人，事后补充告知的，自该申请人收到税务机关补充告知的通知之日起计算。

（6）被申请人能够证明申请人知道具体行政行为的，自证据材料证明其知道具体行政行为之日起计算。税务机关作出具体行政行为，依法应当向申请人送达法律文书而未送达的，视为该申请人不知道该具体行政行为。

2. 申请人申请行政复议，可以书面申请，也可以口头申请。

3. 行政复议和行政诉讼不能同时进行。

【小贴士】对征税行为的争议，按税务机关规定缴纳税款、滞纳金或提供担保后，才可以申请行政复议；复议是诉讼的必经前置程序。对其他行为争议，复议不是诉讼的必经前置程序。

【经典例题】

【真题·多选题】（2020）税务行政复议申请人可以在知道税务机关作出具体行政行为之日起60日内提出行政复议申请。下列申请期限计算起点的表述中，正确的有（　　）。

A. 当场作出具体行政行为的，自具体行政行为作出之日起计算

B. 具体行政行为依法通过公告形式告知受送达人的，自公告之日起计算

C. 载明具体行政行为的法律文书直接送达的，自受送达人签收之日起计算

D. 被申请人能够证明申请人知道具体行政行为的，自证据材料证明其知道具体行政行为之日起计算

【答案】ACD

【解析】申请人可以在知道税务机关作出具体行政行为之日起60日内，提出行政复议申请。申请期限的计算，依照下列规定办理：

（1）当场作出具体行政行为的，自具体行政行为作出之日起计算。

（2）载明具体行政行为的法律文书直接送达的，自受送达人签收之日起计算。

（3）载明具体行政行为的法律文书邮寄送达的，自受送达人在邮件签收单上签收之日起计算；没有邮件签收单的，自受送达人在送达回执上签名之日起计算。

（4）具体行政行为依法通过公告形式告知受送达人的，自公告规定的期限届满之日起计算。

（5）税务机关作出具体行政行为时未告知申请人，事后补充告知的，自该申请人收到税务机关补充告知的通知之日起计算。

（6）被申请人能够证明申请人知道具体行政行为的，自证据材料证明其知道具体行政行为之日起计算。

重难点6：税务行政复议受理★★

（一）行政复议申请符合下列规定的，行政复议机关应当受理（8项）

1. 属于税务行政复议规则规定的行政复议范围。

2. 在法定申请期限内提出。

3. 有明确的申请人和符合规定的被申请人。

4. 申请人与具体行政行为有利害关系。

5. 有具体的行政复议请求和理由。

6. 符合税务行政复议申请中**第2项和第3项**规定的条件。

7. 属于收到行政复议申请的行政复议机关的职责范围。

8. 其他行政复议机关尚未受理同一行政复议申请，人民法院尚未受理同一主体就同一事实提起的行政诉讼。

【小贴士】行政复议机关收到行政复议申请后，应当在**5日内**进行审查，决定是否受理。

【小贴士】对应当先向行政复议机关申请

行政复议，对行政复议决定不服再向人民法院提起行政诉讼的具体行政行为，行政复议机关决定不予受理或者受理以后超过行政复议期限不作答复的，申请人可以自收到不予受理决定书之日起或者行政复议期满之日起15日内，依法向人民法院提起行政诉讼。

【小贴士】上级税务机关认为行政复议机关不予受理的理由不成立的，可以督促其受理；经督促仍然不受理的，责令其限期受理。

【小贴士】上级税务机关认为有必要的，可以直接受理或者提审由下级税务机关管辖的行政复议案件。

【经典例题】

【例题·单选题】对于下列情形之一的行政复议申请，行政复议机关应受理的是(　　)。

A. 属于行政复议的受案范围

B. 超过法定的申请期限

C. 已向人民法院提起行政诉讼，人民法院已经受理

D. 申请人与具体行政行为没有利害关系

【答案】A

【解析】选项B，对于超过法定的申请期限的行政复议申请，行政复议机关不予受理。选项C，行政复议和行政诉讼不能同时进行。选项D，申请人与具体行政行为有利害关系才能申请行政复议。

（二）行政复议期间具体行政行为不停止执行；但是有下列情形之一的，可以停止执行：

1. 被申请人认为需要停止执行的。
2. 行政复议机关认为需要停止执行的。
3. 申请人申请停止执行，行政复议机关认为其要求合理，决定停止执行的。
4. 法律规定停止执行的。

【经典例题】

【真题·多选题】（2002）在税务行政复议期间，可以停止执行税务具体行政行为的情形有(　　)。

A. 申请人认为需要停止执行的

B. 被申请人认为需要停止执行的

C. 被申请人确实难以执行的

D. 行政复议机关认为需要停止执行的

【答案】BD

【解析】行政复议期间具体行政行为不停止执行；但是有下列情形之一的，可以停止执行：

（1）被申请人认为需要停止执行的。

（2）行政复议机关认为需要停止执行的。

（3）申请人申请停止执行，行政复议机关认为其要求合理，决定停止执行的。

（4）法律规定停止执行的。

重难点7：税务行政复议证据★

1. 在行政复议中，被申请人对其作出的具体行政行为负有举证责任。
2. 行政复议机关应当根据案件的具体情况，审查证据的合法性、真实性和关联性。
3. 行政复议过程中，被申请人不得自行向申请人和其他有关组织或者个人搜集证据。

重难点8：税务行政复议审查和决定★★★

行政复议机关，应当自受理申请之日起60日内作出行政复议决定。情况复杂，不能在规定期限内作出行政复议决定的，经行政复议机关负责人批准，可以适当延期，并告知申请人和被申请人；但延长期限最多不超过30日。

【小贴士】行政复议决定书一经送达，即发生法律效力。

（一）税务行政复议的决定（重要）

1. 具体行政行为认定事实清楚，证据确凿，适用依据正确，程序合法，内容适当的，决定维持。

2. 被申请人不履行法定职责的，决定其在一定期限内履行。

3. 具体行政行为有下列情形之一的，决定撤销、变更或者确认该具体行政行为违法；决定撤销或者确认该具体行政行为违法的，可以责令被申请人在一定期限内重新作出具体行政行为：

（1）主要事实不清、证据不足的。

（2）适用依据错误的。

（3）违反法定程序的。

（4）超越职权或者滥用职权的。

（5）具体行政行为明显不当的。

【小贴士】有下列情形之一的，行政复议机关可以决定**变更**：

（1）认定事实清楚，证据确凿，程序合法，但是明显不当或者适用依据错误的。

（2）认定事实不清，证据不足，但是经行政复议机关审理查明事实清楚，证据确凿的。

（二）行政复议期间行政复议中止的情形（暂停）

1. 作为申请人的公民死亡，其近亲属尚未确定是否参加行政复议的。

2. 作为申请人的公民丧失参加行政复议的能力，尚未确定法定代理人是否参加行政复议的。

3. 作为申请人的法人或者其他组织终止，尚未确定权利义务承受人的。

4. 作为申请人的公民**下落不明或者被宣告失踪的**。

5. 申请人、被申请人因不可抗力，不能参加行政复议的。

6. 行政复议机关因不可抗力原因暂时不能履行工作职责的。

7. 案件涉及法律适用问题，需要有权机关作出解释或者确认的。

8. 案件审理需要以其他案件的审理结果为依据，而其他案件尚未审结的。

9. 其他。

（三）行政复议期间行政复议终止的情形（结束）

1. 申请人要求撤回行政复议申请，行政复议机构**准予撤回的**。

2. 作为申请人的公民死亡，**没有**近亲属，或者其近亲属**放弃**行政复议权利的。

3. 作为申请人的法人或者其他组织终止，其权利义务的承受人**放弃**行政复议权利的。

4. 申请人与被申请人依照规定，经行政复议机构准许达成**和解的**。

5. 行政复议申请受理以后，发现其他行政复议机关已经先于本机关受理，或者人民法院已经受理的。

【小贴士】学员应注意辨析“中止”与“终止”适用情形的差异。

【经典例题】

【真题·单选题】（2013）在税务行政复议期间发生的下列情形中，应当终止行政复议的是（　　）。

A. 作为申请人的公民下落不明的

B. 作为申请人的公民死亡，其近亲属尚未确定是否参加行政复议的

C. 申请人要求撤回行政复议申请，行政复议机构准予撤回的

D. 案件涉及法律适用问题，需要有权机关作出解释或者确认的

【答案】C

【解析】选项A、B、D，属于行政复议期间行政复议中止的情形。

【真题·单选题】（2018）税务行政复议期间发生的下列情形中，应当终止行政复议的是（　　）。

A. 作为申请人的公民被宣告失踪

B. 行政复议机关因不可抗力原因暂时不能履行工作职责

C. 作为申请人的公民死亡，其近亲属尚未确定是否参加行政复议

D. 行政复议申请受理以后，发现其他行政复议机关已经先于本机关受理

【答案】D

【解析】选项A、B、C，属于行政复议期间行政复议中止的情形。

【真题·单选题】（2018）税务行政复议期间发生的下列情形中，应当终止行政复议的是（　　）。

A. 作为申请人的公民死亡且没有近亲属

B. 案件涉及法律适用问题，需要有权机

关作出解释

C. 作为申请人的公民下落不明

D. 作为申请人的法人终止且尚未确定权利义务承受人

【答案】A

【解析】选项B、C、D，属于行政复议期间行政复议中止的情形。

重难点9：税务行政复议和解与调解★★

1. 对下列行政复议事项，按照自愿、合法的原则，申请人和被申请人在行政复议机关作出行政复议决定以前可以达成和解，行政复议机关也可以调解：

（1）行使自由裁量权作出的具体行政行为，如行政处罚、核定税额、确定应税所得率等。

（2）行政赔偿。

（3）行政奖励。

（4）存在其他合理性问题的具体行政行为。

【小贴士】经行政复议机构准许和解终止行政复议的，申请人不得以同一事实和理由再次申请行政复议。

2. 符合下列要求的，税务行政复议机关可以进行调解：

（1）尊重申请人和被申请人的意愿。

（2）在查明案件事实的基础上进行。

（3）遵循客观、公正和合理原则。

（4）不得损害社会公共利益和他人合法权益。

【小贴士】行政复议调解书经双方当事人签字，即具有法律效力。申请人不履行行政复议调解书的，由被申请人依法强制执行，或者申请人民法院强制执行。

【小贴士】行政复议决定书一经送达，即发生法律效力。

【经典例题】

【真题·多选题】（2018）对下列事项进行行政复议时，申请人和被申请人在行政复议机关作出行政复议前可以达成和解的有（　　）。

A. 行政赔偿　　B. 行政奖励

C. 行政处罚　　D. 核定税额

【答案】ABCD

【解析】对下列行政复议事项，按照自愿、合法的原则，申请人和被申请人在行政复议机关作出行政复议决定以前可以达成和解，行政复议机关也可以调解：（1）行使自由裁量权作出的具体行政行为，如行政处罚（选项C）、核定税额（选项D）、确定应税所得率等。（2）行政赔偿（选项A）。（3）行政奖励（选项B）。（4）存在其他合理性问题的具体行政行为。

第三单元　税务行政诉讼

税务行政诉讼，是指公民、法人和其他组织认为税务机关及其工作人员的具体税务行政行为违法或者不当，侵犯了其合法权益，依法向人民法院提起行政诉讼，由人民法院对具体税务行政行为的合法性和适当性进行审理并作出裁决的司法活动。

【小贴士】税务行政诉讼解决的争议，发生在税务行政管理过程中。

【小贴士】被告必须是税务机关，或经法律、法规授权的行使税务行政管理权的组织，而不是其他行政机关或组织。

【小贴士】因征税发生的争议，当事人在向人民法院提起行政诉讼前，必须先经税务行政复议程序，即复议前置。

重难点1：税务行政诉讼的原则★

税务行政诉讼遵循以下几个特有原则：

1. 人民法院特定主管原则。
2. 合法性审查原则。
3. 不适用调解原则。
4. 起诉不停止执行原则。
5. 税务机关负举证责任原则。
6. 由税务机关负责赔偿的原则。

【经典例题】

【真题·多选题】（2015）下列原则中，属于税务行政诉讼原则的有(　　)。

A. 合法性审查原则

B. 由税务机关负责赔偿原则

C. 不适用调解原则

D. 纳税人负举证责任原则

【答案】ABC

【解析】选项D，税务机关负举证责任原则。

重难点2：税务行政诉讼的管辖★

税务行政诉讼的管辖分为级别管辖、地域管辖和裁定管辖。

1. 级别管辖是指上下级人民法院之间受理第一审税务案件的分工和权限。

基层人民法院管辖除上级法院管辖的第一审税务行政案件以外的所有的第一审税务行政案件，即一般的税务行政案件。

中级人民法院管辖：(1) 对国务院部门或者县级以上地方人民政府所作的行政行为提起诉讼的案件。(2) 海关处理的案件。(3) 本辖区内重大、复杂的案件。(4) 其他法律规定由中级人民法院管辖的案件。**(新增)**

高级人民法院管辖本辖区内重大、复杂的第一审税务行政案件。

最高人民法院管辖全国范围内重大、复杂的第一审税务行政案件。

2. 地域管辖是指同级人民法院之间受理第一审行政案件的分工和权限，分一般地域管辖和特殊地域管辖两种。

3. 裁定管辖是指人民法院依法自行裁定的管辖，包括移送管辖、指定管辖及管辖权的转移三种情况。

重难点3：税务行政诉讼的受案范围★

1. 税务机关作出的征税行为。(复议前置)

2. 税务机关作出的责令纳税人提交纳税保证金或者纳税担保行为。

3. 税务机关作出的行政处罚行为。

4. 税务机关作出的通知出境管理机关阻止出境行为。

5. 税务机关作出的税收保全措施。

6. 税务机关作出的税收强制执行措施。

7. 认为符合法定条件申请税务机关颁发税务登记证和发售发票，税务机关拒绝颁发、发售或者不予答复的行为。

8. 税务机关的复议行为。

【经典例题】

【真题·多选题】(2007) 下列选项中，属于纳税人和其他税务当事人对侵犯合法权益的特定税务行政诉讼受案范围的有(　　)。

A. 税务机关通知银行冻结其存款的行为

B. 税务机关逾期未对其复议申请作出答复的行为

C. 税务机关对其所缴的税款没有上交国库的

D. 税务机关制定的规范性文件损害了纳税人合法权益的行为

【答案】AB

【解析】选项C，属于税务管理过程中出现的问题，它没有侵害到纳税人和其他税务当事人的合法权益，不属于税务行政诉讼的受案范围。选项D，不属于具体的税务行政行为。

【真题·单选题】(2017) 纳税人对税务机关作出的下列行政行为不服时，应当先向行政复议机关申请复议后，才可以向人民法院提起行政诉讼的是(　　)。

A. 加收滞纳金

B. 税收保全措施

C. 处以税款50%的罚款

D. 强制执行措施

【答案】A

【解析】选项A，属于税务机关作出的征税行为，申请人对其不服的，行政复议是行政诉讼必经前置程序。选项B、C、D，行政复议不是行政诉讼必经前置程序。

重难点4：税务行政诉讼的起诉和受理★

1. 税务行政诉讼的起诉。

(1) 在税务行政诉讼等行政诉讼中，起

诉权是单向性的权利，税务机关不享有起诉权，只有应诉权，即税务机关只能作为被告；与民事诉讼不同，作为被告的税务机关不能反诉。

（2）对税务机关的征税行为提起诉讼，必须先经过复议；对复议决定不服的，可以在接到复议决定书之日起15日内向人民法院起诉。

（3）对其他具体行政行为不服的，当事人可以在接到通知或者知道之日起15日内直接向人民法院起诉。

（4）税务机关作出具体行政行为时，未告知当事人诉权和起诉期限，致使当事人逾期向人民法院起诉的，其起诉期限从当事人实际知道诉权或者起诉期限时计算。但最长不得超过2年。

2. 起诉方的条件。纳税人、扣缴义务人等税务管理相对人在提起税务行政诉讼时，必须（同时）符合下列条件：

（1）原告是认为具体行政行为侵犯其合法权益的公民、法人或者其他组织。

（2）有明确的被告。

（3）有具体的诉讼请求和事实、法律根据。

（4）属于人民法院的受案范围和受诉人民法院管辖。

【经典例题】

【真题·多选题】（2012）下列各项中，属于税务管理相对人在提起税务行政诉讼时必须同时符合的条件有（　　）。

A. 有明确的被告

B. 有具体的诉讼请求和事实、法律根据

C. 属于人民法院的受案范围和受诉人民法院管辖

D. 原告是认为具体税务行政行为侵犯其合法权益的公民、法人或者其他组织

【答案】ABCD

【解析】纳税人、扣缴义务人等税务管理相对人在提起税务行政诉讼时，必须（同时）符合下列条件：（1）原告是认为具体行政行为侵犯其合法权益的公民、法人或者其他组织。（2）有明确的被告。（3）有具体的诉讼请求和事实、法律根据。（4）属于人民法院的受案范围和受诉人民法院管辖。

【真题·单选题】（2018）在税务行政诉讼中，税务机关可享有的权利是（　　）。

A. 应诉权　　B. 反诉权

C. 起诉权　　D. 撤诉权

【答案】A

【解析】在税务行政诉讼案件中，税务机关不享有起诉权，只有应诉权，即只能当作被告。

【本章总结】

1. 本章内容杂乱，学员应熟悉以下5个方面的内容。

（1）熟悉税务行政处罚的设定和种类。

（2）熟悉税务行政复议和税务行政诉讼的受案范围。

（3）熟悉税务行政复议和诉讼的规定时限。

（4）熟悉税务行政复议的管辖及复议与诉讼的衔接。

（5）熟悉听证程序的标准。

2. 与其他章节的关系。

与第十三章税收征收管理法相互呼应：把握税务行政处罚权力清单。

通关练习

一、单项选择题

1. 对公民和组织实施税务行政处罚必须有法定依据，无明文规定不得处罚，这体现了税务行政处罚的（　　）。

A. 法定原则

B. 以事实为依据原则

C. 过罚相当原则

D. 处罚与教育相结合原则

2. 关于税务行政处罚的设定，下列说法不正确的是(　　)。

A. 全国人民代表大会及其常务委员会可以通过法律的形式设定各种税务行政处罚

B. 国务院可以通过行政法规的形式设定除限制人身自由以外的税务行政处罚

C. 国家税务总局可以通过行政法规的形式设定警告和罚款

D. 对非经营活动中的违法行为设定罚款不得超过1 000元

3. 以下不具备税务行政处罚主体资格的是(　　)。

A. 省税务局

B. 市税务局

C. 县税务局

D. 市税务局的内设机构

4. 税务行政处罚听证的范围是对公民作出(　　)元以上，或者对法人或其他组织作出(　　)元以上罚款的案件。

A. 2 000，5 000　　B. 2 000，10 000

C. 5 000，5 000　　D. 5 000，10 000

5. 税务机关对当事人作出罚款行政处罚决定的，当事人应当在收到行政处罚决定书之日起(　　)日内缴纳罚款，到期不缴纳的，税务机关可以对当事人每日按罚款数额的3%加处罚款。

A. 5　　B. 10

C. 15　　D. 30

6. 申请人可以在知道税务机关作出具体行政行为之日起(　　)日内提出行政复议申请。

A. 30　　B. 60

C. 90　　D. 180

7. 下列关于税务行政复议管辖的表述中，不正确的是(　　)。

A. 对各级税务局的具体行政行为不服的，向其上一级税务局申请行政复议

B. 对各级税务局的稽查局的具体行政行为不服的，向其所属税务局申请行政复议

C. 对国家税务总局的具体行政行为不服的，向国务院申请行政复议

D. 对两个以上税务机关以共同的名义作出的具体行政行为不服的，向其共同上一级税务机关申请行政复议

8. 以下行为不属于税务机关的征税行为的是(　　)。

A. 征收税款

B. 确认纳税主体

C. 停止出口退税权

D. 加收滞纳金

9. 以下关于税务行政复议规定的表述中，不正确的是(　　)。

A. 申请人申请行政复议，可以书面申请，也可以口头申请

B. 申请人向人民法院提起行政诉讼，人民法院已经依法受理的，不得申请行政复议

C. 申请人向行政复议机关申请行政复议，行政复议机关已经受理的，在法定行政复议期限内申请人不得向人民法院提起行政诉讼

D. 申请人对“征税行为”的行为不服的，可以申请行政复议，也可以直接向人民法院提起行政诉讼

10. 在行政复议中，负有举证责任的是(　　)。

A. 申请人

B. 被申请人

C. 扣缴义务人

D. 纳税担保人

11. 以下关于税务行政复议审查的说法中，不正确的是(　　)。

A. 行政复议机构审理行政复议案件，应当由2名以上行政复议工作人员参加

B. 行政复议原则上采用书面审查的办法

C. 听证应当不公开进行，但是涉及国家秘密、商业秘密或者个人隐私的除外

D. 申请人在行政复议决定作出以前撤回行政复议申请的，经行政复议机构同意的，可以撤回

12. 行政复议期间，导致行政复议终止的行为是(　　)。

A. 作为申请人的法人或者其他组织终止，尚未确定权利义务承受人的

B. 作为申请人的公民下落不明或者被宣告失踪的

C. 作为申请人的公民死亡，其近亲属尚未确定是否参加行政复议的

D. 申请人要求撤回行政复议申请，行政复议机构准予撤回的

13. 行政复议机关应当自受理申请之日起(　　)日内作出行政复议决定。

A. 30　　B. 60

C. 90　　D. 120

14. 对征税行为以外的具体行政行为不服的，当事人可以在接到通知或者知道之日起(　　)日内直接向人民法院起诉。

A. 10　　B. 15

C. 30　　D. 60

15. 税务机关作出具体行政行为时，未告知当事人诉权和起诉期限，致使当事人逾期向人民法院起诉的，其起诉期限从当事人实际知道诉权或者起诉期限时计算。但最长不得超过(　　)年。

A. 1　　B. 2

C. 3　　D. 5

二、多项选择题

1. 税务行政处罚的法定原则包括的内容有(　　)。

A. 处罚必须有法定依据，无明文规定不得处罚

B. 由法定国家机关在职权范围内设定

C. 由法定税务机关在其职权范围内实施

D. 由税务机关按法定程序实施

2. 下列各项中，国家税务总局可以通过规章的形式设定的有(　　)。

A. 警告

B. 各种税务行政处罚

C. 罚款

D. 除限制人身自由外的税务行政处罚

3. 下列属于我国税务行政处罚的种类有(　　)。

A. 罚款

B. 罚金

C. 没收财务违法所得

D. 停止出口退税权

4. 以下情形，不予行政处罚的有(　　)。

A. 违法行为轻微并及时纠正，没有造成危害后果的

B. 不满十四周岁的人有违法行为的

C. 精神病人在不能辨认或者不能控制自己行为时有违法行为的

D. 受他人胁迫有违法行为的

5. 申请人认为税务机关的具体行政行为所依据的下列规定不合法，对具体行政行为申请行政复议时，可一并向复议机关提出审查申请的规定有(　　)。

A. 国家税务总局和国务院其他部门的规定

B. 国家税务总局的部门规章

C. 财政部的部门规章

D. 地方各级人民政府的规定

6. 关于对税务行政复议管辖的规定，下列说法正确的有(　　)。

A. 对两个以上税务机关以共同的名义作出的具体行政行为不服的，向共同上一级税务机关申请行政复议

B. 对税务机关与其他行政机关以共同的名义作出的具体行政行为不服的，向其共同上一级行政机关申请行政复议

C. 对被撤销的税务机关在撤销以前所作出的具体行政行为不服的，向继续行使其职权的税务机关的上一级税务机关申请行政复议

D. 对税务机关作出逾期不缴纳罚款加处罚款的决定不服的，向作出行政处罚决定的税务机关申请行政复议

7. 申请人申请行政复议期限的计算，说法正确的有(　　)。

A. 当场作出具体行政行为的，自具体行政行为作出之日起计算

B. 载明具体行政行为的法律文书直接送达的，自受送达人签收之日起计算

C. 具体行政行为依法通过公告形式告知受送达人的，自公告规定的期限开始之日起计算

D. 税务机关作出具体行政行为时未告知申请人，事后补充告知的，自税务机关作出具体行政行为之日起计算

8. 下列各项中关于税务行政复议受理的规定，说法不正确的有(　　)。

A. 行政复议机关收到行政复议申请后，应当在10日内审查，决定是否受理

B. 对符合规定的行政复议申请，自行政复议机构收到之日起即为受理

C. 行政复议申请材料不齐全、表达不清楚的，行政复议机构可以自收到该行政复议申请之日起10日内书面通知申请人补正

D. 上级复议机关认为有必要的，可以直接受理或者提审由下级税务机关管辖的行政复议案件

9. 行政复议期间，有下列(　　)情形的，行政复议中止。

A. 作为申请人的公民丧失参加行政复议的能力，尚未确定法定代理人参加行政复议的

B. 作为申请人的公民死亡，没有近亲属或近亲属放弃行政复议权利的

C. 行政复议机关因不可抗力原因暂时不能履行工作职责的

D. 申请人因不可抗力不能参加税务行政复议的

10. 以下符合税务行政复议规定的有(　　)。

A. 行政复议机关应当自受理申请之日起60日内作出行政复议决定

B. 情况复杂，不能在规定期限内作出行政复议决定的，经行政复议机关负责人批准，可以适当延期，并告知申请人和被申请人，但是延期不得超过30日

C. 行政复议机关作出行政复议决定，应当制作行政复议决定书，并加盖行政复议机关印章

D. 行政复议决定书一经作出，即发生法律效力

11. 行政复议期间可以停止执行具体行政行为的情形有(　　)。

A. 被申请人认为需要停止执行的

B. 行政复议机关认为需要停止执行的

C. 申请人申请停止执行的

D. 法律规定停止执行的

12. 行政复议机关可以调解的行为有(　　)。

A. 行政处罚　　B. 核定税额

C. 行政赔偿　　D. 行政奖励

13. 税务行政诉讼与其他诉讼的根本区别在于(　　)。

A. 以解决税务行政争议为前提

B. 被告必须是税务机关，或是经法律、法规授权的行使税务行政管理权的组织

C. 税务行政诉讼解决的争议发生在税务行政管理过程中

D. 因税款征纳问题发生的争议，当事人在向人民法院提起行政诉讼前，必须先经税务行政复议程序，即复议前置

14. 以下关于税务行政诉讼原则的表述正确的有(　　)。

A. 人民法院特定主管原则

B. 合法性审查原则

C. 适用调解原则

D. 税务机关负举证责任原则

15. 以下不符合税务行政诉讼管辖权规定的有(　　)。

A. 税务行政诉讼的管辖分为级别管辖、地域管辖和裁定管辖

B. 中、高级人民法院管辖本辖区内重大、复杂的第一审税务行政案件

C. 人民法院将已经受理的案件，移送给有管辖权的人民法院审理，受移送的人民法院可以拒绝受理

D. 人民法院对管辖权发生争议且协商不成的，由最初作出具体行政行为的机关所在地来确定管辖法院

通关练习答案及解析

一、单项选择题

1. 【答案】A

【解析】对公民和组织实施税务行政处罚必须有法定依据，无明文规定不得处罚，这体现了税务行政处罚的法定原则。

2. 【答案】C

【解析】国家税务总局可以通过规章的形式设定警告和罚款。

3. 【答案】D

【解析】各级税务机关的内设机构、派出机构不具有处罚主体资格，不能以自己的名义实施税务行政处罚。

4. 【答案】B

【解析】税务行政处罚听证的范围是对公民作出 2 000 元以上，或者对法人或其他组织作出 10 000 元以上罚款的案件。

5. 【答案】C

【解析】税务机关对当事人作出罚款行政处罚决定的，当事人应当在收到行政处罚决定书之日起 15 日内缴纳罚款，到期不缴纳的，税务机关可以对当事人每日按罚款数额的 3% 加处罚款。

6. 【答案】B

【解析】申请人可在知道税务机关作出具体行政行为之日起 60 日内提出行政复议申请。

7. 【答案】C

【解析】选项 C，对国家税务总局作出的具体行政行为不服的，应向国家税务总局申请复议。

8. 【答案】C

【解析】征税行为，包括确认纳税主体、征税对象、征税范围、减税、免税、退税、抵扣税款、适用税率、计税依据、纳税环节、纳税期限、纳税地点和税款征收方式等具体行政行为，征收税款、加收滞纳金以及扣缴义务人、受税务机关委托的单位和个人作出的代扣代缴、代收代缴、代征行为等。选项 C，停止出口退税权是行政处罚行为。

9. 【答案】D

【解析】申请人对“征税行为”的行为不服的，应当先向行政复议机关申请行政复议，对行政复议决定不服的，可以向人民法院提起行政诉讼。

10. 【答案】B

【解析】在行政复议中，被申请人对其作出的具体行政行为负有举证责任。

11. 【答案】C

【解析】听证应当公开进行，但是涉及国家秘密、商业秘密或者个人隐私的除外。

12. 【答案】D

【解析】选项 A、B、C 属于行政复议中止的情形。选项 D 属于行政复议终止的情形。

13. 【答案】B

【解析】行政复议机关应当自受理申请之日起 60 日内作出行政复议决定。

14. 【答案】B

【解析】对征税行为以外的具体行政行为不服的，当事人可以在接到通知或者知道之日起 15 日内直接向人民法院起诉。

15. 【答案】B

【解析】税务机关作出具体行政行为时，未告知当事人诉权和起诉期限，致使当事人逾期向人民法院起诉的，其起诉期限从当事人实际知道诉权或者起诉期限时计算。但最长不得超过 2 年。

二、多项选择题

1. 【答案】ABCD

【解析】税务行政处罚法定原则包括四个方面的内容：（1）对公民和组织实施税务行政处罚必须有法定依据，无明文规定不得处罚。（2）税务行政处罚必须由法定的国家机关在其职权范围内设定。（3）税务行政处罚必须由法定的税务机关在其职权范围内实施。（4）税务行政处罚必须由税务机关按照法定程序实施。

2. 【答案】AC

【解析】国家税务总局可以通过规章的形式设定警告和罚款。

3. 【答案】ACD

【解析】选项B为刑事处罚范畴而非行政处罚范畴。

4. 【答案】ABC

【解析】选项D，受他人胁迫有违法行为的，属于依法从轻或者减轻行政处罚。

5. 【答案】AD

【解析】申请人认为税务机关的具体行政行为所依据的下列规定不合法，对具体行政行为申请行政复议时，可一并向行政复议机关提出对有关规定的审查申请：（1）国家税务总局和国务院其他部门的规定。（2）其他各级税务机关的规定。（3）地方各级人民政府的规定。（4）地方人民政府工作部门的规定。上述规定不包括规章。

6. 【答案】ABCD

【解析】以上选项均正确。

7. 【答案】AB

【解析】选项C，具体行政行为依法通过公告形式告知受送达人的，自公告规定的期限届满之日起计算。选项D，税务机关作出具体行政行为时未告知申请人，事后补充告知的，自该申请人收到税务机关补充告知的通知之日起计算。

8. 【答案】AC

【解析】选项A，行政复议机关收到行政复议申请后，应当在5日内审查，决定是否受理。选项C，行政复议申请材料不齐全、表达不清楚的，行政复议机构可以自收到该行政复议申请之日起5日内书面通知申请人补正。

9. 【答案】ACD

【解析】选项A、C、D属于税务行政复议中止的情形。选项B属于税务行为复议终止的情形。

10. 【答案】ABC

【解析】行政复议决定书一经送达，即发生法律效力。

11. 【答案】ABD

【解析】选项C，申请人申请停止执行，行政复议机关认为其要求合理，决定停止执行的。

12. 【答案】ABCD

【解析】选项A、B、C、D都属于行政复议机关可以调解的行为。

13. 【答案】ABCD

【解析】以上选项均正确。

14. 【答案】ABD

【解析】税收行政管理权是国家权力的重要组成部分，税务机关无权依自己意愿进行处置。因此，人民法院也不能对税务行政诉讼法律关系的双方当事人进行调解。

15. 【答案】CD

【解析】选项C，人民法院将已经受理的案件，移送给有管辖权的人民法院审理，受移送的人民法院应当受理。选项D，人民法院对管辖权发生争议且协商不成的，由它们共同的上级人民法院指定管辖。

第二部分 跨章节综合题演练

跨章节综合练习题

1. 某商业企业是增值税一般纳税人，2020年11月经营业务如下：

（1）当月销售商品收入价税合计1 130万元，给予部分购买者现金折扣130万元，实际收取1 000万元。

（2）当月销售2018年购进的自用小轿车一辆，开具普通发票，收取价款10万元。

（3）进口一台应征消费税的小轿车，用于高管个人消费，关税完税价格为100万元。

（4）当月申报抵扣的增值税专用发票的进项税合计30万元，其中包括：由于仓库管理员管理不善丢失一批玩具，进项税额为5万元；外购用于奖励给员工的水杯，进项税额为2万元；外购用于商场新年庆典的装饰用品，进项税额为3万元。

（其他相关资料：进口小轿车的关税税率为15%，消费税税率为5%，进口业务当月取得海关进口增值税专用缴款书，上述业务涉及的相关票据均已申报抵扣。）

要求：根据上述资料，按照下列序号回答问题，如有计算需计算出合计数。

（1）计算该商业企业业务（1）的销项税额。

（2）计算该商业企业业务（2）的应纳税额。

（3）计算该商业企业业务（3）应缴纳的进口关税、消费税、车辆购置税以及进口环节增值税。

（4）计算该商业企业当期应缴纳的增值税。

2. 某市一高尔夫球杆生产企业为增值税一般纳税人，2020年8月生产经营情况如下：

（1）6日购买包装盒一批，取得增值税专用发票注明价款60万元、税款7.8万元。

（2）18日购买一批已纳消费税的高尔夫球杆杆头，取得增值税专用发票注明价款500万元、税款65万元。

（3）25日领用18日所购杆头的60%用于继续生产高尔夫球杆，剩余40%因管理不善被盗。

（4）当月销售高尔夫球杆取得含税收入2 034万元。

（其他相关资料：高尔夫球杆的消费税税率为10%。）

要求：根据上述资料，按照下列序号回答问题，如有计算需计算出合计数。

（1）计算该企业领用高尔夫球杆杆头可抵扣的消费税税额。

（2）计算该企业当月应缴纳的增值税。

（3）计算该企业当月应缴纳的消费税。

（4）计算该企业当月应缴纳的城市维护建设税。

3. 某酒厂甲是增值税一般纳税人，2020年10月经营情况如下：

（1）从农民手中收购粮食一批用于生产粮食白酒，支付价款80万元，开具农产品收购发票并于当月全部领用。

（2）进口一台生产设备，关税完税价格为150万元人民币，关税税率为10%，取得了海关填发的专用缴款书。

（3）甲企业销售自产白酒50吨，取得不含税销售收入800万元；销售黄酒20吨，取得不含税销售收入300万元；销售酒精取得不含税销售收入40万元。

（其他相关资料：白酒的消费税比例税率为20%，定额税率为0.5元/500克，黄酒的消费税税率为240元/吨。）

要求：根据上述资料，按照下列序号回答问题，如有计算需计算出合计数。

（1）计算甲企业业务（1）可抵扣的增值税进项税。

（2）计算业务（2）海关代征甲企业进口环节的增值税。

（3）计算甲企业应向税务机关缴纳的增

值税。

（4）计算甲企业应向税务机关缴纳的消费税。

4. 某矿山为增值税一般纳税人，2020 年 12 月发生以下业务：

（1）当月开采原煤 12 000 吨，采煤过程中因安全生产需要抽采煤层气 10 000 立方米。对外销售原煤 10 000 吨，每吨不含税单价 1 000 元，收取不含税价款 1 000 万元。

（2）将本月开采的原煤 1 000 吨用于换取一台开采设备，取得对方开具的增值税专用发票，注明价款 100 万元。

（3）本月开采的剩余原煤用于加工选煤，销售选煤取得不含增值税销售额 180 万元。

（4）当月购买小工具一批，取得的增值税专用发票上注明税金 6 万元，将购进的小工具 80% 用于采煤，20% 用于职工食堂使用。

（其他资料：假设该企业所在地原煤、选煤和天然气资源税税率均为 6%。）

要求：根据上述资料，按照下列序号回答问题，如有计算需计算出合计数。

（1）计算该企业当月应纳资源税合计金额。

（2）计算该企业当月应缴纳的增值税。

5. 位于某市的某广告公司为增值税一般纳税人，2020 年 8 月经营业务如下：

（1）向境内客户提供广告服务，不含增值税总价款为 5 000 万元，采取分期收款结算方式，按照书面合同约定，当月客户应支付 60% 的价款，款项未收到，但广告公司全额开具了专用发票。

（2）为境内客户提供广告设计服务，采取直接收款结算方式，开具的增值税专用发票上注明价款为 1 000 万元，由于对方资金紧张，当月未收到款项。

（3）购买办公楼一栋，订立的产权转移书据所载金额 2 500 万元，取得增值税专用发票注明金额 2 500 万元、税款 225 万元，该办公楼的 1/3 用于职工宿舍，其余为企业办公使用。

（4）员工境内出差，取得注明旅客身份信息的航空电子客票行程单，标明票价 5 万元、燃油附加费 0.45 万元、机场建设费 0.03 万元。

（5）进口小汽车一辆用于接待客户，小汽车的关税完税价格为 66 万元，取得海关进口增值税专用缴款书。

（其他相关资料：产权转移书据印花税税率为 0.5‰，进口小汽车关税税率为 15%，消费税税率为 12%，上述业务所涉及的进项税相关票据均已申报抵扣；该企业不符合“加计抵减”政策的相关要求。）

要求：根据上述资料，按下列序号回答问题，如有计算需计算出合计数。

（1）计算业务（1）的销项税额。

（2）计算业务（2）的销项税额。

（3）计算业务（3）该企业购买办公楼应缴纳的印花税。

（4）计算业务（3）该企业当期允许抵扣的进项税额。

（5）计算业务（4）该企业当期允许抵扣的进项税额。

（6）计算业务（5）该企业进口小汽车应缴纳的车辆购置税。

（7）计算业务（5）该企业进口小汽车应缴纳的增值税。

（8）计算该企业当期应向主管税务机关缴纳的增值税。

（9）计算该企业当期应缴纳的城市维护建设税，教育费附加和地方教育附加的合计金额。

6. 某市一家房地产开发企业（增值税一般纳税人）2020 年 8 月取得一宗土地的使用权，支付土地使用权价款 3 475 万元并缴纳了契税，已取得相应的完税凭证，将土地全部进行开发，建造普通标准住宅。当年建完，12 月对外销售 90%，取得含增值税销售收入 9 865 万元；其余部分暂时对外出租，当月取得含增值税租金收入 30 万元。与该住宅楼开发相关的成本、费用如下：

（1）发生房地产开发成本 3 350 万元。

（2）发生管理费用 500 万元、销售费用 340 万元、利息费用 270 万元（利息费用能够按照转让房地产项目计算分摊，并提供金融机构证明）。

（3）该企业建造过程中全部可抵扣的增值税进项税合计为 440 万元。

（其他相关资料：当地政府规定，契税税率为 3%，房地产开发费用的扣除比例为 4%。）

要求：根据上述资料，按照下列序号回答问题，如有计算需计算出合计数。

（1）计算该房地产开发企业上述业务增值税的销项税额。

（2）计算该房地产开发企业应缴纳的城市维护建设税和教育费附加、地方教育附加合计数。

（3）计算该房地产开发企业应缴纳的土地增值税。

7. 某县城从事生产机器设备的居民企业为增值税一般纳税人，其自行核算的 2020 年度主营业务收入为 12 000 万元，其他业务收入为 2 500 万元，投资收益为 1 800 万元，发生主营业务成本 8 500 万元，其他业务成本 1 500 万元，税金及附加 620 万元，管理费用 760 万元，销售费用 3 350 万元，财务费用 890 万元，营业外支出 210 万元，企业自行计算的会计利润总额为 470 万元。2021 年 2 月经聘请的会计师事务所审核，发现下列情况：

（1）将自产的机器用于赞助某节目，该机器同期同类不含税市场价格为 500 万元，成本为 340 万元，该项业务未进行账务处理。

（2）投资收益中包含国债利息收入 100 万元。

（3）管理费用中含新产品研究开发费用 80 万元、业务招待费 100 万元。

（4）销售费用中含广告费和业务宣传费 2 900 万元。

（5）财务费用中含向某非金融企业一年贷款利息支出 20 万元，贷款利率为 8%，银行同期同类贷款利率为 6%。

（6）全年计入成本费用的实发合理工资总额 3 200 万元，发生职工福利费支出 410 万元，工会经费 67 万元，职工教育经费 220 万元。

（7）10 月购进安全生产专用设备一台，增值税专用发票上注明金额 100 万元、税额 13 万元，企业基于重要性原则，对该项设备未按照固定资产计提折旧，将其费用一次性计入了成本扣除。

（8）营业外支出中含直接捐赠给某受灾地区的 50 万元。

（其他相关资料：该企业产品适用的增值税税率为 13%，发生的工会经费取得相关收据，购入的设备在《安全生产专用设备企业所得税优惠目录》内。）

要求：根据上述资料，按照下列序号回答问题，如有计算需计算出合计数。

（1）计算该企业业务（1）应调整的增值税。

（2）计算该企业业务（1）应调整的城市维护建设税、教育费附加及地方教育附加的合计金额。

（3）计算该企业业务（2）应调整的应纳税所得额。

（4）计算该企业业务（3）应调整的应纳税所得额。

（5）计算该企业业务（4）应调整的应纳税所得额。

（6）计算该企业业务（5）应调整的应纳税所得额。

（7）计算该企业业务（6）应调整的应纳税所得额。

（8）计算该企业业务（7）应调整的应纳税所得额。

（9）计算该企业业务（8）应调整的应纳税所得额。

（10）计算该企业调整后的会计利润

（11）计算该企业应缴纳的企业所得税。

8. 某服装生产企业为增值税一般纳税人，2020 年度其自行核算取得营业收入 30 000 万元、营业外收入 500 万元、投资收益 800 万元、发生营业成本 10 000 万元、营业外支出 600 万元、税金及附加 890 万元、管理费用 7 000 万元、销售费用 6 000 万元、财务费用 1 500万元，企业自行核算年度利润总额为 5 310万元。2021 年 3 月经聘请的会计师事务所审核，发现下列情况：

（1）3 月 1 日企业签订租赁合同将一处闲置不用价值 1 000 万元的办公楼对外出租，取得不含税租金收入 50 万元，收入已入账，但未计算缴纳房产税和印花税。

（2）投资收益中包含国债转让收益 100 万元，该国债购入面值为 80 万元，发行期限为 5 年，年利率为6%，转让时持有天数为1 000 天。

（3）管理费用和销售费用中含业务招待费 300 万元，广告费 3 000 万元。

（4）上年结转未抵扣的广告费 750 万元。

（5）接受关联企业 A 公司的权益性投资 3 000 万元，当年以年利率 10% 向 A 公司借款 7 000 万元，支付利息支出 700 万元计入财务费用，银行同期同类贷款利率为 6%，该借款活动不符合独立交易原则。

（6）全年计入成本费用的实发合理工资总额 5 000 万元，拨缴工会经费 100 万元，发生职工福利费支出 890 万元，职工教育经费 160 万元。

（7）8 月购进属于《环境保护专用设备企业所得税优惠目录》规定的环境保护专用设备一台，增值税专用发票上注明金额 300 万元、税额 39 万元，将其费用一次性计入了成本扣除。

（8）营业外支出中含通过中华慈善总会捐赠给希望小学的捐款 400 万元。

（其他相关资料：当地房产余值减除比例为 20%，各扣除项目均已取得有效凭证。）

要求：根据上述资料，按照下列序号回答问题，如有计算需计算出合计数。

（1）计算该企业业务（1）应缴纳的房产税和印花税。

（2）计算该企业业务（2）应调整的应纳税所得额。

（3）计算业务招待费支出应调整的应纳税所得额。

（4）计算广告费支出应调整的应纳税所得额。

（5）计算该企业业务（5）应调整的应纳税所得额。

（6）计算该企业业务（6）应调整的应纳税所得额。

（7）计算该企业业务（7）应调整的应纳税所得额。

（8）计算该企业业务（8）应调整的应纳税所得额。

（9）计算该企业当年度的应纳税所得额。

（10）计算该企业当年度应缴纳的企业所得税。

跨章节综合练习题答案及解析

1. **【答案及解析】**

（1）该商业企业业务（1）的销项税额 = 1 130 ÷（1 + 13%）× 13% = 130（万元）。

（2）该商业企业业务（2）的应纳税额 = 10 ÷（1 + 3%）× 2% = 0.19（万元）。

（3）该商业企业进口环节应缴纳的关税 = 100 × 15% = 15（万元）。

进口环节应缴纳的消费税 =（100 + 15）÷（1 − 5%）× 5% = 6.05（万元）。

进口环节应缴纳的车辆购置税 =（100 + 15）÷（1 − 5%）× 10% = 12.11（万元）。

进口环节应缴纳的增值税 =（100 + 15）÷（1 − 5%）× 13% = 15.74（万元）。

（4）进口小汽车用于个人消费、丢失玩具、外购水杯发给员工的进项税额，均不得抵扣。

该商业企业 11 月份可抵扣的进项税额 = 30 − 5 − 2 = 23（万元）。

当期应缴纳的增值税 = 130 - 23 + 0.19 = 107.19（万元）。

2. 【答案及解析】

（1）企业领用外购半成品可抵扣的消费税税额 = 500 × 10% × 60% = 30（万元）。

（2）企业当月应缴纳的增值税 = 2 034 ÷ (1 + 13%) × 13% - (7.8 + 65 × 60%) = 187.2（万元）。

（3）企业当月应缴纳的消费税 = 2 034 ÷ (1 + 13%) × 10% - 30 = 150（万元）。

（4）企业当月应缴纳的城市维护建设税 = (187.2 + 150) × 7% = 23.6（万元）。

3. 【答案及解析】

（1）甲企业业务（1）可抵扣的增值税进项税税额 = 80 × 10% = 8（万元）。

（2）业务（2）海关代征甲企业进口环节的增值税 = 150 × (1 + 10%) × 13% = 21.45（万元）。

（3）甲企业当期销项税税额 = (800 + 300 + 40) × 13% = 148.2（万元）。

甲企业应向税务机关缴纳的增值税 = 148.2 - 8 - 21.45 = 118.75（万元）。

（4）甲企业应向税务机关缴纳的消费税 = 800 × 20% + 50 × 2 000 × 0.5 ÷ 10 000 + 20 × 240 ÷ 10 000 = 165.48（万元）。

4. 【答案及解析】

（1）甲企业业务（1）销售原煤应缴纳的资源税 = 1 000 × 6% = 60（万元）。

甲企业因安全生产需要抽采的煤层气无须缴纳资源税。

甲企业业务（2）应缴纳的资源税 = 1 000 × 1 000 × 6% ÷ 10 000 = 6（万元）。

甲企业业务（3）该企业销售选煤应缴纳的资源税 = 180 × 6% = 10.8（万元）。

【小贴士】纳税人以自采原矿洗选加工为选矿产品销售，或者将选矿产品自用于应当缴纳资源税情形的，按照选矿产品计征资源税，在原矿移送环节不缴纳资源税。

该企业当月应缴纳的资源税合计 = 60 + 6 + 10.8 = 76.8（万元）。

（2）销项税额 = [1 000 + 1 000 × 1 000 ÷ 10 000 + 180] × 13% = 166.4（万元）。

进项税额 = 100 × 13% + 6 × 80% = 17.8（万元）。

该企业当月应缴纳的增值税 = 166.4 - 17.8 = 148.6（万元）。

5. 【答案及解析】

（1）业务（1）的销项税额 = 5 000 × 6% = 300（万元）。

（2）业务（2）的销项税额 = 1 000 × 6% = 60（万元）。

（3）业务（3）购入办公楼的印花税 = 2 500 × 0.5‰ = 1.25（万元）。

（4）业务（3）允许抵扣的进项税额为225万元。

（5）业务（4）允许抵扣的进项税额 = (5 + 0.45) ÷ (1 + 9%) × 9% = 0.45（万元）。

（6）进口小汽车应纳车辆购置税 = 66 × (1 + 15%) ÷ (1 - 12%) × 10% = 8.63（万元）。

（7）进口小汽车应纳增值税 = 66 × (1 + 15%) ÷ (1 - 12%) × 13% = 11.21（万元）。

（8）应纳增值税 = 300 + 60 - (225 + 0.45 + 11.21) = 123.34（万元）。

（9）当期应纳城市维护建设税、教育费附加和地方教育附加 = 123.34 × (7% + 3% + 2%) = 14.8（万元）。

6. 【答案及解析】

（1）增值税销项税额 = (9 865 - 3 475 × 90%) ÷ (1 + 9%) × 9% + 30 ÷ (1 + 9%) × 9% = (9 865 - 3 127.5) ÷ (1 + 9%) × 9% + 30 ÷ (1 + 9%) × 9% = 556.31 + 2.48 = 558.79（万元）。

（2）该房地产开发企业应缴纳的城市维护建设税和教育费附加、地方教育附加 = (558.79 - 440) × (7% + 3% + 2%) = 14.25（万元）。

（3）可以扣除的取得土地使用权支付金额 = (3 475 + 3 475 × 3%) × 90% = 3 221.33（万元）。

开发成本 = 3 350 × 90% = 3 015（万元）。

允许扣除的取得土地使用权支付金额和房地产开发成本合计数 = 3 221.33 + 3 015 = 6 236.33（万元）。

允许扣除的房地产开发费用 = 270 + 6 236.33 × 4% = 519.45（万元）。

准予扣除的税金 = (556.31 − 440 × 90%) × (7% + 3% + 2%) = 19.24（万元）。

【小贴士】计算企业整体应缴纳的增值税时，440 万元作为进项税全额抵扣。但是计算土地增值税中可以扣除的税金及附加的基数时，进项税需要按照销售比例确定。

加计扣除的金额 = 6 236.33 × 20% = 1 247.27（万元）。

允许扣除项目合计 = 6 236.33 + 519.45 + 19.24 + 1 247.27 = 8 022.29（万元）。

增值额 = 9 865 − 556.31 − 8 022.29 = 1 286.4（万元）。

增值率 = 1 286.4 ÷ 8 022.29 × 100% = 16.04%。

由于房地产开发企业建造普通标准住宅出售，增值率未超过 20% 的，免征土地增值税。因此，该房地产开发企业应缴纳的土地增值税为 0。

7. 【答案及解析】

（1）业务（1）应调整的增值税 = 500 × 13% = 65（万元）。

（2）业务（1）应调整的城市维护建设税、教育费附加、地方教育附加合计 = 65 × (5% + 3% + 2%) = 6.5（万元）。

（3）业务（2）应调整的应纳税所得额为 −100 万元。

【小贴士】国债利息免征企业所得税。

（4）研发费用纳税调减额 = 80 × 75% = 60（万元）。

业务招待费扣除限额 1 = (12 000 + 2 500 + 500) × 0.5% = 75（万元）。

业务招待费扣除限额 2 = 100 × 60% = 60（万元），应调增的应纳税所得额 = 100 − 60 = 40（万元）。

业务（3）应调整的应纳税所得额 = 40 − 60 = −20（万元）。

（5）广告费和业务宣传费扣除限额 = (12 000 + 2 500 + 500) × 15% = 2 250（万元）。

实际发生额 2 900 万元，业务（4）应调增的应纳税所得额 = 2 900 − 2 250 = 650（万元）。

（6）业务（5）应调整的应纳税所得额 = 20 − 20 ÷ 8% × 6% = 5（万元）。

（7）福利费扣除限额 = 3 200 × 14% = 448（万元），实际发生 410 万元，无须进行纳税调整。

工会经费扣除限额 = 3 200 × 2% = 64（万元），实际发生 67 万元，应纳税调增 3 万元。

职工教育经费扣除限额 = 3 200 × 8% = 256（万元），实际发生 220 万元，无须进行纳税调整。

业务（6）应调整的应纳税所得额为 3 万元。

（8）业务（7）应调整的应纳税所得额为 0。

企业在 2018 年 1 月 1 日至 2020 年 12 月 31 日期间新购进的设备、器具（指除房屋、建筑物以外的固定资产），单位价值不超过 500 万元的，允许一次性计入当期成本费用在计算应纳税所得额时扣除，不再分年度计算折旧。企业购进设备 100 万元，低于 500 万元，可以选择一次性扣除。

（9）业务（8）应调整的应纳税所得额为 50 万元。

（10）自产产品用于赞助，应确认收入，结转成本。城市维护建设税、教育费附加及地方教育附加会影响会计利润。

调整后的会计利润 = 470 + 500 − 340 − 6.5 = 623.5（万元）。

（11）应纳税所得额 = 623.5 − 100 − 20 + 650 + 5 + 3 + 50 = 1 211.5（万元）。

应缴纳的企业所得税 = 1 211.5 × 25% − 100 × 10% = 292.88（万元）。

8. 【答案及解析】

（1）该企业业务（1）应缴纳的房产税 =

1 000 ×（1 − 20%）× 1.2% × 2 ÷ 12 + 50 × 12% = 7.6（万元）。

该企业业务（1）应缴纳的印花税 = 50 × 1‰ = 0.05（万元）。

（2）该企业业务（2）应调减应纳所得额 = 80 × 6% ÷ 365 × 1 000 = 13.15（万元）。

（3）业务招待费扣除限额 1 = 30 000 × 0.5% = 150（万元），业务招待费扣除限额2 = 300 × 60% = 180（万元），应调增的应纳税所得额 = 300 − 150 = 150（万元）。

（4）广告费扣除限额 = 30 000 × 15% = 4 500（万元）。

本年实际发生额与上年结转额合计 = 3 000 + 750 = 3 750（万元），小于扣除限额，可以全部扣除。

广告费支出应调减的应纳税所得额 = 4 500 − 3 750 = 750（万元）。

（5）企业接受关联方债权性投资与权益性投资的比例不超过规定比例（金融企业 5∶1，其他企业 2∶1）计算的部分，且不超过金融企业按同期同类贷款利率计算的部分，可以据实扣除，超过部分不允许扣除。

业务（5）应调增的应纳税所得额 = 700 − 3 000 × 2 × 6% = 340（万元）。

（6）工会经费扣除限额 = 5 000 × 2% = 100（万元），实际发生 100 万元，无须进行纳税调整。

福利费扣除限额 = 5 000 × 14% = 700（万元），实际发生 890 万元，应纳税调增 190 万元。

职工教育经费扣除限额 = 5 000 × 8% = 400（万元），实际发生 160 万元，无须进行纳税调整。

业务（6）应调增应纳税所得额 190 万元。

（7）业务（7）应调整的应纳税所得额为 0。

企业在 2018 年 1 月 1 日至 2020 年 12 月 31 日期间新购进的设备、器具（指除房屋、建筑物以外的固定资产），单位价值不超过 500 万元的，允许一次性计入当期成本费用在计算应纳税所得额时扣除，不再分年度计算折旧。企业购进设备 300 万元，低于 500 万元，可以选择一次性扣除。

（8）该企业正确的会计利润总额 = 5 310 − 7.6 − 0.05 = 5 302.35（万元）。

公益性捐赠的扣除限额 = 5 302.35 × 12% = 636.28（万元），实际发生捐赠 400 万元，无须进行纳税调整。

（9）应纳税所得额 = 5 302.35 − 13.15 + 150 − 750 + 340 + 190 = 5 219.2（万元）。

（10）应缴纳的企业所得税 = 5 219.2 × 25% − 500 × 10% = 1 254.8（万元）。

第三部分 全真模拟试题及参考答案

2021年注册会计师考试全真模拟试题（一）

一、单项选择题（本题型共24小题，每小题1分，共24分。每小题只有一个正确答案，请从每小题的备选答案中选出一个你认为正确的答案。）

1. 区别一种税与另一种税的重要标志是（　　）。

A. 计税依据　　B. 税目　　C. 征税对象　　D. 税率

2. 提供保险服务的纳税人以现金赔付方式承担机动车辆保险责任的，将其应付给被保险人的赔偿金直接支付给车辆修理劳务提供方，此项业务的税务处理是（　　）。

A. 被保险人计算销项税额

B. 纳税人计算销项税额

C. 纳税人进项税额可以从销项税额中抵扣

D. 纳税人进项税额不得从销项税额中抵扣

3. A省B市的甲建筑企业是增值税一般纳税人，2020年2月在C省D市取得含税建筑收入600万元，选择一般计税方法计算纳税，则甲企业在建筑服务发生地D市预缴税款（　　）万元。

A. 11.01　　B. 11.76　　C. 16.51　　D. 49.54

4. 适用13%税率的境外旅客购物离境退税物品，退税率为（　　）；适用9%税率的境外旅客购物离境退税物品，退税率为（　　）。

A. 11%，8%　　B. 11%，9%　　C. 9%，8%　　D. 9%，9%

5. 商业企业一般纳税人零售下列货物，可以开具增值税专用发票的是（　　）。

A. 劳保用品　　B. 食品　　C. 化妆品　　D. 服装

6. 下列关于消费税纳税地点的说法中，不正确的是（　　）。

A. 纳税人自产自用应税消费品，应当向纳税人机构所在地或居住地的主管税务机关申报纳税

B. 委托加工应税消费品，除受托方为个人外，由受托方向机构所在地或居住地主管税务机关解缴税款

C. 纳税人到外县销售自产应税消费品，向机构所在地或居住地主管税务机关申报纳税

D. 进口的应税消费品，由进口人或其代理人向其机构所在地或住所地主管税务机关申报纳税

7. 2019年12月，某化妆品厂（增值税一般纳税人）生产高档化妆品对外销售，取得不含税销售额500万元，销售高档化妆品时收取包装物押金4万元，本月没收6个月前销售高档化妆品时收取的包装物押金5万元。该化妆品厂当月应纳消费税（　　）万元。

A. 75.53　　B. 75.6　　C. 75.66　　D. 75.75

8. 企业从事符合条件的环境保护、节能节水项目的所得，从某一时间起，第1年至第3年免征企业所得税，第4年至第6年减半征收企业所得税，这一起始时间是（　　）。

A. 盈利年度

B. 获利年度

C. 开业年度

D. 项目取得第一笔生产经营收入所属纳税年度

9. 下列关于费用扣除的表述中，不正确的是(　　)。

A. 职工福利费支出，不超过工资、薪金总额14%的部分准予扣除

B. 工会经费，不超过工资、薪金总额2%的部分准予扣除

C. 职工教育经费，不超过工资、薪金总额8%的部分准予扣除，超过部分，准予在以后年度结转扣除

D. 企业为投资者或者职工支付的商业保险费，准予据实扣除

10. 企业按规定缩短折旧年限的，对其购置的新固定资产，最低折旧年限不得低于《企业所得税法实施条例》第六十条规定的折旧年限的(　　)。

A. 30%　　B. 50%　　C. 60%　　D. 80%

11. 个人投资者持有2019～2023年发行的铁路债券取得的利息收入，减按(　　)计入应纳税所得额计算征收个人所得税。

A. 20%　　B. 25%　　C. 50%　　D. 75%

12. 依据关税的有关规定，下列进口货物中可享受特定减免税的是(　　)。

A. 无商业价值的广告品

B. 国际组织无偿赠送的物资

C. 海关放行前损失的货物

D. 科研机构进口国内不能生产的科学研究和教学用品

13. 2020年11月，某原油开采企业（增值税一般纳税人）销售原油取得不含税销售额3 560万元，开采过程中，加热使用原油1吨，用10吨原油与汽车生产企业换取一辆汽车，原油不含税销售价格0.7万元/吨，已知原油资源税税率6%，该企业11月应缴纳资源税（　　）万元。

A. 182.56　　B. 213.83　　C. 214.02　　D. 214.06

14. 以下不符合水资源税征收管理规定的是(　　)。

A. 水资源税的纳税义务发生时间为纳税人取用水资源的当日

B. 水资源税统一按月征收

C. 纳税人应当自纳税期满或者纳税义务发生之日起15日内申报纳税

D. 水资源税试点实施办法由国务院规定，报全国人民代表大会常务委员会备案

15. 纳税人新征用的耕地，自批准征用之日起满(　　)时开始缴纳城镇土地使用税。

A. 1个月　　B. 6个月　　C. 1年　　D. 2年

16. 某企业2020年有一处独立的地下建筑物，为商业用途房产，房产原价100万元，9月22日将其出售。当地省政府规定房产原值减除比例为20%，商业用途地下建筑以原价的70%作为应税房产原值。当年该企业应缴纳房产税(　　)元。

A. 4 480　　B. 5 040　　C. 6 400　　D. 7 200

17. 甲某是一家个人独资企业的业主，其将2020年购入的价值60万元的自有房屋投入企业作为经营场所；另甲某将自有的价值为200万元的仓库与另一企业240万元的仓库互换，由甲某向该企业支付差价。甲某上述经济事项应缴纳契税(　　)万元。(契税适用税率为4%)

A. 0　　B. 1.6　　C. 8　　D. 17.6

18. 纳税人转让旧房及建筑物，凡不能取得评估价格，但能够提供购房发票的，可按发票所载金额并从购买年度起至转让年度止每年加计(　　)计算扣除。

A. 5%　　B. 10%　　C. 15%　　D. 20%

19. 以下关于车辆购置税的税收优惠，说法不正确的是(　　)。

A. 悬挂应急救援专用号牌的国家综合性消防救援车辆免税

B. 长期来华定居专家购买 1 辆个人自用国产小汽车免征车辆购置税

C. 中国妇女发展基金会“母亲健康快车”项目的流动医疗车免征车辆购置税

D. 城市公交企业购置的公共汽电车辆免税

20. 某运输企业 2020 年初拥有净吨位 5 000 吨的货船 5 艘，发动机功率 8 000 千瓦的拖船 2 只，净吨位 800 吨的非机动驳船 2 只。机动船舶车船税适用的年税额如下：净吨位 200 吨（含）以下为每吨 3 元，净吨位 201 ~ 2 000 吨为每吨 4 元，净吨位 2 001 ~ 10 000 吨为每吨 5 元。该企业 2019 年应缴纳车船税(　　)元。

A. 89 150　　B. 155 000　　C. 175 100　　D. 178 300

21. 某企业与某研究所签订技术合同，合同注明研究所帮助该厂研发新型环保材料，带有报酬的研发合同总金额 600 万元，含研究开发经费 400 万元，则该企业应缴纳印花税(　　)元。

A. 600　　B. 1 200　　C. 1 800　　D. 2 400

22. 2020 年 12 月，中国境内某企业向一非居民企业（在中国境内未设立机构、场所）支付特许权使用费 200 万元、境内一处不动产转让价款 600 万元（该不动产的净值为 150 万元），该企业应扣缴企业所得税(　　)万元。

A. 60　　B. 65　　C. 95　　D. 120

23. 税款征收方式中的委托代征方式一般适用于(　　)。

A. 账册不健全，但是能够控制原材料或进销货的纳税单位

B. 经营品种比较单一，经营地点、时间和商品来源不固定的纳税单位

C. 财务会计制度较为健全，能够认真履行纳税义务的纳税单位

D. 小额、零散税源的征收

24. 税务行政处罚听证的范围是对公民作出(　　)元以上，或者对法人或其他组织作出(　　)元以上罚款的案件。

A. 2 000，5 000　　B. 2 000，10 000

C. 5 000，5 000　　D. 5 000，10 000

二、多项选择题（本题型共 14 小题，每小题 1.5 分，共 21 分。每小题均有多个正确答案，请从每小题的备选答案中选出你认为正确的答案，每小题所有答案选择正确的得分，不答、错答、漏答均不得分。）

1. 涉税专业服务机构涉税业务内容包括(　　)。

A. 纳税申报代理　　B. 一般税务咨询

C. 税收策划　　D. 代理建账记账

2. 以下发票属于异常凭证范围的有(　　)。

A. 纳税人丢失、被盗税控专用设备中未开具或已开具未上传的增值税专用发票

B. 非正常户纳税人未向税务机关申报或未按规定缴纳税款的增值税专用发票

C. 增值税发票管理系统稽核比对发现“比对不符”“缺联”“作废”的增值税专用发票

D. 经国家税务总局、省税务局大数据分析发现，纳税人开具的增值税专用发票存在涉嫌虚开、未按规定缴纳消费税等情形

3. 根据“营改增”政策，以下关于征收率的表述正确的有(　　)。

A. 一般纳税人销售2016年4月30日前取得的不动产可选择适用5%的征收率

B. 房地产开发企业中的一般纳税人以围填海方式取得土地并开发的房地产老项目，可选择适用5%的征收率

C. 房地产开发企业（一般纳税人）销售其自行开发的房地产老项目可选择适用5%的征收率

D. 一般纳税人提供人力资源外包服务，适用3%的征收率

4. 纳税人利用废矿物油为原料生产的可以免征消费税的应税消费品有（　　）。

A. 润滑油基础油　　B. 汽油　　C. 柴油　　D. 石脑油

5. 企业下列项目的所得减半征收企业所得税的有（　　）。

A. 海水养殖　　B. 内陆养殖　　C. 远洋捕捞　　D. 林木种植

6. 根据《个人所得税法》的相关规定，下列关于每次收入的确定，说法正确的有（　　）。

A. 非居民个人稿酬所得以每次出版、发表取得的收入为一次

B. 非居民个人劳务报酬所得属于一次性收入的，以取得该项收入为一次

C. 财产租赁所得，以一年内取得的收入为一次

D. 偶然所得，以每次收入为一次

7. 关于进口货物完税价格中的运输及相关费用、保险费的规定，下列说法正确的有（　　）。

A. 进口货物的运输及其相关费用无法确定的，海关应当按照该货物进口同期的正常运输成本审查确定

B. 运输工具作为进口货物，利用自身动力进境的，海关在审查确定完税价格时，不再另行计入运输及其相关费用

C. 进口货物的保险费无法确定或者未实际发生，完税价格中则不包括保险费

D. 邮运进口的货物，应当以邮费作为运输及其相关费用、保险费

8. 按照现行资源税优惠政策规定，下列说法正确的有（　　）。

A. 煤炭开采企业因安全生产需要抽采的煤成（层）气免征资源税

B. 高含硫天然气减征30%资源税

C. 高凝油减征40%资源税

D. 页岩气资源税（按6%的规定税率）减征40%

9. 下列关于城镇土地使用税的规定中，正确的有（　　）。

A. 建立在城市、县城、建制镇和工矿区以外的工矿企业不需要缴纳城镇土地使用税

B. 纳税人实际占用的土地面积尚未核发土地使用证书的，应由纳税人申报土地面积，并以此作为计税依据计算征收城镇土地使用税，待核发土地使用证以后再作调整

C. 经济落后地区，城镇土地使用税的适用税额标准可适当降低，但降低额不得超过上述规定最低税额的50%

D. 对向居民供热收取采暖费的供热企业，为居民供热所使用的厂房及土地免征城镇土地使用税

10. 下列情形中，纳税人应当进行土地增值税清算的有（　　）。

A. 房地产开发项目全部竣工、完成销售的

B. 整体转让未竣工决算房地产开发项目的

C. 直接转让土地使用权的

D. 取得销售（预告）许可证3年仍未销售完毕的

11. 下列合同中，应按“财产保险合同”计税贴花的有（　　）。

A. 企业财产保险合同

B. 货物运输保险合同

C. 家庭财产两全保险合同

D. 农牧业保险合同

12. 以下关于同期资料管理的说法正确的有（　　）。

A. 企业仅与境内关联方发生关联交易的，可以不准备主体文档、本地文档和特殊事项文档

B. 企业执行预约定价安排的，可以不准备预约定价安排涉及关联交易的本地文档和特殊事项文档

C. 主体文档应当在企业集团最终控股企业会计年度终了之日起6个月内准备完毕

D. 本地文档和特殊事项文档应当在关联交易发生年度次年6月30日之前准备完毕

13. 税务机关欠税清缴制度包括（　　）。

A. 离境清税制度

B. 建立改制纳税人欠税的清缴制度

C. 对欠缴税款的纳税人行使代位权

D. 建立欠税公告制度

14. 税务行政诉讼应适用的原则包括（　　）。

A. 人民法院特定主管原则

B. 合法性审查原则

C. 适用调解原则

D. 税务机关负举证责任原则

三、计算问答题（本题型共4小题24分。涉及计算的，要求列出计算步骤。）

1. 某商场2020年12月发生业务如下：

（1）采取“以旧换新”方式销售翡翠首饰，旧首饰作价18万元，实际收取含税金额25万元。

（2）零售金手镯，取得零售收入113万元，同时收取包装盒收入1.13万元。

（3）当月零售50条钻石项链，取得零售收入56.5万元；零售蓝宝石戒指10个，取得零售收入80.5万元。

（其他相关资料：金银铂钻首饰的消费税税率为5%。）

要求：根据上述资料，按照下列序号回答问题，如有计算需计算出合计数。

（1）计算该商场业务（1）应缴纳的消费税。

（2）计算该商场业务（2）应缴纳的消费税。

（3）计算该商场业务（3）应缴纳的消费税。

（4）计算该商场当月应缴纳的消费税。

2. 某市一工业企业（增值税一般纳税人）2020年12月15日转让一栋自建的办公楼，取得含税收入15 000万元，2009年建造该办公楼时，支付土地出让金的金额为5 000万元，建造成本6 000万元，转让时经政府批准的房地产评估机构评估后，确定该办公楼的重置成本价为9 000万元。

（其他相关资料：该企业选择简易计税方法计算增值税，产权转移书据适用的印花税税率为0.5‰，成新度折扣率为50%。）

要求：根据上述资料，按照下列序号回答问题，如有计算需计算出合计数。

（1）计算该企业办公楼的评估价格。

（2）计算该企业转让自建办公楼应缴纳的增值税。

（3）计算该企业在缴纳土地增值税时允许扣除的税金及附加合计数。

（4）计算该企业在缴纳土地增值税时允许扣除项目金额的合计数。

（5）计算转让办公楼应缴纳的土地增值税。

3. 某企业工程师张某2020年取得的收入情况如下：

（1）每月工资收入12 000元，按规定标准缴纳的“三险一金”合计为1 200元。

（2）3月份利用业务时间出版了一部专著，取得稿酬120 000元。

（3）4月份通过拍卖行拍卖一幅字画，取得收入12 000元，该幅字画是通过画廊购买的，购买时实际支付的价款及其他费用共计5 000元，拍卖时实际支付拍卖费等费用500元。

（4）6月份将自己的一项专利权许可他人使用，取得收入200 000元。

（5）8月份由于张某表现优异，所在公司以100万元的价格向其出售一套80平方米的住房，房屋的市场价格为180万元，该住房系公司2018年以130万元的价格购置。

（6）购买福利彩票中奖获得5 000元奖金。

（7）自1月1日起将自有的一套住房对外出租，每月不含增值税租金3 000元，租期为1年，全年租金收入36 000元。

（其他相关资料：张某已婚，有一个孩子4岁，夫妻双方约定由张某扣除子女教育专项附加；张某是独生子，父母已年满65周岁，张某已向企业提供有关信息并依法要求办理专项附加扣除。）

要求：根据上述资料，按照下列序号回答问题，如有计算需计算出合计数。

（1）计算张某拍卖字画取得的收入应缴纳的个人所得税。

（2）计算公司低价向张某出售住房，张某应缴纳的个人所得税。

（3）计算张某彩票中奖应缴纳的个人所得税。

（4）计算张某出租住房应缴纳的个人所得税。

（5）计算张某综合所得应缴纳的个人所得税。

4. 中国居民企业甲2020年度境内外净所得为160万元。其中，境内所得的应纳税所得额为350万元；设在A国的分支机构当年度应纳税所得额为120万元，甲企业当年度从A国取得利息所得的应纳税所得额为40万元；设在B国的分支机构当年度应纳税所得额为-350万元。

要求：根据上述资料，按照下列序号回答问题，如有计算需计算出合计数。

（1）如果该企业选择“分国不分项”（分国抵免法）计算境外所得抵免，计算企业当年度的应纳税所得额。

（2）如果该企业选择“不分国不分项”（综合抵免法）计算境外所得抵免，计算企业当年度的应纳税所得额。

四、综合题（本题型共2小题31分。涉及计算的，要求列出计算步骤。）

1. 某镇一酒厂为增值税一般纳税人，2020年12月发生下列业务：

（1）购进粮食白酒20吨，每吨买价1.5万元，粮食白酒入库，取得增值税一般纳税人开具的增值税专用发票上注明价款30万元、增值税3.9万元。

（2）将成本为80万元的酒精，委托给甲企业加工成白酒80吨，支付不含税加工费12万元、不含税辅助材料款4万元，取得甲企业（一般纳税人）开具的增值税专用发票，白酒收回后入库。受托方同类产品不含税售价150万元。

（3）自产薯类白酒110吨，每吨成本价8 500元，每吨不含税售价15 000元，本月售出90吨。

（4）酒厂将上月购进的粮食白酒10吨（账面成本15万元，已抵扣进项税额）连同自产薯类白酒12吨，赠送给关系单位。

（5）月末盘点发现上月购进的原材料（已抵扣进项税额）因管理不善腐烂变质，成本60 000

元（其中含支付给一般纳税人的运输费用4 360元，已抵扣进项税额）。

（6）将使用过的1辆4年前购买的小汽车销售，取得含税销售额15万元。

（7）提供13万元的原材料委托乙企业（一般纳税人）加工散装药酒1 000千克，收回时向乙企业支付不含增值税的加工费2万元，取得增值税专用发票，乙企业已代收代缴消费税，乙企业无同类药酒销售价格。

（其他相关资料：白酒消费税比例税率20%，定额税率为500克0.5元；其他酒的消费税税率为10%；取得的增值税专用发票均通过税务机关的认证。）

要求：根据上述资料，按照下列序号回答问题，如有计算需计算出合计数。

（1）计算该酒厂2020年12月委托加工业务中受托方应代收代缴的消费税。

（2）计算该酒厂2020年12月应自行向税务机关缴纳的消费税。

（3）计算该酒厂2020年12月应缴纳的增值税。

2. 某高新技术企业（增值税一般纳税人）2020年业务资料如下：

（1）全年取得产品销售收入7 000万元，发生产品销售成本1 800万元，发生税金及附加380万元，发生销售费用480万元、管理费用500万元、财务费用180万元。取得营业外收入300万元、投资收益100万元，发生营业外支出90万元。

（2）计入成本费用的全年实际发生的工资、薪金总额为950万元、实际发生的职工福利费140万元、职工教育经费80万元、拨缴的工会经费15万元。

（3）当年购入符合规定的安全生产专用设备，取得的普通发票上注明金额80万元。

（4）发生业务招待费80万元。

（5）发生广告费支出120万元，以前年度累计结转至本年的广告费为14万元。

（6）发生未形成无形资产计入管理费用的研发费用支出200万元。

（7）营业外支出150万元中的50万元为违反买卖合同的违约金支出，10万元为税款滞纳金支出，30万元为违反政府规定被相关职能部门处罚的罚款支出，通过公益性社会组织向某山区小学捐款60万元，取得公益性社会组织开具的合法票据。

要求：根据上述资料，按照下列序号回答问题，如有计算需计算出合计数。

（1）计算该企业工资、职工福利费、工会经费、职工教育经费合计应调整的应纳税所得额。

（2）计算该企业业务招待费应调整的应纳税所得额。

（3）计算该企业广告费应调整的应纳税所得额。

（4）计算该企业发生的研发费用应调整的应纳税所得额。

（5）计算该企业营业外支出应调整的应纳税所得额。

（6）计算该企业应纳税所得额。

（7）计算该企业应缴纳的企业所得税额。

2021年注册会计师考试全真模拟试题（一）答案及解析

一、单项选择题

1. 【答案】C

【解析】征税对象是征纳税双方权利义务共同指向的客体或标的物，是区别一种税与另一种税的重要标志。

2. 【答案】D

【解析】提供保险服务的纳税人以现金赔付方式承担机动车辆保险责任的，将其应付给被保险人的赔偿金直接支付给车辆修理劳务提供方，不属于保险公司购进车辆修理劳务，其进项税额不得从保险公司销项税额中抵扣。

3. 【答案】A

【解析】一般纳税人跨县（市、区）提供建筑服务，适用一般计税方法计税的，以取得的全部价款和价外费用扣除支付的分包款和余额，按照2%的预征率计算应预缴税款，预缴税款＝600÷（1＋9%）×2%＝11.01（万元）。

4. 【答案】A

【解析】适用13%税率的境外旅客购物离境退税物品，退税率为11%；适用9%税率的境外旅客购物离境退税物品，退税率为8%。

5. 【答案】A

【解析】商业企业一般纳税人零售的烟、酒、食品、化妆品不得开具增值税专用发票，只能开具普通发票。零售劳保用品，可以开具增值税专用发票。

6. 【答案】D

【解析】进口的应税消费品，由进口人或者其代理人向报关地海关申报纳税。

7. 【答案】C

【解析】该化妆品厂当月应缴纳的消费税＝[500＋5÷（1＋13%）]×15%＝75.66（万元）。

8. 【答案】D

【解析】企业从事符合条件的环境保护、节能节水项目的所得，从项目取得第一笔生产经营收入所属纳税年度起，第1年至第3年免征企业所得税，第4年至第6年减半征收企业所得税。

9. 【答案】D

【解析】选项D，企业为投资者或者职工支付的商业保险费，不得扣除。

10. 【答案】C

【解析】企业按规定缩短折旧年限的，对其购置的新固定资产，最低折旧年限不得低于《企业所得税法实施条例》第六十条规定的折旧年限的60%。

11. 【答案】C

【解析】个人投资者持有2019～2023年发行的铁路债券取得的利息收入，减按50%计入应纳税所得额计算征收个人所得税。

12. 【答案】D

【解析】选项A、B、C享受的是法定减免税。

13. 【答案】C

【解析】（1）开采原油过程中用于加热的原油，免税。（2）应缴纳的资源税＝（3 560＋0.7×

10）×6% =214.02（万元）。

14. 【答案】B

【解析】选项B，除农业生产取用水外，水资源税按季或者按月征收，由主管税务机关根据实际情况确定。

15. 【答案】C

【解析】纳税人新征用的耕地，自批准征用之日起满1年时开始缴纳城镇土地使用税。

16. 【答案】B

【解析】纳税人因房产的实物或权利状态发生变化，而依法终止房产税纳税义务的，其应纳税款的计算应截止到房产的实物或权利状态发生变化的当月末。该企业9月22日转让的房产，其房产税计算到9月末。该企业应缴纳的房产税 =100×70%×（1－20%）×1.2%×10 000×9÷12 =5 040（元）。

17. 【答案】B

【解析】自有房屋投入本人独资经营的企业不缴纳契税；不等价交换房屋由多支付差价方缴纳契税。甲某应缴纳的契税 =（240－200）×4% =1.6（万元）。

18. 【答案】A

【解析】纳税人转让旧房及建筑物，凡不能取得评估价格，但能够提供购房发票的，可按发票所载金额并从购买年度起至转让年度止每年加计5%计算扣除。

19. 【答案】B

【解析】选项B，长期来华定居专家进口1辆自用小汽车免征车辆购置税。

20. 【答案】B

【解析】该企业应缴纳的车船税 =5 000×5×5 +8 000×0.67×5×2×50% +800×4×2×50% =155 000（元）。

21. 【答案】A

【解析】对技术开发合同，只就合同所载的报酬金额计税，研究开发经费不作为计税依据。该企业应缴纳的印花税 =（600－400）×0.3‰×10 000 =600（元）。

22. 【答案】B

【解析】非居民企业从中国境内取得的股息、红利等权益性投资收益和利息、租金、特许权使用费所得，以收入全额为应纳税所得额；转让财产所得需要就差额计税。在中国境内未设立机构、场所的企业，实际征税时适用10%税率。该企业应扣缴的企业所得税 =（200 +600－150）×10% =65（万元）。

23. 【答案】D

【解析】选项A适用于查定征收方式，选项B适用于查验征收方式，选项C适用于查账征收方式。

24. 【答案】B

【解析】税务行政处罚听证的范围是对公民作出2 000元以上，或者对法人或其他组织作出10 000元以上罚款的案件。

二、多项选择题

1. 【答案】ABCD

【解析】涉税专业服务机构涉税业务内容包括：（1）纳税申报代理。（2）一般税务咨询。（3）专业税务顾问。（4）税收策划。（5）涉税鉴证。（6）纳税情况审查。（7）其他税务事项代理。（8）其他涉税服务。

2. 【答案】ABCD

【解析】选项A、B、C、D均属于异常凭证。

3. 【答案】ABC

【解析】选项D可选择适用5%的征收率。

4. 【答案】ABC

【解析】纳税人利用废矿物油为原料生产的润滑油基础油、汽油、柴油等工业油料免征消费税。

5. 【答案】AB

【解析】选项C、D享受免征企业所得税的优惠。

6. 【答案】ABD

【解析】选项C，财产租赁所得，以一个月内取得的收入为一次。

7. 【答案】ABD

【解析】选项C，进口货物的保险费无法确定或者未实际发生，海关应当按照“货价加运费”两者总额的3‰计算保险费。

8. 【答案】ABC

【解析】选项D，页岩气资源税（按6%的规定税率）减征30%。

9. 【答案】ABD

【解析】选项C，经济落后地区，城镇土地使用税的适用税额标准可适当降低，但降低额不得超过上述规定最低税额的30%。

10. 【答案】ABC

【解析】本题考核土地增值税清算的有关规定。符合下列情形之一的，纳税人应进行土地增值税的清算：（1）房地产开发项目全部竣工、完成销售的。（2）整体转让未竣工决算房地产开发项目的。（3）直接转让土地使用权的。对于取得销售（预售）许可证满3年仍未销售完毕的，主管税务机关可要求纳税人进行土地增值税清算。

11. 【答案】ABCD

【解析】财产保险合同分为企业财产保险、机动车辆保险、货物运输保险、家庭财产保险和农牧业保险五大类，“家庭财产两全保险”属于家庭财产保险，应照章纳税。

12. 【答案】ABD

【解析】选项C，主体文档应当在企业集团最终控股企业会计年度终了之日起12个月内准备完毕。

13. 【答案】ABCD

【解析】选项A、B、C、D都包括在税务机关欠税清缴制度中。此外，欠税清缴制度还包括：大额欠税处分财产报告制度、对欠缴税款的纳税人行使撤销权。

14. 【答案】ABD

【解析】选项C，税收行政管理权是国家权力的重要组成部分，税务机关无权依自己意愿进行处置，因此，人民法院也不能对税务行政诉讼法律关系的双方当事人进行调解。

三、计算问答题

1. 【答案及解析】

（1）翡翠首饰在生产销售、委托加工或进口环节征收消费税，在零售环节不征收消费税，所以该商场业务（1）应缴纳的消费税为0。

（2）该商场业务（2）应缴纳的消费税 =（113 + 1.13）÷（1 + 13%）× 5% = 5.05（万元）。

（3）蓝宝石戒指在生产销售、委托加工或进口环节征收消费税，在零售环节不征收消费税。

该商场业务（3）应缴纳的消费税 = 56.5 ÷（1 + 13%）× 5% = 2.5（万元）。

（4）该商场当月应缴纳的消费税 = 5.05 + 2.5 = 7.55（万元）。

2. **【答案及解析】**

（1）该办公楼的评估价格 = 9 000 × 50% = 4 500（万元）。

（2）该企业应缴纳的增值税 = 15 000 ÷（1 + 5%）× 5% = 714.29（万元）。

（3）允许扣除的城市维护建设税、教育费附加、地方教育附加 = 714.29 ×（7% + 3% + 2%）= 85.71（万元）。

允许扣除的印花税 = 15 000 × 0.5‰ = 7.5（万元）。

可以扣除的税金及附加合计数 = 85.71 + 7.5 = 93.21（万元）。

（4）扣除项目金额合计数 = 5 000 + 4 500 + 93.21 = 9 593.21（万元）。

（5）土地增值额 = 15 000 − 714.29 − 9 593.21 = 4 692.5（万元）。

增值率 = 4 692.5 ÷ 9 593.21 × 100% = 48.91%，适用税率为30%。

应缴纳的土地增值税 = 4 692.5 × 30% = 1 407.75（万元）。

3. **【答案及解析】**

（1）拍卖字画取得的收入应缴纳的个人所得税 =（12 000 − 5 000 − 500）× 20% = 1 300（元）。

（2）单位按低于购置或建造成本价格出售住房给职工，职工因此而少支出的差价部分，符合规定的，不并入当年综合所得。

（1 300 000 − 1 000 000）÷ 12 = 25 000（元），因此适用税率为20%，速算扣除数为1 410元。张某应缴纳的个人所得税 =（1 300 000 − 1 000 000）× 20% − 1 410 = 58 590（元）。

（3）张某彩票中奖应缴纳的个人所得税为0。（福利彩票、体育彩票中奖收入10 000元以下免税）。

（4）张某出租住房应缴纳的个人所得税 =（3 000 − 800）× 10% × 12 = 2 640（元）。

（5）应纳税所得额 = [12 000 × 12 + 120 000 ×（1 − 20%）× 70% + 200 000 ×（1 − 20%）] − 60 000 − 1 200 × 12 −（1 000 × 12 + 2 000 × 12）= 260 800（元）。

全年应纳税额 = 260 800 × 20% − 16 920 = 35 240（元）。

4. **【答案及解析】**

（1）甲企业当年度境内外净所得为160万元，但依据“分国不分项”境外亏损不得在境内或他国盈利中抵减的规定，其发生在乙国分支机构的当年度亏损额350万元，为非实际亏损额350万元，不得从当年度企业其他盈利中弥补。因此，相应调整后的甲企业当年境内、外应纳税所得额为：①境内应纳税所得额为350万元。②A国应纳税所得额 = 120 + 40 = 160（万元）。③B国应纳税所得额为 −350万元。④甲企业当年度应纳税所得总额为510万元。

（2）甲企业当年度境内外净所得为160万元，境外亏损不得在境内盈利中抵减，其发生在B国分支机构的当年度亏损额350万元，可以用从A国取得的利息所得60万元和来自A国分支机构的100万元弥补，未能弥补的非实际亏损额190万元，不得从当年度企业其他盈利中弥补。因此，相应调整后的甲企业当年境内、外应纳税所得额为：①境内应纳税所得额为350万元。②境外应纳税所得额 = −350 + 60 + 100 = −190（万元）。③甲企业当年度应纳税所得总额为350万元。

四、综合题

1. 【答案及解析】

（1）该酒厂2019年12月委托加工业务中：

甲企业应代收代缴的消费税 = 150 × 20% + 80 × 2 000 × 0.5 ÷ 10 000 = 38（万元）。

乙企业代收代缴的消费税 = (13 + 2) ÷ (1 − 10%) × 10% = 1.67（万元）。

（2）薯类白酒应缴纳的消费税 = 90 × 1.5 × 20% + 90 × 2 000 × 0.5 ÷ 10 000 = 36（万元）。

发放福利应缴纳的消费税 = 12 × 1.5 × 20% + 12 × 2 000 × 0.5 ÷ 10 000 = 4.8（万元）。

该酒厂2019年12月自行向税务机关缴纳的消费税总额 = 36 + 4.8 = 40.8（万元）。

（3）①销项税额的计算：

业务（3）的销项税额 = 1.8 × 80 × 13% = 18.72（万元）。

业务（4）的销项税额 = 10 × 1.8 × 13% = 2.34（万元）。

业务（6）销售自己使用过的准予抵扣进项税额的小汽车，按13%的税率征收增值税。

增值税销项税额 = 15 ÷ (1 + 13%) × 13% = 1.73（万元）。

销项税额合计 = 18.72 + 2.34 + 1.73 = 22.79（万元）。

②本期可以抵扣进项税额的计算：

业务（1）进项税额为3.9万元。

业务（2）进项税额 = (12 + 4) × 13% = 2.08（万元）。

业务（4）进项税转出金额 = 15 × 13% = 1.95（万元）。

业务（5）进项税转出金额 = [(50 000 − 4 360) × 13% + 4 360 × 9%] ÷ 10 000 = 0.63（万元）。

业务（7）进项税额 = 2 × 13% = 0.26（万元）。

进项税额合计 = 3.9 + 2.08 − 1.95 − 0.63 + 0.26 = 3.66（万元）。

应缴纳的增值税 = 22.79 − 3.66 = 19.13（万元）。

2. 【答案及解析】

（1）职工福利费应调增的应纳税所得额 = 140 − 950 × 14% = 7（万元）。

职工教育经费应调增的应纳税所得额 = 80 − 950 × 8% = 4（万元）。

工会经费15万元小于扣除的限额19万元（950 × 2%），不用调整。

工资和职工福利费、工会经费、职工教育经费共应调增的应纳税所得额 = 7 + 4 = 11（万元）。

（2）业务招待费扣除限额1 = 80 × 60% = 48（万元）。

扣除限额2 = 7 000 × 5‰ = 35（万元）。

业务招待费当年可扣除35万元，应调增的应纳税所得额 = 80 − 35 = 45（万元）。

（3）广告费的扣除限额 = 7 000 × 15% = 1 050（万元），当年实际发生的120万元可以全额扣除，上年结转的14万元也可以全额在本年的税前扣除，应调减应纳税所得额14万元。

（4）研发费用加计扣除，应调减的应纳税所得额 = 200 × 75% = 150（万元）。

（5）违约金可以在税前扣除，无须纳税调整；滞纳金和违反政府规定被相关职能部门处罚的罚款支出不能在税前扣除，应调增的应纳税所得额 = 10 + 30 = 40（万元）。

（6）会计利润总额 = 7 000 − 1 800 − 380 − 480 − 500 − 180 + 300 − 150 = 3 810（万元）。

公益性捐赠扣除限额 = 3 810 × 12% = 457.2（万元），大于实际捐赠额60万元，无须纳税调整。

应纳税所得额 = 3 810 + 100 + 11 + 45 − 14 − 150 + 40 = 3 842（万元）。

（7）2019年企业应纳税额 = 3 902 × 15% − 80 × 10% = 577.3（万元）。

2021年注册会计师考试全真模拟试题（二）

一、单项选择题（本题型共24小题，每小题1分，共24分。每小题只有一个正确答案，请从每小题的备选答案中选出一个你认为正确的答案。）

1. 下列属于税法适用原则的是（　　）。

A. 税收公平原则　　B. 法律优位原则

C. 税收效率原则　　D. 实质课税原则

2. 以下符合增值税规定的是（　　）。

A. 在运输工具舱位承包业务中，发包方以其向承包方收取的全部价款和价外费用为销售额，按照“现代服务”缴纳增值税

B. 在运输工具舱位承包业务中，承包方以其向托运人收取的全部价款和价外费用为销售额，按照“现代服务”缴纳增值税

C. 在运输工具舱位互换业务中，互换运输工具舱位的双方均以各自换出运输工具舱位确认的全部价款和价外费用为销售额，按照“现代服务”缴纳增值税

D. 在运输工具舱位互换业务中，互换运输工具舱位的双方均以各自换出运输工具舱位确认的全部价款和价外费用为销售额，按照“交通运输服务”缴纳增值税

3. 某商超（增值税小规模纳税人）2020年12月销售商品取得含税收入88 000元，该商超当月应缴纳增值税（　　）元。

A. 854.37　　B. 871.29　　C. 2 563.11　　D. 2 613.86

4. 跨境电子商务零售进口商品的进口环节增值税、消费税，暂按法定应纳税额的（　　）征收。

A. 0　　B. 25%　　C. 50%　　D. 70%

5. 某汽车制造厂将一辆自产小汽车以150万元的不含增值税价格直接销售给某个人，生产环节消费税税率为25%，则该辆小汽车应缴纳消费税（　　）万元。

A. 15　　B. 37.5　　C. 52.5　　D. 55

6. 下列项目中，不按“成品油”税目征收消费税的是（　　）。

A. 甲醇汽油　　B. 溶剂油原料　　C. 矿物性润滑油　　D. 变压器油

7. 以下关于铁路债券和永续债企业所得税的处理，不正确的是（　　）。

A. 企业投资者持有2019~2023年发行的铁路债券取得的利息收入，减半征收企业所得税

B. 企业发行符合规定条件的永续债，投资方取得的永续债利息收入应当依法纳税，发行方支付的永续债利息支出不得在企业所得税税前扣除

C. 发行方和投资方均为居民企业的，永续债利息收入免征企业所得税，发行方支付的永续债利息支出不得在企业所得税税前扣除

D. 发行永续债的企业对每一永续债产品的税收处理方法一经确定，不得变更

8. 企业通过公益性社会组织或者县级（含县级）以上人民政府及其组成部门和直属机构，用于目标脱贫地区的扶贫捐赠支出，在计算企业所得税应纳税额所得额时（　　）。

A. 不予扣除　　B. 按标准扣除　　C. 减半扣除　　D. 据实扣除

9. 在中国境内设立机构场所的非居民企业取得的下列所得中，实际适用10%的企业所得税

税率的是（　　）。

A. 与境内机构场所有实际联系的境内所得

B. 与境内机构场所有实际联系的境外所得

C. 与境内机构场所没有实际联系的境内所得

D. 与境内机构场所没有实际联系的境外所得

10. 一个纳税年度内在船航行时间累计满 183 天的远洋船员，其取得的工资、薪金收入减按（　　）计入应纳税所得额，依法缴纳个人所得税。

A. 20%　　B. 25%　　C. 50%　　D. 75%

11. 以下属于我国《个人所得税法》中规定的专项扣除的项目是（　　）。

A. 基本医疗保险　　B. 大病医疗

C. 继续教育　　D. 符合规定的职业年金

12. 某烟草公司 2020 年 12 月支付烟叶收购价款 80 万元，另向烟农支付了价外补贴。该烟草公司 12 月收购烟叶应缴纳的烟叶税为（　　）万元。

A. 16　　B. 17.6　　C. 18　　D. 18.6

13. 按中国《海关法》现行规定，进出口货物、物品放行后，海关发现少征或者漏征税款，应当自缴纳税款或者货物、物品放行之日起（　　）年内补征税款。

A. 1　　B. 3　　C. 5　　D. 10

14. 从低丰度油气田开采的原油、天然气减征（　　）资源税。

A. 20%　　B. 30%　　C. 40%　　D. 50%

15. 以下关于环境保护税的特点，说法不正确的是（　　）。

A. 环境保护税属于综合型环境税

B. 环境保护税属于直接排放税

C. 环境保护税采用税务、环保部门紧密配合的征收方式

D. 环境保护税的收入纳入一般预算收入，全部划归中央

16. 下列用地不免征城镇土地使用税的是（　　）。

A. 城市公交站场

B. 道路客运站场

C. 物流企业自有的大宗商品仓储设施用地

D. 城市轨道交通系统运营用地

17. 纳税人临时占用耕地，是指经自然资源主管部门批准，在一般不超过（　　）年内临时使用耕地并且没有修建永久性建筑物的行为。

A. 1　　B. 2　　C. 3　　D. 5

18. 以下不符合房产税规定的是（　　）。

A. 纳税人将原有房产用于生产经营，从生产经营之月起缴纳房产税

B. 纳税人购置新建商品房，自房屋交付使用之次月起缴纳房产税

C. 房地产开发企业自用本企业建造的商品房，自房屋使用之次月起缴纳房产税

D. 房产不在同一地方的纳税人在机构所在地的税务机关缴纳房产税

19. 下列各项中，应计算缴纳土地增值税的是（　　）。

A. 企业之间互换房产　　B. 房地产的继承

C. 房地产出租　　D. 房地产重新评估

20. 下列属于车辆购置税征税范围的是（　　）。

A. 电动摩托车　　B. 推土机　　C. 挂车　　D. 挖掘机

21. 下列车船中，缴纳车船税的是（　　）。

A. 捕捞渔船　　B. 军队专用车船

C. 燃料电池乘用车　　D. 节能汽车

22. 境内机构和个人向境外单笔支付等值（　　）万美元以上（不含等值）外汇资金，除无须进行税务备案的情形外，均应向所在地主管税务机关进行税务备案。

A. 5　　B. 10　　C. 20　　D. 50

23. 纳税人负有纳税申报义务，但连续（　　）个月所有税种均未进行纳税申报的，税收征管系统自动将其认定为非正常户，并停止其《发票领购簿》和发票的使用。

A. 1　　B. 3　　C. 6　　D. 12

24. 申请人可以在知道税务机关作出具体行政行为之日起（　　）日内提出行政复议申请。

A. 15　　B. 30　　C. 60　　D. 90

二、多项选择题（本题型共 14 小题，每小题 1.5 分，共 21 分。每小题均有多个正确答案，请从每小题的备选答案中选出你认为正确的答案，每小题所有答案选择正确的得分，不答、错答、漏答均不得分。）

1. 下列关于税收执法原则说法正确的有（　　）。

A. 层次高的法律优于层次低的法律　　B. 同一层次的法律中，特别法优于普通法

C. 国内法优于国际法　　D. 实体法从旧，程序法从新

2. 下列关于增值税加计抵减政策，说法正确的有（　　）。

A. 生产性服务业的加计抵扣比例为 10%

B. 生活性服务业的加计抵扣比例为 15%

C. 按照现行规定不得从销项税额中抵扣的进项税额，不得计提加计抵减额

D. 纳税人出口货物劳务、发生跨境应税行为可适用加计抵减政策

3. 下列有关消费税的表述中，错误的有（　　）。

A. 纳税人将自产的应税消费品用于馈赠，不需要缴纳消费税

B. 随白酒销售取得的包装物押金，无论是否返还，都应并入当期销售额征收消费税

C. 纳税人采取赊销方式销售应税消费品，应在发出消费品的当天缴纳消费税

D. 纳税人将委托加工收回的应税消费品用于连续生产应税消费品的，不缴纳消费税

4. 在中国境内未设立机构、场所的非居民企业从中国境内取得的下列所得，应按不含增值税收入全额计算征收企业所得税的有（　　）。

A. 特许权使用费所得　　B. 利息所得

C. 租金所得　　D. 转让财产所得

5. 下列所得项目中，属于按照年度合并计算个人所得税的综合所得项目有（　　）。

A. 财产转让所得　　B. 劳务报酬所得

C. 偶然所得　　D. 稿酬所得

6. 下列关于烟叶税的说法中，正确的有（　　）。

A. 烟叶税的纳税人是在我国境内收购烟叶的单位

B. 烟叶税采用 20% 的比例税率

C. 烟叶税的纳税义务发生时间是纳税人收购烟叶的当日

D. 烟叶税按次计征

7. 下列费用中，应计入进口货物关税完税价格的有（　　）。

A. 境外保险费　　B. 境外运输费　　C. 境外经纪费　　D. 境外考察费

8. 以下属于环境保护税征税范围的有（　　）。

A. 二氧化硫　　B. 总汞　　C. 炉渣　　D. 建筑噪声

9. 关于契税的计税依据，下列表述中正确的有（　　）。

A. 房屋赠与的计税依据，由征收机关参照房屋买卖的市场价格核定

B. 房屋交换的计税依据，为交换的房屋的价格差额

C. 不涉及土地使用权和房屋所有权转移变动的房屋附属设施，不征收契税

D. 个人无偿赠与不动产给非法定继承人，对受赠人全额征收契税

10. 下列事项中，不属于土地增值税征税范围的有（　　）。

A. 李女士出租房产　　B. 王先生将房产赠与好友

C. 房地产开发公司受托代建房　　D. 企业房产重新评估

11. 下列关于车船税的规定中，说法正确的有（　　）。

A. 购置的新车船，购置当年的应纳税额自纳税义务发生的当月起按月计算

B. 在一个纳税年度内，已完税的车船被盗抢，纳税人可以向税务机关申请退还自被盗抢的下月起至该纳税年度终了期间的税款

C. 已办理退税的被盗抢车船，失而复得的，纳税人应当从公安机关出具相关证明的下月起计算缴纳车船税

D. 已缴纳车船税的车船在同一纳税年度内办理转让过户的，不另纳税，也不退税

12. 以下项目所书立的合同按照“产权转移书据”贴花的有（　　）。

A. 专利实施许可合同　　B. 专利申请权转让合同

C. 土地使用权转让合同　　D. 土地使用权出让合同

13. 下列关于税收保全措施的规定中，说法正确的有（　　）。

A. 税收保全措施仅适用于从事生产、经营的纳税人

B. 税收保全措施必须发生在规定的纳税期之前和责令限期缴纳应纳税款的限期内

C. 纳税人不能提供纳税担保的，经县以上税务局（分局）局长批准，书面通知纳税人开户银行或者其他金融机构冻结纳税人的全部存款

D. 税务机关扣押商品、货物或者其他财产时，必须开付收据；查封商品、货物或者其他财产时，必须开付清单

14. 行政复议期间可以停止执行具体行政行为的情形有（　　）。

A. 被申请人认为需要停止执行的

B. 行政复议机关认为需要停止执行的

C. 申请人申请停止执行，行政复议机关认为其要求合理，决定停止执行的

D. 法律规定停止执行的

三、计算问答题（本题型共 4 小题 24 分。涉及计算的，要求列出计算步骤。）

1. 某化妆品厂（增值税一般纳税人）2020 年 12 月发生以下业务：

（1）月初库存外购已税香水精的金额为 150 000 元，当月购进一批已税香水精，增值税专用

发票上注明的金额为 800 000 元，月末库存外购已税香水精的金额为 70 000 元，其余为当月生产领用。

（2）当月生产高档化妆品 A 1 500 瓶，销售给甲商贸公司 1 000 瓶，每瓶不含税销售价格为 1 000 元；其余 500 瓶用于抵偿债务。

（3）当月生产高档化妆品 B 500 瓶，对外销售给乙商贸公司，每瓶不含税销售价格为 1 200 元，双方采取分期收款结算方式，书面合同约定本月 31 日收取 70% 款项，下月 31 日收取 30% 款项。

（其他相关资料：上述增值税专用发票的抵扣联均已经过认证；高档化妆品的消费税税率为 15%。）

要求：根据上述资料，按照下列序号回答问题，如有计算需计算出合计数。

（1）计算该厂销售给甲商贸公司高档化妆品 A 应缴纳的消费税。

（2）计算该厂销售给乙商贸公司高档化妆品 B 应缴纳的消费税。

（3）计算该厂抵偿债务应缴纳的消费税。

（4）计算该厂当月实际应缴纳的消费税。

2. 中国公民李先生是一位作家。2020 年 12 月取得的现金收入如下：

（1）出版一部小说，取得稿酬 10 万元。

（2）拍卖一幅名人书法作品取得收入 50 万元，经税务机关确认所拍卖的书法作品原值及相关费用为 15 万元。

（3）受邀为出版社进行审稿，取得审稿费 2 万元。

（4）因持有 10 月份购入的境内某上市公司股票取得其分配的红利 5 000 元，当月底将股票转让，取得股票转让收入 10 万元。

（5）在某奢侈品店累积消费金额很高，取得该店给予的按消费积分反馈的价值 500 元的礼品；同时参加该店对累积消费达到一定额度的顾客，给予额外抽奖的活动，抽中的奖品价值 2 000 元。

要求：根据上述资料，按照下列序号回答问题，如有计算需计算出合计数。

（1）计算李先生出版小说取得所得应被预扣预缴的个人所得税。

（2）计算李先生书法作品拍卖所得应缴纳的个人所得税。

（3）计算李先生审稿费收入应被预扣预缴的个人所得税。

（4）计算李先生销售股票所得和取得的股票红利所得共应缴纳的个人所得税。

（5）计算李先生取得礼品和抽奖所得应缴纳的个人所得税。

（6）计算李先生上述收入中计入综合所得的收入额。

3. 某矿山为增值税一般纳税人，2020 年 12 月发生以下业务：

（1）当月开采原煤 10 000 吨。对外销售原煤 8 000 吨，每吨不含税单价 800 元，收取不含税价款 640 万元。

（2）将本月开采的原煤 500 吨用于对外投资；另将本月开采的原煤 500 吨用于换取一辆小汽车，未取得对方开具的增值税专用发票。

（3）将本月开采的 1 000 吨原煤用于生产选煤，对外销售取得不含增值税销售额 100 万元。

（4）本月进口原煤 1 000 吨，关税完税价格 100 万元，在海关缴纳了相关税款。

（5）当期购买采煤机械取得的增值税专用发票上注明税金 2 万元，外购材料取得的增值税专用发票注明税额 4 万元，该批材料用于生产加工煤炭制品。

（其他资料：假设该企业所在地原煤、选煤的资源税税率为 8%，关税税率为 20%。）

要求：根据上述资料，按照下列序号回答问题，如有计算需计算出合计数。

（1）计算该企业当月应纳资源税合计金额。

（2）计算该企业当月应缴纳的增值税。

4. 某县房地产开发公司（增值税一般纳税人）于2020年12月对外出售写字楼，取得含税转让收入16 800万元，公司即按税法规定缴纳了有关税金（该公司的写字楼为2016年1月份开工建造，转让时选择了增值税简易征收方式）。已知该公司为取得土地使用权而支付的地价款和按国家统一规定缴纳的有关费用共2 200万元。房地产开发成本为5 000万元。房地产开发费用中的利息支出为800万元（能够按转让房地产项目计算分摊利息支出并能提供金融机构贷款证明）。

（其他相关资料：该公司所在省人民政府规定的房地产开发费用的计算扣除比例为5%，不考虑印花税扣除因素。）

要求：根据上述资料，按照下列序号回答问题，如有计算需计算出合计数。

（1）计算该房地产开发公司销售写字楼应缴纳的增值税。

（2）计算该房地产开发公司计算土地增值税时的合计可扣除金额。

（3）计算该房地产开发公司的土地增值额。

（4）计算该房地产开发公司销售写字楼应缴纳的土地增值税税额。

四、综合题（本题型共2小题31分。涉及计算的，要求列出计算步骤。）

1. 某商业企业为增值税一般纳税人，主要从事商品批发、零售业务。2020年12月有关业务如下：

（1）从国外进口一辆小汽车，作为企业办公使用，关税完税价格为20万元，关税税率为15%。该企业按照规定缴纳了税款，取得了海关开具的税款缴纳书。

（2）销售金银首饰取得零售收入11.3万元，销售摩托车取得零售收入22.6万元，销售其他商品取得零售收入67.8万元。

（3）从农民手中购进水果用于销售，支付收购金额30万元，开具收购凭证；支付运费，取得增值税专用发票，注明运费金额1万元。入库后，将该批农产品的20%用于职工福利。

（4）当月收取啤酒包装物押金4.52万元，当月有啤酒的逾期包装物押金2.26万元，当月收取白酒的包装物押金5.65万元，白酒的逾期包装物押金为3.39万元。

（5）购进其他商品，取得增值税专用发票，注明金额50万元、增值税6.5万元。

（6）将不含增值税价格5 000元/辆的摩托车10辆与供货商等价换取商品，双方均开具了增值税专用发票。

（7）职工食堂领用上月已抵扣了进项税额的啤酒，成本3万元。

（8）月末盘点时发现上月外购的文具丢失，账面成本10万元，经查属于人为管理不善造成。

（其他相关资料：当月取得的相关票据符合税法规定并在当月抵扣。小汽车、金银首饰消费税税率为5%。）

要求：根据上述资料，按照下列序号回答问题，如有计算需计算出合计数。

（1）计算该商贸企业进口环节向海关缴纳的消费税。

（2）计算该商贸企业进口环节向海关缴纳的增值税。

（3）计算该商贸企业当月应抵扣的进项税额合计金额。

（4）计算该商贸企业当月增值税的销项税额合计金额。

（5）计算该商贸企业当月应向税务机关缴纳的增值税。

（6）计算该商贸企业当月应向税务机关缴纳的消费税。

2. 某市高尔夫球具生产企业为增值税一般纳税人，2020 年 4 月 1 日开业并正式投入生产，2020 年生产经营情况如下：

（1）当年销售高尔夫球具，取得不含税销售收入 6 000 万元，对应的销售成本为 2 500 万元。

（2）当年购进原材料取得增值税专用发票，注明价款 4 000 万元、增值税额 520 万元。

（3）转让技术所有权取得收入 900 万元，对应的成本为 150 万元。

（4）当年发生管理费用 500 万元，其中含业务招待费 80 万元。

（5）当年发生财务费用 210 万元，其中包括支付银行借款利息 50 万元、逾期罚息 10 万元，向非金融企业（非关联企业）借款 2 000 万元的当年借款利息 150 万元。已知金融企业同期同类贷款年利率为 8%。

（6）当年发生销售费用 1 500 万元，其中含广告费 1 200 万元。

（7）取得国债利息收入 150 万元，接受捐赠收入 120 万元。

（8）全年计入成本、费用的实发合理工资总额为 1 000 万元（含残疾职工工资 50 万元），实际发生职工福利费 150 万元、职工教育经费 20 万元、拨缴工会经费 25 万元。

（9）当年发生营业外支出共计 150 万元，其中包括税收滞纳金 20 万元、通过慈善组织向贫困地区的捐款 130 万元。

（其他相关资料：高尔夫球具适用的消费税税率为 10%，相关发票均已通过税务机关认证并准予抵扣。）

要求：根据上述资料，按照下列序号回答问题，如有计算需计算出合计数。

（1）计算当年该企业共计应缴纳的增值税、消费税、城市维护建设税、教育费附加和地方教育附加合计数。

（2）计算该企业当年实现的会计利润。

（3）计算该企业当年技术转让所得应纳税调整的金额。

（4）计算该企业当年业务招待费应纳税调整的金额。

（5）计算该企业当年广告费应纳税调整的金额。

（6）计算该企业当年工资、职工福利费、工会经费、职工教育经费应纳税调整金额的合计数。

（7）计算该企业当年企业所得税的应纳税所得额。

（8）计算该企业当年应缴纳的企业所得税税额。

2021年注册会计师考试全真模拟试题（二）答案及解析

一、单项选择题

1.【答案】B

【解析】选项A、C、D是税法的基本原则。

2.【答案】D

【解析】选项A、B、C都按照“交通运输服务”缴纳增值税。

3.【答案】B

【解析】该商超当月应缴纳的增值税 = 88 000 ÷ (1 + 1%) × 1% = 871.29（元）。

4.【答案】D

【解析】跨境电子商务零售进口商品的进口环节增值税、消费税取消免征税额，暂按法定应纳税额的70%征收。

5.【答案】C

【解析】该辆超豪华小汽车应缴纳的消费税 = 150 × (25% + 10%) = 52.5（万元）。

6.【答案】D

【解析】变压器油、导热类油等绝缘油类产品不属于润滑油，不征收消费税。

7.【答案】B

【解析】企业发行符合规定条件的永续债，投资方取得的永续债利息收入应当依法纳税，发行方支付的永续债利息支出准予在其企业所得税税前扣除。

8.【答案】D

【解析】企业通过公益性社会组织或者县级（含县级）以上人民政府及其组成部门和直属机构，用于目标脱贫地区的扶贫捐赠支出，准予在计算企业所得税应纳税额所得额时据实扣除。

9.【答案】C

【解析】选项D不需要在我国纳税，选项A、B按25%的企业所得税税率缴纳企业所得税。

10.【答案】C

【解析】一个纳税年度内在船航行时间累计满183天的远洋船员，其取得的工资、薪金收入减按50%计入应纳税所得额，依法缴纳个人所得税。

11.【答案】A

【解析】注意区分专项扣除、专项附加扣除与依法确定的其他扣除。选项A属于我国《个人所得税法》中规定的专项扣除项目，选项B、C属于专项附加扣除项目，选项D属于依法确定的其他扣除。

12.【答案】B

【解析】应缴纳的烟叶税 = 80 × (1 + 10%) × 20% = 17.6（万元）。

13.【答案】A

【解析】按中国《海关法》现行规定，进出口货物、物品放行后，海关发现少征或者漏征税款，应当自缴纳税款或者货物、物品放行之日起1年内补征税款。

14.【答案】A

【解析】从低丰度油气田开采的原油、天然气减征20%资源税。

15.【答案】D

【解析】环境保护税具有以下特点：(1) 属于调节型税种。(2) 其渊源是排污收费制度。(3) 属于综合型环境税。(4) 属于直接排放税。(5) 对大气污染物、水污染物规定了幅度定额税率。(6) 采用税务、环保部门紧密配合的征收方式。(7) 收入纳入一般预算收入，全部划归地方。

16. 【答案】C

【解析】物流企业自有的大宗商品仓储设施用地减按所属土地等级适用税额标准的 50% 计征城镇土地使用税。

17. 【答案】B

【解析】纳税人临时占用耕地，是指经自然资源主管部门批准，在一般不超过 2 年内临时使用耕地并且没有修建永久性建筑物的行为。

18. 【答案】D

【解析】房产税在房产所在地缴纳，房产不在同一地方的纳税人，应按房产的坐落地点分别向房产所在地的税务机关缴纳。

19. 【答案】A

【解析】选项 B、C、D 不属于土地增值税的征税范围。

20. 【答案】C

【解析】选项 A、B、D 不属于车辆购置税应税车辆。

21. 【答案】D

【解析】选项 A、B 免征车船税。选项 C，纯电动乘用车、燃料电池乘用车不属于车船税的征税范围。选项 D，节能汽车减半征收车船税。

22. 【答案】A

【解析】境内机构和个人向境外单笔支付等值 5 万美元以上（不含等值 5 万美元）外汇资金，除无须进行税务备案的情形外，均应向所在地主管税务机关进行税务备案。

23. 【答案】B

【解析】纳税人负有纳税申报义务，但连续 3 个月所有税种均未进行纳税申报的，税收征管系统自动将其认定为非正常户，并停止其《发票领购簿》和发票的使用。

24. 【答案】C

【解析】申请人可在知道税务机关作出具体行政行为之日起 60 日内提出行政复议申请。

二、多项选择题

1. 【答案】ABD

【解析】选项 C 错误，国际法优于国内法。

2. 【答案】ABC

【解析】选项 D，纳税人出口货物劳务、发生跨境应税行为不适用加计抵减政策，其对应的进项税额不得计提加计抵减额。

3. 【答案】AC

【解析】选项 A，纳税人将自产的应税消费品用于馈赠，在移送使用时需要缴纳消费税。选项 C，纳税人采取赊销方式销售应税消费品，纳税义务时间是书面合同约定的收款日期的当天，书面合同没有约定收款日期或者无书面合同的，为发出应税消费品的当天。

4. 【答案】ABC

【解析】选项 D，转让财产所得，以收入全额减除财产净值后的余额为应纳税所得额。

5. 【答案】BD

【解析】居民个人综合所得包括工资、薪金所得，劳务报酬所得，稿酬所得，特许权使用费所得，需按纳税年度合并计算个人所得税。

6.【答案】ABC

【解析】选项D，烟叶税按月计征。

7.【答案】ABC

【解析】选项D，境外考察费用不计入进口货物的完税价格中。

8.【答案】ABC

【解析】选项A、B、C属于环境保护税固体废物的征税项目。选项D不属于环境保护税征税范围，征收环境保护税的噪声仅包括工业噪声。

9.【答案】ABCD

【解析】选项A、B、C、D表述都正确。

10.【答案】ACD

【解析】选项A，房屋出租没有发生房产产权转让，不属于土地增值税征税范围。选项C，受托代建房屋，权属未发生转移，不属于土地增值税征税范围。选项D，房地产重新评估，没有发生房地产权属的转移，不属于土地增值税征税范围。

11.【答案】AD

【解析】选项B，在一个纳税年度内，已完税的车船被盗抢，纳税人可以向税务机关申请退还自被盗抢月份起至该纳税年度终了期间的税款。选项C，已办理退税的被盗抢车船，失而复得的，纳税人应当从公安机关出具相关证明的当月起计算缴纳车船税。

12.【答案】ACD

【解析】选项B按“技术合同”贴花，选项A、C、D按“产权转移书据”贴花。

13.【答案】ABD

【解析】选项C，纳税人不能提供纳税担保的，经县以上税务局（分局）局长批准，书面通知纳税人开户银行或者其他金融机构冻结纳税人的金额相当于应纳税款的存款。

14.【答案】ABCD

【解析】选项A、B、C、D都属于可以停止执行的具体行政行为。

三、计算问答题

1.【答案及解析】

（1）该厂销售给甲商贸公司应缴纳的消费税 = 1 000 × 1 000 × 15% = 150 000（元）。

（2）该厂销售给乙商贸公司应缴纳的消费税 = 500 × 1200 × 70% × 15% = 63 000（元）。

（3）该厂抵偿债务应缴纳的消费税 = 500 × 1 000 × 15% = 75 000（元）。

（4）该厂当月允许扣除的已纳消费税 =（150 000 + 800 000 − 70 000）× 15% = 132 000（元）。

该厂当月实际应缴纳的消费税 = 150 000 + 63 000 + 75 000 − 132 000 = 156 000（元）。

2.【答案及解析】

（1）出版小说取得收入属于稿酬所得。

应预扣预缴个人所得税 = 100 000 ×（1 − 20%）× 70% × 20% = 11 200（元）。

（2）拍卖书法作品所得属于财产转让所得。

应缴纳的个人所得税 =（500 000 − 150 000）× 20% = 70 000（元）。

（3）审稿费收入属于劳务报酬所得。

应预扣预缴个人所得税 = 20 000 ×（1 − 20%）× 20% = 3 200（元）。

（4）境内上市公司的股票转让所得暂不征收个人所得税。

取得股票红利应缴纳的个人所得税 = 5 000 × 50% × 20% = 500（元）。

（5）企业对累积消费达到一定额度的个人按消费积分反馈礼品与销售直接相关，不征收个人所得税。

企业对累积消费达到一定额度的顾客，给予额外抽奖机会，个人的获奖所得带有额外性和偶然性，按照“偶然所得”项目征收个人所得税。

应纳个人所得税 = 2 000 × 20% = 400（元）。

（6）居民个人取得的工资、薪金所得，劳务报酬所得，稿酬所得以及特许权使用费所得，为综合所得，劳务报酬所得、稿酬所得、特许权使用费所得以收入减除20%的费用后的余额为收入额（其中，稿酬所得的收入额减按70%计算）。

上述收入中计入综合所得的收入额 = 100 000 ×（1 − 20%）× 70% + 20 000 ×（1 − 20%）= 72 000（元）。

3. 【答案及解析】

（1）业务（1）销售原煤应缴纳的资源税 = 640 × 8% = 51.2（万元）。

业务（2）应缴纳的资源税 =（500 + 500）× 800 × 8% / 10 000 = 6.4（万元）。

业务（3）该企业销售选煤应缴纳的资源税 = 100 × 8% = 8（万元）。

业务（4）进口原煤不征收资源税。

该企业当月应缴纳的资源税合计 = 51.2 + 6.4 + 8 = 65.6（万元）。

（2）销项税额 = [640 +（500 + 500）× 800 ÷ 10 000 + 100] × 13% = 106.6（万元）。

进项税额 = 100 ×（1 + 20%）× 13% + 2 + 4 = 21.6（万元）。

该企业当月应缴纳的增值税 = 106.6 − 21.6 = 85（万元）。

4. 【答案及解析】

（1）转让写字楼实施增值税简易征收方式，不能扣除支付的增值税税额，需要用5%征收率将转让收入换算成不含税收入。增值税税额 = 16 800 ÷（1 + 5%）× 5% = 800（万元）。

（2）确定转让房地产的扣除项目金额：

①取得土地使用权所支付的金额为2 200万元。

②房地产开发成本为5 000万元。

③房地产开发费用 = 800 +（2 200 + 5 000）× 5% = 1 160（万元）。

④与转让房地产有关的税金：

城市维护建设税、教育费附加和地方教育附加合计 = 800 ×（5% + 3% + 2%）= 80（万元），可作为转让环节税金扣除。

⑤从事房地产开发的加计扣除 =（2 200 + 5 000）× 20% = 1 440（万元）。

⑥转让房地产的扣除项目金额合计 = 2 200 + 5 000 + 1 160 + 80 + 1 440 = 9 880（万元）。

（3）转让房地产的增值额 = 16 800 − 800 − 9 880 = 6 120（万元）。

（4）增值额与扣除项目金额的比率 = 6 120 ÷ 9 880 × 100% = 61.94%，适用税率为40%，速算扣除系数为5%。

应缴纳的土地增值税 = 6 120 × 40% − 9 880 × 5% = 2 448 − 494 = 1 954（万元）。

四、综合题

1. 【答案及解析】

（1）进口环节缴纳的消费税 = 20 ×（1 + 15%）÷（1 − 5%）× 5% = 1.21（万元）。

（2）进口环节缴纳的增值税＝20×（1＋15%）÷（1－5%）×13%＝3.15（万元）。

（3）业务（3）用于职工福利的进项税转出金额＝（30×9%＋1×9%）×20%＝0.56（万元）。

业务（7）职工食堂领用啤酒的进项税转出金额＝3×13%＝0.39（万元）。

业务（8）文具丢失的进项税转出金额＝10×13%＝1.3（万元）。

应抵扣的进项税＝3.15＋30×9%＋1×9%＋6.5＋0.5×10×13%－0.56－0.39－1.3＝10.84（万元）。

（4）销项税额合计＝[（11.3＋22.6＋67.8＋2.26＋5.65）÷（1＋13%）＋0.5×10]×13%＝13.26（万元）。

（5）应缴纳的增值税＝13.26－10.84＝2.42（万元）。

（6）商业企业当月应向税务机关缴纳的消费税（零售金银首饰）＝11.3÷（1＋13%）×5%＝0.5（万元）。

2. **【答案及解析】**

（1）应缴纳的增值税＝6 000×13%－520＝260（万元）。

应缴纳的消费税＝6 000×10%＝600（万元）。

应缴纳的城市维护建设税、教育费附加及地方教育附加＝（260＋600）×（7%＋3%＋2%）＝103.2（万元）。

该企业当年应缴纳的增值税、消费税、城市维护建设税、教育费附加和地方教育附加合计＝260＋600＋103.2＝963.2（万元）。

（2）该企业当年实现的会计利润＝6 000－2 500＋900－150－500－210－1 500＋150＋120－150－600－103.2＝1 456.8（万元）。

（3）在一个纳税年度内，技术转让所得不超过500万元的部分免征企业所得税；超过500万元的部分，减半征收企业所得税。

当年该企业技术转让所得应调减的应纳税所得额＝500＋（900－150－500）×50%＝625（万元）。

（4）企业发生的与生产经营活动有关的业务招待费支出，按照发生额的60%扣除，但最高不得超过当年销售（营业）收入的5‰。业务招待费扣除限额1＝80×60%＝48（万元），业务招待费扣除限额2＝6 000×5‰＝30（万元），48万元＞30万元，因此，可以在企业所得税前扣除的业务招待费为30万元，应调增的应纳税所得额＝80－30＝50（万元）。

（5）广告费扣除限额＝6 000×15%＝900（万元），企业实际发生的广告费1 200万元超过了扣除限额，按照900万元在税前扣除。应调增的应纳税所得额＝1 200－900＝300（万元）。

（6）实际发放的合理的工资、薪金，可以在税前扣除。支付给残疾职工的工资可加计100%扣除，所以工资应调减应纳税所得额50万元。

职工福利费扣除限额＝1 000×14%＝140（万元），实际发生150万元，应调增的应纳税所得额＝150－140＝10（万元）；职工教育经费扣除限额＝1 000×8%＝80（万元），实际发生20万元，没有超过扣除限额，不需要进行纳税调整；工会经费扣除限额＝1 000×2%＝20（万元），实际发生25万元，应调增的应纳税所得额＝25－20＝5（万元）。

当年工资、职工福利费、工会经费、职工教育经费共应调减的应纳税所得额＝50－10－5＝35（万元）。

（7）非金融企业向非金融企业借款的利息支出，不超过按照金融企业同期同类贷款利率计算的数额的部分可据实扣除，超过部分不得扣除。向非金融企业借款利息支出应调增的应纳税所得

额 $=150-2\ 000\times 8\%\times 9\div 12=30$（万元）。

取得的国债利息收入免征企业所得税，应调减应纳税所得额150万元。

企业缴纳的税收滞纳金20万元不得在企业所得税税前扣除，应调增应纳税所得额20万元。

企业发生的公益性捐赠支出，不超过年度利润总额12%的部分，准予在当年扣除。捐赠扣除限额 $=1\ 456.8\times 12\%=174.82$（万元），实际发生捐赠支出130万元，未超过扣除限额，准予据实扣除，不需要进行纳税调整。

综上所述，应纳税所得额 $=1\ 456.8-625+50+300-35+30-150+20=1\ 046.8$（万元）。

（8）企业当年应缴纳的企业所得税 $=1\ 046.8\times 25\%=261.7$（万元）。